发展环境与战略抉择

方民生◎著

人民出版社

作者近照

1987年在日本东京

1992年作者在香港研讨会上演讲

1992年在香港研讨会休息期间

作者在浙江省政府咨询委
员会研讨会上发言

1993年作者在寓所

作者在计算机前撰写论著

作者在法国巴黎塞纳河旁

作者夫妇在澳大利亚黄金海岸的海滩上

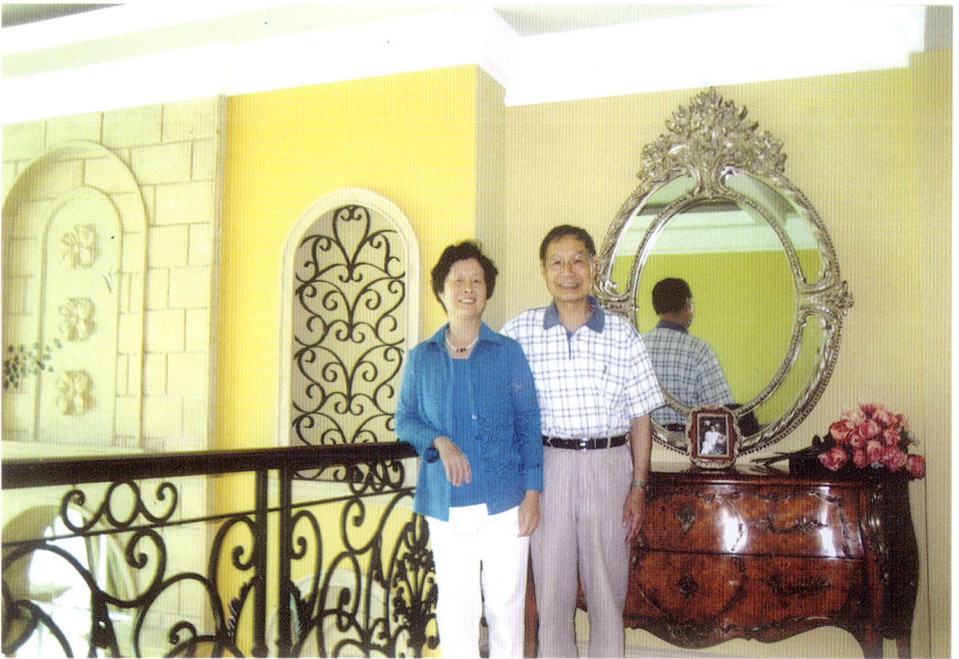

作者夫妇在深圳探亲

序

"民生问题"已从党中央领导到普通百姓,人人都在关注,人人都有期盼,盼收入水平不断提高、盼生活质量不断改善、盼人人都有发挥才能的机遇、盼人人都活得有尊严。而这一切都有赖于经济增长与发展和社会的进步。对我来说,生来就叫"民生",也许上天赋予我的使命就是为"民生"而奋斗,后来经党的培养与教育,学习了经济学,为解决"民生"问题创造了条件。但组织上给我的任务不是去解决具体问题,而是研究发展经济学理论和运用,也就是区域发展理论、发展战略、发展规划、发展机制和相应的对策,而这些问题归根到底还是为解决"民生问题"提供理论支持和实施方略。改革开放以来,我就是按这样的思路和要求从事我的研究工作,探索发展经济学在中国的实践,为党和政府献计献策,并撰写了一些论文和著作,20世纪90年代以前的论文都汇集在《经济增长与运行》一书中。此后,随着改革的深入和发展,我的研究也与时俱进,也与他人合作编写了一些论著出版,而还有大量的文稿则散落在报章杂志上,以及各种会议的发言稿中。现在把1992年以后的研究成果汇集成第二本论文集,名为《发展环境与战略抉择》,奉献给我们的领导、经济学界的同仁、关心经济学和"民生问题"的读者。

"发展环境问题"是我自改革开放以来一直关注的焦点,也是我研究经济学的一个核心理念,探讨任何经济和社会问题首先从分析发展的环境开始,并从认识环境、利用环境、发展环境、改造环境和创造环境中寻求解决问题的思路和对策。1986年,我们在研究贫困县发展战略时,就提出"扶贫要以改善发展商品经济的环境为基点",这个观点被新华社《内部参考》采纳;在考察浙江沿海岛屿后,又撰写了《论海岛开发环境的改造》的研究报告,发表在《经济研究》上;在长江三角洲区域合作的研讨会上,我做了关于《经济发展环境和动力》的专题发言,对"发展环境"下了个定义:"发展环境是各种经济资源和经济运行条件的综合体,并构成一种经济发展的潜在能量。"这里所说的环境,包括国际环境和国内环境。国际经济形势的微小变化、国际贸易条件的改善或恶化、国际政治格局的调整、外交关系的微妙局势、国际文化的交流与冲击、大气环流的变化，等等，都会影响我国经济社会的发展。我们国内地区之间的环境差异，主要是：地理环境——发展的区位条件、资源环境——发展的物质条件、经济环境——发展的经济基础、社会环境——发展的社会资源、文化环境——发展的智力保障、政治环境——发展的社会保障、政策环境——发展的激励机制和控制系统、生态环境——可持续发展的条件。就一个企业来说，最重要的是良好的经营环境与和谐的企业文化环境。鉴于此，拙著就把"发展环境"与"战略抉择"融为一体，根据论文与主题的相关性而分类编辑，分别是：发展环境与经济理论演化、发展环境与浙江模式演进、发展环境与浙江战略抉择、发展环境与产业结构调整、发展环境与推进技术进步、发展环境与区域合作模式、发展环境与可持续性发展、外向经济与发展环境塑造、21 世纪的发展环境与发展机遇。

需要说明的是，我在浙江省政府经济建设咨询委员会担任咨询委员 18 年（1991 年 4 月—2008 年 6 月），在这期间参加了多次的专题理论讨论会、重大项目的咨询会、省委和省政府的有关文件和报告的咨询会、每年向省委和省政府提交的《年度经济分析报告》以及参与浙江省"九五"、"十五"、"十一五"的编制和论证，也发表了一些具有创新意义的见解、提出过一些发展浙江经济的新思路和新理念，但我认为这些成果都是委员会成员集体智慧的结晶，是"公共财富"，所以这本文集不包括我在省咨询委员会中的言论。

值得高兴的是，拙作中的许多理念已广泛地被社会所接受，有些设想已变成现实、有些建议已经被采纳并付诸实施、有些愿景在条件成熟的时候将会实现，有些观点对未来的经济社会发展仍具现实意义。但拙著中还存在着不少缺点甚至是错误，有不妥之处恭请批评指正。

方民生 于杭州现代名苑

2011 年 1 月 29 日

目　录

发展环境与经济理论演化

发展环境与浙江模式演进

发展环境与推进技术进步

发展环境与区域合作模式

发展环境与可持续性发展

发展环境与经济理论演化

中国特色发展经济学的思想基础

——邓小平经济发展思想简论

"发展"是当代世界的一大主题，也是当今中国的主题。党的十一届三中全会以后，我国人民在改革开放和现代化建设的总设计师邓小平同志的指引下，把发展生产力作为根本任务，一心一意搞建设，使国民经济迅猛发展，人民生活显著提高，综合国力明显增强。这些发展的斐然业绩，举世公认。这是邓小平同志建设有中国特色社会主义理论的伟大胜利，这个理论的一个极其重要的方面就是他的经济发展思想。小平同志从中国的实际出发，对发展社会主义经济有独特的思维方式和发展思路，提出了一系列的新思想、新观点、新概念和推进经济发展的方针和政策。小平同志的经济发展思想，不仅是我国经济和社会发展的指南，而且从研究方向、研究方法到研究内容和重点，都为创建有中国特色的发展经济学奠定了思想基础。我国经济学界正在认真学习和深入研究邓小平经济发展思想，并以此为基础，在经济发展的实践中构架有中国特色的发展经济学。

一、创建中国发展经济学的使命

"发展经济学"是第二次世界大战后兴起的新兴学科，是一门研究农业国或发展中国家如何实现工业化和现代化的过程和规律的学说。在它的初创阶段，其主要流派基本上都是以发达国家的历史经验来规范发展中国家的问题。后来，经济学家以发展中国家取得的成功经验为例，提出了新的理论和政策。但是，他们所研究的仅限于极少的国家和地区，而且大都是幅员狭小、人口不多的国家和地区。虽然西方发展经济学的一般原理对大多数发展中国家都适用，可以借鉴。然而，从全球的角度来看，发展中国家最有代表性的是像中国、印度、巴基斯坦、巴西、墨西哥等等。特别是中国和印度，幅员广大、人口众多、历史悠久，经济发展的经验和教训更值得研究。严格说来，不能概括和分析中国和印度经济发展的理论和政策的发展经济学是不完整的发展经济学。所以，发展经济学有待于中国经济发展的理论和实践来加以充实和完善。

以毛泽东为首的中国共产党的第一代领导人，为国家的富强和现代化奋斗了数十年，提出了许多关于发展经济的理论和政策，确定了"四个现代化"的方针和目标，并为实现这个目标奠定了一定的物质基础。然而由于"左"的思想影响和"四人帮"的干扰，经济发展屡受挫折，"四个现代化"建设"实际上没有真正地做起来"。[①]"中国社会从一九五八年到一九七八年二十年时间，实际上是处于停滞和徘徊的状态，国家的经济和人民的生活没有得到多大的发展和提高。"[②] 在这个时期，中国经济发展的经验和教训值得从发展经济学的角度加以总结和概括。

中国改革开放和现代化建设的总设计师邓小平同志肩负着历史重任，探索有中国特色的社会主义经济发展之路。小平同志把经济和社会发展的问题作为"中国的主要目标"，是"解决所有问题的关键"，是"判断的标准"，是"硬道理"，是关系到全人类的问题。他说，"中国解决所有问题的关键是要靠自己的发展"；"中国的主要目标是发展，是摆脱落后，使国家的力量增强起来，人民生活逐步得到改善"；"应当把发展问题提到全人类的高度来认识，要从这个高度去观察和解决问题"；判断做得对或不对的标准，"应该主要看是否有利于发展社会生产力，是否有利于增强社会主义国家的综合国力，是否有利于提高人民的生活水平"；"发展才是硬道理"。这些论述，充分反映了发展经济的思想在小平同志的经济理论中的重要地位。

各国的经济发展都有其特殊环境，一个国家的资源禀赋、初始结构以及它所选择的发展政策是不一样的。虽然发展经济学作为一门科学是世界性的，但是在进行理论概括时，必然带有民族的烙印，具有不同的实践背景。基于这样的理由，我们认为创建有中国特色的发展经济学是时代赋予我们的使命。

中国的工业化和现代化是在以下特殊环境中推进的：第一，中国是一个人口众多的大国；第二，中国人口中农民占大多数，农业和农村问题显得特别重要；第三，中国是社会主义国家，正处在从传统计划经济体制向市场经济体制的转型过程中；第四，中国是一个大市场，为世界各国企业家所关注；第五，中国有悠

---

① 《邓小平文选》第二卷，人民出版社 1994 年版，第 234 页。

② 《邓小平文选》第三卷，人民出版社 1993 年版，第 237 页。以下凡不加注释的引文均出自《邓小平文选》第三卷。

久的历史和东方的文明，现代化是在传统的文化的历史背景下进行的。中国发展经济学要反映这些特点，要把中国经济发展的特殊模式概括出来。这些特色，在小平同志的经济发展思想中已经得到了充分的体现。

二、邓小平经济发展思想的特征

1. 从政治角度讲经济

邓小平同志是伟大的政治家，他是从政治家的角度来观察和处理经济发展问题的，这是经济学家们难以做到的。正如美国马尔科姆·吉利斯等著的《发展经济学》所指出的："孤立地从经济方面看问题，不足以讲清何以众多的国家陷于贫困。一旦离开经济阐述的领域，经济学家们便不免有点手足无措。其部分原因在于经济分析的工具原是针对特定的范围而设计出来的，越出这一范围，这些工具就不大灵了，不过，要是你真想弄懂这么多国家陷于贫困的根源，那么，你就非得探究经济发展同政治体制与社会价值观念之间的关系不可，舍此别无他途。"[①] 小平同志的经济发展思想，不是就经济问题而论经济发展的，而是站在解决中国之命运和全人类发展的高度来论述经济发展问题的。正如他自己所说，在经济问题上的一些讲话，"都是从政治角度来讲的"。"经济工作是当前最大的政治，经济问题是压倒一切的政治问题"，"政治工作要落实到经济上面，政治问题要从经济的角度来解决"[②]。"要证明社会主义真正优越于资本主义，要看第三步，现在还吹不起这个牛。""只有到了下世纪中叶，达到了中等发达国家的水平，才能说真的搞了社会主义，才能理直气壮地说社会主义优于资本主义。"小平同志的经济发展思想始终同我们共产党人的理想联系在一起的，"为实现共产主义创造物质基础"。小平同志辩证地观察和处理政治和经济的关系，这是他的经济发展思想的基本特征。

2. 重视试验的方法

马克思在《资本论》第一版序言中说："分析经济形式，既不能用显微镜，也不能用化学试剂。二者必须用抽象力来代替。"[③] 这作为研究方法无疑是正确的，但作为指导实践的理论，还要经过实践的检验。因而邓小平同志在观察和处

---

① ［美］马尔科姆·吉利斯等：《发展经济学》，经济科学出版社 1990 年版，第 35 — 36 页。

② 《邓小平文选》第二卷，人民出版社 1994 年版，第 194、195 页。

③ 《资本论》第一卷，人民出版社 2004 年版，第 8 页。

理经济问题时非常重视"试验"，也可以说是"实验"。这是他的实事求是的思想路线在经济发展中的体现，是马克思主义唯物论的思维方式，更表现出他非凡的胆略和勇气。这是在经济学方法论上对马克思主义的发展。

——**1974—1975年的试验**。小平同志说："说到改革，其实在一九七四年到一九七五年我们已经试验过一段。""那时的改革，用的名称是整顿，强调把经济搞上去，首先是恢复生产秩序。凡是这样做的地方都见效。"

——**实践是检验真理的唯一标准问题的讨论**。这使人们的思想从"两个凡是"的禁锢中解放出来，从传统的社会主义模式的束缚中解放出来，探索建设有中国特色的社会主义。小平同志鼓励我们，"看准了的，就大胆地试，大胆地闯"，"没有一点闯的精神，没有一点'冒'的精神，没有一股气呀、劲呀，就走不出一条好路，走不出一条新路，就干不出新的事业"。

——**改革是伟大的实验**。小平同志在《拿事实来说话》一文中谈了农村改革实验的情况。"开始的一两年里有些地区根本不理睬，他们不相信这条路，就是不搞。观望了一年，有的观望了两年，看到凡是执行改革政策的都好起来了，他们就跟着走了。""现在我们搞以城市经济体制改革为中心的全面改革，同农村改革一样，起初有些人怀疑，或者叫担心，他们要看一看，对这种怀疑态度，我们也允许存在，因为这是正常的。既然搞的是天翻地覆的事业，是伟大的实验，是一场革命，怎么会没有人怀疑呢？""处理的办法也一样，就是拿事实来说话，让改革的实际进展去说服他们。"

——**对外开放的试验**。从设立深圳、珠海、汕头、厦门四个经济特区，到十四个沿海开放城市，扩展到长江三角洲、珠江三角洲、闽南三角洲地区的沿海经济开放区，以及到上海浦东的开放，发展到全国沿江沿边和内陆中心城市的对外开放。这样的对外开放空间的层次性和梯度性的形成过程，正是一个实验过程。小平同志说："这是个很大的试验，是书本上没有的。""我们的整个开放政策也是个试验，从世界角度来讲，也是一个大试验。"特别是上海浦东的开放，是实验的结果。小平同志在总结对外开放的经验时指出："回过头看，我的一个大失误就是搞四个经济特区时没有加上上海。要不然，现在长江三角洲，整个长江流域，乃至全国改革开放的局面，都会不一样。"

——**对市场经济的方法也要坚决地试**。小平同志说："证券、股市这些东西究竟好不好，有没有危险，是不是资本主义独有的东西，社会主义能不能用？允许看，但要坚决地试。"从实践中提炼，并在试验中不断丰富和发展，是小平同志经济发展思想的方法论特征。

3. 把发展和共同富裕连在一起

"共同富裕"是马克思主义的理想和信念，但至今并未实现。在西方，有所谓"福利经济学"和"福利国家"，霍布森曾提出要以社会福利作为研究的中心。尔后，有许多学者提出了解决福利问题的理论和政策；在实践中，一些发达资本主义国家也建立了社会福利和社会保障体系。在西方社会福利制度的实施中，积累的经验和存在的问题，我们可以参考或引以为戒。但是，他们所宣称的实际上是"私人拥有生产资料，政府越来越多地提供服务"的"福利国家"，不可能动摇资本主义的基础。这是西方"福利经济学"与小平同志的"共同富裕"理论的本质区别。其次，就解决福利问题的内涵来说，"福利经济学"与"共同富裕"理论也是不同的。在评价发展对福利的作用时，最常用的方法是研究收入分配。收入分配有两种：一种是功能分配，即生产要素的分配，传统的理论是土地、劳动和资本；另一种是规模分配，即个人或家庭间实施的对各种收入的分配。福利经济学可能通过国家税收和各种基金改变"规模分配"，但不可能改变"功能分配"，无法解决生产要素占有的不平等，因而不可能实现"共同富裕"。第三，在解决福利问题的途径上，"福利经济学"与"共同富裕"理论也是不一样的。1955 年，库兹涅茨提出了著名的 U 形假说：不平等与发展之间的关系有如"倒 U"形，随着经济的发展，收入分配的不平等性先是上升，继而下降，不平等性会随着经济增长自然而然地加以解决。可是根据萨德赫尔·安纳德的研究，用于证明库兹涅茨 U 形假说的，"数据所倾向的函数形式展示一种与公认的 U 假说相反的关系"。[①] U 形假说并未得到实践的验证。事实上，"在某些国家，大多数人民实际上根本没有从发展中获得好处"。[②] 人民的贫困问题不会随经济发展而自然消除的。所以，西方的"福利经济学"和"福利国家"的理论和政策同邓小平同志提倡的"共同富裕"有着原则性的区别。小平同志讲的"共同富裕"有别于西方"福利经济学"的特殊含义是：

——**最终达到共同富裕是社会主义的本质所在。**"社会主义的特点不是穷，而是富，但这种富是人民共同富裕。""如果导致两极分化，改革就算失败了。"

——**实现共同富裕的基本条件是社会主义制度。**小平同志在同外国人士谈到 20 世纪末争取达到小康水平时说："如果我们的生产总值真正达到每人平均一千美元，那我们的日子比他们要好得多，比他们两千美元的还要好过。因为我们这

---

① 《发展经济学的新格局——进步与展望》，耶鲁大学经济增长中心第 25 届发展经济学年会论文精选，经济科学出版社 1992 年版。

② ［美］马尔科姆·吉利斯等：《发展经济学》，经济科学出版社 1990 年版，第 98 页。

里没有剥削阶级，没有剥削制度，国民总收入完全用于整个社会，相当大一部分直接给人民。他们那里贫富悬殊很大，大多数财富在资本家手上。"①

——**共同富裕的基础是生产力的发展**。人民福利的增长，只能建立在生产增长特别是劳动生产率提高的基础上。"不搞现代化，科学技术不提高，社会生产力不发达，国家实力得不到加强，人民的物质文化生活得不到改善"，② 所以，社会主义必须大力发展生产力，逐步消灭贫穷，不断提高人民的生活水平。这就要依赖于社会主义市场经济体制的建立。

——**达到共同富裕的捷径**。实现共同富裕，"平均发展是不可能的"。小平同志构想的路子是："一部分地区有条件先发展起来，一部分地区发展慢点，先发展的地区带动后发展的地区，最终达到共同富裕。"这种构想，最初是在1978年中共中央工作会议闭幕会上的讲话中提出来的。十五年来的实践证明，这种非均衡的策略，确实对各个地区的经济发展是一种"示范力量"，起了"激励和带动作用"。这条路子"是加速发展，达到共同富裕的捷径"。

——**解决共同富裕问题的时机**。一个政治家和战略家非常重视解决问题的时机，早了不行，迟了也不行。目前，沿海和内地都发展了，但差距拉大了。对于这种现象，议论众多，要求缩小差距的呼声很高，这是可以理解的。但小平同志认为："什么时候突出地提出和解决这个问题，在什么基础上提出和解决这个问题要研究。""太早这样办也不行，现在不能削弱发达地区的活力，也不能鼓励'吃大锅饭'。""可以设想，在本世纪末达到小康水平的时候，就要突出地提出和解决这个问题。到那时候，发达地区要继续发展，并通过多交利税和技术转让等方式大力支持不发达地区。"因为生产力相当程度的发展是解决这个问题的基础，不然的话，要影响整个国民经济的发展。而且，这个问题不能通过"吃大锅饭"的办法，而要通过"互利互惠"的经济原则来顺利解决沿海同内地的贫富差距问题。把经济发展问题始终同"共同富裕"的目标联系在一起，这是邓小平同志经济发展思想的又一特征。

4. 将中国的发展置于世界的开放系统中来考察

任何国家和地区都要对外开放，是当代世界发展经济学家的共识。但是，小平同志的通过对外开放发展经济的思想，是用政治家的眼光从全人类发展的角度来研究的，这一点不同于一般的发展经济学家。同时，邓小平的对外开放思想在

① 《邓小平文选》第二卷，人民出版社1994年版，第259页。
② 《邓小平文选》第二卷，人民出版社1994年版，第86页。

中国历史上是一个划时代的创举，开辟了中国经济发展的新纪元。

——"中国的发展离不开世界"。这是历史经验的总结。长期闭关自守，把中国搞得贫穷落后，愚昧无知。搞建设就要对外开放，不然，是不能成功的。"自力更生"是指建设主要靠自己，而不是排外。正确的方针是"在坚持自力更生的基础上，还需要对外开放，吸收外国的资金和技术来帮助我们发展"。这不只是中国的历史经验证实了的，而且也是世界各国发展的共同经验，"现在任何国家要发达起来，闭关自守都不可能"。所以，他在接待发展中国家的宾客时再三强调："我们最大的经验就是不要脱离世界，否则就会信息不灵，睡大觉，而世界技术革命却在蓬勃发展。"对发达国家来说，它的进一步发展也离不开对外开放，尤其是对发展中国家的开放，小平同志说："西方政治家要清楚，如果不帮助发展中国家，西方面临的市场问题、经济问题，也难解决。经济上的开放，不只是发展中国家的问题，恐怕也是发达国家的问题。"

——全方位开放的政策。就开放的范围而言，小平同志认为，"开放是对世界所有国家开放，对各种类型的国家开放"。开放的内容可以从对外贸易到生产要素的流动，从土地出让到高科技服务，从第一次产业到第三次产业，从科学管理到市场运行机制，直至价格体系，都要"最终达到面向世界市场"。中国对外开放的潜力是很大的，因为"中国是一个大市场"，但毕竟还没有开发出来，外国人利用中国市场还有很多事情能够做。所以，"许多国家都想同我们搞点合作，做点买卖，我们要很好利用。这是一个战略问题"。

——中国的发展对世界是一个贡献。邓小平同志从世界和平的角度来分析中国对外开放和经济发展的世界性意义，认为"等到中国发展起来了，制约战争的和平力量将会大大增强"，"对世界和平与局势的稳定肯定会起比较显著的作用"。他又从经济角度做了分析，认为现在的南北问题实际上是经济发展问题，南方不发展，世界经济也难以发展，"世界市场的扩大，如果只在发达国家中间兜圈子，那是很有限度的"。特别像中国和印度这样的大国，在世界经济发展中具有很重要的地位。"中印两国不发展起来就不是亚洲世纪。真正的亚太世纪或亚洲世纪，是要等到中国、印度和其他一些邻国发展起来，才算到来。"因此，"中国必须在世界高科技领域占有一席之地"，因为"这些东西反映一个民族的能力，也是一个民族、一个国家兴旺发达的标志"。要从对全人类作出应有的贡献这个意义上，来对待中国的改革开放和经济发展。中华人民共和国现在已经是一个政治大国了，"在不长的时间内将会成为一个经济大国"。

可见，在经济开放的大系统中，把中国经济发展和世界经济发展联系起来考察，是小平同志经济发展思想的又一显明特征。

三、邓小平经济发展思想的概要

研究中国的发展经济学，首先要对邓小平的经济发展思想的基本内容有所了解。近年来，中国学者在探索发展经济学上取得了一批可喜的成果，其中有借鉴西方经济学的理论和方法的，但主要是在邓小平有中国特色的社会主义理论指导下进行创造性研究的结果。邓小平的经济发展思想的内容是很丰富的，这里只就其中的主要问题作概要性的阐述。

1. 关于利用有利的国际环境抓住发展机遇的思想

从发展环境的角度对国际形势变化趋势作出判断，实际上是对发展机遇的判断。在这个问题上，我们曾过多地认为世界大战很快就要打起来，忽视发展生产力，忽视经济建设，贻误了发展时机。小平同志根据新的观察、新的分析，认为"第三次世界大战短时期内不会打"，"我们希望至少有七十年的和平时间。我们不要放过这段时间"。

同时，他又对世界上存在的各种矛盾做了深刻分析，指出："世界上矛盾多得很，大得很，一些深刻的矛盾刚刚暴露出来。我们可以利用的矛盾存在着，对我们有利的条件存在着，机遇存在着，问题是要善于把握。"在沿海地区实行对外开放的政策正是建立在对国际环境的这种判断上的；也正是出于这种判断，小平同志再三强调要"善于利用时机解决发展问题"，要"抓住时机，发展自己，关键是发展经济"。这里所谓的"时机"，就是世界和平的时机，就是世界发生大转折的机遇，就是西方世界存在着我们可以利用的矛盾的机遇。这些分析正是小平同志的"发展机遇"论的依据。

2. 关于运用市场经济体制和机制发展经济的思想

经济发展的基本问题是如何提高资源配置效益。在不同的体制和运行机制中，资源配置效益是截然不同的。发展经济学中的"新古典主义"认为，只有通过市场和最少量活动的政府干预的体制和运行机制，才能解决资源配置问题。这样一种发展机制，在西方发达国家中是不言而喻的。在日本，战后也经历过由统制经济向市场经济转型的时期。在不发达国家，市场狭小是陷入贫困的重要原因。因此，发展经济学非常重视市场经济体制和运行机制的构建。G. 拉尼斯在总结东亚的新兴工业化国家和地区发展经验时说，"它们的成功主要应归因于其外向型的发展制度和它们力图把自己完全置于市场竞争之中的愿望"；并指出"所有欠发达国家都用强大的干预经济的政治力量，来发动它们向现代经济过渡的经济增长"。① 发展体制和机制是发展经济学家们所关注的一个尖端问题。按照传统理论，计划经济是社会主义制度的标志，市场社会主义是反马克思主义的。因而要在中国采用市场经济的发展机制，势必要受到意识形态上的屏障。邓小平同志以巨大政治胆略和非凡理论魄力开拓马克思主义新境界，提出了社会主义市场经济的理论，解决了中国经济发展体制和机制的问题。

——"计划和市场都是经济手段"。小平同志多次强调计划和市场都是经济手段，有时说"都是发展生产力的方法"，是有针对性的，是对传统理论把计划经济作为社会主义的本质特征的否定，是对把市场经济看成是资本主义的僵化的思维模式的抨击。小平同志用事实来说明这个长期争论不休的理论问题。早在1979年11月，小平同志就指出："说市场经济只存在于资本主义社会，只有资本主义的市场经济，这肯定是不正确的。社会主义为什么不可以搞市场经济，这个不能说是资本主义。"② 他又说："社会主义也有市场经济，资本主义也有计划控制。资本主义就没有控制，就那么自由？最惠国待遇也是控制嘛！不要以为搞点市场经济就是资本主义道路，没有那么回事。"用浅显的道理来教育人们，"我们必须从理论上搞懂，资本主义与社会主义的区分不在于计划还是市场这样的问题"；"社会主义和市场经济不存在根本矛盾"。这就把人们的思想从传统理论的禁锢中解放出来，大胆地利用市场经济的体制和机制来发展经济，使市场在国家宏观调控下对资源配置起基础性作用。"计划和市场都得要"，但计划也得建立在市场经济的基础上，其目的在于矫正"市场失效"。

——社会主义市场经济是中国的唯一出路。过去我们一直搞计划经济，"优越性在于能做到全国一盘棋，集中力量，保证重点。缺点是市场运用得不好，经济搞得不活"。"多年的经验表明，要发展生产力，靠过去的经济体制不能解决问题。所以，我们吸收资本主义中一切有用的方法来发展生产力。""中国不走这条路，就没有别的路可走。只有这条路才是通往富裕和繁荣之路。""不搞市场，连世界上的信息都不知道，是自甘落后。"小平同志的这些论断是实践经验的总结，是符合社会化生产的客观规律的，是加速中国经济发展的唯一可供选择的道路。

——构建社会主义市场经济体制。这个改革的目标模式，虽然是在党的十四次代表大会上确立的，但小平同志的关于社会主义市场经济的理论为这个目标模式的确立奠定了基础。小平同志的论述，科学地阐述了市场经济就其本身（即通

---

① 《发展经济学的新格局——进步与展望》，耶鲁大学经济增长中心第25届发展经济学年会论文精选，经济科学出版社1992年版，第6、7页。

② 《邓小平文选》第二卷，人民出版社1994年版，第236页。

过市场机制的资源配置方式）而言，并没有社会制度性质的本质区别，因而资本主义可以用，社会主义也可以用，这就排除了确立社会主义市场经济体制的障碍。所谓社会主义市场经济，无非是指社会主义条件下的市场经济，市场经济运行的规则、程序、手段、方法同资本主义没有什么区别。同时，在改革的实践中，小平同志也为社会主义市场经济作为改革的目标模式提供了成功的经验。由他担任总设计师的改革，无论是农村的还是城市的，是设置特区还是引进外资，是企业改革还是金融改革，以及价格体制的改革，其基本内容都是市场取向的改革。农村的联产承包责任制和企业的放权让利，其目的都在于使他们能自主决策、自主经营、自负盈亏，形成真正的市场主体；对外开放的政策和措施，是为了同世界市场接轨和提高我国在世界市场上的竞争力；金融改革是"要把银行真正办成银行"，形成真正的金融市场；价格体系的改革，小平同志主张最终也要达到面向世界市场；等等，改革的方向无一不是同市场经济的形成紧密相连。小平同志的市场取向改革的思想，在党的十四届三中全会的《决定》中做了进一步发挥，并勾画了从传统的计划经济体制向崭新的社会主义市场经济体制过渡的蓝图。随着改革的推进，我国经济发展的体制和运行机制将充满生机和活力。

3. 关于经济发展要保持"适当速度"的思想

要保持适当的发展速度，是小平同志非常关注的问题。

——**加速发展的紧迫性**。小平同志认为"一个国家要取得真正的政治独立，必须努力摆脱贫困。""坚持社会主义，首先要摆脱贫困落后状态，大大发展生产力，体现社会主义优于资本主义的特点。"在这个意义上，"发展太慢也不是社会主义。"同时，世界上竞争很激烈，"现在，周边一些国家和地区经济发展比我们快，如果我们不发展或发展太慢，老百姓一比较就有问题了"。小平同志从国家的政治独立，坚持社会主义和国际竞争的压力，这三个方面说明加速中国的经济发展迫在眉睫。

——**"适当速度"的标准**。在这个问题上，小平同志的设想是要保证我们的战略目标能够实现。他说："什么叫适度？适度的要求就是确保这十年能够再翻一番。"在发展速度的控制上，"发展顺利时要看到出现的新问题，发展要适度，经济过热就容易出毛病"；治理通货膨胀时，又"不要使经济萎缩，要保持适当的发展速度"，"强调稳是对的，但强调过分就可能丧失时机"。"凡是能够争取的发展速度还是要积极争取"，"只要是讲效益，讲质量，搞外向型经济，就没有什么可以担心的"。这是一些很重要的思想，要全面理解。

——**发展速度的差异性**。地区间在资源禀赋和经济发展水平上的差异是客观存在的，因而在发展速度上不可能是平衡的。盲目追求产值和速度攀比是不对的，但是，"发展好的地区，就应该比全国平均速度快"，"能发展就不要阻挡，有条件的地方要尽可能搞快点"。因而，小平同志对各个不同的地区提出了不同要求，比如广东，要上几个台阶，力争用二十年的时间赶上亚洲的"四小龙"；要求上海利用浦东的开发带动长江三角洲和长江流域的发展，要在金融和贸易方面取得国际地位。这是符合中国国情的，是推动全国经济发展的正确策略。

4. 关于推动经济发展力量的多种源泉的思想

发展动力，是发展经济学家所共同关心的主题，但各个学者研究的角度和侧重面却不完全一样，邓小平同志关于推动经济发展力量的思想，是从以下三个方面展开的：

——**制度创新**。在我国，制度创新的基本问题是经济体制和政治体制的改革。"改革是中国的第二次革命"，"改革也是解放生产力"，"改革是中国发展生产力的必由之路"，这是小平同志的名言。因为传统的计划经济体制形成了一种同社会生产力发展要求不相适应的僵化的模式，严重压抑了企业和广大职工群众的积极性、主动性、创造性，使本来应该生机益然的社会主义经济在很大程度上失去了活力。所以，只有从根本上改变束缚生产力发展的经济体制，建立起充满生机和活力的社会主义经济体制，才能促进生产力发展。从这个意义上说改革也是解放生产力。从农村到城市，从微观组织到宏观体制的改革，包括产权制度、企业制度、运行程序、法律规则等方面的制度创新。而这些制度创新是经济发展的巨大动力源。

——**技术创新**。西方发展经济学非常重视技术进步对经济增长的贡献，并提出了各种"技术进步决定经济增长"的模式和测定技术进步的模型。小平同志虽然没有对技术进步做定量分析，但他从生产力诸要素的相互作用的高度提出了"科技是第一生产力"的论断；提出了农业的发展：一要靠政策，二靠科技，而且特别重视"高科技"，因为"高科技领域的一个突破，带动一批产业的发展"。"要提倡科学，靠科学才有希望。""高科技领域，中国也要在世界上占有一席之地"。中国的现代化要靠科技进步。这种进步就是一种"创新"，而这种创新就意味着经济的成长。小平同志说："科学技术的发展和作用是无穷无尽的。"

——**思维创新**。按照熊彼特的创新理论，"无论中心人物是企业家还是大厂商，只有在经济生活中引进崭新的思想，崭新的产业部门才有可能诞生"。① 邓

---

① ［英］R. 库姆斯等：《经济学与技术进步》，商务印书馆 1989 年版，第 85 页。

小平同志关于思维创新的理论要比西方经济学家的创新理论广泛得多，深刻得多。这里包含着两方面的内容：其一是解放思想、敢冒风险。他说："干革命、搞建设，都要有一批勇于思考、勇于探索、勇于创新的闯将。没有这样一大批闯将，我们就无法摆脱贫穷落后的状况，就无法赶上更谈不到超过国际先进水平。"① "墨守成规的观点只能导致落后，甚至失败。"其二是强调精神文明建设对经济发展的作用。"这是中国发展的一个精神动力。"任何一个国家的经济发展都有其一定的社会文化进步和劳动者文化素质的改善相配套。所以，物质文明和精神文明这两手都要抓，两手都要硬。

5. 关于经济发展分"三步走"的战略目标的思想

——发展目标。小平同志说："我国经济发展分三步走，本世纪走两步，达到温饱和小康，下个世纪用三十年到五十年时间再走一步，达到中等发达国家的水平。这就是我们的战略目标，这就是我们的雄心壮志。"这样，实现四个现代化的目标就具体化了。小平同志的分三步走的发展目标，是经过深思熟虑，逐步完善的。1979年，小平同志认为，我们的四个现代化的概念，就是"小康之家"，提出"中国本世纪的目标是实现小康"。② 小康的状态，就是第三世界中比较富裕一点的水平，国民生产总值人均一千美元。1982年党的十二大为实现小康，提出了二十年翻两番的奋斗目标。大体上分两步走，前十年打基础，后十年高速发展。"实现小康"，只能算是现代化的最低目标。小平同志从中华民族的未来着想，对我国经济发展的战略目标进行了跨世纪的思考，把实现战略目标的时间由20年扩展到70年。党的十三大根据小平同志的跨世纪的战略构想，正式提出了分三步走的战略任务：第一步，实现国民生产总值比1980年翻一番，解决人民的温饱问题；第二步，到本世纪末，使国民生产总值再增长一倍，人民生活达到小康水平；第三步，到下个世纪中叶，人均国民生产总值达到中等发达国家水平，人民生活比较富裕，基本实现现代化。这个战略目标是鼓舞人心的，也是完全可以实现的。第一步的发展目标已经提前实现了。第二步的目标也能完成，有的省份还可以提前实现。关键是看第三步，实现这一步的目标比前两步困难得多。因此，"要用宏观战略的眼光分析问题，拿出具体措施"。"我国的经济发展，总要力争隔几年上一个台阶。"分三步走的战略目标实现了，中国将发生大的变化，年国民生产总值就将居世界前列；中国对人类也将作出较大的贡献；

① 《邓小平文选》第二卷，人民出版社1994年版，第143页。
② 《邓小平文选》第二卷，人民出版社1994年版，第237页。

而且中国发展的业绩也将证明社会主义真正优越于资本主义；并为今后的发展创造一个新的起点。小平同志的分三步走的发展目标已成为我国人民的行动指南。

——**战略重点**。要实现上述发展目标，经济发展就要突出重点。小平同志在1982年就提出："战略重点，一是农业，二是能源和交通，三是教育和科学。搞好教育和科学工作，我看这是关键。"十多年来的实践证明，这三个方面确实是经济发展的战略重点，至今仍然是建设中必须牢牢掌握的重点。近年来，经济发展受到能源和交通滞后的瓶颈制约，已深深地教育了我们，各地已开始重视能源、交通、通信和水资源的投入。教育和科学也受到一定程度的重视，浙江还提出了"科教兴省"战略。在农村改革中最可喜的成果是"乡镇企业发展起来了，突然冒出搞多种行业，搞商品经济，搞各种小型企业，异军突起"。这是中国农民的第二次伟大创造。而最令人担忧的是农业问题。搞农业，特别是粮食生产的比较经济利益低下，农民种粮的积极性不高，这是个大问题。"从中国的实际出发，我们首先解决农村问题。中国有百分之八十的人口住在农村，中国稳定首先要看这百分之八十稳定不稳定。城市搞得再漂亮，没有农村这一稳定的基础是不行的。""农业问题要始终抓得很紧。农村富起来容易，贫困下去也容易，地一耕不好农业就完了。"中国农业的发展，要靠改革，实现第二个飞跃，发展适度规模经营。这几个战略重点能否搞好，是直接关系到战略目标能否实现的大问题。

——**开放型经济**。要实现我们的发展目标，不开放不行；而且市场经济就其本身来说，应当是开放型的，对内对外都要开放，形成国内统一市场，接轨世界市场。国内要打破部门分割、地区封锁的壁垒，实行自由贸易，进行全方位的合作。对国外，要坚持经济开放的政策，既要引进国外的资本和先进技术，又要打出去，到国外去投资，跨越境界地重组生产要素，提高国际市场上的竞争力。沿海地区要加快开放的步伐，实行外向型的经济发展战略，提高外向度。

6. 关于从国情出发探索有中国特色的经济发展模式的思想

世界上的问题不可能都用一个模式解决。中国有中国自己的模式。这个模式就是"建设有中国特色的社会主义"。这是小平同志的实事求是的唯物史观在发展问题上必然得出的结论。所以，研究发展模式必须从中国的国情出发。

——**坚持社会主义道路**。这是塑造中国经济发展模式的根本原则。而对什么是社会主义，要用发展的观点去研究，从斯大林的社会主义模式中摆脱出来，从"左"的思想中解放出来。"一个公有制占主体，一个共同富裕，这是我们必须坚持的社会主义的根本原则。"党的十四届三中全会《关于建立社会主义市场经济体制若干问题的决定》中再一次强调以公有制为主体，多种经济成分共同发展的方针。

——不要离开和超越阶段。"一切从社会主义初级阶段的实际出发。"所谓"初级阶段"，"就是不发达的阶段"。在这个阶段的根本任务是发展生产力，实现工业化和现代化。特别是我们这个农民占大多数的国家里，农村的劳动力就业问题特别重要。因此，凡是符合小平同志提出的"三个有利于"的各种措施和鼓励政策，都允许试验，都要尊重群众的创造。"温州模式"、"苏南模式"、"珠江模式"、"横店社团所有制模式"，等等，这些符合各地实际的探索，都应当给予积极的扶持。

——体现市场经济的"共同规范"。小平同志在强调中国特色时，非常注意"共同规范"的东西。从市场经济的方法，到经营管理形式，甚至那些规范市场行为和运作的法规，都提倡要借鉴和学习。他说："社会主义要赢得与资本主义相比较的优势，就必须大胆吸收和借鉴人类社会创造的一切反映现代社会化生产规律的先进经营方式、管理方法。"这些国际经验是人类的共同财富，都属于发展生产力的手段和方法，既可以为资本主义所用，也可为社会主义所用，谁用得好，就为谁服务。在这个问题上，主要是受老框框的束缚，至今还未彻底解决。其要害是姓"资"还是姓"社"的问题。小平同志提出的三条判断标准，为我们利用市场经济的"共同规范"开辟了道路。西方的市场经济的"共同规范"，是数百年的市场交换中逐步形成的，是经历了无数次的成功和失败之后总结出来的，因而交易成本是很高的。在今天，我们可以花很低的交易成本，把这些"共同规范"引进来，为建立社会主义市场经济体制服务。当然，要使这些"共同规范"行之有效，一定要根据中国的国情加以改造，使"共同规范"中国化。小平同志是把坚持中国特色和市场经济的"共同规范"融为一体，来创造中国独特的经济发展模式。

7. 关于"稳定、改革、发展"辩证统一的思想

稳定是发展的前提。因为"没有安定的政治环境什么事都干不成"，"已经取得的成果也会失掉"。"只有稳定，才能有发展。"从这个意义上说，"压倒一切的是稳定"。国内政局要稳定，路线和政策要稳定，社会要稳定，人心要稳定。但是，稳定和发展是相辅相成的。小平同志说："真正要巩固安定团结，主要的当然还是要依靠积极的、根本的措施，还是要依靠经济发展。"[①] 只有经济增长

---

① 《邓小平文选》第二卷，第254页。

了，人民生活逐步好起来，看到稳定带来的实在的好处，"才能真正稳定下来"。从这个意义上讲，发展是稳定的基础。要稳定就得推进改革，同时改革又促进稳定。改革和发展也是相辅相成的，改革是发展的推动力，而经济的发展又为改革的深入创造条件。因为改革过程中必然有社会利益的大调整，只有经济发展了，把蛋糕做大了，人民对改革的承受能力才能增强，改革才能顺利推进。只有正确理解小平同志的"稳定、改革、发展"辩证统一的思想，才能把握住大局。

以江泽民同志为核心的第三代领导人正高举建设有中国特色社会主义的大旗，实践和发展邓小平经济发展的思想，促进国民经济持续、快速和健康的发展，以豪迈的步伐引导我国人民走向 21 世纪。

后记：向为本文提出过重要修改意见的专家，以及定稿时参与讨论和修改的葛立成、罗天明同志，谨致谢忱！

（"全国学习《邓小平文选》和建设有中国特色社会主义理论研讨会"入选文章，1994 年 12 月，北京；载中共中央宣传部理论局编《当代中国马克思主义研究巡礼》，人民出版社 1995 年版）

发展经济学的传播与创新

——答《当代学术信息》杨建华记者问

记者：发展和改革是当代中国的主题，而经济发展需要发展经济学的指导，请您就发展经济学在我国的现状及其趋势作个评述。

方：我对发展经济学的接触比较迟，而看到的材料也不多，很难对我国学者研究发展经济学的状况作个全面的评述，只能就我的粗浅认识同读者作个交流。

记者：先请简要介绍"发展经济学"的产生和发展过程？

方：从广义来说，凡是研究一国或地区经济发展问题的，都可以算是发展经济学。但我们现在所说的"发展经济学"是狭义的，是特指研究农业国或发展中国家如何实现工业化和现代化的过程和规律的学说。这种学科，确实是在第二次世界大战后兴起的新兴学科。它研究一国经济如何从不发达形态演进到发达形态，或者说研究发展中国家如何实现经济起飞和经济发展的问题。

发展经济学就其思想渊源来说，可以追溯到早期的经济学家亚当·斯密的《国富论》，他是第一个研究国民财富的增长和分配的，特别是关于增加劳动投入和提高劳动生产率是财富增长的源泉的理论对后来的研究者有很大的影响。大卫·李嘉图的"比较优势原理"，也成为发展经济学家设计发展中国家对外贸易战略的理论基础。马尔萨斯的《人口论》对当代发展经济学的影响也不可低估，"人口陷阱"的理论就是以前者为基础的。李斯特是第一个明确提出以落后国家（当时的德国）经济发展问题为主题的经济学家。他认为，研究经济问题要放在其特定的历史条件下进行，所以在经济学史上被称为"历史学派"的代表人物。他认为，对落后国家而言，经济发展就是从农业社会转变为工业化社会的过程，而要赶上发达国家就要有跳跃式的发展。要实现跳跃式的发展，就要千方百计地从先进国家引进先进的生产力，包括物资、资本、技术和人才，并主张政府应当用贸易保护政策扶植新兴工业。但把经济发展同社会制度结合起来研究的真正系统的发展经济学著作，最早的要算是马克思的《资本论》。

发展经济学作为第二次世界大战后新兴的一门学科，其发展也经历了几个阶段，第一阶段是二战后到20世纪60年代中期。这一时期的发展经济学的主要流派基本上都是以发达国家的历史经验来规范发展中国家的问题，其公式是"发展＝工业化＝经济增长"，因而以国内生产总值（GDP）的增长为主要目标，由此提出"二元结构论"、"经济起飞论"、"大推进战略"等等。这个时期的理论可以概括为以解决资本稀缺为目的的"资本积累论"。第二阶段是从20世纪60年代末到80年代中期。这个时候人们发现有的国家出现了"有增长而无发展"的现象，因而认为增长并不等于发展。"经济增长"是指一国或一地区与商品和劳务生产增长相结合的其生产能力的增长；"经济发展"是指除了人均GNP的提高以外，还包括经济结构的变化以及贫困、失业、收入不均情况的改善。因此，经济学家们认为不能仅仅用GNP来衡量一个国家的经济发展，而着重于经济结构的变化和生活质量的改善的研究，这样，发展经济学研究的范围拓展了。同时，也认识到，经济发展主要取决于人的质量，而不是自然资源的丰瘠或资本存量的多寡。其实，舒尔茨在1961年就发表了《人力资本投资》的论文，但到这个时候才被人们所认识。这一阶段发展经济学的另一个特点是把经济增长的两种效应区别开了：一种是增长效应（growth effect），另一种是水平效应（level effect）。而水平效应的增长取决于技术进步，于是确立了"技术进步决定经济增长"的"索罗模式"，打破了"资本积累决定经济增长"的理论。第三阶段是从20世纪80年代中后期开始的，流行于西方国家。他们的论述，把发达国家和发展中国家作为一个总体来研究与比较，把经济增长理论和经济发展理论融为一体，因而被人称为"新发展理论"。

记者："新发展理论"有哪些特别值得重视和借鉴的观点？

方：这个问题在薛进军的《"新增长理论"述评》（载《经济研究》1993年第2期）的文章已做了介绍，我推荐给读者。我看了以后，认为以下一些观点对我们研究发展经济学是很有价值的：

（1）美国经济学家罗默（Paul Romer）把知识分解为一般的知识和专业化的知识，认为一般知识可以产生"外在的经济效应"，使全社会都能获得规模经济效应；专业化知识可以产生"内在经济效应"，给个别厂商带来垄断利润，垄断利润又形成个别厂商用于开发新产品的"研究与开发"的资金来源。他的结论是：知识积累是现代经济增长的新源泉。

（2）罗默又把产出分为两大部门：一个是"消费品生产部门"；另一个是"研究与开发部门"（R&D）。而"R&D"是知识的积累部门，一个企业乃至一个国家用于研究与开发部门资源的多少决定其经济增长率和收入水平的高低。

（3）美国经济学家卢卡斯（Robert Lucas）的"专业化的人力资本积累的增长模式"，认为舒尔茨的"人力资本概念"比较一般化，要进一步明确只有"每个人的"、"专业化的人力资本"的积累才是产出增长的真正源泉。因而，他把劳动力分为纯体力的"原始劳动"和用特殊的专业知识从事的"技能劳动"，只有后者才能促进产出增长。

（4）卢卡斯又把人力资本的形成分为两种效应，认为舒尔茨的人力资本理论是通过正规的和非正规的教育而形成的，可称其为人力资本的"内在效应"；而阿罗（K. J. Arrow）在20世纪60年代提出了"边干边学"的原理，认为不通过学校教育，不脱离生产岗位，通过在岗训练、师傅带徒弟或在工作中积累经验也能形成人力资本，这是人力资本的"外在效应"。这拓宽了人力资本形成的途径。这种"外在效应"的人力资本形成方式，我们是有经验的。但卢卡斯把这种"外在效应"提高到理论上，并提出了外在的人力资本积累公式，纳入其经济增长模式。

（5）英国学者斯科特（M. PG. Scott）提出的"斯科特模式"解决了经济学界把强调资本积累的作用和技术进步的作用对立起来的难题。根据英国学者施莫科勒（J. Schmookler）对技术发明专利史的研究，得到一个重要结论：技术进步源泉是资本投资。斯科特从中看到，经济的增长取决于科学技术的进步，而科技进步又取决于资本的投资，用于教育以及研究与开发的资本投入越多，技术进步就愈快，所以经济的增长最终还是取决于资本投入率。斯科特模式说明，产出的增长率主要取决于资本投入率和劳动生产率的增长，而劳动生产率则是知识和技术对劳动力素质影响的结果。

（6）罗默在分析国际经济增长问题时指出，知识积累率的高低和由此带来的要素收益率的差异，是发达国家与不发达国家经济增长率和收入水平存在巨大差异的主要原因。而国际贸易可以使知识在全世界范围内加速积累，这种知识效应可使不发达国家能够在较短的时间内迅速发展经济并缩小与发达国家的差距。由此，他提出了"开放经济模式"。

以上六个方面的理论使发展经济学进入了一个新的时期，预示着20世纪90年代的发展趋势。

记者：据我所知，华中理工大学的张培刚教授是世界著名的发展经济学家，他的主要贡献是什么？

　　方：是的。张培刚教授是我国经济学界的老前辈，早在20世纪30年代就在思考经济落后的以农业为主的中国将如何走工业化道路的问题。1945年冬，他在哈佛大学研究生院完成了作为博士论文的专著：《农业与工业化》（*Agriculture and Industrilization*）。这比曼德尔鲍姆的作为发展经济学成为一门独立学科的标志的著作——《落后地区的工业化》（1947年）还要早。但到1947年春，哈佛大学才决定将这个博士论文列为《哈佛经济丛书》第85卷，于1949年出版；1951年译成西班牙文，在墨西哥出版；1969年，英文本在美国再版；而中文版直到1984年1月才由华中工学院出版社出版。这本书以第二次世界大战后中国将面临如何实现工业化的问题为中心目标，从世界范围内来探讨农业国或发展中国家在工业化过程中将要遇到的问题，特别是农业与工业的相互依存关系及其调整与变动的问题。这本书的影响很大，是研究发展经济学的人所必读的。外国学者来中国，也常尊敬地讲起"Professor Peigang Zhang"。

　　张培刚教授虽年事已高，但仍以"老牛奋蹄"的精神，撰写《农业与工业化》的中、下卷。以哈佛大学完成的书为上卷，名为《农业国工业化问题初探》，中卷为《大战后农业国工业化问题再论》，《社会主义中国农业与工业化问题研究》作下卷，现已陆续出版。

　　记者：我国在普及"发展经济学"知识方面的情况怎样？

　　方：发展经济学被系统地引入我国，是党的十一届三中全会以后的事。1979年冬，由"中华外国经济学说研究会"在北京举行的"国外经济学讲座"，是我国第一次公开地比较系统地介绍和评述当代西方的发展经济学理论。1980年中国社会科学出版社把范家骧的《发展经济学》作为《外国经济学讲座》第1册出版，这可说是最早的一本评介西方发展经济学的普及读物。1984年以后，我国陆续出版了这方面的一些著作。1985年人民出版社推出的谭崇台教授的《发展经济学》，简明扼要，读者很爱看。其后有：万晓光：《发展经济学》，中国展望出版社1987年版；陶文达：《发展经济学》，中国财政经济出版社1988年版；杨敬年：《西方发展经济学概论》，天津人民出版社1988年版；胡乃武、金碚主编：《国外经济增长理论比较研究》，中国人民大学出版社1990年版；蔡思复等主编：《发展经济学概论》，北京经济学院出版社1992年版，等等。发展经济学的知识在大学里都作为一门重要的课程来讲授，经济系毕业的学生一般都懂一些，但在各级领导岗位上从事经济领导和宏观经济管理的干部中懂得这方面知识的还不多，这不能不说是一个缺憾。现在中央提倡干部学经济学，应当抓住这个机遇，大力普及"发展经济学"的基本知识。

记者：我国经济学界对发展经济学的研究有何进展？

方：我国经济学界对发展经济学研究的特点是结合我国的实际，根据经济发展的需要进行研究。在研究中涉及的面比较广，也取得了一批可喜的成果。我认为在以下问题的研究是很有成效的：

（1）关于发展战略的研究。其中有全国性的发展战略，地区发展战略，产业发展战略，行业发展战略。在国际上有极大影响的是邓小平同志提出的分三步走的战略目标，指导我国经济社会的发展。

（2）乡镇企业的研究。这实际上是农村工业化的研究。通过发展乡镇企业实现农村的商品化、工业化、城镇化和现代化，这是我国农村工业化和现代化的独特道路，对发展经济学有重大贡献。

（3）贫困地区的开发研究。这方面的最初研究成果有：王小强、白南风的《富饶的贫困》，四川人民出版社 1986 年版；郭凡生等著《贫困与发展》，浙江人民出版社 1988 年版。浙江省社科院也有这方面的课题，1992 年杭州大学出版社出版了由钟儒主编的《走出贫困的实践与思考》。这方面的研究还有很多著作，对贫困地区脱贫致富起了指导作用。

（4）国际经济大循环同我国经济发展关系的研究。在这方面从提出设立经济特区，到沿海地区发展外向型经济的战略，到沿边、沿江开放，从着重于对外贸易到全方位的开放，以及我国重返 GATT 的研究等，这些研究对提高我国的开放度有着极其重要的影响。

（5）关于科技是第一生产力的研究。这个论断是邓小平同志提出来的，是对马克思主义的发展。这个论断也汲取了西方发展经济学的精华，并在中国的实践中加以发展。

（6）关于发展和改革关系的研究。发展中国家的经济发展都需要以改革来支撑。而社会主义中国有其特殊性，长期以来是在僵化的计划经济体制中发展的，因而发展的最大障碍是体制问题。十多年来关于计划与市场的讨论，到最后确立把社会主义市场经济作为改革的目标模式，正是发展经济学研究取得的重大成果。发展要以改革提供良好的环境，而改革又要以发展为前提，只有经济发展了，改革才有雄厚的实力予以支持。发展和改革是相辅相成的。

（7）在发展经济学的研究方法上，西方常用的经济增长模型、经验统计分析、历史分析、非均衡分析和结构分析等研究方法，被许多学者所采用，并结合中国的实际，建立了适合我国和某些地区的发展模型。

记者：你对创建有中国特色的发展经济学有何设想？

方：创建一门新型的发展经济学是非常必要的。因为到目前为止，西方的发展经济学仅限于对发展中国家的极少的国家和地区，而且大都是幅员狭小、人口不多的国家和地区，在发展中取得的成功经验为例，提出的理论和政策。当然，其中的一般原理对大多数发展中国家都是适用的，可以借鉴。但是，从全球的角度来看，发展中国家最有代表性的是诸如中国、印度、巴基斯坦、巴西、墨西哥等这样的国家。特别是中国和印度，幅员广大、人口众多、历史悠久，经济发展的经验和教训更值得研究。严格意义上来说，不能概括和分析中国和印度经济发展的理论和政策的发展经济学是不完整的发展经济学。所以，发展经济学有待于中国学者来加以充实和完善。

要创建新型的发展经济学，需要一个鼓励学者在学术探讨上勇于创新、平等磋商、团结和谐的良好环境。在经济发展的理论、政策和战略思路上形成不同的学派，久而久之含有中国自己特色的发展经济学。

在创建新型发展经济学的研究方法上，我很赞成张培刚教授在《发展经济学往何处去》（载《经济研究》1989 年第 6 期）一文中指出的"首先必须从社会经济发展的历史方面来考察，探根溯源"，"探寻阻碍经济发展的最终根源"，"还必须从发展中国家的本国国情出发，制订发展战略"。同时，我认为目前的工作应着重于专题研究，不要去创建一个所谓完整的系统的科学体系。在国外也是这样的，一本好的发展经济学著作都是集各个学者的研究成果之大成，而在某个问题上有突破、理论上有贡献的学者却不会去写一本"发展经济学"，可是一本有价值的发展经济学却要依赖各个专家的新发现、新材料、新结论。时下，我国还处在由计划经济体制向市场经济体制转型的过程中，在社会主义市场经济体制下如何发展还在探索，因而现在还没有条件去创建我们所期望的真正是科学的新型发展经济学。前面已讲到，我国学者在研究发展经济学时也引进了西方的研究方法，这是可喜的。但不得不指出，过多地运用数学公式，使经济发展的理论变得艰涩难懂，有可能成为一种纯粹的数学游戏，这是值得我国学者注意的。建立一些数学模型来说明问题是必要的，但要从我国实际出发，让有一般数学知识的人都能看得懂，否则这门学问就只能禁锢在经院式的学院中。

最后，我认为，在中国不仅有创建新型发展经济学的土壤，而且也有这方面的人才。这国经济学界，在老一辈经济学家的栽培下，已经涌现出一批出类拔萃的青年学者。他们思想敏锐，既学了马克思主义经济学，又熟悉西方经济学；既了解中国国情，又有不少人到过发达国家，去过海外的发展中国家和地区，熟悉国外的情况；有的已经在某个研究领域中有所建树。新型发展经济学的创建，寄希望于青年一代的经济学家。

（原载《当代学术信息》1993 年第 2 期）

中国制度建设新阶段的纲领

中国经济已进入新一轮的增长期，这一轮增长的幅度有多大、时间有多长，取决于创新的力度，包括制度创新、技术创新、管理创新。但目前的情况正如党的十六届三中全会《决定》所判断的，"生产力发展仍面临诸多体制性障碍"，制度创新仍然居于首位，没有制度创新就不可能有技术创新。所以，制度创新仍然是新一轮发展的主动力。

1984 年《中共中央关于经济体制改革的决定》标志着中国市场经济改革取向的开端，由计划经济所构成的制度框架的规则、准则和实施组织的制度安排也开始向市场经济的制度建设；党的十四大确定社会主义市场经济体制改革目标以及十四届三中全会相关决定之后，我国的制度安排进入了实质性的变革阶段，社会主义市场经济体制初步建立；十六届三中全会通过的《中共中央关于完善社会主义市场经济体制若干问题的决定》（以下简称"新决定"）对新的制度安排作出了方向性和原则性的决定，是中国的制度建设发展到一个新阶段的纲领性文件。

一、新决定是"与时俱进"的必然要求

新决定是在新的历史条件下作出来的，其内容是为了解决新问题而作出的制度安排，是"与时俱进"的制度创新。

——**新决定是我国加入 WTO 之后融入世界经济的需要**。加入 WTO 的过渡期大体上将于 2006 年结束，而现行的市场经济的制度安排基本上还是古典市场经济模式，离现代市场经济模式还有相当大的距离，要融入世界经济必须深入改革，完善社会主义市场经济体制。

——**新决定是推进发展观念和发展模式转变的需要**。过去 25 年来，中国不仅经济有了巨大的增长，而且有了迅速的发展，但工业化仍然存在"路径依

赖"，所采用的是传统工业化模式，以牺牲环境为代价。现在我们已经认识到这种模式的弊端，中共十六大提出了要"走新型工业化道路"，要"以人为本"的发展的新理念和新模式，这是一种历史性的转变，而制度因素是推动着历史沿着某一路径发展的相对稳定和最为核心的因素之一，这势必要有新的制度安排，对嵌入在经济结构和经济运行中的正式或非正式的程序、规则、规范和惯例进一步的完善。

——**新决定是构建推进一轮发展动力的需要**。中国经济已进入新一轮的增长期，这一轮增长的幅度有多大、时间有多长，取决于创新的力度，包括制度创新、技术创新、管理创新。但目前的情况正如新决定所判断的，"生产力发展仍然居于首位，没有制度创新就不可能有技术创新"。所以，制度创新仍然是新一轮发展的主动力。

二、新决定中关于制度建设的基本特征

新决定在理论上有许多创新，在政策上有许多新突破。从制度建设的角度，笔者认为有三大基本特征：

——**新决定明确产权制度仍然是制度建设的核心**。新决定提出了"资本"的概念，这在党的文件中是首次。"资本"就是一种"产权"，而"产权是所有制的核心"。从这一理念出发，新决定提出了"建立现代产权制度"、"保护私有财产"、发展"混合所有制"、"推动产权有序流转"、"使股份制成为公有制的主要实现形式"。这一些论断都是关于"产权"的，完善社会主义市场经济体制的根本问题仍然是产权问题。

——**新决定确定了改革攻坚战的战略和政策**。从 25 年改革的实践来看，改革最难突破的有五大问题：一是国有企业的改革；二是垄断行业的改革；三是金融体制的改革；四是"三农问题"的解决；五是政府职能的彻底转变。新决定对这些方面的改革都有新的突破，改革的决心大，改革的力度强，改革的政策和措施更接近现代市场经济的制度安排，从中看到了解决这些难题的曙光。

——**新决定强调统筹发展与协调发展**。基于新的发展观和前一时期改革和发展中出现的新情况和提出的新问题，新决定提出了统筹城乡发展、统筹区域发展、统筹经济社会发展、统筹人与自然发展、统筹国内发展和对外开放的要求；提出了努力实现宏观经济改革和微观经济改革相协调、经济领域改革和社会领域改革相协调、城市改革和农村改革相协调、经济体制改革和政治体制改革相协调，以及社会科学和自然科学协调发展。这"五个统筹"和"五个协调"的提

出是很有针对性的，这从根本上避免了有增长而无发展的风险，保障全面建设小康社会的宏伟目标的实现。

三、新决定为浙江再创体制新优势提供了新契机

——**推动混合所有制经济的发展来提高非公有制经济的素质和规模**。浙江的经济是以非公有制经济为主体的，非公有制经济在 2001 年 GDP 中占 58.2%，企业的活力都非常强，在经济发展和社会进步中起到巨大的作用。这些非公有制企业，有的已建立了现代企业制度，但绝大多数还是家族制企业，家族所有和家族管理，还是古典市场经济的治理结构。这样的治理结构面临着五大问题：第一，家族内部的产权关系不清晰，家族成员之间随着企业财富的增长，矛盾也在增加；第二，家族制企业的封闭性，阻碍吸收外来资本来扩大企业规模；第三，家族制的血缘和亲缘关系，阻碍现代管理制度的实施；第四，家族企业的文化难以使企业跳出原有的模式，容易锁定在原有的路径上，有碍思维再创新和管理再创新的实现，减弱了企业竞争力；第五，家族企业正处在第一代创业者的业主更新换代的年代，面临接班人的忧虑，浙江的家族制企业"管理革命"的时代到来了。同时，从企业的规模和产品的技术水平来审视，都需要通过提升来提高企业素质，增强企业市场竞争力。所以，浙江的非公有制经济需要"第二次飞跃"。在这一次飞跃中，要有制度建设，变迁的路径是多种多样的，其中家族制企业实行"产权开放"是一条可供选择的道路，吸纳各种资本组建混合所有企业的股份公司，按现代企业制度运作，增强企业竞争力。据有关部门最近统计，浙江规模以上的工业企业中已有 69% 的企业是混合所有制企业。混合所有制经济最大的优点是集各种所有制经济之长，又具有现代产权制度和现代企业制度的制度安排，适应现代市场经济的要求。从现在的发展趋势来看，混合所有制经济是未来浙江经济的主体。

——**推动金融机构创新，组建地方性金融企业**。浙江金融市场的发育程度严重制约浙江经济的发展，一方面有大量的民间资本在市场上流动，找不到出路；另一方面许多中小企业资金短缺，贷款困难。为解决这种矛盾，许多有识之士早就提出了组建地方银行、民营股份制银行的建议，但由于宏观政策的限制未能实现。虽然在浙江有以泰隆城市信用社为基础升级的台州商业银行的成功经验，但兴办民营银行的口子还没有开。新决定在这方面发了"市场准入证"，我们应充分利用这个政策推进金融市场的发育，健全浙江经济发展的金融支撑体系。浙江可以从以下方面率先改革：第一，鼓励民间资本积极参与金融机构的重组与改

造；第二，积极争取在浙江率先组建各种所有制的金融机构，可在温州、台州进行试点；第三，积极争取发展专业化的金融服务企业，可选择几个产业集群进行试点，以推进先进制造业基地的建设；第四，大力发展债券市场，争取在一些优质的非公有制企业发行债券，地方政府要发债券还比较困难，但可以运用"项目债券"的金融产品，发行债券，来兴办电力、水利、交通和其他公共事业。这些方面正是浙江下一步改革的着力点，如果在金融市场的培育上有所进展，浙江经济的活力将是无限的。

（原载《浙江经济》2003 年第 21 期）

经济理论研究成果的转化问题

最近 WEF 和 IMD 发表的《全球竞争力报告》中，浙江在区域竞争力比较中居全球第 19 位，不论其评价的准确性如何，但说明浙江经济的业绩和活力令世人瞩目。这是在正确路线的指引下，浙江各界劳苦大众、科技工作者、理论工作者、各级政府的决策者、各行各业的管理者共同奋斗的成果。浙江的经济理论工作者在这些力量的互动中起了积极的推动作用，经济研究成果转化的成效是显著的，这样的评价可由浙江经济发展史作证。

一、成果转化绩效

自然科学的研究成果有个转化为生产力的问题，社会科学的研究成果也同样有个转化问题。一般来说，社会科学的转化要通过决策来实施。但不能认为只有被政府采纳了的研究成果才算有成效，它的成果转化表现在很多方面，其中大量的是通过新闻媒体和各种论坛转化为经济发展和社会进步的精神动力和智力支持，有的通过企业家的决策直接转化为生产力。美国哈佛大学卡罗尔·韦斯女士提出参与决策有七种模式，其中第六种是"启蒙模式"或"渗透模式"，这种"渗透"不是通过具体的研究成果或者特定的研究计划，而是通过知识界、舆论界，使研究成果普及化、倾向化，以此来间接地影响人们（特别是决策者）思考问题的方法。这是一种自下而上、由表及里的"渗透"，是对民众和决策者的一种"启蒙"。经济学的研究成果大量是通过这种模式转化为经济效益和社会效益的。有的研究成果还要通过第三种模式，即"相互作用"模式应用于决策的。因为研究与应用的程序既不是直线的，也不是有秩序的，而是相互作用的，前后没有一定的秩序。因此，研究者与决策者之间的对话方式是非直接的、非面对面的，而是通过"中间人"进行间接对话，使学术研究的成果参与到决策中去。通过第三种模式参与决策，在浙江也是成功的。浙江各级党政领导的民主决策和科学决策的意识比较强，一些重大决策大都吸纳了经济学界的研究成果，从"浙江经济结构轻型化"、"资源小省到经济大省"到"提高国际竞争力的战略"；从发展私人经济、股份合作制到现代企业制度；从"温州模式"、"混合模式"到"浙江模式"；从"商品专业市场"、"要素市场"到现代"金融市场"；从区域"特色经济"、"产业集群"到"制造业基地"建设；从"农村扶贫模式"、"粮食市场化"到"统筹城乡发展"；从建设"小城镇"、"完善城镇体系"到"大都市圈"的发展；从"小康社会"指标体系到"基本实现现代化"的发展目标；等等，影响浙江经济社会发展的重大决策都凝聚了浙江省经济学同仁的劳动结晶，这是值得欣慰的。《浙江省哲学社会科学志》在"经济学"一章中对浙江经济学界1988年以前的研究成果及其转化已有记载，其后15年经济研究的业绩比前10年更为突出，也将列入辉煌浙江的历史篇章。

二、成果转化过程

从25年来的实践来看，不同类型的研究成果，它的转化时序是不一样的：（1）一般规划性的理念和发展思路研究成果转化的时间比较快，比如大家为各地作的规划研究很快就被当地政府所采纳；（2）一些战略性的研究成果的转化时间比较长，比如我们经济学界10位学者在1984年提出了"建立杭州信息工业园区的构想和建议"，经过了五年直到1989年才成为现实，建立了"杭州高新技术开发区"；1987年省经济研究中心提出的"下山脱贫"和省社会科学院课题组提出的海岛要实施"大岛建、小岛迁"的战略，大概也经过了五年才见成效；同年，我们提出"环境资源保护成本转移支付"的建议，到21世纪才被重视而付诸实施；（3）关于制度变迁性的研究成果得到社会的公认要有一段时间，而成为正式制度规则需要更长的年月。比如，私人经济从它的出现到社会公认经过了10年，得到法律上的肯定又经过了10年；建立民间金融机构的问题，早在1986年讨论温州模式时就提出要使地下银行合法化的建议，民间的股份制银行直到最近才获准入许可。

经济研究成果转化为政府决策有个时机问题，一个好理念或者一个好建议，只有在内外部条件许可的时候才有可能实现。制度演化有两种机制推动：一是创新机制，二是选择机制。有了创新，还有个决策者的选择问题。选择机制是指经济系统的制度环境，特定的环境会有利于某些惯例而不利于另一些惯例，社会经济演化就是对多种制度进行选择的过程。对一个决策者来说，选择环境由内部压力和外部环境所构成的：内部压力一是决策集体的认知程度，二是决策者的政治风险；外部环境是指社会的惯性系统和控制系统，惯性系统主要是传统的思维方式和行为习惯，这是一般的基本运行环境；控制系统主要指上级的决定和领导者的偏好。但如何判断这个环境，与决策者的素质相关性极大，作出了正确的判断就能抓住机遇，判断错了就失去机遇。正如盛照瀚等著的《演化经济学》所说，机会是资源。机会是有价值的，而对于不同的需求者来说，具有完全不同的价值：对于获得机会的需求者来说具有正价值，对于没有获得机会的需求者来说，别人（竞争者）的机会对于他来讲反而成了负价值。选择机制对于研究成果的转化极端重要，有许多研究成果如果早被采纳，它的经济效益和社会效益也许还要好得多。比如，粮食市场化的问题，省政府咨询委在 1995 年就提出来了，但过了三年才实现；"加快城市化进程"问题，省政府咨询委在 1994 年的年度分析报告就已明确提出了，但是直到 1999 年省里才作出加快城市化的决定，解决城市化滞后于工业化的问题又迟了五年；对于近年来出现的新一轮"圈地运动"可能出现的问题，浙江经济学界早在 2000 年就多次提出预警，但并未引起人们的注意，只有待中央作出宏观调控的政策之后，"圈地运动"才得到抑制，但造成的损失太大了。

三、成果转化机制

要将研究成果迅速转化为经济效益和社会效益，需要有相应的机制。

第一，要建立鼓励经济理论创新的机制，以便涌现出更多的优秀成果。目前研究中存在四大问题：一是模仿性的多，创新性少；二是短期的多，战略性的少；三是原则性的多，可操作性的少；四是应用性的多，基础理论少。应当激励基础理论的创新，激励战略性的研究的创新，提高应用研究的可操作性。要从人才培育、学科建设、成果发表和奖励方面形成制度性的激励机制。

第二，要严格知识产权保护制度。知识产权保护制度正在我国推行，但在社会科学领域可以说还没有起步。原因有二：一是许多研究成果是属于模仿创新，而不是原创性创新的；二是信息的不完全性，一个新的理念、观点或政策建议是谁先提出来的，没有准确的信息。在经济学研究方面，因为我们正在进行体制转型，建立市场经济体制，因而很多研究成果是从西方经济学中引进的，是属于"模仿创新"；但这种"模仿创新"是结合中国实际和当地的区情而加以改造过的创新，如同引进国外技术后加消化和改造的"二次创新"，不可否认这也是一种创新，其难度是很大的，其"二次创新"的贡献不可低估。而这个创新归之于谁又是一个难题，比如对浙江经济的研究成果有许多最先是来自于浙江经济学界的创新，但很少得到人们的肯定，而归之于北京的一些权威学者。《钱江晚报》所谓"浙江经济学界集体失声"的报道就是由此而来的。这说明了两个问题：其一是经济研究的产权没有得到保护；其二是浙江需要涌现出顶尖级的经济学家，需要营造"浙江经济学界"的品牌。

第三，构建经济研究成果转化为决策的通道。上面说过，研究者与决策者的对话是非直线、非面对面的，而是要通过"中间人"才能进行的间接对话，研究成果才能进入决策程序，因此要有个畅通的渠道。本届省政府决定，由省政府投资的重大项目都要经省政府咨询委员会论证之后才能决策，这是决策科学化、民主化的重大举措。目前省政府咨询委员会是经济研究成果进入决策进程的一条重要渠道；省社会科学联合会和各个学会应当担负起"中介人"的角色，他们也很愿意承担这样的角色，但决策部门对此并未十分重视。关键是决策层的决策意识，只有具备科学的民主的决策意识的决策者，才能把经济学界放在自己的视野中，尊重他们的研究成果，利用他们的研究成果为自己的决策报务。

第四，研究成果的传播机制。现在很多有创见的经济研究成果只停留在评审阶段，通过评审就被束之高阁。而许多研究者也不问已有的研究成果，致使研究的简单重复成了一种常态，似乎此项研究是从他们开始的，这是研究质量不高的重要原因。要改变这种状态，就要建立研究成果的传播机制。这个机制是两个方面的，一方面加强内部的信息交流，另一方面对优秀的研究成果要加以推广。传播的路径是很多的，通过新闻媒介是一条迅捷之路，建立经济研究信息库也是一种好办法，还可以通过各种论坛和举办研究成果报告会推介浙江经济学界的研究成果。

（本文系在浙江省经济会召开的"浙江经济研究的回顾与展望"学术讨论会上的发言。原载《浙江经济》2004 年第 14 期）

浙江经济发展环境和动力简论

综观各国经济发展史，一个国家和地区的经济发展程度，一是取决于它的发展的环境条件，一是取决于发展的动力之大小。研究浙江经济的发展模式、经济结构和发展速度，都应从这两个基本问题入手；要比较区域间经济发展的差异，也应该从发展环境和发展动力中寻找其成因。

一、发展环境

发展环境是各种经济资源和经济运行条件的综合体，并构成一种经济发展的潜在能量。就一个国家的经济发展环境而言，有国际经济环境和国内经济环境。对一个省区的发展来说，国际国内的环境大体上都是一样的，但区域的发展环境差别却很大，这主要是：地理环境——发展的区位条件；资源环境——发展的物质条件；经济环境——发展的经济基础（如经济发展的已有成果、基础设施、初始结构等）；社会环境——发展的社会资源（如社会文化背景、运行体制、信息系统等）；政治环境——发展的保障条件；政策环境——发展的激励机制和控制系统；生态环境——持续发展的条件。环境决定论和忽视环境对经济发展的作用，都是错误的。一个国家和地区的发展，在一定程度上可以归结为人们对发展环境的认识、利用、改造和创造。

总结浙江近半个世纪来的经济和社会发展，变化最快的是改革开放之后的17年间。究其原因，在地理环境和资源环境上没有实质性的变化，而决定性的因素是宏观环境的变化。新中国成立后，浙江同全国一样，开始从传统的农业社会向现代工业社会转型，可是在计划经济体制下，社会主义制度的优越性未能充分发挥，社会转型的进程非常缓慢。直到1978年，浙江仍然是一个工业基础薄弱的农业省份，工业生产总值仅132亿元，占全国工业生产总值的比重只有3.12%，低于当年人口在全国3.8%的比重；第二产业在国内生产总值中的比重为43.3%，低于全国48.6%的平均水平；而第一产业的比重为38.1%，高于全国平均水平9.4个百分点，因而浙江工业在全国的位次名列14。就经济总量而言，1978年浙江国内生产总值124亿元，居全国第12位，还是一个经济小省。改革开放的路线和政策，改变了经济发展环境，激发了经济发展的动力。17年来，浙江经济是在从计划经济体制向市场经济体制转型期的环境中运行的，是在市场经济机制的作用下发展的。短短的17年，使浙江经济实力明显增强，1995年国内生产总值3 450亿元，跃居全国第5位，向前迈进了7个位次，经济结构也发生了明显变化，向现代工业社会转型的速度在加快。这是从纵向比较的角度证实发展环境同经济发展的速度之间的相关性。

再从横向比较的角度作一简要分析。就资源环境而言，过去有过"资源小省"的说法，这是就工业原料资源而言的，浙江金属矿产确实不多。但就广泛的资源而言，浙江有丰富的劳动力资源，有海洋资源，这些资源加进去作资源的综合评价，浙江资源拥有量就不是小省了。而以目前对浙江经济发展的贡献来说，资源禀赋不是浙江的优势。可是，换个视角来观察，工业原料资源短缺又从"逆向推动"浙江经济发展。因为靠指令性计划指标分配资源，浙江所能得到的资源是十分有限的，不能发挥浙江的相对优势，这就迫使浙江选择通过市场进行资源互换的路子，市场空间越大，浙江经济发展的余地也就越大。

在经济环境方面，改革开放之初浙江经济发展的已有成果没有多大优势，基础设施，由于国家投入少，不仅严重滞后于经济发展，而且远远落后于其他省份；有优势的只是"初始结构"，即开始实现标准意义上的工业化时的结构状况。浙江的结构，叫做"轻小集"。"轻"的结构符合20世纪80年代经济增长的趋势。80年代我国国民经济增长模式是以消费品为导向的工业化推动型的增长模式，浙江轻纺工业结构正符合这个增长模式，使经济大幅增长。同时，轻型加工业的产品是属于竞争性产品，进入市场的自由度比较大，必然要求有完全竞争市场与其运行相适应，因此，生产者很快就聚集在同一个市场上，形成一批专业市场，而专业市场周围又兴建一群生产企业，扩大了专业市场的货源，如此循环往复，就使专业市场越办越大。"小"，有利于工业的起步，投资少，容易见效。"小"的结构又使农村工业的发展不能接受国有大中型企业的产品扩散，以国有大中型企业为依托，而只能另辟蹊径，办小型企业，特别是发展家庭工业，这就使浙江农村容易推行"温州模式"。"集"，这意味着国有企业数量不多，规模不大，而集体经济比重较大。这种结构，一方面迫使浙江从非国有经济方面去寻求新的经济增长点，调动各方面的积极性去发展城乡集体经济和个体私人经济；另一方面，国家的计划指标所占的比重很小，计划经济的控制力量比较薄弱，迫使浙江的企业从市场上去寻找原材料和销售渠道，这就有可能在计划经济的薄弱环节率先进行市场导向的改革，为运用市场经济的机制创造条件，取得"改革的先导效应"，赢得发展上的时间差。

政策环境方面，国家没有给浙江特别的优惠政策，不像经济特区和上海浦东的开发开放有特殊的优惠。没有优惠，但有群众的创造。浙江的老百姓有许多创新在全国是领先的。浙江的党政领导机关把群众的创造加以总结，并制定相应的政策加以推广，创造了政策环境，推动和激励浙江经济的发展。

社会环境是个复杂的社会系统。社会系统是由能量构成的，这种能量源于各种资源的综合体。其中，社会文化是一种能量很大的资源。浙江经济的发展也得益于社会文化资源的作用。浙江的文化，具有传统文化和海洋文化相结合的特征。从传统文化讲，浙江人民不仅具有勤劳的美德，还有永嘉学派叶适的"利义并存"和浙东学派代表黄宗羲的"工商皆本"的思想遗产；而且，悠久的通商口岸又引来了海洋文化，有较强的开放意识、风险意识、经营意识、金融意识和创新意识。而浙江的社会系统经过改革开放，中心已起了变化，已初步形成以市场为中心的社会环境。这个环境迫使国有企业进入市场，参与竞争，在竞争中求生存。所以，浙江的国有企业比较早地经历了市场经济的考验，比较早地渡过了一些难关，因而同其他地区的企业相比，有较强的应变能力，这就有可能胜过他们一筹。

二、发展动力

"创新"是经济社会发展的根本动力和源泉。一个企业的竞争力取决于它的产品创新能力；一个城市的经济活力取决于它的产业创新能力；一个国家和地区的发达程度也取决于其创新能力。

从区域经济发展的动力而言，"创新"可以分解为"技术创新"、"制度创新"和"思维创新"。"技术创新"是经济和社会发展的"第一推动力"；而"技术创新"又要通过适当的制度安排来加以实施，没有"制度创新"，任何"技术创新"的成果也难以转化为现实的生产力；但是，无论是技术创新还是制度创新，都要以"思维创新"为前提，正如熊彼特所说，无论中心人物是企业家还是大厂商，只有在经济生活中引进崭新的思想，崭新的产业部门才有可能诞生。

在浙江，"技术创新"有不少新成果，它的采用推动经济增长。据浙江工业大学区域发展研究所的报告，技术进步在浙江工业经济增长中的贡献率，1981—1985 年为 30.6%，1986—1990 年为 36.0%，1991—1993 年为 39.7%，大约以每年 1 个百分点的速度递增。但总体来说，"技术创新"对浙江经济发展的推动力还显得乏力。

浙江经济发展的动力主要来自于"制度创新"。制度创新的基本问题是经济体制和政治体制改革，以及对外开放的深度发展。开放系统是一个加速度的发展系统，浙江经济发展的程度是同对外开放的广度和深度成正比的。在改革方面，浙江有许多创新，最突出的有四个方面：一是以家庭工业为主的"温州模式"的形成，不仅带动了个体私人经济的发展，而且开创了股份合作经济新体制，现在温州又提出了"第二次创业"，核心是加速经济体制和经济增长方式的根本性转变，并已取得初步成果，成为"两个转变的先导"；二是最早出现在温州、台州的股份合作制，以既不同于个体经济、又有别于集体所有制的一种新颖的产权制度安排，推进乡镇集体所有制的一种新颖的产权制度安排，推进乡镇集体企业产权制度改革和个体私营企业的联合；三是专业市场的兴起，使我国批发业发生了一场深刻的革命，既推动了流通体制的改革，又推动了地区经济的发展，使不少地方的"以贸兴市"的战略获得成功；四是以"中国第一座农民城"——龙港镇为代表的，靠民间力量建设和发展城镇的新路子，被誉为"中国农民的第三个伟大创举"。这些创造都是在制度创新需求与制度实际供给的均衡区间的选择，是在现有的条件下最现实的合理的制度安排，因而具有生命力。这些制度创新，塑造了市场主体，培育了市场体系，推进了经济高速增长。

"思维创新"是思辨方式和思想观念的变革。浙江群众的思想比较活跃，敢于突破传统思想观念的束缚，善于接受新思想新观念，因而许多新鲜事物都首先发生在浙江。早在 20 世纪 50—60 年代，就有像原永嘉县委副书记李云河等一批主张在农村建立包产到户的承包责任制的改革的先驱者，不幸的是这些代表人民意愿和时代要求的正义者却遭到了厄运的折磨。80 年代农村经济体制改革正是那时的自下而上要求改革的继续和回声。前面讲到的在浙江具有特色的几个"制度创新"方面的成果，也主要是诱致性的制度变迁，开始是由个人和一部分人根据市场的获利机会冲破原有制度安排的束缚，自发地创造新的制度安排，又通过一些群体的倡导、组织和实行，取得了成效，因而其他地方也逐步仿效和推行。这是群众的伟大创造过程。而这个过程的微小进展都是以思维创新为先导的。所以，浙江改革的主动力是来自群众，改革的方式往往是自下而上逐步推进的。上级党政领导机关对群众的创造予以肯定，并用政策和法规的形式使之成为正式的制度安排，以政府行为来促进制度变迁，慢慢地向社会主义市场经济体制靠近。这说明，浙江改革与发展的成果同"思维创新"是分不开的。而阻碍当前经济发展的，还是陈旧的思想观念和思辨方式问题，国有企业改革进展不快的原因也在于此。

三、发展模式

浙江的发展环境和发展动力的特点，决定了浙江经济发展模式的总体特征。而浙江省各地区间的发展环境和发展动力又存在着很大的差异，这些差异在经济环境方面主要是各地区间的工业化水平、国家投资数量、国有企业的比重、产业结构，以及由此而引起的国家计划控制力度的差异；还有社会文化背景和地理环境上的差异。这些差异性，决定了各地区间的不同的发展模式。

"温州模式"发源于温州，但逐步向周边地区扩展，台州的市场化所经历的路子同"温州模式"大同小异，不过台州市侧重于发展股份合作的产权制度。但从1994年的统计来看，台州市的私人和个体经济在工业总产值的比重还超过温州市，在乡及乡以上的工业总产值中，温州市的私有经济占0.73%，而台州市为1.34%；在村及村以下工业总产值中，温州市的城乡个体和私人经济的比重占43.23%，台州市为45.93%。因此，温台两市可以归结为一种模式，即"温州模式"。

浙东北地区则不同，国有经济在全部工业总产值中的比重明显高于温台两市。浙东北包括杭州、宁波、嘉兴、湖州、绍兴、舟山6个市，1994年的国有工业产值占全部工业产值的比重平均为17.63%，而温州和台州市分别为8.75%和8.14%；村及村以下工业总值中，浙东北城乡个体私人经济只占36.35%，低于温台两市约5个百分点。浙东北地区的产权结构是以集体所有制为主的，农村工业化奉行的是"苏南模式"。

浙江中西部地区，包括金华、衢州、丽水三市地，在市场化的过程中兼容"温州模式"和"苏南模式"，而"温州模式"的影响更大。1994年这三市地国有工业在全部工业总产值中的比重比较大，金华市为13.9%，衢州市达30.04%，丽水地区也占21.92%。而在村及村以下的工业产值中，个体私人经济所占比重大大超过温州，金华市为73.71%，衢州市为60.64%，丽水地区占79.60%。在建设商品市场方面，金华地区的义乌市最早仿效温州的十大专业市场，而且发展得比温州还要好。因此，人们把浙江中西部地区的市场化及农村经济发展模式称为"混合模式"。

　　跨进 20 世纪 90 年代，股份合作制的产权制度兴起之后，浙江三大区域在市场化和发展模式上的差异在缩小，他们之间的界限逐步模糊了。浙东北地区，也引入温州发展个体私营经济、创办家庭工业和专业市场的办法，而温台地区，也在加大集体经济的份额，把个体私人经济引向股份合作制或股份有限公司的道路。

　　尽管浙江各地区之间在市场化和发展模式上还有一些差别，但以下三个方面是共同的：第一，构建多元化的产权结构为市场的主体；第二，采取发展国内外贸易，实现资源互换的循环方式；第三，市场化的主动力是群众的伟大创造，也就是以诱致性制度变迁为主的改革。

　　概括来说，浙江实施的是"诱致性创新为主动力的，产权结构多元化的，市场机制主导型的经济发展模式"。

　　浙江的经济发展模式，与"苏南模式"和"珠江三角洲模式"相比较而言，优势和缺陷都很明显。其主要特点有：一是创新的推力巨大。这就使浙江在改革的某些方面具有先导优势，可利用改革的时间差，加速浙江的市场化进程。二是市场的敏感度极高。浙江的市场化程度同经济增长是成正比的，而且市场的变化对经济增长周期的影响很灵敏，这就为企业家提高对市场变化的应变能力增加了压力和锻炼的机遇。三是受国家宏观控制的影响较小。近年来，国家采取紧缩银根的货币政策，对浙江经济有一定的约束力，但浙江的国有经济所占比重不大，资金短缺对全省的影响度较轻微，众多的非国有企业照样运转自如。四是百姓得到的实惠较多。尽管在市场化进展过程中，居民之间收入差距在扩大，但基尼系数仍在合理的区间，居民收入的总水平迅速提高，各市县的综合经济实力明显增强，按人口计算的百强县数为全国之首。五是经济增长素质欠佳。浙江企业规模小，企业技术层次不高，产品档次低，竞争力不强，这就制约着浙江经济的发展。要克服这个缺陷，唯一的出路是随着经济体制的转型，从根本上转变经济增长方式。

　　浙江过去的改革与发展，得益于较好的发展环境和较强的发展动力。今后的发展，也有赖于我们进一步改造环境中的不利因素，创造新的适应具有时代特征的发展环境；还要为"技术创新"、"制度创新"和"思维创新"创造良好的社会环境和政策环境，进一步增长经济发展动力，使浙江经济充满生机和活力，在国内外市场上具有强大的竞争能力。

　　（原载《浙江日报》1996 年 12 月，江苏《地区经济研究》1996 年第 3 期转载；后编入《浙江改革与发展总览》，浙江大学出版社 1997 年 4 月第一版）

论改革开放以来浙江制度变迁的特点

改革开放以来的 20 年，是浙江走向市场经济的 20 年，在这个过程中总是伴随着制度的变迁。"制度是一个社会的游戏规则，更规范地说，它们是为决定人们的相互关系而设定的一些制约，制度构造了人们在政治、社会和经济方面发生交换的激励结构，制度变迁则决定了社会演进的方式，因此，它是理解历史变迁的关键。"（道格拉斯·C. 诺斯，1990）中国实行改革开放政策的核心，就是要在社会主义制度的大框架中，重构游戏规则，按照市场经济的原则作出新的制度安排，以新的激励结构和运行规则，推进经济发展和社会进步，这个制度创新的过程就是一种制度变迁。正是从这个意义上，邓小平同志作出了"改革是中国的第二次革命"的论断。

浙江制度变迁的方向是走向市场经济体制，其演变的深度，可以用市场化程度来测定。我们参照国内外测定市场化程度的指标，从市场主体发育状况、要素配置的市场化程度、市场经济价值观与行为规范确立的程度以及政府管理经济方式的转变程度，做了定性分析和定量的评价，给出了浙江市场化程度已接近60%的结论，高于全国 10 个百分点左右。在国际上，市场经济国家的市场化程度的极限大约在 80%—85%，照此推算，浙江的市场化的路子已走了 70%—75%，也就是说已经走完了 3/4 的路程，一些转折性变化已大致完成或正在发生。

从浙江制度变迁已经取得的进展来看，制度变迁具有以下特点。

一、在制度创新需求与实际制度供给均衡点的区间选择产权制度的安排

在经济体制转型时期，制度变迁的基本问题是产权制度的选择。企业与劳动者从市场化的需要、节省交易费用的需要、规模经济效益的需要以及技术创新的

需要，都需要明晰产权，进行产权制度的创新，这种制度创新需求是制度变迁的内在动力。但是，建立什么样的产权制度则是由制度供给条件所决定的，而实际的制度供给受到许多条件的制约，其中主要是：

1. 社会制度对产权制度供给的约束。原有的一些国有或集体所有制企业的企业产权界定中，只能在公有制占主体地位、有利于共同富裕的目标的前提下作出选择。

2. 意识形态的约束。邓小平有中国特色的社会主义理论发展了马克思主义，他的关于判断做得对与不对的三条标准，已经给产权制度供给提供了非常宽松的环境，制度选择空间广阔。只要符合"三个有利于"的标准，各种模式都可以创造。然而，教条社会主义的意识形态对我国影响很深，在制度创新的问题上，总是在姓"资"还是"社"，姓"公"还是姓"私"的问题上纠缠不清。浙江深受其害。这种状况，正说明意识形态对制度供给的制约。

3. 传统文化的约束。其表现为：第一，长期稳定的社会结构形成的"稳定型心态"同产权制度动态变化的冲突；第二，自然经济中所形成的封闭型的社会结构同开放型的制度供给的矛盾，使产权结构难以跳出本地区的范围进行组合；第三，封建宗族观念和家庭经济酿成的家长制统治的习俗，制约着有制衡作用的民主监督机制比较完善的产权制度供给；第四，"均贫富"的平均主义的惯性，制约着"效率优先、兼顾公平"的制度供给。

4. 既得利益的约束。在计划经济体制下，受益是不均衡的，受益最多的是掌握人权、财权、物权的行政主管部门，以及垄断某些资源的业务部门，而这种利益格局具有刚性的特征，制约有效率的制度供给。

5. 领导层对所有制偏好的约束。各级领导层对所有制的偏好，对一个国家和地区的产权安排形式的选择起着决定性的作用。从各地的情况来看，他们对产权制度的选择，一方面要考虑如何有利于本地经济的发展，另一方面又要考虑自己将要承受的政治风险，其实这二者是统一的。但在实际执行中，有的领导把自己的政治风险放在第一位，怕这怕那，因而实际的制度供给就受到很大的限制；有的领导敢冒风险，把发展经济放在首位，实际制度供给与制度创新需求之间的平衡点就在坐标的右上方往上移，制度选择的区域空间就比较大。

改革开放前20年的大多时间中，浙江的制度变迁是在上述环境中进行，人们都在寻求制度创新需求与实际制度供给之间的均衡点。在这个均衡点的区间选择产权制度的安排，制度变迁的程度是有限的。党的十五大在所有制理论上有了重大突破，产权制度的实际供给的约束大大减少了，为深化产权制度的改革创造了更加宽松的政策环境。在制度创新需求与实际制度供给之间的新的均衡点区间，浙江的制度创新是有相当大的选择空间的。

二、制度变迁是在创新成本最小的地方开始突破和实施

"如果预期的净收益超过预期的成本，一项制度安排就会被创新"（L. E. 戴维斯、D. C. 诺斯，1976）：浙江的实践正是如此。改革开放初期，全国处在计划经济体制的控制之下，而浙江是计划经济控制力度最薄弱的地方，因而可以突破原有体制的束缚，走市场经济之路。在这个地方进行制度创新，不会损害计划经济体制的利益，反而预期收益是很大的，创新成本小于预期的收益，新的制度安排会得到成功。制度变迁首先从农村开始，也是这个道理。当时的农村人民公社把农民束缚在土地上，从所有制结构、分配制度到经营管理方式都严重伤害了农民的积极性，生产力遭到了破坏，相当多的百姓生活贫困，在这个领域里进行制度创新的预期收益将大大超过创新成本。实践也证明，农村的制度变迁使生产潜能很快就释放出来了，预期的收益超过了人们的想象。浙江人民之所以选择非公有制（尤其是私营经济）的产权制度，不是他们对这种类型的产权制度的偏好，而是成本与收益的关系所决定的，兴办小型的私营企业，资本少、风险小、效益好，是广大城乡居民力所能及的。所以，制度安排的创新到底选择哪一种形式，这取决于每一种形式的成本与收益。

三、以混合型的制度变迁路径为模式特征

浙江的制度变迁也存在着"路径依赖"，因为既然走向了市场经济的道路，就要依赖着市场经济共同的路径走下去。但在制度变迁的路径中，采取的模式是可以不同的。

"变迁一般是对构成制度框架的规则、准则和实施的组合所作的边际调整"（道格拉斯·C. 诺斯，1990）。浙江的制度创新也是沿着边际调整的路径演变的。乡镇企业是对原有的社队企业的制度边际调整发展起来的，杭、嘉、湖、绍、甬的乡镇企业有不少是依托国有大中型企业的制度边际调整而发展起来的；浙江是一个工业原料资源紧缺的省份，也因为原有的计划组织制度做了边际调整，实行了"双轨制"，才有可能从市场上获得资源，建立新的企业组织；浙江有不少私人企业，迫不得已而戴上集体所有制的"红帽子"，也是想借助原有的制度和组织发展自己。这些"充分利用原有的制度和组织资源进行市场取向的创新"，可以定义为"组织边际创新"（张道根，1997），但这仅仅是浙江制度变迁的路径

之一。浙江大量的制度创新是突破原有的制度和组织，另辟蹊径而走向市场经济的。比如，私人经济制度同传统的社会主义制度是不相容的，不可能在原有的制度和组织进行边际创新的；浙江的股份合作制不仅有劳动合作的成分，而且还有资本合作的内容，有的资本合作的部分大大超过了劳动合作，有的学者称其为非驴非马的四不像制度；浙江的专业市场也是冲破原有的流通体制和组织所进行的制度创新，这是我国批发业的革命。这一类的制度变迁可以定义为"非边际创新"。

就制度创新的变量而言，有"外生型"和"内生型"之分。外生型的变迁是指制度是从外部移植进来的。或者是由于外部的变化而不得不发生的变迁；内生型的变迁是由市场主体的内在力量而引起的制度创新。外生型与内生型制度变迁之间，并没有明晰的界限，难以严格区分开来，但有一个大致的分类。浙江有外生型的制度变迁，在改革开放初期，农村的改革比全国迟了两年，是由于全国农村改革的成就的外在力量把浙江农村推向改革之路的；全国的宏观改革，对一个省来说也是一种外在的制度变迁，而这种变迁为内生型的制度创新创造了市场化的政策环境；也有从外部移植进来的，如合资企业的管理制度和运行机制，正如杭州青春宝集团冯根生所说，他之所以要搞合资，就是为了买个体制和机制。而作为浙江制度变量的主体是内生型的。虽然农村改革的广泛推行是外生型，但在 20 世纪 50 年代，温州的永嘉县就实行过"包产到户"，而且在 60 — 70 年代，暗地里分田到户的现象从来也没有断绝过，80 年代农村的改革，"是 50 年代和 60 年代由下而上要求改革的继续和回声"（方民生，1997）。从这个意义上讲，浙江农村的制度变迁也是内生型的。浙江以内生型制度变迁为主体是两个方面的原因造成的：一是由浙江的经济发展环境所决定的。浙江人多地少，工业原料又相当贫乏，而国家投资甚少，国有大中型企业为数也不多，但要求生存求发展，就不能不走发展非公有经济、从市场上去寻找生产要素加以组合的路子，这些因素强烈地激励着浙江人民沿着内生型变迁的路径进行制度创新。二是由浙江的社会文化背景所决定的。文化沉淀对信息的获得与破译是非常重要的，一代又一代的知识遗承、教诲与模仿影响着后代人的行为，使浙江人的敏感性超群，风险意识非凡，因而具有内生型制度变迁的文化氛围。

浙江制度变迁的进程，在区域之间是不平衡的，但是一项制度创新总是要扩散的。浙江所走的是区域推进型的扩散路径，一般是由南而北、从沿海到内地，其中也有一些是相互融合的。

浙江既有组织制度边际创新，又有非边际创新，而以非边际创新为主；既有外生型的变迁，又有内生型的变迁，而以内生型的变迁为主；既有区域逐步推进的扩散，也有相互间的融合，而以区域推进的路径为主。浙江制度变迁的模式是以混合型的创新路径为特征的。

四、制度变迁围绕塑造新的市场主体展开

市场主体是市场经济的基础。在计划经济体制中，没有真正的企业和企业家，也没的真正的市场主体。走向市场经济的前提是要重新塑造市场主体。作为市场主体，必须是自主经营、自负盈亏、自我发展和自我约束的产权明晰的独立法人或自然人。农村家庭联产承包责任制，使农民从生产队统一指挥的限制和约束中解放出来，开始有了自主选择的权利；也使农民冲破平均主义的分配体制，开始有了自己独立的经济利益；而且，农民家庭成了农业生产经营的基层单位的主体，农村制度变迁的首要成果是营造了市场经济的主体。乡镇企业在很长一个时期所实行的实际上是"准国有经济"的体制，并不完全具备市场主体的基本特征，后来在农村逐步展开的股份合作制的制度创新，着重解决政企不分的问题，将劳动联合与资本联合有机地结合起来，形成一种产权明晰、利益直接、风险共担、机制灵活的制度安排，使乡镇企业逐步成为规范化的市场主体。在城市，从扩大企业自主权到实行各种形式的经营承包责任制，从利改税、拨改贷到股份制的改造、现代企业制度的试点，以及资产重组，其中心内容是重塑市场主体。

市场主体的行为也要用制度加以规范和约制。随着市场经济的发展，关于市场主体的制度安排也需要随之变迁。过去 20 年，中国的市场经济还是处在初级市场经济的阶段，但由于经济活动量的增加与新技术和市场的扩大，使中国的市场经济向现代市场经济迈进，原有的制度需要重新加以安排，进行组织制度创新。浙江现有的私营企业，是传统的家族式的企业，绝大部分企业的所有权和经营管理权还没有分开，因此到了有上千万元的资产以后就长不大，而且家族内部的矛盾也日益增加，活力不如从前。"传统企业常是短命的，几乎全是合伙生意；其中一个合伙人退休或去世，就得重新结伙或解散。如果儿子继承父亲产业，他会找新的合伙人。通常此种合伙制若有其中一个决定与其他生意人合伙时，就会散伙。"（D. 钱德勒，1977）这时，管理上的协调比市场协调更有效率和更有利可图，于是企业管理革命的时代到来了。这就是在美国于 19 世纪末到 20 世纪 20 年代所进行的"经理革命"，企业的模式发生了变化，由"家族式的企业"变成了"经理式的企业"。看来浙江的私营企业与合伙企业正面临着这场革命。我们不能笼统地否定家族制，家族中有高层次的管理人才也可能是有效的，但从现代

市场经济的要求来看，家族制的弊端是不少的，对大多数企业来说，现代企业制度是最现实的选择。这说明，浙江构造市场主体的任务并未完成，还需要作出一系列新的制度安排。

五、以诱致性创新为主动力的创新动力结构

道格拉斯·C. 诺斯教授认为（1971），制度变迁的一般过程可具体分为五个步骤：第一，形成制度变迁的第一行动集团，即对制度变迁起主要作用的集团；第二，提出有关制度变迁的方案；第三，根据制度变迁的原则对方案进行评估和选择；第四，形成推动制度变迁的第二行动集团，即起次要作用的集团；第五，两个集团共同努力去实现制度变迁。我国经济学界有的学者认为，制度变迁的"第一行动集团"是具有可分享剩余索取权和拥有资源配置的有独立利益目标的地方政府，因而把中国向市场经济过渡中制度变迁方式的转换分为供给主导型、中间扩散型和需求诱致型制度变迁等三个阶段（杨瑞龙，1998）。这种分析，就全国而言也许有点道理，但从浙江的实际情况来看，制度变迁的"第一行动集团"是广大民众。"浙江走向市场经济，主要是诱致性的制度变迁：开始是由个人和一部分人根据市场的获利机会冲破原有制度安排的束缚，自发地创造新的制度安排，又通过一些群体的倡导、组织和实行，取得了成效，因而其他地方也逐步仿效和推行。这是群众的伟大创造过程。尔后得到上级党政领导机关的肯定，并用政策和法规的形式使之成为正式的制度安排，以政府行为来促进制度变迁，慢慢地向社会主义市场经济体制靠近。"（方民生，1997）可见浙江的制度创新是以民众的诱致性创新为主动力的。许多制度创新都是民众先干起来，并大大推动了生产力的发展，才有政府的文件加以支持和推广。比如，股份合作制，早在20 世纪80 年代初台州就开始萌芽，并引起社会的关注。1980 年8 —9 月《浙江日报》曾就临海县双港区委正副书记带头投资办厂合股分红一事组织过专题讨论，历时一个半月，笔者曾为此次的讨论写过总结性的稿件，予以支持。直到1987 年温州市和台州市政府才先后发文推行股份合作制，浙江省政府也于1988 年正式发文在全省实施。又如专业市场的建立，中国第一个由农民自己建立的小城镇——龙港镇，也都诱致性创新的产物。当然，政府在制度创新中的作用也是不可低估的，政府提供了制度变迁所必需的组织协调与必要的制度供给，有时还充当中央政府与群众、基层组织之间的缓冲器，有时视而不见、采取默认的态度，并创造性地运用有限的政策工具给予支持。实践证明，在浙江的地方政府只能起"第二行动集团"的作用。只有这两个行动集团的共同努力才能顺利地实

现制度变迁。

参考文献：

1. 遣格拉斯·C. 诺斯：《制度、制度变迁与经济绩效》，上海三联书店 1994 年版。

2. R·科斯等：《财产权利与制度变迁》，上海三联书店 1991 年版。

3. 道格拉斯·C. 诺斯：《经济史中的结构与变迁》，上海三联书店、上海人民出版社 1994 年版。

4. D. 钱德勒：《看得见的手——美国企业的管理革命》，商务印书馆 1987 年版。

5. 方民生：《乡镇企业产权制度变迁的需求与供给》，《经济学消息报》1994 年 2 月 4 日。

6. 杨瑞龙：《我国制度变迁方式转换的三阶段论》，《经济研究》1998 年第 1 期。

7. 姚锡棠主编：《中国特色社会主义市场经济的实践与实践——长江三角洲地区的特征与模式》，上海社会科学院出版社 1998 年版。

（原载《浙江学刊》1999 年第 5 期）

试论浙江 20 年改革与发展的基本经验

对一个地区改革与发展的基本经验，可以从不同角度进行总结。从报刊上常见的，有浙江巨变的原因归结为：政策好、机制活、人勤劳；也有的概括为，坚持解放思想、实事求是的思想路线，正确处理改革、发展与稳定的关系，尊重群众的首创精神，坚持物质文明与精神文明一起抓，以及加强与改善党的领导，等；这些无疑都是正确的。本文从制度经济学和发展经济学的角度，对浙江 20年巨变的基本经验作如下评述：

一、思维创新是巨变最重要的动力源

浙江 20 年巨变是历史上不可逆转的变动，这种变动是由生产函数的变动所引起的，这个过程就是"创新"的过程。"创新"给浙江经济注入了活力，它表现在很多方面，但这些创新都以"思维创新"为前提，说得通俗一点，就是"创新"首先要有新思想，然后才有打破常规的创新行动，创新产生的巨大能量是"解放思想"的成果。

"思维创新"的根本就是要变革思辨模式。阿·托夫勒说："我们现有的思辨模式，就像大烟囱时代的许多机器一样，也快要进博物馆了。"（《前景与前提》，上海人民出版社 1984 年版）这句话对于处在经济体制转型和社会结构转型的中国也是适用的。浙江在这 20 年间正是思辨模式转变的 20 年。这种转变主要是培植了一些新的思辨模式。

1. 市场经济的思辨模式

长期生活在计划经济体制下的人们，在变革的初始阶段，仍然保留着自给自足自然经济的小生产的思辨模式。随着商品经济的发展，小生产的思辨模式逐渐受到冲击，从而形成了商品经济观念，并向现代市场经济的思辨方式转变。这种转变：第一，体现在经济效益观念的树立，追求利润最大化，因此，制度创新总是由一部分人根据市场的获利机会，冲破原有的制度安排的束缚开始的，每一项创新都会给创新者带来超额利润。第二，资源互换观念的树立，利用本地优势资源通过市场换取本地稀缺资源，跳出了计划经济思想的束缚，根据国内外市场的需要组织生产和经营，改变了浙江经济的循环方式。第三，树立了"质量是企业的生命"的观念，建立了一系列提高产品质量和服务质量的制度安排与技术创新，温州还率先提出了"质量建市"的"二次创业"的战略，取得明显的效果，正在改变温州产品的形象。第四，增强了金融意识，在如何利用民间资金方面创造了不少融资方式，有成功的，也有不成功的，还有一些是受现有金融体上的限制暂时还难以实现，不论如何，都是金融体上的创新，对民营经济占很大比重的浙江解决资金紧缺是起过作用的。第五，提高了企业家的应变能力，能够根据市场需求的脉搏改变企业生产与经营的参数，调整营销策略，提高企业与产品在市场上的竞争能力，因而总是有许多企业能捕捉经济开拓的新机遇。

2. 从波动中建立秩序的思辨模式

长期生活在僵化体制下的人们，往往习惯于在平衡的常态的稳定的有序结构条件下活动，不习惯于在波动的非常态下作出更新更复杂的新型结构的决策，因此，在体制结构和社会结构转型的进程。浙江各个界别和各个层次的人民，对这种波动的承受力和采取的态度也不尽相同，但大多数人是采取积极的态度而加以支持的，在波动中作出相应的制度安排，重建游戏规则，使无序逐步走向有序。最突出的是改革开放之初，适应农村大量剩余劳动力拥向城市找工作的无序状态，建立了"劳动力市场"；后来社会上退休的人多了、工厂下岗的人多了，而社会保障制度又不完善，许多职工适应不了这种形势，为了从波动中建立新秩序，宁波市在全国最早推出城市职工养老金"由单位和个人共同负责，社会统筹和个人账户相结合"的制度安排。有了这种思辨方式，就能考虑到由事物内部系统和外部系统进行环境的物质、能量交换引发的波动所带来的变化，作为能动的决策主体，思索如何对波动中的涨落机制进行选择躲避风险，抓住机遇，导致结构的变化，建立更高层次的新结构。

3. 尊重知识和科学的思辨方式

是否尊重知识与科学，是"思维创新"中最重要的。从浙江的情况来看，一些成功的企业家都具有这种新的思辨方式。上虞卧龙集团的成功就是与上海交通大学合作的结果；横店集团的发展也是得益于西安的高等院校的研究成果，横店的磁性材料厂等高科技企业成了集团的生命线；东方通讯集团自主开发的"移动电话"也同样是大量投入科技研究与开发的结晶。为了树立尊重知识和科学的思辨方式，浙江省政府作出了一系列制度安排，1987 年年底，浙江省人大通过《浙江省技术市场管理条例》，促进技术交易市场的发展；1998 年 10 月，浙江省政府颁布《关于鼓励技术要素参与分配的若干意见》，这在全国是率先的。

浙江的思维创新进程比较快，其主要原因有二：一是由浙江的社会文化背景所决定的，浙江的文化是以传统文化与海洋文化的结合为特征的，具有勤劳淳朴的本质，又富有开放意识、风险意识、开拓意识，对市场经济的思辨方式容易接受；二是浙江人多地少，又不是国家投资的重点地区，"等、靠、要"是没有指望的，唯一的就是靠自我奋斗，自己去找饭吃，这就迫使人们进行制度创新，用新思辨方式去解决面临的问题。

二、重构市场主体是巨变的微观基础

巨变的成果来自企业、经济单位以及劳动者个人的经济绩效，也就是说，发展的进程取决于微观组织的效率。微观组织是健全的，市场经济主体的经济细胞才有可能是健康的，整个机体就富有生机和活力。浙江的体制变迁是围绕着塑造新的市场主体而展开的。浙江在重构市场主体方面的主要经验是：

1. 多元的主体结构

浙江的公有制有多种实现形式，非公有制也有多种组合形式，不求统一的范式，但求组织结构的高效率。多元化市场主体的最大好处：一是充分利用城乡的各种资源发展经济，可以运用比较少的资本与当地劳动力资源结合起来为社会创造财富；二是有利于充分发挥市场竞争机制的作用，20 世纪 80 年代的竞争主要是工业资源的竞争，浙江就是靠非国有经济和私营经济的机制比较活，在市场竞争中获得了紧缺的资源；90 年代人才的竞争成了竞争的焦点，各种所有制结构企业相互之间挖人才，国有企业的人才向非国有企业流，集体经济企业的人才向经济效益好的私营企业里流；于是形成了市场激烈竞争的氛围，推进浙江经济的飞速发展。在市场竞争中有一种特殊的现象，即在浙江形成了国有企业处在众多的非国有企业包围之中的局面，这迫使国有企业面对这个现实，努力推进改革，营造新的发展优势，因而使浙江的国有企业较早地经历了市场经济的洗礼，这是目前浙江国有企业的经济效益好于全国的重要原因所在。

2. 注重企业家素质的提高

微观组织的绩效取决于该组织决策者的素质，其决策者不论是自然人，还是一定组织的法人，还是一个企业的群体，我们暂且都称为企业家。但按照熊彼特的说法，"把新组合的实现称为'企业'，把职能是实现新组合的人们称为'企业家'"（《经济发展理论》，1934）。因此，要把创新付诸实现、发挥市场主体的作用，关键在于企业家素质的提高。浙江的企业家除了具有善于经营的社会文化背景以外，主要是在市场竞争的熔炉中锤炼而成的。现在有不少的企业家原来是满天飞的采购员，经过几年的奋斗，积累了一定的资本，获得了必要的信息，丰富了经营的知识，回过头来再来创建企业，成了企业主。还有相当多的企业，第一代是目不识丁的农民，靠自己的勤奋与胆识闯天下，现在已退居二线，把企业交给了第二代。从文化素质来看，第二代要明显高于他们的父辈。特别值得注意的是近年来有不少的科技人员下海，有的加盟于原来的私营企业，有的自己创办了科技型企业，大大改善了非公有制经济的企业家的素质。国有和集体经济企业在提高企业家素质方面，除了政府与行政主管部门的正规训练外，现在已有不少企业公开向社会招聘高级管理人才，走经理人才选拔市场化的路子，这是值得提倡的。建立一支职业化的经理队伍，是提高市场主体素质的必由之路，是适应现代市场经济发展的大趋势的。但是，可以说，在这方面现在还没有破题，有待进一步探索。

三、加速要素流动是巨变的资源保障

经济发展过程是资源配置优化的过程，而这个过程中伴随着生产要素的流动，生产要素从效率低的部门向效率高的部门转移，从资源富裕的地方向资源紧缺的地方流动。要素流动的速度愈快，资源利用的效率愈高，经济发展得就愈迅速。浙江的劳动力资源是充沛的；基础工业资源是稀缺的；资本资源总体上是紧缺的，现在经过多年的积累，紧缺程度有所好转；知识资本资源有一定的积累，但高技术资源则非常不足。因此，资源互换成了浙江经济发展中的首要问题。浙江20年来的巨变，就是得益于通过市场进行资源互换，既得到了紧缺的资源，又使优势资源得到了较好的利用。浙江在加速要素流动方面的经验可以归结为：

1. 培育要素市场

最初的要素市场是自发的零星的劳动市场和生产资料市场，上市交易的生产资料主要是建筑材料、轻纺机械、废旧钢材。在温州，民间的资本市场也很活跃，但很不规范，风险极大。1985年，浙江省委和省政府向各地党委与政府明确提出要组织、培育和建设市场以后，商品交易市场得到了空前发展，生产要素市场也开始有组织有计划地发展，但由于种种原因，生产要素市场仍然滞后。工业生产资料市场，因浙江的产业结构特性所决定，不可能有大的发展。因此，这里主要分析：

——**劳动力市场**。浙江劳动力资源的流动是多向的：一是由农业产业向非农业产业转移，这个速度比较快，在第一产业就业的人数占从业人员总数的比重已从1978年的60.6%下降为1997年的42.5%，比全国的52.9%，要少10.5个百分点；二是从农村向城市转移，据浙江省公安厅的资料，自1990—1995年，在省内迁移的人口总量达51万人左右，其中有54%是迁入市镇的，其实由农村到城市的人口比户口迁移的人数要多得多，1995年杭州市登记暂住人口为294 390人，其中76.41%来自农村，还有不计其数的未登记者；三是由本省流往外地和由外地流入本省的人，这方面没有准确的数据，初步估算大致在280万人左右，而外省流入的略多于本省流出的，外省流入的多数是从事简单劳动的打工仔，浙江流往外地的一般都有一技之长，有不少是去外地经商的。劳动力资源的流动，无论是对流出地还是流入地的经济社会发展都起了推动作用。

——**资本市场**。从银行系统的资金流量来看，20世纪80年代，浙江的资金非常不足，是纯贷差，需要从外地流入；到了90年代，浙江居民的银行存款增长很快，但是贷不出去，是纯存差，资金流向外地，这是一种表面现象。实际上，许多企业感到资金紧张，资金供给仍然满足不了经济增长的需求，其原因是国家的贷款政策同浙江的经济结构不相适应。1997年，全省工业总产值中国有企业占9.4%，非国有企业的产值占90.6%；而贷款的情况则相反，据工商银行浙江分行的调查，向国有企业的贷款占该行贷款总额的2/3左右，而贷给非国有企业的仅占1/3左右；据《宁波经济》1999年第4期陈唯等对宁波市向非国有经济贷款较多的3家金融机构的调查，1998年对非国有经济的贷款余额占其贷款总额的40.1%，而中长期贷款只占20.9%。非国有企业的资金主要来自两条渠道：一是农村信用社和城市合作银行，浙江的城市合作银行成立比较早，如绍兴城市合作银行对绍兴市的非国有经济的发展作出了重要贡献；在温州，有农村合作基金会，对此很有争议，但在实践中证明是一种有效的机构；二是从民间资本市场上获得资金，据1995年人民银行台州支行的调查，台州在金融系统以外流通的资金高达120亿元，其中玉环、黄岩两地民间融资与国家金融机构的融资比例为7∶3，民间信贷成为台州经济发展的主要融资渠道。但民间信贷的合法性现在还成问题，需要在改革中进一步探索，浙江在这方面是有经验可总结的。当然，引进外资，利用证券市场也是解决浙江资金不足的重要渠道，目前，浙江的股票上市，股票、证券、期货交易量居全国各省市前三名的行列，截至1998年年底，浙江37家上市公司已筹集资金160多亿元，其中仅5家B股、H股企业从境外和香港筹资就达80亿元，占50%。

——**技术市场**。这应当包括两个方面，一是技术人才市场，二是技术成果市场。对引进技术人才，浙江有过严重的失误，20世纪80年代初曾有不少中西部地区从事高科技研究的机构想迁入杭州，但遭到领导层中某些同志的拒绝，使浙江失去了发展信息产业的好机遇。浙江的人才市场建立比较早，1997年人才市场的交流活动有160多场次，有1万余家单位参与招聘，应招者有30多万人次，有意向者6 500余人，实际流动到位的有3万多人。技术成果交易在浙江比较早，1979年杭州的技术贸易活动就开始萌发，1993年2月杭州市技术市场暨杭州市技术贸易中心正式成立。据姚先国主持的《浙江省科技成果转化现状与对策研究报告》的资料，截至1996年年底，浙江有8个地市、20个县市建立了常设技术市场，大部分县市建立了技术市场管理机构。1997年浙江省技术合同数达19 808项，成交额133亿元。但浙江企业的智力资源有相当大的部分来自省外和国外，浙江技术项目输入与产出之比为（4.5）：1，工业企业新技术的来源约有3/4来自省外和国外，浙江是技术吸纳大省。

2. 以产品换资源

这是浙江的现实选择。浙江利用加工工业的优势，从国内外引进资源，经过加工再销往国内外，然后用出售商品后获得的资金再从国内外购买所需的原材料，进入第二个循环过程，是名副其实的"两头在外"的循环方式。目前，浙江生产的产品有20%出口至国外，50%销往国内省外市场，在省内市场上销售的只占30%。为此，浙江需要发展各种类型的商品交易市场，把浙江的产品销往全国各地，现在已把专业市场直接办到国外去。当然，这仅是有形的市场，无形的网络交易的方式也开始萌发。

3. 改善投资环境

吸引国外和港澳台的商人与企业家来浙江直接投资，不仅是为了解决资源紧缺，其意义要深远得多，尤其对于资源紧缺的浙江来说。此外，还要吸引中央和外省市的企业来浙江落户。这就要为他们创造良好的投资环境和经营环境。这方面，浙江做了不少的努力，无论是硬环境还是软环境都有了显著改善，这对加速要素流动起了很大作用。

四、区域特色经济是巨变的经济支柱

区域特色经济是指在一定地域内形成的、具有比较优势的、并成为当地经济支柱的经济。据中共浙江省委政策研究室课题组关于66个县市的调查报告，区域特色经济涉及农业、工业、专业市场、建筑、劳务等领域，广泛分布在工业中的 110 个大小行业和农业中的 30 多种农副产品，涉及生产企业多达 13 万家。据不完全统计，66 个县市的工业特色产业（品）产值占其工业总值的 37.4%，农业特色产业（品）产值占其总值的 39.8%；另对区域特色经济较发达的 78 个乡镇调查，1996 年的 1 055.8 亿元总销售收入中，特色产品销售额约占 50%，有的乡镇已达 80% 以上。这表明，区域特色经济已成为浙江经济的重要支柱。浙江培育区域特色经济的经验大致可归纳为：

1. 一般是依托当地的历史传统和资源而发展起来的

这是竞争中的比较优势。农业中的特色产业和产品一定要从当地的资源出发，并同先进的科学技术相结合才能形成自己的特色，如庆元香菇、新昌名茶、安吉竹产品、磐安的药材就是这样。工业中的特色产业和产品，往往与当地的传统技艺紧密相关，如宁波依托"奉帮裁缝"的传统技艺发展服装产业；绍兴有"日出华舍万丈绸"的传统经济才有今天的轻纺工业的大发展；有"百工之乡"之称的永康发展为小五金工业的基地；温州依靠多才多艺的传统技术发展了与其相应的多种特色产业和产品。这是经济发展史的延续与创新。当然，这是相对条件，而不是绝对的，有机遇利用最新的科技成果，又能引进科技与管理人才，这也可以发展成当地的特色经济，如东阳的磁性材料、黄岩的精细化工等。

2. 特色经济要与专业市场相结合才能迅速发展

一种特色产业或特色产品，要能成为该区域的特色经济，就必须有广阔的市场，在区域性或全国性的市场上有一定的占有率。因此，在产地与销售地之间要有一条通道，这条通道流畅，特色产业或产品才能发展壮大。这条通道可以是无形的，也可以是有形的。从浙江目前的发展状态来看，专业市场是最重要的渠道，在特色经济发展得比较好的地方，都有一个相应的专业市场；或者说，凡是在比较大的专业市场周围都形成了一个或几个特色经济群体。中国义乌小商品城与义乌以服装与轻工业为特色的经济、中国轻纺城与绍兴以各类化纤织品为特色的经济，海宁皮革城与海宁以皮革皮件为特色的经济、中国永康科技五金城与永康以小五金为特色的经济等。专业市场与特色经济互为依托相互促进。

3. 特色经济要按照专业化分工的方式进行生产与经营

许多地方的特色经济是从传统的技艺发展起来的，但不能采用小生产的方式生产与经营，搞"小而全"；一定要采取现代的专业化分工，做到"小而专"、"小而精"，才能降低生产成本、降低交易费用，才有比较优势，从而在竞争中取胜。采用专业化分工生产与经营的企业，虽然从单个企业来说是小企业甚至是微型企业，但是数十个甚至上百个这样的企业结合起来，就像是一个大工厂，单个企业是这个大工厂中的一个车间甚至是一个车间里的一个班组，这无数个企业形成一个整体，就显示出现其群体经济的效益，这种群体效益是另一种规模效益，而且比单个企业的机制要灵活得多，是不可轻视的一种经济力量。

4. 区域特色经济要在制度创新与技术创新中发展

时下，一些特色经济发展得比较好的地方，都在制度创新方面有所进展，有一个"龙头企业"带领一批企业共同发展，有的还从产权关系上连接在一起；但是多数地方还存在着"群龙无首"和同行无序竞争的状态。比如，嵊州市有上千家生产领带的企业，但至今尚未形成自己的名牌产品，处于无序的低价竞争中，这样势必要削弱其特色经济的竞争力。诸如嵊州市这类情况，浙江全省还为数不少，这是非常可惜的。因此，区域特色经济正面临着制度创新的任务，可以按照现代企业制度的办法进行组织制度的创新；同时，还要有技术创新，不断提高产业层次和产品的品位，特色经济不能是一成不变的，不断要有新的姿态迎接市场的挑战，衢州市的柑橘品质不断提高而取得的经济效益就是一个典型案例，值得各地仿效。

五、民众与政府的合力是巨变成功的保证

民众的诱致性创新是浙江制度变迁的主动力，是变迁的"第一行动集团"，政府是这种变迁的"第二行动集团"，而变迁的实现是这两个行动集团共同作用的结果。大量的事实说明，浙江经济发展的奇迹是广大民众与政府齐心协力的结果。当然，这里所说的"政府"，是指上级领导机关，包括各级党委和人民代表大会常务委员会的作用。20 年来的实践告诉我们，要使这种合力形成"爆发力"，坚持以下原则是非常重要的：

1. 坚持以"三个有利于"的标准规范民众与政府的行为

浙江在制度创新的过程中，曾经有过三次比较大的分歧：第一次，是 20 世纪 70 年代末 80 年代初的农村联产承包责任制。当时有些领导认为浙江不是贫困地区不宜实施这种体制，而民众则冲破传统体制自发地实行这种生产责任制，取得了明显的成效。在事实面前，于 1982 年 8 月，浙江省委召开全省农村工作会议，全面解除包产到户的禁令，支持民众的创新精神，形成自下而上的合力，推动了农村以至全省经济的发展。第二次，是对"温州模式"的评价。80 年代中期，来自上层的某些人对温州模式的评头品足，对浙江的压力很大，而在此时，浙江省的领导层尽管不赞成"温州模式"的提法，但还是支持温州的改革，并向中央要求把温州作为"综合改革试验区"；可是到了 80 年代末，在当时的特殊

环境下又掀起了姓"资"还是姓"社"的争论，对温州经济发展的好势头非常不利；后来在邓小平同志重申"三个有利于"的标准之后，认识才取得统一。第三次，是 90 年代浙江大力推行股份合作制，并用股份合作制的形式改革国有企业。这时社会上又提出了姓"公"还是姓"私"的问题，浙江也受到这股思潮的影响，而广大民众还是把这种制度在浙江大地上广泛推行，这个问题直到江泽民同志在中央党校讲话中，提出"公有制可以有多种实现形式"之后，才得到解决。这个过程说明，民众与政府对某些问题曾经有过不同的看法，但坚持"不争论"的原则，在实践面前，最终是以"三个有利于"的标准来规范行为，形成一股强大的合力。

2. 明确市场、企业和政府在市场经济运作中的功能

在计划经济体制中，市场、企业和政府的功能是错位的，政府对企业的干预过多，企业不可能发挥其自主性，因而在经济发展中难以形成真正的合力。在走向市场经济的过程中，企业与政府在根本利益上是一致的，但也会发生一些摩擦，政府部门往往通过"寻租"的办法维护既得利益，给企业的正常运行增加不少困难；而企业就千方百计地采取对策来抵制各种"寻租"活动，力求摆脱政府的束缚。这种状态，都要求明确各自在市场经济运行中的功能，企业制度的改革和政府职能的转变正是按照这样的方向运转的。尽管这个过程还未完成，但已经跨出了决定性的步伐。政府近年来工作的侧重点：一是加快基础设施建设、提供公共产品；二是制定规划，引导产业发展；三是通过制定法规，促进市场经济的有序运行；四是解决经济外部性问题，以利于经济社会的可持续发展；五是依法监督产品与服务的质量，以维护消费者的利益；六是制定灵活的政策，改善软环境；这是符合市场经济规律的，是政府职责范围之内的事。而企业，过去总是把两只眼睛盯着政府，后来是一只眼睛盯着市场、一只眼睛盯着政府，现在则把视力主要盯在市场上、有时回过头来再看看政府的方针政策，然后作出投资或经营决策；当然，国有企业还远未达到这个程度。因而现在大多数企业的应变能力增强了，开始重视产品质量、重视研究与开发、重视经济外部性问题、重视决策的科学性，经济行为按照市场经济规律的要求而理性化了。实践证明，市场主体和政府，在市场经济中只有各司其职，摆正位子才能形成真正的合力，共同推进经济与社会的发展。

3. 民众和政府合力的实现要有相应的制度安排

民众和政府的行为是在一定的条件下产生的，并受其环境条件的限制。"个人偏好和选择的问题可以归结为在作出决定时个人的选择范围"，而这个选择范

围就是制度安排，"制度安排界定了个人效用最大化行为的选择范围"（尼丹尔·W.布罗姆利，《经济利益与经济制度——公共政策的理论基础》，1989）。制度确定和限制了人们的选择集合。制度安排可以是正规的也可以是非正规的。非正规的有村规民约、社会公德、各种不成文的准则；正规的除了"法规"以外，还包括民间契约、条例和规则。这一些制度安排，可以激励人们理念的变革和行为的规范，又可限制人们违规行为的发生，只允许在既定的范围内作出个人或集体行为的选择。在正规的制度安排中，法规是最重要的，因为市场经济是法制经济，要用法律来保障市场经济的有序运行，民众依法经营、依法办事，政府依法行政，市场主体和政府的行为都要以法律为准绳。浙江 20 年来的巨变，是各种制度安排绩效的体现，是法制逐步完善的结果。但是，对目前法制建设的成果还不能估计太高，有法不依、执法不严的现象还普遍存在，这里有体制性的问题，也还有一个全民的文化素质问题，经济社会和文化生活的法制化还有赖于全民的科学文化水平的提高。

（原载《浙江社会科学》1999 年第 5 期）

乡镇企业产权制度变迁的需求与供给

"乡镇企业"作为农村非农产业的企业制度，是中国农村组织制度的创新。随着经济发展和社会环境变化，乡镇企业的产权制度出现了创新需求，各种类型的股份合作企业和股份有限公司悄悄地在中国农村兴起。然而这种变迁，不能不受到制度供给短缺的约束，新制度的架构只能在制度创新的有限需求和制度实际供给的均衡点上作出选择。本文就是按照这样的理论和思路来探索乡镇企业产权的制度选择空间及其变迁趋势的。

一、制度创新需求要素

众所周知，"乡镇企业"过去称为"社队企业"，今天这些企业的产权关系已经发生了变化，因此它也该更名了，可以称为"农村企业"或"农村工商企业"。这里讲的"乡镇企业产权制度"已跳出了原来乡镇集体所有制企业的框架，而泛指农村工商企业的产权制度。

农村工商企业对制度创新需求的因素主要是：

1. 市场化的需要

市场交易实际上是两种权利的交易，而这种交易是以产权明晰化为前提的，市场的主体应当具有完整的产权。在市场经济不发育的情况下，乡镇企业还想凭借乡镇政府的权威来保障企业的正常运行。但是这种政企不分的制度已阻碍市场经济的发育，同时市场的发育又需要企业成为一个真正的市场主体，在市场交易中具有独立参与的品格。这种需求只能对乡镇企业的产权制度进行创新才能满足。

2. 节省交易费用的需要

沿海一些个体和私人经济比较发达的地区，在市场交易中开始是通过购销员往全国各地去采购原材料和销售产品，要花费昂贵的交易费用进行一对一的谈判、签约和营销监督，这种分散经营是很不经济的，于是就走上联合经营的道路，组建股份合作制企业，其目的是为了节省交易费用。

3. 规模经济效益的需要

在一般情况下，企业要有一定的规模，才能发挥规模经济的效益，不同的行业有不同规模要求。这种需求诱致农村工商企业产权制度的变迁：个体私人企业通过资本和其他生产要素的合作成立股份合作企业或股份公司；原来规模比较小的乡镇企业，通过产权界定重新组合为有一定规模的责任有限公司或股份有限公司。

4. 技术创新的需要

在科技革命日新月异的年代，农村工商企业普遍面临着技术创新的问题，用新技术，甚至是高科技来武装企业，以技术取胜。一些技术落后、产品滞销、效益很差的企业需要淘汰；一些技术层次较高、产品紧俏、效益好的企业应当发展，对原有的设备进行技术改造，或者引进新一代的技术和设备，或者扩大企业的生产能力，增添必要的生产要素。这种由技术创新而引发的制度创新，无疑是需求诱致型的变迁。

二、制度供给制约因素

制度创新需求是制度变迁的内在动力，但建立什么样的制度则由制度供给条件所决定的。我国乡镇企业产权制度的变迁，是在从计划经济向市场经济转型的特殊环境中发生，制度供给受社会制度对产权制度供给的约束。党的十四届三中全会的决定明确指出，"乡镇企业是农村经济的重要支柱。要完善承包经营责任制，发展股份合作制，进行产权制度和经营方式的创新，进一步增强乡镇企业的活力"。因此，在乡镇企业产权界定中，如何保持集体经济的地位；在企业分配中如何保障集体经济的权益；怎样才有利于保障共同富裕的目标，往往成为产权制度选择的标准。同时，还受到既定利益的约束。在一些乡镇企业比较发达的地区，乡镇企业的分配已经形成了各自的利益。从总体上讲，广大农民都是受益者。但是，受益也是不均衡的：受益最丰厚的是乡镇企业的承包者，其次是乡镇政府，再次是乡镇企业的主管部门和有关业务部门，最后是个体户和私人企业主在非规范性管理期间所获得额外收入。这种利益格局具有刚性的特征，制约着效率的制度供给。此外，还受到意识形态传统文化和领导层对所有制偏好的约束。国家领导层对所有制的偏好对一个社会的产权安排形式的选择起着决定性的作用。目前，我国领导层对所有制的偏好已体现在党的十四届三中全会的《决定》

中。但是，不可否认，国家领导人的言论对产权制度供给的影响是很大的。

三、产权制度选择空间

在乡镇企业产权制度的选择上，必须坚持两个原则：第一，社会选择产权制度的所有制偏好与产权制度安排的效率基准相统一；第二，实际制度供给与意愿供给之间的差距尽可能缩小。为此，必须在制度创新的需求和实际制度供给之间找到均衡点，在这均衡点的区间选择产权制度的安排。

1. 产权制度模式的选择

由于企业组建的初始条件的差异，产权制度的模式也是多种多样的，原来是个体和私人企业联合组织的有股份合作企业，也有责任有限公司；从集体企业改制的，有股份合作制，责任有限公司和少数的股份有限公司；有的至今仍然坚持原有的集体所有制的产权制度，而称为社团所有制模式。

2. 产权结构的安排

按以效率为基准的制度需求个人股的比重要应当大一些；而制度实际供给则要增加集体共有的股份，量化到各人的比重尽量减少一些，于是产权结构的安排就在这个空间选择，进行讨价还价。在实践中，各地的产权结构安排各式各样，有的规定原有资产由职工和乡村集体三七开；有的将现有的资产全部或部分作为法人股组建有限责任公司；有的把企业资产参照了 3：5：2 的比例划分给乡镇村、企业和职工；有的设企业股。对于股权结构，目前不可能给以规范化，只要在制度需求和实际供给之间求得一个政府主体和非政府主体都可接受的均衡点上作出产权结构安排，都有存在的合理性。

3. 分配制度安排

在乡镇企业产权制度创新时，"共同富裕"的目标制约着分配制度的供给。原国家体改委的《试行办法》和浙江省的《试行意见》都规定，税后利润必须提取公积金和公益金，这似乎成了社会主义企业的标志。这是现阶段条件下，制度需求和制度供给的均衡点，只有在这个均衡点上作出分配制度的选择，才能取得社会的理解和政府主体的许可。

4. 治理结构安排

目前农村股份合作制企业，一般都按现代企业制度的法人治理结构安排管理制度，设有股东大会、董事会和监事会。但在实际执行中，董事会的负责人仍然由乡镇政府或主管部门的负责人兼任，有的企业大权则掌握在少数大股东手里，民主监督机构形同虚设。这些情况的出现不是偶然的，是社会环境的传统文化制约和既定利益格局制约的表现，是在现有的文化素质和民主意识的情况下的一种扭曲和变形。

四、简要结论

1. 乡镇企业产权制度创新是继乡镇企业崛起之后的"中国农民的第三次伟大创造"，是有中国特色的社会主义在农村的成功探索，对中国农村的工业化、现代化、市场化将发生深刻的影响。

2. 乡镇企业产权制度创新的各种模式，都是在制度创新需求与制度实际供给的均衡区间选择的，具有现实的合理性，都应该给予积极支持。但是，随着制度环境的变化，制度的实际供给与制度意愿供给之间的差距会逐渐缩小，会出现更有效率的产权制度创新。农村股份合作是目前制度需求与供给均衡的产物，是一种过渡性的产权制度，最终还要发展为现代公司制的产权制度。然而，在农村建立现代公司制要以生产力的进一步发展、社会环境的进一步改善为前提。因此，农村股份合作制作为一种产权制度的过渡期不会很短，将在一个相当长的时期内存在。

3. 农村股份合作制需要规范化。所谓"规范化"，是要把农民的创造加以总结，提炼出一般规律和制度安排，加以推广，而不是用条条框框去限制群众的创造性。同时，"规范化"有个标准的问题，用什么标准来"规范"农村股份合作制关系到制度创新的效率和成败。我认为，无论是城市还是农村，现代公司制度都是最有效的最好的企业组织制度，也是农村股份合作制企业发展的方向，因而农村股份合作制规范化应当逐步向现代企业制度靠拢。当前，最紧迫地是确定农村股份合作制的法律地位，用法律来保障乡镇企业产权制度的创新。

（原载《农村经济导刊》1994 年第 11 期，《经济学消息报》1995 年 2 月。对原文略有删减）

重新认识公有制

　　党的十五大把邓小平理论确立为党的指导思想，体现了时代的要求和人民的愿望，具有深远的意义。江泽民同志在报告中提出的"调整和完善所有制结构"的论断，运用和发展了邓小平理论，是对"传统公有制理论"的重大突破，是又一次思想大解放。这些论断为解决体制转变中的深层次矛盾和关键问题提供了理论依据，是我们重新认识"公有制"的思想武器。

　　"传统公有制理论"是在斯大林的社会主义模式下形成的。他们把国有制说成是公有制的最高形式，是社会主义所有制的目标。在我们的实践中，人民群众创造了多种多样的公有制实现形式，但非议颇多，究竟是姓"公"还是姓"私"的问题争论不休。有的人只字不提实现共同富裕才是社会主义的本质，也只字不提"三个有利于"的标准，却把国有制经济活动范围的扩大或缩小当成社会主义因素增强或削弱的标志。从而把放开搞活国有小企业看成是搞"私有化"，把对国有企业进行公司制改组看成是"走资本主义道路"，把进行国有经济的战略性改组说成是"渐进式的资本主义复辟"，把发展非国有经济说成是"动摇社会主义的经济基础"。十五大的报告，对群众的创造给予充分肯定，对"传统公有制理论"中不符合实际的观念加以否定，对"公有制"理论做了新的发展。

　　江泽民同志的报告对公有制理论的新发展，集中起来可以归纳为两大问题：一是提出"公有制实现形式可以而且应当多样化"。无论是经营方式还是组织形式都可以多样化，只要能反映社会化生产规律，符合"三个有利于"的标准，各种各样的创造都是合理的，都应当支持。这就为股份制经济、股份合作制经济，以及其他形式的混合所有制经济的发展扫除了思想障碍。经营方式，可以是国有独资的，可以是国有经济控股或参股的，也可以是民营的；组织形式，既包括产权结构的组织形式，也包括治理结构的组织形式，都可以是多种多样的，这就为改革模式的选择提供了广阔的空间。二是提出"要从战略上调整国有经济布局"。提出这个战略任务的依据是关于"国有经济起主导作用，主要体现在控制力上"，这是从传统的只讲国有经济在国民经济中量的比重，向"更要注意质的提高"的一个全新的观念转变；在哲学上，是从用形而上学的方法观察国有经济，转变为用辩证唯物主义来看待国有经济的方法论的大转变。用国有经济的控制力和竞争力的标准来衡量，国有经济的比重虽然少了一些，但由于它的素质的提高，反而在国民经济中的主导作用增强了，所控制的经济活动的总量实际上增大了。从战略上调整国有经济的布局，国有经济要逐步从竞争性行业中退出来。据国有资产管理局的统计，1995 年年底我国国有经营性资产约为 4.5 万亿元，用于生产性经营活动的国有资产不足 3 万亿元。然而，这不足 3 万亿元的国有资本，却广泛分布在从零售商业到远程火箭制造的几乎所有工商业领域，分散于近 30 万户工商企业中，平均每个国有企业的经营性国有资本仅为 1 000 万左右。有限的国有资本，如此分散，哪有可能具有强大的竞争力！要使现有国有企业基本具备平等的市场竞争条件，国家在近期内至少需要投入上万亿元资本；同时，目前投资不足的战略性部门和其他国家应当办的事情，在近期也需要再投入上万亿元。这么大的投资量，靠政府现有的财力是无法满足的。现实的选择只能是调整国有资产的质量结构，收缩过长的战线，实现国有资本从低效企业流向高效企业，从小型企业流向大型企业，从一般竞争性部门转到国家必须垄断和控制的战略性部门。这样的调整，正是为了坚持公有制为主体，使国家更有效地控制国民经济命脉，增强国有经济的控制力和竞争力。因而，国有经济比重减少一些，不会影响我国的社会主义性质。

（刊于《改革月报》1997 年第 11 期）

区域综合经济实力比较的理论和方法

引　言

在国际竞争异常激烈的当今世界，如何提高国际竞争力的问题，引起了各国政府和企业家们的关注，成了一个世界性的热门课题。一个国家的竞争力，归根到底是由它的"综合国力"所决定的。近年来，"综合国力"和"经济实力"的概念在我国也频频出现，党和国家的领导人在各种场合都反复强调增强"综合国力"的重要性。而要弄清"综合国力"的内涵及其量的规定性，是一项复杂的系统工程。"区域综合经济实力"的研究，是"综合国力"大系统中的一个子系统，也是研究"综合国力"的起点。因而建立比较简便又具有科学性的评价区域综合经济实力的方法，已成为亟待研究的重大课题。

如何评价"区域综合经济实力"，不仅是个方法问题，而首先是个理论问题。按照我国传统的经济理论，一个地区的经济实力主要是看其工农业生产总值及其增长速度。这种理论的缺陷及由此而产生的恶果已众所周知。摒弃了这种传统理论之后，理论界通行用"人均国民收入"或"人均国内生产总值"来衡量地区经济发展水平。用这两种指标来评价地区经济实力比传统理论是一个进步。"人均国民收入"和"人均国内生产总值"是国民经济的综合指标，但光靠这两种指标还不能反映该地区的优势和增长的后劲。现在的发展经济学家认为，区域经济实力不仅是基本生产要素——劳动力、资金与自然资源的相对优势，而决定竞争力的关键因素是人力资源的技术水平和教育，而且还取决于政府决策对构成社会经济环境所起的作用，以及地区的区位优势，等等。因此要有比"人均国民收入"、"人均国内生产总值"更具有综合性的指标体系，才能准确评价一个地区的经济综合实力。这是本研究的基本出发点和理论根据。无疑，用"综合经济实力"来评价区域经济发展水平及其在国内的地位，会避免由单一的评价指标所造成的片面性，会压抑"速度攀比症"的滋长；同时也会从多因素的综合评价中使决策者们发现影响区域经济实力的原因所在，从而采取相应的对策，以提高本区域的竞争力。

"区域综合经济实力"中的"区域"的范围在本研究中特指省、市、自治区。按理说"区域"的概念在全国来说，应当是由经济网络构筑成的经济区，诸如"长江三角洲经济区"、"珠江三角洲经济区"、"东北经济区"……但是，这些经济区目前尚未形成，而且在现实生活中行政区的作用十分强劲，是我国经济运行中的中观经济层次，因而人们关心的是省际（包括市和自治区）间的竞争力。所以，本文实际上是对省际综合经济实力的比较研究。

综合国力和综合经济经实力的概念虽已为人们所接受，但目前仍没有统一的定义，是一个相当模糊的概念。能否对这两个概念作出科学定义？我们认为这是相当困难的，但在特定的意义下使用这些概念是可以的，这个"特定意义"是什么正是我们要探讨的。综合国力和综合经济实力的关键在于"综合"二字。哪些因素应该予以考虑？为了得出量的答案，这些因素应该用什么样的指标来反映？在缺乏现成指标的时候，又该如何处理？在对各区域综合经济实力作比较的时候，需要对这一概念作出数值评价。这时候，有些什么方法可供使用呢？在对上述问题作出回答后，我们计算了全国各省（直辖市）、自治区的综合经济实力并算出了名次排列，为进一步的区域比较分析提供一个基础。

一、综合经济实力

经济实力是多种经济因素的共同体现。虽然眼下没有统一定义，但是人们普遍同意国民生产总值、积累、资源禀赋、技术进步率、工业化程度等主要经济因素决定了经济实力的说法，即经济实力是由多种因素所决定的。正因为如此，以下我们把经济实力称为综合经济实力。

在给出"综合经济实力"概念的定义之前，先分析决定这一概念的几个特点：

首先，综合经济实力既然作为多因素的体现，它就不可能直接通过统计获得。因为各种各样的经济因素的相应指标常常不能加总，尤其是绝对指标和相对指标更是如此。所以，综合经济实力的数值只能是用某种方法对多种经济指标进行处理的结果。

其次，由于经济系统的复杂性，要一一列举影响综合经济实力的所有因素是不可能的。所以，当谈及综合经济实力，尤其是涉及其数值时，只能是针对某一确定的有限因素集合而言。也就是说，在确定综合经济实力时，首先要明确所讨论的因素。

再次，由于不同国家乃至同一国家的不同区域有着不同的经济发展模式，各种因素在不同的经济模式中有不同的作用，往往导致不同国家、不同区域对综合经济实力的不同理解。换句话说，即使框定了决定综合经济实力的因素，但由于各国、各地区对这些因素有不同的偏好，就会导致对综合经济实力理解上的差异。比如，在西方国家强调人口因素的时候，中国在大力奉行计划生育，这就是对人口作用理解上的差异。

最后，正是由于对各因素有不同的偏好，所谓综合国力、综合经济实力的比较，只能由具有共同偏好的人或组织进行。

这些特点决定了综合经济实力的概念很难有准确的定义，因为千差万别的经济模式使得在界定影响因素和对影响因素的强调方法无法统一。然而，绝不能得出综合经济实力概念无用的结论。事实上，类似的缺点在用其他概念反映经济状况时也存在。例如，我们几十年来一直强调总产值及其增长速度，并用这两个指标来作地区甚至国际间的比较，即使认定国内各区域对总产值及其增长速度，并用这两个指标来作地区甚至国际间的比较，即使认定国内各区域对总产值及其速度有同样的强调，也不能不承认对于甚至主张零增长的后工业社会来说，这样的比较欠妥。与总产值及速度指标相比，综合经济实力的提法显然更能全面地反映经济状况。

从以上讨论看，我们可以这样来描述综合经济实力：综合经济实力是具有共同偏好的评价人对影响活动诸因素共同作用而造成的经济发展水平和潜力的评价。这里包含了评价综合经济实力的三个要素：共同偏好的评价人，影响因素和评价方法。我们正是在这个特定意义下使用"综合经济实力"的概念。综合经济实力的概念主要用于国际和地区间比较。通过比较，决策人可以找出差距，对各因素间的关系即发展模式进行调整，进一步促进经济发展。

二、影响区域综合经济实力的因素

区域综合经济实力的根本特征在于它是多种因素的共同体现。由于影响区域经济活动的因素太多，使区域综合经济实力概念具有了某种模糊性质。在我们论及区域综合经济实力的时候，首先必须从外延上明确究竟哪些因素属于我们所考虑的范围。

在明确影响区域综合经济实力因素的时候，我们认为应遵守以下三条原则：

1. 根据重要程度取舍

凡是影响区域经济活动的因素，都可以归于影响区域综合经济实力的因素之列。对于这些因素，例如，气候条件、所有制结构、人口结构、法律制度、文化传统、社会安定程度、积累、国民收入、面积等，我们不能说某个因素是或不是影响区域综合经济实力的因素，而只能说它对区域综合经济实力的影响程度如何。这个特点决定了影响区域综合经济实力的因素集合是一个模糊集合。

对于普通集合，给定任一元素，我们可以明确该元素是属于还是不属于这个集合。对于模糊集合，我们只能说某元素隶属于该集合的程度即隶属度如何，却不能得出属于与否的结论。隶属度是对模糊集合性质的根本表征。如果给出了所有元素对某一模糊集合的隶属度之后，人们常常用一个数八对这些元素进行淘汰。凡隶属度小于八的去掉，凡隶属度不小于八的留下。这样做就得到一个普通集合，称为该模糊集合的八截集，其元素对该模糊集合的隶属度均不小于八。显然，利用八截集的方法往往可使问题简化。

2. 反映区域综合经济实力的系统特征

所先取的因素，要尽可能全面地反映区域综合经济实力。一个在经济活动上具有相对独立性的区域，可以看成是国民经济系统中的一个子系统。要较为全面地反映该系统，以下三个方面的内容是必不可少的。

（1）系统环境

系统环境在此有两方面的含义：一方面，站在区域经济发展目标的立场，它指的是与实现区域经济目标无直接关系的各种输入即来自中央政府的各种政策、方针以及资金方法的控制；另一方面，尤其在对各区域作综合经济实力比较的时候，系统环境就是通常意义下的地理环境，这是影响一个区域经济活动的有利因素。

（2）规模

规模指的是区域这个经济系统输入输出量的数值。在其他条件相同的情况，输入输出的规模越大，综合经济实力越强。

（3）效率

经济活动的一个宗旨是用最少的投入换取最大的产出。因此，在评价区域综合经济实力的时候，必须考虑那些能反映投入与产出相对关系的各种因素。

3. 尽量避免相关关系

影响经济活动的各个因素并非孤立地发挥作用，它们之间存在着各种各样极为复杂的联系。这些联系中引起我们注意的，是经济学家们特别关注的因素间的相关关系和函数关系。为简单起见，没有必要把相关程度很高或彼此间成函数关系的因素都纳入考虑范围。这样做的理由是，既然相关程度很高，考虑了一个因素的作用实际也就同时包含了另一个因素的作用。我们这样作有点类似于多元回归中力求避免多重共线性的做法，二者的根据大体一致。

这三条原则规定了我们在选取影响区域综合经济实力因素时的做法：从环境、规模和效率三类因素中选取最重要的，选取时力求避免相关乃至函数关系。我们所选定的这三类因素如下：

（1）环境因素

① 地理环境

地理位置是影响区域经济活动的重要环境因素。一个区域是否具有便利是运输条件、是否靠近工业中心、是否远离原材料产地、是否具有对外贸易的吞吐能力等地理因素，对该区域本身的经济影响是不言而喻的。更为重要的是，地理位置往往还决定了该区域在全国生产力布局中的地位，这不能不极大地影响该区域的综合经济实力。

② 政策环境

区域的经济活动，要受到来自中央政府的各种政策影响，这些影响涉及财政、金融、外贸、外资利用、就业、基本建设等各个方面。中央政府的政策控制，有两个特点：一是中央政策的依据一般是国家的大政方针、全国经济形势、全国生产力布局统一规划，这样制定的政策，从一定时期来看，往往与区域本身的利益不尽吻合。二是由于情况千差万别，中央对地方的政策又不可能雷同，合理的选择往往只能是"让一部人、一部分地区先富起来"。这两个特点决定了各个区域从中央政府控制政策中所获得的好处出现了相对差别。当然，即使在同样的政策环境下，各地区对政策的运用程度也不一样，因而对经济的刺激力也存在着显著的差别。对决定区域经济综合实力的环境因素，我们将主要涉及这两个方面。

（2）规模因素

① 劳动力资源

在分析综合国力的场合，人口通常作为一个影响因素被考虑。在讨论综合经济实力时，这样做并不恰当，因为有一个适度人口问题。在人口规模超过了适度人口范围，就会形成沉重的经济负担。在我国，大量的农村剩余劳动力亟待转移，城市中也程度不等地存在待业问题，人口多已经不是一种经济优势。在分析区域综合经济实力的时候，以劳动力来反映人力资源的规模较为恰当。如果注意到人口和劳动力资源事实上密切相关，就只能用已经得到利用的劳动力来反映人力资源的投入规模。

② 资源禀赋

资源禀赋指自然资源条件。自然资源丰富的地区，具有资源相对贫乏地区所缺乏的许多有利条件。然而，值得注意的是自然资源丰富并不一定导致经济上的繁荣。例如，我国的西部地区，虽然资源丰富，但由于运输、资金等方面的限制，自然资源条件并未起很大的现实作用。这种现象是否说明自然资源条件可以忽略呢？答案要根据问题而定，如果不是衡量已达的经济成就而就考虑区域综合经济实力，我们认为这一因素是应该考虑的，这是一种潜力，迟早会发生作用，应当予以考虑。

③ GNP

一个区域的 GNP 是指该地区常住居民在地区内外在一定时期内所生产和提供最终使用的产品和劳务总值，反映了该区域经济活动的产出规模，是衡量综合经济实力时不可忽视的因素。一般来说，产出的规模越大，经济实力越强。

④ 积累

积累反映扩大再生产的能力。积累这个因素是如此重要，以致刘易斯称"经济发展理论的中心问题是去理解一个由原先的储蓄和投资占不到国民收入 4% 或 5% 的社会本身变为一个自愿储蓄增加到国民收入 12%—15% 以上的经济的过程"。[①] 积累的形成是一个复杂的过程，在我国目前的情况下，计划和市场同时影响着积累，价格、产业结构、消费习惯、收入水平、收入分配、所有制结构等众多因素都或多或少地影响着积累形成。由于不同区域中上述因素的作用不同，各区域的积累机制并不一致。以 1989 年为例，全国 30 个省（市）、自治区中，最高积累率为 60.4%，最低的为 2.5%，相差甚大。从绝对额上看，最高的达 429.5 亿元，最低的才 8.95 亿元。在评价区域综合经济实力的时候，不能不考虑到这种差别。

⑤ 基础设施

基础设施是国民经济中那些促进商品与劳务在买方和卖方之间流动的结构要素。这些结构要素有：交通和运输（公路、铁路、港口、飞机场、电话等），房屋、排水系统、电力系统，等等。这些要素构成的整个经济活动运行其上的结构框架，这一结构框架决定了经济活动的规模，是讨论区域综合经济实力时首先应

---

① 刘易斯：《二元经济论》，北京经济学院出版社 1989 年版，第 15 页。

考虑的规模因素。在目前的情况下，强调基础设施还有更紧迫的原因，那就是国内基础设施的发展已严重滞后于其他产业的发展，成为"短边"因素，其重要性相对更为突出。

⑥ 外向度

外向度指对外经济联系的程度。对外经济联系，主要有外资利用、对外贸易、劳务输出、接纳国际旅游者和境外投资等方面的状况。外资利用对经济发展有利，特别是兴办"三资企业"，可以扩大出口，促进产品结构的调整和管理水平的提高，但目前"三资"企业占的比重不大，其作用可从进出口贸易总额中得到反映，也可从政策环境的得分中体现出来，而且外资利用是一种债务，从区域综合经济实力的观点出发，我们可不予考虑。劳务输出和接纳国际旅游者对部分省市的发展已起到了一定的作用，但在国内生产总值中占的份额还不大，计量上难度很大，目前可暂不列入。因此，这里的外向度即专指对外贸易的规模。中国的资源相对贫乏，有效的资源配置机制尚未最终建立，经济生活中常常存在各种短缺现象，通过对外贸易可以有效地抵消各种短缺带来的不良影响，因而外向度的问题就显得格外重要。

（3）效率因素

① 工业化和城市化程度

自英国产业革命以来，工业成了推动经济发展的最强大动力，而以现代科学技术为基础的现代生产技术的开发，又为现代工业部门的发展创造了有利条件。历史发展到今天，工业化国家、后工业化国家已经成了强国、富国的同义语。而大量使用非再生性资源（如土地）的传统农业国仍在为摆脱贫困而努力。中国是一个大国，类似的现象在各个区域间可以看到。这种不平衡的主要原因也是工业发展的不平衡。工业化过程中的一个显著现象是城市化，即人口向城市集中或形成新的城市。城市的形成原因无疑很多，但工业化作为最重要的因素却是谁也不能否认的。从我国的情况看，一般的规律是工业化程度较高的区域，城市化程度也较高。城市化和工业化的程度，是比较区域综合经济实力时应当考虑的因素。

② 人均收入水平

人均收入水平是一个十分重要的、应用又十分广泛的指标，人们通常用它来划分经济发展的程度。这样做的基本依据是，随着人均收入水平提高，社会、经济结构将发生变化而这种变化具有很强的规律性。例如，钱纳里等人用人均收入水平作为基本的解释变量，来解释诸如积累、对外贸易、入学率、产业结构、城市化等各个方面的变动，得出了较有说服力的结果。① 我们认为人均收入水平是影响区域综合经济实力的效率因素，原因也在于此。

③ 人口文化素质

这是指人口的受教育程度。是一个关系劳动生产率的因素。按人口平均的产量增长，主要由以下三类因素决定：按人平均的可用资本量的增加；与研究和发明有关的资本货物量的改进；与教育、就业训练和工业经济有关的劳动力素质的改进。美国经济学家 E. F. 丹尼森所完成的著名的经济增长因素分析中，把就业人员的受教育程度列为第三个因素，并得出了教育在 1929 — 1946 年间对国民收入增长率的贡献为 14.5% 的结论。② 关于教育的作用于国内讨论的较为充分，一般的结论是教育程度决定劳动力素质，从而影响劳动生产率。所以，把教育程度列为影响区域综合经济实力的效率因素是必要的。目前，国内各个地区在这方面的差异较大。以每千人中的高等学校在校学生指标为例，最高的地区达到 12.2人，最低的地区才 0.8 人。在对各区域综合经济实作比较时，对这个现象应予以注意。

④ 劳动力资源利用率

劳动力资源利用率是指社会劳动者人数占劳动力资源总数的比例。把这个指标作为影响区域综合经济实力的因素，是考虑到了中国在人口数量方面的特殊性。在我国，庞大的人口数量一直是社会、经济发展的沉重负担。但人口负担在这个区域并不雷同，有的区域重一些，有的相对轻一些。在考虑区域综合经济实力的时候，应该体现这种差异。

⑤ 技术进步

技术进步，是指能够使一定数量的生产要素的组合，生产出更多产品的所有因素共同发生作用的过程。或者说，技术进步是从影响经济增长的诸因素中剔除了增加资金和增加劳动力数量以后的剩余部分。"同样数量的劳动力，在同样的劳动时间里，可以生产出比过去多几十倍几百倍的产品。社会生产力有这样巨大的发展，劳动生产率有这样大幅度的提高，靠的是什么？最主要的是靠科学的力量，靠技术的力量。"③ 要从效率方面反映综合经济实力，技术进步的作用就不

---

① H. 钱纳里、M. 赛乐昆：《发展的模型：1950 — 1970》，天津大学出版社 1975 年版。

② E. 丹尼森、M. 吉尔伯特：《1929 — 1946 年美国的国民收入和产值统计》，载 Surrey of Currey of Current Bus. 27，增刊 1947 年 7 月。

③ 邓小平：《在全国科学大会开幕式上的讲话》（1978 年 3 月 18 日），《邓小平文选（1975 — 1982 年）》，人民出版社 1983 年版，第 84 页。

容忽视。在这方面，国内各区域间存在较大差别。以技术进步对工业总产值增长速度的贡献为例，1964 — 1982 年间全国的数字为 20%，有十三个地区的数字高于这个水平，其中最高者达 34.8%。[①]

三、评价值和决策者的效用

这里要说明的是，一旦按前述三条原则确定了因素，就存在区域综合经济实力的具体评价数值。为此，我们要借用效用函数理论。

消费者效用函数存在的一系列充分必要条件，包含在下列假设中：

1. 对消费者有效的各种商品组合用 Ai 表示，$Ai = (X_1, \cdots, X_n)$，其中 Xi 是第 i 种商品的数量。共有 n 种商品。假定各种商品组合间保持一定关系，该关系用 R 表示，R 的意义是"至少同样令人满意"。如果对于任何商品组合对 A_1 和 A_2，或是 A_1RA_2，或是二者同时成立，则关系 R 是完全的。并且，R 是自返的，即 A_1RA_1。R 还是递推的：如果 A_1RA_2，A_2RA_3，则 A_1RA_3。

2. 对消费者有效的所有商品组合的集合是连通的，即如果 A_1 和 A_2 对消费者是连通的，人们就能找到衔接 A_1 和 A_2 的有效组合的一条连续线路。

3. 给定某一商品组合 A_1，人们就可以考虑至少与 A_1 一样喜爱的所有商品的集合和不如 A_1 的所有商品的集合。这两种集合是封闭。

在这些假定之下，消费者的效用 U 由函数 $U = f(A)$ 决定。其中的函数 $f(A)$ 即称为效用函数，A 是某种消费品组合。

用 $Xi = (X_1, \cdots, X_n)$ 来表示我们所取定因素的组合，其中 Xi 是影响综合经济实力的第 i 种因素的相应指标。显然，给出了某个因素组合也就勾画了某种发展模式，因为，此时我们已经可以回答诸如人口、GNP、技术进步率、外向度、工业化程度等各个侧面的问题了。所以，我们把影响因素的组合 Xi 称为发展模式，或简单地称为模式。对于这些发展模式来说，对消费组合的上述假定也是符合实际情况的。

1. 对于区域经济活动的决策者或评价者来说，存在着对不同发展模式作出选择的问题。结果往往出现在几种方案间犹豫不决、难以取舍同时对其他发展模式却认为不能令人满意因而断然拒绝的现象。这种现象说明，"至少同样令人满意"的关系在发展模式中同样存在。显然，这种关系是完全的。对任意模式对 X_1 和 X_2，或者 X_1RX_2，或者 X_2RX_1，或者二者同时成立。根据实际经验，在发展

[①] 史清琪等：《技术进步与经济增长》，科学技术文献出版社 1985 年版，第 114 页。

模式 X_1 和 X_2 之间，确实只能有以下三种情形中的一种：X_1 至少和 X_2 一样令人满意；X_2 至少和 X_1 一样令人满意；二者同样令人满意。这种关系还是递推的。如果模式 X_1 不比模式 X_2 差，模式 X_2 不比模式 X_3 差，那么，模式 X_1 不比模式 X_3 差的结论也是符合常识的。

2. 发展模式集合是连通的。事实上，对于不同的发展模式 X_1 和 X_2，存在着介于二者之间的各种发展模式。考虑一种最简单的情形；发展模式中只含投资规模和投资效果两个因素。如果认定社会主义传统经济体制下的特征之一是投资规模大而效益差，市场经济下的情形正好相反，是投资较少而效益较好，那么这两个因素的确从投资方面反映了两种经济模式。如果分别用 S 和 a 表示投资率和投资效果系数，对于给定的两个模式 $X_1 = (S_1，a_1)$，$X_2 = (S_2，a_2)$，存在介于二者间的各种模式。事实上，人们已经论证，投资率和投资效果之间存在着某种替代关系，前者的增加以后者的减小为代价。

3. 给定任一发展模式 X_1，区域经济的决策者或评价者就可以考虑至少与 X_1 一样令人满意的模式集合和不如 X_1 那样令人满意的模式集合。这两种集合是封闭的。这个假定很大程度是出于技术上的考虑，为的是保证决策者或评价者偏好的连续性。它的经济意义，如果决策者和评价者认为模式 X_1 和 X_2 之间的差别很小，而模式 X_1 比另一个模式 X_3 更可取，那么 X_2 将比 X_3 更令人满意。无疑，这是符合实际情况的。

这样，与消费者所消费的商品类似，影响区域经济实力的各种因素集合或发展模式也满足效用函数存在的基本假设，从而可以断言：给定一个发展模式 $X_1 = (X_1，\cdots，X_n)$ 存在连续实函数 $U(X_1)$，当决策者或评价者认为模式 X_1 至少与模式 X_2 同样令人满意时，有 $U(X_1) \geqslant U(X_2)$ 我们称函数 $U(X)$ 为决策者效用函数，它的值也就是我们所说的区域综合经济实力。

对以上讨论，要特别强调以下几点：

1. 对于一个决策者或评价者来说，发展模式即影响区域经济实力的因素集合有不同的作用，函数 $U(X)$ 的存在提供了比较的依据。这里所说的决策者或评价人不限于个人，也可能是一个组织。

2. 正如比较不同消费者间的效用没有意义，比较不同决策者或评价者对同一模式的评价值往往也没有意义。因为，即便是同一个因素，对不同偏好的决策者或评价者来说其作用也是不一样的。所谓区域综合经济实力比较，只是对一特定的决策者或评价者才有意义，因此，我们在对不同区域综合经济实力作比较时，评价人只限于本区域内对各因素偏好基本相同的专家。

3. 尽管理论上得出了关于区域综合经济实力价值客观存在的结论，但我们却无法得出具体的 $U(X)$ 函数。在消费者的场合，尽管也存在同样的问题，但由效用函数一阶条件推出的需求函数却可由大量市场供需信息提出。在区域综合实力研究的场合，连这样的条件也不存在，必须寻求其他方法。

四、评价区域综合经济实力的指标

在对区域综合经济实力作出数量评价和比较之前，需要对各个作用因素作出量的表达，即要获得反映各因素作用的数值指标。前面讨论的因素，多数有现成的统计资料或可用其他的统计指标替代。地理位置、政策环境、资源环境、资源禀赋等几个因素的相应指标可用 Delphi（最早由美国兰德公司提出的一种专家调查评估方法）方法确定。至于技术进步，由于近年来的强调，各区域均做了这方面的研究，其资料是可以获得的。

1. 地理位置

决定地理位置对区域经济有重大影响的原因很多。例如，在全国生产力布局中所处位置的重要性。偏离原材料产地的距离、与运输干线的距离、与工业中心的距离、港口及其吞吐能力，等等。正因为如此，要对一个区域的地理位置作出数量评价或对不同区域在这方面的优劣排序就较为困难。我们采用 Delphi 方法。

2. 政策环境

也采用 Delphi 方法，请专家发表对各个区域政策环境的评分意见。

3. 劳动力资源

这是为了反映区域经济的投入规模，因而可以用现有统计资料中的社会劳动者人数作为指标。

4. 资源禀赋

这也是依赖于众多因素的综合指标，迄今仍只作为一个理论概念而无相应的数值规定。处理资源禀赋时，简单易行的仍是 Delphi 方法。

5. GNP

有相应的统计指标。

6. 积累

有相应的统计指标。

7. 基础设施

基础设施包括公路、铁路、港口、机场、通讯、房屋、排水供水系统、电力系统等众多方面的内容。显然，要一一考虑所有这些内容，不仅技术上十分复杂，所有各个区域有关资料的获取也极为困难。但是，可以用基础设施的某个侧面大体上反映其全貌。在反映基础设施各个方面的各种指标中，较为容易获得的是运输邮电部门的净产值指标，这是目前国民收入统计中必不可少的内容，各个区域都有相应的公开数字。而且，对所有各个地区，运输邮电均属于相对滞后的部门，增加了其重要性。因此，我们采用运输邮电净产值指标来反映基础设施。

8. 外向度

如前所述，这是反映对贸易的程度。目前，涉及对外贸易的统计指标，可从政府统计数字中获得的有进出口总额、自营出口总值和自营进口总值。而全国30个省（市）、自治区数字都齐全的只有后两个指标。相比之下，进出口总额能更好地反映对外经济联系，我们就采用它来作为外向度的指标。

9. 工业化程度

通常，经济学家们用工业化率来反映经济发展所达到的结构水平。工业化率按制造业附加价值对国内生产总值的比例计算。采用这一指标时我们碰到的问题是很难获得各个区域关于制造业的资料。出于资料容易获得的考虑，我们沿用了通常采用的另一种做法，即用农业产出的比重来反映工业的程度。目前，比较完成的是国民收入统计资料，因此，我们用工业、交通运输业、建筑业和商业净产值占国民收入的比重来反映工业化程度。这一指标越大，工业化程度越高。

10. 人均收入水平

人均收入水平，可以用不同的指标来衡量。过去，我们通常用国民收入指标来表示。随着改革开放的深入，我们也引入国际上通用的国民经济核算体系中的国内生产总值和国民生产总值指标。在我们所讨论的问题中，使用这三个指标中的哪一个并无多大差别。从数据资料的情况出发，我们用人均 GNP 来反映收入水平。

11. 人口文化素质

忽略结构上的差异，我们用每千人口中的高等学校在校学生人数来反映人口文化素质。

12. 劳动力资源利用率

劳动力资源利用率定义为社会劳动者人数与劳动力资源的比例。由于部分地区未统计这一指标，给它的应用带来了困难。如果忽视人口结构上的差异，认为各区域劳动力资源与人口这之存在统一比例，就可以用社会劳动者人数占总人口的比重来代替这一指标。

13. 技术进步

反映技术进步作用的指标多种多样，从目前国内情况看，应用较多而又简单易行的办法是采用科布—道格拉斯生产函数，利用其中的技术进步参数来计算技术进步的作用。考虑到这种方法简单易行，各个区域都有这方面的研究，在比较各个区域技术进步的作用时，我们采用了比较其技术进步参数的办法。

五、区域综合经济实力的综合评判方法

前面已经说明，我们无从得到决策者效用函数的具体形式，甚至不能像消费者效用函数推出需求函数那样从一阶条件获得可利用的其他关系，就只能用其他方法来评价、比较区域综合经济实力。在判据为多因素的场合，综合评判是广泛采用的方法。

"所谓综合评判，就是对多种因素所影响的事物或现象作出总的评价，即对评判对象的全体，根据所给的条件，给每个对象赋予一个非负实数——评判指标，再据此排序择优。"[1] 评判指标依赖于每种影响因素的评价值。假定有 n 种因素，第 i 种因素的评价值为 X_i，通常是给出权数 $(a_1, \cdots, a_n)$ 后，按 $\sum a_i X_i$ 计算评判指标。

但是在许多场合，我们不可能对每种影响因素作出明确的评价，例如，对"地理环境好"、"政府环境好"、"人口负担轻"、"人均 GNP 高"、"技术进步作用大"等问题，我们不能就每个区域作出明确的回答，只能用程度如何来描述，也就是说，评判对象和判据之间是一种模糊关系。在这样的场合，需要模糊综合评判方法。

模糊综合评判一般按以下步骤进行：

1. 给出所考虑的对象集：$X = \{X_1, \cdots, X_n\}$
2. 给出因素（判据）集：$U = \{U_1, \cdots, U_n\}$
3. 找出评判矩阵：$R: X \times U \to [0, 1]$，$r_{ij} = R(X_i, U_j) \to [0, 1]$ 是对象 X_i 在因素 U_j 上的特性指标，刻画了 X_i 与 U_j 间的模糊关系，也就是对象 X_i 对于判据 U_j 所规定模糊集合的隶属度。

----

① 陈贻源：《模糊数学》，华中工学院出版社 1984 年版，第 154 页。

4. 确定评判函数

$$D = f(Z_1, Z_2, \cdots, Z_n)$$

5. 计算评判指标 $D(Xi) = f(r_{i1}, r_{im})$，按 $D(X_1) \cdots, D(X_n)$ 的大小排序择优。

在区域综合经济实力比较的场合，对象集是所考虑的各个区域，因素集或判据集是前面提到的各种因素。评判函数，我们倾向于采用加权和的形式，这种形式最为简单，也最为常用。其中的权数可以从专家的意见中得到。需要再次强调的是，不同评判者对影响区域综合经济实力诸因素的偏好是不同的，在对各因素重要程度评分时，参与专家的偏好应力求一致。为此，所有专家均来自同一地区或来自有相似发展模式的几个区域为好。

得出评判矩阵，是进行综合评判时最为关键，一般也最为复杂的环节。对每个因素所决定的模糊子集，都需要得出相应的隶属函数。我们讨论的问题有两个特点。首先，在所考虑有因素中，地理环境、政策环境、劳动力、资源禀赋、基础设施、外向度、工业化程度、人均收入水平、人口文化素质和技术素质和技术进步都与综合经济实力存在正相关关系。其次，反映各因素作用的指标中，有的是绝对指标，有的是相对指标，不利于比较。因此，对这些因素采用了这样的做法：对第 i 个因素，令 Ui^* 表示所有区域中该因素指标的最大值，即

$$Ui^* = max \ \{Ui\}$$

按公式　　　　　$R_{ij} = \dfrac{U_{ij}}{U_i^*}$, $i = 1, \cdots, n$, $j = 1, \cdots, m$ 　　　　(1)

计算评判矩阵的元素 r_{ij}，其意义是第 j 个区域第 i 种因素属于"这种因素对综合经济实力的影响很大"这一模糊子集的程度。

需要单独考虑的是积累、GNP 和劳动力资源利用率，它们与综合经济实力并不存在正相关关系。

积累额从规模方面反映了扩大再生产的能力，但积累的最终成效如何，还取决于积累效果系数。关于积累与效率的关系，是改革开放以来一度讨论得较多的问题。一般认为，积累率太高会导致积累效果下降，积累率太低对经济发展不利。也就是说，存在一个最优积累率，低于或高于这个数值，将导致积累的作用

降低。因此，在考虑积累的作用时，还必须强调积累率如何。假定积累是我们所考虑的第 i 个因素，第 j 个地区的积累和国民收入分别用 X_{ij} 和 Y_j 表示，按照式子

$$X'_{ij} = X_{ije} - \left| X_{ij}/Y_j - s \right|, \; j = 1, \cdots, m \qquad (2)$$

修正积累的数值，其中 S 是最优积累率。再用前面的公式（1）计算评判系数。

　　GNP 是所提供的商品和劳务总和，从产出规模方面反映了综合经济实力。就 GNP 与基础设施的关系看，各个区域间并不一致。有的区域虽然 GNP 数值较小，但基础设施较强，GNP 增长后劲较足；有的区域尽管 GNP 已达到较高水平，但基础设施已成为"瓶颈"，制约了 GNP 的进一步增长。因此，在我们评判、比较区域经济实力的时候，有必要考虑基础设施与 GNP 的关系。假定 GNP 是我们所考虑的第 i 个因素，用 X_{ij} 表示 j 地区的 GNP，Y_i 表示 i 地区的运输邮电净产值，S 表示所有区域中运输邮电净产值与 GNP 比例中的最大者，按公式

$$X'_{ij} = X_{ije} - \left| Y_j/X_{ij} - S \right|, \; j = 1, \cdots, m \qquad (3)$$

修正 GNP 的数值，再用前面的公式（1）计算评判系数。

　　强调劳动力资源利用率是出于理论上的考虑。如果劳动力资源已枯竭，对经济发展不利。从这个意义上说，"蓄水池"总是有作用的，也就是说，劳动力资源利用率与经济实力之间存在某种非线性关系。但就目前我国的情况看，劳动力闲置的现象较为普遍，因此，我们仍按前面的公式（1）计算相应的评判系数。

　　考虑到因素太多，同时，我们还希望得出各个区域在环境、规模和效率方面的评价，因此采用的是多层次综合评判方法，作两级评判。两级评判是上述方法的两次应用。

六、全国 30 个省（市）、自治区综合经济实力比较

　　按照前面提出的各种因素和区域综合经济实力的模糊综合评判方法，这里对全国 30 个省（市）、自治区的区域综合经济实力作一次实际比较。首先需要作以下几点说明：

1. 关于统计资料。① 各地区的统计资料口径并不完全一致，即使同一地区不同年度的公开统计资料也存在口径不完全一致的现象。这种情况给我们的统计资料获得带来了困难，使我们的比较无法按 1990 年的统计结果进行，因而有的采用了 1990 年的数字，有的则是 1989 年的数字。不过，从比较的意义上说，这种差别影响不大。

2. 评判函数的最普通形式是加权和。这里出于各种考虑，在作一级评判时未给出权数（也就是权数相等）。

3. 对于无法从统计资料获得反映的因素（地理环境、政策环境、资源禀赋）以及环境、规模和效率三类因素的权重分配，我们采取了专家咨询的办法。出于前文所述的原因，参与咨询的专家，都是在浙江省工作的，这样做能尽可能避免因偏好不一致带来的影响。

4. 按照前面的公式（3），计算积累的评判系数时需要关于最优化积累率的数值。在 1983 年前后，最优化积累率问题曾是中国经济学界普遍关心的重大课题。当时的结论是，高积累高速度、低效益的状况应当扭转，鉴于"一五"时期经济发展顺利的事实，积累率以 25% 左右为好。但以后的发展并未给这一结论以充分的支持，随着改革开放的展开，积累率始终高出 25% 的数值很多。进入治理整顿阶段后，积累率才有所下降。事实上，无论从理论上还是实践上，均不可能存在一个适用于各种类型经济的积累率数值。所谓最优积累率，只能是对一个目标稳定的特定类型经济而言。前面已经说过，综合经济实力是由共同偏好的评价人所作出的评价。因此，正如咨询专家均来自浙江一样，公式（3）中的最优积累率，应参照浙江省的情况确定。1976 —1983 年，浙江省积累率在 30% 左右摆动，1984 —1989 年则按照 40% 取值，1990 年降至 32.6% 。如果考虑到经济"过热"时期的数字不足为据，我们以为 30% 的数字值得采用。

根据所得的评判系数，分别对环境、规模和效率三类因素作综合评判，得到表 1、表 2 和表 3 的结果。表中，不仅给出了评判值，还依据评判值做了名次排列。

利用以上结果，可以作二级评判。对于环境、规模和效率三个评价值的重要程度，按 Delphi 方法得到以下权重：

---

① 本文运算时的统计资料，除已注明者外，均以中国统计出版社的 1950 年、1991 年的《中国统计年鉴》和《全国各省自治区直辖市历年统计资料汇编（1949 —1989）》为依据。

表 1　环境因素的综合评判值及各次排列

区域	评判值	名次	区域	评判值	名次
北　京	0.875	5	河　南	0.675	17
天　津	0.915	3	湖　北	0.735	11
河　北	0.720	12	湖　南	0.680	16
山　西	0.660	19	广　东	0.985	1
内蒙古	0.615	22	广　西	0.665	18
辽　宁	0.845	8	海　南	0.870	6
吉　林	0.690	14	四　川	0.690	14
黑龙江	0.715	13	贵　州	0.570	26
上　海	0.945	2	云　南	0.595	23
江　苏	0.855	7	西　藏	0.480	30
浙　江	0.830	9	陕　西	0.595	23
安　徽	0.655	20	甘　肃	0.525	27
福　建	0.885	4	青　海	0.490	29
江　西	0.645	21	宁　夏	0.505	28
山　东	0.830	9	新　疆	0.580	25

表 2　规模因素的综合评判值及各次排列

区域	评判值	名次	区域	评判值	名次
北　京	0.435	15	河　南	0.608	7
天　津	0.418	17	湖　北	0.443	11
河　北	0.547	9	湖　南	0.447	12
山　西	0.467	11	广　东	0.867	1
内蒙古	0.360	20	广　西	0.310	22
辽　宁	0.720	4	海　南	0.177	27
吉　林	0.403	18	四　川	0.665	6

续表

区域	评判值	名次	区域	评判值	名次
黑龙江	0.520	10	贵　州	0.270	24
上　海	0.670	5	云　南	0.298	23
江　苏	0.770	2	西　藏	0.113	30
浙　江	0.563	8	陕　西	0.320	21
安　徽	0.433	16	甘　肃	0.248	26
福　建	0.440	14	青　海	0.147	29
江　西	0.383	19	宁　夏	0.150	28
山　东	0.760	3	新　疆	0.252	25

表3　效率因素的综合评判值及各次排列

区域	评判值	名次	区域	评判值	名次
北　京	0.846	2	河　南	0.456	23
天　津	0.762	3	湖　北	0.462	19
河　北	0.468	18	湖　南	0.522	8
山　西	0.482	15	广　东	0.564	6
内蒙古	0.424	26	广　西	0.446	24
辽　宁	0.56	7	海　南	0.404	29
吉　林	0.49	13	四　川	0.516	10
黑龙江	0.486	14	贵　州	0.418	28
上　海	0.934	1	云　南	0.500	12
江　苏	0.626	4	西　藏	0.368	30
浙　江	0.622	5	陕　西	0.484	16
安　徽	0.482	17	甘　肃	0.462	19
福　建	0.512	11	青　海	0.462	19
江　西	0.424	26	宁　夏	0.485	22
山　东	0.516	9	新　疆	0.434	25

环境：0.35

规模：0.28

效率：0.37

用加权和作为评判函数，最终得到全国 30 个省（市）、自治区综合经济实力的评判值，列于表 4 中。同样，表 4 还给出了区域综合经济实力的名次。进一步的比较分析留待以后进行。

表 4　区域综合经济实力评价值及名次

区域	评判值	名次	区域	评判值	名次
北　京	0.714	4	河南	0.575	13
天　津	0.719	5	湖北	0.552	15
河　北	0.578	11	湖南	0.556	14
山　西	0.541	16	广东	0.796	2
内蒙古	0.473	24	广西	0.485	21
辽　宁	0.705	6	海南	0.504	19
吉　林	0.536	17	四川	0.619	9
黑龙江	0.576	12	贵州	0.430	26
上　海	0.864	1	云南	0.477	23
江　苏	0.746	3	西藏	0.336	30
浙　江	0.678	8	陕西	0.477	22
安　徽	0.529	18	甘肃	0.424	27
福　建	0.612	10	青海	0.384	29
江　西	0.490	20	宁夏	0.388	28
山　东	0.695	7	新疆	0.434	25

（原载《经济发展研究》1993 年第 1 期、本文与何其钢同志合作完成）

发展环境与浙江模式演进

《浙江制度变迁与发展轨迹》简介

《浙江制度变迁与发展轨迹》系浙江改革开放研究书系之一，于 2000 年 8 月由浙江人民出版社出版，书号 ISBN7-213-02060-9/F.328。

该书的主要贡献是：第一，运用新制度经济学和发展经济学的理论，对改革开放以来浙江制度变迁的路径与经济发展的轨迹做了深入的分析和理论概括，从"经济体制模式转型"与"经济发展模式转型"的演进与互动中，揭示区域经济发展的规律，在理论上是有价值的；第二，从经济学的角度对浙江改革与发展的基本经验做了提炼，对"浙江现象"做了有理论深度的符合客观实际的诠释；第三，对浙江经济发展中曾经遇到和正面临的一些基本问题，做了有作者自己见解的探讨，这些问题也是区域经济发展中的理论前沿，有决策参考价值。

该书由诸论和 5 篇 20 章构成，全书 35.5 万字。其基本观点和主要结论是：

绪　论　简述浙江制度变迁的特点、发展轨迹的主要特征和本书撰写的结构与方法。

改革开放以来的 20 年，是浙江经济走向市场经济的 20 年，在这个过程中总是伴随着制度的变迁，其特征是：在制度创新需求与实际制度供给均衡点的区间选择产权制度的安排；制度变迁在创新成本最小的地方开始突破和实施；以混合型的制度变迁路径为演化模式；制度变迁总是围绕着塑造新的市场主体展开；以诱致性创新为主动力的创新动力结构。在浙江的许多制度创新，都是民众先干起来，并大大推动了生产力的发展，才有政府的文件加以支持和推广，都是诱致性制度变迁的产物；当然，政府在制度创新中的作用也是不可低估的，政府提供了制度变迁所必需的组织协调与必要的制度供给，有时还充当中央与基层组织之间的缓冲器，有时视而不见、采取默认的态度，并创造性地运用有限的政策工具给予支持。浙江制度变迁的"第一行动集团"是民众，地方政府只能起"第二行动集团"的作用，这两个行动集团的共同努力才顺利地实现制度变迁。

浙江改革开放 20 年来，经济发展速度是罕见的，其发展轨迹的特征表现为：国内生产总值的变动呈陡峭式的曲线增长；经济发展轨迹与制度变迁的一致性；经济增长周期与宏观经济环境密切相关；经济结构的演进与经济发展阶段密切相关；经济发展进程的差异取决于政策选择。浙江经济的超常规增长，形成了独特的制度变迁模式，释放了生产潜能，改变了运行机制，重塑了新的发展环境，这从发展的时间和空间上都得到了验证。

第一篇　浙江 20 年巨变　分析浙江是如何从经济小省跨入经济大省、从传统农业社会向现代工业社会转型、从传统计划经济体制向市场经济体制转型、从封闭型经济向开放型经济转变、从温饱型生活到小康型生活，并指出这些变化的实质是经济体制转型和社会结构转型。

第二篇　经济发展环境与动力　从经济发展环境的一般理论探讨入手，给出了"经济发展环境是各种经济资源和运行条件的综合体，并构成一种经济发展的潜在能量"的定义；对浙江发展环境做了实证分析，着重研究了浙江的社会背景和发展模式，从中得出了浙江发展环境的比较优势在于：第一，初始结构优势。在工业结构上，工业的行业结构是以轻纺工业为特征的，工业的规模结构是以小型企业为主的。这种结构符合 20 世纪最后 20 年市场对产品结构的需求，而小企业又比较容易适应市场的变化。第二，初始体制优势。在计划经济体制下，浙江国有企业少，因而国家的投资少，计划供应的物质资源和产品少，对经济社会发展是不利的，就当时的体制而言，浙江处于劣势地位。但是从计划经济体制向市场经济体制转型时期，它就由劣势转变为优势，因为国家的资源供给和控制力度都比较薄弱，这就迫使浙江企业从市场上去寻找原材料和销售渠道，也就有可能从计划经济最薄弱的环节突破原有体制的束缚，率先进行市场导向的改革。第三，社会文化的优势。浙江的文化是以传统文化和海洋文化相结合为特征的。传统文化方面，有古老文化积淀所形成的勤奋与淳朴的品格，有"利义并存"和"工商皆本"的思想遗产，有经商和"百工技艺"的传统；在海洋文化方面，悠久的通商口岸使浙江人比较早受到了西方文化和经营管理方式的感染，比较早地接触西方市场经济的运行规则，引来了海洋文化的新观念。第四，创新潜能的优势。在 20 世纪 50—60 年代浙江就有一批改革的先驱者，80 年代的改革正是那时来自基层要求改革的继续和回声，后来在浙江的一系列的思维创新、制度创新和技术创新，都是蕴藏已久的这种创新潜能的发挥，这是浙江巨变的动力源泉。

第三篇　经济结构变迁与特征　从产业结构、产业布局、产业组织等三个层次上分析了它们的演化过程及其特征，以及对经济结构现状做了评价和演进趋势的探讨。本书对 20 世纪末浙江经济发展阶段作出了判断，认为"浙江经济发展处于工业化中期"，其主要任务是加快产业结构升级，并对经济结构升级与发展现状的矛盾做了分析。针对这些问题，提出了经济结构升级的战略对策：以产业升级和产业竞争力的提高为调整目标，以企业和企业家为实施调整的主体，以存量调整与增量发展相结合为调整路径，以培育大企业集团与提高小企业组织程度为调整的主要形式，以提高外向度为调整的加速器，以产业集中布局为调整的重要内容，以造就良好的产业发展环境作为政府的重要职责。

第四篇　市场体制演进的特征　从分析浙江制度变迁的演进路径开始，研究了市场体系发育的特点、主体构造与企业制度、政府行为与递进变革，从而对经济市场化程度给出了判断，对浙江市场化模式做了评论。浙江学术界有的从市场化过程和结构角度概括发展模式，有的从经营主体和市场配置角度概括发展模式，有的从工业化和市场化角度概括发展模式，都很有参考价值。本书在这一基础上，做了进一步描述，认为浙江主要依靠非国有企业，而不是以国有企业改革为主，来推进全省范围内制度变迁；浙江走出了一条先发展农村集体企业，然后发展个体、私营企业，形成了持续地调整和完善所有制结构的路子；浙江主要依靠国内市场、国内资金，推进资本原始积累。浙江市场化模式可以概括为：内需启动、民间资本为主、经济民主、经济发展与制度变迁相互促进的，发展与改革之间良性互动的市场化模式。通过江、浙、粤三省市场化模式的比较，相对于"苏南模式"和"珠江模式"，浙江的市场化模式更具有广泛的典型意义，因而更有推广的价值。

第五篇　再创经济发展新优势　在以上论述的基础上，对浙江改革与发展的基本经验做了概括，对浙江经济发展的若干基本问题做了探讨，对浙江 21 世纪初率先基本实现现代化的前景作预测性展望，并对加快现代化建设中的若干问题进行了探讨。

本书从制度经济学和发展经济学的角度，对浙江 20 年巨变的基本经验做了评述，认为思维创新是巨变最重要的动力源，重构市场主体是巨变的微观基础，加速要素流动是巨变的资源保障，区域特色经济是巨变的经济支柱，民众与政府的合力是巨变成功的保证。

对经济发展过程中一些还未取得共识的问题，本书发表了作者的见解，这些问题主要是：所谓"粮食滑坡"问题，作者认为"滑坡"是符合市场经济规律的，也是符合广大农民利益的；"第二产业的结构演进问题"，作者认为浙江应该跳出重化工阶段，而直接进入高加工度化阶段，这是浙江工业结构调整唯一可行的路径;"强县经济与中心城市问题",作者认为20世纪80年代后期提出的"强县经济战略"已经过时,应代之以中心城市带动经济的战略,重视大城市的作用;其他还有"发展知识经济的策略问题"、"企业规模结构合理性问题"、"外向型经济发展的新问题",以及"经济社会可持续发展问题"等,本书都提出了值得关注的前瞻性观点和建议。这些年来的实践,证明了本书的见解是正确的。

本书最后对21世纪初的浙江经济发展做了前瞻性分析,对21世纪初浙江经济社会发展水平做了预测,对现代化进程做了分析与判断,认为就全省总体而言,2010年全省相当一部分地区可以达到基本实现现代化的"门槛"水平;到2020年,全省可以争取率先达到基本实现现代化的"门槛"水平。从现代化过程的整体素质看,科技、教育、生态和环境等特别还需要加强的薄弱环节。知识经济的出现所带来的国民经济化、网络化、高技术产业的发展等,需要在现代化实践中引起高度重视。本书还对加快现代化建设中的若干问题做了探讨,提出要以加快现代化建设为导向,提高国民经济整体素质;以创新为中心环节,推进产业结构高度化;增强区域中心城市功能,加快城市化进程;实现改革开放新的突破,促进经济市场化和国际化;落实"科教兴省"战略,坚持可持续发展。浙江实现可持续发展至关重要的课题,就是要从全省综合考虑,建立生态平衡补偿机制,正确处理地区之间经济、社会发展和生态平衡的协调关系。

按照这样的发展思路,提高浙江经济发展的素质和整体水平,争取率先基本实现现代化的奋斗目标是完全可以实现的,到2020年,一个现代化的社会将在浙江大地上基本形成。

（本书由方民生等著。2002年12月30日获浙江省人民政府颁发的"浙江省第十届哲学社会科学（1999—2001）优秀成果著作类一等奖"。本简介载《浙江省第十届哲学社会科学优秀成果奖获奖成果集》,中国社会科学出版社2004年12月）

温州模式与我的理论研究

温州既有"利义并重"的文化基因，又有"海洋文化"影响的沉淀；同时，温州又处在一个人多地少、交通闭塞的环境中，因而温州人历来就有奔走天下、创新创业的传统。即使在传统社会主义模式禁锢下，温州人要求自主创业的理念从未间断过。就是在"文化大革命"期间，包产到户、雇工经营、长途贩运的现象也未断绝。但这些现象一直把它当做走"资本主义道路"来加以批判。1997年，在全国批判"新生资产阶级分子"的时候，还在温州召开过"全国新生资产阶级分子问题研讨会"。在"左"的路线指导和教条主义的支配下，我还参与了这次会议的筹备工作，并写了《关于新生资产阶级分子的几个问题》的文章。虽然在我文章中认为，这些问题的产生是生产力不足发展所决定的，是不可避免的，但对问题的定性判断是错误的。在中共十一届三中全会之后，经过理论上的拨乱反正，突破了传统社会主义模式的禁锢，对温州出现的现象重新加以认识。1979年，在中共温州市委宣传部邀请我作的"关于实践是检验真理的唯一标准的讨论"的报告中，对前一时期的所谓"新生资产阶级分子问题"的讨论也做了反省，在理论上进行了澄清。此后，温州的家庭工业迅猛发展，各类商品市场纷纷开张，采购推销人员满天飞，百姓的生活开始好转，温州呈现了一派出生机和活力。但对温州的这种经济现象，究竟是姓"资"还是姓"社"，一直争论不休。我们理论工作者对此也非常关注，把温州的实践作为研究的对象，作为理论创新的源泉。我对"温州模式"的研究，大致可以分为三个阶段：

一、首次"温州模式"理论研讨会

1. 研讨会的筹备

我们一直关注着温州经济的发展，1980 年当我们看到温州市革委会办公室、温州市计委、温州市工商行政管理局和温州市劳动局联合调查组写的"温州市区个体工商户的调查报告"时，感到非常高兴，建议在《浙江学刊》发表，并与李荫森同志一起以"李方"的笔名发表了评论，认为这篇文章对正确认识和对待个体经济是有意义的，并就关于个体工商户的性质、对待个体工商户的方针和对待个体工商户的几个具体政策，发表了我们的看法，肯定了劳动节者的合伙经营是社会主义制度下的一种合作经济（《浙江学刊》1980 年第 1 期）。1984 年，我任浙江省社会科学院经济研究所所长，成立了"小城镇经济研究"课题组，请时任浙江省社会科学界联合会副主席的李荫森同志率领，由后来成为研究温州模式的专家张仁寿、李红等于 1985 年年初对温州经济做了一个多月的调查，调查报告认为"应该把温州农村商品经济的发展道路，上升到中国农村发展的模式来考虑，如果说'苏南模式'是一极，那么'温州模式'是另一极'"（林白等主编《温州模式的理论探索》，广西人民出版社）。1985 年 5 月 12 日《解放日报》明确提出了"温州模式"的概念，正符合我们研究所得出的结论，因而也更坚定了我们研究"温州模式"的信念。同年 12 月，浙江省社会科学院正式成立了"温州模式研究课题组"，并决定举办一次全国性的"温州农村经济模式理论研讨会"。1986 年春节之后，课题组就与中国社会科学院经济研究所原所长董辅仁研究员率领的调查组对温州经济做进一步的调查。4 月，我被任命为浙江省社会科学院副院长兼经济研究所所长，为了筹备温州模式讨论会，我与浙江省社科院原党委书记钟儒和课题组同志于 6 月上旬在温州泰顺、文成、永嘉等县做了调查，对温州贫困地区的情况也有了比较深入的认识。6 月 12 日，"温州农村经济模式理论讨论会"主办方浙江省社会科学院经济研究所、中共温州市委政策研究室、温州市农村工委员会办公室举行了预备会议，14 日会议正式开始。

2. 富有创意的讨论

这次理论讨论会引起了全国各方面的关注，《人民日报》、《经济日报》、《解放日报》、《文汇报》、《浙江日报》、《中国农民报》、浙江人民广播电台以及温州的各家新闻媒体都与会采访。国务院农村发展研究中心副主任张根生、中共广东省顾问委员会副主任杜瑞芝、原国务院审计局审计长于明涛、中共中央书记处研究室经济学家林子力、中共中央党校副秘书长史维国等同志也参加了讨论。对这次理论讨论会，中共温州市委和市政府非常重视，时任市委书记的董朝才同志自始至终参加了讨论会；浙江省农村工作委员会和省有关部门的领导同志、高等院校、科研院所、党校的专家和各地市委宣传部的同志也与会参加了评论。

讨论会上，与会者各抒己见，气氛非常活跃。讨论围绕四个专题展开：（1）"温州模式"的理论评价；（2）温州农村商品经济与区域经济发展；（3）"温州模式"的市场体系；（4）"温州模式"的所有制结构和分配。讨论中，对"温州模式"的评价、"温州模式"的作用、"温州模式"的市场体系等问题大家的认识比较一致，争论较多的是两大问题：一是关于所有制结构问题，一种意见认为国有经济和集体经济应占主体地位，另一种观点认为社会主义所有制的形式在实践中将会多种多样，不要为温州所有制结构中各成分比重变化而发愁，将由经济发展的需要所决定；二是关于雇工经营的性质问题，另一种观点认为具有剥削的性质，一种观点认为用"剥削"的主张与阶级相关的概念去说明是不恰当的，要承认经营劳动报酬和合理的非劳动收入（包括资金利息和风险收入）。针对这些问题，林子力教授做了"温州商品经济的'成分'问题"做了专题发言，后发表于同年 11 月 21 日《人民日报》。

这次理论研讨会历时 6 天，于 6 月 19 日结束。会议结束时，我受这次研讨会主办方的委托，做了题为"温州模式的评价·趋势·对策"的总结性讲话，后载《浙江学刊》1989 年第 4 期。

3. 研讨会的效应

这次研讨会的消息和取得的成果，浙江省和国内的许多媒体都做了报道，《文汇报》以《温州农村经济模式理论讨论会观点综述》为题比较详细地介绍了这次讨论会的情况。1986 年 11 月 21 日的《人民日报》发表了林子力教授在这次讨论会上所作的《温州商品经济的"成分"问题》的长文章。从此，温州模式更引起全国各界的关注。在政界，对这次讨论会的情况也非常瞩目，非常关心。这次讨论会结束之后，6 月 27 日，我向时任浙江省副省长的沈祖伦同志汇报了首次温州模式研讨会和我们在温州等地贫困县的调查情况；28 日，在由中共浙江省委秘书长马瑞康同志召开的"关于建立温州试验区"的征集意见的会议上，又做了汇报；8 月 14 日，中共浙江浙江省委常委会讨论向中央、国务院报送"关于建立温州综合改革试验区的请示"报告时，又要我去汇报这次讨论会的情况，省委对这次"温州农村经济模式理论讨论会"是肯定的，支持温州的改革，但不赞成用"温州模式"的概念，而主张提"温州格局"，并认为要把"温州试验区"办好。据我的理解，省委不主张提"温州模式"是怕引起误解，因为在他们看来"模式"等于是"榜样"，是学习的"样板"，而"格局"是一种"状态"和"类型"；而理论界则认为，"模式"意味着表示国民经济或其中的一部分增长和和运行的最简单形式的思想结构，也可以是经济增长和运行方式的理论概括。从这个意义上讲，"模式"与"格局"的提法在内涵上没有什么大的区别，只是表达的概念不同而已。

二、在创业中提升的"温州模式"

"温州模式"是温州人民的创造，是诱致性制度变迁的范例。温州百姓顶住了社会上某些权威人士对"温州模式"评头品足的压力，温州的经济取得了迅猛发展的良好业绩，制度安排上也积累了许多新的经验。可是在 20 世纪 80 年代末，在当时的特殊环境下，又掀起了姓"资"还是姓"社"的争论，对温州模式的发展又受到了一次打击。但是，在邓小平同志重申"三个有利于"的标准之后，认识才取得统一，使"温州模式"的发展进入了一个新的阶段。1993 年，温州市委和市政府，在总结过去 10 年经济发展的经验和问题的基础上，提出来了"全市二次创业的发展战略"，规范市场经济行为，转变增长方式，提高经济质量。1996 年 3 月下旬，我参加了由浙江省政协常委、政协经济委员会副主任董朝才同志率领的温台地区工业企业调查组，在温州考察了 10 多家企业，召开了数次企业家座谈会，调查后给我最深的感觉，是不能再用 80 年代的眼光来看待"温州模式"了。回来后在一份《转变经济增长方式的认识和路径》的调查报告中，我们提出，"温州的'第二次创业'，有很丰富的内容，而其核心是实现经济体制和增长方式的根本转变，已初见成效，并从某种意义上说起了'先导作用'，这是'温州模式'的新发展"。这种"新发展"表现在哪里？我在由上海社会科学院出版社出版的《中国特色社会主义市场经济的实践与理论——长江三角洲地区的特征与模式》一书中做了概括。

第一，在生产方式上，家庭工业开始向现代工业转型。许多企业已经大改过去那种家庭作坊的面貌，不少技术装备先进的现代企业呈现在人们面前。最突出的是柳市的低压电器生产，从 1992 年起，一批企业家不惜代价投入几亿元，建造了 30 多万平方米的现代式厂房；几百家铁芯、塑料厂、模具等部件加的工单位加大投资力度，购进加工设备和原材料，确保产品的质量。

第二，在产品档次上，开始向粗放数量型向质量效益型转变。"质量是企业的生命"，已成为企业家们的共识。正泰集团和德力西集团除了建造一流设备的产品质量检测站外，还具有研究所模具中心、培训中心，推进企业技术进步。截至 1995 年年底，温州采用国际先进工作标准 253 个，有 9 家企业通过了 ISO9000 质量认证，许多企业都在以国际标准带动企业向集约型增长方式转变。在全社会还形成了创名牌的良好氛围。

第三，在经营方式上，由原始的靠购销员"满天飞"销售产品转变为建立固定的销售网络的经营方式。这就极大地节约了交易成本。过去的采购员现在大多都在各地办厂开店，由购销员变成了业主或私营企业家；不少厂家都在各地建立了直销点或营业部，有的还在国外建立了办事机构。

第四，在管理制度上，有不少企业已从"家族制的管理"向现代企业制度转变。德力西集团认为："不打破家族制企业发展到一定程度就要封顶了。"正泰集团 2007 年考核时，表现最差的是董事长的姐夫，也照样予以辞退。这表明家族制管理已受到挑战。因此，一些思想敏锐的企业家已开始意识到要从"家族企业家"框架中摆脱出来。在一些经营比较好的企业周围几乎都有一批智囊人物当参谋或直接参与决策和经营。一些年轻的企业家都很重视自身素质的提高，挤出时间去高等院校进修，有条件的还去国外进行短期培训。

第五，利用民间资金进行城市建设，使城市的旧貌换了新颜。据统计，温州近年来运用市场机制筹款并投入城市建设的资金高达 70 多亿元人民币，全市新建和在建的房屋 1 000 万平方米。

这些变化还只是露出了苗头，但代表了发展方向。

这是我在 10 年前对"温州模式"在提升趋势的分析与判断。我正是以这样的判断和认识来主笔撰写《浙江制度变迁与发展轨迹》的，对这本书学术界给予了高度评价，获第 10 届浙江省哲学社会科学优秀成果著作一等奖。10 年来的实践证明，这些分析是正确的，这些新特点已经成为进入 21 世纪的温州模式的普遍现象。

三、如何看待"温州模式"的历史命运

进入 21 世纪以来，温州的"资本外流、企业外迁、GDP 的增速下降"，引起了社会的巨大反响，媒体竞相为"温州模式"唱出哀歌。与其相连的是以"温州模式"为基点的"浙江制度创新率先"的优势正在丧失的论调，也几乎成了主导性的理念。我一直不赞成这些观点，我认为，"浙江制度创新率先"的优势正在显现。2001—2002 年我在《浙江经济》杂志，先后发表了《浙江经济核心竞争力探索》、《破解浙江经济现象之"谜"》和《国际竞争力的系统功能和政府的作用》三篇文章阐述了自己的观点。我认为由改革率先所形成的"内生型的自主组织的增长动力系统"的核心竞争力日益凸显出来，它不仅是构成现时竞争力的首要因素，也是未来的核心竞争力。这个论断是从"温州模式"的发展实践中概括出来的。

2003—2004 年，"温州模式"的历史命运成了媒体炒作的热门话题。2004 年 2 月下旬，浙江工商大学浙江经济社会发展研究中心和《浙江社会科学》杂志

社联合召开了"温州模式的演化与前景"的学术研讨会，把"温州模式"的研究推向一个更高的理论层次。我以《"温州模式"的变革》为题（载《浙江经济》1964 年第 5 期，后收录在希望编：《"温州模式"的历史命运》，经济科学出版社 2005 年版），谈了我对"温州模式"历史命运的看法。现摘录如下：

"模式"既不是一个固定不变的框架，也不是样板和楷模，而是一种独特的经济增长和运行方式。这几年对温州的实地调查少了，但我对"温州模式"有一个基本的认识和评价，总地来说就是"要在变革中把握温州模式"。

温州市委书记李强同志说，"温州模式就是没有模式"，从"温州模式"的变革这一角度来说，他说对了；但他对"模式"的理解和我们的理解不一样，我们从经济学上对"模式"这一概念进行解释，就会发现这一观点并不科学。作为一种经济增长与运行的模式，它有自己的特征和发展路径，"温州模式"也是如此。

我对"温州模式"有三点基本认识：

第一，"温州模式"是"体制转型期"的最佳路径选择。"温州模式"是经济体制转型期的特殊产物。改革开放后温州的初始结构，选择了一条以私人经济为主、以家庭工业为主，以专业市场为主的发展模式，是种创举，是有生命力的，这以被实践所证实。但目前的格局还只能适应古典市场经济或初级市场经济的运行，不能锁定在这种状态，还要向前发展，建立起适应现代经济的温州模式。这是一个很艰难的过程，要从企业产权制度、经营管理理念和方式、产业结构和技术水平、市场结构的发育程度、国际化程度、政府效率等方面都应当是现代化的，都可以与世界接轨。而现在温州的发展与走向现代市场经济的要求还很不适应，发展的进程不够理想。在这种状态下，人们不得不提出一个问题，即温州走向现代市场经济时能否像前 20 年那样有自己的独特发展路径，创造出具有全国影响的值得其他地方借鉴的"新温州模式"。作为一种"经济体制转型期"的发展模式，在完成建立现代市场经济的任务之后，"温州模式"也就结束了自己的历史使命而退出历史舞台。从这个意义上讲，史晋川教授说 5 年后"温州模式"将不复存在是有道理的，我很赞成。现在令人担忧的是温州在走向现代市场经济的进程中，是否能创造出一种"新温州模式"，也就是说"温州模式"能否持续 25 年。对于这一点我是持乐观态度的。

第二，"温州模式"是区域人文精神的集中体现。温州的文化积淀和社会环境铸就了"温州精神"，而这种精神是"温州模式"的灵魂。这种敢冒风险、勇于开拓、艰苦拼搏，只要有一线希望就会去争取，只要有一分钱的机遇就不放过的精神将会得到传承。只要这种精神存在，温州人就会在发展的征途上有自己的创造，就会出现"新温州模式"。这是我们的一种期盼，这种期盼能否成为现实，还取决于"思想观念的变革"。温州人的思想观念同样有个"与时俱进"的问题，比如"家族制"企业虽然有它存在的合理性，但并不等于"家族制管理"的合理性，"家族制的观念"要变革；又如在"竞争理念"上，过去那种不正当的竞争已不符合现代市场经济的规范了，过去那种"置人于死地"的竞争方式也过时，出现了新的"竞合理念"，要在竞争中与人合作，借别人的力量来发展自己，而不是将自己的力量专门用在打击别人上，要学会与人共存；竞争的理念已从完全的、恶性的成本竞争发展到整合性的、以提供价值为基础的，这样一种合作与竞争结成一体的模式；还有"科技进步的理念"、"对外开放的理念"都需要有新的认识。在温州还有一个令人担忧的问题是，当今温州的社会环境发生了巨大变化，温州人富了，原来由艰苦环境下逼出来的那种艰苦奋斗的创业精神，还能否在第二代和第三代传承下去，这是"温州模式"的生命力所在。

第三，"温州模式"的运行形成了哈耶克所说的"自发秩序"。有了这种"自发秩序"，温州人就有无穷的应变能力，就会催生出"新温州模式"，以适应现代市场经济的发展；即使经济体制转型期结束之后，温州的经济社会发展也还会有自己的特点。

基于这样的认识，我认为不必为"温州模式"的前景担忧，他们会适应新的环境采取新的应变措施。目前，温州资本外流就是他们所采取不正当手段的一种有效对策，因为他们的企业长大了之后，需要一种新的环境，而要资本和技术市场就得走进上海；要土地和其他资源、要开拓更广大的市场，就得向外省发展，这无论是对全国经济的发展还是对温州的企业来说都是好事。这对温州本地经济社会发展来说，目前，可能会受到一点影响，但从长远而言也是好事，因为它告诉我们营造现代市场经济的发展环境的紧迫性，也暴露了目前温州发展环境上存在的缺陷，这就要面对现实采取应变之策。我们完全有理由相信温州人对本地经济社会的发展也具有充分的应变能力，"新温州模式"仍将是推进温州经济社会发展的巨大动力。

（发表于《民营经济的兴起与发展》，中国文史出版社会 2008 年 10 月）

浙江市场化模式的基础与背景分析①

浙江在走向社会主义市场经济体制的过程中，已形成了独特的"浙江市场化模式"。对这个模式的概括不尽相同，我从浙江市场化的过程和结构的特征上，把它概括为"结构多元化的、贸易主导型的、诱致性创新为主动力的市场化模式"；刘吉瑞研究员则从市场发展的阶段和市场形态的角度，把它概括为"小企业、大市场"的具有完全竞争特性的初级市场经济模式（见《浙江学刊》1996.6 — 1997.1）。但"浙江市场化模式"的基础与背景是共同的。要深刻认识"浙江模式"形成的原因，找出市场化轨迹和发展特点，就必须对浙江向市场经济转型时期的基础和背景作个系统分析。

一、经济发展的基础条件与特征

中国的市场化过程，是体制的转型过程。而这种转型又是在从农业社会结构向现代工业社会结构的变革中实现的，这两种转型是互为前提和互相促进的，市场化往往与工业化同步而行。"然而，不同国家的结构转变绝没有一个统一的模式，因为结构转变要受一个国家的资源禀赋、初始结构以及它所选择的发展政策的影响"（H. 钱纳里，1988）。在一个国家的不同地区也是这样。影响结构转变模式的诸因素，对市场化模式的选择也同样发生作用。

1. 资源禀赋

资源，包括自然资源、经济资源和社会资源。据《管理世界》杂志 1987 年第 4 期发表的国务院农村发展研究中心发展研究所的研究报告，计算了各省市"人均资源量指数"，以全国平均数为 100，浙江的具体数值是：水资源 89.6，能源 0.5，矿产 4.9，可利用土地 40，耕地和气候 117.2；各省市的"人均资源拥

---

① 文中的资料除说明出处者外，均来源于《浙江统计年鉴》，有的经作者换算整理。

有量综合指数"浙江居倒数第三位，末五位数字是上海 10.4，天津 10.6，浙江 11.5，江苏和广东均为 26。这些数据表明，就基本自然资源的丰度而言，浙江确实是一个"资源小省"。但仅仅考察基本自然资源是不够的，应该进一步包括旅游资源和海洋资源，才能对自然资源有个全面的认识。据浙江省科技情报研究所的《浙江省资源条件的比较研究及其对经济发展的影响评价》（1993 年 5 月）报告，浙江海洋资源最为丰富，超过全国平均水平的 13 倍之多，特别是港口资源具有较大的优势。旅游资源也很丰富，超过全国平均的 3 倍多。因此，把海洋资源和旅游资源包括在内的综合资源评价，浙江在沿海地区处于第 3 位，在全国处第 7 位。

经济资源，实际上是一个国家或地区的综合经济实力。这将在"工业化水平"一目中再谈。

社会资源，主要是劳动力资源、城镇资源、科技资源、教育资源、医疗卫生资源等。据上述的资源条件比较研究报告，浙江省社会资源在全国居第 16 位，处于中等偏下的水平。其中，劳动力资源居全国第 8 位，而社会劳动者在总人口中所占比例为 60.95%，相对密度为全国第 1 位；劳动力资源的质量特征，就文化程度而论在全国的位次不高，为全国第 20 位，但若把各种技能都算在内，目前浙江的能工巧匠及善于开拓经商的人为数不少，劳动力素质在某些方面仍存在优势。科技资源方面，科技人力数量目前仍居全国 20 位，而科技人力质量（选取了科技论文、科技成果及授权的专利等三项有数据可比较的指标）评价，可列全国第 3 位。

这样的资源禀赋说明，尽管综合资源评价，浙江资源拥有量是丰富的，但就工业原料和能源资源而言，浙江是个"资源小省"，本省无法解决工业发展所需的能源和原材料；而另一方面，浙江的劳动力资源和科技资源具有相对优势。要发挥浙江在资源禀赋上的相对优势，就必须采取有效的方式把这些生产要素组合起来。在计划经济体制下，靠指令性计划指标分配资源，浙江所能得到的资源是十分有限的，不能发挥浙江的相对优势，这已是经过数十年实践得出的结论。另一种选择就是通过市场进行资源互换，这个市场空间越大，浙江经济发展的余地也就越大。这就迫使浙江走后一条路子，通过市场化实现资源互换。

海洋资源是浙江的潜在优势，但它的开发需要通过市场机制吸引国内外资金、技术才有可能。这是 21 世纪开发的目标，因而未来的浙江应当是更加开放、更加市场化的浙江。

2. 工业化水平

按工业化水平的国际比较，我们主要采取人均国内生产总值、制造业在国内生产总值的贡献份额、劳动力在农业劳动中的比重、制造业产品在出口中的贡献份额，这四项指标来加以判断。如下表：

表1 浙江工业化工水平的主要指标

	1987 年	1995 年
人均国内生产总值（GDP）（元）	242.2	7 900
制造业在 GDP 中所占百分比	43.3%	53.1%
农业劳动力在社会劳动力中的百分比	82.5%	54.6%
制造业产品在出口总额中的百分比	49.7%	80.0%

这些指标说明：第一，浙江 1978 年的工业化已达到钱纳里关于准工业国家的标准。按钱氏的标准：大国人均收入 300 美元，制造业的产出在 GDP 中的份额在 19% 以上，制成品的出口在商品出口中占 25% 以上，就可以说是已进入准工业阶段。浙江在 1978 年除人均 GDP 还未达到标准外，其他指标都已超过衡量标准的指标。第二，浙江 1978 年的工业化水平还低于全国的平均水平。据 1980 年世界银行经济考察团对中国经济的考察报告，1979 年按人口计算的工业生产总值，浙江只有全国平均数的 84.4%。1978 年浙江工业总产值在社会总产值中的比重为 54.38%，低于全国平均 61.89% 的水平；农业劳动力在社会劳动力中的比重则高于全国平均 78.23% 的水平。这样的发展基础告诉浙江人民，改革开放后的首要任务就是加快工业化的步伐，加速农村劳动力向非农产业的转移。而实现这个任务，靠国家投资是不行的，国家在浙江的投资历来很少，低于人口在全国的比重，因此要靠地方的力量，靠群众的创造，走市场化的道路。

3. 工业结构

浙江工业走向市场化的初始结构的主要特点是：

（1）轻纺工业产值比重大。1978 年轻工业在工业总产值中的比重为 59.50%；外贸出口产品收购额中，轻工产品（包括纺织）占 57.6%。

（2）小型企业比重大。1978 年全省工业企业 21 308 家，其中大中型企业只有 62 个，只占企业总数的 0.29%，99.71% 的企业是小企业。到 1982 年，大中型企业的产值在工业总产值中的比重也只占 17.6%，82.4% 由小企业所贡献。

（3）集体企业比重大。1978 年，浙江的工业总产值中，国有企业的产值占

61.33％，乡及乡以上集体所有制占31.32％，村及村以下办工业占7.24％；非国有工业占38.67％。国有工业企业在工业总产值中的比重大大低于全国平均80.8％的份额，非国有企业则高于全国一倍以上。1995年，国有工业在浙江全部工业总产值的比重已降为13.57％，在乡及乡以上工业销售产值中的比重为26.13％；非国有经济的比重分别为86.43％和73.87％。

（4）加工工业比重大。浙江工业基本上是加工工业。轻工业原来是由农产品加工发展起来的，随后又发展了以工矿产品为原料为主。1982年重工业中，制造工业占65.5％，采掘（伐）工业和原材料工业分别占4.7％和29.8％。所以，浙江的重工业不仅不重，而且也不是重型加工业。

概括起来，"轻、小、集、加"就是浙江工业结构的特点。这样一种结构的工业，必然要求有完全竞争市场与其运行相适应，这是发展的首要条件。因为轻型加工业是属于竞争性产品，生产同类产品企业很多，而且又是居民日常生活所必需的，参与交易的买者和卖者的数量都很多；轻加工类产品受国家价格控制的力度很小，市场价格的自由度比较大；并且进入市场一般不受限制，卖者可以自由进入和退出。因此，生产者很快就聚集在同一个市场上，形成了一批专业市场，而专业市场周围又兴建一群生产企业，扩大了专业市场货源，如此循环往复，就使专业市场越办越大。其次，就所有制结构来说，国有企业占的比重不大，对浙江经济增长的贡献份额有限，这就要寻找新的经济增长点。其出路就是要发展城乡集体经济和个体私人经济。所以，发展非国有经济，在浙江是工业经济结构所决定的，是迫不得已而为之的。但是，其结果是欣慰的，它造就了真正的市场主体，加快市场化进程。最后，工业企业规模结构"小"的特点，使农村工业的发展不能像苏南那样，接受国有大中型企业的产品扩散，以国有大中型企业为依托，而只能另辟蹊径，办一些投资比较少，容易起步的小型工业企业，特别是发展家庭工业。由于这种原因，浙江农村工业就容易推行"温州模式"。

4. 农村经济结构

浙江农村经济的主要特点是：

（1）人多地少的矛盾非常突出。土地资源是有限的，而人口却不断增长，建设用地不断增加，使人均耕地占有量逐年减少，人均耕地的占有量从1949年的1.25亩，降为1978年的0.74亩，1994年为0.57亩。

（2）多宜性的综合农业区域。浙江地处亚热带中部，气候属亚热带季风气候，特别适宜于水稻、棉花、桑、麻、竹、茶的生长。省境地跨4个纬度，浙南、浙北的温湿条件具有明显的地带性差异，适宜于多种多样农作物的生长。而且浙江的地形复杂多样，有巍峨的群山，起伏的丘陵，错落于山地丘陵间的盆地，宽广的湖荡，漫长的海岸，辽阔的海洋和星罗棋布的岛屿。这就使得多种经营的发展具有良好的自然环境。

（3）"强县战略"的影响很深。浙江在20世纪80年代初，提出了"强县战略"，增强县域经济的实力，这对浙江农村经济社会发展产生了深远的影响。1992年，全国100个经济强县中，浙江占21个；1994年，第三届中国综合实力百强县中，浙江占了23个。

这些特点，对市场经济的发育关系极大。第一，"人多地少"的矛盾，迫使农民去冲破把他们束缚在土地上的计划经济体制，而走向市场，并且形成以人力资源的流动为特色的市场经济发展模式。据第四次人口普查资料，1990年7月1日，浙江外出人口达142.23万人，占全国同类人口的8.27%，为浙江普查登记常住人口的3.43%，高于全国平均水平（1.52%）1.91个百分点。这既有利于发挥浙江劳动力资源的优势，有利于各地社会、经济、文化、技术等信息的交流和传递，又促进了流入地市场经济的发展。第二，浙江作为一个多宜性的综合农业区域，农民可以比较容易地进入市场，按比较利益的大小来配置资源。浙江的许多地方，是靠"两水一加"发展起来的，"两水"是水产品和水果，"一加"是这"两水"的加工工业。这些产品，价格放开较早，农民受价格的驱动首先把资源配置在这些产品的生产上，并以这些商品为先导把农业推向市场。第三，县（市）在市场化进程中具有很大的作用。这种作用是两方面的：一方面是"强县战略"调动了各地的积极性，加速县域经济的工业化、市场化、城镇化；另一方面在"攀比症"的驱动下，强化了地方利益，搞了不少重复建设盲目建设的项目，浪费资源，甚至用地方保护主义的办法来阻止外地产品的进入，不利于市场上的公平竞争，不利于全国统一市场的形成。

5. 城镇化水平

城镇化水平的测算，由于我国城乡标准划分变动频繁，城镇人口统计口径前后不一，用市镇人口占总人口的比重已不能反映中国城镇化的真实水平。鉴于此，因而人口学界采用多种方法加以调查。这里只能根据调整数加以分析。

浙江城镇化的主要特点是：

（1）城镇化水平偏低。按市镇人口计算，浙江的城镇化水平，1949年为11.81%，高于全国9.3%的平均数；1980年浙江城镇人口占总人口的比重为14.86%，低于全国19.4%的平均水平。据1990年第四次人口普查的城镇化水平为31.04%，调整后的实际城镇化水平为25.75%，低于全国平均26.23%的水平。1995 年，浙江的城镇化水平为 30% 左右。浙江的城镇化大约每年增长 1 个百分点的速度发展。

（2）城市规模偏小。全国大城市包括特大城市与中、小城市及建制镇之间的比例关系为1:（2.42）:（5.1）:222；而同时段，浙江省的相应比例关系为1 : 2 :（13.5）:（474.5）。浙江小城镇的个数比例略高于全国平均数是正常的、合理的，但目前大中城市比例过低，严重影响省域城镇体系的健康、协调发展。

此外，城镇分布的差异、城市功能的差异、城镇人口构成的差异，都很明显。

这些特点对浙江市场化的进程关系极大：第一，城镇的发展加速市场经济网络的形成。小城镇是连接城市和农村的桥梁和纽带，是实现城乡生产要素和生活资料交流的通道。这有利于贸易主导型的市场化模式的构建。在浙江，往往一个专业市场的兴起，带动了一个小城镇的发展，义乌的稠城、绍兴的柯桥、乐清的柳市、台州的路桥，最具典型。第二，城市的基本特征是它的集聚性，人口聚居，要素密集；同时，城镇基础设施建设的发展，改善了投资环境。众多的乡镇企业向小城镇集聚，有利于发挥城市的集聚效益，降低交易成本，提高资源配置的效益。第三，城镇化水平的提高，意味着许多农村居民成为市民，并由此引起生活方式和思想观念的变化，市场经济的意识增强了，有利于造就走向市场经济的氛围。第四，浙江城市结构上的缺陷严重影响市场经济的发展。由于中等以上城市的数量不多，规模偏小，中心城市的实力薄弱，辐射力不强。以杭州、宁波、温州为核心的三个省辖一级城市区不能覆盖全省经济活动，有 60% 的县的主要经济活动不在上述三个省辖一级城市区内，这使部分市县对邻近中心城市的离心力增强。这当然有客观上的原因，有上海这个大城市在旁边，受上海的强烈经济辐射的影响；但浙江的大中城市太小、规模不大，无疑是最重要的原因。

二、社会文化背景与特征

走向市场经济，仅仅是社会系统变动的一个方面，而且这种变动要受社会环境的大系统的制约。"社会系统的变动是人与群体间的'能量转移'。""这种能量源于各种资源的综合体，其中包括它的成员的身体潜能，诸如忠诚、共同的情感和价值观念此类的社会资源，以及取之于环境的各种资源。"（拉尔夫·E.安德森，1974）在社会大系统中，决定走向市场经济进程和市场化模式的社会资源，主要是社会文化背景和历史传统。

1. 文化背景

（1）"利义并存"和"工商皆本"的思想遗产。在浙江历史上，一些著名的政治家和思想家，大多都提出过重要的经济思想和发展经济的主张。《史记·货殖列传》说，越国由于实行了"计然之策"，使经济得到了发展，"修之十年，国富"；"计然之策七，越用其五而得意"。"计然之策"中的"平粜"理论和"积著之理"构成了最早的商业经营理论。南宋时期，永嘉学派的集大成者叶适反对离开利来谈义，明确提出"既无功利，则道义者乃无用之虚语尔"、"功利与仁义并存"的新价值观；叶适对传统的重本抑末思想也提出了异议。他说："夫四民交致用而后治化兴，抑末厚本，非正论也。"浙东学派代表黄宗羲还明确提出"工商皆本"的观点，他说："世儒不察，以工商为末，妄议抑之。夫工固圣王之所欲来，商又使其愿出于途者，盖皆本也。"19世纪末，被称为"东瓯三先生"之一的陈虬提出"齐商办，捷商径，固商人，明商法"的主张，为商业发展而大声疾呼。浙江历史上重视功利的观念，主张发展工商业的思想，随着岁月的流逝，延续并广泛地深入民间，构成了浙江人，特别是温州人的文化"遗传因子"。这对浙江贸易主导型的市场化模式不能说没有影响。

（2）悠久的通商口岸引来了海洋文化。早在东汉时代，沿海一带与海外邻国就有贸易往来。唐宋时代，宁波、温州、杭州已是中国东南沿海市舶贸易的重要口岸，与朝鲜、日本及东南亚各国有了频繁的交往。鸦片战争后，宁波辟为"五口通商"的口岸之一，不久温州、杭州相继被辟为通商口岸。这不仅使浙江的丝绸、茶叶等农副产品的出口，在全国对外贸易中占有重要地位；而且无形中也受到了西方文化和经营管理方式的感染，比较早地接触西方市场经济的运行规则。尤其是在教育方面，引进了外来文化，举办西学。1844年，宁波出现了中国最早的近代学堂——由外国教会办的女子学校。1897年，杭州知府林启办起了中西书院（今浙江大学前身），这是浙江最早的高等学校。同年，美国基督教北长老会差会在杭州创办"育英书院"，后来改为"之江大学"。这些外来的贸易与文化，相对于传统文化和自给自足的自然经济的思想观念来说，无疑是个进步，对人们的市场观念和不断创新的开发与研究，起了潜移默化的作用。浙江市场化模式中的一个重要特点，即"以诱致性的创新为主动力"的体制变迁，同浙江人民比较早接触海洋文化是具有相关性的。

2. 历史传统

（1）经商的传统一有机遇就能"造市"。浙江自古就有经商的传统，改革开放后，正是发扬经营优势，"造市"的好时机，在浙江大地上各类市场林立，以商业促工业，以工业兴市场的市场化模式是有历史渊源的。

（2）"百工技艺"的传统。浙江的百姓擅长于"小技"，靠"小技"谋生，靠"小技"发家。这些"小技"由古传至今，造就了一大批能工巧匠。因此，当他们从土地的束缚中解放出来之后，就比较容易地办起了家庭工业和乡镇企业，个体经济和私营经济的发展有其深厚的土壤。也正因为他们擅长于"小技"，因而办的往往是"小企业"，生产和经营"小商品"。

（3）经营金融业的传统。南宋时，杭州就已有很多业务相当发达的"质库"（即当铺）和"金银盐钞引交易铺"。明朝中叶以后，商品经济的发展带来了金融业的兴盛，钱庄业得到了较大的发展。最兴盛时期，浙江曾有钱庄890多家，宁波就有160家。辛亥革命后，银行兴起，浙江人所办的浙江兴业银行、浙江实业银行和上海商业储蓄银行被合称为"南三行"；通商银行、四明银行、中国实业银行和中国国货银行被合称为"小四行"。当时的国家银行——中国银行的股权也大部分为江浙地区资本家所掌握。江浙财团在全国金融业中居于举足轻重的地位。这对于浙江人民的金融意识的形成是有一定影响的，温州人试图在金融体制改革上有所突破的举动，证券市场在浙江迅速得到回应的现实，正是历史上金融业比较发达所带来的后续效应。

3. 其他社会因素

（1）华侨的作用。浙江华侨旅居海外已有一千多年的历史，大量出国则是近代的事，他们对浙江经济发展和市场化起了催化作用。1985年，温州市收到的侨汇占全省侨汇的1/3。这些侨汇对温州家庭工业的发展给予了很大的支持，有不少人是靠"侨汇"作为他们的"原始资本"而发展起来的。现在的"宁波帮"也是指侨居海外的人士，而且新一代的"宁波帮"人士正在崛起。"宁波帮"所经营的是大企业、大事业，他们的思想观念和经营谋略对宁波的发展模式也有一定的影响，这也是宁绍的市场化有别于"温州模式"的因素之一。

（2）上海与浙江的频繁交往。上海同浙江之间在地理、人际、经济等方面，历来交往密切。宁波、舟山、嘉兴、湖州等地与上海的关系更为密切，因而杭嘉湖宁绍受上海的辐射比较强，乡镇企业的发展得到上海大企业和智力部门的支持，有不少企业可以生产上海的扩散产品，为大企业配套。这种社会背景也决定了浙东北地区的市场化不同于"温州模式"，而较多地受到"苏南模式"的影响。

（3）不同的风俗和习惯。这里仅以嘉兴为例。嘉兴地处太湖流域，开发较早，唐代已是全国重要的产粮区，宋元以后，又成为浙江丝绸生产的重心，因而长期以来形成了与苏南一样的"农工相辅、男耕女织"的历史传统。新中国成立后，嘉兴又是浙江的"粮仓"，农业生产比较发达。因此，那里的农民相对来说比较富裕，不需要像浙南地区的老百姓那样到外地去谋生计。这样的生活环境，久而久之，形成了"小富即安"的思想，眷恋乡土，怕冒风险，容易满足。这是嘉兴地区市场化程度不如温台地区的社会原因。

三、传统体制对市场化的影响

浙江市场化的程度比较高，固然同浙江的经济结构、社会文化和历史传统有关系，但传统体制的因素是最重要的。前面已经讲过，在影响经济结构和社会结构转型的诸因素中，"自然禀赋"不是浙江的优势；轻型的工业结构，正适合于20世纪80年代的以消费品为导向的工业化推动型的增长模式，有利于浙江经济的发展；在"发展政策"方面，国家没有给浙江以特殊的优惠政策，不像经济特区和上海浦东开发区那样具有特别优厚的发展政策；但在传统体制上，浙江与其他省市有明显的差异，使浙江在以市场取向改革的某些方面走在前面，赢得了走向市场化的时间差。

1. 计划控制在浙江的力度

在计划经济体制中，由于浙江生产的资源型和投资类的产品为数不多，1978年采掘（伐）工业和原材料工业的产值只占全部工业产值的10.51%，几乎90%的是轻纺工业和重加工业产品；同时，国有企业在国民经济中的比重又不大，1978年国有工业产值为全部工业总产值的61.33%，国有商业的营业额为社会商品零售总额的42.66%；长期以来，浙江不是国家的重点投资区，中央的投资很少。因此，浙江的生产和流通受国家计划控制的比重相对于其他地区是比较低的。就计划控制的力度而言，浙江是全国总控制系统中的弱区。

2. 计划控制在部门间的差异

计划控制中，相对来说对生产和流通的控制比较宽松，而对固定资产投资计划、进出口计划、劳动工资计划的控制比较严格。除了计划控制外，计划经济体制还包括财税控制、金融控制和价格控制，在这些控制中价格控制同生产与流通计划密切相关，计划控制的力度在很大程度上体现在价格控制上。

在浙江，生产与流通计划控制中，对粮食生产的计划控制的强度比较大。但在改革开放后，首先在农业生产计划方面进行改革，当然也包括粮食生产。国家逐年减少统派购品种和数量，扩大自由购销范围。1993年1月，浙江继广东省之后，实行粮食购销体制改革，全面放开购销和价格，取得了显著成效。

在基建投资方面计划控制比较严，浙江的国家预算内资金很有限，所以，国有企业的技术改造进展很慢，落后的设备不能及时更新；同样的理由，浙江的许多重要基础设施建设列不进国家计划，致使基础设施严重滞后于经济发展。

3. 计划控制在地区间的差异

浙江由于各地区间的工业化水平、国家投资数量、国有企业的比重，以及产业结构的不同，计划控制的力度也有明显的差异。

杭州、宁波、嘉兴，在改革开放之初，国有工业企业的产值在工业总产值中的比重分别为68.44%、48.13%、50.36%。因此，在浙东北地区计划控制的力度比较大。嘉兴市，由于其农业的地位特别重要，因而受农业生产和流通计划的控制比较强，每年要向外地提供平价粮食，承受计划经济体制所付出的代价比较沉重。

浙西南地区，受国家计划的控制力度非常弱。除了国家的邮电、交通、金融，和少数几个矿产和采伐企业之外，几乎都在计划之外从事经济活动。比如在温州，1949—1981年，国家的固定资产投资总共为6.55亿元，平均每年只有0.2亿元；温州市地方财力支出能力也十分有限，1958—1975年，温州市全民所有制单位固定资产投资总额为4.52亿元，平均每年投入仅2 511万元。这样的经济状况，在国家计划盘子上无足轻重，很自然地无需用计划去干预。

4. 推进市场化的机遇和路径选择

计划控制系统中，浙江是一个控制的薄弱环节，社会主义市场化就可从这个薄弱环节突破，这是一个很好的发展机遇。第一，迫使浙江通过国内外市场实现资源互换，组织生产和流通。浙江各种市场的发展，为资源互换，组织生产和流通。浙江各种市场的发展，为资源互换提供条件，促使浙江较早地运用市场机制实现稀缺资源的有效配置。第二，选择从体制外加速改革的战略。各种形式的非国有经济的发展走的就是这条路子，这样可以绕开传统体制的束缚，并用新的社会主义市场经济体制来规范经济行为，使市场主体具有生机和活力。如，国有企业的劳动工资计划管理很严格，但非国有经济的劳动工资制度就不受其约束，而比较灵活，这既符合改革的发展趋势，又能调动劳动者的积极性；又如，依靠国家投资来搞基础设施建设，一直力不从心，投资很少，难以改变基础设施滞后的局面。而跳出基础设施只能由国家投资兴建的传统体制，用市场的办法来建设，路子就活了。进入20世纪90年代后，浙江省省委、省政府及时总结基层创造的"自行筹资、自行建设、自行管理、自行还贷"的经验，并以省政府文件的形式下发推行，使交通等基础设施建设取得了突破性进展。第三，计划体制外的市场化，推进了体制内的宏观经济机制的改革，长期受所谓"体内循环"和"体外循环"理论的束缚。实际上，这个"体内"和"体外"是指计划经济体制而言的，作为市场经济的金融体系来说，非金融机构的经营活动和民间资金的运行，都属于"体内"。浙江在几次国家紧缩银根的宏观调控中，都运用民间资金推动经济发展，取得一定的成效。总之，浙江市场化模式的形成和市场化的程度比较高，得益于传统计划经济体制的控制比较弱，有比较宽松的条件推进市场取向的改革。目前，市场化的推进使资源配置的基本格局发生了重大变化，但统一的竞争性市场尚未发育形成。

参考文献：

1. 浙江省统计局编：《浙江统计年鉴》（1984—1995），中国统计出版社。

2. 《当代中国的浙江》，中国社会科学出版社 1989 年版。

3. 万学远：《尊重群众首创精神，研究新问题，探索新方法》，载《建设有中国特色社会主义理论在浙江的实践》，浙江人民出版社 1995 年版。

4. 张仁寿：《沿海农村经济发展模式与区域文化的比较研究》，《经济社会体制比较》1995 年第 2 期。

5. 朱家良：《省级经济调控问题研究》，载《经济改革与发展》，团结出版社 1992 年版。

6. 王经纬主编：《宁波经济》，团结出版社 1990 年版。

7. 王嗣均主编：《中国城镇化区域比较研究文集》，杭州大学出版社 1992 年版。

8. 马裕祥等：《浙江省中心城市发展规划研究》，研究报告，1996 年 3 月。

（原载《浙江学刊》1997 年第 2 期）

浙江走向市场经济的过程①

浙江走向市场经济的过程，究其基本轨迹与阶段而言与全国并无二致。但由于浙江在走向市场经济时的初始结构和社会文化背景上的差异，其具体的路径与模式方面仍凸显出自身特点。

一、转型起点和启动效应

浙江走向市场经济的起步也是从农村的家庭联产承包责任制开始的，而且比全国其他地区还迟了将近两年。1978 年 11 月，党的十一届三中全会之后，各地在"解放思想、实事求是"的旗帜下出现了各种不同形式的联产承包责任制，而且很快取得了成效，增产幅度很大。1980 年 9 月，中共中央《关于进一步加强和完善农业生产责任制的几个问题》的纪要中肯定在那些边远山区和贫困落后地区，可以包产到户，也可以包干到户，并在一个较长的时间内保持稳定。此后，云和县县委派工作组去贫困山区率先进行家庭联产承包责任制的试点；其他地方的农民也自发实行包产到户或包干到户责任制。据金华地区统计，1981 年 8 月底实行包产到户的生产队占生产队总数的 23.9%。这时，金华地委因势利导，于 1981 年 9 月中旬召开了县、区、乡（镇）三级党委书记会议，统一思想，统一政策，加强完善农业生产责任制的领导；接着又发出《关于推行统一经营、专业承包、责任到人、联产计酬农业生产责任制的若干政策规定》，突破了在一般地区不要包产到户的框架，有领导地推动农村改革。从此，浙江农村的经济体制开始大规模的变动。1982 年 8 月，中共浙江省省委召开全省农村工作会议，肯定家庭联产承包责任制，提出发达地区也适宜推行这种责任制。到 12 月，全省大

---

① 文中的统计资料除注明出处者外，均来源于《浙江统计年鉴》，有的经过作者换算整理。

田生产实行"双包"责任制的生产队已占了90%以上，直到1983年年底，经济比较发达的杭嘉湖地区才普遍建立家庭联产承包责任制。这样，在全省农村重组了以家庭经营为基础的"统"与"分"相结合的双层经营结构，实行所有权和经营权相分离的体制，结束了农村大规模的变动。这个大规模的变动时期，就是农村改革的第一个阶段。

农业联产承包制是农村合作化以后牵动中国几亿人的大问题。在浙江尤为突出。1956年夏，浙江全省实现了初级合作社，但在实践中遇到了许多矛盾。这时从中央到地方的一些领导同志和有识之士，深入农村听取农民的意见，开始探索解决这些矛盾的办法。当时的中共中央农村工作部长邓子恢同志就提出：改进生产管理，建立承包责任制，是办好社的关键。在这样的历史条件下，永嘉县县委副书记李云河同志得到县委和温州地委的同意，主动要求到燎原高级社（现属瓯海区郭溪乡）蹲点，并写了《燎原社包产到户总结》的报告，得到中共永嘉县县委的肯定。后来，李云河又针对当时一些人对"包产到户"的非议，写了《"专管制"和"包产到户"是解决社内主要矛盾的好办法》，于1957年1月27日发表在《浙江日报》上，并由此展开了讨论。这是全国报刊第一次公开发表论述"包产到户"问题的文章，对"包产到户"曾一度起了"催化剂"作用。但支持和推行包产到户的许多同志被错划成"右派分子"、"右倾机会主义分子"。20世纪60年代初，瑞安县湖岭区农技站干部冯志来撰写了《半社会主义论》、《怎么办》的论战文稿，认为"对集体经营条件还没有成熟的地区，应当在现有人民公社土地集体所有的基础上，实行按口粮基分分田包产到户"；嵊县农技站蚕桑技术员杨木水两次写信给毛泽东主席，力陈包产到户的十三条优越性；新昌县农村办社专职干部陈新宇，原本是去纠正包产到户的，可是他反而被群众和事实说服了，坚决主张包产到户，连续发出六封信给《人民日报》，为被压制的包产到户申辩，后发表在《人民日报》的内部刊物《读者来信》上。不幸的是，这些代表人民意愿和时代要求的改革的先驱者们却遭到了厄运的折磨。然而，包产到户的现象在浙江仍未断绝，就是在"文化大革命"期间，永嘉县在1967、1974、1976年都发生过分田到户的问题。所以，20世纪80年代的经济体制转型从农村开始不是偶然的，是50年代和60年代自下而上要求改革的继续和回声。

家庭联产承包责任制不仅带动了整个农村经济体制的全面改革，而且构建社会主义市场经济体制的庞大工程也开始启动。这个启动效应是非常明显的。

1. 营造了农村的"市场主体"

家庭联产承包责任制，使农民从生产队的统一指挥的限制和约束中解放出来，开始有了自主选择的权利；也使农民冲破平均主义的分配体制，开始有了自己独立的经济利益；而且农民家庭成了农业生产经营的基层单位的主体。这个主体，是市场经济的基础。

2. 资源配置方式开始发生变化

土地和劳动力是农村的最主要的资源，在人民公社时期，这两大要素资源都是按照计划指令分配的，大量劳动力被束缚在土地上，而土地又按"以粮为纲"方针来配置，效益非常低。家庭联产承包责任制把农民从土地的束缚中解放出来，有了大量可自由支配的时间，过去那种隐性的剩余劳动力变成了显性的剩余劳动力，要求向非农产业转移。土地资源也从单一的粮食生产向多种经营发展，提高了土地资源的利用率。

3. 经济结构转型的势头日益增强

农村大量的剩余劳动力的出路何在？唯一的出路就是向工业和服务行业转移，而这个过程就是结构转型的过程。正是这种结构转型的趋势，使浙江农村工业化的进程加速。20 世纪 70 年代，浙江的农村工业企业，当时称为"社队企业"，可谓寥若晨星。据统计，以 1970 年不变价格计算，1978 年浙江全省社队工业总值为 9.57 亿元，占农村社会总值的 13.23%；参加社队企业的劳动力为 63.67 万人，占农村劳动力总数的 4.35%。到 1984 年年底，浙江农村工业总产值已达 121.59 亿元，占农村社会总值的比重已升为 39.07%，增加了 25 个百分点，按可比价格计算为 1978 年的 5.49 倍；农村劳动力的就业结构也起了变化，在非农产业中劳动的占总数的 28.45%，从事农村工业劳动的占农村劳动力总数的 18.09%，比 6 年前增加了 13.74 个百分点。

4. 市场化成为必然趋势

家庭联产承包责任制实施之后，农产品商品率普遍提高，1978 年浙江的农副产品的商品率为 49.4%，而 1985 年增加为 60.5%，提高了 11 个百分点，这表明浙江农村已经从自给自足为主的生产向市场销售为主的商品经济转型。这就使许多农产品加工品源源不断地进入城乡市场，但由于流通不畅，农产品生产"多不得"、"少不得"，到处出现"买难"、"卖难"的现象，1984 — 1985 年间还多次出现过长毛兔、茶叶、茉莉花、白菊花、鸭蛋等产品时而滞销，时而脱销，造成生产大起大落，使农民经济上遭受巨大损失。这种情况下，把农民推向市场，就迫使流通体制进行改革。1984 年 3 月，省人民政府发出《关于调整农副产品购销政策的通知》，1985 年 4 月，又一次做了调整，决定从 1985 年起，国家不再下达农副产品统派购任务，按不同情况实行合同定购和市场收购。农村开始建立起开放式、多渠道、少环节的流通体制，改变了过去长期实行的统购包销和国营商业、供销社独家经营的局面。于是出现了引人注目的两大变化：一是农贸市场的不断扩大和专业市场的崛起。到 1980 年年底，全省已恢复集市 1 415 个，年成交额 12.19 亿元，比 1978 年增长了 64.5%。到 1984 年，全省集贸市场达 2 241 个，比 1984 年增加 826 个，年成交额 26.9 亿元，比 1980 年增长 1 倍多。在少数商品经济比较活跃的地方，还出现了一些农副产品和日用工业小商品的批零兼营的专业市场，1984 年这类市场有 63 个。其中，最具有代表性的是温州的"桥头镇纽扣市场"、"柳市低压电器市场"、"金乡镇徽章塑片产销基地"、"宜山纺织品市场"、"塘下莘塍综合工业品市场"等十大专业市场。二是农业的社会化服务机构开始涌现。产前有种苗、信息等服务，产中有耕作、植保、灌溉等服务，产后有加工、运输、购销等服务。形式多种多样，有专业生产者协会，有生产、加工、销售相结合的产销服务公司，有产供销"一条龙"的联合组织。1985 年，全省农村各种服务组织已发展到 6 万多个，其中乡村经济集体举办的有 2.72 万个，农民联合举办的有 2.76 万个，各种专业协会 7 000 多个，还有服务专业户 25.85 万户。全省农民从事服务产业的总人数达 162 万多人，占农村劳动力总数的 8.9%。这标志着浙江农村商品化、社会化迈出了一大步。

5. 要素市场的尝试

农村家庭联产承包责任制，不仅要求有农副产品和农村工业产品的销售市场，还要求建立相应的生产要素市场，尤其是农村工业的发展需要有生产要素的支撑。20 世纪 70 年代，农村工业是在"三就四为"（即就地取材、就地加工、就地销售和为农业生产服务、为人民生活服务、为大工业服务、为本地经济服务）的方针下发展的，发展受到严格的限制。80 年代，农村工业企业已冲破这种封闭状态，盼望通过市场进行资源互换。一般的劳动力资源在农村是充沛的，缺的是技术人才，这就需要人才市场，在这个市场未形成之前，农民企业家只有通过各种渠道请城市的工厂和知识界的支持。而最紧缺的一是原材料和能源，二是资金。浙江省由国家计划供应的物资在物资消耗总量中的比重历来比较低，进入 80 年代后，统配物资逐年减少，市场调节物资逐年增加。1985 年，全省耗用的物资，大约钢材的 70%、铸造生铁的 56.4%、煤炭的 42.6%、水泥的 80.94%、纯碱的 42.83%、烧碱的 62.21% 是靠市场取得的。农村工业企业一般得不到国家统配物资，而要通过市场交换来解决。据余杭、绍兴等 18 个市、县

125 209 家乡镇企业的调查，1985 年上半年消耗的物资来自市场的部分，煤炭为84.5％，钢材为95％以上，塑料橡胶等化工原材料几乎100％。这就出现了采购员满天飞的情景，据估计全省跑采购、搞物资的供销人员上百万，这些人大多来自农村，来自乡镇企业。他们为了搞到急需的物资，访亲靠友，并以金钱开路，送礼品，搞回扣，甚至不惜重金行贿干部。这种办法，是在市场不规范的情况下，不得已而为之的非法行为，也是对计划经济控制过死的体制的一种惩罚。这虽然为乡镇企业解了燃眉之急，但为后来的不正之风的滋长和腐败现象的蔓延起了催化作用。乡镇企业的发展需要生产要素市场的趋势，也向城市工业企业的体制改革提出了挑战，要求扩大企业的生产经营自主权，提高重要物资生产企业和中间产品的自销比例，构建生产要素市场。在国家的生产要素市场尚未形成之际，农村的专业性物资集市贸然兴起，如钢材市场、废旧钢铁市场、木材市场、建材市场、化工原料（塑料、橡胶）市场等。经营物资的主要来源是从外地物资部门、生产企业采购，或由废旧材料串换再制材，或由废旧材料加工后再出售。这些市场都有相当规模，经营额相当大。如黄岩的路桥钢铁市场，有365家个体户、联户，分别经营板材、线材、废钢铁，整个市场1986年销售钢铁10 437吨，销售额2 412万元；乐清县虹桥木材市场沿河岸长达2—3里地，从业人员达1 000余人，年销售木材达4万多立方米。这是初级的生产资料交易市场。

　　资金是经济机体运行的"起搏器"，办企业需从资金起动，这就要求有资金市场。但在计划体制下，"一切信用集中于银行"，资金按计划纵向调节，而贷款主要的发放对象是国有企业。改革后，银行和信用社对乡镇工业的发展给予优先的、有力的支持。1985年，全省乡镇企业贷款占全部农业贷款的比例高达77％，但仍然满足不了乡镇企业和个体工商业户发展的需要。据温州市典型调查推算，1985年全市个体工商业的实际经营资金约8亿多元，而银行和信用社只能提供2亿元左右。据苍南县钱库镇29家集体和个体商店调查，1985年各项资金来源总额中，自有资金占43.7％，向民间借入资金占35.3％，向银行、信用社贷款占11.8％，向其他商店调剂借入款占9.2％。由此就出现了民间资金市场。这个资金市场的渠道很多，主要有：（1）企业和社会集资。据统计，温州在1985年有2 850多家全民、集体、街道企业进行集资。这年上半年集资额达1.6亿元，占全市集资企业同期固定资金和流动资金总额的30％。集资主要在农村，农村集资额占全市集资额的80.56％。（2）非金融机构办理存贷业务。据平阳县12个公司和企业调查，自1985年4月开始有11个企业经营聚集资金，发放贷款，代办结算金融业务，存款全年发生额达248.19万元，年末余额48.67万元；贷款累计发生额379.77万元。这些公司年末存款、贷款余额及贷款累计发放数，分别为其所在地信用社业务量的 28.9%、94.9%、81.3%。(3) 私人钱庄。1994 年，经温州工商行政部门注册登记的钱庄有 4 家，已开业的 3 家。钱库镇由方培林独资经营的"方兴钱庄"，注册自有资金 5 000 万元；存款活期月息 1 分，定期 1.2 — 1.5 分；贷款月息 1.5 — 2 分之间。每天 24 小时营业，随存随取，随时借贷。存款对象有各种个体户、专业户、小集体企业、街道企业共 160 多个。自 1984 年 9 月 25 日挂牌营业至 1985 年 8 月中旬摘牌停业，存贷款累计发生额 1 109.08 万元，存款余额 89.24 万元，贷款余额 71.64 万元。乐清县工商所曾批准徐嫦娥等 3 个待业青年合伙经营"乐城钱庄"，发给经营"民间贷币"个体户临时执照，注册资本 3 万元，在乐清县城关镇设 3 个营业点，并制定有"钱庄营业章程"。上述两个钱庄的经纪人经常电话联系，互通行情。还有一个私人与企业合伙组成的苍南县"巴曹信用钱庄"，自有资本 41 900 元。私人钱庄的出现，争议颇多，有的认为，民间信用组织对农村资金流通的主渠道农业银行和信用社起补充作用，它的出现是农村资金融通的客观需要，应当给以合法地位，由地下转入地上。但是，自"银行管理暂行条例"公布后，这些未经人民银行批准的私人钱庄先后关闭停业。(4) 民间钱"会"和自由借贷。这是一种古老的民间信用互助形式。据 1985 年下半年调查分析，温州地区的各种"会"已涉及 6 个县（市）的城乡数十万人，资金流通量近 1.5 亿元左右。这些"会"的利率很高，并常发生倒会事件，风险很大，带来诸多的社会问题，不久就被取缔了。这些都是资金市场的尝试，有成功之处，也有失败的教训，但是不论如何，说明金融体制亟待改革。

二、演进阶段和战略选择

浙江走向市场经济，主要是诱致性的制度变迁。开始是由个人和一部分人根据市场的获利机会冲破原有制度安排的束缚，自发地创造新的制度安排，又通过一些群体的倡导、组织和实行，取得了成效，因而其他地方也逐步仿效和推行。这是群众的伟大创造过程。尔后，得到上级党政领导机关的肯定，并用政策和法规的形式使之成为正式的制度安排，以政府行为来促进制度变迁，慢慢地向社会主义市场经济体制靠近。然而，这种变迁不能不受到制度供给短缺的约束，新制度的架构只能在制度创新的有限需求和制度实际供给的均衡点上作出选择。

迄今，浙江在走向市场经济的里程中，已经跨越了四个阶段：

第一阶段：1978 年 12 月—1984 年

这个阶段，从农村的家庭联产承包责任制起步，波及整个农村经济体制改革的启动，我们在前面已做了分析。

农村的改革使潜在的生产力开始释放，农业生产得到了恢复和发展。农业总产值由 1978 年的 85.84 亿元增至 1984 年的 125.22 亿元，按可比价格计算增长 45.9%，年均递增 6.5%；粮食总产量由 1978 年的 1 467.20 万吨增至 1984 年的 1 817.15 万吨，增长 23.9%，人均粮食产量由 1978 年的 391 公斤增至 1984 年的 455 公斤，增加 64 公斤，都达到了历史最高点；棉花生产量由 1978 年的 72.6 万吨增至 1984 年的 132.9 万吨，增长 83.1%。这个业绩表明，全省人民的温饱问题已得到解决。相应地农民的收入大幅度增加，农民家庭每人平均总收入 1978 年为 165 元，1984 年增至 548.60 元，增长了 2.33 倍，平均年增长率为 22.15%，扣除物价因素的增长率 19%；家庭每人纯收入水平在 300 — 1 000 元以上的户，1978 年只占 18.8%，而 1984 年增至 79.1%，说明收入普遍提高；农民家庭人均的生活消费支出中，食品支出所占比例由 1978 年的 59.05% 下降为 53.71%，恩格尔系数下降了 5.34 个百分点。由此而引发的是农村市场开始转旺，急需各种各样的消费品。

农村经济结构向现代工业转型，普遍面临着一个产业选择的问题。基于以下原因，浙江农村工业化选择了轻纺工业作为主攻的产业：第一，市场最紧缺的轻工业和纺织工业产品，这些产品对人民的生活最关切，而在传统的计划经济体制下奉行的是重工业优先发展的模式，轻纺工业的发展严重滞后；第二，浙江工业的基础以轻纺工业为优长，具有相对的比较优势，1978 年轻重工业的比重为（60.2）:（39.5），轻工业内部以农副产品为原料的加工工业所占的比重为 72.8%；第三，轻纺工业投资少，建设周期短，见效快。这个选择是符合工业化演进的一般规律的，是工业起步阶段的必然选择。在这种情况下，中共浙江省委和省政府于 1981 年给中共中央和国务院的报告中，肯定了浙江"工业基本上是轻纺型结构"，对加速轻纺工业的发展采取了许多有效的措施。例如，调整农副产品收购政策，调动农民增产轻纺工业原料的积极性；拨出专款建立轻纺工业的原料生产基地；对轻纺工业所需的煤、电、金属、木料和进口用汇实行"六优先"的供应原则；"六五"计划期间，还建立轻纺工业建设专项基金，把地方财政资金、银行贷款和企业自筹资金捆在一起，安排了 66 个丝绸、棉纺、毛纺、化纤、玻璃等轻纺加工和轻纺原材料建设项目。这是浙江经济发展战略的重大转变，实施加速轻纺工业发展的战略。适应这一战略性转变，经济循环方式也发生了变化。在传统体制下，浙江工业的经济循环基本上在省内，立足于本省的资源和市场；20 世纪 80 年代，开始超越本省的范围，从外省市寻找资源和市场，经济循环由省内循环向省外循环发展，这可以说是浙江向着"利用市场机制，合理配置资源"的市场经济转型的初始阶段。在"加速轻纺工业发展战略"的引导下，通过经济循环方式的转换，浙江的工业迅猛发展。1985 年全省工业总产值达到 444.09 亿元，比 1978 年增长 2.5 倍；工业总产值在全国的比重由 1978 年的3%，上升到 1985 年的 5.4%，改变了浙江工业发展速度长期落后于全国平均水平的状况。轻工业的发展速度更快，1985 年轻工业的总产值为 1978 年的 3.69倍，轻重工业之比为 (63.14) : (36.86)，轻工业的比重提高了近 3 个百分点；轻工业对工业增长的贡献率 1979 — 1982 年为 69.1%，低于全国 69.44% 的水平，到了 1983 — 1985 年，轻工业增长贡献率为 60.79%，高于全国 43.29% 的水平；1985 年的外贸收购额中，轻工业产品占 66.5%。但在发展过程中也出现了一些盲目性，特别是在纺织行业，丝绸厂建得太多，生产能力大大超过了蚕茧的供给量，导致"蚕茧大战"连年不断，原材料的利用水平不高，影响了资源配置效果。

工农业生产的发展和市场供需两旺的经济环境，要求经济体制与其发展相适应。在这个阶段，家庭联产承包责任制，引起了城乡所有制结构的变化，也波及城市工业和国家的计划经济体制改革的启动。

1. 个体私营经济从恢复到开始发展

浙江在新中国成立初期，全省个体工商户有 60 万户，99 万人，私营企业7 650 家，雇工 10.7 万人。经过社会主义改造和十年动乱，到 1978 年，个体工商户仅 208 户，私人经济已不复存在。20 世纪 80 年代，农村实行家庭联产承包责任制后，个体经济率先在农村复活，并逐步地向城镇扩展，先从农业到农副产品的流通领域，再发展到城乡的家庭工业。到 1982 年年底，全省城乡个体工商户已有 7.9 万户，8.8 万人，分别比 1978 年增长 38 倍和 42 倍多；1984 年又增加到46.6 万户，两年中经营总户增加了 4.3 倍。温州城乡的个体经济在艰难的岁月里，并未斩尽杀绝，而是躲在"地下"，有时也冒在"地上"，一见势头不妙又藏到"地下"，到 80 年代就堂堂正正地走向市场，因而比别处发展得要早一点。1985 年，温州的家庭工业达 11 万多户，从业人员 30 多万人，分别占村以下民营工业企业和从业人员总数的 83.3% 和 75% 左右。在运输业中，家庭经营占客运总量的 56.6%、货运总量的 67.9%；在全市社会商品零售额中，家庭经营占27.5%。温州农村还突破了家庭的圈子，出现了一批雇工较多的私人经济。据温州市有关部门统计，1985 年全市雇工 8 人以上、资产万元以上的私人企业近万户，雇佣劳动力约 9 万人，占农村劳动力的 3.37%，占全市农村工业总产值的

16%左右。同年，对雇工30人以上的31家企业（独资企业10个，合资企业20个，公私联营企业1个）的抽样调查统计，共雇工1 560人，平均每个企业50人，最多的一个企业雇工110人，最少30人。这个过程，是不断冲破传统观念和传统体制的过程，是群众自发按照市场利益机制的经济行为；同时，也是政府不断放宽政策，给予支持的过程。浙江省人民政府1980年9月曾批转省财政厅《关于对个体经济放宽税收政策的报告》，在税收机制上给予扶植。这个时期，是"以公有经济为主体，多种经济成分长期共同发展"的萌芽时期。

2. 城市工业体制改革的路子开始探索

1979—1980年，开始扩大企业自主权试点，浙江省革命委员会颁发了《关于扩大国营工业企业经营管理自主权试点的暂行办法》，确定在74个国有工业企业中率先实施。同时，确定在109个城镇集体所有制工业企业进行扩大企业自主权的试点。这时，企业有了部分生产计划、产品销售、资金使用、干部任命等权限；1981—1982年推行了经济责任制，当时主要是进行利润留成、盈亏包干、以税代利试点和全行业利润包干四种形式。其中盈亏包干的办法，任务明确，考核简便，既有利于财政上交任务，又可使企业在完成包干任务后多得好处，颇受企业欢迎；1983—1984年，实行利改税，1983年4月进行税利并存的第一步利改税，1984年10月从利税并存过渡到以税代利的第二步利改税，其目的是要把国家与企业的分配关系用法律形式固定下来，避免实行利润留成、盈亏包干办法存在的争基数、争比例的扯皮现象，但未能从根本上解决企业经营机制问题，企业实际留利所剩无几。1984年，着手进行厂长负责制试点，摸索企业领导体制改革的路子。这些改革，对企业的发展有一定的作用，国有独立核算工业企业工业总产值由1978年的79.08亿元增至1984年的161.96亿元，增长1.05倍；利润和税金总额同期由16.13亿元增至34.93亿元，增长1.17倍，超过产值增长速度。

尽管有许多政策需要其他方面的配套才能落实，但毕竟开始从长期以来企业只是行政机构的附属物的地位朝着向独立自主的、自负盈亏的经济实体转变，向企业是市场主体的方向迈出了第一步。

3. 计划经济体制开始松动

在扩大企业自主权的同时，势必要改变工业产品由国家计划统一分配、统购包销的办法。但在1980—1984年，计划体制的改革还是在"坚持计划经济为主，市场调节为辅"的框架下进行的，并强调指令性计划是计划经济的主要标志。但开始有所松动，对完成国家派购任务的二三类产品、小商品和服务修理行业实行市场调节；对于完成国家计划任务后的工业产品，允许企业自销、价格浮动，实行指导性计划管理。这样，浙江经济中属于计划控制的比重大为降低，1980年，列入国家和省指令性计划的工业产品146种，这些产品的产值占全省工业总产值的37%。加上中央和省级主管部门计划产品，约占工业总产值的60%。到1985年，列入国家和省指令性计划的工业产品已减少到82种，占全省工业总产值的28%，加上中央和省级主管部门的计划产品，占全省工业总产值的48%。其中，按指令性计划生产和调拨的39种产品，占全省工业总产值的8.5%，加上主管部门的指令性计划产品，也只占全省工业总产值的10%，大部分产品实行指导性计划管理。虽然这是计划体制的初步改革，但对浙江得益不少，一方面，浙江的经济结构是以轻纺工业为主的，受计划控制的力度小，即使有计划指标，大多也是指导性计划，企业可以比较自由地进入市场，价格可以浮动；另一方面，浙江又是工业原材料和能源紧缺的省份，计划经济体制在全国范围内的松动，企业超产自销的部分增加后，又为浙江工业的发展提供了生产要素市场，有利于浙江运用市场经济，促使市场体系的发育。

第二阶段：1984年10月—1988年

1984年10月，党的十二届三中全会通过了《中共中央关于经济体制改革的决定》，肯定了社会主义经济是有计划的商品经济的理论，浙江跨上了走向市场经济里程的第二阶段。

农村改革的成功和城市改革的初步探索，推动了浙江经济的迅猛发展。从1983年开始，浙江经济进入第6个周期，直至1990年4月。1984—1988年间，经济增长速度虽有所波动，1984年乡和乡以上的工业总产值增长24.50%，1985年增长率为32.62%，1986和1987年分别为15.91%和19.19%，1988年为20.03%，平均年递增率22.31%，总体上处在增长的高峰位状态，浙江工业在全国的地位由第14位上升到第6位。全省的国内生产总值从1983年的256.23亿元增至1988年的765.76亿元，增长了近2倍，1984—1988年的全省国内生产总值年增长率达到15.6%。这就使整个20世纪80年代浙江经济平均年增长率达12%，仅次于广东省，经济总量由居全国第12位上升到第7位。这是改革开放以来的第一个增长高峰。

这一时期的增长速度主要取决于农村工业化的推进。1985年浙江省政府根据中央关于扶植乡镇企业发展的指示精神，制定了《关于乡镇企业经济政策的补充规定》，对乡镇企业实行税收、贷款和利率上的优惠，并规定乡镇企业按产品销售总额提取1%的技术开发基金，等等。这些规定促进乡镇企业突飞猛进，成了浙江经济增长的最主要的力量。1984 和 1985 年，乡镇工业总产值分别比上年增长 56.5% 和 61.2%。农村工业占全社会工业总产值的比重，由 1978 年的16.02% 上升为 1988 年的 45.77%，几乎占了"半壁江山"。农村社会总产值的构成，工业总产值的比重由 1978 年的 21.75% 上升为 1988 年的 55.61%，若包括建筑业和运输业，工业总产值的比重 1988 年已达 66.36%，农村的经济结构已发生了划时代的变化，工业总产值已大大超过了农业总产值的比重。从 1985 年起，浙江乡镇企业生产总值居全国第二，并出现了杭州万向节厂等 32 家产值突破千万元的企业。

当改革进入第二阶段，经济总量有了显著增强之后，原有一般只限于国内循环的经济运行模式已不适应经济发展的需要了，势必要走向世界，向加入国际循环的方向迈进。1984 年，中央提出开放沿海十四个城市的政策后，外向循环的运行模式更具现实的可能性。1985 年 4 月，经济学界和经济实际工作者中有不少的同志在浙江经济科技发展战略研讨会上，提出浙江要实施发展外向型经济的战略；但有的同志则强调要利用国内市场，因此，在比较长的一个时期并未把发展外向型经济提高到战略高度来认识。直到 1987 年 12 月，省委副书记、副省长沈祖伦同志在"关于我省经济发展战略的一些思考"的讲话中指出，要把浙江建设成经济大省，"基本的途径是出口导向，贸易兴省"，而"贸易兴省必须紧紧依靠科技进步"。1988 年 2 月省七届一次人民代表大会《关于省人民政府工作报告的决议》中明确肯定："我省经济既要面向国内市场，又要面向国际市场。抓住当前有利的机遇，发展外向型经济，这是振兴浙江经济的一个具有战略意义的决策。"所以，这个时期实行外向循环的发展战略。这个战略的中心思想，是利用国内外两个市场，实现国内外两种资源的转换。这是发挥浙江经济的比较优势，突破结构上的牵制，解决资源短缺、资金不足的矛盾，实现持续稳定增长的路子。

在发展上实施外向循环战略的同时，在改革上实施的是"多轮驱动"的战略。1986 年 12 月，中共浙江省委书记王芳同志在省委工作会议上的讲话中指出，"过去，我们政治上搞唯成分论，在经济工作上，实际上也是搞唯成分论，往往不看经济效益，不看对国家和社会的贡献，而总是查人家的成分，'表现虽好，成分不佳'。一些国有企业尽管腐败，亏损严重，还是对它慈母般地关怀；而对其他经济成分，则多方歧视和限制"。主张破除经济工作中的"唯成分论"，"要在公有制为主体的前提下，发展包括个体经济、私人经济、股份经济、中外合资经济在内的其他经济形式"。这表明领导层在所有制问题上的观念大转变，引导全省实施"多轮驱动"的改革战略。在努力推进国有和集体所有制经济的同时，其他经济成分有了很大发展。1988 年与 1978 年相比，国有工业在全部工业总产值中所占比重由 61.3% 下降到 31.3%，集体所有制工业由 38.7% 上升到 63.5%，个体工业、私营工业和中外合资经营及其他经济成分也已占到 5.2%。在社会商品零售额中，国有商业所占比重从 41.0% 下降为 31.3%，集体所有制商业由 55.0% 降到 40.3%，个体、私营和农民对非农业居户的出售由 4.0% 上升到 28.4%。"多轮驱动"的改革战略也是群众的创造。诸如，台州的股份合作早在 20 世纪 80 年代初就开始萌芽，并引起社会的关注。1980 年 8—9 月，《浙江日报》曾就临海县双港区委正副书记带头投资办厂合股分红一事组织过专题讨论，历时一个半月。1987 年 10 月，台州地委提出"取宁温之长，走自己之路，大力发展股份合作经济"的战略口号，并颁布了对股份合作企业实行"鼓励、支持、引导、管理"的方针以及与之相配套的税收、贷款等一系列政策规定。到 1988 年年底，该地区股份合作企业已发展到 9 000 多家，创产值 37.7 亿元，占乡镇企业总产值的 75%，在 1/4 的乡镇企业中推行股份合作制的产权制度。又如，股份有限责任公司的成立，在浙江也是比较早的。1986 年杭州龙翔股份有限公司在全省首家公开发行"龙翔"股票。相继有凤凰化工、尖峰建材、天目药业、中元、中汇、绍百等 52 家国有企业试行股份制。

浙江在走向市场经济的第二阶段最令人瞩目的是如下几个方面：

1. 温州模式的形成

"温州模式"是 1985 年 5 月 12 日《解放日报》率先提出来的，这是对温州人民在特定的历史条件和社会文化环境下创造的不发达国家农村工业化、市场化、城镇化道路的理论概括。"温州模式"是指以家庭经营为基础、以家庭和联户工业为支柱、以农民购销员为中介、以专业市场为依托、靠农民力量建设小城镇作为特征的改革和发展模式，其核心是诱致性地向市场经济体制变迁。

温州农村的家庭工业是农村经济的支柱。1986 年家庭工业的总产值已占农村工业的 50% 以上。据不完全统计，1986 年全市家庭工业企业近 11 万家，近 30 余万人，有的是家庭作坊，有的是家庭工场；其外还有大量农户兼营工业。一时间，在温州由南到北长达 200 多公里的沿海平原地区，家庭工业密集成片，"家家办工厂，户户是车间，处处闻机声，人人干活忙"。在短短几年内迅速形成苍南县宜山区再生纺织；金乡镇徽章证件、卡片和商标；平阳县肖江镇塑编织袋；乐清县柳市区五金电器、瑞安县仙降乡塑革鞋；塘下、莘塍两区的塑料编织袋、松紧带、汽车配件和陶器；瓯海县登山鞋等一大批年产值几千万元至 2 亿多元的工业生产基地，显示出农村工业发展初期的独特气势。这些家庭工业的发展初期，虽然大都是来自传统的手工技术、生产设备落后的劳动密集型生产方式，但内部具有市场主体的优势，外部具有户际分工、区际分工的群体性的社会分工的优势，经济效益和社会效益都比较好。在经营方式上，还创造了一种所谓"挂户经营"的形式，即因各种原因没有取得独立的经济法人地位的家庭工商业、合伙企业等经济实体以及供销员，向具有法人地位的单位（各种企业或公司等）挂户，借用后者（"挂户"企业）的银行账号及合同、介绍信、统一发票等经营工具，以该单位的名义从事商品购销、贷款、结算等经营活动。这种灵活的形式，尽管不规范，但它是温州农村市场经济运作的一种选择，有利于经济发展。

专业市场是温州经济发展的载体。前面我们已经讲过，温州的十大专业市场是浙江省专业市场发展初始阶段的代表。据统计，1986 年温州地区有各种贸易市场 472 个，年成交额 13.19 亿元，平均每日上市人数高达 50 余万人；其中专业市场 267 个，占商品市场总数的 56.57%。这些专业市场是温州家庭工业的依托，他们通过市场取得原材料等生产要素，又通过市场销售他们的产品。温州专业市场的特点是市场经营商品专业化和系列化，品种多，规格全，消费者的选择性大；而且市场规模大，销售范围广，商品价格低，具有市场竞争的优势。农村专业市场的崛起，是对原有传统商业体制的冲击，是批发业的革命。在市场和家庭工业企业之间，有一个中间纽带，是庞大的供销员队伍，据初步估计，80 年代活跃在全国市场上的温州采购和销售大军约 14.7 万余人，他们是市场主体和客体之间的中介。这支大军占温州农村劳动力总数的 5.5%。他们中一年可承接3 万—10 万元业务额的占 32.88%，承接 3 万—30 万元业务的达 67.81%。这么多的供销员"满天飞"、"满地跑"，虽然不能说经济效益很高，但在当时具有现实的合理性。

在僵化的流通体制下，他们凭农民自己的力量去开辟新的流通渠道，不仅活跃了市场，疏通计划经济体制外的生产与流通之间的阻隔，而且还为农村经济的发展提供了信息，锻炼了经营人才。温州的专业市场，不仅是消费品市场，还有生产资料市场。据统计，1986 年全市农村主要为生产服务、有固定场所的各类生产资料交易场所有 150 个，占各类商品市场的 31.28%，从业人员近万名，年成交额达 3 亿元。按服务对象划分，工业生产资料市场 50 个，农业生产资料市场 25 个，建材市场 75 个。这些固定场所的市场，只是温州农村生产资料交易的一部分，大量的则发生在场外交易。这就使温州农村形成一个生产资料交易的巨大市场网络。温州专业市场的崛起引起全国各界人士的瞩目，著名社会学家费孝通先生认为："温州农村经济发展的基本特点是以商带工的小商品，大市场。"

靠民间力量建设和发展城镇是温州农村城化镇模式的独特道路，因而也是构成温州模式的重要内容。农村工业化势必引起农村劳动力向城市转移，要求城镇化与其相适应。温州农村工业化的过程中，沿海平原地区的一批老建制镇得到了改造扩建，一批新镇相继崛起，初步形成一个星罗棋布的小城镇网络。全市农村建制镇 1982 年还只有 23 个，到 1986 年已发展到 87 个，1990 年又增长为 117 个，8 年增长 4.09 倍。1990 年温州市镇人口占总人口的比重为 28.32%，高于全省平均 25.71% 的水平。1986 年，全市农村有 25.6% 的人口集中在建制镇，65.2% 的工业产值，68.2% 的商品零售额，56.27% 的税收也都发生在建制镇，农村建制镇起到了生产要素集聚的作用，推动经济发展和社会进步。温州农村城镇建设和发展的显著特点是依靠民间力量，采取多种方式集资建镇。据全市 87 个建制镇的调查，1979 — 1985 年期间的建镇总投资 14.9 亿元，其中国家财政拨款 1.32 亿元，占总投资的 8.85%；集体投资 1.74 亿元，占 11.6%；民间集资达 11.84 亿元，占 79.46%。国家财政拨款和集体投资主要用于集镇的公共设施建设；民间集资中，用于公共设施建设的占 20% 左右，用于房屋建设的为 80% 左右。农民进镇建房，既为办厂开店，又为生活居住，融生产经营投资和生活消费为一体。特别是苍南县龙港镇的兴建，开创了"农民城市农民建"的先河，被誉为"中国第一座农民城"。尽管"农民城"的提法值得斟酌，农民进了城就该成为"市民"了，不能再以农民的意识和观念对待城市、管理城市，因而不能以"农民城"而自豪；但是，用农民自己的力量建设小城镇无疑是一个伟大的创举。"龙港"原来是一个"灯不明、水不清、路不平"的村落，周围是一片江边滩涂，1983 年的总人口为 7 226 人。1982 年，温州市人民政府批准苍南县在龙港建立一个港区。1983 年浙江省人民政府批准成立龙港镇政府。1984 年 4 月龙港镇政府提出"敞开大门建设，联合农民造城"的方针，放宽政策，鼓励农民进城落户、务工经商。苍南县委还把原来农民进镇需要经过县有关 8 个部门才能办理的手续统统下放给龙港镇，大大提高了办事效率，方便了农民。在 1984 年 7 月的短短 10 天时间内，就有 2 700 家专业户向镇政府申请落户，到 1987 年 5 月该镇人口增加到 13.8 万人，是 1983 年的 5.2 倍。其中，自理口粮进镇落户的农村专业户达 6 370 户、28 850 人，平均每户 4.3 人，基本上是全家入镇定居。截至 1987 年 5 月，该镇建成区面积已达 4.3 万平方公里，建筑面积 130 多万平方米，建成楼房 600 多幢，开辟了 27 条 13 — 30 米宽、总长 23 公里的道路，以及一系列现代化城市的配套设施。不到三年时间，一个高楼林立、街道纵横、绿树夹径、环境宜人、水电交通电讯配套、文教卫生设施齐全的崭新城镇在昔日荒凉的滩涂上巍然矗立起来，真是一个"奇迹"。这个城镇的建设过程是一个深化改革的过程，涉及户籍制度、土地管理制度、房地产市场、政府办事效率、城市建设体制等方面，他们做了有效的探索。温州小城镇的发展，很快显示出城市的集聚效应，加快走向市场经济的步伐。

2. 以增强企业活力为中心的城市改革逐步深化

1984年年初，海盐衬衫总厂厂长步鑫生在企业的劳动工资制度和管理制度方面推出了一些改革措施，引起社会各界的争议，褒贬不一。为此，在全省开展了怎样对待改革和改革者的大讨论，浙江电视台还录制了《改革启示录》的专题片，推进了城市经济体制改革的进程。1984年，全省选择了35家大中型企业进行第一批厂长负责制试点，到1986年末发展到800多家。1984年，浙江省人民政府在湖州市进行小型企业改革试点，把国有工业承包、转让、租赁给集体和个人。1986年8月，省政府颁发了《关于国营工业企业完善经济责任制有关政策问题的若干规定》，把扩大推行承包制作为深化改革的主要任务。截至1988年12月底，全省1 584户预算内国有独立核算企业中，已有1 454户实行了承包经营，占企业总数的91.8%。其中已实行承包的大中型企业134户，占大中型企业总数150户的89.3%。各地在企业承包或租赁中不同程度地引入竞争机制，实行招标承包。这类企业已达250家，占预算内企业实行承包企业总数的17.2%。1988年，又选择了50多家企业进行多种形式的放开经营试点。企业承包经营责任制的形式很多，有代表性的是新昌县的"核定基数，逐年递增，超收返利，短收抵补"，1987年开始在全省推广；后来，又发展成为以资产增值为主要目标的资产经营责任制，实行资产增值分成奖励和保值赔偿的制度。另一种是兰溪市实行的"工效总挂"的责任制，即将全市工资总额同经济效益总挂钩，全市实现利税比基数增加1%，工资总额可比基数增加0.8%。省政府肯定了这个经验，并于1988年7月25日发出《关于全面推行全民所有制企业工资总额同经济效益挂钩办法的通知》，核定挂钩浮动比例总的控制在1：（0.6）至1：（0.8）以内，即经济效益增长1%，工资总额增长0.6%—0.8%；挂钩期限一般为三年。到1988年年底，实行"工效挂钩"的企业已达5 132户，职工总数112.31万人，全市"工效挂钩"的做法未能推广。虽然承包经营责任制还存在不少缺陷，不能从根本上解决企业经营机制，但在改革全过程中起到了一定作用，是实行所有权和经营权分离的一种尝试，也是逐步把企业推向市场竞争的有效途径。

3. 对外开放格局初步形成

浙江在历史上是一个开放比较早的省份，但在改革开放前，开放度很低，对外贸易处于"收购型"状态；对外经济技术合作主要是对发展中国家的经济技术援助，其他的经济技术交流与合作几乎是一片空白；旅游还不能成为一个产业，只是为外事接待服务。改革开放使浙江逐步走向世界市场，也使世界各国介入浙江的经济运行。1978 年，国务院正式批准浙江省为对外贸易口岸；1979 年宁波、沈家门、海门等港口首先实行对外开放；1980 年经国家批准，我省获得外贸自营进出口权后，全省陆续建立了省级各外贸专业公司和海关、商检、海运、保险等涉外机构；1983 年国务院确定杭州市为国际风景旅游城市；1984 年 4 月，我省宁波、温州两市被列入全国对外开放的 14 个沿海开放城市；1985 年春，嘉兴、湖州两市及其所属的嘉兴、海宁、桐乡、德清等县市被列入长江三角洲对外经济技术开发区；1988 年 3 月，国务院又批准全省 34 个市县对外开放，至此，浙江对外开放格局初步形成。外向型经济发展已初见成效。

（1）对外贸易成倍增长。1980 年，全省外贸进出口总额只有 2.5 亿美元；1988 年达到 21.91 亿美元，8 年间增长 7.79 倍，平均年递增率达 30.8%。出口结构也有了一定的变化，按国际标准分类，工业制成品已占出口总额的 79.4%；机电产品出口 2.2 亿美元，占出口总额的 13.6% 以上。出口国别和地区趋向多元化，已与 130 多个国家和地区的近万名客商建立贸易联系，并且改变了长期以来技术只进不出的状况，到 1987 年年底已先后出口太阳能电池、电脑软件等 4 项新技术，成交额达百万美元。同时，外贸体制改革也开始起动，1988 年根据"自负盈亏、放开经营、工贸结合、推行代理制"的原则，全面推行了外贸承包责任制。相应地，外汇管理体制也进行了初步改革，扩大了各市、地、县及企业外汇留成比例，并设立了外汇调剂中心。

（2）开拓利用外资新领域。从 1979 年开始，浙江逐步开展包括利用外国政府、银行和国际金融组织贷款、在国外发行债券、举办中外合资、合作经营企业和外商独资经营企业，以及来料加工、补偿贸易、国际租赁等多种形式的利用外资工作。1979 —1983 年，实际利用外资 3 510 万美元，其中对外借款 608 万美元，占总额的 17.32%；外商直接投资 181 万美元，占 5.16%；其他投资 2 721 万美元，占 77.52%。1984 —1988 年，实际利用外资 44 897 万美元，比前五年增长 11.79 倍，其中对外借款 31 690 万美元，占 70.50%；外商直接投资 9 033 万美元，占 20.12%；其他投资 4 174 万美元，占 9.30%。这表明，1984 年后利用外资主要是利用各种形式的国外贷款，其他投资（包括来料加工、补偿贸易、国际租赁等）的比重急剧下降，外商直接投资的比重比前五年提高了近 15 个百分点，但在利用外资总额中的比重还不高，明显滞后于沿海其他省市。1988 年，江苏省实际利用外资 26 476 万美元，其中外商直接投资 10 303 万美元，占总额的 38.91%。同年，浙江实际利用外资额为 18 798 万美元，只及江苏的 71%；而外商直接投资为 2 957 万美元，只及江苏的 28.70%。截至 1988 年年底，全省累计批准外商投资企业 306 家，总投资为 6.5 亿美元。其中，中外合资企业 255 家，总投资 6.01 亿美元，协议外资金额 2.33 亿美元；中外合作经营企业 42 家，总投资 4 507 万美元，协议外资金额 2 036 万美元；外资独资企业 9 家，投资 722 万美元。外商投资企业中已确认产品出口企业 71 家，技术先进企业 8 家。外商投资企业已有 113 家投产或开业，多数经营情况良好，外汇平衡有余。当时国务院批准的开发区只有两个，一个是 1985 年启动的"宁波开发区"，首期开发 2 平方公里，截至 1988 年年底，外资企业投资额为 3 981 万美元，已有 32 家企业投产，产值达 1 344 万美元，提供税收 1 474.9 万元人民币，利润 2 570.41 万元人民币，出口创汇 940.76 万美元；开发区的工业总产值已占宁波市工业总产值的 1.59%。另一个是 1987 年开始建立的"温州龙湾出口工业区"，只有一年时间就吸引了海外 23 家企业前来落户，总投资 3 811 万美元，有力地促进了温州市外向型经济的发展。开发区是国内市场和国际市场相连接的一个枢纽，不仅是按国际惯例运行的试验区，也是浙江走向世界市场的一个窗口。同时，浙江企业也开始走向世界，到 1988 年年底全省已在国外举办合资企业 21 家，总投资 1 984 万美元，出现了国内外资金双向流动的情况。

（3）国际旅游业初步向产业型转轨。浙江的国际旅游业起步比较早，1955 年 4 月就成立中国国际旅行社杭州分社，1956 年 9 月成立浙江华侨旅行服务社，但那时是"外事接待型"的旅游。改革开放之后，旅游才作为一大产业来建设，开始向"产业型"旅游发展。1988 年接待国际旅游者（包括外国人、港澳台同胞）383 360 人，其中外国人 165 482 人，华侨 42 696 人，港澳台同胞 175 182 人；创汇 5 624 万美元，其中商品性外汇收入 35.82%，劳务性外汇收入 64.18%。旅游业不仅具有乘数经济效益，推动整个国民经济的发展，而且有利于市场经济的发育，因为国外商人的旅游往往是投资的先导，引来了外资的旅游地落户；旅游还是一种文化交流，带来了海洋文化，有利于对外开放意识的形成和观念的理新；旅游也推动了国内外的科学技术交流。1987—1988 年间，浙江已接待外国学者、专家 4 700 多人次，组织了近千次学术交流。同时，我省也有 1 000 多人次公派或自费出国考察、学习和进修。

外向型经济的初步发展使浙江开始参与国际间的商品流、资金流、技术流、信息流和人才流的大循环，加速同世界市场接轨。

第三阶段：1989 — 1991 年

传统体制下的扩张冲动的发展模式所造成的困难和问题，在 1988 年已充分显露出来了，突出地表现在物价上涨面宽幅大，市场上商品抢购风迭起。据统计，浙江 1988 年社会商品零售物价水平比 1987 年上升 22.1%（城市上升 24.2%、农村上升 20.5%），该年四季度的涨幅达 29.6%。这种态势下，浙江所处的客观经济环境发生了变化，更强化党的十三届三中全会提出的"治理经济环境、整顿经济秩序、全面深化改革"的方针，浙江经济进入"治理整顿"时期。1989 年 8 月开始，由于市场疲软，销售不畅，浙江省乡以上工业总产值出现了负增长，8 — 12 月平均每月负增长 1.4%，其中 10 月份为负增长 11.4%。乡镇企业纷纷倒闭。1989 年全省乡村办工业企业减少 3 700 余家，合作经营工业企业减少 10 883 家。这种负增长的局面持续了一年，到 1990 年 8 月才开始回升，这年第三季度的增长率达 9.0%，四季度出现了较高的增长速度，增幅为 21.6%。因此，1990 年全省工业产值（包括村及村以下工业）比上年增长 8.9%。1991 年全省工业总产值比上年增长 25.1%，其中乡以上工业总产值增长 24.4%。这是建立在 1990 年多数时间低速甚至负增长基础上的，带有明显的恢复性质。可喜的是这两年农业获丰收，1990 年粮食产量比上年增长 2%、棉花增长 53.2%、络麻增长 9.4%，油茶籽和蚕茧的产量创历史最高水平；1991 年，全省粮食总产量达 1 640 万吨，比上年增产 53.9 万吨，为历史上第三个丰收年。同时，对外贸易一直保持增长的势头，就是在全国外贸形势最困难的 1989 年，浙江外贸的自营出口额增长 18.2%，达 16.2 亿美元；1990 年增长 20.2%；1991 年全省进出口总额比上年增长 38.8%，其中出口总额 29.06 亿美元，比上年增长 32.8%。国内生产总值，1989 年与上年持平，1990 年比上年增长 2.6%，1991 年增幅又达到 12.9%。所以，这个阶段，从经济发展来看是处在第 6 和第 7 周期之间的从高增长到低谷又逐步走向高增长的时期。

浙江经济进入 1989 年后，工业增长率在全国率先回落（该年 8 月全国增长率为 6.1%，而浙江已出现负增长），而且落差幅度大，持续时间长，这样一种现象，引起政府和各界人士的关注。这说明，浙江加工贸易的结构，原材料和市场都在外，受宏观经济环境和市场变化的影响特别大，市场的敏感度大，稳定性差。据浙江省计划与经济委员会课题组的研究，浙江经济抗市场波动的能力很弱，1979 — 1990 年间，以国内生产总值计算，全国的波动系数为 3.1%，而浙江达 6.2％，比全国高一倍。由此，对浙江的经济结构、经济发展后劲不足的原因以及"出口导向，贸易兴省"的发展战略等问题，都重新加以深思，争议颇大。中共浙江省委在制定"八五"计划和 2000 年发展规划时，确定了"打基础、上水平、争效益"的发展战略。这对浙江经济的发展起了积极作用，促进企业技术水平和经济效益的提高。但把这九个字方针作为一种发展战略，社会上还有不同的看法，认为还不能反映浙江的特点，需进一步斟酌。

在治理整顿阶段，浙江放慢了走向市场经济的步伐，但改革还是有所进展的。

1. 坚持和稳定改革的政策

1989 年，经济生活中困难比较多，又加上春夏之交的风波，企业的稳定受到了影响，人心不定。人们在对十年改革的反思中，存在种种不同的看法，有的把温州模式看做是"资本主义复辟的典范"，有的把企业产权制度的改革视为搞"私有化"。因此，是否坚持市场取向的改革，要不要稳定已经出台的改革政策，成为当时十分突出的问题。在这种情况下，省政府在 1989 年 9 月的全省经济工作会议上，重申有关改革的十个方面政策稳定不变。此后，省政府又批转了省计经委、省体改办、省财政厅等部门制定的《关于全民工业企业实行承包经营责任制几个问题的意见》，这对浙江在剧烈波动的外部环境下，坚持和稳定承包制，起了重要作用。在同年 10 月召开的农村工作会议上，重申党在农村坚持家庭承包经营为主体的统分结合的双层经营体制；坚持以公有制为主体、发展多种经济成分的方针等六项基本政策稳定不变，从而促进了农村大局的稳定。

2. 企业改革

这期间，主要是：第一，组织实施第二轮企业承包。这一轮承包形式着重提倡以领导班子集体承包或企业全员承包为主；并建立和健全风险机制，普遍要求承包企业设立风险基金，有的地方还设了经营者风险抵押金、工资储备基金，促使企业在承包中实行自我约束；还明确规定了企业经营者分配的具体档次，使经营者过高收入得到了限制。第二，省政府根据国务院的有关规定，结合本省实际，于 1991 年正式推出搞好大中型企业的 40 条政策措施，从改善外部条件和挖掘内部潜力两方面增强大中型企业的活力。但在实践中，这些政策措施，大约只有三分之一能够到位，大中型企业活力仍然不足，转换企业经营机制进展不快。第三，省里还选择 12 家企业进行劳动用工制度和分配制度的改革试点，期望"三铁"（铁交椅、铁饭碗和铁工资）的状况有所突破。但没有全社会的保障体系的配套改革，"破三铁"是难以奏效的。第四，发展企业集团。为鼓励企业集团的发展，省政府于 1989 年颁发了《关于组建和发展企业集团的试行意见》。截至 1991 年年底，全省企业集团累计有 74 家，其中 1991 年新组建和重新登记的有 29 家企业集团。

3. 农村改革

按照省政府颁布的《农业承包合同管理试行办法》的规定，农村各级政府有领导、有计划地调整了部分承包土地，并加强了对农业承包合同的管理。同时，探索一个县如何推行农业规模经营的问题。浙江农村的规模经营起步于 1983 年，当时一些主要劳动力在外和缺少劳动力的农户，因无力耕种承包地，把土地转包给其他农户，于是一部分农民扩大了土地，成为种田大户。这种自发性的规模经营一出现，就引起了农业主管部门的关注，于 1987 年确定了 16 个农业规模经营的试点单位，1989 年 3 月召开了经济发达的 15 个县（市、区）土地规模经营汇报会，并决定在条件已经成熟的地方逐步推开。在试点过程中，农民创造了"双田制"的经营方式，即"口粮田分户经营，商品粮田适当集中"。实践证明，这是土地集中的一种较为适宜的方式。农业规模经营的发展，对于提高土地资源的配置效益，对于把农业推向市场，都是十分有效的。

4. 整顿流通秩序

这是治理整顿阶段的一项重要任务。这包括：第一，清理整顿各类公司和批发企业。浙江在这期间，撤销合并公司 3 518 家，占公司总数的 29.6%；注销批发企业和取消批发经营权的企业 8 609 家，占批发企业总数的 20.3%；并对机关办公司的问题做了一些清理。从整顿流通领域的秩序来看，对各类公司进行清理是必要的。但正如当时有的学者在文章中指出："对公司的数量要有科学分析。从商品经济发展的趋势看，公司不是多了，而是少了。问题是现在非规范化的公司太多了，因此，我们的任务不是砍公司，而是使公司规范化。"（方民生，1988）第二，对化肥、农药、农膜等重要生产资料和蚕茧、棉花等重要农副产品，实行专营和统一经营，制止了抬价抢购和各种"大战"。并且对彩电也实行专营。第三，加强物价和市场管理，对国家规定的重要农副产品、工业消费品和某些计划外生产资料，实行最高限价。通过上述措施，经济秩序有所好转，物价上涨幅度得到抑制，1990 年，物价指数大幅回落，零售物价总水平仅比上年上升 1.6%。但是，有些措施仅是权宜之计，并不符合市场规律，因而治理整顿并未从根本上解决流通秩序不规范的问题。

第四阶段：1992 年至今

以邓小平同志 1992 年年初视察南方的重要讲话和中央政治局全体会议为标

志，我国改革开放和现代化建设事业进入了一个新阶段。党的十四届三中全会通过的《中共中央关于建立市场经济体制若干问题的决定》，又为实现从旧体制向新体制过渡制定了宏伟蓝图。在中央的正确战略决策指引下，浙江迎来了第二个经济增长的高峰时期，走向市场经济的目标也日益逼近。

浙江经济从 1990 年 8 月走出低谷后，经过一年的回升，于 1991 年下半年又进入扩张期。1992 年，这种扩张的势头更加快速，国内生产总值比上年增长 17%；全部工业总产值比上年增长 34.9%，工业增加值增长 33.3%；全社会商品零售总额比上年增长 21.5%。这种高度景气的势头经历了三年，于 1995 年 7 月份景气分值降至 35 分以下，进入相对稳定的绿灯区，全年的工业增加值增长 18.3%，增长率比上年降低 9.16 个百分点；国内生产总值比上年增长 15%，增长率下降了 5 个百分点。1996 年 1—6 月份乡及乡以上的工业增加值增长率比上年同期增长 9.1%，从 6 月份开始增长率又有所回升。总体来说，1992 年到 1995 年，浙江经济保持持续快速增长的格局，全省国内生产总值年均增长 19%，增长幅度居全国第一位，从而使浙江经济总量又上一个台阶。这期间，国内生产总值的结构也发生了变化，1991 年的第一、二、三产业之比为（22.7）:（45.7）:（31.6）；1995 年为（15.36）:（53.10）:（31.54）。第三产业的比重变化不大，而第一次产业的比重下降 7.34 个百分点，相应地第二次产业的比重上升 7.4 个百分点。这表明，浙江还处在加速工业化的进程中。

浙江经济快速发展，主要是靠要素投入而增长的，全要素的生产率不高。据浙江工业大学区域发展研究所的研究报告，按乔根森的流量余值法测定，浙江工业技术进步贡献率，1986—1990 年为 36.0%，1991—1993 年为 39.7%，浙江省社会科学院经济研究所的研究报告测定，浙江农业在 1986—1993 年间平均技术进步贡献率为 38.48%。这主要是改革的成果，是广义的技术进步，真正由农业科技的应用所引起的贡献并不大。浙江经济中的产品结构、企业规模结构，也影响浙江的经济效益不能与发展速度同步增长。这说明浙江经济增长的素质不高。在这种情况下，1992 年 7 月，浙江省委和省政府决定"确立和实施科教兴省战略"，标志着我省的经济增长方式朝着依靠科技进步的方向转型。1996 年 2 月省人民代表大会通过的《浙江省国民经济和社会发展"九五"计划和 2010 年远景目标纲要》中，提出的全省跨世纪发展战略方针是：以提高国民经济整体素质为中心，强化农业基础，强化基础设施，强化科技教育，强化外向开拓，努力实现经济体制和增长方式的根本转变，形成新的发展优势，加快现代化建设进程。

　　这一阶段，改革所实施的是"以产权制度改革为中心，加速市场体系发育"的战略。最突出的进展是：

　　1. 以股份制为主要形式的农村产权制度改革

　　浙江农村的股份合作制，萌芽于 20 世纪 80 年代初，勃兴于 80 年代中后期，而在全省广泛推行和完善则是 1992 年之后。从地域上，先由温台沿海向浙江中西部扩展，再推向浙北；从产业领域上，由家庭工业到农业，再发展到乡镇企业；从创新动力上，是从群众自发的诱致性创新，到政府的政策推动。从 1987 年到 1992 年，温州市委和政府陆续出台六个农村股份合作制的文件，对农村合作制企业的性质、地位、合法权益都做了政策规定，并对其在税收、信贷和产业政策等方面给予优惠和扶持。但在全省，是从 1992 年开始，按照农业部《关于推行和完善乡镇企业股份合作制的意见》的要求，开始股份制试点。1993 年，省委农村工作会议正式提出要把推行股份合作制作为深化农村改革的一个突破口来抓，并由省里发了《关于乡村集体企业推行股份合作制的试行意见》；1994 年，又下发了《关于深化乡镇企业改革若干意见》，加大了农村产权改革的力度，使乡镇集体推行股份合作制有了较大的进展。据 1995 年初步统计，全省农村有各种股份合作制企业 11.7 万余家。按产业划分，农业有 5.3 万多家，其中种植业 0.3 万余家，林业 1 万多家，渔业 4 万多家；二、三产业 6.4 万余家，其中由乡镇企业改组的有 7 000 多家，农民股份合作的 5.7 万多家。浙江农村股份合作制企业大体上可分三种类型：一是转制型的，由原来的个体、私营企业联合组建的股份合作制企业；二是改组型的，由乡（镇）村集体企业或社区集体企业组织通过产权制度改革，实行股份合作的制度安排；三是新建型的，由多个投资主体进行生产要素的联合而创办的新企业：股份合作制是一种既不同于个体，又有别于传统的集体所有制，是一种新颖的产权制度安排，在资金上共同投资，全部资产归全体股东所有，并按出资额的比例享受权益。它与股份有限公司的主要区别在于：在生产要素的组合上，一般是劳资合一，或者是采用劳资联合的方式，股东既是资产所有者，又是劳动者；在分配制度上，实行按劳分配和按资分配相结合，工资部分实行定额计件计酬或劳绩挂钩，税后利润的可分配部分实行按股分红；在治理结构上，还带有合作制经济的色彩，如有的企业股东大会实行的是一人一票的表决制度，但正在向现代股份制的治理结构靠拢。农村股份合作制需要规范化，然而，"规范化"是要把农民的创造加以总结，提炼出一般规律和制度安排，加以推广，而不是用条条框框去限制群众的创造性。农村股份合作制是目前制度需求与制度供给均衡的产物，是一种过渡性的产权制度安排，将在相当长的时间内存在。

2. 小企业的制度创新

浙江工业企业的规模比较小。据 1994 年的统计，全省工业企业 69 778 个，工业总产值 5 784.93 亿元。其中，乡及乡以上的大中型工业企业 1 141 个，占企业总数的 1.64%，小企业占 98.36%；大中型企业工业产值 1 287.57 亿元，占全部工业总产值的 22.26%，小企业占 77.74%。就国有企业来说，1994 年有 4 210 家，其中独立核算的国有小型工业企业 2 581 家，占国有工业企业总数的 61.30%；小企业的工业产值 251.65 亿元，占国有工业产值 930.86 亿元的 27.03%。所以，小企业是浙江工业的主体，经济增长的贡献主要来自小企业。这种结构就决定了小企业的改革，对浙江经济增长具有决定性的意义，这部分活了，经济就活了。因此，在努力推进大中型企业改革的同时，要放活小企业，勇于对小企业的产权制度进行创新。浙江比较早地提出"抓住大的，搞活小的"改革方针。1988 年全省企业兼并已达 200 多对；黄岩县和洞头县等地还相继试行了企业拍卖。黄岩县把一部分经营不善、亏损微利的乡镇企业拍卖给个人，救活了一大批企业。

浙江小企业的制度创新的路子主要是：一是积极推进企业兼并，盘活存量资产，截至 1994 年年底，全省实行兼并 1 145 起，通过企业兼并消化亏损企业 1 200 多家，其中有的是中型企业；二是大胆地进行破产、拍卖、租赁、国有民营的试点，仅 1995 年，实行租赁经营的有 2 329 家，拍卖（含协议出让）1 023 家，破产 126 家；三是老企业改为股份合作制企业 2 267 家。

小企业中，国有企业仅占小型工业企业总数的 3.7%，绝大部分是城镇和乡村集体企业，以及个体和私人企业。乡镇企业的改制面已达 43% 左右，仅 1994 年全省除了 6 700 多家乡村集体企业实行了股份合作制之外，还有 1 800 多家乡村集体企业通过拍卖、租赁、兼并等多种形式改革产权制度，转换了经营机制。但各地发展不平衡，台州市的进展较快。该市 1 713 家乡镇集体工业，到 1995 年年底已有 1 459 家实行了改制，已达企业总数的 85%。其中，改为股份合作制的有 439 家，占 26.6%；实行风险抵押承包租赁制的 301 家，占 17.6%；其余的都改成了个体私营企业，占 57.8%；有 82% 的戴集体企业"红帽子"的个体私营企业恢复其原来的性质。小型国有企业，前些年亏损的很多，难以为继，于 1993 —1994 年间实行了转机改制，一些经营不佳的企业基本上改制了，剩下的 154 家都是一些规模比较大、产品销路比较畅、技术层次比较高、经营效益比较好的国有企业。台州市小企业的产权制度改革进展较快，是经济活力比较强的重要因素。

　　3. 专业市场从发展走向提高

　　1992 年邓小平同志南方讲话发表之后，浙江又掀起了兴办和扩建专业市场的热潮。到 1995 年年底，全省城乡集贸市场 4 349 个，比 1990 年增加 522 个。目前全省拥有 5 000 个摊位以上的大型市场有 40 个，成交额超亿元的市场 271 个，超 10 亿元的市场 52 个。"义乌中国小商品城"的营业面积已达 22.8 万平方米，摊位数从 7 000 个增加到 23 000 个，1995 年的年成交额 152 亿元；"绍兴中国轻纺城"的市场建筑面积已扩大到 29 万平方米，营业用房已达 6 000 间，1995 年成交额达 120 多亿元。我省的城乡专业市场的总成交额、超亿元的市场个数、超 10 亿元的市场个数和单个市场的成交额，这四项指标均居全国首位。这个阶段，专业市场发展的主要特点是：第一，专业市场交易方式由农村向城市推进，1995 年城市中的专业市场 929 个，比 1990 年增加了 56.5%，形成一个专业市场包围城市大商场的局面，加剧了消费品市场的竞争。第二，市场建设开始从低档次向中高档次发展，许多市场设施配套齐全，装有电梯，还有电视监控系统和大屏幕信息显示，初步达到了市场商场化、设施初步现代化的标准。义乌小商品城的硬件设施已更新了四代；绍兴中国轻纺城相继扩建的四大交易区的标准都比较高。第三，经营主体多元化。前一阶段的专业市场上的经营者主要是以农民为主的工商业户，现在许多国有商业企业和供销社也在那里设摊经营，国有和集体的工业企业也设了直销点，因而形成了多种经济成分共同竞争的局面。第四，经营方式更灵活。温州本地的十大专业市场在全国的地位已明显下降，但他们经营的商品已走向全国，有不少大商场里都有温州商品的经销柜台，过去的一些购销员已在全国各地经商办厂。据不完全统计，全国现有 100 余条"浙江街"，100 余个"浙江村"，他们每年创造 50 亿元净收益。义乌中国小商品城还在新疆等省市建了"小商品城分城"。"杭州中国丝绸城"自 1994 年起，还在北京、大连、西安、乌鲁木齐等城市开展销会，把"丝绸城"办到外地去。第五，把市场销售和生产结合起来。新昌、德清、上虞等市县先后在大型市场内开辟加工区；永嘉桥头、义乌、绍兴等也在附近专门划出场地，建设厂房，吸收从事生产、加工的个体工商户和企业，生产市场上销售的商品，增强了市场的依托和后劲。第六，逐步走向现代企业制度。义乌中国小商品城和绍兴中国轻纺城已组建了股份有限责任公司。义乌小商品城的股票已在柜台交易；绍兴轻纺城已列为全国 100 家现代企业制度建设的试点单位；其他许多地方也在同工商行政管理部门脱钩时，组建了股份制企业。

4. 对外开放层次进一步提高

1992 年以来，浙江省委和省政府围绕扩大开放，做了一系列部署。这年 6 月，制定了《关于进一步加快改革开放和经济发展的若干意见》，根据这个文件省政府连续发了第 14 号至第 21 号共 8 个"政府令"，对外商投资、国有土地使用权出让和转让、涉外房地产开发经营管理、鼓励华侨和港澳台同胞投资等方面作出了具体规定和制定了实施办法。这些决策把浙江的对外开放推向新阶段。截至 1995 年年底，全省有不同类型国家级开发区 8 个，分别为宁波、温州、杭州、萧山经济技术开发区、杭州之江国家旅游度假区、宁波保税区和大榭岛成片开发，总面积 107.53平方公里。开放地区面积占全省总面积的 44%，人口占全省总人口的 63%，国内生产总值占全省总值的 77%。开发区已成为浙江对外开放的重要窗口，也是出口创汇和经济发展的新增长点。

外贸进出口势头猛增。1992 年全省外贸出口比上年增长 27.1%，1993 年增长 20%，1994 年增长 42.2%，1995 年增长 32.6%，出口总额已达 83.8 亿美元。外贸出口对国民经济的拉动作用明显增大，1992 年外贸依存度为 17.3%，1995年达到 20.08%。进口总额 1995 年为 30.08 亿美元，增长 43.9%。1995 年的进出口总额已突破 100 亿，为 114.6 亿美元。对外贸易的结构有了变化，1995 年机电产品出口占出口总额的比重已由 1991 年的 14.94% 上升为 17.3%。浙江的对外贸易已居全国第 6 位。

利用外资有了突破性的进展。1992 年，新签利用外资协议金额 32.36 亿美元，比上年增长 7.4 倍；实际利用外资 4.09 亿美元，比上年增长 1.4 倍。其中，外商直接投资协议金额 29.09 亿美元，是前 15 年的 3.5 倍，比上年增长 8.2 倍；实际到位 2.94 亿美元，比上年增长 2.2 倍。这一年，利用外资出现了前所未有的势头。从 1990—1995 年，浙江省累计利用外资协议金额为 152.64 亿美元，其中外商直接投资为 132.48 亿美元；实际利用外资金额 48.65 亿美元，其中外商直接投资 38.71 亿美元；"三资"企业有 12 580 个。这期间，利用外资的新变化主要是：第一，外商直接投资在利用外资总额中的比重有所上升。1990 年实际利用外资金额中外商直接投资的比例为 29.84%，1995 年上升为 82.35%，外商直接投资已成为浙江利用外资的主要形式。第二，利用外资项目的规模不断扩大，重大项目有了新的突破。1990 年新批"三资"企业的平均规模为 84.33 万美元；1995 年新批"三资"企业的平均规模为 177 万美元，比 1990 年的规模扩大 1 倍多。1991—1995 年间，投资规模超过 1 000 万美元的外商投资项目 490个，协议外资 70 多亿美元，占总额的一半以上。1992 年批准的总投资达 10 亿美元的协和石油化工集团（中国）有限公司，是目前浙江最大的外商投资企业。第三，跨国公司的加盟使浙江利用外资的质量进一步提高。到目前为止，已有日、美、德、英等10个国家的54家跨国公司、大财团在浙江投资建了67家企业，涉及化工、电子、通信、医药等行业，投资总额超过11亿美元。1996年上半年，共新批外商投资企业816个，协议利用外资25.97亿美元，比去年同期增长62.6%，其中投资额超过1 000万美元的项目130个，因而项目的规模进一步扩大，平均为318.26万美元，比去年的平均规模增加79.8%。第四，外商投资产业结构趋于优化，基础产业和基础设施投入增加。如省邮电系统先后利用政府贷款、买方信贷等形式的间接外资1.5亿美元，改建扩建了全省程控交换电网，使我省的邮电通信步入全国领先水平；还利用外资建立了镇海发电厂、北仑电厂、嘉兴电厂、金温铁路、沪杭甬高速公路，以及象山大目涂围垦开发的农业项目等。第五，外商投资环境进一步改善。1994年德国（经济周刊）公布德国企业家眼中的中国最佳的投资省份，浙江名列前茅。

对外经济合作日益增多。1991—1994年间签订承包合同1 895个，合同金额3.83亿美元；截至1995年11月，浙江累计批准到境外设立企业约315家，总投资约2.66亿美元，其中近一半为中方投资。

国际旅游业稳步发展。1995年接待海外游客67.3万人，比1990年增长47.6%，其中外国人达36.6万人，比1990年增长2.4倍。1995年全省旅游创汇收入2.4亿美元，比1990年增长3.3倍。全省旅游综合接待能力和服务水平进一步提高。

浙江的外向度还不是很高。外商直接投资的金额在沿海各省市中列倒数第一，企业规模小，资本和技术密集型企业少，技术与管理引进少，高技术和基础产业少。这说明，浙江省利用外资还处在量的扩张阶段，迫切需要在数量扩张的同时提高引进外资的质量，增强外资对浙江经济发展的影响度。

5. 引人注目的温州的"二次创业战略"

温州市委和市政府在总结过去10年温州市场经济发展的经验和问题的基础上，于1993年提出了"全市二次创业的发展战略"，规范市场经济行为，转变增长方式，提高经济质量。这个战略的实施，已取得成效。表明温州在这方面已起了"先导作用"，这是"温州模式"的新发展。

三、主体构造和市场发育

浙江走向市场经济始终是以塑造新的市场主体为中心展开的。同时还注意整体改革的配套，特别是市场的发育。

1. 塑造新的市场主体

在农村，以家庭联产承包责任制实施为契机，浙江的个体私人经济有了长足的发展。紧随其后是股份合作制兴起和乡镇集体企业转制。

在城市，从扩大企业自主权到实行各种形式的经营承包责任制到股份制的组建和现代企业制度的试点，也是要使国有企业成为真正的企业，使企业家成为真正的企业家。这是建立社会主义市场经济的微观基础。从 1992—1995 年，浙江先后新发展股份有限公司 200 多家，共募集股本 130 亿元，发展有限责任公司2 000多家。到 1994 年年底，通过吸引外资对老企业进行嫁接改造共 1 300 多家。这些合资企业通过引入资金、引入技术、引进按国际惯例运行的机制和管理体制，收到了较明显的成效。中策啤酒、中策橡胶、正大青春宝等合资公司的生产效益连年有大的改观；杭州金鱼电器集团、杭州橡胶集团公司等企业，合资后在生产规模和产品素质都上了一个档次。百家现代企业制度试点已逐步进入实施阶段，大多数企业已完成试点方案拟订和论证工作，其中 35 家已正式上报待批；杭州汽轮集团、中国轻纺城、宁波敦煌股份有限公司等 3 家国家试点企业，浙江冶金集团、杭州西湖电子集团、杭州制氧机集团、杭州玻璃集团等省级试点企业已正式挂牌，开始运转。

2. 培育生产要素市场

重塑新的市场活动主体，必须相应发展各种市场，尤其是高层级的生产要素市场。在产品市场不断发展的基础上，浙江要素市场体系也逐渐发育起来。

（1）资本市场。浙江企业所需的资金除了国家银行和由国家控制的非金融机构的信贷渠道之外，很大一部分来自民间，由企业集资或自由借贷。据台州市乡镇企业局统计，1988—1995 年间该市乡镇企业固定资产投资中，银行贷款所占比例为总投资额的 23%，77% 的资金来自民间。浙北地区银行贷款的比例较高，一般占固定资产投资的 70%。全省 1994 年全社会固定资产投资总额为1 006.39亿元；而银行固定资产贷款的年末余额为 217.57 亿元，农村信用社各项贷款为 286.65 亿元，合计年末贷款余额为 504.22 亿元，为全社会投资总额的50.10%。这就是说，固定资产投资中将近一半是由企业自身积累的自有资金与民间集资和借贷来解决的。民间资金市场很复杂，难以廓清。

国家控制的金融市场，在一个地方来讲没有多大的主动权进行改革，最多只不过给一些地方的金融机构超前试点而已。在浙江有影响的是两件事：一是 1980年开始，温州市农村信用社实行浮动利率，确定贷款利率 15%，存款 10%，利差 5%—7%，深受企业和群众的欢迎；二是 1987 年 4 月，开办了"绍兴市越城合作银行"，是一家为城市小企业、个体工商业户服务的集体股份制金融机构。首期股东 10 家，总股本金 109.9 万元，经过 10 年的营运，至今，该行资产总额达 6.4 亿元，固定资产净值 3 087 万元，各项存、贷款余额达 6.02 亿元和 4.15 亿元，分别比建行初期的 2 600 万元和 682 万元增加 23 倍和 61 倍，对绍兴市经济社会的发展起了重要的促进作用。

商业银行体制逐步完善。浙江除了全国各省市都有的几家商业银行之外，还设立了中信实业银行、上海浦东发展银行、华夏银行的分机构，进一步扩大了交通银行机构；在宁波设立了外资银行和中外合资银行，杭州、宁波城市合作银行也相继开业。到 1995 年年末，全省已有各类商业银行及其分机构 5 888 家。

非银行金融机构迅速发展。到 1995 年年末，全省农村信用社机构已达 2 240 家，城市信用社 148 家。金融信托证券业也已成为金融体系的重要组成部分，到 1995 年年末，全省共有信托投资机构 64 家，证券机构 96 家。保险机构也迅速发展，增设了太平洋保险公司、平安保险公司，打破了由人民保险公司独家经营保险业务的局面。

证券市场发育较快。1988 年，浙江就成立了省证券交易公司，上海股票交易所一开业就有"凤凰化工"的股票上市。证券市场上国库券发行量逐年增加，企业债券发行也不断增加，1995 年企业短期债券发行 44.3 亿元。二级市场发展迅速，全省证券交易额 1990 年仅 11.97 亿元，1995 年达 762 亿元，有 100 多个证券交易网点遍布全省各地。

浙江的期货市场已开始萌发，1995 年全省期货交易总量约占全国的 1/5，居全国第三位。

浙江资本市场的变化集中反映在资金流量上，1992 年全省资金净流出 7.8 亿元，1993 年即转为从省外国外净流入，总计达 117.1 亿元。1994 年全省资金净流入 380 亿元，比上年增长 2.24 倍。这反映浙江资本要素的投入量大大增加了，外地的资金为浙江所用。

（2）生产资料市场。浙江是以加工业为特色的省份，原材料等投资类的中间产品不多，因而生产资料市场不发达。最早在 20 世纪 80 年代初形成了温州建材市场和黄岩路桥的废钢铁市场；80 年代中期，省物资系统成立了杭州钢材市场。据 1993 年年底的资料，全省有生产资料市场 290 个，年成交额为 186 亿元，其中超亿元的大市场有 29 个，杭州钢材市场年成交额 18 亿元，湖州南浔建材市场年成交额达 8.28 亿元，是浙江省生产资料交易市场的佼佼者。

（3）技术市场。浙江的技术市场起步较早。1981年，省石化厅在杭州组织了全国第一个技术交易会，拉开了技术作为商品进入市场的序幕，此后，全省各地陆续发展。1987年，浙江省人民代表大会常务委员会颁发了《浙江省技术市场管理条例》；1994年省政府又专门成立了培育技术市场的机构，并创办了"浙江省杭州技术交易中心"。据杭州市科委的资料，杭州市技术市场自1985年正式成立以来，技术贸易成交额逐年上升。自1986年实行技术合同认定登记起，至1994年年底，全市共登记技术合同55 410份，合同成交金额16.44亿元。技术贸易辐射面已覆盖全国43个省、自治区、直辖市和计划单列市。技贸水平居全国同类城市前10名。技术贸易成交额占全省的70%左右。同时每份技术交易成交金额也稳步上升，1992年平均每份技术贸易合同的成交额为2.33万元、1993年为5.45万元、1994年为6.76万元，说明技术商品的"含金量"越来越大。目前技术贸易还不规范，进入市场交易的只是很小一部分，大量合同是在场外交易的。

（4）产权交易市场。随着小型企业改革的深入，产权交易就开始了，但建立产权交易市场是最近两年的事。省里成立了产权交易中心，各地市都有产权交易所，目前的业务相当活跃。

3. 市场中介组织正逐步扩展

（1）会计核算正向国际标准靠拢。截至1995年年底，全省会计师事务所已发展到152家，注册会计师1 488名。

（2）律师的队伍也不断壮大。截至1995年年底，全省有各类律师事务所296家，律师5 000余名。他们的业务也从单纯诉讼发展为企业活动的全过程。

（3）经纪人的认定。经纪人是市场经济中主体与客体之间的最重要的中介，早就存在了，但没有加以规范。现在，经过培训和资格审查认定的经纪人事务所有13家，经纪人中介机构71家，有4 000多人领取了《经纪人员许可证》，活跃在各个市场上。

（4）咨询和信息服务公司，以及新闻媒体，在市场经济中已显示出重要作用。但目前的咨询信息公司的素质还不能适应市场经济发展的需要，往往不能满足委托人所提出的要求；同时，又受到政府职能尚未根本转变的制约，市场对咨询信息服务的需求不足，发育还很不健全。

参考文献：

1. 浙江省统计局：《浙江统计年鉴》（1984—1995），中国统计出版社。
2. 浙江省统计局：《浙江经济年鉴》（1987—1991），浙江人民出版社。

3. 《当代中国的浙江》，中国社会科学出版社 1989 年版。

4. 《浙江年鉴》（1992—1994），浙江人民出版社。

5. 浙江省统计局：《奋进中的浙江》（1949—1989）。

6. 浙江省统计局：《"八五"时期浙江经济和社会发展报告》，1996 年版。

7. 《经济改革与发展》，团结出版社 1992 年版。

8. 方民生：《经济增长与运行》，团结出版社 1991 年版。

9. 《浙江 1979—1988 年经济发展报告》，杭州大学出版社 1990 年版。

10. 张仁寿、李红：《温州模式研究》，中国社会科学出版社 1990 年版。

11. 孙家贤主编：《社会主义市场经济探索》，浙江人民出版社 1992 年版。

12. 颜春友：《改革开放不断推进浙江经济上新台阶》，1996 年 3 月。

（本文系上海市、江苏省和浙江省两省一市社会科学院合作研究成果之一。本文由方民生撰写。原载姚锡棠主编《中国特色社会主义市场经济的实践与理论——长江三角洲地区的特征与模式》，上海社会科学院出版社 1998 年 12 月）

浙江经济核心竞争力探索

中国加入 WTO 的前夕，经济竞争力的问题越来越引人关注。经济竞争力是一个系统的概念，要正确评估一个国家和地区的竞争力，不仅要有一系列的经济指标，还要考虑到社会文化环境对经济竞争力的影响。但是在以往的研究中，不少学者在设计评价指标体系时只是静态地在一个时段上用一些经济社会发展的统计数据来表示，这就陷入了形而上学的桎梏中，是应当力求避免的。经济竞争力是一个系统，但这个系统有其核心，这就是核心竞争力。核心竞争力（Core competence），又称核心能力。但是到目前为止，核心竞争力只是作为企业管理理论提出来的。这一理论，是 1990 年由美国企业战略管理学家 C. K. 普拉哈拉德和 G. 哈默尔提出来的，指的是企业组织中的积累性知识，特别是关于如何协调不同的生产技能和整合多种知识，并据此获得超越其他竞争对手的独特能力。一般认为，一项竞争力要成为企业的核心竞争力，它必须能带来竞争优势，甚至必须是"全班第一名"，因而它必须适应多种类型的市场，它的特定的技能和活动力，应当是很难被竞争对手们所仿效的。现代企业都非常重视核心竞争力的培育。英国经济学情报社等单位的《展望 2010 年》对全球主要企业的调查中，当被问及竞争优势的主要构成要素时，将核心竞争力列为现在的首要因素，而未来的首要因素仍然是核心竞争力。可见，在竞争力的研究中，对核心竞争力的研究具有战略性意义。

"核心竞争力"作为企业战略管理的一个概念能否扩展到一个国家和地区？这是一个新问题。综观世界经济发展史，在不同的发展阶段，一些竞争力很强的国家和地区都有核心竞争力，所以能称霸一时。在当今世界美国经济持续增长了近 10 年，靠的是高技术，特别是先进的信息技术，这可以说是美国的核心竞争力；俄罗斯的经济困难重重，但它的航天技术具有明显的优势，还有丰富的石油资源也蕴藏着巨大的竞争潜能，这两者也可以说是俄罗斯的核心竞争力；"意大利式网络"，使它的纺织工业和皮革业闻名于世，这种网络也许就是意大利的核心竞争力。既然一个国家和地区有核心竞争力的问题，那么，浙江经济的核心竞争力是什么？要回答这个问题并非易事，要进行专题研究，这里只是提出问题并简要探索。

浙江是一个工业自然资源贫瘠的省份，过去国家在浙江这块土地上又没有多少投资，沉淀在这里的资本很少；改革开放之后，浙江既没有深圳等特区的优惠政策，也没有上海浦东新区的特殊政策，在引进外资方面又不及江苏，又缺乏大型骨干企业，但浙江的总体经济活力一直很强，许多重要指标都名列全国前茅。究其原因，这就是经过20多年的改革开放，浙江已基本形成了内生型的自组织的增长动力系统，这个动力系统就是隐藏在浙江经济中的核心竞争力或称其为核心能力。正如哈耶克所说，只有自发形成的秩序和制度才是最有效率的制度。这是笔者对浙江经济竞争力的基本认识。这一种说法，认为浙江曾经率先实施的非公有制经济已遍及全国，浙江在经济体制上的优势已经在逐渐丧失。

笔者认为这种说法是不正确的，恰恰相反，由率先改革所形成的"内生型的自组织的增长动力系统"的核心竞争力正日益凸显出来，也是未来的核心竞争力。其理由是：

1. 浙江非公有制的变革仍在进行中。有不少企业已跳出家庭制管理模式，正向"经理革命"的治理结构演进；股份合作制企业的股份结构和治理结构也在创新之中，像正泰、德力西的企业制度正在全省推进；因而制度创新的活力仍然不减。

2. 浙江企业的组织结构正处在整合中。分散的小企业正按照专业分工的高度化和集中化的原则向特定的区域集中，形成了各具特色的"簇群"，这种"簇群结构"实际上是一种网络结构，它符合未来产业发展的趋势，这种组织结构是有竞争力的。

3. 浙江的企业已经形成了内部积累机制。企业负债率比较低；而且浙江的体制也决定了在财富分配上藏富于民，民间资金比较多；资金比较充裕，就能使企业自主地推动经济增长。

4. 浙江的制度创新推动了技术创新。在计划经济体制中，技术进步主要靠政府推动，资金来自政府、技术改造项目由政府决定。现在，企业内部形成了一种自组织的技术进步机制，资金靠企业自己筹集，技术改造的项目来自市场的需求，所以，近年来浙江企业在技术改造上的资金投入非常可观，已经有相当多的企业开始摆脱了技术层次低的格局。一些传统产业经过用高技术和先进适用技术改造之后，也已经成为朝气蓬勃的产业。

5. 浙江内生型自组织的增长动力系统，使企业根据各自的特点选择了不同的发展战略。有的采取"斯密方式"，通过分工的高度化和集中化，提高"簇群"的经济效应；有的采用"福特方式"，通过收购和兼并，扩大企业的规模，提高企业的规模经济效益；有的实施"索洛方式"，通过增加设入，使资本深化导致经济增长；更多的企业是奉行"熊彼特方式"，依靠技术和组织创新，提高资源利用率，推动经济增长。

6. 浙江企业非常重视自组织增长动力系统中的人力资源。从统计数据看，浙江的教育和科技在全国排序中的位次都不在前列，是一个人才资源紧缺的省份，但实际情况出乎人们的意料之外，不少企业聚集了一批相当优秀的人才，不然，怎么会一下子能冒出那么多的民营科技型小企业。这证明了英国学者施莫科勒（J. Sschmookler）对技术发明专利史的研究所得出的一个重要结论：技术进步的源泉是资本的投入。有了资本的投入，就有实力去组织研究新技术和开发新产品；有了资本的投入，就可能去营造良好的投资环境和人才环境，从而改变人才紧缺的局面。

7. 企业有了自组织增长动力系统，就必然有不断开拓市场的机制和能力，使生产的产品能够满足各个层次，各个目标市场的需要，并开始形成了"意大利式网络"，一方面建立产品设计与生产中心，另一方面在全国建立特许零售商业网络，甚至走出国门办市场。

总之，有了内生型的自组织的增长动力系统，企业组织结构自动会调整、企业技术层次自然会提升、高技术企业也会随着市场的需要而崛起，企业会显示出坚强而稳固的竞争力优势。

但是必须提出，目前浙江所形成的"内生型的自组织的增长动力系统"还是很脆弱的，全省的经济基础和科学技术水平与中等发达国家相比差距还有相当大；同时，现在我们所说的经济竞争是国际性的，不仅与国外企业的竞争是如此，在国内的竞争实际上也是国际性的，只有在国际性的竞争中能取胜的企业在国内才有坚强而稳固的竞争优势。这说明，这种核心竞争力需要大力加以培育，继续推进制度创新，再创体制新优势。

从对"浙江经济核心竞争力"的简单分析中，可以看到"内生型的自组织的增长动力系统"的初步形成，正是浙江省各级政府率先进行"角色转换"的结果，政府逐步从经济生活的"制高点"上退出来，扩大市场的边界，弘扬市场的作用，从充当生产者、控制者和干预者的角色逐步转变成一个"裁判"，制定确保竞争的游戏规则。在这方面政府是很重要的，"没有政府来确定规则和背景，就没有市场。国家创造并维持市场运作的边界，这就是新的方向"。（丹尼尔·耶金等著《制高点》，外文出版社2000年版）浙江政府的角色正在向这个新方向努力。浙江核心竞争力增强，要靠市场与政府的合力。

（原载《浙江经济》2001年第8期）

浙江现象之"谜"的新解

改革开放以来，特别亚洲金融危机之后，浙江经济总量持续迅猛增长，经济效益节节攀升，城乡面貌日新月异，到处充满生机和活力。这种现象，被新闻界誉为"浙江现象"。但人们对于这种现象的成因还有许多"谜团"：其一，浙江是一个工业自然资源贫瘠的省份，过去国家在这块土地上又没有多少投资，沉淀在这里的资本很少，为何经济实力增长那么迅猛？其二，浙江既没有深圳等特区的优惠政策，也没有上海浦东新区的特殊政策，为何活力不衰？其三，浙江是个智力资源短缺的省份，计划经济体制下在这里在配置的科研院所和高等院校很少，因而按国家统计部门公布的教育发展数据在全国的位次很低，全社会 R&D 经费支出的位次也与经济地位不相称，那么究竟靠什么取胜？其四，浙江缺少大型的骨干企业，在规模上没有单个巨人，在产品上很少有大标的商品，为何企业的效益能居全国前茅？其五，前几年国际贸易的条日趋恶化，而浙江的出口贸易额近年来却一直处在两位数的高增长中运行，动力究竟来自何方？等等。这些"谜团"，构成了所谓的"浙江之谜"。如何破解这个"谜"？已有很多答案，大体上可归结为：产权制度改革的率先，专业市场的崛起，专业化分工产业区的优势，政府角色的率先转换以及文化因素作用的结果；有的还对上述"谜团"分别做了解释。本文希图从发展经济学、制度经济学和公共选择理论的角度作一些新的解释。

1. 自主决策的活力

决策的方式对一个社会的经济社会发展是非常重要的，它涉及一个自然人和法人的智慧、勇气和潜能发挥的程度。在计划经济体制中，决策是由上级作出的，由他人作出的，不是自主作出的，更不是自己作出的，因而不可能有活力。改革开放前，浙江的国有企业不多，计划经济的控制力比较弱，这就为决策方式的变革提供了可能。但实施自主决策要有两个前提：一是要赋予各当事者一种明确的产权；二是要掌握充分的信息。浙江在改革的过程中，创造了自主决策的这两个前提。浙江在赋予各当事者以明确的产权方面是率先的，20世纪80年代初，以家庭工业为载体的个体私营经济的发展；80年代中期，以合伙制和股份合作制的产权制度创新，进一步推动了农村非农产业的发展；90年代初，从台州开始的，用股份合作制的模式改革国有企业和乡镇集体所有制企业，使这些企业的产权关系逐步清晰，这项改革在90年代中期基本完成；90年代中期以后，浙江的股份制企业纷纷向现代企业制度转型，家族制企业有的也跳出家族的圈子进行"经理革命"，这种转型还在进行中。而在掌握信息方面，浙江有独特渠道，80年代主要是靠遍布全国的供销员大军向个体私营企业主提供信息，使他们能进行自主决策；90年代后期以来，现代信息产业迅猛发展，浙江大力加强了信息业基础设施的建设，这使决策者们掌握信息更方便了。目前人们最关注浙江的两件事，一是农村粮食市场化改革，二是浙江对外贸易的辉煌业绩，这都是自主决策的活力的成果。农村粮食市场化改革的根本性意义，在于使农民对生产和经营有了自主决策权；在对外贸易方面，浙江赋予那些有出口条件的私营企业以出口产品经营权，使它们不需再依赖原有的外贸公司了，从而改变了决策方式，从听从别人决策转为自主决策，这就使浙江对外贸易的潜能得到了充分发挥，这是近两年浙江外贸高速增长的重要原因。

　　2. 自由竞争的活力

　　竞争是一切事物发展的动力，这已成为公理。但对浙江来说，最具意义的是：第一，竞争使无数的小企业在竞争中整合，在竞争中提高。在浙江几乎每天都有不少小企业倒闭，而又有一些新企业开张，而新开张的企业又比那些倒闭的企业上了一个新台阶；在浙江大地上所谓重复建设的企业可以说数不胜数，但在竞争中进行了自动的也是非常残酷的调整，使一些能适应市场需求又有效益的企业生存和发展。第二，浙江的竞争环境有其特殊性，浙江的国有企业是在非公有制经济的包围中生存的，它要能生存下去，就必须适应市场经济的运行环境，因而浙江的国有企业比其他一些地方的国有企业早经受了市场经济的洗礼，早摆脱了原有体制所造成的困境，求得了新发展的机遇。第三，浙江企业在竞争中，根据劳动力丰富的比较优势，大多采取"成本领先"的战略。采取这一战略，光靠劳动力成本低是不行的，还要有产业组织结构的优势，才能有产品的低成本，这个问题下面还会讲到；"成本领先"战略还要有"特色经营"战略相配合，只有在"特色经营"基础上的价值相等才能使成本领先者的成本优势转化为高收益，浙江的企业正是因这两种战略的结合而取胜的。

3. 要素流动的活力

浙江的嘉善不产木材却成了木业大市，绍兴不产棉花却成了纺织品的生产和销售基地，海宁不是牛羊之乡而它的皮革服装却名扬四海……这都是得益于要素流动的活力。曾有人为浙江缺乏生产原材料的重化工企业而担忧，认为这是浙江经济后劲不足之源；经济界的不少同仁却一直不赞同这种观点，认为通过市场交易，实行资源互换可以弥补工业自然资源匮乏的缺憾。这些年来的发展正是利用要素流动的活力，把资金集中投入到具有浙江优势的产业中去的结果，从投资的机会成本来说是最合算的，对浙江经济的持续增长是非常有利的。要素流动的活力最明显的效果是体现在"科技资源"的流动上。前面说过，在计划经济体制下，国家在浙江配置的科研机构和高等院校很少，这种由历史所造成的智力资源短缺的现象是一时难以改变的。这些年来尽管浙江省政府加大了发展科技与教育的力度，但直到 2000 年，浙江的高等院校只有 35 所，只及江苏 69 所的一半左右；县以上政府部门所属研究与开发机构，浙江只有 144 所，而江苏则有 285 所，也几乎是浙江的一倍；2000 年浙江的 R&D 经费支出在全国的排序位居第 10 位。据有关部门评估，2000 年浙江的科技实力也只居全国第 6 位，与浙江省在全国的经济地位是不相称的。这有上面所说的历史性的缘故，但笔者认为，最重要的原因是统计上的不合理性，国家是按属地统计的，而浙江是个技术进口省份，技术是通过在全国技术市场获得的，这一块在其他省支付的 R&D 没有统计在浙江的支出中，而且许多技术项目是通过非正规的技术市场渠道引入的，这就更难以统计在内，这势必造成对浙江 R&D 经费支出的低估。技术资源流动所带来的活力是浙江现象的重要成因。

4. 产业簇群的活力

笔者在 2001 年《浙江经济》第 7 期发展表的《波特的"簇群理论"与浙江的产业组织》一文中曾指出：浙江区域经济的基本特征可以概括为"簇群经济"或"簇群结构"或"簇群模式"。"簇群结构"是以专业分工高度化和集中化为特征的，这种结构很有活力：其一，专业分工程度很高的企业集中在一起，具有群体效应，这种效应也是一种规模效应，其管理费用和经营成本要比单个的大型企业要低得多，这对于一般性的产品（相对于钢铁、石油、汽车）来说，这样的组织结构是有效的。其二，"簇群结构"具有一般大型企业所没有的独特优势：（1）企业间的交易变成了簇群内的交易，降低了交易成本；（2）簇群是由一批对竞争起着重要作用的、相互联系的产业和公司集合而成，各企业间的模仿学习、共同研究与开发新产品，提供相关的服务，它们一方面处于保持距离型的市场之间，另一方面又处于等级或垂直一体化之中，企业之间的互补性非常强；（3）许多同类型的企业集中在一起，竞争是近距离的而且是面对面的，这是一种内部的、持续不断的相互对比的压力，是一种"绝对性压力"，这种压力迫使企业创新不断，所以，这是一种具有效率性、灵活性的企业组织形式。其三，"簇群结构"是一种网络结构，它符合未来产业组织结构的发展趋势，因而是有生命力的。

5. 藏富于民的活力

浙江省各级政府为鼓励个体私营经济的发展和农村工业化的实现，在以市场经济为取向的改革进程中，制定了一系列的鼓励政策，这些政策归结起来无非是两个方面的：一是引导产业发展的方向，提高国民经济发展的整体素质；二是藏富于民，使百姓与企业具有自我发展的能力。这两方面的政策都取得良好的绩效。随着经济的发展，浙江全省人民的生活在1998年就已全面进入小康，开始向比较富裕的阶段迈进。现在可以说，浙江民间的"资本原始积累阶段"已基本完成，美国经济学家刘易斯的"两缺口理论"所说的制约发展中国家经济增长的"国内储蓄率"缺口已经基本解决，因而解决了"高资本形成率"这样一个经济发展的中心问题。资本形成是实现经济增长的前提，是经济"起飞"的先决条件，是实现工业化、城市化的物质基础。浙江的实践也表明，百姓与企业有了一定的资本积累之后的效应是非常明显的：第一，繁荣了消费品市场。浙江居民的消费水平一直位居全国前列，房地产市场非常兴旺，旅游和文化市场也相当活跃，这就支持了经济的高速增长。第二，推动投资的高速增长。从20世纪90年代中期以来，浙江的基础设施建设、国民经济各个行业和住宅建设的投资全面高速增长，特别是企业更新改造投入的力度更令人瞩目。1995—2001年技术改造投资都在两位数的增长轨迹中运行，增长率在12%—51%之间，这就使浙江企业的技术层次大为提高，许多企业的技术装备已接近国际先进水平，可谓今非昔比。正因为有了这样大规模的技术改造，使不少行业摆脱了困境，重新赢得了市场，在亚洲金融危机来临之时，浙江的外贸仍然能保持高速增长的态势；2001年在全国532种主要工业产品的经济效益的排序中，浙江有336种产品的效益进入前10位，有263种产品的效益位居前3名，这些都不是偶然的，是藏富于民的结果，是经济实力的体现。第三，推动了企业产权制度的改革。国有和集体所有制企业的改革，要有一个好的环境，这个环境就是社会上要有比较充裕的资本，有了这个条件，企业资产的重组才能得以实现，浙江正因为企业和百姓有了一定资本积累，就可参与国有和集体所有制企业的改革，从而使浙江比较早地基本上理顺了这些企业的产权关系，提高了它们的市场竞争力。

6. 文化环境的活力

　　文化环境在区域经济发展中的作用是不可忽视的，浙江历史上有叶适的"利义并存"、王阳明的"知行合一"和黄宗羲的"工商皆本"的思想，对后人"经营工商、讲求实效"是有一定的影响，但不能把浙江人艰苦创业都归之为这样的文化底蕴。我们现在这一代人，大多生活在计划经济时代，可以说基本上没有受过这样的文化熏陶，受上述传统文化的影响是有限的。笔者认为，在文化环境方面，更值得重视的是浙江在历史上对外开放得比较早，在海外的华侨比较多，受外来文化的影响比较深，特别是改革开放之后对国外的一些好的东西乐于学习，形成了一种"学习型"的文化；加之浙江有"百工技艺"的传统，有一批能工巧匠，所以很善于学习。改革开放之初，一批能工巧匠带着一批又一批的亲朋好友走南串北创业谋生，一些供销员带着一批又一批人由东到西开拓市场，在这样的环境中"边干边学"，产生无数经营能人；在一个村里有了这样的能人，人们间可以相互学习，很快就形成了一个产业群。浙江人不管它是国内的还是国外的，见了好的就学，包括一些非常时尚的产品和服务，浙江大地上已形成了一种"学习机制"，这种机制也是一种"新文化机制"，这就使浙江保持"持续创新"的活力。

　　这些活力都是制度创新的成果，它不是浙江所独特具有的，但这些活力在浙江出现得比较早，活力也表现得比较强劲，并构成了"内生型的自组织的增长动力系统"。有了这个增长系统，除遇特殊情况之外，浙江经济都能在比较高的增长轨道上自组织的运行，进行"良性循环"，这是浙江经济的核心竞争力，也是破解"浙江现象之谜"的根本所在。

　　（在中共浙江省委党校的讲授提纲，载于《浙江经济》2002 年第 5 期）

发展的多层次混合型经济探析

——兼论研究 21 世纪初经济发展思路的基础

据《国际商报》报道，诺贝尔经济学奖得主、美国芝加哥大学教授弗格尔曾发表《美中经济发展之比较》的演讲，认为："中国经济的发展并非处于同一水平，而是若干不同水平并存。"目前中国的人均实际收入正处在美国 1879 年左右的水平，农业劳动力所占份额相当于美国 1880 年的水准，城镇人口的比例处在美国 1890 年的水平；而小学在校学生与相关年龄组的比例已达到美国 20 世纪 50 年代中期的水平，中学教育也达到美国 1970 年的水平，人均预期寿命已经达到美国 1966 年的水准。不论这种比较的准确度如何，但他所给出的结论是符合中国实际的。笔者认为，目前中国的经济是一种"发展的多层次混合型经济"，浙江的经济也属于这种类型的经济。如果仅用刘易斯的"二元结构论"，或者简单地把浙江经济归结为古典式的市场经济，都难以准确地反映现阶段经济发展的状态。因此，要对"多层次混合型经济"的特性作深入分析，并作为研究 21 世纪经济发展思路的基础。

一、形成多层次混合型经济的环境

多层次混合型经济的形成是由发展环境所决定的。中国经济的发展过程，实质上是从传统农业社会向现代工业社会转型的过程、从传统计划经济体制向市场经济体制转型的过程、从封闭式的发展系统向开放式的发展系统转型的过程。目前，浙江虽然在这些方面的转型中迈出了决定性的步伐，但还处在转型的过程之中，因而必然在工业化、城市化、市场化、国际化方面存在多层次并存的格局。

任何一个国家的工业化都必须遵循其发展的共同规律，但中国的工业化与西方国家工业化的环境则截然不同：第一，中国的工业化是在新科技革命迅猛发展的时代进行的，科技资源不同于西方国家实现工业化的时代；第二，中国的工业化是后发国家的工业化，可以发挥"后发优势"，利用世界各国的先进科技成果来实现本国的工业化；第三，中国采取的是"赶超型"的发展战略，不可能像西方那样循序渐进地实现工业化，因而在许多方面可以"超越式"或"跳跃式"的发展。这样的环境也决定了中国工业化的多层次技术水平并存的局面。

中国的城市化是在特殊的体制环境中进行的。在传统计划经济体制下，城乡分割，农民进城的条件非常严格；即使在改革开放之后，户籍制度改革滞后，农民只能离土，而不能离乡；又加上"严格控制大城市、鼓励发展小城镇的城市化方针"。这些都迫使农民只能在农村发展非农业产业，用高成本构建小城镇改善营生条件。这必然使中国城市化具有多层次性的特点。

中国的市场化是在国内计划经济体制的环境下转型的，而这种转型的进程在各地、各行业、各种所有制经济是不相同的；同时，经济体制的转型又是在全球经济一体化和贸易自由化的国际环境中进行的。因此，中国的市场化既有建立全国统一市场的任务，又有同世界市场接轨的任务，目前正在向这两个方向迈进，在这个过程中也必然显示出多层次混合的市场。

概括地说，由于当今的时代特性和中国原有经济体制的独特性，决定了发展的多层次相混合的经济格局。

二、正视经济发展多层次性的现实

每一个国家和地区的发展都不是按同一个水平推进的，总有一些不同层次发展水平的东西存在。但是，中国经济发展的多层次性特别明显，有时很难说是哪一个层次的发展水平占主导地位，要针对所研究的问题作具体分析。这里以浙江为例作个概要性的探索：

1. 工业化

浙江正处在工业化中期，但从工业化的水平来说，既存在家庭作坊式的工场手工业，又有近代的机器大工业，也有现代水平的工业，还有后工业社会的信息工业和其他高技术工业。据浙江大学经济系和浙江省计划与经济委员会课题组 1997 年的研究报告，按产业要素含量分类，浙江的高劳动密集型产业占总产出的 18.16%，一般劳动密集型产业的产出占 30.77%，两者合计占总产出的近一半；资本密集型产业的产出已超过总产出的一半以上，但高资本密集型产业的产出的比重则很低。因此，现在浙江工业化的水平不能简单地同西方工业化中期作对比。

2. 市场化

据我们最新的一项研究，从市场发育状况、要素配置的市场化程度、市场经济价值观与行为规范确立的程度以及政府管理经济方式的转变程度等五个方面，做了定性分析和定量评价，给出了浙江市场化程度已接近60%的结论，高于全国10个百分点左右。在国际上，市场经济国家的市场化程度的极限大约在80%—85%。照此推算，浙江市场化的路子已经走完了3/4的路程，一些转折性变化大致已完成或正在发生。而这种市场化究竟是什么类型的市场经济？有的学者认为，浙江现在所形成的市场经济是"初级市场经济"。我认为恐怕不能得出这个结论，现阶段浙江的市场经济也是"多层次混合型的经济"。从商品交易市场的组织结构和营销方式的主体来看，具有典型的初级市场经济的特征，但也有现代市场组织与营销方式的萌芽，而且占浙江GDP的27%左右的对外贸易虽然还有传统计划收购的痕迹，但大多已经同国际市场接轨，基本上是属于现代市场经济类型的；生产要素市场从量上来说，其发育程度不及商品交易市场，而且其组织与交易方式与发达国家还有相当大的差距，但是目前的资本市场、土地资源市场、科技市场、信息市场以及产权市场，应该说是现代市场经济类型的。

3. 城市化

按照弗格尔教授的判断，1999年中国城市化水平与美国1890年相当，这只是从城市人口在总人口中的比重而言的，不能说城市化的总体水平与美国相差100多年。现在评价城市化时，人们往往只用城市人口在总人口中的比重一个指标，这是不够的，还应当包括城市发展水平的主要指标。从这个意义上讲，浙江的城市化水平也是"多层次混合型"的。从城市的基础设施来看，有许多是现代化的，交通方式、通信设施方面充分体现了"后发优势"，得益于现代科技迅猛发展的成果；但在城市人口的总体规模、城市人口的素质、城市管理的方式、城市居民的生活环境等方面还相当落后。在城市人口结构上，存在着"三元结构"，既有文化素质较高的知识界和公务员，又有一般的市民，还有大量刚从农村进城的农民工，这种结构同西方工业化初期的城市结构差不多，是影响城市素质的主要因素。

4. 农业现代化

中国农业发展的道路与西方完全不同，西方的农业是从农场主的制度发展起来的，而中国在改革开放之后，农业是从家庭联产承包责任制而走向市场经济的。从农业的生产方式来看，也是多层次混合型的。目前浙江在农业生产中，虽然也有一些现代农业技术，如生物工程技术，发展了生态农业和高效农业；但占主体的仍然是传统的小农生产方式，农业的劳动生产率很低，实现农业现代化的任务十分艰巨。因此，在评价农业发展水平时，不能只看到农业在GDP中的比重，还必须分析农业劳动在社会劳动就业结构中的比重。1997年，浙江在第一产业的增加值占 GDP13.7%，而就业人数则占社会就业结构的 42.5%。就农业在 GDP 中比重已相当于美国 1930 年的水准，而它在就业结构中的份额则只相当于美国 1890 年的水平；根据世界银行的报告，浙江第一产业在 GDP 中的比重已超过 1997 年下中等收入国家平均 14% 的水平，而在农业中就业的人数只比 1995 年低收入国家平均 44% 的水平高 1.5 个百分点。在研究国民经济结构时，要从这两个方面进行综合评价，不能仅用农业增加值在 GDP 中比重一个指标来衡量农业现代化水平。

总之，浙江在体制和结构上都显现出"多层次混合型"的特征。

三、从发展多层次性出发思索未来

本文提出"发展的多层次混合型经济"的问题，是在于从现实出发来思考 21 世纪初叶的发展战略，找到从现实到理想的路径。由于人们对发展现实的评价不一样，对发展中的一些基本问题的判断也就存在差异，发展的思路也就不同，这里仅就几个问题谈谈我的看法：

1. 关于浙江经济的竞争力

对浙江经济的竞争力，人们的评价很不一样，有人到浙江来了之后说，浙江都是小商品、小企业，没有竞争实力；有人看了之后则认为，浙江经济的活力在全国是少有的，不可小看。最近我们在《浙江 20 年巨变的经济学分析》的书稿中，对浙江的综合经济实力做了测算，1978 年在全国排列第 24 位，1997 年跃升为第 6 位；而《中国科学院可持续发展战略报告》对各省市自治区可持续发展总体能力排序，浙江也居全国第 6 位，同我们的研究不谋而合，但与浙江在全国 GDP 总量排序第 4 位，有所错位。这种错位正是发展多层次性的反映，说明浙江在有些方面的竞争力是很强的，在另一些方面却很弱，要作具体分析。浙江的大企业集团不多、全国驰名品牌不多、产品的技术含量不高，在现代市场竞争中是十分不利的，这是浙江的弱点。就发展后劲而论，浙江应当有危机感和提高经济发展素质的紧迫感。但就发展的多层次性而言，也得实事求是承认浙江目前的竞争力并不弱，其根据是浙江的产品还有广阔的市场，浙江的经济增长速度仍居全国前茅，浙江的失业人口恐怕是全国最少的省份之一。产品的市场占有率是衡量竞争实力的重要指标，浙江的产品就总体上来说在全国市场上的占有率是比较高的，当然这些产品大多是中低档次的、中低价格的大众所需要的产品。因而可以说，浙江的产品结构同目前中国市场的需求结构大体上是吻合的。问题是这种结构的前景如何？根据目前中国经济发展的进程，一般来说，城市和乡村的需求大概相差 5—10 年，东部地区与中西部地区的需求大致上相距 10—15 年，浙江产品结构上的相对优势还可以维持 15 年左右。但必须看到这种判断是建立在动态基础上的，浙江的产品结构要随着市场需求的变化而提高。浙江生产适应市场需求的产品的企业绝大多数是小型企业，其中相当多的是个体与私营企业。这些分析表明，在判断浙江的经济竞争力时要考虑以下几点：

（1）从科技发展和市场竞争发展态势来看浙江经济缺乏后劲，需要把经济发展的重心从量的扩张向质的提高转变；

（2）浙江目前的产品结构与市场需求结构基本上是相适应的，这种相对的比较优势在进入 21 世纪之后还需充分发挥；

（3）浙江以小企业为主的组织结构与产业和产品结构基本上是相适应的，有不少地方的小企业具有群体效应，是另一种类型的规模效应，而且未来高科技的发展还要寄希望于科技小企业。舒马赫提出的"小的也是美的"论断并未过时，在未来的发展中既要发展大企业集团，又对积极扶持小企业，特别是要重点培育高技术小企业；

（4）对个体私营经济在提高浙江经济竞争力中的作用要给予充分地估计，这是浙江经济具有活力的重要源泉。

这些观点都是从"多层次混合型经济"的特性中引发出来的，因而也是研究 21 世纪发展思路的依据。

2. 关于产业升级的方向和路径

浙江的产业和产品结构具有"多层次混合型"的特征，而这种结构面临的主要问题是"产业空洞化"，即"特定地区为基础的特定产业的衰退，新产业的发展不能弥补旧产业的衰退而形成地区极度萎缩"（高野邦彦，1987），"是新旧产业交替中的'空洞化'"（周振华，1998）。过去 20 年，浙江经济的高速增长主要靠传统的轻纺工业和普通机械工业的贡献，现在这些行业大多因设备陈旧、技术落后、管理水平低下，市场在萎缩，对经济增长的贡献在减弱。据统计，1988 年全部独立核算工业企业增加值中，纺织业的贡献占 17.17%、普通机械工业的贡献为 12.04%；而到 1997 年则分别下降为 12.49% 和 5.28%，纺织工业的贡献率下降了 4.68 个百分点，普通机械工业下降了 6.76 个百分点。而新兴产业则因智力资源不足和创新能力薄弱而滞后，再加上 20 世纪 80 年代初决策方面的失误而丧失了信息技术发展的机遇，从而造成适应市场需求的新兴的技术含量高的"产业空洞化"。以电子及通讯设备制造业和医药制造业为例，1988 年的贡献率分别是 2.77% 和 1.55%；1997 年，以上这两个行业的贡献率分别是 3.54% 和

1.74%，前者只增长了 0.77 个百分点，后者更是只增长 0.19 个百分点。可以看出，传统产业的贡献率下降了 11.56 个百分点，而新兴行业的贡献率只增长了 0.96，不到 1 个百分点。产业结构的这样一种现实，是研究浙江产业升级的方向和路径的基点。因此，要按照以下原则来对待产业升级问题：

（1）以知识经济的理念引导产业升级。我们实现工业化所处的时代，是发达国家正在迈向知识经济的时代，我们的现代化是"后发的现代化"，在有些地区、有些部门、有些行业，可以"超越"工业经济的传统现代化阶段，而直接运用知识经济的成果，来提升产业结构的层次。在资源利用方式、生产方式（技术、设备、设计、工艺、管理），基础设施建设方面是可以"超越"的。浙江完全可以把工业经济与知识经济紧密结合起来，以尽快的速度提高工业化的现代化水平。"以知识经济的理念引导产业升级"，就是以创新为核心，以信息与知识为原料和产品，在一切可能的地方运用高技术，顺应市场需求和世界经济发展的总趋势，构造产业结构，选择产品发展方向，提高竞争能力。

（2）要以知识经济的成果来振兴轻纺工业。浙江的轻纺工业有过辉煌的历史，是 20 世纪 80 年代促进浙江经济起飞的支柱产业。当前虽然以轻纺工业为主导的经济增长轴心已经转移，但轻纺工业产品仍然是人们生活中不可或缺的产品，而且在构建五彩缤纷的世界中起着越来越重要的作用，具有广阔的市场。现在的问题是要用高技术对轻纺工业进行全行业的彻底改造，从设备、材料、设计、工艺到管理，都要与科技发展的趋势和市场需求相适应，制造出新一代的轻纺工业产品，这才是唯一的振兴之路。中央在纺织行业里实行"压锭"的政策，对于暂时解决重复建设的问题有一定的作用，但不能从根本上解决纺织行业的困难，还需要大力推进产权制度改革，国有企业应尽快从这个领域里退出来；要加大技术创新的力度，用适应市场需求的新产品去夺回失去的市场，开拓新市场。

（3）要继续发挥劳动密集型产业的优势。虽然浙江的资源禀赋已发生了变化，劳动力成本已经大大提高了，劳动力资源的优势在减弱，而民间资本比较丰富，可以说浙江已经完成了资本原始积累阶段，以资本取代劳动已成为经济的自然要求；但是，在一个劳动力资源非常丰富的省份，绝不能过早地放弃劳动密集型产业，毕竟还有相当多的企业仍然是以劳动密集型结构为主的。

（4）要重视第三产业内部结构的提升。在要讲到产业结构升级时，一般只想到第二产业，提高制造业的层次，这是不完整的，应当包括第三产业。浙江第三产业内部的结构，根据 1997 年的统计，第一层次占增加值的 60.8%、第二层次占 25.1%、第三层次占 7.9%、第四层次为 5.5%。总体来说，第三产业的层次是比较低的，滞后于第二产业的发展。经济发展要求提高第三产业中的二、三层次，尤其是金融、保险、咨询服务业的发展，才能提高国民经济的整体素质。浙江在电子信息服务、电子商务、电子传媒业方面都有一定的优势，可以发展以知识经济为载体的第三产业。还可以利用加入 WTO 后的机遇，在服务贸易方面增加开放度。在第二产业领域里浙江已经落伍了，在第三产业领域里，扩大对国外企业合作的力度，也许是缩小与兄弟省市在利用外资方面的差距的一条路径，同时还可以把浙江的第三产业提高到一个新水平。

3. 关于制度变迁的重点和路径

中国经济体制改革的目标是要建立市场经济体制，这里所指的市场经济显然是现代市场经济，而不是初级市场，以此为目标的经济体制的转轨至今尚未完成。浙江率先基本完成了产权制度的改革，但需要建立与现代市场经济相适应的企业组织制度，进行"管理革命"，这是产权制度改革的深化，经济体制转轨已进入一个新阶段。"管理革命"是制度变迁路径依赖的必然要求。过去 20 年，浙江在制度创新的某些方面是领先的，具有改革"时间差"的优势。进入 21 世纪以后，要使浙江经济快速发展，应该再创体制新优势。如何进一步发挥浙江的体制优势？这是研究 21 世纪初叶发展思路必须回答的问题。

（1）在国有企业改革问题上思想再解放一点。国有企业在浙江经济总量中的比重不大，但据 1998 年统计，浙江的国有资产总量列全国第 7 位，净资产名列全国第 6 位，销售收入列全国第 5 位，利润总额列全国第 4 位，资产质量和盈利能力在全国位居前列。这种效应产生的原因有二：一是浙江的国有企业是在大量非国有经济的包围之中生长的，这就迫使国有企业进行制度创新，吸取非国有企业行之有效的机制，比较早地经历了市场的洗礼，提高了企业的应变能力；二是由于非国有经济的增长，为国家提供了新的税源，政府有财力支付国有企业的改革成本，出台了一系列扶持国有企业的政策和措施，提高国有企业的市场竞争力。因此，浙江的国有企业不像老工业基地那样困难，不仅没有萎缩，反而在与非国有经济的竞争中得到了进一步的发展，经济实力比 20 年前有了显著提高。但在制度安排上还需进一步解放思想，步子迈得更大一点：第一，真正按照现代企业制度的规范要求，完善企业的治理结构，走国有企业经营者市场化的路子，彻底实现政企分开；第二，加快国有企业战略调整的步伐，迅速从竞争性行业中退出来；第三，利用浙江民间资本较多的优势，鼓励非国有经济介入国有企业的改革。

（2）引导个体私营经济进行组织制度的创新。个体私营经济从总体上来说是有活力的，但其组织制度是传统式的，这样的企业很难长得大，一般拥有

1 000 万元资本以后就难以进一步扩张，不可能有效地形成规模效益；而且由于家族内部的产权不清晰，引发了许多矛盾；同时，企业发展的智力支持不足，影响企业的科学决策和应变能力。从长远来看，这种传统的私营企业很难在现代市场竞争中取胜。比如，嵊州市有"领带之乡"之称，有上千家生产领带的企业，但因私营企业组织制度上的缺陷，形成不了该市的驰名品牌，只能靠低价竞争，长此以往是难以为继的。正如 D. 钱德勒在《看得见的手》一书中所说，"传统企业是短命的，几乎全是合伙生意。其中一合伙人退休或去世，就得重新结伙或解散，如果儿子继承父亲产业，他会找新的合伙人。通常些种合伙制若有其中一人决定与其他人合作时，就会散伙"。用韦尔纳·桑巴特《管理革命》一书中的话来说，现代工商企业开始具有了"其本身的生命"。当管理上的协调比市场协调更有效率和更有利可图时，"企业管理革命"的时代就到来了。这就是美国于19 世纪末到 20 世纪 20 年代所进行的"经理革命"。经过这场革命，企业的模式发生了变化，由"家族式企业"变成了"经理式企业"。浙江的私营企业和合伙企业正面临着这场革命，要引导个体私营企业进行组织制度创新：第一，让他们自动地组建有限责任公司或股份公司；第二，变"家族式企业"为"经理式企业"。当然不能笼统地否定家族制，家族中有高层次的管理人才也可能是有效的。但从现代市场经济的要求来看，现代企业制度是大多数企业最现实的选择。个体私营经济的"管理革命"，是浙江再创体制新优势的最重要也是最现实的路径，应当把它作为浙江经济体制改革的重点。

（3）股份合作制企业。浙江的股份合作制企业，是在党的十五大之前的环境中，制度创新需求与实际制度供给的均衡点区间作出的最好选择，但它是向现代企业制度过渡的一种产权形式，还大有继续创新的余地。第一，要真正理顺政企关系，彻底实现政企分开；第二，要进一步明晰产权制度，改变目前许多企业仍然是原有集体企业控制的局面；第三，要创造条件向现代企业制度发展，可以由几个股份合作制企业作为法人，联合组建现代企业制度的企业集团。这样才能从根本上解决企业组织结构的缺陷。

企业的制度创新是使企业具有生机和活力的一个重要条件，但制度并非万能的，还需要有技术创新为动力，生产出适应市场需求的产品，提高企业的应变能力。只有在制度创新和技术创新双管齐下的环境中，企业才能适应现代市场经济的要求，才能在激烈的市场竞争中取胜。

（原载《浙江经济》1999 年第 9 期）

家族制企业的"管理革命"

　　浙江的私营企业有的已成为上市公司，按现代企业制度运转，但这是极少数；有的已改变为股份责任有限公司；有的家族吸纳了各种经济成分的资金而形成了混合所有制企业；有的大企业集团，分离出一两个企业发行股票成为上市公司，但总体上仍然是家族制企业；有不少企业开始把企业的财产家族所有制与管理权限分开，逐步向现代企业过渡；大量的企业仍然是传统式的家族所有与家族管理，还是古典市场经济的企业治理结构。

　　家族制企业由于血缘和亲缘的关系，企业成员之间有共同的利益和信念，而且家长或被认为是"能干的"和"值得信任的"成员掌权，在家族中具有绝对的"权威性"，因而企业的决策成本、管理成本、营运成本和信用成本要比非家族制企业低得多；家族企业的创业者通常是敢冒风险、善抓机会，精明过人的人，也是万事操心，事必躬亲的日常经营管理者，这样的企业在竞争中有特殊的优势。这是至今世界上仍有大量家族制企业存在的根本原因。据1985年统计，在美国不上市的公司占企业总数的99%，这类公司通常被称为家族公司或私人公司。但是，大公司中家族制企业不多，1963年在美国200家最大的非金融公司中由某一家族或集团控制只有31家，其中以多数股份控制的只有5家。一般来说，应当把财产的家族制和管理的家族制区别开来。家族成员可以拥有企业的全部或大部分财产，并在企业董事会中占支配地位，管理可以采取委托—代理制，由职业经理担任企业的高级管理人员。当然如果在家族中具有优秀的管理人才，也可以把家族所有和家族管理融为一体，但这样的企业是少数。

　　从浙江的实践来看，私营企业的家族制正面临五大难题：第一，家族制企业内部的产权关系不清晰。这样的企业在发展初期问题不大，但企业扩张之后，财富增加了，家族成员之间的矛盾也随之增加。第二，家族制企业的封闭性，阻碍吸纳外部资金来扩大企业规模。当有获得新技术的机遇时，它却无资本来接受；

当有市场扩展的机遇时，它不能向市场提供更多的产品。第三，家族制企业的血缘和亲缘关系，阻碍现代管理制度的实施。这类企业中，违规的往往是家族成员，外来的管理者很难处理，这势必要影响企业的素质。第四，家族制企业的文化难以使企业跳出原有的模式，实现思维的再创新。在企业的发展进程中，也存着路径依赖，如果锁定在原有的路径上，企业就不可能有创新，而没有创新，企业就失去了竞争力。第五，家族制企业正处在业主的更新换代的年代，面临着接班人的忧虑。现在许多上规模的知名的家族制企业正在经历着"子承父业"的变革，其绩效如何还有待于实践的检验。从国外的资料来看，80%的家族制企业在第二代手中破产，15%的企业也只能维持到第三代。在中国也有一句古话，叫做"富不过三代"。因为创业者的子弟已经拥有大量财富，除了少数具有高尚的信念和无穷的追求者之外，一般来说缺乏上进的激励机制，不可能像父辈那样有作为。家族制企业面临的这些问题，正是我们提出家族制企业要进行"管理革命"的理由。正如美国在 19 世纪末到 20 世纪 20 年代所进行的那场"管理革命"，有的也称为"经理革命"。所谓"管理革命"，即领取薪水的经理人员在高层管理中逐渐占支配地位，取代传统的所有者或金融投资家控制企业，是现代工商企业扩张的产物，也是现代企业制度的重要特征。这场深刻的革命，使美国的企业渡过了 20 世纪 30 年代历史上最大的经济危机。在浙江，家族制企业的"管理革命"的时代到了，这场革命的进展如何，关系到浙江民营企业"二次飞跃"的高度，也是浙江制度再创新核心内容。

要实现家族制企业的"管理革命"是不容易的。家族制企业是否要改变为现代企业制度，要具备以下条件：第一，带来巨大的生产力、较低的交易成本和较高的利润；第二，经济活动量的增加与新技术和新市场的扩展同时到来；第三，企业规模和经营多样化达到一定水平；第四，经理变得越来越技术性和职业化，存在"职业经理市场"。目前面临的问题：一是"经理市场"还未形成，缺乏合格的经理；二是封建社会长期遗留下来的家长制观念和信用模式。

这场"经理革命"要靠市场机制来实现。一种企业制度的安排是否优越：要看它能不能降低交易成本，是不是有利于企业的发展。政府可以加以引导，为创建"经理市场"创造条件，而不要去干涉，让其按"自组织的秩序"去形成。

（1998 年 12 月 6 日在中共浙江省委党校讲课提纲）

国有企业走向现代企业制度的若干问题

国有企业走向现代企业制度的问题，涉及面很广，从产权制度到科学管理，从宏观环境到微观机制，都有许多复杂的难题需要求解。本文研究的重点是围绕国有大中型企业的产权改革，探索这些企业走向现代企业制度过程中的若干基本问题，就一些认识和操作方面的难点提出解决问题的策略选择。

一、国有企业产权制度改革的障碍分析

国有企业产权改革的难度很大。国有企业要改造成为真正的现代公司，要解决"企业办社会"、清理大量债务、老职工退休和企业富余人员的就业等等难题。说其难，难就难在思想认识上的障碍，经济利益上的障碍，体制上的障碍，以及操作上的障碍。现代公司的构建和运行，西方有现成的经验，操作上的障碍，只要按共同规范去办是不难解决的，难是难在解决思想认识问题，调整经济利益上的矛盾，理顺管理体制。

第一，思想认识上的障碍。对国有企业产权改革的忧虑并未完全解决，目前主要存在两怕：

一怕搞"私有化"。这是一种误解。产权明晰化是指产权归谁，谁有多少，是产权中的一种财产权利，它同"私有化"之间不能画等号。产权明晰，既可以是"国有的"，也可以是"共有的"。在西方产权经济学中，把产权分为私有产权、政府产权、共有产权，也并未把产权明晰化简单归之于私有产权。在我国，国有资产拥有量达 2 600 多亿元，而且随着国民经济的增长和企业改革的深化，国有资产将会不断增值；同时，各种形式的公有制经济还将迅猛发展，产权明晰化不会改变公有制的主体地位的。

二怕"国有资产流失"。这里有一个所谓"资产流失"的标准问题，不能把资产形态的转换说成是"资产流失"，如将小型国有企业上市拍卖，不管购买者

是谁，是个人也好，是企业法人也好，产权发生了变化，但对国有企业来说只不过是实物形态的资产变成货币形态的资产，国家仍然通过货币形式收回国有财产权。当然，更多的人的顾虑不在这里，而是怕资产评估时，把国有资产低估了，并由此而产生的"资产流失"。在现实生活中，这种状况是存在的，所以要坚持公正科学的国有资产评估制度。但是，我们认为看待这个问题的基点是，搞产权改革时的资产流失要比不搞改革时流失的要少得多，即使评估时低估了一点，从长远来说会使国有资产保值，甚至高速增值。在传统体制下，国有资产天天在流失，而且"失血"现象愈演愈烈。从新中国成立到"七五"末，国家固定资产投资累计达4万多亿元，结果形成全部国有资产为1.93万亿元，其中还应当剔除"三个1000亿"，即1000亿元亏，1000亿元挂账，1000亿元财产损失。若再扣除种种内外债务，我们究竟还剩下多少资产？加速企业产权改革正是为了避免国有资产流失，从根本上改变企业的"失血"机制，增强国有企业的"造血"功能。

第二，**经济利益上的障碍**。这主要是企业的税收负担和业主的剩余价值索取问题。按照《中华人民共和国所得税暂行条例》规定，税率为33%。而作为国有企业来说，除上缴税收后的还贷以外，所剩无几；而在这"剩余"不变的情况下，国家还要以股权所有者的资格分取红利，有的公司国有股股份总金额占60%—70%，因此，业主"剩余"中的大部分又该以红利的形式分给国有资产管理局。按照这种思路，算来算去，留给企业的部分就少得可怜了，企业的发展后劲就显得十分微弱。在这种情况下，用现代公司模式来改选企业，企业就缺乏积极性。这种忧患，不无道理。针对这种情况，国家决定经批准的上市公司的所得税率可以降到15%。这作为权宜之计是可以的，但不是规范化的政策。其一，这不符合各企业税负一律平等的原则；其二，缴纳所得税和索取红利是两个不同的概念，不能合并计算，混为一谈。我们建议国家把应得红利中的相当一部分以再投入的形式返还给企业，究竟返还多少，可以根据产权改革前企业利润存量来计算，也可以多一点，不应在税率上做变通的文章。

第三，**体制上的障碍**。这主要是来自主管部门的阻力。在传统体制下，企业主管部门的权力是很大的，由行政上的垄断权力又引发了经济上的权力，到处出现了一种"寻租"活动，即用政府主管部门掌握的特权去寻求非生产性垄断利润。传统体制的这种弊端已众所周知，也正在实施转换政府职能。但这种转型是痛苦的，有的会有一种"失落感"，也会带来经济利益上的一些损失，因此，政府直接干预企业经济活动的行为惯性还会滑行相当长一个时期。其表现得最明显的是搞翻牌公司，力图保持其既得利益；同时，对企业的产权改革却缺乏热情，设置障碍。解决这个问题的根本出路在于用市场经济体制来规范政府行为，下决心撤销或者合并一些专业经济部门，使企业真正成为无"上级"的企业。

二、国有企业资产评估的难点和政策选择

国有企业走向现代企业制度的第一步就是要对企业的产权进行界定，明晰产权关系。而要界定产权，就必须对企业的资产作评估，然后才能核定企业法人财产占用量。从股份制企业试点的实践来看，这是一件难度很大的工作，而处理这些难点的政策性又很强，弄不好就使国有资产流失，或者高估了企业家资产，使新参投者不敢涉足，影响国有企业改革的进程和效果。难点主要在于：

第一，建立公正科学的资产评估机构。目前，有些地方对企业的资产评估往往是由行政主管部门的人员组成的评估组织进行的。这样的组织来评估，往往从各个部门的利益出发，遇事互相扯皮，进展很慢；或者是从地方利益出发，低估国有资产。资产评估公司是个中介组织，是政企分开的独立的法人企业。这个组织应该由经济学家、金融家、会计师、审计师和律师组成，站在公正的立场对资产进行科学评估，并对评估结果负法律责任。现在合格的法定评估机构太少，亟待组建。

第二，合理的价格。对企业的资产可用原值、净值和重置价格进行评估。很显然，按原值和净值进行评估都是不合理的，应该用重置价格进行评估。用重置价格时需注意：

（1）既要考虑到资产的物质损耗，又要分析资产的精神磨损。在技术进步日新月异之时，机器设备精神磨损的速度是很快的，对那已经淘汰或者即将过时的设备不能按现有的重置价计算，如不能重新投入运转就应作报废处理。

（2）对无形资产既要珍惜，又不能高估。企业的无形资产主要指专利权、商标权、服务标志、企业商誉等不具有物质形态的资产。过去，在股份制的试点中，往往对无形资产省略不予评估。这里有评估难度的问题，但主要还是对无形资产的作用认识不足。其实一些名牌商标的价值远远超出企业的有形资产和年销售额。所以，在资产评估时一定要对无形资产作出估量。但是，我们认为在目前情况下，对无形资产作为产权入股时，估价不能太高，适当给予评价就可以了。如果估得太高了，最终会增加国有股所占份额，不利于企业的经营。不过，当国有企业的无形资产转让时那又是另一回事了，要给予足够的评价。

（3）对地产的评估。以前，创企业时，土地是国家无偿划拨的，没有进行

估价。在企业产权改革时，对土地进行估价是资产评估中不可或缺的内容。但是，现在对地产的估价缺乏根据，往往是高估其价格。这样，国家由于持有地产这一因素就使国有股在股份制企业中的股权占很大比重，这样的股权结构不利于企业正常运转。有的企业家提出，在资产评估时，对地产不要评估，不要以地产的形式入股，改由企业向国家缴纳土地使用费的办法。这是有道理的，因为地产的价格是在市场上形成的，没有地产市场就没有准确的地产价格，所谓评估，往往带有主观随意性，不是高估就是低估。在土地市场尚未发育之际，不用地产入股，而由企业上缴土地使用费是个切实可行的办法。

（4）国有股的价格。目前有些国有股按资产额的1∶1确定股权，而职工股和公众募集股是按溢价购买股票的，股票溢价有的高达1∶10。这样，国有股和非国有股在股票价格上明显地存在不平等现象，国有股是以低价计算的，因而扩大了国有股的比例。我们认为，国有股的股权应同职工和公众募集股同价。

第三，所谓"企业股"问题。 在股份制试点中，这是一个长期争论不休的难点。这主要涉及扩大企业自主权，特别是1983年实行各种形式的经济责任制之后，分给企业的利润进行投资所形成的那部分资产的归属问题。对这部分资产，政府管理部门，特别是国有资产管理部门，认为国有企业的一切财产，均属国家所有。其理由是：企业的投资来源于国家，其增值也来源于国有资产，国家是资产的所有者；而企业的经营者和职工是以国有企业职工的身份从事国有资产的生产经营活动，不能把所有者和经营者混为一谈。而企业家则认为，对国有资产的回报已经以承包税率的形式上缴了，多余的利润是企业经营者和职工努力的结果，由此增值的资产应该属于企业，在产权界定时要设立"企业股"。在这个问题上，我们赞同吴敬琏教授的看法。在国有企业里设"企业股"违反各国通行的公司法，因为它会弄乱产权关系，使公司中出现两个利益主体，一个是大概念的企业，即由全体出资人组成的法人本身，另一个是小概念的企业，即法人之外的一部分人（经理或全体在职职工）；而且在实际操作时，经营者的行为易于向小概念企业的利益倾斜，扩大自己一方分配的部分，而损害出资人即所有者的利益。但是，把扩权后企业留成利润的资产统统归于国有资产，则不利于调动企业的积极性，也就是说不符合我国的国情。不用"企业股"的形式，可以采取别的形式把这个现实存在的问题处理好。吴敬琏主张建立"职工同仁基金会"，作为法人来持有这部分资产演化出来的股权；为了确保出资人与高层经理人员之间的有效制衡关系，公司的高层经理人员以不担任"职工同仁基金会"的法人代理人为宜——这是一个好办法。这样，既承认企业留成利润增值的资产归企业经营者和在职职工所有，又避免经营者向"小企业"倾斜的弊端。"职工同仁基金会"只是同其他股东具有平等权利的一个"法人股东"，是众多"法人股东"中的一员。

"职工同仁基金会"的资产是"共有"的，即经营者和在职全体职工所共有。但在利益分配时，要根据他们对企业的贡献大小予以量化，根据他们在企业生产经营中承担的责任和效果，以及他们在本企业工作的年限，制定实施办法。然而，必须明确职工对这部分资产没有个人的所有权，只有分配时获得相应在红利的权利和承担风险的义务，一旦离开这个企业，就推动其分红权。具体操作可经过试验后拟定规范化的章程。"职工同仁基金会"在现有的国有企业实行股份制的规范中，还是不允许的，可这是必然趋势，迟早要实行。这种办法，不仅不会使国有资产流失，而且会推进股份化的进程，从而使国有资产的利用效率更高。浙江已经有这种"法人股东"，但为了有别于金融机构的基金会，而以各种"协会"来命名。

第四，国有资产中的"社会保险基金"的界定。过去，职工的社会保险基金是由国家统包的。职工应有的这一部分并没有包括在工资中，有的以医疗费、低房租的形式支付给职工，但主要部分是以企业税率的形式上缴给国家。国家又将这笔资金投入新企业的建设，用新企业的税收和利润支付职工的社会保险支出。因此，"现有的国有资产中，包含相当一部分政府对职工负债"。如果不在国有资产中扣除这一部分，在改制后，老职工的社会保险费用就没有着落。这样，老职工就无法享受。所以，必须从国有资产中划出一块来作为社会保险基金。"社会保险基金"由社会保障机构持股，由他们确定"社会保险基金"法人股的代表，用所获得的红利支付老职工的各种社会保险支出。

三、公司类型和股权结构的选择

第一，公司类型的选择。国有企业走向现代企业制度时，采用什么样的组织形式，要依据企业的类型来确定。

（1）国有独资公司。这类公司是关系到国民经济命脉的非竞争性类型企业改革的模式，即国有的社会基础设施和某些自然垄断性企业。国有独资公司是为数极少的，只能限制在特殊行业或生产特殊产品的企业，不能随意扩大其范围；否则，很可能出现国有企业换个牌子就成为独资公司的现象。

（2）国家控股的有限责任公司和股份有限公司。这是"外扩性"强的竞争性国有企业所选择的公司类型。"外扩性"是指企业的经营活动对外部的影响，如大型钢铁厂、大型的计算机和电子器件厂，他们的经营直接影响前向产业链和后向产业链。对这些关系到增强国力的支柱产业和重大高新技术产业发展的企业，国家要尽量掌握公司的控股权，并在这个原则下吸收其他股东。现有的国有企业改制时，国有股占51%以上是不成问题的。因为这类企业，国有资产都在数十亿元以上，重组公司时有雄厚的产权基础。但是国家控股企业也只能是少数，为数不能太多；而且控股者公司必须是国有独资公司。

（3）国家参股的有限责任公司和股份有限公司。这是一般竞争性的国有企业所选择的公司类型。这类企业就数量来说，在国有企业中占大多数。但是，这类企业的生产和经营的竞争性比较强，对市场的敏感度比较大。

第二，股权结构的选择。股权结构选择的标准：一是企业的类型情况；二是有利于公司的动作使企业经营机制得到真正的转变。目前，在股权结构上的问题主要是向社会公众募集和企业职工股所占的比重太小。对股权的结构，在《中华人民共和国公司法》中没有明确规定，但在此前公布的《股份有限公司规范意见》中规定，社会募集公司向社会公众发行的股份，不少于公司股份总数的25%。按照这样的"规范"，国有企业改制后，国有股份仍占70%—75%，内部职工股占2.5%，社会公众股占22.5%。这样的结构，国有股的股权很大，企业要摆脱原有的主管部门的约束非常困难，机制不灵；同时，难以把职工的利益同企业经营的好坏结合起来，无法激励职工关心企业的经营，仍然不能调动企业职工的积极性，失去企业改制的本意。我们建议对《规范》要作修正，适当增加向社会募集股份在股份总额中的比重；增加公司内部职工持股的比重，若能提高到10%—30%，就能使产权发挥其激励的功能。从经济比较发达的国家经验看，一般只要控制20%左右的股权，在股权高度分散的情况下，甚至只占有5%—10%的股权，就能达到控股的目的。在股权结构上，思想还可以解放一点。其实，在一个企业国有股所占的比重不大，但他所控制的资产总量反而扩大了。

第三，国有资产法人化。国有资产转化为有限责任公司和股份有限公司的股份之后，就全权交给企业了，成为"企业法人财产权"，国有资产已经"法人化"。有种主张叫做"产权人格化"，要把国有企业的产权落实给劳动者个人。对这种主张，我在1988年的拙作《中国企业的所有制改造》中就指出："这种主张把复杂的问题简单化了，是不可取的。因为这样做无非是两种方案：一是把国有企业的产权分给劳动者个人，让每个劳动者持有国有企业的股票；二是把企业卖给个人。前者不符合社会主义原则，也不利于生产力的发展；后者，劳动者没有那么多钱把国有企业的固定资产都买下来。因而这两种方案都不可行。何况，马克思所说的'资本人格化'，是对资本主义初级阶段的资本家私人所有权的理论概括。资本主义发展到现阶段，情况已经发生了很大变化，虽然资本家持有巨额股票，但归资本家个人所有的大中型企业是为数极少的，大中型企业的资本来源于企业法人的相互参股和广大民众，大中型企业的所有者已由资本家变成法人企业和民众。如果说'产权人格化'的人是指企业'法人'，那就离开了马克思所说的'资本人格化'的本意。因此，'产权人格化'的概念还是不用为好。"我们认为，国有资产"法人化"已经可以使产权关系明晰了。

四、国有资产管理机构和动作模式

中共十四届三中全会《关于建立社会主义市场经济体的若干问题的决定》指出："对国有资产实行国家统一所有、政府分级监督、企业自主经营的体制。按照政府的社会经济管理职能和国有资产所有者分开的原则，积极探索国有资产管理和经营的合理形式和途径。加强中央和省、自治区、直辖市两级政府专司国有资产管理的机构。""有关部门对其分工监管的企业国有资产要负起民监督职责、根据需要可派出监事会，对企业的国有资产保值增值实行监督。"这里对国有资产的管理已经做了原则规定：明确要改变目前政府作为国有资产所有者的职能、社会经济管理职能和国有企业经营管理者的职能等三种相混淆的体制；明确对国有资产实行统一所有、分两级政府专司管理的新体制；明确原有的各主管部门要按其分工对国有企业资产进行监督。但是，对国有资产管理和经营形式和途径，需要积极探索。目前，对这个问题的研究还缺乏实践的基础，只能就目前已经暴露出来的问题，提三点建议：

第一，**管理机制的设置**。无论是中央还是省、市、自治区政府的国有资产管理不能都集中在国有资产管理局。不然的话，国有资产管理局成为个"大婆婆"，要管千家万户的国有资产，有天大的本领也管不好。管理机构可分三种类型设置：

（1）国有资产管理局，主要是对国有资产的投资进行宏观规划、授权管理、监督营运和收益处分，这是国有资产的行政管理机构；

（2）国家或地方政府授权的投资公司，这是国有资产投资的主体，负责管理所属投资部分的国有资产的保值和增值；

（3）国有资产组成的各种基金会，负责国家划拨给他们的国有资产的保值和增值。由这些资产构建的"社团法人"，实际上是国有资产中这一部分产权的代表。他们作为法人直接参与有限责任公司和股份有限公司的决策，代表了社团的利益，实际上就代表了国家利益。

有了以上三种机构，国有资产管理权限就分散了，有利于现代公司决策的科学化。

第二，管理方式的改革。在传统体制下，国家对企业进行直接管理，既管钱，又管物，还要管人。在实行现代企业制度后，国家对国有资产只具有最终所有权，按股权的多寡获得资产的收益权，这部分资产的其他权限归企业法人，是法人财产权的一部分在这种情况下，所谓对国有资产的管理无非是按股份索取红利；而要获得丰厚的红利，就要通过国有股的代表监督企业的运行，以保证国有资产增值。即使是"国有独资公司"，在管理上，也要使价值形态和实物形态相分离。价值形态由投资公司或国有资产管理机构管理，实物形态由企业家或经理阶层管理。

第三，国有资产代表的委派。《公司法》第五十八条规定："国家公务员不得兼任公司的董事、监事、经理。"但在实践中大多是从国家公务员中选拔董事、监事和经理的，而且是从主管部门的公务员中挑选出来的。如果将来代表国有资产的董事或监事的候选人都由国有资产管理局和国家授权的投资机构推荐，那么这些组织的所有人员都将成为董事或监事，势必降低代表国有资产的董事或监事的素质，无法保障国家的利益。我们建议：代表国有资产的投资主体（授权投资公司、国有独资公司、国家控股公司）要培养和搜罗一大批高级管理人才，包括兼职的学者、专家和社会名流，并让他们出任董事，提高国有资产代表者的素质。还要通过市场竞争机制形成"经理市场"，广招贤才，为所有企业提供高级管理人员。

五、建立现代企业制度的外部环境

"现代公司"是市场经济中的微观组织，它是在市场经济体制中存在和运行的。市场体系和运行机制的建立和完善，是国有企业走向现代企业制度的基本条件。而市场的发育和市场机制的建立，又要以市场主体，尤其是大批"现代公司"的存在和发展为基础的。所以，建立现代企业制度和构筑社会主义市场经济体制是同一事物的不同层面，是相辅相成的。

具体来说，建立现代企业制度的外部环境主要是：政府职能的真正转变社会保障体系的建立规范化的商业银行的建立；市场经济运行法规的完善；会计事务所等支持系统的建立；产权市场的建立和规范化。这些问题需作专题研究，且论著甚多，不再赘述。这里只就产权市场问题谈谈我们的看法。

产权市场是财产权利转让和重新组合的场所。在这个市场上，通过出租或出售，将与财产有关的权利让渡给他人。产权市场是整个市场经济体系中的重要组成部分，而且产权市场的发育程度是市场体系发育的标志。

浙江省前一时期的小型企业的拍卖和租赁，是产权市场的萌芽，是产权制度改革的试验。但是，多数企业的租赁和财产权利的转让，是实施的，由效益好的企业兼并亏损企业，而没有放到市场上去通过竞争的办法来让渡。因此，可以说规范化的产权市场目前尚未形成。这种状况已经不适应市场经济发展的要求了，迫切需要构建产权市场。

构建产权市场是资源有效配置的需要。在许多情况下使用资源的权利的拥有者不能使资源发挥应有的效能，并在不断地浪费资源，如诸多的亏损企业，长期占有资源而不能给社会增加效益，反而给国家增加负担。其实，这些企业存在着潜在的资源收益，但是配置不尽合理。要使这些资源配置有效，就要使存量资产变为流量资产，让各种生产要素整体流动，而这种流动意味着财产权利的让渡，只能通过产权市场实现。

构建产权市场是建立现代企业制度不可缺少的条件。法人财产权是现代企业制度的核心。企业法人拥有包括国家在内的出资者投资形成的全部财产的权利，在价值形态上要使投资者的资产不断增值，保证投资者财产收益权；在实物形态上企业法人有使用权和转让权，自己不需要的可以拍卖或出租给他人。这必然要求有个产权市场与其配套，否则法人财产权不可能真正实现，企业的"自主经营"也难以落实。

构建产权市场是调整产业结构的重要机制。"调整产业结构"的口号喊了多年，但成效甚微，其重要原因就是缺乏产权市场。基础设施建设严重滞后而又长期得不到调整，最主要的是资金紧缺。倘若有了产权市场，资金供求矛盾将会缓解，正如上面所说的，一些亏损企业该破产的让它早日破产，该淘汰的让它早日退出市场，就可以腾出不少资金来兴建基础设施。

构建产权市场是一项崭新工作，面临许多难题有待解决。第一，要明确产权市场可以是有形的也可以是无形的，主要是通过市场和中介组织的活动来实施产权转让。第二，进入市场的主体是谁？有的认为主要是亏损企业；有的主张先进企业也该进入市场。我们认为，凡是独立的法人企业，不论是哪种所有制的，都可以进入市场进行产权交易，而重点是亏损企业，通过产权市场寻求扭转亏损的办法，或者实现企业破产。第三，产权市场应当是开放型的，不仅让本地区的企业进入市场进行产权交易，还要吸引外地的企业和企业家参与。这既可以吸收外地的资金为本地服务，又有利于打破传统体制下的行业分割、地区壁垒，促进国内统一市场的形成。第四，产权市场上的价格无疑应当通过市场竞价来确定，但为了避免竞价的标的过低，造成国有资产的流失，对上市交易的企业财产应当由公认有资格的资产评估机构进行评估。第五，产权市场的运行应当是有序的、规范化的，这就要制定产权市场法规。第六，产权让渡过程中的最大障碍就是原有企业劳动力的安置和离退休人员的负担问题，正是由于这些难处，使政府主管部门难以作出把亏损企业推向产权市场的决策。为此，应该在产权转让费中拿出一部分来解决职工养老费和安置费用；更重要的是尽快完善社会保障体制的改革，使破产企业职工的基本生活有所保障，不至于影响社会的稳定，这是产权市场正常运行的基本条件。有了这样的条件，就可以把财产权利的让渡和职工劳动就业与生活福利问题分开，产权市场的任务是实现财产权利的让渡，劳动就业和社会福利问题由别的部门解决。否则，把两种不同性质的问题交织在一起，产权市场上的交易费用势必很高，这样不能不影响产权市场的发育。以上这些，都是构建产权市场亟待解决的基本问题。

六、产权制度改革的成本和时机选择

国有企业走向现代企业制度的核心是产权改革，产权改革是需要支付交易费用的，这种交易费用就是产权改革的成本。产权改革的成本就其实质来说就是体制转换成本，即从计划体制下的"社会大工厂模式"向市场经济体制中的"现代公司模式"转型的成本。如果不进行企业制度的创新，那么国有企业同市场经济体制是无法适应的，天天要发生摩擦，要付出高昂的摩擦成本，这种摩擦成本是交易成本的另一种形式。因此，就改革方式而言，慢改又可分为慢改Ⅰ（较快）和快改Ⅱ（急速）。这五种形态的交易费用可用下列表格来作个比较：

模型类别	变换形态	转换成本	摩擦成本	总成本
A	不改	0	∞	∞
B	慢改Ⅰ	1	1	2
C	慢改Ⅱ	1	>1	>2
D	快改Ⅰ	1	<1	<2
E	快改Ⅱ	>1	<1	= > <2

从这个比较中，应当选择模型 D，即以较快的速度推进产权改革为最佳选择，其总成本 <2。其他模型中，E 模型有 =2、<2、>2 三种情况，不确定性太

大，特别是转换成本中 >1 是一个弹性很大的模式；模型 B 的总成本 =2，略高于模型 D，也是可供选择的。结论是：在沿海有条件的地方应当采取模型 D，加快产权改革的步伐；暂不具备条件的地方宜采用模型 B，渐进式地推进改革，但两种体制并存的相持局面不能太久。

对国有企业产权改革时机的选择，学术界有不同的主张。

一种意见认为，这些年来国民生产总值的增长主要来自非国有企业的贡献，而国有企业的市场化的改革困难重重，因此，现在应把精力集中在发展非国有经济上，国有企业让其萎缩下去，并逐渐瓦解消失，然后在此基础上建立市场经济。这种看法显然是不正确的：其一，国有大中型企业是国民经济的骨干，有的涉及国民经济命脉，任其削弱，甚至消失，损失太大，转换成本昂贵，是不可取的；其二，国民经济是一个整体，国有企业不改革，其他经济成分的发展也是不可能的，两种体制摩擦的局面长期并存将成为国民经济起飞的障碍。

还有一种意见认为，对国有大中型企业改革的难度很大，在目前还没有成熟经验情况进行产权改革，很可能是扭曲了的或者是变成了弄巧成拙的现代公司，因此，暂时不去触动它为好，把精力花在小型国有企业的转、租、卖的改革方面。这种观点看来似乎很有道理，但实现生活不允许这样做。目前国有企业亏损严重，竞争力微弱，如不及时进行改革将难以为继，势必要被淘汰。所以，国有大中型企业的改革再不能拖延了，拖得越久就越难改，国有资产流失得就越多。

国有企业产权改革是非常深刻的革命，要选择好时机。党中央的《决定》已经把国有企业改革的大政方针确定下来了，国内各界人士对这个问题基本上取得了共识，推进这项改革有了良好的社会环境；就经济环境来说，还不那么宽松，国家的财政状况还相当紧张，但正在继续加强宏观控制，为改革创造一个比较宽松的宏观环境；国家的其他配套改革方案已经出台，保证市场经济正常运行的法规也陆续颁布。这种种情况表明，现在是大踏步推进改革的新的大好时机。

七、政府在国有企业走向现代企业制度中的作用

国有企业在走向现代企业制度的进程中，政府有其特殊的作用。这个道理是不言而喻的。因为在传统体制下，国有企业是政府的附属物，是政府手中的大算盘上的一颗算盘珠。就产权关系来说，政府是国有资产所有者的代表，国有企业的制度能不能改、要不要改、何时去改、用哪种模式来改，等等都取决于政府的决策。所以，国有企业的产权改革只能采取自上而下的政府推动型的模式来进行，政府起着主导的决定性的作用。当前，最紧迫的是要确定国有企业法人财产

权的法律地位，使国有企业的改革有法可依。

根据浙江特点，政府如何推动国有企业走向现代企业制度，提出以下建议：

第一，我省国有企业以中小型为主，走向现代企业制度的进程可以快一点。 对骨干企业用现代公司的模式来改造。对一般小型企业可以实行租赁经营，可以改组为股份合作制企业，也可以出售给集体或个人。这些都是《决定》中明文规定的政策，要大胆地实施。对一般小型国有企业的改制能否争取于 1995 年年底完成。

第二，要提高上市公司对浙江经济的影响度。 目前已有十余家上市公司，但对浙江经济的影响度还不是很大。应尽快排出一批对浙江经济影响度大的产业和企业推行股份制，如电子行业、交通、能源、通信等基础产业项目，推向市场，力争上市。

第三，对亏损企业要组织论证。 有办法救活的，让其通过产权改革再生；不能起死回生的企业应尽快让其破产，早破产早得救，早让企业职工重新就业，让他们占有的资源重新发挥其效能。1993 年年末，浙江全省国有企业亏损面达23%，其中预算内企业亏损金额比上年增长 99.1%。早日使亏损企业的产权得到改革，就早日减少国家财政负担，并把这笔钱用于基础设施的建设和发展科教文化事业，是一举多得之事。

第四，通过国有企业的产权改革推动企业的重新组合，改变浙江省企业规模过小的结构，发挥企业的规模效益。 这就需要组建一批具有相当规模的股份公司和企业集团。在组建企业集团的问题上，浙江省曾在 20 世纪 80 年代丧失了时机，现在同产权结合起来组建一批有影响的企业集团正是极好的机遇。

第五，在企业产权制度改造的方法上，可以采取诱致型创新和强制性变迁。 前者用引导的办法诱发企业制度创新；后者主要对亏损或面临破产的企业，用行政手段，如对这些企业实行硬预算约束，限制给予补贴的期限，强制企业制度的变迁。

（本文系"国有企业改革——股份化"课题研究成果；课题组组长：方民生；成员有：刘吉瑞、陈建军。本文由方民生执笔）

政府在国有资产重组中的作用

国有资产重组是从战略上调整国有经济布局的根本路径。国有资产重组的进程和质量，取决于政府对这个战略的认识和决策。因为，政府是国有资产的代表，国有资产的重组要得到政府的赞同和支持才能实施。前一时期，国有企业改革进展缓慢的根本原因，是政府对如何发挥国有经济的主导作用的认识还未摆脱传统观念的束缚，怕国有资产流失，怕国有经济在整个国民经济中的比重下降，因而总是想绕过产权制度搞国有企业的改革，这就不可能取得突破性的进展。现在情况不同了，党的十五大在所有制理论上有了新的突破，明确提了要对国有经济进行战略性调整，为加快推进国有企业改革提供了理论依据。因此，各级政府应该主动地发挥在国有资产重组中应有的作用。

当前，在国有资产重组中，有下列问题特别值得政府重视：

1. 国有资产重组的目标

国有资产重组的目标是要使国有经济的控制力和竞争力得到增强。但在实践中，许多地方的政府却把国有资产重组的着眼点放在为政府卸包袱上，用拉郎配的办法，要效益好的企业搭配上一个亏损企业重新组合。这是一种很危险的办法，有可能使原来效益好的企业垮下去，是与国有资产重组的目标相违背的。现在国家有关部门规定，申请上市的公司必须带上一个效益差的企业，进行包装后，才能批准。这种做法同样有悖于国有资产重组的目标。

2. 推动跨地区资产重组

国有企业要真正成为具有国际竞争力的大企业集团，需要跨地区跨部门进行资产重组。企业按照市场规律都愿意这样做，而阻力往往来自地方政府，怕影响地方政府的财政收入，怕削弱地方经济的实力。其实，这是一种形而上学的思维方式。从动态考察，跨地区跨部门进行资产重组将有利于增强地方的经济实力；相反，如果固守自己眼皮底下的企业，最终将使这些企业在竞争中失利。因此，地方政府应当有战略眼光，既欢迎外地企业"嫁进来"，也要鼓励本地企业"嫁出去"，进行最佳的资产组合。

3. 注重资产重组的质量

现在，各地都在加快国有和集体企业改革的步伐，有的地方追求到什么时候改制面要达到多少百分比。这种只讲速度的改制，往往造成企业的产权制度虽然变了，可是企业的机制没有变，活力也没有增强。所谓不是"一股就灵"，指的正是这种情况。国有企业的改革是该快一点，但要讲究改制的质量，否则将会损害改革的声誉。我认为，讲究资产重组的质量，第一，要跳出单个企业改革的框架，从国家和地区发展全局出发来规划国有资产重组；第二，国有资产重组要同产业结构调整相结合，政府应当利用其所掌握的国有资产，重点扶持主导产业和支柱产业，甚至可以跳出原有的结构，重组高技术产业，构建新的产业优势；第三，制度创新要同技术创新相结合，使资产重组后企业集团的技术层次有较大的提高，市场有所拓展，竞争力有明显增强。只有这样，才能实现国有资产重组的目的。

4. 国有资产代表的选择

国有资产代表的素质，对国家独资和国家控股企业的发展具有决定性的意义。目前国有资产的代表人选，大多采取政府任命的办法，这是不可取的，应当按照市场经济的规律，通过市场竞争机制来选择，才能找到比较合适的人选。因此，亟待建立经理市场让优秀的经营人才来担任国有资产的代表。同时，政府应采取有力措施培养具有战略思维方式的企业家。

总之，政府在国有资产重组中肩负着重任，但在履行其职责时一定要按照市场经济规律办事，才能取得应有的成效。

（原载《浙江经济报》1997 年 12 月 1 日）

国有企业的出路：制度创新
和技术创新相结合

国有企业的发展一直是人们关注的焦点，各级政府采取了许多扶植措施，但有相当多的企业仍在困境中挣扎。国有企业的出路何在？道路只有一条，那就是把企业的制度创新和技术创新结合起来。这是我们自 1995 年以来连续三年对国有企业的调查所得出的结论。这里着重就我们最近对金华市、兰溪市、诸暨市的国有企业的调查情况，谈谈我们对这个问题的认识。

一、制度创新的重点选择

我们这次调查的三个市，对企业制度的创新都很重视，但他们选择的重点各有不同，改革的深度上也有所差别：

1. 金华市的国有企业自去年以来，改革的力度比较大。他们选择了以企业产权制度改革为突破口，以股份合作制为主要形式，盘活国有资产存量，创新思路。到 1996 年年底，市本级的 152 家企业已有 129 家进行了改制，改制面已达到 91.1%。在改革过程中，根据市委 ［1996］ 32 号文件（《关于市区国有、城镇集体企业股份合作制改革若干政策规定》），对企业的资产进行了评估，并按照财产损失核销政策、资产提留政策、国有土地使用权处置政策、非经营性资产剥离政策，把国有资产进行分解之后，大概相当于评估资产的 18% 的资产以现金的形式一次性由职工买断。到 1997 年 3 月，有 11 430 人参加股份，共吸纳资金 8 492.12 万元，人均 7 400 元；董事长平均 105 200 元，核心层平均为 29 300元；还吸纳了社会法人资金 3 380 万元。改制后，企业资产置换的资金由企业按银行同期贷款利率向资产所有者支付占用费，1—3 年归还；土地由国家租赁给企业使用，由企业交纳土地使用费，使用费视企业的实际情况，可予减、免、缓交；非经营资产实行剥离后，可建立独立经营单位，委托管理，按银行贷款利率的 20%—50% 收取管理费。经过资产评估，企业的资产质量提高了，资产形态变化后，资产存量盘活了。改制已取得初步成效，1997 年 1—4 月份，工业净产值增长 10.33%，利润增加 62.9%，亏损减少 30%。

2. 兰溪市预算内国有企业有 24 家，资产总额 27 亿元，比金华市的国有经济实力要强得多。从 1995 年开始，他们就在吸收新昌县资产经营责任制经验的基础上，结合本市情况进行了以国有资产经营责任制为重点的企业制度创新，实行经营者年薪制，资产增值分成奖励和保值赔偿制度；经营者的年薪同工人年均收入挂钩，既有利于经营者又调动了企业职工的积极性；国有资产增值指标，由经营者根据生产、技改、市场等方面的情况自主选择，既避免争基数的矛盾，又强化了对经营者的制约。三年来，这样一种制度安排，已经取得较好的成效，国有资产明显增值，1995 年比上年增值 9.6%，1996 年又比上年增值 6.5%；还培养了一批能适应市场变化的经营人才。

3. 诸暨市国有企业的比重不大，1995 年国有工业生产总值只占全部工业总值的 6.8%。1995 年，对 17 家国有企业进行各种形式的转机，盘活资产 3.5 亿元；1996 年又有 21 家企业实行转机，盘活资产 2.5 亿元。他们在制度创新方面，给我们印象最深的是在企业兼并上下了很大工夫，也取得一定的成效。最突出的是浙江富润纺织集团公司连续兼并了 4 家国有和集体企业，富润的职工由原来的 1 682 人增加为 6 500 人，占地由原来的 183 亩扩大为 700 多亩，兼并资产 13 190 万元，集团公司资产增为 4.1 亿元，但承担了 2.21 亿元的债务。富润集团实施的几次兼并，虽有政府行为的因素，但也顺应企业规模扩张的要求，还保障了社会安定。每次兼并都平稳过渡，被兼并企业的生产经营很快恢复，职工收入也有所提高，至今已消化 1 亿多元的兼并债务，富润集团的股票也已公开上市。

二、技术创新带来的活力

"技术创新"就是把生产要素和生产条件的新组合引入生产体系，换句话说，就是"建立一种新的生产函数"。对企业来说，它不是指科学技术上的发明，而是指把现存的技术革命成果引入经济组织，形成新的生产能力。技术创新的制约因素是多方面的，在我国现时的条件下，最主要的制约因素是体制问题，因而"制度创新"成了"技术创新"的主动力和先决条件；然而，如果在"技术创新"上没有进展，"制度创新"的成效也不会太大，企业也不会有生机和活力。

1995 年，我们在兰溪市国有企业的调查报告中，介绍了技术创新的三种情况：一是浙江交联电缆厂进行股份合作制的产权制度改革之后，推动了企业的技术改造，实现利润成倍增长；二是"凤凰化工"，虽然是上市最早的股份公司，但由于决策上的失误，没有集中力量搞技术创新，没有自己的名牌产品，使企业的名声大降；三是兰溪纺织机械厂生产的是 1982 年已被列为淘汰的产品，既无技术创新，又未进行制度创新，从而陷入困境。这次我们做了跟踪调查，情况有了变化，兰溪交联电缆股份公司，改制后筹集 4 600 万元资金用于 γ 辐射电缆生产线的技术引进项目已经投产，效果显著，改制三年来，产值增长 2 倍，销售收入增长 2.11 倍，人均利税增长 1.64 倍，职工收入增加 3.4 倍，职工人均年收入 12 000 元，资产增值率年均 11.2%；"凤凰化工"在技术创新上取得了进展，"维肤康"系列已初步打开了市场，1997 年的销售额可达 3 500 万元，企业有望走出困境；兰溪纺织机械厂的体制未变，但在运行机制上有所创新，盘活了企业资产，尤其是注意技术创新，成立了开发研究中心，转产新型的倍捻机，产品适应了市场的需要，年销售额可超 1 亿元，两年间，就使一个特困企业逐步走向良性循环。

这次在金华的调查中，我们发现在制度创新和技术创新上结合得比较好的企业，制度创新推动了技术创新，技术创新又巩固了制度创新的成果。如浙江金轮机电实业有限公司（金华水轮机厂），多年来想购买生产上急需的 T6113 数显镗床，但是企业没有钱，现在利用改制后的资本金实现了这个愿望，并引进 5 项转轮先进技术，同时开发了 HLA555—LH—103 等 6 个新产品，使企业的技术水平上了一个档次，成了"国际小水电中心"的生产和人才培养基地，扩大了国外市场，增强了企业的竞争实力；1996 年实现利润比上年增长 160%，年人均收入比上年增长 43%，股东红利率为 27%，在同行业中有 10 项经济指标名列第一。又如浙江环球制漆有限公司改制后，运用资本金 724 万元对低温分厂进行技术改造，今年可建成投产，将使公司的氨基树脂漆及聚氨酯漆的产量和质量都有所突破，在产品的档次与技术含量方面都有所提高。

我们在诸暨市考察 3 个企业的一个共同特点是，他们都非常注重推进企业的技术进步。浙江菲达机电集团是环保机械的专业生产厂家，主要产品为电除尘器和气输送设备，是全国电除尘器标准化委员会的所在地，1995 年企业科技人员比例占职工总数的 25.2%，科技进步对产出增长的贡献率为 76.28%，各级新产品开发和新技术开发项目有 20 余项，其中 15 项获省部级及以上奖励，获 1 项专利，成了杭州高新技术开发区的区外高新技术企业，因而一直生机勃勃。浙江富润纺织集团公司，承担了 4 个被兼并企业的 2 亿多元债务很快就消化了一半，除了该公司作为改革试点企业有债权改股权和停息挂账的优惠政策之外，主要得益于技术创新：1992 年兼并诸暨酒厂后，及时调整了产品结构，拍卖了制酒设备，上了两条服装生产线，一条印染线，建立一个砂洗厂和化工助剂厂，1993 年年底，兼并时的 800 多万元债务已全部归还；1994 年诸暨毛纺织厂并入后，引进 42 台意大利产的杆织机及德国、日本产的配套设备，原来只能生产 40 支以下的毛线，现在能生产 72 支和加支的精纺面料，并相继开发出获中国纺织总会科技进步三等奖的精纺羊绒呢和精纺舒康呢，企业很快扭亏，到 1996 年年底兼并时的 8 000 万元债务已全部消化；对 1995 年兼并的诸暨纺织总厂的纺锭进行了压锭改造，对布机也进行了改造，提高了产品的档次，这就使近千万元债务得到消化；诸暨绢纺厂被兼并后，用同样的办法，生产经营迅速恢复正常，现已止亏持平。在丝绸行业普遍不景气的态势下，诸暨佳思织造有限公司却呈现出一派欣欣向荣的景象，其根本原因也在于技术创新，该公司股东诸暨第二丝厂早在 1991 年就开始与浙江丝绸科学研究院联合开发真丝/氨纶包缠丝；改制后，又对引进的意大利曼尼加图包缠机进行适应性改造，并采用美国杜邦公司生产的氨纶（莱卡）作为芯丝，开创了莱卡与真丝复合的先河，从而开发成功真丝/氨纶包缠丝面料，填补了国内空白的产品，市场发展前景颇佳。

三、推进两个创新的结合

针对这次调查中发现的问题，对于如何实现制度创新和技术创新的结合，我们提出以下看法和建议：

1. 产权制度改革要同产业结构调整相结合

产权制度改革和产业结构调整的结合，已经讲了多年，但在实践中这方面的进展却很缓慢。金华市本级国有企业的产权制度改革取得了很大成效，而最大的缺陷是在实行产权制度改革的时候没有与产业结构的调整结合起来，还仅限于单个企业范围内的改革，那些实行股份合作制的企业原来生产什么今天仍然生产什么，该淘汰的未能淘汰，该发展的也未能通过改制而壮大。其一，是因为股份合作制本身有封闭性的局限性，排斥外部人介入，限制企业资本量的扩大。由此，我们建议，对于市场前景好的开发潜力大的企业以建立有限责任公司的产权制度为好，可以吸纳企业外部的资本；对于产品老化、设备陈旧、技术落后的亏损小企业就不宜改制为股份合作制，而应当另作别的选择。其二，由国有企业物质形态的资产置换成货币形态的资本之后，这些钱如何使用也大有讲究，若处理得好就有利于产业结构的调整，否则这笔钱的利用效率就很低。按现在金华的做法，是留在原来的企业里给企业用，由企业缴纳相当于银行利率的资产占用费。这样做的好处是可以调动企业改制的积极性，从短期来说可以暂时解决企业资金短缺的困难；但从长远来说，国有资产很可能要流失，因为这笔钱分散给企业之后，效益好的企业可以收回资产占用费，而有相当多的企业的资产占用费很可能收不回来，一些亏损企业还会慢慢地把这些国有资本蚕食殆尽，甚至到头来再向国家要饭吃。鉴于这种情况，我们建议，国有资产出卖之后的货币资本，应当集中使用，根据产业结构调整的需要，投向那些发展前景好的重点企业，或者新建高新技术企业，或者用于改善投资环境的基础设施建设，这样才能真正把制度创新和技术创新结合起来。因此，国有企业产权制度的改革，应当从单一的企业框架中跳出来，从国家和地区经济发展的全局出发来规划国有资产的重组。

2. 加快跨地区跨行业组建企业集团的步伐

跨地区跨行业组建企业集团是受政府鼓励的一个大政策，但实行起来的难度很大。这次调查中，我们遇到两件事：一件是在浙江环球制漆有限公司，他们已深感竞争形势的严峻，有来自国内同行的竞争，杭州的"大桥"、桐乡的"天女"都是著名的漆料品牌，而威胁最大的还是日本关西涂料、美国立邦油漆和英国的产品，他们忧心忡忡。可是，当我们提出是否可以把杭州、桐乡、金华的三家企业联合起来组成大集团，却得不到响应，认为还是自己拼搏为好。另一件是在诸暨佳思织造有限公司，我们得知他们的产品很好，而资金十分紧张，无法扩大企业规模，然而，就在同一个市里的"富润集团"，股票上市后有七千多万元资本的投资方向还未定，我们想如果能把这两个企业的优势结合起来，那不是两全其美么。但答复是：这恐怕不可能。这让我们感触很深，认为这涉及改革中的深层矛盾，即地区和部门之间的利益与业绩评价，以及企业领导人的权力和声誉，这需要政府职能和政治体制改革的配套才能解决。我们认为，跨地区和跨行业组建大企业集团是发展的必然趋势，早认识、早行动，就早主动，否则就会被动挨打，被残酷的市场竞争所淘汰，政府应当采取有力措施，鼓励这样一种类型的资产重组。如果能把我省几个实力相对比较强的漆料生产企业联合起来构建"航空母舰"，发挥杭州油漆厂的树氨脂漆料、金华环球公司的醇酸漆料、桐乡油漆厂的酚醛漆料的优势，使这些企业的优势互补，就能形成漆料行业的实力强大的集团。

3. 创造使两个创新相结合的环境

企业改制后，对投资决策非常谨慎，不敢冒风险，有的企业技术改造投入有所减少。这一方面反映企业对资产的保值增值有了责任性；另一方面也说明企业对产权改革的期望值不高，还存在着短期行为。同时，在企业改制时还有许多难题，客观环境有待改善。亟待解决的主要问题有：

（1）对产权制度改革的认识问题。这是一个老问题，怕国有资产流失，怕斥为私有化，因而不敢触动产权问题，致使国有企业的改革进展缓慢。其实，这些问题在理论和实践上早就解决了。江泽民同志在中共中央党校的讲话中明确指出，要以"三个有利于"为标准，"努力寻找能够极大促进生产力发展的公有制实现形式，一切反映社会化生产规律的经营方式和组织形式都可以大胆利用"。应当以江泽民同志的讲话为指导，大胆推进国有企业产权制度的改革，为企业的技术创新创造良好的环境。

（2）改革的成本问题。国家规定在试点城市有许多优惠政策，如债权改股权、坏账核销额度，而别的城市则没有这种改制条件。我们建议，尽快增加银行坏账核销额度，完善改制环境。在这方面的胆子可以大一点，因为该核销的坏账挂在那里也是空的，反正收不回来，还不如早一点让企业卸下包袱，轻装上阵为好。该支付的改革成本还是要花的，既要加快改革的步伐又不想支付改革成本，加速改革的夙愿是难以实现的。

（3）企业改制后的职工福利问题。现在，国有企业在改制时都提取一定比例的职工福利基金，并在资产变现时从总资产中剥离出来，因而职工福利基金仍然以物质形态的资产留在企业里。这样的提留办法，职工的福利基金实际上是没有保障的。为此，我们建议在总资产中提留的职工福利基金不应该剥离，而要变现，并在企业资产出让后，以现金的形式提取，交给社会保险机构营运。

（4）改制后的红利分配问题。职工购买股份时，有的钱是以高利率从亲朋好友中借来的，因此，总想分红高一点，早些把钱归还，这是可以理解的。但有的地方政府看到这种情况时，就想出台一些办法加以限制，规定分红不能超过银行利率。这种主张，引来不少非议，认为刚制定的政策又变了，给人以政策不稳定的感觉。我们认为，红利的分配是企业董事会的事情，政府不能作硬性规定，应在企业章程中规定税后利润分配时留一定比例的公积金，政府可制定一些鼓励政策，鼓励把一部分红利留在企业里，作为扩股资本；按照规定，红利收入是要缴纳个人所得税的，但现在并未严格实施，如果这类税收政策严格执行了，可规定留在企业里扩股的红利部分，可免交所得税予以鼓励。

（5）企业技术创新的资金问题。这在兰溪市表现比较突出，因为那里的国有企业相对比较多，而本地居民的储蓄存款不多，银行的资金供应不足，这是个突出的矛盾。我们建议，加快金融体制的改革，银行贷款要突破地域的界线，真正做到按企业经济效益的情况进行借贷。

（本文系"浙江省政协经济委员会的调查报告"，调查组成员：董朝才、程炜、方民生；本报告由方民生执笔；原载《浙江经济》1997 年第 7 期）

"中策现象"：国有企业产权制度创新的有效模式

所谓"中策现象"，是近两年来，由于以印尼金光集团黄鸿年先生为首的中策投资有限公司在极短的时间和比较大的空间范围内，通过控股的形式，投入20多亿元资本，改造了100多家国有企业，所引起的经济社会和文化方面的变革在理论上的概括。这种变革不仅使我国的传统体制和旧思想观念受到巨大的冲击，而且在海外投资者中也产生了强烈反响；不仅推动我国正在进行的改革和发展，而且对走向21世纪也具有深远的影响。因此，"中策现象"是一个需要从多角度、多学科进行综合研究的新课题。本文只就"中策现象"中的国有企业的产权制度变革问题作些探索。

一、中策企业产权结构的特征

海外投资者来我国投资是按照"现代公司制度"的模式来组建和运转的。而现代公司制度同我国国有企业的传统制度的本质区别在于产权制度，现代公司制度是以企业产权明晰为前提的。因此，任何一个合资企业组建和运行过程中的核心都是企业产权制度的改革。这一点"中策"同别的"三资"企业毫无差异。但"中策"嫁接改造的企业的产权结构有自己的特色，是一种有效的制度创新。

1. "中策"选择国有企业为合资的对象，推进了国有企业的产权改革。海外投资者在选择合作对象时，一般总找机制比较灵活、盈利比较多的企业，不太敢同国有企业打交道。而"中策"则与此相反，把投资重点放在大中型国有企业。国有大中型企业是国民经济的支柱，是我国财政收入的主要来源。如果国有大中型企业的机制不灵活、不能适应市场经济的需要，就不能说中国的改革是成功的。长期以来，国有企业产权模糊，所有者缺位，不能成为市场的主体，难以从政府的附属物中摆脱出来，国有企业的改革尤其是其产权制度的改革，成了当前我国经济体制改革的"瓶颈"。正在这个时候，"中策"对国有大中型企业的产权制度动了手术，使国有独资企业变成由他们控股的合资企业，使一批在困扰中的国有大中型企业走出了一条活路。

2. "中策"对国有企业进行"一揽子嫁接改造的战略"是个独创。前一时期，外资"嫁接"的企业，往往只限于一个厂的某个车间，最多只是一个厂或几个厂的合资。"中策"的大手笔却令无数投资者吃惊：1992 年 4 月"中策"与山西省太原橡胶厂合资组建了"双喜轮胎工业股份有限公司"；之后，7 月在杭州与杭州橡胶总厂等 4 家企业"嫁接"，组成"中策"公司；8 月，"中策"和泉州市国有资产投资经营公司合资组成"泉州中侨集团"，将全市所有 41 家国有工业企业一揽子嫁接改造；同时，在宁波与该市造纸厂等 34 家企业进行了合资；1993 年 3 月，与大连市轻工业局实行全行业"嫁接"，创办了 102 家合资企业。目前，在我国大陆上已出现了"中策家族集团"。

3. "中策"采取了国际资本流行的控股方式。"中策"在大陆投资企业的控股比例均在 51%—55% 之间，其目的是要取得绝对自主的经营管理权。具体来说，在杭州的 4 家企业中，"中策"控股 50%—55%；在宁波 34 家企业中控股 53%—55%；在泉州 41 家企业中控股 60%；在山西 15 家企业中控股 55%；在大连 101 家企业中占有 51% 的股权；大连橡胶，"中策"有 70% 的股权。对这个现象，有的人感到忧虑，认为"轮胎企业可以与外商合资经营，原则上不要建立外商控股的合资企业"。我认为这种忧虑是不必要的：第一，轮胎属于竞争性产品，可以有多家企业、多种类型的企业参与竞争。国家要控股的只能是那些关系到增强国力的支柱产业和重大高新技术产业发展的企业，为数不能太多。第二，"中策"嫁接的企业中有一些大中型企业，但大多数是小型企业，泉州 41 个企业的原有资产平均为 650 万元人民币，大连 101 个企业原有资产平均为 950 万元。这些小型国有企业即便全部卖给海外投资者，成为他们的独资公司也无损于大局，何况"中策"只是控股。

二、交易费用低廉的制度安排

"中策"对我国近 200 家企业的产权结构进行的"制度安排"，交易费用是极其低廉的，企业经营机制的转换成本是低的。

1. 一揽子谈判的成本低于一对一的谈判。改革开放以来，我们兴办的合资企业，几乎都是通过一对一的谈判，逐项地讨价还价，少则数月，多则数年，才能形成一个合资项目，其中要支付大量的信息费用、接待费用、洽谈费用，监督履约的费用，等等。而且迄今为止，"三资"企业吸纳外资的平均规模约为每个企业 135 万美元。"中策"采取一揽子嫁接改造，到一个城市，一谈就是同几个企业合资，有的是几十个甚至上百个企业，无疑，制度安排的交易费用大大降低了，用模糊数学作大致的估算，交易费用也许只有"一对一谈判方式"的 30%—50%；而对企业的投资规模平均达 230 万美元，大大超过全国的平均数。

2. "中策"的快速合资战略使国有企业运行中的摩擦成本大大降低了。如果这些国有企业不同"中策"合资，也许至今还处在"转换经营机制"的过程中，同传统体制的惯性不断发生摩擦，要办成一件事得花费高昂的"摩擦费用"。尽管国家要求把企业的各项权力和责任不折不扣地落到实处，但不触及国有企业的产权制度，要把《全民所有制工业企业转换经营机制条例》中给予企业的各项权力和责任不折不扣地落到实处是难以做到的，甚至是不可能实现的。"中策"的快速合资战略，就使这些企业在很短的时间里实现经营机制的转换，结束了无限制地支付"摩擦费用"的局面。

3. "中策"的产权制度安排，使国有企业的外部性问题内部化。过去企业结构的调整是非常困难的，要涉及许多外部性的问题，而在"中策家族"内部，就变得非常便当了。泉州市的 41 家国有企业，一揽子"嫁接"后，经过细心研究和协商，几个月时间就改组为 20 家企业，优化了企业结构。而且企业捆在一起，使过去一家一户难做到的事情成为可能。这一切都会降低交易费用，增加社会总收益。用林毅夫先生的话来说，"用最少费用提供定量服务的制度安排，将是合乎理想的制度安排"。

三、经济收益丰厚的制度创新

新制度学派的文献告诉我们，"不同的产权安排会导致不同的收益——报酬结构"，"成功的创新导致总收入的增加，而且在原则上可能没有人在这一过程受损"；"新的产权的形成是相互作用的人们对新的收益—成本的可能渴望进行调整的回应"。"中策"现象中的产权制度的创新正是这样，它无论是对"中策"还是对我国的国有企业，都带来了丰厚的经济收益。以下事实可作印证：

1. 据双喜轮胎工业股份有限公司的资料，1991 年实现利润 795.6 万元，实现税金 2 245.2 万元，人均创利税 2.01 万元。1992 年合资，当年实现利润 4 217.6 万元，实现税金 2 741 万元，人均创利税 4.24 万元。1993 年实现利润为 9 076 万元，比 1992 年增长 115.19%，比合资前的 1991 年增长 1 040.77%；实现税金为 4 303 万元，比 1991 年增长 91.65%；人均创税利 7.61 万元，比 1991 年增长 278.6%。"中策"在这个公司里拥有 55% 的股权，1993 年可分得利润 4 991.8 万元；而中方可得 4 084.2 万元，中方实得利润比 1991 年增加 3 288.6 万元，增长 413.34%。而从税金中得到的收入增加了 2 057.8 万元。中方分得的利润和征收的税金收入合计，1993 年比 1991 年增加了 5 346.4 万元。

2. 据《瞭望》新闻周刊的报道：泉州中侨集团中 37 家企业，合资前有 13 家亏损，亏损额达 911 万元，盈利百万元以上的企业仅 3 家；总算下来，这 37 家企业也只能达到保本微利的水平，而待业在家的职工竟有 6 000 多人。合资一年多时间，已经有 80% 的企业盈利，利税总计达 5 000 多万元，总体盈利猛增 3 倍。根据香港《广角镜》采访文章提供的资料，1993 年，"泉州中侨"营业额达人民币 4.28 亿元，净利 1 800 万元，上缴税额 3 526 万元，工资增长 25%。"他们缔造出工业奇迹"。

3. 据杭州中策橡胶股份有限公司的年报：1993 年销售收入 6.86 亿元，实现利税 1.37 亿元（其中利润 6 870 万元），完成外贸收购值 6 500 万元，分别比上年同期增长 25.8%、31.14% 和 80.31%。

4. 据杭州电缆厂的资料，合资前每年要亏损 400 万元，合资一年，不仅扭亏为盈，纯利润可达 800 万元。按中方拥有 49% 的股权，获利润 392 万元，加上 1992 年国家征收的税金 1 500 万元，中方实际收入达 1 892 万元。

这些数字说明，那种认为"国家失大利，企业得小利"的看法是毫无根据的。当然，海外企业家来大陆投资不是举办慈善事业，而是为了利润，是看中了大陆的市场和技术力量，香港中策投资公司的获利也是丰厚的，这可以说是"互惠互利"。但相比之下，从经济效益和社会效益综合考察，得益更多的还是我们。

所谓"国家失大利"论者还有一个重要理由就是合资时"对国有资产评估过低"。要回答这些同志的忧虑，恐怕聘请数百位会计师审计师、律师、经济师对近 200 家企业进行资产重估，也不能解决他们的问题，因为所谓资产是高估还是低估有一个标准问题，不同的评价标准会得出截然不同的结论。谁也不能断言，与中策投资公司合资的近 200 家国有企业，在资产评估时都能做到百分之百的准确，个别企业资产低估的现象是难免的。我认为，对这个问题要从以下几个原则中观察：

1. 是不是认真地由合格的资产评估机构进行评估？据泉州市经委主任、中侨集团总经理说："为了评估准确，我们宁肯等，也得请北京会计事务所的专家来验证。他们的结论是：这样的评估中外双方都不吃亏。"

2. 搞产权改革，从长远来说会使国有资产保值，甚至高速增值。在传统体制下，国有资产天天在流失，而且"失血"现象愈演愈烈。"中策"同国有企业合资，产权明晰了，就具有一种保险的功能，使企业普遍地从事财富积累，谋划长期经济活动，切断国有资产流失的根源。

3. 要从生产要素配置效益上来评价资产评估的准确性。倘若生产要素未能合理配置，或者是被闲置起来，资产评估得再高也无济于事，不能发挥资源的效益。不少企业与"中策"合资前处在这种状态中。合资后，"中策"注入了资金，同企业的其他生产要素相组合，资源利用率大大提高，国有资产不仅得到了保值，而且会成倍地增长。这是一种动态观察的方法。

评估企业的固定资产时，既要考虑到资产的有形消耗，又要分析资产的无形损耗。在技术进步日新月异的年代，机器设备无形损耗的速度是很快的，对那些已淘汰或者即将过时的设备不能按现有的重置价计算，如不能重新投入运转就应当作报废处理。时下与"中策"合资的国有企业，大多数建于20世纪五六十年代，机器设备陈旧不堪，早已到了非更新不可的时候。

4. 对无形资产，既要珍惜，又不能高估。过去往往对无形资产忽略而不予评估，这是不恰当的。对无形资产的评估有一定难度，无形资产作为产权入股估价，要通过协商，取得股东各方的共识。

5. 对地产的评估。以前，创办企业时，土地是由国家无偿划拨的，没有进行评估。在合资时，对地产进行估价是资产评估中不可或缺的内容。但是，地产的价格是在市场上形成的，没有地产市场就没有合理的地价，因而评估时往往带有主观随意性，不是高估就是低估。而在前两年"房地产热"的时候，地产价格高估的多。对国有企业来说，如果地皮不出售，一分钱也不值；当企业合资时，又想待价而沽，是高估还是低估，争论不休。我认为在目前情况下，企业的地价可参考附近已出售的地产价格，以中外双方协商同意为原则。用这样的思维方法来看待"中策现象"中的资产评估问题，那么所谓"资产评估过低"、"国有资产严重流失"的指责是站不住脚的。"中策"的产权制度创新为国家带来了丰厚的经济收益，国有资产在迅速增值。

四、"中策"产权制度创新的活力

衡量一项制度创新的有效性，不仅要看其预期的净收益，还要看新的制度安排能否使企业增强市场竞争能力。一年多来的实践证明，"中策"的产权制度创新给企业带来了生机和活力。

1. "中策"给国有企业注入了资本，加速企业的技术改造，增添企业的发展后劲。现在，许多合资企业外方资金到位率很低，而"中策"投资的 4.517 亿美元都已到位，解决了国有企业资金短缺的燃眉之急；同时，"中策"还有条规矩：从合资企业里分得的利润，一分钱也不拿走，全部用于再投入，令企业发展有充裕资金；"中策"还利用其家族在香港和东南亚一带的威望，与国际大财团联系，为"中策"合资企业筹措资金；1993 年，"中策"还以"双喜轮胎工业股份公司"和"杭州中策橡胶股份有限公司"为实力，在美国百慕大注册了一个"中国轮胎控股公司"，并在美国上市，筹集到股金 1 037 亿美元，又将这笔巨资投入了大陆企业。由于"中策"筹资有方，实力雄厚，解决了我国国有企业多年来想上而不能上的一些技术改造的大项目。

例 1：杭州橡胶厂早在 1979 年就提出了开发子午线轮胎的技改方案，经过 8 年的奋战终于"立项"了，但所需资金的落实却遥遥无期，一经合资，"中策"就注入了 2 000 万美元，并为公司购买设备支付了 600 多万美元，使技术改造取得了突破性的进展，不仅年产 25 万套子午线轮胎梦想成真，而且生产规模扩大到年产 100 万套；还在杭州经济技术开发区征用 423 亩土地，准备建设一个混炼胶中心和一座轮胎生产基地。1993 年，该公司共投入 12 276 万元（其中美元914.05 万）、用于技术改造，其额度为"六五"和"七五"期间总投资量的3.03 倍，使企业的竞争力大为提高。如无这一系列举动，用傅冬明总经理的话来说："杭橡"厂活不到 20 世纪末。

例 2：杭州啤酒厂合资后，"中策"一次性投入 600 万美元，解决了引进设备所面临的资金困难。有了这笔资金，设备迅速改进，一年内产量递增 25.59%。最近，通过中策公司的介绍，杭州中策啤酒与德国高登堡（Kaltenberg）啤酒公司签订了技术合作合同，引进国际名牌商标和生产技术。这些技术改造完成后，啤酒厂的生产能力将增长一倍。

当今，企业间的竞争主要是技术的竞争，谁的技术先进、产品质量好，谁就能占领市场。而技术进步有赖于资本积累。英国学者斯科特（M. F. G. Scott）根据对一些发达国家经济增长统计资料的分析和技术专利史研究，提出了一个新的模式，说明资本投入是产出增长的决定因素，也是技术发明和知识积累的源泉和动力。中策投资公司虽然不具有生产技术方面的优势，但在资本方面有雄厚的实力，可以使资本转化为先进技术。

2. 制度安排中还包含了决定交易效率的因素。从中策企业的"法人治理机构"来看，企业在市场交易中的效率已显著提高。这些国有企业合资后，就大刀阔斧地进行企业内部改革：杭州电缆厂的科室从 36 个压缩到 12 个，中层干部从 92 人精简到 47 人；中策橡胶对生产车间采取了利润承包，对销售部门采取了销售额承包的新促销手段，又争取到了外贸自营进出口权；双喜轮胎还建立计算机信息中心，形成了井然有序的信息管理网络；在泉州，还带动了政府机构的改革和调整，中侨集团成立后，泉州市重工、轻工、化工局等十多个政府机构被取消。这些变革，使大陆的"中策家族"企业运转自如，决策迅速，从管理上增强企业的活力，提高了在国内外市场上的竞争力。

五、简要结论

从对中策企业产权制度创新效应的考察中，可以得出如下结论：

1. 国有大中型企业通过与海外投资者合资，是走向现代企业制度的一条捷径；

2. 国有大中型企业走向现代企业制度的核心是产权制度的创新；

3. 香港中策投资有限公司通过控股的形式，在极短的时间和比较大的空间范围内，大规模地向大陆市场投资，并采取"一揽子嫁接改造的战略"，是个创举，值得提倡；

4. 未来亚太世纪的前景在很大程度上取决于中国大陆的市场经济体制的形成和经济的发展。黄鸿年先生的大陆投资战略是有远见的，有胆略的，也体现了炎黄子孙对中国这片热土的深厚感情，这种经营思想和民族精神应当在全世界的华商中发扬光大。"中策现象"将在我国和世界各地受到瞩目。

参考文献：

1. ［美］R. 科斯等：《财产权利与制度变迁》，上海三联书店 1991 年版。

2. （中国香港）《广角镜》月刊，1994 年 1 月、2 月号。

3. 金煌译：《黄鸿年传奇》，（中国香港）《南北极》1993 年 10 月号。

4. 许群等：《香港中策投资有限公司在华投资调查》，新华社杭州讯。

（"中策现象"研讨会上的发言，刊于《国有产权改革的案例研究》，中国经济体制改革研究会编，1994 年 7 月）

发展环境与浙江战略抉择

关于开展经济社会发展战略再讨论的建议

——在浙江省政协七届一次会议大会上的发言

浙江省政府的工作报告提出，浙江省到 20 世纪末，争取达到目前中等收入国家的平均水平。这是一个鼓舞人心的奋斗目标。据世界银行的报告，1989 年，中等收入国家和地区的平均人均 GDP 为 2 040 美元。到 2000 年，浙江的人均 GDP 究竟会达到什么样的水平？不久前，我在香港召开的一次国际研讨会的论文中作过研究。用世界银行发展报告通用的汇率法计算，按现行汇率价到那时浙江的人均 GDP 可达 999.5 美元，接近 1 000 美元。若根据戈登等在《管理世界》杂志 1991 年第 1 期的《中国国民生产总值的国际比较研究》一文结论，用动态购买力平价调整，中国的国民生产总值应当是汇率计算法的 3.3 倍。用这个标准计算，2000 年人均 GDP 为 3 288.45 美元。据此，我认为，浙江在 2000 年已越过"准工业"阶段，达到"工业化"地区的水平。以动态购买力平价换算的人均 GDP 相比较，2000 年浙江可达到中国台湾 1984 年和韩国 1987 年的水平。因此，就人均 GDP 的实际水平来说，浙江省政府提出的奋斗目标是可以实现的。但除了人均 GDP 之外，衡量一个国家和地区的发展水平还有其他的生活质量指标，如公民受教育的程度、基础设施、环境质量等，而在这些方面都达到中等收入国家和地区的平均水平恐怕难度比较大。要实现省政府提出的这个宏伟目标，关键是要推进改革的制定正确的发展战略。现在，经济体制改革的目标模式已经定了，社会主义市场经济体制将给经济充满生机和活力的希望。在这种条件下，经济增长取决于发展战略的选择。而我省的发展战略几经折腾，很不稳定，若明若暗，并未在全省各界人士中取得共识。

一、浙江经济发展战略演变过程

1979 年以前，在封闭的产品经济体制下，浙江实行的是省内自求平衡的战略，不能发挥浙江的比较优势，造成经济发展的缓慢。1979 年以后，随着经济体制改革的深入，经济发展战略也逐步转型，向着"利用市场机制，合理配置资源，依靠科技进步，发挥比较优势"的方向发展。于是开始越过省界从外省去寻找资源，运行方式也相应地由省内循环向国内循环转型。1984 年，中央提出开放沿海 14 个城市的政策后，又力求向加入国际经济循环的方向迈进。此后，战略抉择引起了省委和省政府的重视，先后提出了几种不同的战略思路：

1. 1985 年 4 月的浙江经济科技发展战略研讨会。这是省政府集各方人士之见解，共谋浙江发展大策的富有成效的会议，会议的成果是省政府办公厅印发的《浙江省经济社会发展战略纲要》（以下简称《纲要》），《纲要》认为，浙江经济发展的基本战略方针是："进一步改善和创造各种基本条件，资源配置和积累源泉由省内扩大到国内外，提高开放经济的水平，使全省国民经济的新的技术基础上实现持续、稳定、协调发展。"

2. "贸易兴省"的战略。这是浙江省政府的一位负责同志在 1987 年 12 月"关于我省经济发展战略的一些思考"的报告中提出的。他认为，浙江应"把资源小省建设成经济大省的基本途径是发展外向型经济，以出口为导向，靠贸易兴省"；并提出，"贸易兴省必须紧紧依靠科技进步"。

3. "打基础、上水平、增效益"的战略。这是 1991 年在《关于浙江省国民经济和社会发展十年规划和"八五"计划纲要》中提出来的。

4. "科学兴省"战略。这是在 1992 年的浙江省科技大会上提出来的。

5. "混合型"的战略。1992 年浙江省委负责同志的浙江省委八届八次全体（扩大）会议上的报告中对发展战略有两种提法。一处说，"我省经济再上一个台阶，必须坚持省委八届五次会议提出的以提高国民经济整体素质为中心，把经济工作的重点放在'打基础、上水平、增效益'上的发展战略"；另一处又提出"加快全面实施科教兴省战略"。这两个提法如何统一起来，人们还不太清楚。

在发展战略问题上，有个认识深化过程，对某些提法可以作点修正，但不能多变，认准了的战略思想，确定之后说要稳定。因为发展战略是发展目标和实现目标的政策、措施和步骤的高度概括，是具有全局性、长远性、规律性和关键性的谋划。必须建立在科学的基础上，作准确的概括。

二、诸种发展战略思想简评

我认为，1985 年的讨论会上，不少同志提出发展外向型经济的战略是很有远见的，可是并未被采纳。但《纲要》已明确提出要"提高开放式经济的水平"。《纲要》的基本思路是对头的，但由于缺乏配套的实施办法，未能落实。

"贸易兴省"的战略说是通过市场交易实现资源互换，用我们的优势资源从市场上换回浙江省所稀缺的资源，而要实现这种资源互换说要紧紧依靠科技进步。其实，"贸易兴省"就是在市场经济中求发展的战略。然而，这个正确的战略思想却被有些同志误解为仅仅是做生意，遭到了非议。这种非议对浙江经济产生了一些负面效应。

"打基础、上水平、增效益"，作为一定时期内经济工作的重点是正确的，1991年提出的这九个字的方针是正确的。但作为一种发展战略还值得斟酌，因为这个方针太一般了，可以说适用于各个省市；同时也不能概括浙江经济发展的全貌，需要从宽广的视角是作出抉择。

"科教兴省"的战略从总体是来说是符合新技术革命发展趋势的。但"科教兴省"的含义是什么，并没有说清楚；它同发展外向型的战略是什么关系，同"打基础、上水平、增效益"的战略是什么关系，也不是很清楚。我认为，科教事业的发展具有战略地位，是经济社会战略的重点，但要确立"科教兴省"的战略那又是另一回事。日本提出"实行技术立国"是在1980年，在此之前是"贸易立国"的战略。所谓"技术立国"是加快科学技术的开发，进行适用技术的转移，靠科学技术的实力在国际竞争中取胜；产业结构向高新技术与富有创造性的劳动力相结合的"创造性的知识密集化"的方向发展。所以，确立"科教兴省"是有条件的，是科技实力相当雄厚之后才能提出来的。浙江还没有发展到这个阶段。

从这个简要分析中可以看到，浙江经济社会发展战略的思路还不清晰，特别是对发展外向型经济的问题还没有提高到长期战略高度来加以确认；对浙江产业升级的战略地位还不突出；开发海洋的问题还未提到战略的高度不认识。发展战略，作为一门科学应当是可以研究的，即使在一些重要决议上写上了，还是可以继续讨论，是可以修改的。现在还迫切需要开展一次广泛而深入的再讨论，使浙江的发展战略有个符合实际的开拓型的思路和科学的概括。

三、发展战略再讨论的设想

1. 发展战略再讨论的过程就是统一各级领导、各界人士的思想，取得共识的过程。首先是对省情的再认识过程，对浙江省的资源、优势和实力作出正确的评价；同时，对世界经济发展的趋势和新技术革命的前景作出正确判断，抓住发展机遇；还要总结过去，吸取成功的经验。这些问题弄清楚了，才能作出科学的战略抉择。

2. 发展战略再讨论的过程也是决策向民主化科学化转型的过程。对浙江的经济社会发展战略，我省经济界和知识界是有许多想法的，不乏真知灼见。通过讨论可以把各界人士的智慧集中起来，形成一个科学的战略抉择，从而调动各方面的积极性为实现既定的战略目标奋斗。

3. 采用多种形式展开讨论。可以通过新闻媒介吸收广大群众参与讨论；浙江省政协也要把发展战略的讨论作为参政议政的重要内容；还可以由浙江省政府组织有关部门的领导干部、经济学家、社会学家、教育学家、自然科学家、企业家和经济部门的管理专家进行专题研究，举行类似1985年的大型的经济科技社会发展战略研讨会。建议浙江省政府尽快组织经济社会发展战略研究组，筹备这次再讨论。

4. 发展战略要由浙江省人民代表大会通过，用法律的形式定下来。这样既可以保证战略方针的稳定性，又在法律上保证其实施。衢州市的经济社会发展战略已由市人民代表大会通过，用法律的形式定了下来，起到了很好的作用，省里也可以仿效。

（1993年1月）

关于制定"走向 21 世纪的浙江经济社会发展战略"的再建议

——在浙江省政协七届二次会议大会上的发言

在 1993 年的政协七届一次会议上,我做了《关于开展浙江经济社会发展战略再讨论的建议》的发言。万省长认为,这个问题很重要,在准备浙江省九次党代会报告期间将研究这个问题。这次李泽民同志在党代会上的报告写得很好,得到了各界人士和各地、各部门同志的称赞,对浙江经济的发展将产生深远的影响。但感到不足的是对浙江的经济社会发展战略还没有明确的提法和详尽的阐述。这恐怕是因为这个问题的难度比较大,争议也比较多,一时来不及解决。但是,应该说浙江省政府对一些战略性的问题是非常注意的,逐项在解决。比如,对基础设施建设抓得比较紧,制定了《交通建设"九五"规划纲要》、《电力发展纲要》;又召开了海洋工作会议,提出了《浙江省海洋开发纲要》,等等。《浙江经济报》还就浙江经济发展战略问题开辟专栏进行讨论。然而,发展战略问题是无法回避的,这倒不在于对发展战略如何概括,而是要对战略思想有一个统一的认识,制定发展战略的过程就是一个开拓发展思路、统一思想认识的过程。在这个问题上的争议越大,越是需要展开讨论,通过讨论对一些重大问题取得共识。上海曾经对往哪个方向发展有很大争议,是南下还是东进,争议的结果争出一个浦东的开发和开放。1993 年,上海市又提出了展开"21 世纪上海"的大讨论。当年 6 月中旬,我应复旦发展研究院之邀,参加了"上海:迈向新世纪国际化大都市"战略研讨会,上海市长黄菊称这次研讨会拉开了"21 世纪上海"大讨论的序幕,还将举行多次研讨会,并准备在国内学者研究的基础上举行国际会议,请国外专家来咨询。在此之前,海南省请中国社会科学院帮助他们制定发展战略，也正在实施之中。发展战略的讨论不是空谈，而是一项非常有价值的、有巨大经济效益和社会效益的研究工作。

一、亟待回答的战略性问题

现在各部门和各地市都在制定"九五"发展规划，这是件好事。但要制定出一个科学的发展规划，必须要有科学的发展战略为指导，要回答我们面临的一系列战略性问题：

1. 未来20年间的浙江经济环境变化的趋势如何？现在已经比较明朗的是亚太地区仍将是最有活力的地区，经济增长最快；我国恢复"关贸总协定"缔约国地位已为期不远了；香港将于1997年回归祖国，海峡两岸的关系也将进一步密切；上海浦东的开发到20世纪末将进入成长期；社会主义市场经济体制的基本框架将逐步形成。在这种环境下，浙江如何把握未来。

2. 浙江在中国这个大局中，特别是在长江三角洲经济圈中的坐标、作用、责任、机遇、挑战如何？浙江具有明显的区位优势，应当对中国经济的发展承担自己应有的责任，发挥更大的作用。

3. 未来国际国内消费需求变化的趋向是什么？这对以加工工业为主体的浙江来说特别重要，因为只有把这个问题弄清楚了，才能对产业结构作出相应的调整，增强企业的竞争能力。这就要研究消费水平、消费结构、消费特征变化的趋势，还要研究我们的目标市场在哪里。现在我们大多数企业是把市场目标盯在"三北"（即东北、华北、西北，但也包括西南）市场上，因而产品的档次只能满足欠发达地区的居民的消费需求，这势必阻碍产品档次的提高。有无可能改变目标市场的坐标，向沿海发达城市和国外市场进军？

4. 如何扩大对外开放的问题。现在浙江对外开放的格局已基本形成，但如何加大对外开放的广度、深度和力度，还是值得研究的。首先，应当把对外开放提到战略高度来认识，确定它的战略地位。其次，还要力争扩大对外开放的广度。比如，舟山提出建立"自由港"的问题，这不只是舟山的事，而是关系到全省发展战略的大问题。最后，从深度上讲，沿海地区引进外资是否已经到了由数量型向质量型转换的时候了？是否到了"向世界市场的深层空间进军"，加大海外投资的力度的时候了？

5. 产业如何发展？这是发展战略所要解决的核心问题，但争论比较多的是：第一，在市场经济的条件下，农业如何发展，关键是对粮食问题采取什么方针。第二，对以轻型、小型为主的加工型的工业结构如何看待和对待。浙江在滨海地区发展重化工业是必要的，但应以效益为产业选择的标准。前一时期已定下来的一些大项目，在"复关"后的竞争力如何、效益如何，不少人还有疑虑，需要根据新形势的变化做进一步论证。就浙江全省来说，轻加工型的结构数十年间是不会变化，问题是如何"向高加工度化"转型。第三，主导产业的选择问题，这要同科技革命和消费结构变化的趋势结合起来研究，电子工业、生物工程、汽车工业都是有前途发展为主导产业的部门。

6. 科技教育如何发展的问题。浙江省提出"科教兴省"战略，这个提法是否准确暂且不说，但把科技和教育作为战略重点是毫无疑义的。时下，浙江省的高科技产业有了长足的发展，但同全国其他省市相比仍然是滞后的。据1993年上半年的统计，浙江省火炬产业的产值累计为6亿，为全国总产值的0.97%；累计创造的利税为全国的0.52%，创汇为全国的0.001%。如何加快高新技术的发展应该作为重点问题来研究。浙江省委提出沿沪杭甬高速公路建立经济带的设想很好，是否可以建成高新技术产业带。

7. 布局如何调整的问题。存量布局的合理调整和增量布局的科学化，是发展战略的一个重要内容。浙江省九次党代会的报告对区域布局的确定是符合浙江实际的，但还有许多问题有待进一步研究。产业的布局如何同城市化过程相统一，解决城市化落后于工业化的问题。而且不少城市发展空间的余地很小，需要发展城市带，形成都市经济圈，确立一些城市的"发展极"地位。

8. 经济·社会·环境三者如何协调发展的问题。

二、开展发展战略讨论的方法

这个问题，我在1993年的发言中已经提出过建议，再作一些补充。

1. 发展战略是关系到浙江经济社会发展的全局，涉及各个领域，因此，这项讨论应当由省政府的主要负责同志亲自抓，成立专门的班子组织具体实施。这个班子可请省委政策研究室或省经济研究中心牵头，有省计经委、省科委、省教委、省财政厅、省人民银行、省农村政策研究室、省社科院和有关部门的经济学家、社会学家、法律学家、教育学家及未来学家共同参与。

2. 这项研究，力争用两年时间完成，1995年拿出《浙江经济社会发展战略纲要（1996—2020）》。第一年进行专题研究，第二年进行系统综合分析，写出发展战略的总报告。

3. 研究要采用先进的方法。一是把定性分析和定量分析结合起来；二是把实证分析和趋势预测结合起来；三是运用比较分析的方法。比较又可从两方面进行，既同国外比，又同国内有关地区比。同国外比，日本、韩国同浙江有许多相似之处，特别是韩国。韩国面积 98 992 平方公里，1990 年年底的人口为 4 280 万，也是一个自然资源稀缺的国家，又处在沿海，有很长的海岸。韩国的人口密度、地理位置和资源条件同浙江省很相似，从他们的发展轨迹中可以看到浙江未来发展的趋向，他们有许多成功的经验可供借鉴。国内沿海地区，要对珠江三角洲、长江三角洲和黄、渤海这三个经济圈的发展进行比较研究，从其他省份的发展中找到差距，以及可资借鉴的经验。

4. 为了开拓思路，除浙江省内的同志参加外，还可请中央有关部门的同志和青年学者参加，举行研讨会。在我们自己研究的基础上，请国外的专家来咨询，举行浙江经济社会发展战略国际研讨会。

5.《发展战略纲要》拟定后，要提请浙江省人大、省政协、省经济建设咨询委员会，征询他们的意见，并由省人大常委会通过，用法律的形式加以确认和保证战略方针的实施。

三、浙江经济发展战略的构想

我对这个问题的想法，已在《浙江经济》1993 年第 1 期，中国综合开发研究院主办的《开放导报》创刊号上发表了。我认为，沿海地区发展外向型经济的战略不只是 20 世纪的战略，也是 21 世纪初叶的基本战略。浙江也不例外，而且在跨进 21 世纪后，外向型经济发展进入一个新的阶段。这个新阶段的主要标志有三：一是介入国际经济循环的领域将更广泛，特别是金融和信息产业的国际化；二是出口产品的质量向高加工度化发展，产品的技术含量明显增加；三是向发达国家进军，以发达国家为我们的目标市场。这个战略的实施要依靠科技进步，在产业中采用更多的新技术，运用更先进的设备来装备企业，高技术产业的比重要有较大的提高。同时，要充分利用海洋资源的优势，开发海洋，向海洋要财富。这样的思路可以概括为："依靠科技、外向发展、产业升级、开发海洋的发展战略"。在讨论中，我将进一步展开论述和深化，这里只是"抛砖引玉"。期待着一个富有开拓性、符合时代潮流和浙江实际的、科学的"走向 21 世纪的浙江经济社会发展纲要"早日问世。

（1994 年 2 月 25 日）

走向 21 世纪的浙江经济发展战略构想

浙江在走向 21 世纪的时候，究竟采取什么样的发展战略？一直是人们关注的问题，有过各种各样的思路，但都感到很难用几个字来准确地概括。这次参加浙江省里的"九五"计划和 2010 年规划的起草工作中，我一直在思考这个问题。不久前，由李泽民同志主持的征求对规划建议初稿的意见的座谈会上，我提出了自己的构想。我建议，"浙江要实施率先实现现代化为导向的优势重组战略"，可以简称为"优势重组战略"。这个建议已被起草小组所采纳，把"重组发展优势"的内容包括在内了。现在草稿中的战略方针的提法，我参加了讨论，我是赞成的。但总感到还不够概括，仔细琢磨起来，现在稿子中提出的"三个强化"，即强化科技教育，强化外向开拓，强化环境建设；或者再加上一个强化农业基础的"四个强化"。这里强化的意思不过是加强而已，从思想认识到要素投入都要加强。这些强化是否可把它作为"优势重组"这个总战略中的战略重点。邓小平同志在提出分三步走、隔几年上一个台阶的战略时，也是把农业、科技教育作为战略重点的。我建议现在这个提法再作些斟酌，可否提"以率先实现现代化为导向，提高国民经济的整体素质，重组发展优势"的战略方针，今天，乘这个机会，再就我关于"优势重组战略"的构想，谈谈我的一些想法，供同志们讨论参考。

一、未来 15 年是发展的最好时期

1. 世界经济的景气度明显复苏

西方经济在经历连续三年的景气低迷之后，1994 年终于出现明显复苏现象。1994 年我在上海参加的"浦东开发与中国经济发展国际研讨会"上，一些著名的外国经济学家，包括诺贝尔奖获得者劳伦斯·R.克莱因都认为，在 20 世纪的最后几年里，世界经济会有一个低速增长的态势，西方的增长率大概在 2%—

4%；东亚地区为 7%—8%。世界经济周期，现在一般认为是 20 年一个周期，最近一个周期是 20 世纪 80 年代中开始的，这个周期可持续到 2005 年左右。现在世界经济处于一体化，各国经济是相互影响的。西方经济繁荣对我们的对外贸易和吸引外商投资都有好处。但国际上的竞争很强烈，现在东盟发展很快，1995年 4 月东盟经贸部长会议达成协议，要在 2003 年前成立东盟自由贸易区的目标。这对我们是个挑战。

2. 我国经济也将是一个持续高涨的时期

中国社科院课题组研究的结论是："1991—2010 年将是我国经济增长的黄金时期。"从全国来说我国正处在标准意义上的工业化开始阶段，浙江处在工业化中期。这个时期是一个高速成长期。因为前一时期的发展，为人民生活的改善创造了条件，因而国内的储蓄率提高了，有了可能满足投资的需求。按照我国目前的经济发展水平，今后每年均要实现数以万亿元计的巨额投资。如果经济不能保持较高的增长速度及相应的投资规模，则这部分产品的价值就无法实现，社会再生产就无法进行正常循环。美国的克莱因说："从总的预测来看，中国会像过去 15 年那样，在未来的 20—30 年继续这种发展势头。"世界银行的一份报告中说："中国的发展可按目前的方式持续 20 年，原因是中国的国内市场巨大。"马克维茨也认为："中国人都是些很能干的企业家，每到一个新地方，他们都可以落地生根，迅速发展起来。全世界范围的华人都是如此。我认为中国有许多做生意的机会，在未来数年中不会减低势头。"

3. 长江三角洲经济圈发展势头更好

现在国内有种提法，把我们这一带称为"新兴工业化地区"，包括从山东、江苏、上海、浙江、福建到广东的五省一市。国外对长江三角洲发展前景有个评论说："按照目前长江三角洲的发展势头，跨入 21 世纪以后，这里将成为第六个世界级的城市群。"前五个世界级的城市群是：以伦敦为中心的英国城市群、以巴黎为中心的西欧城市群、以纽约为中心的美国东海岸城市群、以芝加哥为中心的美国中部城市群和以东京为中心日本城市群。组成长江三角洲城市群的有 14个，除了上海、南京、杭州三大城市外，浙江省还有宁波、绍兴、嘉兴、湖州和舟山。这十几个城市在我国经济发展中的重要战略地位已引起了世界的注目，他们是把这个地区放在世界经济发展的大背景下来判断的。浙江是未来第六个世界级城市群中的一部分，要认清浙江在全国和长江三角洲的地位，这就是我省的区位优势。因此，研究战略首先要分析"世界级城市群"是什么样的。这类城市群的基本特征是：除了具有一般城市群的共有特点外，往往还拥有相当强大的经济实力；沿江靠海，是主要的交通航运枢纽，具有优良的基础设施；以贸易为先行，以工业为基础，以金融为主导，并成为国际性的经济、金融和贸易中心；具有发达的文化科学教育，是人才荟萃之地。要按"世界级的城市群"的高要求来研究未来的发展办法。除了这个区位优势外，浙江要发挥我们在这个经济圈的作用。浙江应当成为长江三角洲经济圈中的商品贸易基地、加工制造业基地、电力工业基地、海洋运输基地、度假旅游中心，在高科技领域里也要占有一席之地，树立起浙江现代化的形象，新兴工业化地区的形象、世界级城市群的形象。

二、浙江需要重组发展优势

"优势重组战略"，我是按照以下思路提出来的：

1. 浙江的 GDP 由第 14 位上升到第 5 位靠的是什么

靠的是"比较优势"，结构上的优势，体制上的优势，文化上的优势，自然环境的优势。从发展经济学上来讲，发展中国家的增长进程可以理解为经济结构的全面转变，而结构的转变要受一个国家的资源禀赋、初始结构、发展政策、社会系统的制约。这几个方面的情况，在浙江是怎样的呢？

（1）资源禀赋。也就是天然赋予我们浙江的生产要素的丰盈程度。过去有过"资源小省"的说法，这是就工业原料资源而言的，浙江金属矿产确实不多。但就广泛的资源而言，浙江有丰富的劳动力资源，有海洋资源，这些资源加进去，浙江资源拥有量就不是小省了。但目前对浙江经济发展的贡献来说，资源禀赋不是我们的优势。

（2）初始结构。即开始实现标准意义上的工业化时的结构状况。浙江的结构，叫做"轻、小、集"。"轻"的结构符合 20 世纪 80 年代经济增长的趋势。80 年代我国国民经济增长模式是以消费品为导向的工业化推动型的增长模式，浙江省轻纺工业结构正符合这个增长模式，使经济大幅增长；"小"，有利于工业的起步，投资少，容易见效；"集"，这意味着国有企业数量不多，规模不大。这种结构：一方面迫使我们从非国有经济方面去寻求新的经济增长点，发展非国有经济；另一方面国家的计划指标占的比重很小，计划经济的控制力量比较薄弱，迫使我们从市场上去寻找原材料和销售渠道，这就有可能在计划经济的薄弱环节率先寻求市场导向的改革，为运用市场经济的机制创造了条件。这种初始结构的优势，对过去 15 年的作用很大，是我们取胜的原因。

（3）发展政策。这方面，国家没有给我们特别的优惠政策，不像经济特区和上海浦东的开发开放有特殊的优惠。没有优惠，但有群众的创造，浙江的老百姓有许多创新在全国是领先的，把以市场取向的改革推向前进。

（4）社会系统。我在这个问题上的观点，《改革月报》1995年第6期已经刊登了。社会系统是由能量构成的。社会系统的变动是人或群体间的"能量转换"。这种能量源于各种资源的综合体，有社会资源、环境资源。这里我只讲两个方面：

①社会系统的中心是市场。虽然社会主义的市场经济体制尚未建立，但可以说，通过改革已初步形成市场经济的环境。这个环境迫使国有企业进入市场，参与竞争，在竞争中求生存。所以，浙江的国有企业比较早地经历了市场经济的考验，较早地渡过了一些难关。因而同其他地区的企业相比，有个时间差，这就有可能胜过他们一筹。

②社会文化的能量。根据泰勒的定义，"文化是一种复合整体，包括知识、信仰、艺术、法律、道德、风俗以及作为社会成员的个人所获得的其他各种能力和习惯"。我认为，浙江的文化具有传统文化和海洋文化相结合的特点。从传统文化讲，浙江人民有勤劳的美德；从海洋文化讲，有开放意识、风险意识、经营意识、金融意识、创新意识。而改革解除了束缚人们思想与行动的条条框框，使浙江人民的积极性迸发出来了，很多事都在全国开了先河。

我从发展经济学上的这四个影响经济增长的因素来总结过去15年浙江发展，得到一个结论是：浙江在结构上、体制上、社会系统上是有比较优势，是靠"比较优势"取胜的。

2. 现在面临的问题在哪里

我认为也是"比较优势"在逐步丧失。农业上的优势已丧失多年，结构上的低层次已不适合变化了的需求，20世纪90年代我国经济增长的轴心在转移，模式在变化，现在的增长主要是靠城市化来推动的。经过初步工业化的实践，人们发现城市化严重滞后于工业化，要求加快城市化的进程，而城市化的发展提出了许多新的要求：一是基础设施建设所需的交通、通信、能源、供水以及直接相关的原材料的需求；二是房地产业的发展；三是城市化为耐用消费品的发展提供了更好的条件。这些年来，新增长的需求，大多是由城市化推动的。这种变化，浙江的产业结构是不适应的。体制上的时间差已大大缩小了，改革的超前效应力大大减弱了，许多其他省份也在加速发展非国有经济，机制也很灵活；相反，我们的乡镇企业管理向国有企业靠拢的倾向相当严重，政企不分所带来的问题也没有解决，某些地方机制在蜕化。我们号称"市场大省"，这个市场大省仅仅是指消费品而言，而且主要是农村的批发市场。这些市场对浙江经济发展起了很大作用，是我国批发业的革命。但是，市场摊位量的扩张是有限的，而且面临着政府行为所引起的过度竞争和管理水平低下，发展趋势不容乐观。海洋大省，这是潜在的优势，目前，海洋经济大省的优势还没有条件加以发挥。文化之邦是历史上的誉称，有待振兴；旅游大省，也面临着如何重组优势的挑战。鉴于这种情况，今年省委、省府提出转变增长方式，提高国民经济的整体素质，是非常及时、非常正确的。据我理解，这个方针的宗旨也在于要重组浙江的发展优势。所以，浙江面临的所有问题，综合起来就是要"重组优势"。"重组优势"正是解决我们面临挑战和危机所要采取的战略。

3. "比较优势"是可以重组的，新的优势是可以创造的

美国的博多·巴·托恰等人著的《发展高技术产业政策之比较》一书指出，他们对日本研究中得出的结论是："国家的比较优势……可以由国家的政策措施造成"；"只要想要，比较优势就可以求得，它不再是各种相对固定的禀赋因素的'俘虏'"；"政府能够造成比较优势"。这样的事例很多。

4. "优势重组"的方向是什么

就是按中等发达国家的水平的方向重组，所以，提出"优势重组"要以"率先实现现代化为导向"。这个导向作用的含义是：重组技术含量大、外向度高、经济效益好、运行机制活、竞争能力强的结构。这个战略的涵盖面比较广，既可以包括"科教兴省战略"、"外向发展战略"，也包括"增长方式转型战略"，是今后15年所要解决的大问题，是一个长期性的、全局性的大问题。"优势重组"的问题渗透在各个方面，包括：传统优势加以发挥，现有优势加以提高，潜在优势加以挖掘，分散优势加以整合，新的优势重新构造。

三、重组发展优势的几个问题

"重组发展优势"是个大系统，包括经济和社会发展中的许多子系统，可以写成厚厚的一本书，这里只对几个问题谈谈我的一点粗浅的认识，自己未有深入研究过的就不说了，如农业问题等。

1. 构造科技优势

"技术是国际竞争中的一个新的'圣杯'"，"是现代国家和世界经济威力的重要生命血液"，这已成为公认的真理。构造科技优势，首先要加速科技进步机制的转型。现在，整个经济体制正在向市场经济转型的过程中，技术进步机制也正面临着转型的问题，从推动技术进步的观念、体制、政策都要来个大转变。在市场经济条件下，技术进步的需求来自市场，技术进步的动力源于激励机制，技术进步的主

体是企业，技术进步的关键在于科技人员的素质，技术进步的支撑点是政府。因此，在企业、政府、市场制度方面都有个创新的问题，以降低技术进步的社会成本。其次，要开发高技术产业。最后，是在制造、管理和市场销售活动中采用高技术工艺程序，这比我们说的用高新技术改造传统产业的含义还要广。

2. 重组环境优势

把基础设施搞得像一个真正是现代化的省份。世界经济发展史证明，大规模的基础设施建设，是经济大发展的前奏。西方19世纪中叶的铁路建设的大发展，迎来了19世纪末20世纪初的大发展；20世纪50年代高速公路和航空业的大发展，诱发了60—70年代西方的繁荣；目前各国都在加速"信息高速公路"的建设，预示着世界经济将有一个大发展。弗里德曼说："未来75年内，人们可以看到一次世界性的工业革命。"我们正利用"后发效应"，把西方的最近50年来的两次基础设施的大建设并成为一次，这是保证高速增长的环境条件。

重组环境优势中还有一个大问题就是要强化中心城市的功能和作用。对这个问题的认识，目前还很不一致，集中在三个问题上：第一，现在是否已经到了强调中心城市的作用的时候了？我省实施的"强县战略"，在过去15年中对全省经济发展发挥了很大的作用。但现在内外部条件都发生了很大变化，行政分割和无序的"个别突围"的模式同现代化是不能相容的。广东的同志已经看到了这个问题的严重性，提出"诸侯经济路到尽头，联合才是珠江三角洲人的共同愿望"的呼声，正在规划建设"珠江三角洲经济区"。在浙江省，1995年万学远省长在《政府工作报告》中指出"在优化经济结构布局过程中，既注意继续保持和增强县城经济的发展活力，支持其不断上水平；更注重提高中心城市的综合功能，充分发挥其带头作用和辐射作用，促进中心城市经济和县城经济互相促进、协调发展"的思想，是符合浙江实际的。这里提出了"更注重提高中心城市的综合功能"，非常重要。我认为，要提高国民经济整体素质就必须强化中心城市的作用，因为中心城市的劳动力素质相对比较高，科技力量比较强，管理水平比较高，信息比较灵，大城市具有创新的环境。是经济增长的"中心极"。现在是到了强化中心城市作用的时候了。第二，是城市化或城镇化采取什么方针这同城市化的发展阶段有关。我们的城市化还处在生产要素向城市集聚的阶段，还没有到西方后工业社会那样由大城市向小城镇扩散的阶段。我们过去采取严格控制大城市的规模，积极发展小城镇的方针。实践证明，这个方针不利于资源的优化配置，不利于城市化水平的提高。国内外的经验表明，大城市有"大城市病"，但资源配置效益高，城市建设的"门槛费用"比较低；而小城镇也有"小城镇病"，大量浪费稀缺的土地资源，增大城市化的成本。在工业化和现代化的过程中，以大城市为中心形成大都市圈是必然趋势，要顺应这个趋势，形成区域中心城市，进一步发展为大都市圈。同时，要以发展中等城市为重点，抑制小城镇的盲目发展。要发挥城市的功能，必然要使生产要素，首先是人口向城市集聚，没有人口的集聚，就不可能把生产要素集中起来，就不可能发挥其综合功能，没有一定规模人口集聚的城市要发挥其城市功能是不可想象的。现在全国各地都在调整城市发展的方针，我们不能滞后。浙江的城市化水平已严重滞后，再不及时调整，沿用原有的方针，就不可能有大的发展。第三，用什么办法来发挥中心城市的功能？讲到这个问题，人们往往把变更行政区划联系在一起，这是不对的。从国内外的经验来看，有多种方案，究竟采取什么办法，要经过论证，慎重决策。但不管怎么样，首先得统一规划。这次的草案中也提出："中心城市的发展，要同周边地区的发展结合起来，统一规划，功能互补，分步实施，协调发展。"而统一规划要有法律效力，要有资金上的保证。我们要联合起来，再造区域优势。

3. 重组产业优势

浙江沿海可以利用港口的优势，发展以石化和钢铁为主的原材料工业，但投资很大，要靠外资和国家投资，有了这样的机遇绝不能放过，而搞什么项目要讲求效益，如果国内生产的成本比进口还高，那是不合算的。可是从全省来讲，这仅是工业经济的一部分。在全省还是要发展加工制造业，重组加工制造业的优势。日本索尼公司的董事长盛田昭夫认为，"企业的真正精髓、一国经济的基础是制造业"。"国际竞争力的基础是制造业"。从浙江实际情况看，原材料主要靠国内外市场上的资源互换而取得，希望是要寄托在制造业上。问题是"向高加工度化"转型，提高加工工业的技术层次。过去15年，我们发展劳动密集型工业，现在，劳动力的成本已经很高了，劳动密集型工业已逐渐丧失了优势，要向省内不发达地区和中西部地区转移。

4. 重组企业组织结构

浙江缺少大企业，需要有上规模的企业，但不能否定小企业的作用，关键是"小"企业的技术水平。企业的组织规模是由两个方面的情况决定的：一是取决于产业结构。重型结构的企业，大企业居多；轻型结构的企业，中小型为多数。二是取决于经济发展阶段。工业化过程中的国家大型企业的作用很大，包括大财团、集团公司的作用，目前的韩国正是这样；而进入到后工业社会时，中小企业就有出头日。最近，日本《东洋经济周刊》有篇文章，题目是《中小企业出头天——21世纪的企业新面貌》。文章指出："随着世界政治经济环境迅速地转变，长久以来，以供给者导向为中心的大规模企业经营形态，已经逐渐无法满足时代潮流的需求，迈向充满各种商机的 21 世纪，企业规模大小将不再是决定胜负的必要条件，谁能够掌握消费者真正的需求，就能够在日趋激烈的竞争市场上占有一席之地。"浙江正处在工业化中期，以轻型结构为特征，所以要有一些规模大的企业作为支柱；同时，又不能小看小企业的作用，不断提高中小企业的技术水平。

5. 重组外向型经济优势

要重组这个优势，迫切需要解决三个问题：一是发展外向型企业的重点要向引进外资的质量转型，要引进一些技术水平高的产品，引进跨国公司；二是要重视国际技术市场，现在已经把国际技术市场、资本市场和产品市场结合在一起了，在引进国外资本、销售产品的过程中注重技术贸易；三是要重视进口的作用。在我国传统的对外贸易思想是：重视出口，讲创汇。这种观念早被西方所抛弃了。重商主义的对外贸易观，是重视出口，把贸易顺差而获得贵金属作为主要目标，把对外贸易作为促进资本积累的手段。到了大卫·李嘉图时代，观察问题的角度就把注意力的重点放在进口利益上，由于进口而节省了国内劳动，增加创造国民财富的劳动总量。搞进出口，真正的利益所在是进口，进口先进的技术和设备可以加快我们的现代化进程。因此，发展中国家一般都是贸易赤字国，进口大于出口。所以，在规划中对进口的问题要给以高度的重视。据《海关统计年鉴》的资料，1994 年全国出口额为 1 210.38 亿美元，进口额为 1 156.96 亿美元，出口和进口比为 1∶（0.96）；浙江出口额为 64.82 亿美元，进口额为 33.03 亿美元，出口和进口比为 1∶（0.51）；浙江出口额在全国占第 5 位，进口为第 9 位，进口系数为 0.51，是已统计的 15 个省中最低的。广东进口系数为 0.9，上海为 1.03，北京为 2.08，天津为 1.20，海南为 4.12，江苏为 0.9，山东为 0.75。浙江进口系数小，同浙江缺乏国家的重点工程有关。这方面过去没有引起我们的重视，浙江要利用创汇多的有利条件，多进口新技术、新设备，进口所需的原材料，有必要也可以进口粮食。这说明进出口的结构也需要优化。

"重组优势"战略的实施，要靠制度创新和技术创新，这就要有一种创新的精神。浙江群众的创新精神是很强的，如果有一个好的发展规划，有一个正确的战略方针为指导，重组发展优势，率先基本实现现代化的目标在 2010 年一定能实现，一个富有生机的有竞争力的浙江将屹立在中国大地上。

（1995 年 8 月 11 日上午在中共浙江省委读书会上的大会发言稿）

世纪之交的浙江经济[①]

引　言

浙江省地处长江三角洲南翼，全省陆域面积 10.18 万平方公里，占全国总面积的 1% 强；海岛 3 061 个，是全国海岛最多的省份；1996 年年末全省人口 4 400.09 万人，占全国总人口的 3.54%，是我国人口密度最大的省区之一。

浙江是中国古代文明的发源地之一。随着大运河和浙东运河的开通，经济逐渐繁荣；唐宋以来，我国经济重心南移，浙江成了全国最富庶的地区之一，并较早地出现了资本主义萌芽。在近代，处于沿海地带的浙江，备受外国列强的侵略，被迫先行开放，海外贸易有所发展。但在解放前的漫长岁月里，内忧外患，经济凋敝，社会生产力十分低下。新中国成立后，浙江开始从农业社会向现代工业社会转型，可是在计划经济体制下，社会转型的进程非常缓慢。1978 年之后，改革开放的路线和政策，改变了经济发展环境和激励了经济发展的动力，使浙江经济走上快车道运行，在不到 20 年的时间里，就由一个资源小省成长为经济大省，现在正努力解决面临新问题，构建新优势，力争以中国经济强省的姿态跨进新世纪。

一、快车道上运行的经济

改革开放之前，浙江是一个工业基础薄弱的农业省份，工业生产总值仅 132 亿元，占全国工业生产总值的比重只有 3.12%，明显低于当年人口在全国 3.8% 的比重；第二产业在 GDP 中的比重为 43.3%，低于全国 48.6% 的平均水平；而

[①] 本文资料均来自相关年度的《中国统计年鉴》、《浙江统计年鉴》、《浙江日报》1997 年有关浙江经济发展情况的报道。

第一产业的比重为 38.1%，高于全国平均水平 9.4 个百分点，因而浙江工业在全国的位次名列 14 位。就经济总量而言，1978 年浙江 GDP 124 亿元，居全国第 12 位，还是一个经济小省。浙江标准意义上的工业化是从改革开放后才起步的，经过全省人民 18 年的拼搏，经济实力明显增强，跨入全国大省的行列。1995 年浙江的 GDP 达到 3 450 亿元，跃居全国第 5 位，向前迈进了 7 个位次；人均 GDP 从 1980 年的第 10 位提升到第 4 位；城镇居民平均每人生活费收入从第 9 位上升为第 4 位；农村居民平均每人纯收入从第 8 位提高到第 3 位；工业生产总值居全国第 4 位，比 1978 年提升 10 个位次；对外贸易进出口总额从 1980 年的第 13 位上升为第 6 位；地方财政收入从第 12 位提高为第 2 位。这两年来，浙江经济在全国一直保持这样的地位。就 GDP 而言，1996 年浙江为 4 146 亿元，与居第 5 位的四川省的 4 215 亿元只相差 69 亿元。当重庆成为直辖市之后，浙江在全国各省市（自治区）经济总量的排序中居第 4 位。

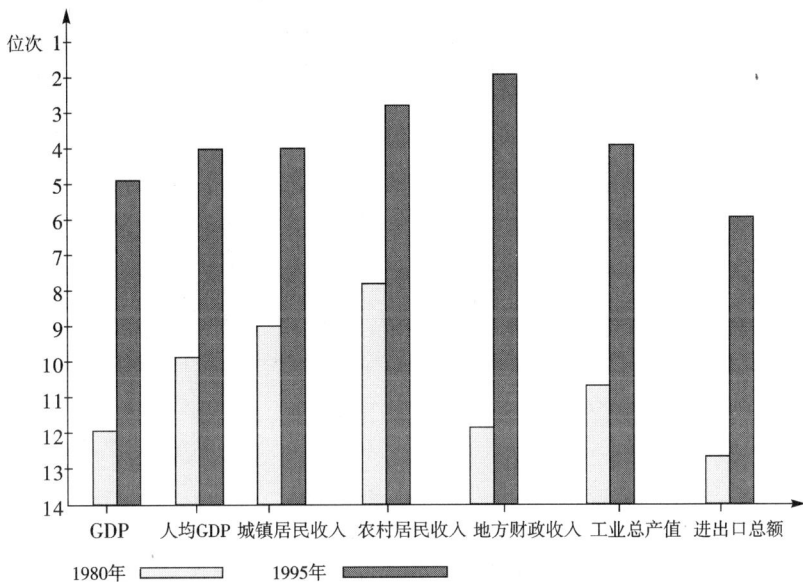

图 1 浙江经济在全国排序中的位次变化略图

资料来源：《改革开放十七年的中国地区经济》，中国统计出版社。

浙江经济结构也发生了显著变化。第一、二、三产业在 GDP 中的比重分别是：第一产业由 1978 年的 38.1% 下降为 1996 年的 14.7%；第二产业由 43.3% 上升为 53.1%；第三产业由 18.65% 提高为 32.2%（见图 2）。按三次产业分的从业人员构成：1978 年一、二、三次产业的分布是（60.6）：（28.0）：（11.4）；到了 1996 年变为（43.0）：（33.8）：（23.2）（见图 3）。与此同时，城市化的

水平也有所提高，按户籍统计的市镇人口在总人口中的比重计算的城市化水平
（未计在城市一年以上的农村人口，因而城市化水平被低估了），浙江 1978 年为
14.89%，低于全国平均 17.9% 的水平；1995 年为 32.58%，高于全国 29% 的平
均水平，但在全国的排序中屈居第 18 位，表明浙江的城市化水平明显滞后于工
业化的进程。

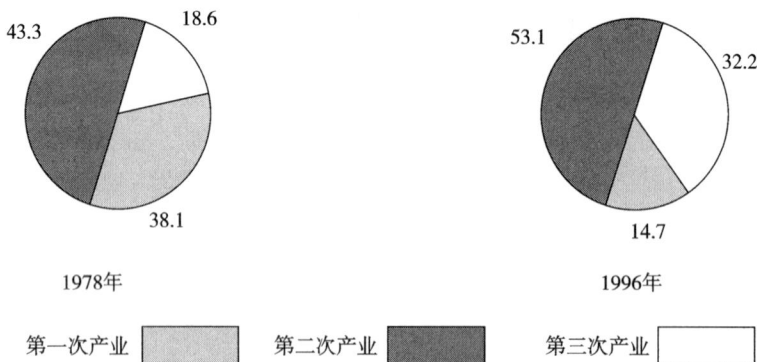

图 2　三次产业在 GDP 中的比重示意图（单位:%）

资料来源:《1997 年浙江统计年鉴》，中国统计出版社。

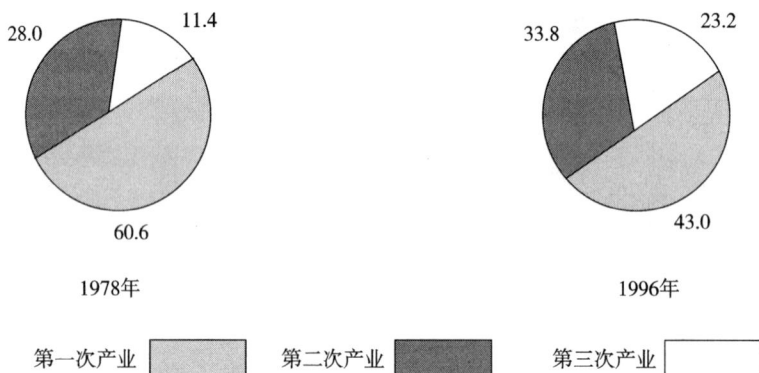

图 3　按三次产业分的就业人员结构示意（单位:%）

资料来源:《1997 年浙江统计年鉴》，中国统计出版社。

1978 年后，浙江经济最大变化是对外开放，已形成了全方位的不同层次的
对外开放的格局。自 1980 年获得对外贸易自管进出口权后，进出口总额从 2.61
亿美元上升为 134.68 亿美元，增长 47.77 倍，其中，自管出口总额为 93.5 亿美
元，自管进口总额 41.18 亿美元；出口结构也趋向优化，按国际贸易标准划分，
1996 年出口商品总额中的工业制成品已占 83.82%，初级产品只占 16.18%。截
至 1996 年，实际利用外资 80.23 亿美元，其中，对外借款 23.04 亿美元，外商

直接投资 55.33 亿美元，外商其他投资 1.86 亿美元；国际旅游接待人数为 72.90 万人次，其中外国人为 412 970 人次，旅游创汇收入 2.92 亿美元。

（单位：亿美元）

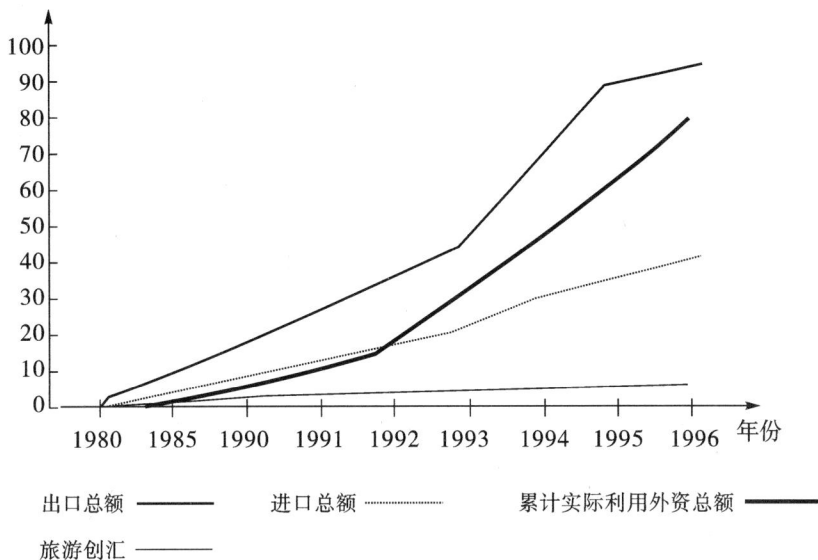

图 4 浙江对外开放主要指标示意图

资料来源：《浙江统计年鉴（1981—1997 年)》，中国统计出版社。

1978 年以来的 18 年间，浙江经济增长速度虽有波动，但大多年份都在两位数以上，1979—1995 年，GDP 年均增长 13.8%，其中 1991—1995 年期间年均增长 19.1%，比同期全国平均增长率分别高出 4.0 和 7.3 个百分点，成为全国经济增长最快的省份之一（年度增长率如图 5）。1979—1995 年，工业增加值平均每年增长 18.9%，高于同期全国工业增加值平均增长率 7 个百分点。城镇居民家庭平均每人年生活费收入从 1978 年的 304 元递增为 1996 年的 6 345 元，比全国平均水平高 44.96%，扣除价格上涨因素，实际增长 8.1%；农村居民人均纯收入从 1978 年的 165 元提升为 1996 年的 3 463 元，比全国平均水平高 79.80%，扣除价格因素，实际增长 10.1%；这期间，是浙江城乡居民收入增长最快的年份，从改革和发展中得到了实惠。

浙江经济发展阶段的判断。1996 年，工业在 GDP 中的比重已达 53.1%；对外贸易进出口总额占 GDP 的 26.09%；技术进步对 GDP 增长的贡献率为 39.6%；城镇居民的恩格尔系数 0.41，农村居民为 0.50；城乡居民储蓄存款年末余额 1 844.74 亿元，人均 4 192.5 元；人均 GDP 为 9 455 元，按汇率法计算为 1 140 美元。根据这些数据，我认为，浙江经济正处在"起飞"后的持续高速增长阶段，已跨入准工业经济的中期。总体上大致相当于日本20世纪60年代后期、我国台湾省70年代中期和韩国70年代后期的发展水平。

（单位：%）

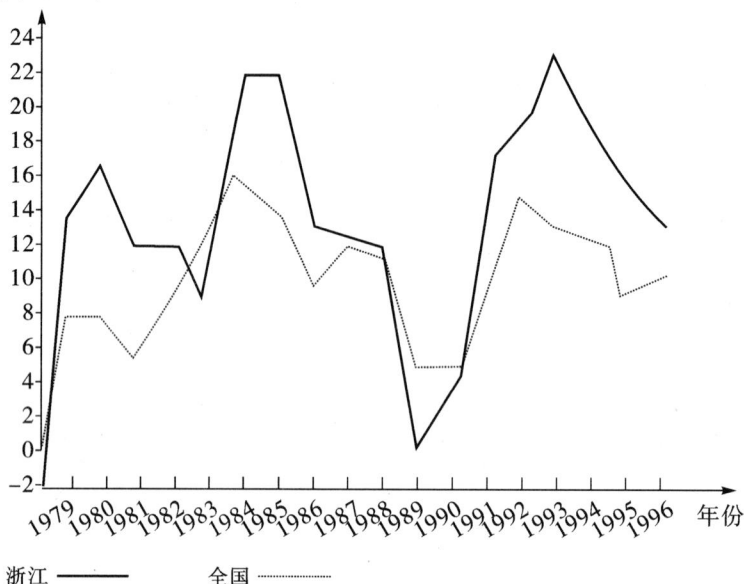

浙江 ——————　全国 ·····················

图5　浙江与全国 GDP 增长速度比较图略

资料来源：《1997 年中国统计年鉴》，中国统计出版社；《改革开放十七年的中国地区经济》，中国统计出版社；《1997 年浙江统计年鉴》，中国统计出版社。

二、功在特殊的发展模式

浙江经济在快车道上运行所发生的变化，可以理解为从传统农业社会向现代工业社会的经济结构的全面转变。而"结构转变要受一个国家的资源禀赋、初始结构以及它所选择的发展政策的影响"。（H. 钱纳里，1986）浙江就工业原料资源而言，确实是个"资源小省"；但就广泛的资源而言，浙江有丰富的劳动力资源，有海洋资源，把这些资源加进去作综合评价，浙江资源拥有量就不是资源小省了。而目前对浙江经济发展的贡献来说，资源禀赋不是浙江的优势。在发展政策上，除了一般的沿海开放区的政策之外，没有别的特殊优惠政策，不像经济特区和浦东新区，因而在发展政策上浙江也没有多大优势。浙江在20世纪80年代的相对优势主要在"初始结构"上，即开始实现标准意义上的工业化时的结构状况。浙江的结构叫做"轻、小、集"。"轻"的结构符合中国80年代市场需求的总趋势，为轻纺工业的发展提供了广阔的市场，市场拉动浙江经济的高速增长。"小"，有利于工业的起步，投资少，变化快，适应市场变化的能力比较强，在工业化初期具有企业结构上的比较优势。"集"，这意味着国有企业数量不多，规模不大，而集体经济的比重较大。这种结构一方面迫使浙江从非国有经济方面去寻求新的经济增长点，调动各方面的积极性去发展城乡集体经济和个体私人经济；另一方面由于国有经济的比重很小，国家计划的指令性指标所占比重也比较小，计划经济的控制力量比较薄弱。国家计划的指令性指标比较小，意味着国家调拨给浙江的物资和提供的销售渠道也比较少，因而迫使浙江的企业把眼睛盯着市场，从市场上去寻找原材料等生产要素和产品销售市场；国家计划经济控制的力度弱，市场经济体制就可在计划经济体制最薄弱的环节突破，率先进行市场取向的改革，为运用市场经济的机制创造条件，取得"改革的先导效应"，赢得发展上的时间差。浙江经济的"初始结构"，决定了浙江经济发展模式的总体特征。

然而，由于浙江各地区之间的工业化水平、国家投资数量、国有企业的比重、产业结构以及由此而引起的国有计划控制力度的差异，还有社会文化背景和地理环境的差异，使浙江各地区之间的发展存在不同的模式。"温州模式"发源于温州，它是指以家庭经营为基础、以家庭和联户工业为支柱、以专业市场为依托、依靠农民力量建设小城镇为特征的改革和发展模式。这种模式逐步由温州向周边地区扩散，台州所走的路子同"温州模式"大同小异，只不过台州侧重于发展股份合作制的产权制度。浙东北地区的产权结构是以集体所有制为主体的，农村工业化奉行的是"苏南模式"。浙江中西部地区，在市场化的过程中，兼容"温州模式"和"苏南模式"，而"温州模式"的影响更大，人们把这个地区的发展模式称为"混合模式"。跨进20世纪90年代，股份合作制的产权制度兴起之后，浙江三大区域在发展模式上的差异在缩小，它们之间的边界逐步模糊了。

尽管浙江各地区之间在发展模式上有所差别，但以下三个方面是共同的：

第一，构建多元化的产权结构为市场的主体；第二，采取发展国内外贸易，实现资源互换的循环方式；第三，市场化和发展的主动力是群众的伟大创造，也就是以诱致性制度变迁为主的制度安排，推动经济发展。

概括起来，浙江实施的是"诱致性创新为主动力的，产权结构多元化的，贸易主导型的经济发展模式"。

浙江走向市场经济的过程，主要是诱致性制度变迁的过程。开始是由个人和一部分人根据市场的获利机会，冲破原有制度安排的束缚，自发地创造新的制度安排，又通过一些群体的倡导、组织和实行，取得了成效，因而其他地方也逐步仿效和推行。尔后，得到上级党政领导机关的肯定，并用政策和法规的形式使之成为正式的制度安排，以行政行为来促进制度变迁。浙江在改革方面的许多创新，都经历了这样的一个过程。这种诱致性创新，塑造了市场主体，培育了市场体系，推动了经济高速增长。

浙江走向市场经济的过程，最显著的特点是产权结构的多元化。据 1996 年的统计，工业总产值的比重为：国有经济占 10.7%、集体经济占 45.3%、城乡个体（包括私人经济）占 32.4%、其他经济型（股份制经济、外商投资经济、港澳台商投资经济）占 11.6%；社会消费品零售总额的比重为：国有经济占 15.9%、集体经济占 13.5%、联营经济占 0.7%、个体经济占 50.3%、其他经济占 19.6%。无论在工业还是商业领域里，城乡个体和私人经济的比重都高于全国的平均水平（见表1、表2）。这种多元化的产权结构，适应市场经济的需要，使市场主体多元化，因而市场竞争机制对经济发展的推动作用更为明显；而且在目前条件下，各种类型的非国有经济的机制比国有经济要灵活得多，有利于刺激经济增长。无疑产权结构多元化，是浙江经济持续高速增长的最主要的动因。

表1　1996 年浙江与全国工业总产值中产权结构比较表

（单位:%）

	国有经济	集体经济	城乡个体	其他经济型
全国	28.5	39.4	15.5	16.6
浙江	10.7	45.3	32.4	11.6
浙江与全国比较	−62.46	+14.97	+109	−30.12

表2　1996 年浙江与全国社会消费品零售总额结构比较表

（单位:%）

	国有经济	集体经济	联营	城乡个体	其他经济型
全国	27.22	18.34	0.51	31.89	21.85
浙江	15.9	13.5	0.7	50.3	19.6
浙江与全国比较	−41.59	−26.75	+37.25	+57.26	−10.3

资料来源：《1997 年中国统计年鉴》，中国统计出版社；《1997 年浙江统计年鉴》，中国统计出版社。

浙江走向市场经济的过程，是以贸易为先导的。市场体系的发育，首先是从农村专业市场开始的。20 世纪 80 年代中期，温州就兴起十大专业市场；80 年代末义乌市提出"贸易兴市"的战略方针；90年代全省各地纷纷效仿，建立起各种类型的专业市场。据浙江省统计局副局长岑国荣在《浙江经济报》1997年12月8日文章中提供的资料，到1996年年底全省各类商品交易市场达4 388个，成交额达2 545亿元，其中年成交额超亿元的专业市场有286个，在全国百强市场排名榜上浙江拥有24个，被誉为"市场大省"。专业市场的带动效应非常大，推动邻近地区乡镇工业的发展，激发为专业市场配套服务的第三产业的发展。所以，有所谓"兴办一个市场，带动一方经济，富了一方百姓"的说法。但是，这类市场还是古典式的初级商品交易市场，同现代商品市场还有很大距离。浙江的商品交易市场比较发达，而要素市场的发育相对滞后，因而整个经济的市场化程度还比较低。据岑国荣文章的资料，目前，浙江全省第一产业的市场化程度为75%，第二产业为97.3%，第三产业为73%；劳动力市场的市场化程度为78%，资本市场化程度为33%，整体经济市场化程度为72%。尽管如此，浙江商品贸易市场，在经济高速增长和构建市场经济体制方面的主导作用是明显的。

浙江的经济发展模式，与"苏南模式"和"珠江模式"相比较而言，优点和缺陷都很明显。其主要特点：一是创新的推力巨大。这就使浙江在改革的某些方面具有先导优势，可利用改革的时间差，加速经济发展。二是市场的敏感度极高。浙江的市场化程度同经济增长是成正比的，而且市场的变化对经济增长周期的影响很灵敏，这就为企业家提高对市场变化的应变能力增加了压力和锻炼的机遇。三是受国家宏观控制的影响较小。近年来，国家采取紧缩银根的货币政策，对浙江经济有一定的约束力，但由于国有企业所占比重不大，资金短缺对全省的影响度较轻微，众多的非国有企业照样运转自如。四是百姓得到的实惠较多。尽管在市场化过程中，居民之间收入差距在扩大，但基尼系数仍在合理的区间，居民收入的总水平居全国前茅。五是经济增长素质欠佳。浙江企业规模小，企业技术层次不高，产品档次低，竞争力不强，这就制约着浙江的发展，要克服这个缺陷，唯一的出路是加快经济体制转型的步伐，从根本上转变经济增长方式。

三、再创经济发展新优势

随着全国经济体制改革进程的加速，浙江在改革方面的时间差的优势在丧失；"轻、小、集"的初始结构的优势，也因市场需求的变化而减弱；商品专业市场的优势，在交易方式和市场化水平提高之后也面临严峻的考验。浙江经济发展模式的缺陷在1997年的经济发展中已充分显露出来了。浙江经济高速度的数量扩张阶段已经结束，开始进入结构转型期的平稳增长阶段。1997年，预计

GDP 将达到 4 630 亿元，增长率为 11%，同比将回落 1.7 个百分点，降幅有可能列沿海地区首位；虽在全国排序中仍将继续保持第四位，但与广东、江苏、山东的 GDP 的绝对量的差距进一步扩大至 2 000 亿元。浙江工业生产总值的增幅 1997 年出现了大幅滑坡，1—9 月，乡及乡以上工业总产值同比回落 10 个百分点，为 10.8%，低于全国 13.1% 的平均水平，降幅居沿海地区首位。我认为，对增长速度的回落要有正确的看法，要摆脱以增长速度来评价一个地区的经济发展状况的框架，要以新的发展观来衡量。浙江经济增长速度的大幅回落，有结构调整和改善环境质量方面的原因，这也许是好事。浙江历来是市场变化反应最灵感的地方，浙江这样的增长速度可能反映了市场经济条件下正常的增长速度，率先步入常规增长轨道。但是，应清醒地看到，这样大幅度地下降不能不说是经济结构上的长期积累的深层次矛盾的反映。现在，浙江同邻近省市相比最大的差距在两个方面：一是利用外资的差距。1997 年，浙江的"沪杭甬高速"、"东南发电"分别成功地发行 H 股（募集资金 36.8 亿港元）和 B 股（募集资金 2.39 亿美元），表明浙江在探索新的利用外资方式方面取得了重大突破；1997 年 1—10 月，浙江新批三资企业 698 家，协议外资额 9.58 亿美元、实际利用外资额 12.14 亿美元，分别比上年同期下降 35.5%、51.5% 和 10.8%。这说明，浙江在利用外资的数量和质量上与邻近省市存在着很大差距，这对利用国外先进技术发展经济是极为不利的。二是技术改造的投入不足。1997 年，沿海各地投资需求对经济增长的拉动作用都有所减弱，增幅普遍下降，而浙江的降幅过猛，1—9 月固定资产投资比上年同期增长 6.7%，同比回落 18.6 个百分点；10 月份的固定资产投资完成额有所上升，预计全年全社会固定资产投资增长率可达 7% 左右。固定资产投资的问题主要危险在于技术改造投入降幅太大，1—9 月呈负增长的态势，累计下降 6.1%；现在开始回升，预计同上年持平；这对产业升级是很不利的，会影响浙江经济增长的后劲。这些都是浙江经济发展中所迫切需要解决的难题。

　　在走向 21 世纪的时候，浙江正利用经济改革要有新突破，经济结构调整要有新进展，对外开放水平要有新提高的机遇，再创经济发展新优势。预计今后五年浙江 GDP 的递增率在 10% 左右，到 2002 年，人均 GDP 将达到 1 7000 元，按现行汇率计算相当于 2 000 美元；第三产业在 GDP 中的比重达到 40% 左右；城市化水平提高到 40% 以上；科技进步贡献率达 45%—50%。浙江大多数地区的人民生活在 1996 年已进入小康阶段，贫困县今年已全部实现脱贫，今后多数地区人民的生活更加富裕。在基础设施建设方面，把水利建设放在第一位，从根本上减轻水旱灾害对浙江发展的危害；交通方面，将建成省会至地市之间的"四小时公路交通圈",杭州萧山国际机场在 2000 年也将建成并投入使用;还要加强信息网络的建设,使邮政通信能力达到中等发达国家水平;生态环境也要有明显的改善,使经济社会可持续性发展。这一切,将为 2000 年全省多数地区初步实现现代化打下良好基础。

为实现跨世纪的目标,浙江省政府已确定"强化基础、优化结构、提高素质、再创优势"经济发展思路:再创制度和机制的新优势、再创产业进步的新优势、瑞创开放型经济的新优势、再创投资环境的新优势、再创区域经济的新优势、再创社会文明进步的新优势。

上述六个方面的"新优势"中,"再创产业进步的新优势"是核心,没有产业发展上的优势,就没有经济实力上的优势。"再创产业进步的新优势"的要害是大力调整经济结构、实现产业升级。在第一产业方面,最重要的是要按照市场经济规律调整农田的耕作制度,提高粮食的品质;发展农业规模经营,提高农业的集约化水平;农业要向企业化方向发展,加快农业现代化的进程。在第二产业方面,浙江的沿海有条件发展一点重化工业,而从全省角度来看,要构建以重化工业为主体的结构是困难的,甚至可以说是不可能的。因此,应当跨越"重化工业发展阶段",而直接进入"高加工度发展阶段",这才有可能发挥浙江的真正优势。高加工度工业,既可以是轻型的,也可以是重型的;既可以是传统产业的,也可以是高技术的。浙江的机械、电子、化工、医药有相当好的基础,正加大力度培育为主导产业,用微电子、新材料、生物技术等高技术来开发这些产业,开拓新产品,提高竞争力。浙江的丝绸、棉纺、建材等传统产业的优势已经减弱,现在正在调整,用高新技术来改造这些产业。还将根据市场需求,构建环境产业、住宅产业、海洋产业。同时,还利用企业改革新突破的新机遇,进行资产重组,下决心打破地区、部门分割,使资产向优势企业、高技术产品、名牌产品集中,提高企业集团的发展水平。在第三产业方面,把重点放在商贸业、旅游业、金融保险业和信息咨询业上,着力提高第三产业的发展水平。商贸方面,正在努力提高专业市场的档次和管理水平;加快构造现代化商品流通组织形式,形成以集团规模经营为标志的商业流通网络和现代化物资配送网络。浙江旅游资源得天独厚,非常丰富。截至 1996 年年底,全省已拥有国家级风景名胜区 11 处、国家级旅游度假区 1 处、国家级文物保护单位 29 处、国家森林公园 5 处,自然保护区 11 处,还拥有 3 061 个海岛。若包括省级各类景区的面积,要占全省国土面积的 3%,其比例之高,居全国前列。众所周知,浙江有淡妆浓抹总相宜的杭州西湖、诗情画意的千岛湖、海天佛国普陀山等著名景区,只要发展的路对头,适应现代旅游市场的需求，浙江完全有条件可成为旅游大省。今后五年，浙江还将积极进行产业创新，把信息产业作为重要基础产业来加以培育，全面加速国民经济的信息化进程。通过产业结构调整，提升产业的技术层次，扩大企业的组织规模，形成浙江的产业和产品优势，积极参与国际市场竞争，以经济强省的崭新的姿态跨进 21 世纪。

（香港"长三角洲与珠三角洲比较研究研讨会"上的发言，1998 年 1 月 16 日）

参考文献：

1. ［美］马尔科姆·吉利斯等：《发展经济学》，经济科学出版社 1990 年版。

2. ［美］H. 钱纳里等：《工业化和经济增长的比较研究》，上海三联书店 1989 年版。

3. ［美］R. 科斯等：《财产权利与制度变迁》，上海三联书店 1991 年版。

4. ［美］道格拉斯·C. 诺思：《经济史中的结构与变迁》，上海三联书店 1994 年版。

5. 方民生：《经济增长与运行》，团结出版社 1991 年版。

6. 方民生：《浙江经济发展环境和动力简论》，载《浙江改革与发展总览》，浙江大学出版社 1997 年版。

7. 朱家良：《走向市场的浙江经济——结构、布局和运行实况》，杭州大学出版社 1996 年版。

8. 李罗力主编：《1996 — 1997 中国宏观经济分析》，南开大学出版社 1997 年版。

浙江经济社会发展的断想片言

下届政府是跨世纪的政府。政府的决策正确与否关系到浙江省在下个世纪的竞争力，决定浙江省在全国的地位，也关系到世纪之交浙江经济社会发展程度和人民的精神风貌。这就要求政府有新的工作思路。柴省长提出要研究下届政府的工作思路是富有远见的，是非常及时的。我对如何开展这项研究工作的断想片言供参考。

一、对我省经济发展走势的判断

1. 本届政府对浙江经济社会发展作出了重大贡献，最突出的成就是基础设施建设有了显著成效、基础教育的条件有了改善、农业得到恢复、组建大企业集团的工作已开始见效。

2. 对当前浙江经济"平稳增长、低谷运行"的形势要有个正确评价。这是浙江经济结构不适应市场变化的必然结果，而解决经济结构的问题需要时日，因此，要改变这种发展态势需要相当长一个时期。但有的同志认为浙江经济已进入萧条时期，恐怕不能这样评价，所谓"萧条"是指经济发展的停滞、徘徊、低幅下降的状态，而我们还处在增长之中。我认为，要摆脱传统的以增长速度来评价发展状况的框架，要以新的发展观来衡量。用这个标准来判断，今年上半年企业的经济效益有所好转、纺织行业开始调整、大企业初露锋芒、物价平稳、财政收入增幅不低，因此，应当说目前的经济运行是正常的。而且目前这种态势迫使我们把调整经济结构和深化改革的问题提到议事日程上来，是提高经济素质的好时机。

3. 发展趋势估量。浙江经济非常规增长的阶段已经结束，而逐步进入正常增长轨道。但要保持持续的正常增长速度，必须实行"两个根本性转变"，目前存在的一些问题都是粗放型的增长方式和传统体制所造成的，当然也有一些是改革中出现的新问题。这要求我们改变原来的发展思路，不能再依赖高度景气来支撑浙江苏工业和服务业的发展，要研究在市场经济环境中经济常规增长的模式。

二、对浙江比较优势的评价

浙江的比较优势问题，我在 1995 年省委读书会上的发言中做过分析，当时我认为浙江的许多比较优势在弱化，需要实施优势重组的战略，但对如何实施优势重组还未破题。现在看来，对浙江的比较优势究竟是哪一些？如何重组浙江的新优势？需深入研究，这些问题分析透了，发展思路就清晰了。

1. 结构上的优势。从 20 世纪 80 年代我国经济增长的轴心来看，浙江的轻型加工业的结构确实是种优势，但在进入 90 年代后经济增长轴心发生了变化，城市化成了推动经济增长的轴心，这种结构就不适应了；小型企业的发展初期也有其优势，但从规模经济的角度来说弱点也是很明显的；集体所有制在改革初期的优势是很显著的，而其本身也存在传统体制的痕迹，不加以改革也难以适应市场经济的需要。然而，这些优势是可以重组的。

2. 体制上的优势。浙江的非国有经济所占比重很大，消费品市场发育比较好，这种优势至今仍具有很强的生命力。但是，非国有经济的优势如何同产业优势重组相结合，消费品市场如何适应市场需求的新变化，需要研究。

3. 人力资源的优势。浙江人力资源的素质相对比较好，科技人才、经营人才都有一定的优势，浙江的人民特别具有创造性。政府要进一步改善发挥人力资源优势的环境。

其他诸如旅游资源、海洋资源的优势如何发挥也是值得关注的课题。

三、宏观环境的变化趋势

这是一个大题目，最令人瞩目的是：

1. 中国有可能在明年解决进入"世界贸易组织"的问题，这将对我国市场产生巨大影响，是下届政府面临的难题。

2. 适度从紧的货币政策大概在下届政府任期内不会有大的变化，但做些微调是可能的，这就迫使我们从改革方面去寻找出路。

3. 改革的步伐将会加快。浙江省国有企业不多，而国有企业改革得如何是市场经济体制发育程度的标志，还得加快按市场经济的要求进行改革；非国有经济的改革也需进一步深入，股份合作制有许多优点，而最大的缺陷是它的封闭性，不可能向外部筹集资金，对一些规模比较大的、产品发展前景看好的企业还应跳出股份合作制的框架,进行企业组织制度的再创新。

4. 持续发展战略将更加强化。从眼前看对经济增长的约束条件更多了,而这个战略的实施是经济社会持续发展的基础。下届政府的工作要突出这个战略思想。

5. 国家区域发展政策的变化。现在区域发展是向产业倾斜和向中西地区倾斜相结合的政策,这两种倾斜对浙江省都是不利的。但可以顺应这个政策,作出有利于浙江的抉择,利用这个机遇把劳动密集型产业向中西部地区转移;强化国家鼓励发展的产业或者重新构建新产业。同时,我认为,现在存在两种差距:一是我国与发达国家的差距;二是国内地区之间的差距。解决第一种差距是放在首位的,而解决这种差距的希望只能寄托于东部地区,所以,东部地区的发展在国家的地区发展总政策中仍然是有分量的。

四、亟待研究的战略性问题

1. 产业结构发展阶段的判断。我国现在已进入重化工业的发展阶段,这是符合产业结构演进规律的。但是,作为一个省来说,是否也要以重化工业作为产业结构的主体?我认为要从实际出发,浙江要构建这样的主体结构是困难的,甚至可以说是不可能的,因此,应当跨越这个阶段而直接进入高加工度工业的发展阶段。高加工度工业既可以是轻型的,也可以重型的;既可以是传统产业的,也可以是高技术的。对这个问题的认识统一了,就可以对产业结构调整的方向和重点作出抉择。

2. 新增长点的选择。这方面的探讨很多,不想一一评述了,只说三点。第一,目前对汽车能否进家庭的问题议论很多,答案只能由市场来回答,汽车进家庭是必然趋势,也许在下届政府的任期内就将成为现实;第二,城市化是现阶段推动经济增长的轴心,推进城市化的需求就是新的经济增长点;第三,从未来发展的新需求着眼,信息产业、住宅产业、环保产业应当着力扶持。

3. 中心城市的功能和强县经济的问题。浙江省实施的强县战略是富有成效的,但对发挥中城市的功能和提高经济素质也有一定的负面影响。1997年上半年强县经济的贡献在减弱,这是一个值得研究的信号,看来未来的发展要求更加重视发挥中心城市的功能,强化中心城市的建设。

4. 农业问题。农业发展中需要解决的问题是众所周知的,解决的办法各有主见,但谁也不敢在粮食生产管理上有所创新,怕冒政治上的风险,因此,至今也基本上沿用计划经济体制的管理模式。人们期望下届政府在按着市场经济的规律发展农业方面有所突破。粮食很重要，但在南方粮食生产的周期很短，一个时期少了，只要农田保护好，不需半年时间就可增加市场供给，让市场配置粮食资源是可供选择的路子。当然，不能排斥政府的作用，在西方发达国家对农业有许多扶持政策，可以借鉴。

5. 企业规模结构问题。浙江企业的规模经济效益一直是人们关注的课题，主张建造"航空母舰"，增强企业的竞争力。这几年省政府在组建大企业集团方面是下了工夫的，也开始见效；可是对用高技术生产的小企业则注意不够。1996年，我在省政府经济建设咨询委员会的几次讨论会上讲过这个观点，认为在扶持大型企业的同时要发现和培育21世纪具有竞争力的小企业。高技术小企业在新世纪中的作用将越来越大，美国的微软公司就是由比尔·盖茨为首的几个大学生创建的小企业，不过十几年时间就成为最有实力的高科技企业；在浙江省也是有发展前景好的小企业的，由温州市通信技术研究所于1996年创办的浙江申瓯通信设备有限公司，是一个只有100多人的小厂，当年就创下了亿元的产值，人均产值近百万元。对这类企业应当排个队，给予特别关注。

五、研究工作的组织

1. 政府工作应保持政策的连续性和稳定性，但又要有创造性。下届政府要在实施省人民代表大会通过的《"九五"规划和2010年的远景目标》总体框架下，在发展思路上有所创新。

2. 组织方式。可以有两种办法：一种是组织有关单位分别提出研究报告，形成多种方案，然后作比较分析和综合，可否请省计划与经济委员会、省社会科学院或某个大学作这项研究，最后请省政府经济建设咨询委员会论证；另一种办法是由省经济与社会发展基金会组织几个专题组进行研究，如总体思路、一产业、二产业、三产业、社会发展、对外开放、科技教育组。

3. 研究报告要简明扼要，不求全面，但求新意。

(1997年8月2日送省长参阅)

适应经济常态运行的政策选择

在国内外经济环境多变的情况下，如何实现今年的经济增长目标，已成为各级政府和社会各界关注的热点，纷纷探讨应变之策。但我认为，对当前经济运行态势作出准确的判断，分析所面临困难的性质和原因，是讨论这一问题的前提。这些问题分析透了，才能作出正确的政策选择。

一、浙江经济在常规增长轨道上运行

1997 年，我们在给浙江省政府的《1997 — 1998 年度经济分析报告》中曾指出，"浙江经济高速度的数量扩张阶段已经结束，而逐步进入正常增长轨道。因此，要摆脱传统的以增长速度来评价发展状况的框架。浙江经济发展过程中，市场敏感度非常大，目前，这种平稳增长的状态也许正表明浙江率先进入市场经济条件下的正常增长轨道"。实践证明这个判断是正确的，1998 年全国其他省市的增幅也在下降，浙江 1998 年 1—5 月的工业生产增长幅度，已从 1997 年年末的第 25 位上升至第 6 位；在华东地区，除福建省较高外，浙江与其他省市的增幅基本接近。浙江的社会消费品零售额居全国第 4 位，增幅高于全国平均水平，在 13 个省市在排序中居第 6 位；浙江的外贸出口比去年同期增长 16%，增幅居全国第 3 位；浙江工业企业的经济效益相对也比较好，利润完成总额居全国第 4 位；固定资产投资在 13 个省市中居第 3 位，基建投资完成额的增幅居全国之首；浙江地方财政收入 1998 年 1—4 月增长 19.0%，居全国第 5 位。这些统计数据表明，浙江经济运行是正常的，虽然增幅与过去相比在回落，但在世界经济发展史上仍然是属于高速增长时期，不能被看成"经济萎缩"。企望再回升到前几个周期那样的发展速度，一般来说是不可能的，我们不能用传统发展模式来评价经济状况，不能用非常规增长的发展指标来指导经济工作。浙江经济率先步入市场经济的常规增长轨道是件好事，这说明浙江经济已开始逐步成熟，在走向市场经济体制的进程中已处在前列。但如何适应市场经济的常规运行，是摆在我们面前的一个新课题。

二、经济发展阶段与发展环境需求的冲突

当前经济发展中的主要问题是：结构性供给不足与有效性需求不足同在，而以有效性需求不足最为突出。

从表面上看，现在已出现了"过剩经济"，似乎什么产品都多了，其实过剩的大多是一些传统的、技术含量低、附加值低的产品；而高附加值的、新颖的、多功能的产品的供给仍然显得不足，结构性供给不足，如新颖的信息技术产品。因此，不能笼统地讲"过剩经济"，而要作具体分析，应当肯定结构性供给不足的现象仍然存在。如果有了新颖的技术含量高的产品，必然会引发出一个大的市场。

有效性需求不足，包括投资需求和消费需求。消费需求不足，既有有支付能力的购买力不足，也有购买意向不足，这也要作具体分析。对广大农村和不发达地区来说，有支付能力的购买力不足是主要的；就发达地区而言，购买意向不足是市场需求不旺的主要原因。投资需求不足的原因是多方面的，从企业方面分析，产权制度改革的推进，使投资主体对资本投入的责任性明显增强了，投资更加谨慎，这是好事；但由于企业人才和技术的储备不足，又缺乏市场调查，有了钱也不知向何处投资；当然，也不可否认有不少企业，在改制后出现了一种想尽快回收投资的短期行为，也是技术改造投资下降的重要原因。从银行方面分析，银行商业化的改革取向，使他们重视贷款的回收和效益，发放贷款就更加谨慎，1997年全国的贷款额度没有用完，浙江1997年存大于贷有1 000多亿元。这种种因素，使国家的总量调控效应在下降，不论是货币供应量的回升，还是利率的下调，对需求的刺激力度都不明显。

目前，经济运行中存在的问题可以归结为"产业空洞化"，即"特定地区为基础的特定产业的衰退，新产业的发展不能弥补旧产业的衰退而形成地区经济的极度萎缩"（高野邦彦，1987），"是新旧产业交替中的'空洞化'"（周振华，1998）。浙江的经济运行状态正是如此，传统的轻纺行业大多因设备陈旧、技术落后、经济效益低下，市场在萎缩，对经济增长的贡献在减弱；而新兴产业则因智力资源不足和创新能力薄弱而滞后，又加上20世纪80年代初期决策上的失误而丧失了信息技术的发展机遇，使新兴产业的发展对经济增长的贡献份额还不足以弥补传统产业衰退的损失，从而造成适应市场需求的新兴的技术含量高的"产

业空洞化"。

"产业空洞化"是经济发展阶段与发展环境需求之间冲突的表现：浙江的产业还处在工业化中期阶段，而且是靠轻纺工业发展起来的，正处在结构转型时期，无论在技术装备还是在管理水平上档次都比较低；而经济的发展又处在一个科学技术日新月异的环境中，产品的生命周期在缩短，新产品不断地涌现出来，引发了许多高档次的需求，这就增加了转型的难度。尽管就人均 GDP 在 400 — 1 000 美元的时候是结构变化最活跃的时期这一点同过去是一样的，但现在的市场需求变化快、要求高，企业要适应这种变化就比较困难。浙江 1997 年的人均 GDP 已达 1 251 美元，正是需求转变的关键时期，出现"消费无热点"是不奇怪的，是结构转型过程中的必然现象。

浙江号称"市场大省"，但这里所说的主要是产品市场，要素市场还不发达，总体上看浙江的市场还处在幼稚性的发展阶段，像一个孩子还生活在幼稚园里；而我们所处的又是一个世界经济日趋一体化的发展环境，国内市场国际化已成为不可逆转的大趋势。在这种情况下，市场竞争特别激烈，竞争不仅来自国内的对手，而且来自强大的跨国公司，许多高技术、高附加值产品的市场，几乎被跨国公司和中外合资企业所瓜分；浙江目前的产业结构，决定了在激烈的市场竞争中不可能有很强的竞争力。浙江的市场同世界经济一体化的要求也是很不相称的，不要说进入 WTO 之后开放服务贸易的挑战，就是进入几家国外的超市对浙江的专业市场和大商场将受到极大的威胁。浙江的市场，一方面它还处在幼稚性阶段，另一方面它又必须同国际市场接轨，在这两者之间就存在着一个空间，这就是发展中现实存在的矛盾。

三、以知识经济的理念引导"产业升级"

既然浙江经济运行中的主要问题是"产业空洞化"，新兴产业的发展不能弥补传统产业的衰退，因此，产业政策的中心就是要以知识经济的理念引导"产业升级"，发展智力密集型产业，并用高技术改造传统产业。在知识经济初见端倪的今天，这是唯一正确的政策选择。为此，必须采取下列政策和措施：

1. 在产业结构上，树立"敢于超越"的思想。发展阶段是不能超越的，工业经济只从现在的发展中期逐步向后期过渡，不可能越过工业经济阶段而一步跨入知识经济社会，但就具体的产业来说是完全可以超越的，在从工业经济中期向后期过渡的进程中，可以而且应当发展高技术产业，用知识经济的已有成果来加速工业经济的发展，已有的高技术产业要强化，没有的高技术产业要寻找机会来发展，敢于打破原有的结构，重新构筑新的结构，逐步从根本上解决"产业空洞化"问题。

2. 要把信息技术产业提高到"战略性产业"的地位来对待。在浙江已有的发展规划中，已把信息技术产业列为四大主导产业之一，看来还不够，因为它是提高浙江综合经济实力和竞争能力的关键，是产业结构调整的主攻方向。浙江的"电子信息产业"是有潜力的，虽然浙江在计算机硬件的制造上没有多大优势，但在通信设备制造方面有一定的力量，在计算机软件开发、计算机和通信服务业上具有明显的优势，而目前在世界信息技术与电讯产业的销售额中，这些方面的销售额要占70%以上，是很有发展前景的。现在的问题是力量过于分散，还处在无序状态，要把无序的信息技术和电讯产业加以"整合"，使系统内部的能量充分发挥出来。

3. 用知识经济的成果振兴浙江轻纺工业。浙江的轻纺工业有过辉煌的历史，是20世纪80年代促进浙江经济起飞的支柱产业。现在虽然以轻纺工业为主导的经济增长轴心已经转移，但轻纺工业产品仍然是人们生活中不可缺少的产品，而且在构建五彩缤纷的世界中起着越来越重要的作用，具有广阔的市场。现在的问题在于要用高新技术对轻纺工业进行全行业的彻底改造，从设备、材料、设计、工艺、到管理都要与科技发展的趋势和市场需求相适应，制造出新一代的轻纺工业产品，这才是唯一的振兴之路。中央在纺织行业里实行"压锭"的政策，对于暂时解决重复建设的问题有一定的作用，但还不是解决纺织行业困难的良策，如果不解决体制性问题、不与技术创新相结合，仍然无法摆脱困境。因此，在压锭的同时需大力推进产权制度改革，国有企业应尽快地从这个领域中退出来；要加大技术改造的力度，用适应市场需求的新产品去夺回失去的市场，开拓新市场。

4. 要搞好大企业集团的发展规划。发展技术含量高的新兴产业，要有资本与智力资源的实力为后盾的，大企业集团，特别是上市公司有这方面的比较优势，高新技术产业发展的希望寄托在他们身上。有的大企业集团已经意识到了这个问题，积极地向高技术产业的方向发展；而对大多数企业来说，这种意识还很弱，热衷于低成本的非理性的扩张，盲目追求多角经营。政府在扶持大企业集团时，首先要看企业的产业发展规划的方向，引导企业集团成为浙江高新技术产业发展的基地。

5. 发现和培育高技术的小企业。浙江扶持"小巨人"的政策已经收效，发挥了企业的群体效应。但这里所说的"小巨人"，还只是指那些有一定规模的生产具有地方特色产品的企业，而不是我在这里所指的生产高技术产品的企业，这种企业在目前的规模很小，但产品的附加值很高，市场开拓前景看好，而没有被人们注意，如一些民营科研机构或私人企业生产的信息技术与电讯产品。如1993年，温州就有一企业家与复旦大学合作试制电动汽车，已经取得相当大的进展，但我们没有给予支持和培育，不知其结果如何，时下国内已有比较成功的产品，现在再来扶持就有明日黄花之感。"小的也是美的"，善于发现美妙的小企业，培育初见知识经济端倪的小企业，是浙江经济的生机和活力所在。

四、政府职能与区域经济的"先发效应"

多年来的经验证明，一个地区的经济发展进程与该地区政府职能的转变程度的相关性极大，那个地方的政府能够按照市场的要求主动转变职能，那里就会产生政府职能转变的"先发效应"，该地区的经济发展就走在别的地区的前头。现在，政府的职能已有所转变，但与经济市场化的程度相比，政府职能的转变已经滞后。要适应经济常规增长的模式，政府职能的转变是关键。浙江要有率先转变政府职能的魄力，力争取得区域经济发展的"先发效应"。

1. 政府要调整财政支出结构。近年来，浙江省政府重视交通、通信、城建等公用设施，以及江河治理与海塘修建，是深得民心的好事；但是投资于一般竞争性的项目还为数不少，前几年，浙江全省以政府行为投资于竞争性行业的资金占行政性总投资额的33%，在县市级政府行为的投资总额中竞争性项目占50%以上。如果加上各地由预算外收入构建的公司的投资项目，一般竞争性投资所占的比重还要大得多。我认为，政府应当尽快从一般竞争性行业的投资领域里退出来，把这些钱用于组建风险基金，扶持高技术产业化；对那些由政府财力作资本金的公司，要对其投资方向和综合效益作个评估，引导其发展高技术产业，以弥补传统产业的衰退。

2. 政府要为企业创造良好的创新环境。创新环境的含义是多方面的：其一，制度环境，这主要是产权制度和法律制度环境，就产权制度环境而言，浙江是比较宽松的，但在智力资本的产权问题上还需要进一步探索，使优秀的企业家和开发研究有功的科技人员的超额贡献转化为资本所有权，是创新不可缺少的激励机制；其二，市场环境，这主要是公平竞争的市场环境，"关键是政府要退出市场机会的分配环节"（雷家骕，1998），把进入或退出某个行业的决策权、投资决策、资源获取权交给企业，让企业的市场上公平竞争，优胜劣汰；其三，营运环境，企业需要政府，但他们所需要的是政府的服务而不是政府的保护，希望政府为企业提供信息；以减少决策失误；帮助协调各方面的关系，以利正常营运。

3. 政府要着力于智力资本的积累和流动。在现代经济常规增长中，其主要贡献来自全要素生产率的提高，也就是说要依赖于技术进步，而技术进步的程度则取决于智力资源的丰度。在一个地区，智力资源不足，固然可以引进，但它总是有限的，主要是靠内部成长，因此，智力是一种需要长期积累才能获得的经济资源。浙江在实施九年制义务教育方面取得了卓越的成效，但这仅是"一般的知识"所取得的是社会效应，对推动技术进步的作用是有限的，技术进步的力量是来自特殊的知识和专业化的人力资本，这就要通过发展高等教育来培养专门化人才。在浙江教育结构中，具有高等教育水平的人口在总人口中的比重偏低；浙江科技人员结构上，用传统技术从事传统产业研究的人员比较多，拥有新知识、掌握高技术的科技人员和精通现代金融与国际经济法业务的管理人才奇缺，这种结构不能不说是影响浙江经济素质的重要原因，积累具有特殊知识和专业化的人力资本已迫在眉睫。同时，还需要建立智力资本流动的机制，"知识的流动是创新的关键"（金吾伦，1998），因为创新能力有赖于知识主体之间的相互作用，包括人员交流、合作研究、专利交叉授权等，形成一个创新的知识网络，智力资源才能充分发挥作用。现的看来，浙江亟待制定推进人力资本积累和知识流动的战略，并按照这个战略修订跨世纪人才的培训规划，使浙江成为智力资源最富有的省份之一，这才是增强综合经济实力的最坚实的基础。

（为供浙江省政府领导决策参考而作，载浙江省政府《调查与思考》1998年第13期、《浙江经济》1998年第8期）

国际竞争力战略与浙江的未来

中国成为 WTO 的一员，意味着我国进一步推进全方位、多层次、宽领域的对外开放，这无疑对我国的经济社会发展具有深远的影响。按照我国加入 WTO 承诺的条款，将有 3 — 5 年的过渡期才能全面接轨 WTO 的运行规则。对区域经济的发展来说，这个过渡期是关键性的，谁利用得好、利用得充分，比较快地全面融入并参与经济全球化，谁就有竞争优势。在这个过渡期中要做的事很多，但归根到底就是要提高国际竞争力。浙江的"十五"计划纲要中，提出要"加快信息化、工业化、城市化、市场化进程"，也提出要"在更广范围、更高层次、更广领域参与国际分工与竞争"，但没有明确提"国际化"，这不能不说是一个缺陷。加入 WTO 使国际国内的宏观经济环境发生了重大变化，国际化水平将对信息化、工业化、城市化、市场化发生深刻的甚至是决定性的影响，因此，要以提高国际竞争力为核心，加快信息化、工业化、城市化、市场化、国际化。这就是说，浙江未来的五年要实施"国际竞争力战略"。

一

实施国际竞争力战略是浙江经济发展的必然要求。未来五年是浙江经济全面融入世界经济的五年，是浙江进入工业经济后期和信息化初期的五年，是浙江从初级市场经济走向现代市场经济的五年，是浙江率先基本实现现代化的关键时刻。在 20 世纪 90 年代和 21 世纪开初之年，浙江经济增长的速度很快，经济效益很好，充满了生机和活力；但从新经济和经济全球化的发展趋势来看，浙江经济的国际竞争力还相当弱。这可以从以下方面得到印证：

第一，在产品的市场竞争力方面。目前浙江产品在国内市场上还有比较强的优势，据《浙江经济报》2001 年 12 月 3 日的报道，在 532 种主要工业产品中，浙江有 336 种的产量进入全国前 10 名，109 种居全国第二位，56 种是全国冠军，可以说浙江的产业结构与时下的国内市场需求结构相适应的，这是浙江经济持续高速增长的源泉；但加入 WTO 之后，国内市场国际化，只有具有国际竞争力的产品才能在国内市场上有竞争优势，要继续保持国内市场上的竞争优势就必须提高产品的国际竞争能力。

第二，在科技竞争力方面。从 2000 年全国 R&D 资源清查统计公报来看，浙江的 R&D 经费支出为 33.4 亿元，居全国第 10 位；R&D 占 GDP 的比重为 0.55%，低于全国 R&D 占 GDP 为 1.0% 的比重，这同浙江经济在全国的地位很不相称。这就是所谓"浙江之谜"。解开这个谜并不困难，因为用这个数据来说明浙江的科技实力并不科学：其一，有许多不可比的因素，因计划经济体制所造成的科研机构和大学资源的配置在地区间的不均衡性，浙江在这方面的机构少，R&D 的支出必然会少一些；其二，统计上的不合理性，造成了对浙江 R&D 经费支出的低估，国家是按属地统计的，而浙江是个技术进口省，是通过市场交换获得的，技术贸易这一块就没有统计在内，而且有许多技术项目是通过非正轨的技术市场渠道获得的，这就更难以统计在内；其三，浙江的产品结构是以劳动密集型为主、以小企业为主的，这也决定了目前阶段对 R&D 的投入不多；其四，浙江经济增长的源泉主要来自制度创新，而制度创新的贡献也属于广义的技术进步贡献的范畴之中的；从这些方面可以解释浙江的经济实力和科技实力评价错位的原因。但尽管如此，浙江产品的技术层次比较低、科技资源存量比较少、科技竞争力不强，是客观存在的事实。

第三，在对外开放度方面。浙江的对外贸易增长很快，2001 年 1—11 月，累计出口达 210.51 亿美元，增幅为 19.2%，高于全国 12.9 个百分点；而进口为 89.83 亿美元，为创汇总额的 41.23%，进口系数为 0.41，进口系数这么低，就降低了出口对浙江经济的拉动力。引进外资近年来虽有进展，但引进外资的总量仍比不上邻近省市，是浙江经济发展进程中的弱点。迄今为止，浙江经济发展资金主要来自国内，特别是民间资本，因而可以称为内源性的增长模式；在经济全球化的今天，这种增长模式受到了限制，要逐步增加国外资本来源，向内源性与外源性相结合的增长模式转换。在"走出去"到国外进行直接投资方面，正在起步，还谈不上有什么国际竞争力。

第四，在经济体制方面。浙江在中国的市场经济发展中是走在前列的，具有体制上的先发优势。在浙江的市场经济中有现代市场经济的因素，如金融市场、信息市场、现代服务业市场，但这些市场还很不发达，因而主要还是古典的或初级的市场经济，与现代市场经济的差距还相当大，要从古典的或初级的市场经济向现代市场经济体制转型，才能有国际竞争力。

以上几个方面已充分说明，浙江经济的进一步发展要以现代化统揽全局，以提高国际竞争力为核心。现在来实施国际竞争力战略，浙江已经水到渠成。

二

国际竞争力是综合实力的体现。目前，对国际竞争力的概念有不同的定义，因而也就有不同的评价指标体系。在这个问题的研究上，最具权威的是"世界经济论坛"和瑞士洛桑管理学院，他们每年都发表一份《世界竞争力报告》，评价的指标随着时间推移有所变化：1989 年用 10 大要素 292 项指标对 34 个国家的国际竞争力做了评价，从 1991 年开始对指标要素做了调整，现在已扩展为 8 大要素 381 项指标对 46 个国家的国际竞争力做了评价。这 8 大要素是：经济实力、国际化程度、政府作用、金融环境、基础设施、管理程度、科学技术、人口结构与素质。这 8 大要素基本上涵盖了一个国家和地区经济社会活动的主要方面，对这些要素作综合评价，其实就是对综合实力的评价。因此，实施国际竞争力战略，实际上就是要提高浙江省的综合实力，包括经济、科技、教育、文化的实力。"实力"和"竞争力"的不同之处在于，衡量"实力"的大小往往用的是静态指标，是各种要素存量之和，而"竞争力"是动态的，有"实力"并非就具有"竞争力"；从构成国际竞争力的要素来看，实施国际竞争力战略可以涵盖原先提出的很多战略，如提高经济增长素质的战略、科教兴省战略、开放型战略等，实施国际竞争战略可以把全省的各个方面的工作带动起来。

国际竞争力最终归结为产品或服务在国际市场上的占有率。要使产品在国际市场上有比较高的占有率，第一，要有成本的比较优势，即樊纲所说："如何能以较低的成本提供同等质量的产品，或者反过来，以同样的成本提供质量更好的产品。"（《论竞争力》，《管理世界》1998 年第 3 期）浙江的劳动密集型产品有这方面的比较优势，这类产品在很长一段时间里仍然是浙江的优势产品；高技术产品要在国际市场上有竞争能力，必须而且也有可能采取"总成本领先策略"。第二，要提高产品的档次和层次，把高技术、新技术和民族文化融入到产品和服务贸易中去，提升产品和服务的品位，改变目前出口产品多而价格低的局面。第三，要采取"标歧立异策略"，生产新产品，提供新服务，这就要具备不断创新的能力。第四，要采取现代的营销模式，根据市场的变化和不同的目标市场采取不同的营销策略。而这一切取决于经济发展的整体素质。

国际竞争力的核心是科技竞争力。在科学技术飞速发展的今天，国际竞争力的强弱无疑取决于科技竞争力。科技竞争力是科技实力转化为经济实力的能力，有的地方科技资源的存量很丰，但经济实力很弱，它的科技竞争力就算不上强；相反，有些地方科技资源并不丰厚，但它能吸引外地的科技成果来本地转化成生产力，因而也具有较强的科技竞争力，这就是所谓"不求所在，但求所用"。浙江目前采取的就是这种低成本的增强科技竞争力的策略，实现"引进创新"和"模仿创新"；但不能满足于这两种创新模式的硕果，作为一个经济强省，要逐步增加"自主创新"的比重，研制与开发具有"自主知识产权"的科技成果，只有在这方面取得重大进展，才能立于不败之地，也才称得上具有真正的科技竞争力。

科技竞争力的基础是教育与文化。一个国家和地区的科技竞争力取决于知识资本的投入与产出效应。美国经济学家罗默的知识外溢长期增长模式认为，知识资本的积累是长期增长的决定性因素，它不但自身具有递增的边际生产力，而且能使资本和劳动等其他要素也产生递增收益，进而使整个经济的规模效益递增，收益递增保证了长期增长。知识资本的投入主要是办教育，提高人的素质。浙江教育滞后的问题在近几年有了根本性的转变，但高等教育发展的空间还很大，要面向全国、面向世界，引进国内外的著名高等学府来浙江办学。与知识资本紧密相连的是文化（当然科技、教育本身也是文化）的发展，而这里特别要强调的是社会文化氛围、人的精神和创造力，知识经济是人化着的经济，文化创造力是经济增长的源泉，也是经济控制力的关键因素，只有在良好的文化氛围中，人们具有现代的价值观念、新的思维模式、科学的行为方式，才能使长期积累的知识资本充分发挥作用，并转化为强劲的科技竞争力。

三

国际竞争力的高低取决于体制和政策的选择。国际竞争力是一个综合的概念，包括相互联系又相互补充的两个方面：一方面是企业内部效率形成的竞争力，另一方面是由环境左右而形成的竞争力。这就是说，如果一个企业不能对国内、国际和部门环境作出灵活反应，那也就无所谓竞争力；反过来，如果一个国家或地区的经济体制和经济环境不能为企业提供或创造有利的发展环境，那么竞争力也无从谈起。所以，经济体制的设计、改革和政策的选择决定了一个国家和地区的国际竞争力的强弱。浙江在这方面具有相对比较优势。笔者在《浙江经济核心竞争力探索》一文中曾指出："浙江经过20多年的改革开放，已基本形成内生型的自组织的增长动力系统，这个动力系统就是隐藏在浙江经济中的核心竞争能力或称为核心竞争力。这种自发形成的秩序和制度是最有效率的制度。"现在有一种说法，认为浙江曾经率先实施的非公有制经济已经普及全国，浙江的经济体制优势已经丧失。我认为这种说法是不正确的，恰恰相反，由率先改革所形成的"内生型自组织的增长动力系统"的核心竞争力日益凸显出来，它不仅是构成现时竞争力的首要因素，也是未来的核心竞争力。但是这个体系还是很脆弱的，需要继续推进制度创新来大力培育。从数字上来看，浙江国有和集体企业的改制的比重已接近企业总数的百分之百，似乎企业改制的任务已经完成，其实，现在的企业制度离现代市场经济的要求还相差很远。私营企业的制度创新还有很大的空间，已有的家族制企业有的要完善内部管理制度，有的要明晰产权推行有限责任公司制，有的要进行"经理革命"；浙江省各级政府的"角色转换"才刚刚起步，还有很长的路要走。所以，以对外开放为导向的制度创新仍然是浙江经济发展的主动力，它将为提高国际竞争力营造良好体制和政策环境。

　　制造业是国际竞争力的坚实基础。在信息技术和服务贸易迅猛发展的今天，对制造业在经济发展中的地位需要一个正确的评价，使其继续作为竞争力角逐中的推动力。在世界发达国家中，任何拥有强大经济的国家都拥有一个坚实的制造业基础，企业的真正精髓、一国经济的真正基础是制造业。制造业是一个广泛的概念，从人们的穿衣到运用的计算机、从儿童玩具到航天卫星，都离不开制造业，制造业既有传统的制造业，也有高技术的制造业，关键是把高技术与制造业结合在一起。浙江是一个制造业大省，各种制造业构成了浙江经济的支柱。浙江提高国际竞争力最现实的就是要在制造业上下工夫，运用高技术和适用技术改造传统的制造业，用高技术发展制造高技术产品的新型制造业。浙江制造业的基础比较好，企业的制度结构比较灵活，在未来的国际市场上会有一定的竞争力；但企业规模小、技术层次不高，这种竞争力难以久远。因此，在组建国内的制造业大集团、创自己的品牌的同时，要努力开拓与国外更多的跨国公司合作，使浙江成为世界性的制造业基地。有了高水准的制造业，浙江的国际竞争力才有坚实的基础。

　　（浙江省政府经济建设咨询委员会《委员建议》2001 年第 11 期，《浙江日报》2001 年 12 月 31 日）

杭州市区"十五"期间发展思路研究①

引　言

本文系"21世纪初叶杭州市区发展思路研究"课题的阶段性研究报告。研究范围界定为杭州市区本身的发展，有别于以往的全市域范围内的规划研究。过去，杭州市的规划都是以"市域"为对象的，讲的是"大杭州"；而对"市区"，也就是人们通常所说的"小杭州"没有做过全面系统的研究。因此，许多报道和统计数据讲杭州市如何如何，指的都是"市域"的情况，而不能反映杭州"市区"的发展现状；其实，杭州市的"定位"主要是根据"市区"的区位特征和城市功能而确定的，如果用"市域"的发展目标来代替"市区"的发展，那就降低了对"市区"的要求；相反，有的用"市域"的数据来说明"市区"的发展则又夸大其实力。从经济社会发展的趋势来看，城市化的进程在加速，杭州市作为省会城市和中心城市的作用越来越重要，在全省基本实现现代化的进程中要发挥导向和示范作用，这就很有必要对"市区"的发展进行独立的研究和规划。杭州市计委对21世纪初叶"市区"的发展，立题进行专项研究是有远见的，也是非常及时的。当然，"市区"的发展和"市域"是紧密相连的，是相互补充的，而不可否认，杭州市区不仅是杭州发展的核心，而且是全省经济的"发展极"。为此，我们认为，杭州市"十五"规划的编制要进行改革，重点要放在

---

① 课题组于1999年10月写出了《杭州市区"十五"期间经济发展思路（讨论稿）》后征求各方意见，并于2000年1月底请杭州市政府专家咨询委员会宏观经济组的部分专家进行了咨询论证，参加咨询会的专家有：史济煊、王纪中、周文骞、朱家良、项浙学、史晋川、王美涵、赵国柱、陆立军，杭州市计委副主任吕士荣、综合处处长赵申生、杭州市科委政策法规处处长徐长明也参加了咨询会议，与会专家和领导对《讨论稿》提出了许多宝贵意见，深表感谢。本文是听取大家的意见后修改定稿的。

"市区"规划上，"市域"规划要有一个大体框架、确定发展目标和空间布局，具体的由各个市县去编制。这是本文的第一点建议。

一、发展思路选择的背景

1. 发展环境的新特点

当我们跨进21世纪之际，国际国内的发展环境具有许多不确定性因素，但发展的总趋势是明朗的，已呈现出一些新的特点，这里只能简要地做些分析：

（1）国际经济环境。经济全球化、经济自由化和科技竞争尖锐化，这是世界经济发展的总趋势，而对杭州市"十五"期间影响最大是：①加入WTO。这对杭州的轻纺产品的出口是有利的，而高技术产品的市场竞争变得更加激烈；服务贸易的开放将推动第三产业的发展，但经济安全和风险在增加；外资的准入条件放宽，外资进入领域更加广泛，外资进入的总量将会增加，但进入的方式将会发生变化，对外开放面临新的格局。②跨国公司的进入。这意味着以少数发达国家的跨国公司为主导的、全球性的产业结构变迁也波及杭州。这种变迁，既给我们带来发展机遇，又使国内企业面临着严酷的竞争。③高科技的发展日新月异，为"后发国家"的产业结构和技术水平的升级提供了非常好的机遇。综合上述变化，一般来说，外贸不可能像过去那样以两位数的速度增长，利用外资也难以在数量上持续扩大，因此，在对外开放上要有新思路，调整外贸的产品结构，变更利用外资的方式。那种认为"利用外资将出现一个新的高潮"的判断恐怕过于乐观，我们认为引进外资的难度在加大，应持谨慎乐观的态度为好。

（2）国内经济环境。我国正处在一个重要的经济和体制结构转换时期，最突出的变化是：①需求结构发生了重大变化，要求产业结构加快升级的步伐，而产业结构的调整需要有一个过程，因而目前这种市场消费增长缓慢、通货紧缩的被称为"日本陷阱"的局面，最近几年还很难从这个陷阱中走出来，因此，在"十五"头几年的增长速度不会很快。②经济增长的源泉发生了变化，前20年的经济增长主要来自农村工业的发展，今后的经济增长将主要依赖于城市经济的贡献，这就需要加速城市化的进程，充分发挥城市创新功能的作用，加快生产要素向城市集中。③经济体制的转型向更高层次发展，前20年已初步实现从传统计划经济向市场经济转型，但从企业制度到市场体系都具有早期市场经济的特征，而体制转型的目标是要建立现代市场经济的体制，今后改革的任务是要推进向现代市场经济转型的进程。

2. 杭州市区发展阶段的判断

对发展阶段的正确判断是研究发展思路的基础。在从传统农业社会向现代工业社会转型的进程中，杭州市区是走在前列的，目前正处在工业化中期向后期过渡的发展阶段。

（1）判断的根据。1998 年，杭州市区的人均 GDP 已达人民币 33 340 元，按汇率法折算为人均 GDP 达 4 020 美元；GDP 的产业构成是：第一产业占 2.36%、第二产业占 47.10%、第三产业为 50.54%；就业人口的构成为：第一产业占 8.61%、第二产业占 40.31%、第三产业为 51.08%。杭州市人均 GDP 已超过世界银行《1998/1999 年世界发展报告》中所定义的，1997 年人均 GNP 3 125 美元为下中等收入国家和上中等收入国家的分界线，进入上中等收入国家和地区的行列；产业结构和就业结构除第三产业在 GDP 中的结构低于上中等国家为 56% 的比重之外，其他产业从比重上都已达到上中等收入国家和地区的发展平均水平，差距主要在结构、发展素质、发展与生活环境上。

（2）阶段性特征。工业化中期向后期过渡阶段的主要特征是：①生产要素向工业集聚的强度在减弱，第二产业在 GDP 中的比重将呈下降的趋势，第三产业将加速发展并逐渐成为国民经济的主导产业；②工业结构和技术水平的升级成为第二产业发展的主攻目标，经济增长主要不是靠要素投入，而是取决于要素生产率的提高，也就是说要依赖于技术进步的贡献；③人们的消费结构和生活方式将发生剧变，把提高生活质量放在首位，因而经济社会的发展都要"以人为本"；④加快城市化的进程，完善城市功能，建设符合现代化要求的城市。"十五"期间杭州市区的发展思路，要按照这些特征所指明的发展方向来思索。

3. 发展的资源条件分析

研究发展思路要从本地经济发展的资源条件出发，资源因素和发展趋势规定了发展方向和目标，资源因素和发展目标又决定了发展的策略原则。资源是一个广泛的概念，不仅是指自然资源，应当包括人文资源和社会资源，这里仅简要地提出发展资源上的比较优势和制约因素：

（1）杭州市区的比较优势。概括地说，主要是：①杭州处在中国经济最发达的长江三角洲，紧邻大上海，具有区位优势；②杭州有山水城融为一体的自然景观和悠久历史文化的沉积，享有得天独厚的自然环境的优势；③杭州是浙江的科教文化中心，有著名的浙江大学等一批高等院校和科研院所，具有智力资源的优势；④杭州有一批有一定竞争实力的企业，特别是机械制造业和轻纺工业，具有传统产业的优势。

（2）发展的制约因素。这主要是：①创新能力弱、发展机制不活，开放度不及上海与宁波大，运行机制比不上邻近市县活，这反映了杭州市区的改革开放的氛围不足，根源在于思想观念上的束缚；②杭州的北面有个大上海，这既有利于杭州的发展又制约杭州城市功能的发挥，这不能不使杭州的辐射能力受到一定的限制；③杭州市区的发展空间太小，影响生产要素向杭州集聚，这势必使杭州作为中心城市功能的发挥受到一定的限制；④杭州高技术产业有一定的基础，但在长江三角洲并不具有优势；⑤杭州的自然景观是美的，但少有独特性，更无震撼性的景观，这在一定程度上也制约了旅游业的发展；⑥国家现行的土地使用政策，也制约着杭州的城市化进程和"十五"时期的发展。对这些制约因素，在编制"十五"规划的时候不能不冷静地加以思索。

二、发展思路的基本构架

根据思路选择背景的分析，我们认为，杭州市区21世纪初叶发展思路的基本构架是：坚持以人为本的原则，实施三大融合，营造三个天堂。三大融合是：人与生态环境的融合、现代文明与传统特色的融合、科学技术与文化艺术的融合；三个天堂是：生活居住的天堂、休闲旅游的天堂、求知创业的天堂。这是杭州市区长远的发展目标，"十五"期间要为实现这个发展目标奠定基础。这个构架是以现代化战略为导向的，是率先基本实现现代化的目标在杭州市区的具体而形象化的表述。

1. 坚持以人为本的原则

"以人为本"是工业化中期向后期过渡阶段经济社会发展的必然趋势。从马斯洛的需求层次理论来看，杭州市区的居民已越过了生理需要的阶段，而追求安全需要、社交需要、尊重需要、自我实现需要；按照罗斯托的经济成长阶段论，杭州市区经济成长已开始进入"追求生活质量阶段"；恩格斯把人们需要的消费资料分为生存资料、享受资料和发展资料，杭州市区居民对生存资料需求的比重在下降，而对享受资料和发展资料需求的比重在急剧增长，人的需求已进入多样化发展的阶段。这说明居民的需求层次变了，人与自然之间的关系也发生了深刻变化，人们的一切经济、科技、社会、文化活动和行为都要以人为中心而展开，把满足人的多样化需要置于首要地位；同时，这些需求的供给，要依赖于提高人的素质和发挥人力资源的潜能，才能得到满足。"以人为本"是一个系统的概念，涵盖了非常广泛的内容，最重要的是：

（1）发展不仅不能以牺牲与人的生存和发展息息相关的环境为代价，而且要努力创造优美的环境；

（2）以公共服务业和私人服务业为代表的，与提高居民生活质量相关的部门成为国民经济的主导部门，诸如公共投资的教育、卫生保健、市政的现代化设施、环境保护、社会福利，以及私人投资的学校、诊所、文化娱乐、休闲旅游等部门的建设；

（3）工业与农业的结构要与提高居民生活质量的需要相适应；

（4）智力资源已经成为最重要的生产要素，要提高智力资源的丰度，使之成为具有比较优势的资源禀赋；

（5）"人的现代化"已成为实施现代化的核心，唯有在人的现代化方面达到了一定的高度，基本实现现代化的目标才能告成。

2. 实施三大融合

"三大融合"是实现现代化的有效路径：

（1）人与生态环境的融合。从以人为本的原则出发，一定要把人的发展和生态环境的保护与改善结合起来，良好的生活环境和自然环境不仅是提高国民生活质量的重要组成部分，而且是现代化城市的重要标志。在人与生态环境的关系上，特别值得注意的是：①增强人的环境意识，并把人的环境意识的好坏作为衡量人的素质的重要指标，要把保护生态环境和建设优美的生活环境作为人们的行为准则；②从事任何建设都要把环境保护问题放在第一位，有利于环境的持续发展；③要把增强抗灾能力的建设提高到战略地位来对待。

（2）现代文明与传统特色的融合。这个理念要贯穿在经济、社会、文化和城市发展的各个方面，这里主要提出三点：①城市发展上，必须把现代化建设和保护传统文化结合起来，历史沉积和文化底蕴是杭州的"财富"，一定要保护好，她不仅有人文价值和社会效益，而且会带来直接与间接的经济效益；但杭州市作为"文化名城"，不能是中国古代文化的重演，而应当是以现代文化为主体的文化名城，要实施现代文化战略，即与现代化、信息化、知识化总体发展趋势相适应的新型文化战略，因此，城市建设一定要有现代化的基础设施和现代化的风格；②"人"的发展上，也有一个现代文明与传统文化相融合的问题，中国的传统美德应当继承与发扬，但在走向现代化的时期，人的价值观念、思维方式、行为方式和生活方式都必须按照现代化的要求进行变革；③产业发展上，也必须坚持现代文明与传统特色相融合的方针，具有杭州特色的传统产业不能轻易地放弃，还要继续发展，但传统产业只有与现代高技术相融合才有出路，而高技术产业也只有用于传统产业的改造才有广阔的发展空间。

（3）科学技术与文化艺术的融合。杭州市要成为"经济强市"，必须紧跟世界科技进步的潮流，这已成为共识。但对文化含量在经济发展中的作用重视不够。为此，我们提出要把科学技术与文化艺术相融合：①将文化理念和文化艺术渗入科技进步、企业管理中去，并把她融入到产品之中，提高产品的文化品位，增强产品竞争能力。杭州是文化名城，既有传统人文资源的优势，又有一批具有现代文化意识的智力资源，提高经济科技的文化含量是有条件的。实践证明，有时可以在原有技术不变的情况下，在产品设计、材料选择、产品装帧、产品营销等方面加入文化的元素，就可以大大提高产品的附加价值。因此，"文化"也成了重要的生产要素，"文化创新"也使生产要素进行重新组合，从这个意义上，"文化创新"也可以归之于"技术创新"的概念中去。②杭州市区也将是科学技术与文化艺术融合为一体的城市，不仅有发达的科学与教育，而且是一个艺术城市，以即将新建的"杭州大剧院"为契机逐步形成具有现代艺术风格的名城。

3. 营造三个天堂

"天堂"是对达到最美好最理想境界的一种形象化的比喻。在不同的历史发展阶段，"天堂"的含义是不一样的。古时，杭州就已有"人间天堂"的誉称了，那时候的"天堂"是农业社会的文人雅士的天堂；而今天的"天堂"，应该是按照现代化模式营造的"天堂"，包括现代化的硬环境和理想的软环境，以及天堂般的氛围。由于"天堂"功能上的差异，可以分为三种类型的"天堂"：

（1）生活居住的天堂。杭州应当利用区位优势和得天独厚的自然环境，创造良好的生活和居住环境，提高市民的生活质量；并以这种优势吸引国内外各类创业者、实业家、科学家、文化界人士等多方人才来杭州市区安家落户，兴家创业。营造这个天堂既是发展的目的，又是发展的手段，因为人口的集聚，特别是高素质人口的集聚是生产要素中最重要的资源禀赋的集聚。因此，在营造这个天堂的过程中，不仅会促进住宅产业的增长，还能带动整个杭州经济的发展，它的乘数效应是很大的。

（2）休闲旅游的天堂。杭州市要建成国际风景旅游城市，难度很大，但它是我们努力的方向。杭州市应当成为国内外旅游者的天堂。而"旅游"是一个特定的概念，按照1970年"经济合作与发展组织旅游委员会"的定义："凡因休养、度假、疗养、学习、宗教、体育、经商、家事、代表团访问、参加会议等目的而离开常住地往他国（或地区）24小时以上，一年以下的人，均属旅游者。"杭州市民在市内的游览和娱乐不属于"旅游"，而是一种"休闲"活动，而这种活动随着闲暇时间的增加，发展的余地很大，休闲业将成为内容极其广泛而且规模极大的产业。如果仅仅提"旅游者的天堂"已不能涵盖市民休闲活动的内容，为强调发展为市民服务的休闲事业，有必要提出营造"休闲旅游的天堂"。

（3）求知创业的天堂。杭州市是浙江的科学、教育、文化中心，完全有条件办成一座教育城，开办各个层次的学校，除了正规教育之外，还可以举办各种类型的培训班、研讨班、讲习班；教育投资可以采取多种组合模式，并实行开放式的办学方式，广招全省各地、全国各地、世界各国的学员，使杭州市成为一个"求知者的天堂"。要建立这个天堂，必须有优美的环境、现代化的设施、优秀的教师、浓厚的文化氛围和知识创新的软环境。与求知密切联系在一起的是创业，杭州市要成为"创业者的天堂"。只有把"创业者的天堂"建设好了，杭州市才能真正成为"居住者的天堂"，不然就不能吸引更多的商人、企业家、科技人员来杭州居住，更谈不上那些著名的企业总部"迁都杭州"。"创业者"是一个范围很广的概念，杭州市区要把重点放在吸引"高技术创业者"上，以增强杭州市区的创新功能。而要使杭州市区真正成为"创业者的天堂"，最重要的是政府要为企业创造良好的创业环境，即宽松的制度环境、公平的市场环境、有效的营运环境。

营造这"三个天堂"，固然要有强大的经济实力，但在其建设过程中又为经济发展创造了极为有利的条件，会带动杭州市整个经济社会的发展。

营造这"三个天堂"，是杭州市区的长远目标，在"十五"期间，要围绕着"把杭州市区建设成为浙江经济发展极、高技术产业发展和长江三角洲的要素集聚中心之一"这个目标，在发展环境问题上有根本性的转变，为营造"三个天堂"迈出决定性的步伐。

三、发展目标选择的原则

编制发展计划总要有定量指标，但要作出准确的预测是十分困难的，以往的指标不是太高就是太低，对实际经济工作的指导意义不大。而且本课题由于时间所限也不可能作出定量判断，只能提出发展目标选择的原则，为编制发展规划做参考：

1. 略高于全省规划提出的发展目标

"十五"期间杭州市的发展速度，应略高于全省规划的发展目标，杭州市作为浙江省的省会和中心城市，是浙江经济的"发展极"，具有带动浙江省经济增长的任务。杭州市区在"十五"期间 GDP 的增长速度略高于全省平均水平是完全可能的：

（1）改革开放以来，杭州市区的GDP增长率始终高于浙江省的平均增长率，1978—1998年20年间，浙江省的GDP平均增长率达到13.45%，同期杭州市区的GDP平均增长率达到14.27%，高于全省平均0.82个百分点。

（2）城市化进程的加速会推动经济增长率达到的一个较高的水平。从经济学的意义上分析，城市化的进程不仅仅是一个人口从农村向城市移动的过程，或城市规模扩大的过程，而且是一个资源转移的过程，也是一个资源优化配置和劳动生产率不断提高的过程。伴随着部门和地区间的资源移动，势必带来的是经济增长的加速，这是已被国内外经济史所证明的发展规律。杭州市区的发展进程比全省的平均水平要快一些，因而城市化对经济增长的效应也大一些。

（3）产业结构调整的绩效可以预见。经济增长就是一个产业结构高度化的过程，产业结构的变化必然带来经济增长与经济社会发展。在结构调整中，杭州市区的高技术产业会有明显的增长，会涌现出一批高技术产业的龙头企业，成为新的经济增长点。

（4）长江三角洲经济发展的推动。20世纪90年代以来，浦东的开发与开放推动着长江三角洲地区经济的快速发展，在"十五"期间仍可望保持持续增长的态势。而且在90年代，浦东是处于要素集聚阶段，对地区经济的带动作用还不是很显著，进入21世纪后，浦东对周边地区的经济辐射力将逐渐增强，如果杭州市区能抓住机遇，主动接受辐射，无疑对杭州市区的经济增长将产生正效应。

鉴于这些原因，杭州市区GDP的增长率高于浙江省"十五"规划确定的指标1个百分点是可以实现的。据现在的信息，"十五"期间全国经济增长率大致在7%左右，浙江省比全国高1个百分点，为此，杭州市区"十五"期间GDP的增长率大体上可定在9%左右。

2. 以结构调整推进经济增长

从杭州市区的发展阶段来看，经济发展既有总量问题又有结构问题，要在发展中调整结构，又要以结构调整推进发展。通过经济存量进行结构调整的空间是有限的，主要应采取增量的路径改变原有结构，这就要有适当的增长速度；但是只有当市区的产业结构得到优化，才有强大的企业竞争力，才能使经济总量迅速增长。城市的发展也是这样，既要有相当数量的人口和生产要素的集聚，又要优化城市结构和强化城市功能，只有这两方面的相互作用，才可能成为经济强市。过去编制规划时，往往偏重于确定行业发展的经济指标，而不重视结构问题；现在编制"十五"规划应该把重点放在如何调整和优化产业的技术结构、产品结构、规模结构、组织结构、市场结构和空间结构上，用一套有效的机制和政策引导调整方向，而不要刻意去追求行业的发展速度，结构优化了自然会有较高的增长速度。

3. 数量与质量和速度与效益相统一

杭州市区在许多方面的量扩张任务还很重：高技术产业在量上还要大幅度扩张；高等教育也需要量的激剧增长；科技人员和科研机构都需要有量的发展；社会文化事业也需要在量上予以充实；城市的基础设施也需要有量的增长，因而"十五"期间要有较快的增长速度。但是，这种数量扩张是在讲究质量、提高效益的前提下的增长速度，数量与质量是相统一的，质量寓数量之中，没有质量的数量是无效的数量。但是在经济发展的过程中，一个时期的重心可以有所不同，前一时期发展的重心在量的扩张上，现在的发展重心应该转到提高质量、讲究效益方面来了，要实行发展重心的转移。所以，要按照这样的原则来编制规划，在资源不足、财力不够的情况下"宁可少些，但要好些"。

四、产业发展的方向和路径

发展目标要落实在产业发展的安排上。杭州市区的功能是以服务性为主体的现代城市的功能，第三产业将成为杭州市区的第一位的产业，因此，我们按照"三、二、一"的产业顺序来研究产业发展的方向、重点和实施发展目标的路径。

1. 第三产业

（1）对第三产业的地位和作用的新认识。按照以往的认识，第三产业是服务性的产业，而这种服务只能是被动的、起从属作用的服务。随着现代市场经济的发展和知识经济的来临，第三次产业的地位和作用已发生了深刻的变化，它的发展程度从某种意义上来说，对整个国民经济的发展起着主导的甚至是支配地位的作用，因为资本、智力资源在生产要素中所起的作用越来越重要，而这些资源的配置要靠资本市场、科技市场和人才市场；经济运行要依赖于信息网络、营销网络；同时，政府的职能转变之后，企业的科学决策，也要依赖于各种各样的咨询机构，这就需要发展各类中间性的服务；因此，没有第三产业的高度发达，就制约着第二产业和第一产业的发展。更值得注意的是，当今世界已出现了产业综合化的趋势，产业之间的边界变得模糊，如，信息产业既包括制造业，也涵盖许多门类的服务业。可以说，跨进新世纪以后，第三产业的发展程度对杭州市区的发展具有决定性的意义。

（2）休闲旅游业是杭州市区第三产业的主体。发展的指导思想上要强调主题性、独特性、文化性。杭州至今还没有一个像上海大世界那样的文化游乐场所，还没有一台旅游者来杭州后非看不可的节目，因此，要加快文化产业的发展。

（3）调整商贸结构。杭州市区的中心地段（CBD），应当是现代金融机构和大商场的集聚地，要体现杭州现代化的形象；杭州市区要有几家大的流通企业成为全省性的先导企业；CBD 地区的街道应建立高档次的专业商品街；一般的商店着重向社区发展；专业市场要分别不同消费层次进行整顿与提高，业态要逐步向现代市场的营销方式发展，购物环境要向商场化发展，一些有碍杭州形象的市场要下决心予以关闭。

（4）提升第三产业的内部结构。这可以从两个方面推进：一是发展知识经济型的第三产业，杭州市区在电子信息服务、电子商务、电子传媒业方面有一定的优势，大有发展的潜力，并可挤入全国的前列；咨询服务业也是知识经济型的产业，这方面杭州还相当滞后，要加快发展以适应现代市场经济的需求。二是利用加入 WTO 后的机遇，增加服务贸易方面的开放度，扩大对国外企业合作的力度，引进外国金融、保险、旅游、贸易机构，把第三产业提高到一个新的水平。

（5）社区服务网络建设。这是提高居民生活质量的需要、是杭州市区人口老龄化加速的需要，从日常生活服务、住房维修、家教服务、法律服务、家庭病房、家庭美化到幼儿园和敬老院都需要发展，应形成社区服务网络，既便利居民，又能增加就业，是杭州市区经济的新增长点。

2. 第二产业

杭州要成为"经济强市"，发展第二产业是非常重要的，对杭州市区来说也是如此。从经济发展史来看，任何拥有强大经济的国家都有一个坚实的制造业基础，"一国经济真正的基础是制造业"（索尼公司董事长·盛田昭夫）。杭州市区第二产业在 GDP 中的比重将会下降，但其素质会有显著提高，其路径是既要调整存量又要增加总量，还要无中生有，形成新的优势产业和优势产品。产业结构的调整有一个过程，一个新的支柱产业的形成一般需要 30 年左右的时间，因而不能设想在几年中就能把产业结构的调整达到理想状态，但是调整的方向一定要明确。

（1）以知识经济的成果来振兴传统工业。这主要是指轻纺工业和普通机械工业。杭州市的轻纺工业和普通机械工业有过辉煌的历史，是 20 世纪 80 年代杭州市区经济的支柱。当前虽然以轻纺工业为主导的经济增长轴心已经转移，但轻纺工业产品仍然是人们生活中不可或缺的，而且在构建五彩缤纷的世界中起着越来越重要的作用，具有广阔的市场。普通机械工业是制造业的基础，它的现代化水平是工业发展水平的重要标志，任何时候都离不开机械工业。现在的问题是要用高技术对传统工业进行全行业的彻底改造，从设备、材料、设计、工艺、管理到企业环境，都需要与科技发展的趋势和市场需求相适应，制造出新一代的轻纺和机械工业产品，才是唯一的振兴之路。因此，一方面要用知识经济的成果提高制造业的加工深度，实现"产业的高加工度化"，提高产品的技术含量；另一方面把技术与文化结合起来，打出品牌，提高产品的文化含量，通过这两种路径激活传统产业，使传统工业现代化、高附加值化。

（2）杭州市区应成为浙江知识经济萌发的基地。浙江正处在工业化中期，离知识经济社会还远，但是知识经济是最具竞争力的经济，是经济发展的必然趋势，而且它的发展速度很快，发达国家的知识经济产品将迅猛地波及全世界，因此，有条件的地区应当发展自己的知识经济，不能等待。浙江条件最好的地方是杭州市区，把杭州市区建成"浙江省知识经济萌发的基地"是唯一的战略选择。

（3）"十五"期间，杭州市区应当把电子信息产业作为战略性产业来发展：①要加大"产学研"结合创新的力度，逐步形成集成电路设计与制造、数字电子和现代通信产品的优势；②集中力量开发应用性软件，特别是适应国内市场需求的教育、财务、金融软件；③创造吸引高技术人才的环境，聚集创新人才，并鼓励他们兴办民营高科技企业；④战略性产业的成长需要政府的支持和扶植，要构建高技术产业的"创业基金"。

（4）加大酶与基因工程新药的开发力度。杭州市区有九源生物工程公司等一批有竞争实力的企业，新浙江大学生命科学学院又聚集了一批优秀人才，还有复旦大学生物工程学资深教授的支持，因而有较好的条件发展杭州的生物工程类药品，这是具有美好前景的新经济增长点。

（5）高技术的环境保护产业。这在全世界来说都是一个很有发展前景的产业，"走向绿色必有黄金"（《财富》杂志）。加入WTO后，绿色贸易将成为一种新的贸易壁垒，要获得绿色贸易这张通行证就必须发展高技术的环境保护产业。目前杭州在汽车尾气处理装置、高效污水处理成套设备和垃圾焚烧成套设备的生产领域里，有一定的优势和基础，急需加快技术进步，形成品牌优势，占领市场。杭州市环境保护产业可参考宜兴的产业化、沈阳的管理、北京的政策，形成自己的发展模式。

（6）重视都市型产业的发展。所谓"都市型产业"是指那些适宜于在城市生产的无污染的，日用工业品、服装制造、工艺美术，甚至高技术产业的装配等。这类产业一般是劳动密集型的，可以安置较多的劳动者就业，又可以聚集"人气"，避免城市空洞化。因此，对市区实施"退二进三"的提法不能绝对化，市区有些工厂停产了，不一定都改为办三产，可以改变产品结构，生产都市型产业的产品，也可以办无污染的高技术企业。

（7）重视住宅产业的发展。住宅产业也是一种综合性的产业，它不仅包括第二产业中的建筑业，还与建筑设计、居室装潢、建材市场、房地产市场、金融市场、咨询市场等第三产业密不可分，还会形成一条很长的产业链，诱导家用电器、家具、厨具、洁具、环保装置以及工艺美术行业的发展。因此，在市场经济发达的国家和地区，住宅产业都是支柱性的产业，从某种意义上说，其发展程度决定着该国和该地区的经济繁荣程度。现在购买住房已成为杭州市区居民的消费热点，而要把杭州市区营造成"生活居住的天堂"就势必要大力发展住宅产业。

（8）形成结构调整的机制。实践证明，产业结构的调整不在于具体规划，而在于形成有效的机制。产业结构调整的主体是企业，而企业对产品结构、技术结构、规模结构的决策是以市场需求为依据的，所以产业结构的调整还是由市场机制来决定的。当然，市场不是万能的，要有"看得见的手"来矫正市场的失灵，政府要按照市场规律制定产业政策，引导产业发展方向，如现在的用地指标很紧，就可以制定高技术产业优先使用土地的政策，等等。

3. 第一产业

杭州市区的第一产业在 GDP 中的比重现在只有 2.36%，以后还会降低，将来可能成为城市的"绿肺"，即另一种形式的绿地。发展的基本思路是：以符合城市环境和人民生活需要为出发点和落脚点，加快发展现代农业，形成新型都市农业。在城市边缘和近郊，建设和发展一批以花卉、水果、茶叶、畜禽和水产养殖为主的观光型农业生产园区、绿色农业生产园区和现代农业技术研究与推广基地。

五、城市发展亟待解决的问题

杭州市区的发展问题的讨论已经相当充分，规划也已报请有关领导机关审批，这里只就几个"十五"期间亟待解决的问题提出我们的建议：

1. 城市交通

（1）加快制定公交优先的政策。杭州市区交通问题的核心是自行车太多，摩托车横冲直撞，降低了道路的使用效率。不解决这个问题，建的道路再多也无济于事。而要解决这一问题，鼓励发展私人的小汽车是一种办法，但受经济发展水平和道路空间的限制，不可能解决大众行路难的问题，最佳的选择是发展公共交通。据有关研究，一般情况下完成同样的客运量，公共交通人均占有路面是小汽车的 1/10，自行车的 1/6；而公共交通的客运效率也在小汽车的 10 倍以上。因此，从资源配置的角度来看，优先发展公交，可以让运输效率高的交通方式占据更多的道路空间，是对交通资源的优化，体现了交通的目的是实现人和物的移动而非车辆的移动的原则；从城市交通的服务对象来看，实行公交优先的实质是"百姓优先"，从而让大多数人乘坐的公共交通处于城市交通的优先地位，体现社会公平。

今后，小汽车的快速增长是相当长时期内杭州市区机动车发展的必然趋势，尤其是小汽车步入家庭的势头将不可避免。因此，如果从现在起不对公交进行重点扶持，不从各项具体措施上确保公交优先战略的实施，将会促使长远距离的居民出行逐步向助动车、摩托车和小汽车转化。

在杭州市总体规划（1996—2010 年）中，杭州市的城市性质被确定为"国际风景旅游城市"，而具有良好的生态环境和现代化的交通系统是对国际风景旅游城市的基础设施的基本要求。就国内外城市交通发展的趋势而言，面向 21 世纪的现代化的交通系统具有两个明显的特征：一是集约化即公交化；二是智能化和信息化。因此优先发展公共交通，优化居民的出行结构，是实现城市交通现代化的重要组成部分，是杭州建设国际风景旅游城市的必要条件。

公交优先是城市交通发展战略的核心和基础，是一项复杂的系统工程，需要社会各界进行全方位的扶持。综合国内外城市发展的实践经验，公交优先主要是：①对公交的全面扶持，在财政上给予支持，在通行技术上公交先，改善车容车貌，提高公交的服务水平，吸引更多的乘客，对客源起"拉"的作用；②有计划地引导、控制自行车、摩托车的数量，以支持公交优先战略的实施；③加快公交体制改革，引入多种所有制经济来办公交，形成竞争的局面，推动公共交通事业的发展。

（2）加快轨道交通的建设步伐。杭州已有发展轨道交通的规划，"十五"前期应该开工实施，争取期末能通车。杭州市区应以轨道交通为突破口，从根本上改善城市交通结构面貌。至于采用哪一种类型的轨道交通，是地铁还是轻轨可以进一步论证，但是，轨道交通的线路设计要同杭州大都市圈的规划相吻合。鉴于杭州目前市中心区极度拥挤而市区边缘地带较为空旷、地价较低的状况，杭州的轻轨交通建设可从市区边缘较有发展潜力的地带建起，如，东部的下沙、西北部的三墩、南部的西兴、长河等地，由远而近。由此，一是将有力地带动这些地区的迅速崛起，真正扩大杭州市区的生存空间，增强杭州市区对周围县市的辐射力；二是有利于降低市中心的人口密度和住户、单位的动迁难度；三是建设成本相对较低且在施工过程中对城市交通的影响较小；四是目前边缘地带的地价较低，但轻轨建成后其地价必然大幅攀升，有利于通过杭州市土地储备中心筹措资金。

（3）资金筹措。城市交通发展的最大问题是资金短缺，要用改革的办法筹措资金，组建多元投资主体的"杭州轨道交通投资公司"，可以利用外资，也可以从全省各地募集创业者，也可以是国家、省和杭州市合资建设；同时，要研究如何提高经济效益，增强偿还能力。

2. 处理好"江、湖、河"的关系

"江、湖、河"合一是杭州独特的优势。在农业社会，钱塘江、西湖、运河各自根据其不同的功能，充分发挥了它们的作用，共同形成了"天堂"的优势。但是后来者把发展的注意力集中在"湖"上，这几年人们开始重视"江"的作用，提出了"跨江发展战略"，这是很大的进步；对运河的治理也做了不少工作，但对它在杭州城市发展中的作用还认识得不够，地位还不够突出。"十五"期间，应当处理好这三方面的关系，让"江、湖、河"的优势都能发挥，使杭州变得更美。

（1）加大跨江发展的力度。从20世纪90年代初以来，社会各界对杭州的跨江发展进行了多方面的研究。1996年6月行政区划的调整使得这一建议得到了正式实施。但是，目前城市跨江发展也遇到了许多问题。主要有：一是杭州与萧山两市政府的协调问题。虽说目前实行的是"市领导县"的行政体制，但由于两市政府分别为两个利益主体，再加上目前浙江省在地、县两级财政收支上实行不同于其他省份的"分灶吃饭"的特殊体制，使得两市政府在某种程度上难以协调，诸如对滨江区的供水、供电等基础设施建设的统一规划问题至今还未解决。二是城市跨江发展的门槛问题。目前，钱塘江上虽已有三座大桥，且规划有六座大桥，但新建的二桥为高速公路过境桥，三桥主要连接杭州市区与萧山经济技术开发区以及新建的国际机场，真正连接滨江区西兴镇和杭州市区的四桥仍未能动工兴建；况且由于过桥收费制度的实行，使得滨江区与老市区之间来往的车辆均需交纳过桥费，加大了跨江发展的门槛阻碍。三是滨江区的吸引力问题。按照杭州市总体规划，钱塘江两岸地带是未来杭州发展的中央商务区，若如此，则滨江区可具有相当的吸引力。但是，中央商务区的形成需要有大量的金融等高档次第三产业和政府决策机构的集聚，目前在杭的各家省级银行的大楼都已在老市区新建完毕，拟定中的杭州市政府的迁址工作也未纳入议事日程。因此，跨江发展的后劲不足。四是行政管理体制问题。目前设在滨江区境内的高新技术产业开发区由杭州市高新技术产业开发区管委会管理，如何与滨江区政府进行协调，要有一套合理的制度安排。

杭州市区要实现"跨江发展"需在以下方面做好工作：①要统一对钱塘江南岸——滨江区块地位和作用的认识，滨江区块是杭州市难得的发展空间，是未来杭州的新城区，这个区块建设得如何将是杭州城市形象的标志，因此，应当让这个区块尽快启动，"十五"期间要初展"杭州新区的风貌"；②滨江区的建设不只是滨江区政府的事，而是杭州市政府、浙江省政府共同的事业，是杭州发展战略的重要组成部分，因此，要集各方力量各种资源来建设滨江区，光靠滨江区政府的力量是无法实现"跨江发展"的理想的；③要坚持高标准的建设方针，在建设规划、项目的选择、建筑风格上都要讲究高标准，绝不能滥竽充数，现在无力建设的项目宁可把地空着；④要进一步拓展跨江发展的空间，在适当的时候进一步调整行政区划，尽管调整的难度很大，但它是跨江发展必然趋势。

（2）把运河的整治与开发提到"十五"规划的议程上来。运河不仅是杭州城区最大最长的河，而且城区其他河流多为运河水系。但由于一直没有将它作为历史文化遗产从整体上重视和保护，目前运河在杭州所显示的仅仅是一条普通得乏味的河。虽从20世纪80年代起开始注意运河问题，但还是未能从根本上改变其面貌。目前，运河城区段水体污染严重；两岸环境面貌较差，从整体上不成风景、不具特色，杂乱无序；运河的综合开发尚未破题。

随着现代交通的发展，运河的功能已经发生根本变化，已不再是运输的主要载体，但她是构成杭州市区环境的重要组成部分，也是杭州市区经济社会和文化发展的重要载体。运河城区段具有历史文化价值、环境生态价值、旅游休闲价值、商业经济价值，可以综合开发和利用。

运河的改造和美化主要应从以下几个方面着手：①结合运河沿线的拱宸桥、卖鱼桥、武林门、艮山门等中心地区的城市建设，形成运河风景线的重点和高潮；②结合沿河交通建设和道路系统，特别是贴近河岸的道路，如湖墅路、环城北路、艮山路等形成运河风景线两岸有一定纵深与宽度的轮廓线；③结合沿河现有的和将规划建设的公园、广场、草坪、居住小区，进行环境整治和美化绿化；④结合沿岸高低错落的建筑，组成运河风景线的背景，营造景观的层次和气势。综上所述，可将运河整治的内容概括为五个字，即"绿、亮、闹、美、清"。

3. 强化杭州城市创新功能

杭州市区在区域经济发展中，起着"增长极"的作用，应当发挥其中心城市的功能。但目前杭州市区的集聚功能和辐射作用都不是很强，要通过建设经济强市，增强经济实力来强化中心城市的作用：

（1）杭州市区的辐射作用何在？从杭州的实际出发，要有所为有所不为，其辐射作用主要是：①第三产业在全省的辐射，这种作用随着市场经济体制的完善，高层次三产的发展，杭州市区的辐射作用将日益增强，杭州可充分利用自身作为省会城市和中心城市的优势，大力拓展服务功能，吸引省内的企业来杭创办总部、营销中心、产品开发设计中心等，成为全省企业的服务中心；②高科技产业的辐射，这种作用在目前还谈不上，但在"十五"期间随着高科技产业的发展其作用将会显示出来；③创新功能的辐射，这是"中心城市"之所以成为"中心城市"根本原因所在，也是城市活力的体现；④在推进经济国际化和提高外向度进程中发挥对外经贸和科技文化交流的中心作用。

（2）杭州市区的创新功能。这是现代城市发展所提出的新问题，从杭州市区的创新潜力分析，杭州市区可以发挥的创新功能是：①知识创新，杭州有浙江大学等高等院校，将来杭州市区还将是一座"大学城"，具有知识创新的丰富资源，在全国的知识创新中要争一席之地；②技术创新，杭州市区应当发展应用技术研究机构，建立各种类型的中小企业技术开发中心，把技术创新的成果辐射到全省以至全国；③知识经济型服务业的创新，目前这类服务业还处在萌芽阶段，在服务的内容和形式上有非常大的创新空间；④文化创新，杭州有深厚的文化底蕴，又有一批富有创造力的文人，应当积极发展文化产业，尽快形成"杭派文化"，扩大文化创新的辐射作用；⑤管理创新，这种创新的范围很广，包括企业、政府、市场的管理，而这里所强调的是城市的现代化管理，这是衡量城市现代化水平的重要标志，杭州市区亟待在城市管理方面学习国外先进经验，并根据市情有所创新，"十五"期间应当在这方面有所突破。

4. 提高杭州的城市形象

杭州市的形象应当是一个现代化城市的形象，按现代经济社会发展的需要进行合理布局，有优美的自然环境和生态环境，有独特风格的现代化建筑，又保留着古城的风貌，更加重要的是有高度文明的现代居民，而且是经济繁荣文化发达的富有活力的大都市，给人们以深刻的印象。要形成这样的形象，"十五"期间应当：

（1）要有高水平的城市形象设计。杭州市区是以国际风景旅游城市为建设目标的，就要舍得花本钱请国际一流水平的城市规划设计师为杭州城市美容设计；杭州市区的标志性建筑设计也要向国外的设计机构招标，像上海大剧院和金茂大厦那样。

（2）提高杭州市民的素质。杭州城市人口是三元结构型的，原来的城市居民，有素质比较高的知识阶层和公务员、有一般的市民阶层，现在又增加了新进城的农村人口。这种三元结构的居民，要使他们都成为高素质的市民，使农民变成合格的市民，任务特别艰巨，为此，要大力发展科学、教育和文化事业；同时，应该调整城市人口结构，鼓励更多的科技人员和高级管理人员在杭州落户。

（3）提高城郊结合部的品位。现在的城郊结合部，早1996年前就划为杭州市区，但时下还是"城市里的农村"，有一些新的建筑，但品位很低，尤其是在那里建的一些低档商品交易市场与杭州市的形象很不相称。城郊结合部是城市的大门，给来杭者以第一印象，门面如何对一个城市的形象关系极大，因此对这些地段要有专门规划与设计，加快城郊结合部的现代化进程。

5. 杭州市区范围的再扩大

杭州市区只有682.85平方公里的面积，在全国省会城市中算是比较小的，同杭州市区的经济地位和功能是不相适应的，急需扩大市区的空间。1996年做了小范围的调整，虽然对杭州市区的发展带来了一些机遇，但它是一个很不理想的调整。按现有调整行政区划的规定，允许5年之后可以再调整，因此，在"十五"期间，要研究市区范围再扩大的方案，以适应21世纪杭州市区发展空间的需要。

六、改革的着力点和新举措

据我们最近研究，浙江市场化程度已接近60%，高于全国10个百分点左右。在国际上，市场经济国家的市场化程度的极限大约在80%—85%。照此推算，浙江的市场化已经走完了3/4的路程，一些转折性的变化已经完成或正在发生。但这1/4的路程是最难走的，"十五"期间仍然要实施"改革推动战略"，以"制度创新"推进经济社会的发展。

1. 微观组织的制度创新

（1）加快国有企业改革的步伐。国有企业在浙江经济总量中的比重不大，但就杭州市区而言，全省大多数的国有企业都集中于此。1998年，杭州市区国有工业企业数占全省的17.63%；国有工业产值占全省国有工业总产值的38.38%；全省的大企业、利税大户企业也主要集中在杭州市区的国有企业中，国有企业成为推动杭州经济增长的重要力量，应该说是杭州市区的优势。但是，杭州市区国有企业的改革已经大大落后于其他地区，并成为制约经济发展的重要因素。可以说，近年来杭州市区经济增长速度不如温州、台州、绍兴，其主要原因是国有企业的改革不及它们。因此，"十五"期间要把国有企业的改革作为改革的着力点，尽快攻克这个难关，基本完成国有企业改革的任务。而实现这个目标的前提是要在思想上解放、解放、再解放，不要等到企业无路可走时再来改革，那时企业改革已错失良机，改了也很难理顺；即使是效益非常好的企业，也要寻找机会通过兼并、重组等方式来发展、壮大自己；同时，要解决"资产重组围绕国企业转"的倾向，应该打开大门，让外商独资企业、中外合资企业、私营企业、集体企业统统进来，形成"混合经济"。有了这样的认识，具体方案都好办，会找到适合于本企业的改革模式。

（2）非公有制企业的"管理革命"。非公有制企业，从总体上来说是有活力的，但其组织制度是传统式的，这样的企业很难长得大，一般拥有 1 000 万元资本以后就很难进一步扩张，不能有效地形成规模效益；而且，由于家族内部的产权不清晰，易引发众多矛盾；同时，企业发展的智力支持不足，影响企业的科学决策和应变能力，也形成不了驰名品牌，长此以往是难以为继的。这种传统的私营企业的组织制度具有早期市场经济的特征，在市场经济发展的初期还能靠低档的产品、低廉的价格取胜；但与现代市场经济要求有高品质的产品、高质量的服务、多变的竞争策略是很难相适应的，一般来说，它们不可能在现代市场经济的竞争中取胜。当管理上的协调比市场协调更有效率和更有利可图时，"企业管理革命"的时代到来了。这就是美国于 19 世纪末到 20 世纪 20 年代所进行的"经理革命"。经过这场革命，企业的模式发生了变化，由"家族式企业"变成了"经理式企业"。浙江的私营企业和合伙企业正面临着这场革命。因此，要引导个体私营企业进行组织制度创新：让他们自动地组建有限责任公司或股份公司；变"家族式企业"为"经理式企业"。当然不能笼统地否定家族制，家族中有高层次的管理人才也可能是有效的，但从现代市场经济的要求来看，现代企业制度是大多数企业最现实的选择。个体私营经济的"管理革命"，是再创体制新优势的最重要也是最现实的路径，应当把它作为杭州经济体制改革的重点。

（3）股份合作制企业的制度再创新。杭州市区的股份合作制企业，是在党的十五大之前的环境中，制度创新需求与实际制度供给的均衡点区间作出的最好选择，但它是向现代企业制度过渡的一种产权形式，还大有继续创新的余地：要真正理顺政企关系，彻底实现政企分开；要进一步明晰产权制度，改变目前许多企业仍然是原有集体企业控制的局面；要创造条件向现代企业制度发展，可以由几个股份合作制企业作为法人，联合组建现代企业制度的企业集团。这样才能从根本上解决企业组织结构的缺陷。

企业的制度创新是使企业具有生机和活力的一个重要条件，但制度并非万能的，还需要有技术创新为动力，生产出适应市场需求的产品，提高企业的应变能力。只有在制度创新和技术创新双管齐下的环境中，企业才能适应现代市场经济的要求，才能在激烈的市场竞争中取胜。

2. 市场体系的深化改革

杭州市区要围绕营造"三个天堂"和建设成为浙江省高技术产业发展的目标深化市场体系的改革，以吸引人才和大企业集团来杭州市区落户，投资创业。

（1）人才市场。目前杭州市已出台了不少吸引人才的政策，但与上海市相比还有很大差距，主要是发展环境和工作条件上的差距，因此，不论就人才资源而论人才问题，要为人才市场创造更好的发展条件。

（2）资本市场。从杭州市区的资本市场的发展趋势来看，要围绕以下四个方面深化改革：一是为推进高技术发展和高技术产业化提供资金，如建立投资创业资金；二是为中小企业的发展提供资金，如贷款担保；三是为私营企业贷款创造公平的环境；四是为外地驻杭企业的发展和营运提供资金上的方便。

（3）建立良好的市场秩序。这主要是加强市场管理与监督的力度，杜绝假冒伪劣产品充斥市场，严惩对顾客的欺诈行为；同时，要建立良好的服务体系和高尚职业道德。而这一切，都需要有相应的体制与机制来保证。

3. 政府职能转变尽快到位

政府职能转变的方向已成共识，但转变的进程缓慢，需要加快步伐。杭州市区营造"三个天堂"，主要靠市场的力量，但政府的作用十分重要，从某种意义上来说，"三个天堂"营造的进程取决于政府职能转变的进程。

（1）提供优质的公共产品。这是政府最主要的职能。目前已开始重视这个问题，但政府的主要精力还是放在企业的生产和经营问题上，职能转变还未到位。一个城市的公共产品的丰裕程度的质量好坏，是这个城市发展环境的标志，也是政府形象的体现。"十五"期间，政府在提供公共产品方面要加大力度，要有一个质的飞跃。

（2）理顺管理体制。现在杭州市区一件事多头管理、政出多门的案例不胜枚举，最突出的是旅游管理体制，矛盾很多，已阻碍杭州市区旅游业的发展，已经到了非解决不可的时候，应利用政府机构调整的时机解决这个难题。

（3）扶持高技术产业化。高技术的发展和高技术产业化，要以市场为基础，但在发展过程中，要靠政府的扶持，这是任何一个发达国家发展高技术的成功经验。杭州市区要成为浙江高技术发展极，除了省政府的支持和扶持之外，杭州市政府也责无旁贷，因此，要从体制和政策上加以研究，从人才资源、资本资源、发展主体、发展机制、发展环境等方面创造更有利的条件，促进高技术的发展和高技术的产业化。这种扶持对 21 世纪的杭州经济与社会发展具有决定性的意义。

（4）提高政府办事效率。这是营造良好的发展环境中最重要的因素，而政府的办事效率是政治、经济、社会、文化等各种因素综合作用的结果，要用改革的力量来推进。

七、经济社会协调发展

"十五"规划要遵循可持续发展的战略，解决经济社会发展中的突出问题：

1. 就业问题

随着技术进步和市场经济体制的逐步到位，就业问题将越来越突出，包括新成长人口的就业、下岗职工的再就业、农村人口向城市转移后的就业，涉及面之广、数量之多都将是空前的。因此，就业问题是 21 世纪初叶宏观经济中最为突出的难题，要十分重视，采取切实有效的政策和措施。

2. 人口老龄化

近年来，杭州市区人口中老年人口数量增加非常显著。城市人口的老龄化发展态势，使得创造适宜城市老年人口的人居环境显得日益重要。无论是家庭养老还是社会养老，老年人由于其体质、性情和生活方式的特殊性，对人居环境也有一些特殊的要求。然而，杭州目前在城市的规划建设中，对老年人口的这一要求考虑较少，迫切需要在城市人居环境的建设中列入养老设施的内容。

3. 环境保护

近年来，杭州市的环境保护取得了很大成绩，连续五年被评为全国环境综合整治十佳城市之一。但是，与可持续发展要求和广大居民的期望相比，环境质量仍然不容乐观。在环境问题上存在着经济高速增长与环境改善缓慢的反差。到 1998 年年底，杭州市区的人均 GDP 在全国省会城市、副省级城市以及直辖市中位居首位，被认为是经济大市。但环境质量的改善步子迈得不大，大气、水体、噪声的污染已严重影响了居民的生活质量，也制约了经济发展。因此，杭州市区要实行可持续发展的战略，必须采取强有力的措施，运用多种手段，组建一个具实质性和权威性并按规划长期运行的市环境保护委员会，加强生态建设与环境保护。

生态环境已经不再是"天然的自然",而是社会总资本中的一个重要组成部分,它同物质资本、人力资本一样是社会总资本中共同增值的资本,因此,企业要讲究"环境成本",政府要研究对所有商品和服务的"增值价值"征收"环境税"的问题。

4. 社会安全

社会安全包括社会政局稳定、人身安全、经济安全,这是社会发展到现阶段居民最迫切的需求。要满足这种需求,一方面要加强社会治安;另一方面要提高抗御自然灾害的能力,防灾减灾,"十五"规划要加大这方面建设的力度。

杭州市区的"十五"规划,要把解决以上四大问题提高到解决社会矛盾、保持社会稳定、实施可持续发展战略的高度来认识和对待。

(课题组主持人:方民生;成员:陈建军、查志强、吉京杭、高戎。总报告由方民生执笔)

论知识型服务业在杭州的战略地位

——杭州城市竞争力研究总报告

充满活力的城市是增长的发动机。

——世界银行：《2000 年世界发展报告》

城市竞争力问题，是城市化进程中必然要提出的理论和现实的课题。对一个城市来说，一定的规模是城市效率的源泉，适度的规模扩张是必要的；但有了一定的规模之后，如何使城市充满活力，并富有竞争力，是城市发展的关键所在。杭州市发展计划委员会关注杭州城市竞争力问题，把它作为与浙江大学的合作研究项目，是具有前瞻性和战略性的。我们受托进行此项研究，深感责任重大。竞争力是一个系统整体功能，要作全面研究，我们还力不能及，因此把研究的重点是放在如何构建杭州城市的核心竞争力问题上。研究的结论是：发展知识型服务业是杭州城市竞争力的核心，但目前还未成为杭州城市的核心竞争力。当务之急是要确立知识型服务业在杭州的战略地位，从战略高度来认识发展知识型服务业对杭州明天的重要性。

一、对杭州城市竞争力排序的评述

竞争力问题的研究，在国外最早是由美国提出来的。1983 年建立了由 30 名专家所组成的"关于工业竞争力的总统委员会"，开始专门研究竞争力问题；近年来，在我国对竞争力的研究也成了热门话题，发表了各种评价报告。这些报告都采用了瑞士洛桑管理学院和世界经济论坛的"相对地位排序法"，来评价一个国家或一个城区的竞争力。

1. 城市竞争力的定义

自 20 世纪 90 年代美国学者 Petar K. Kresl 对城市竞争力问题进行开创性研究以来，有许多关于城市竞争力的定义，但还没有一个定义被公认。虽然这些定义是从不同的角度对研究的对象做了界定，但有几点认识是共同的：第一，城市竞争力是一个相对的概念，主要是指一个城市在竞争和发展过程中与其他城市相比较潜能的差异；第二，城市的潜能主要表现为对生产要素的集聚、转化和扩散能力；第三，生产要素的集聚、转化和扩散能力又体现为城市的综合实力，即一个城市为居民创造财富和优化生活环境的能力；第四，城市竞争力由一个大系统构成，其中包括区位条件、经济实力、文化创造力、制度活力、企业运作效率、政府管理效率、开放力度，以及生态环境的优化程度等。我们认为，从这些方面去界定城市竞争力的内容对传统性的城市是合适的，但以其作为衡量一个现代文明城市的竞争力已经不够了，现代文明城市的竞争力主要体现在她的创新能力上。基于上述理由，课题组认为城市竞争力可以概括为：

$$城市竞争力 = 经济实力 + 生态环境 + 创新能力$$

现在研究者的竞争力排序用的都是前几年的统计资料，是一种静态的分析，只是一种潜在的竞争力。要把这种潜在的力量转化为真正的竞争力，取决其创新能力，因而把"创新能力"包含于城市竞争力的定义中才是一种动态的评价方法。

2. 对杭州竞争力排序的梳理

（1）《经济日报》2001 年 10 月 18 日公布了东南大学经济管理学院的"中国城市竞争力排序"：在综合竞争力排序上，杭州在前 10 名之外；而在发展环境的分项排序中，杭州列第 7 位，列上海、深圳、北京、广州、天津、大连之后，而在南京、武汉和成都之前。

（2）联合国 2002 年发表的现今世界各国城市发展指标及发展前景的统计报告中，特别提及中国最具发展前途的 25 个城市，杭州列第 7 位。

（3）总部设在香港的中国城市竞争力研究会发布的 2002 年排行榜：香港以综合得分 929 分列榜首，而排在其后的 14 个城市依次是深圳、上海、广州、北京、南京、重庆、杭州、天津、武汉、西安、沈阳、青岛、厦门和大连。杭州居第 8 位。

（4）中国社会科学院财贸研究所倪鹏飞博士主编《中国城市竞争力报告 NO.1》的综合竞争力与营销竞争力排名：香港、上海、深圳、北京、澳门、广州、东莞、苏州、天津、宁波、杭州、南京、无锡、青岛。杭州列第 11 位，除了香港、澳门特别行政区之外，在内陆城市中杭州居第 9 位。

（5）据《浙江科技报》2003 年 11 月 18 日消息：日前，世界银行在"2003

中国（湖南）投资环境论坛上"发布《对中国23个城市投资环境调查报告》。报告对投资环境的评价，按 A＋至 B－依次设了六个等级。上海、杭州投资环境最好，评价为 A＋；大连、江门、重庆、广州为 A；长春是 A－；深圳、北京、郑州、南昌是 B＋；长沙、成都、武汉、温州、西安、天津均为 B；南宁、哈尔滨、本溪、昆明、兰州、贵阳是 B－。当然，对投资环境评价与城市竞争力评价是两个不同的体系，但它是城市竞争力的重要组成部分，而且从某种意义上说更有价值。这个调查报告说明，杭州对外商是具吸引力的。

（6）杭州市统计局也做过城市竞争力的研究。他们对全国直辖市、副省级城市及 GDP 超千亿元的 22 个城市进行了监测分析，评价体系包括了经济实力、资金实力、开放程度、人才科技水平、管理水平、基础设施及住宅六个方面，共21 个原始指标测评。结果是：竞争力的排序为深圳、上海、广州、厦门、北京、苏州、南京、杭州、天津、宁波。杭州列第 8 位。

（7）宁波市发展计划委员会于 2001 年也做过城市竞争力的研究。他把 4 个直辖市之外的省会城市和副省级城市的竞争力做了排序：深圳、广州、南京、杭州、武汉、苏州、大连、宁波。杭州列第 4 位；如果加上 4 个直辖市，杭州居第 8 位。

3. 对各种城市竞争力排序的评论

第一，总体评价。

上述七种排序给出的信息表明，杭州的城市竞争力在内陆城市的排序在第7—9 位之间波动。这种波动主要是由于各家选用的评价指标的差别所造成的，属于正常现象，因此，可以说这些研究成果总体上来说是比较客观的。

第二，目前的各种排序都存在难以避免的缺陷。

（1）计划经济的统计体系与市场经济行为的矛盾。比如，在统计科技教育人才时，只统计本地的人才；在计算技术成果交易额时，只统计科技成果的出卖方所在地。按照这样的统计口径，浙江的科技、教育水平总是列 20 位之后，而实际上为浙江经济社会发展服务的科技人才和科研成果是来自全国的，是得益于市场经济，否则就无法解释浙江经济的高速增长。杭州在竞争力排序中列南京之后的原因就在于此。

（2）评价指标体系设计上的偏差。最明显的有两个例子：

例 1：评价指标偏重 GDP，而不讲 GNP。苏州的 GDP 总量大，因而在排序中就占了优势；但如果按 GNP 计算，要扣除外资的那部分，排序也将大大后退好几位。对政府官员来说，GDP 是目前考核的重要指标，因而他们很看重；而对普通百姓来说，并不因为自己所在城市的城市竞争力排名靠前而增加居民的福利。

这一点是很明显的，许多排序中苏州都列杭州之前，但据 2002 年的统计，人均家庭总收入，杭州市为 12 912 元，苏州市为 11 511 元。杭州列长江三角洲 15 个城市的第 4 位，苏州列第 8 位，杭州人均家庭总收入多于苏州 1 401 元，高出苏州 12% 以上，这对居民而言就是最实在的。

例 2：《经济日报》2003 年 8 月 15 日公布了北京大学杨开忠教授课题组的《中国内地区域新经济指数报告》，对各地的经济实力进行了排序。这份排行榜，把浙江的经济活力排在全榜的倒数第四位，位居全国 38 位。真叫人啼笑皆非。其排序的根据是两个指标：一个是年度企业注册与倒闭总量占企业单位数的比重，另一个指标是股票筹划集总额占省内 GDP 的比例。这两个指标，浙江分别居第 27 和 20 位。用这两个指标来衡量典型市场经济经济中的活力也许有点道理，但在我国目前是不适用的。浙江新增企业和倒闭的企业少，正说明浙江企业的生命力强，经济有活力；至于股票筹集总额在 GDP 中的比例低，并不等于投资不活跃，浙江民间资本丰厚，银行贷款也多，2003 年浙江企业得到的贷款占全国贷款总量的 1/8，浙江新经济的活力在全国是少有的。

（3）计量上的明显错误。在倪鹏飞主编的《中国城市竞争力报告 NO.1》第 9 页中 2000 年综合地均 GDP，宁波列浙江省第 1 位，杭州第 2 位；综合人均收入水平杭州列第 2 位，宁波第 3 位。而根据统计数据却倒过来，综合地区人均 GDP 杭州 22 342 元，宁波 21 786 元，杭州的位次明显列宁波之前；而综合人均收入水平，城镇居民可支配收入，杭州 9 668 元、宁波 10 535 元，农村居民收入杭州 4 496 元、宁波 4 652 元，宁波都高于杭州，为何宁波的位次却列杭州之后？这种排序违背了基本事实，难以令人信服。

第三，不要太看重媒体发布的城市竞争力排序。

城市竞争力排序只有象征意义，它所提供的信息与现实并非一回事，也不能决定各个市场主体的竞争行为。因此，对目前媒体发表的各种排序不必太在意，坦然处之。不能因为某个研究报告把我所在地区的某种竞争力或经济实力的位次排序提前了就高兴得手舞足蹈，在媒体上大肆鼓吹；而见到位次排在后面了就不高兴，感到委屈，而媒体也就会兴师问罪，无形中给当地的领导施加了压力。目前，在我国的各种评价排序，还没有一个是具有权威性的；但媒体的炒作相当危险，有时会损害一个地方的声誉，干扰了正常的工作。

第四，重视分析排行榜中各项指标的排序位次。

从已有的城市竞争力榜行榜来看，综合评价得分因各个研究者分析问题的角度不同，各类指标在其评价体系中的权数是不一样的，所得到的分数也不一样；

但其分项指标的得分大体上没有多大差别。我们分析各项指标的位次，可以给出这个地区的比较优势和相对差距。从《中国城市竞争报告 NO 1》的各项指标排序中，可以发现杭州的比较优势主要是人才、资本、科技、区位、环境、企业管理，这些方面的竞争力排序位次都在 10 位之前；而结构、设施、文化、制度、政府管理、开放诸方面的竞争力得分则在平均数之下，这正是杭州的差距所在。认真分析是有裨益的。

二、城市竞争力的监测指标

演化经济学认为，经济社会发展中的市场竞争类似生物竞争，"适者生存"，只有强大的竞争优势，城市才能得到快速发展。一个国家要提高其综合实力和国际竞争力，一个城市也要把提高城市竞争力作经济发展和社会进步的推动力。关注外界对所在城市竞争力的评价是必要的，但它是别人的行为，任其评说。对一个地方的政府来说，应当对本市的竞争力进行动态监控，这就要有一套监测指标体系。我们认为，地方政府的监测指标没有必要像研究单位的报告那样庞杂，根据"主成分"分析法的测算经验，只要几个简明的指标就可以说明问题。课题组根据现代城市发展的趋势和建设方向，选择了以下 14 项指标作为评价城市竞争力的指标体系：

> 人均国内生产总值；
> 年人均财政收入；
> 城镇居民年人均可支配收入；
> 农民年人均纯收入；
> 第三产业增加值占 GDP 的比重；
> 全社会固定资产投资额；
> 外贸出口占 GDP 的比重；
> 信息化指数；
> 城市空气质量；
> 城市水功能区水质达标率；
> 城市人均公共绿地面积；
> 科技教育经费占 GDP 的比重；
> R&D 占 GDP 的比重；
> 高新技术产业增加值占工业增加值的比重。

　　课题组还根据城市的可比性与主要竞争对手选择了包括杭州在内的 10 个城市作为监控比较的城市：杭州、南京、宁波、苏州、无锡、广州、深圳、武汉、大连、青岛。根据可搜集到的统计数据对 10 个城市的竞争力做了排序。2000 年排序依次是：深圳、广州、南京、青岛、大连、苏州、杭州、宁波、武汉、无锡。杭州居第 7 位。2001 年城市综合竞争力的排序有了变化，依次为：深圳、广州、青岛、南京、杭州、苏州、宁波、大连、无锡、武汉。杭州的位次从第 7 位上升为第 5 位，从原先位于苏州和大连之后，变为位于这两个城市之前；大连的位次则从第 5 位退后为第 8 位，苏州位次第 6 仍没有变，宁波也从第 8 位上升为第 7 位。

　　课题组还把杭州与南京、杭州与广州的 10 项主要经济指标做了对比研究。杭州与南京比较的结论是：（1）GDP 总额、人均 GDP、城镇居民年人均可支配收入、农民年人均纯收入、全社会固定资产投资额 5 项指标杭州高于南京；（2）年人均财政收入、第三产业占 GDP 的比重、城镇人均公共绿地面积、科技教育经费占 GDP 的比重 4 项指标南京高于杭州；（3）外贸出口占 GDP 的比重，2000 年杭州高于南京，2001 年南京高于杭州。这些指标反映，杭州的经济总量较大，人均收入水平较高，固定资产投入较大，经济增长速度快，发展势头比较强劲；南京的经济结构水平较高，科技教育比较发达，发展的后劲也比较好。

　　杭州与广州比较的结论是：除了第三产业增加值占 GDP 比重、外贸出口占 GDP 的比重这两项指标杭州高于广州之外，其他指标广州均高于杭州，而且差距比较大。其中，GDP 总额、人均 GDP、全社会固定资产投资额，这 3 项指标广州比杭州高 50% 以上；城镇居民可支配收入、农民人均年纯收入广州比杭州高 30% 以上。可见，广州的经济规模比杭州大，经济发展水平和人均收入水平比杭州高，科技教育水平比杭州发达。但是杭州的经济结构和经济发展中的外贸水平与广州相当。广州是我们学习的城市，要力争缩小与广州的差距。

三、知识型服务业是杭州城市竞争力的核心

　　城市竞争力是一个系统整体功能，在不同的城市有其特有的核心竞争力。比如，深圳毗邻香港和享有特区政策的区位，南京的高等教育和国家设的科研机构特别多，大连的城市绿化和生态环境特别好，青岛的大型企业多而且管理好，这些是在一定时期中他们所独有的优势，构成了城市的核心竞争力。课题组对杭州的情况分析后认为，杭州应当把"知识型服务业"作为提升城市竞争力的核心，并逐步使它成为杭州城市的核心竞争力。

1. 知识型服务业的内涵与特征

（1）知识型服务业的定义

知识型服务业（knowledge-based service industries）是现代服务业最重要的组成部分。

美国商务部的定义：所谓知识型服务业是指提供服务时，融入科学、工程、技术推动之服务业。主要包括通信服务、金融服务、商业服务（运用计算机软件、计算机及数据处理、研究发展与工程服务及其他相关服务）、教育服务和健康医疗服务。依此定义，"与制造业相关的知识服务业"也可视为"以技术知识（Know－how）为主，并支持制造业发展之服务业，具有技术背景之服务业"。

经济合作与发展组织（OECD）的规定：知识密集型服务业是技术及人力资本投入密度较高、附加值大的服务行业。

广义的知识型服务业，是指主要依赖于专门知识和技能的公司和组织，为社会提供以知识为基础的中间产品和服务的产业。

知识型服务业是由生产型知识服务业和消费性知识服务业所构成，其中：

生产型服务业主要包括会计服务、金融服务、保险服务、法律服务、咨询服务、研发服务、通信服务、建筑设计服务、技术工程服务、物流服务等；

消费性知识型服务业主要包括房地产服务、教育培训服务、出版和媒体服务、文化娱乐服务、医疗保健服务、环境服务等。

（2）知识型服务业的基本特征

①知识型服务业强调智力资本的密集和运用；

②知识型服务业提供的服务倾向于转变为"软型服务"或"隐性服务"。知识型服务者的内在经验、所掌握的技能、所拥有的信息情报、所领悟的技术知识、所运用的服务技巧，甚至服务氛围等都将成为整体服务过程的一部分；

③知识型服务业的经济附加值远高于传统服务业；

④知识型服务业的发展程度取决于技术进步；

⑤知识型服务业与传统服务相辅相成。高新技术在迅速促进知识型服务业的同时，也促进传统服务业的服务技术的创新和方式变革，为传统服务的生存与发展谋求新的空间。

2. 未来经济发展的机遇和挑战在于知识型服务业

（1）经济发展的当前与未来

中国在相当长一个时期中，还将是工业经济主导时期，但现在的工业化不同于传统的工业经济，它是和信息经济融合在一起的。信息经济则涵盖整个国民经济的各个部门，有信息制造业，也有信息服务业。如果把工业经济等同于制造业，那么制造业在一个国家的国际竞争力中具有重要的地位。所以，发展工业是一个不可逾越的阶段，特别是在目前的发展阶段，一个地方的经济实力还是要依赖于工业的发展，工业发展了才有强大财政的支撑，才能提高人民的生活水平，才能进行现代化的基础设施建设，才能走向现代化。从这个意义上来说，就杭州市域而言提出"工业立市"是有道理的，在空间合理布局的条件下，加快工业经济的发展。如果面向未来，就应当突破这样的思维方式，把发展知识型服务业提上议事日程，并将其置于提高城市竞争力的核心地位。

（2）世界知识型服务业发展的趋势

"新经济"已初见端倪。"新经济"或"知识经济"本质上就是知识密集型的服务经济。杭州虽然还未进入"知识经济"的发展阶段，但新经济是伴随着工业经济而发展的，我们要跟上世界知识型服务业发展的趋势。20世纪90年代以来，服务业尤其是知识型服务业正成为世界经济发展的新热点和发达国家与地区间竞相发展的重点。世界贸易组织（WTO）1997年的一份报告指出，近年来，主要由于信息技术和通信的进步，全球服务贸易的增长远远高于全球实物贸易的增长。从1980年到1995年，服务出口额的年均增长速度达到8.4%，而商品贸易额的同期年均增长速度只有5.2%，全球竞争的焦点已逐渐从商品转向服务。其中服务贸易的出口主要是知识型服务业。知识型服务业的蓬勃发展，使其对经济增长的作用明显提高。据OECD研究报告公布的数据，在20世纪90年代，知识型服务业对OECD国家经济增长的平均贡献率达到了29%。知识型服务业成为现代城市经济的基础和中心。

（3）现代城市功能的转变

现代城市的主要功能已开始转到"知识引进"和"知识传播"上来，而知识型服务业正是实现这些功能的载体。如，香港就已明确提出了以大力发展知识型服务业为主要内容的建立"知识型城市"战略。截至2000年，香港服务业已占GDP的85%，其中仅会计和律师行业的服务增加值就达11亿美元。新加坡也提出了要把发展知识型服务业作为经济发展的主要引擎的构想。可以说，知识型服务业的发展水平，已是当前衡量一个城市经济活力和竞争力高低的主要指标。

（4）创新是城市竞争力的灵魂，也是现代城市的主要功能

创新来自何处？演化经济学认为，所有创新，不论是大的还是小的，一般来自如下几条线索的集成过程：一是消费者需求提供的线索，二是同类技术线索，三是科学研究成果的应用。其中任何一种来源都需要知识型服务，可以说创新的

过程就是知识型服务的运作过程，离开了知识型服务就不可能有创新。创新是未来经济发展的根本动力，而其动力之大小则取决于知识型服务业的发展。

3. 发展知识型服务业是提高杭州城市竞争力的最佳选择

（1）以上海为中心的长三角经济圈的南翼城市中，杭州的知识型服务业是其他城市所不可比拟的，具有独特的优势

据 2002 年的统计数据：

杭州市区拥有科学研究和综合技术服务人员 2.21 万人，占全省的 46.8%；

杭州市区从事教育、文化、广播电影电视业人员 8.04 万人，占全省的 15.53%；

杭州市区从事卫生、体育和社会福利业的人员 3.78 万人，占全省的 17.73%；

杭州市区的高等学校在校人数 20.05 万人，占全省高等学校在校学生总数的 48.96%；

杭州市区各类专业技术人员 24.81 万人，占全省的 32.58%；

杭州市区被认定为高新技术企业的有 434 家，其中省级高新技术企业 419 家；

杭州市区金融机构年末存款余额 3 063.9 亿元，占全省的 27.25%；

杭州市邮电业务总量 67.17 亿元，占全省总量的 18.5%。

上述知识型服务业的实力和潜能，杭州也远远胜于苏州和无锡。

跨入 21 世纪以来，杭州市的知识型服务业迅猛增长，在杭州市服务增加值中的比重不断增加。2002 年，杭州市实现服务业增加值为 640.31 亿元，其中金融业、保险业增加值在服务业增加值的比重达 16.31%；交通运输及邮电通信业增加值占服务业增加值的比重为 15.40%；教育、文化艺术和广播电影电视业的增加值占服务业增加值的比重也达 8.17%；这三大项的知识型服务业合计的增加值占服务业增加值的比重达 39.88%，如果加上中介服务机构创造的增加值可能要占半数以上。可见，杭州知识型服务业的优势已经显现。

（2）"知识型服务"是未来杭州城市的主要功能

现在杭州城市定位于：国际风景旅游城市，国家历史文化名城，长江三角洲的重要中心城市，浙江省的政治、经济、文化中心。按照这样的定位，知识型服务业在产业中无疑是具于首位的，现代旅游、文化服务都是知识型服务，其实作为政治中心的功能所提供的也是知识型服务。问题是如何看待杭州"经济中心"在长三角和在浙江省的地位。

　　课题组认为，目前杭州的"经济中心"是一种综合性的经济中心，但侧重于服务业的中心作用。据 2000 年的统计，杭州市区的第二次产业的增加值在全省第二次产业增加值中的比重为 10.87%，而杭州市区第三次产业增加值在全省第三次产业增加值中的比重为 20.08%，杭州市"三产"在全省的地位要比"二产"的地位高出一倍。

　　杭州市作为全省"经济中心"的变动趋势判断：

　　①杭州作为全省"经济中心"的作用会越来越大。因为所谓"经济中心"是指经济的集散中心、管理中心、服务中心和创新中心。世界银行在 1999/2000 年的《世界发展报告》中指出，"最大的都市地区为现代服务业和其他创新行业提供较大的、多样的经济基础，能够使它们从这样一种环境中获得重大利益"。这就是"大都市效应"。

　　②"经济中心"的工业经济的功能将弱化，而服务业的功能成为主要功能。因为"工业经济中心"的功能将向宁波转移。这种转移具有必然性：

　　宁波滨海工业的发展遇上难得的良机。宁波在建的投资百亿元以上的项目已达 7 项，还有更多的项目在洽谈中。预计未来的宁波将成为名副其实的华东重化工业基地。

　　浙江的区域经济发展格局将随着"杭州湾大桥"的建成发生变化，宁波将成为以港口运输为主的交通枢纽，这会强化宁波作为"工业经济中心"的功能。

　　这样的趋势是不可逆转的。对此，我们必须有充分的估计，面对现实，充分发挥自己的比较优势，壮大杭州的知识型服务业，使杭州市成为以服务业为主体的经济中心。

　　③知识型服务业是提升国民经济整体素质的引擎。因为知识型服务业是渗透在各次产业中的，是一种混合型的产业。工业制造业目前是我们财政收入的主要来源，但扩大这个财源就要走新型工业化的道路，而"新型工业化"的实质是"知识化"，是靠知识密集型的服务来实现的。知识型服务业的水平越高，建设先进制造基地进程就越快；当然，工业制造业的发展，为知识型服务业提供了新的发展空间。所以，发展知识型服务业和发展工业制造业是相互促进的。

　　基于上述三条理由，我们认为发展知识型服务业是提高杭州城市竞争力的最佳选择，甚至可以说是唯一的选择。

四、发展知识型服务业的政策选择

1. 统一对知识型服务业在杭州的战略地位的认识

　　对知识型服务业在国民经济发展中的重要性的认识容易取得共识，但究竟应该把它放在什么位置上则见仁见智，争论的焦点是现在是否已经到把它放在首位的时候了。人们通常认为，现在是工业经济主导时期，就要全力抓工业，因而把"发展是第一要务"变成"发展工业制造业是第一要务"。课题组认为，对待这个问题要因地制宜，在不同的城市，知识型服务业的地位是不一样的，在杭州已经到了把知识型服务业放在战略位置的时候了。

（1）工业制造业的发展要求知识型服务业的发展与其相适应。未来浙江的发展寄希望于环杭州湾经济带，杭州在其中又具有特别重要的地位。而这个区域的经济发展模式，不能锁定在原有的路径上，土地资源和劳动力资源都不允许粗放式扩张的模式；原有的劳动密集型的工业制造业，也将因土地和劳动力成本的提高从这个地区转移出去；这样就势必要发展高技术产业，发展用高技术武装起来的传统工业，按照这样的发展模式，知识型服务业必然要居首位。

（2）未来发展的最大机遇是知识型服务业。中国与发达国家相比，知识型服务业的差距比工业制造业的差距要大得多。1996年中国的服务贸易赤字只有19亿美元，而到1998年，赤字额就迅速增长到59亿美元。在世界经济论坛等组织发表的研究报告中，中国的服务行业得分都很低。现在的国际环境和国内的宏观经济环境为发展服务业提供了一个极好的发展契机。机会是资源，是有价值的，对获取机会的需求者来说是正价值，而对于没有获取机会的需求者来说，竞争者获取的机会对他来讲是负价值。机会具有易逝性和不可存储性，无论你利用还是不利用这个机会，它照样流逝。而对于机会而言，做好了准备的人，必将成为胜利者。什么叫"超前意识"，在杭州把知识型服务业放在战略地位这就是超前意识。

2. 以改革推动知识型服务业的发展

这里讲的改革是两个方面的：

（1）服务业本身的体制改革。长期以来政府直接地或通过国有企业间接地对许多服务行业实行严格控制，为服务业面对市场竞争提供保护，行政壁垒阻碍了货物、人力和资本的自由流动。可以说，缺少竞争已经成为阻碍服务业发展，导致服务业整体低效率的唯一重要原因。当务之急是转变政府职能，从直接的管理者变为协调者、服务者、监督者，让服务业以企业方式操作，加快民间投资者进入知识型服务业市场。

（2）知识型服务业发展环境的营造。最重要的激活对知识型服务业的投资，中国的存款只有极少一部分从金融机构流向知识型服务业，绝大部分都锁定于传统形式的投资，很少用于知识密集型的产业，政府建立机制鼓励私人风险资本的形成已经刻不容缓。

3. 吸引外资进入知识型服务业

我国对 WTO 承诺的过渡期将大体上在 2006 年结束，服务贸易将全面向国外开放，现在还有两年。这两年对一个地区来说是一个非常宝贵的机会，哪里能早引进，哪里就早得益。现在国外的超市引进很多，但金融机构、中介机构还没有一家。我们认为，要着力引进国外大企业集团的研究与发展中心、各种设计事务所、会计事务所、咨询事务所。这方面的难度比较大，但引进来之后的作用比引进一个一般的企业要大得多。

4. 发展知识型服务的关键是人才的培养

知识型服务要求服务者本身的修养和素质比传统服务者要高得多，他们的文化技术水平如何决定服务业的水平。这方面，杭州有优势，但离发展知识密集型产业的要求还距离很远，要加大"科教兴市"战略实施的力度。

5. 建立完善知识型服务业的统计制度

知识型服务业的各项发展指标尚未纳入现行的统计制度框架内。参照国外的发展经验，知识型服务业的统计应主要围绕以下环节：

（1）研究与发展（R&D）统计。R&D 统计的主要指标是 R&D 支出，R&D 支出占增加值的份额。由这两项指标按知识型产业的分类，就可以对各种分类下的 R&D 资源的分布结构，各结构类别 R&D 经费增长率、R&D 经费强度及变化进行分析和对比。

（2）技术创新统计。知识型产业的技术创新最活跃，新的产品、新的技术不断涌现，对这些产业技术创新的统计与分析一直是各国关注的重点，技术创新统计与分析如果不以知识型产业为研究对象也就没有生命力。

（3）经济指标统计。主要是进行产值、增加值、销售收入和进出口产值统计。这些指标分别从总量与结构上反映了知识型产业的产出与进出口状况。其中，在产出分析中，各类知识型产业产值、增加值占 GDP 或总增加值的份额，在进出口分析中服务业进出口占进出口总量的比重，制造业进出口中按高技术、中高技术、中低技术、低技术产业的分布等指标常常被采用。

（本文系杭州市计委委托的《杭州市城市竞争研究》课题的总报告，总报告由方民生执笔；课题组成员有：查志强、陆根尧、楼含松、蒋荣华）

杭州县域经济发展调查报告

为探讨如何落实杭州市委、市政府提出的加快县域经济发展的战略思路和举措，由市政府专家咨询委员会方民生副主任和周文骞教授、朱家良研究员等宏观经济组的几位专家与市计划委员会的有关同志组成了课题组，先后对桐庐、建德、淳安、富阳和临安五县（市）做了调查并组织了专题讨论。我们认为，上述五县（市），近年来有了长足的发展，然而与发达地区相比差距仍然很大；市委、市政府提出加快县域经济发展的战略思路和举措是及时而正确的，但在新一轮发展中，还有一些认识问题需要统一，一些政策需要深化研究。

一、杭州县域经济发展实况简评

杭州五县（市）在改革开放后，经济社会发展的成就是显著的，这是有目共睹的，这方面的材料浩如烟海，不需赘述。但从全省范围和现代化的进程中评价这些成就，有以下几个方面值得深思：

1. 杭州县域经济总量在全省的地位上升不快

五县（市）GDP 在全省的比重 1995 年为 5.45%，2000 年提高到 5.62%，"九五"期间只上升了 0.17 个百分点。其中，临安因统计上的原因下降了 0.14 个百分点，富阳增长了 0.08 个百分点，淳安提升了 0.10 个百分点，桐庐提升了 0.09 个百分点，建德只提高了 0.02 个百分点。特别值得提及的是建德，其 GDP 在全省的比重则比 10 年前下降了 0.05 个百分点，由 1990 年的 1.16% 下降为 1.11%。这说明要提高杭州市在全省的经济地位，加快五县（市）的经济发展是上上之策。

2. 杭州县域经济的总体发展水平不高

从 2000 年的人均 GDP 来看，浙江省平均指数以 1.000 计，则富阳为 1.222、桐庐为 1.016、临安为 1.206、建德为 0.942、淳安为 0.548，虽然前三个县

（市）都在全省平均值以上，但总体发展水平则不尽然。最近，浙江省软科学研究所突破了单纯用 GDP 指标衡量发展水平的方法，采用人均 GDP、人均全社会固定资产投资额、城乡居民储蓄人均年末余额、人均财政总收入、农村人均纯收入、职工平均工资、城乡居民人均生活用电七项指标对全省县域经济发展水平做了评价，虽然这个指标体系还不很完善，但对我们评价县域经济的发展水平有重要参考价值。根据此项研究的资料，杭州市的每个县（市）总分都在全省平均值（以 100 分计）以下，富阳总分 95 分，在全省排名第 26 位；临安总分 90 分，在全省排名第 29 位；桐庐总分 80 分，在全省排名第 38 位；建德总分 75 分，在全省排名第 41 位；淳安总分 46 分，在全省排名第 66 位。据此，该研究报告把淳安列为欠发达县一类，其他四个县（市）也只能排在较发达的地区。

3. 五个县（市）发展阶段的差异明显

从它们的总体发展水平来看，五个县（市）可分三个层次：富阳和临安比较好，可以说进入了工业经济的中期；建德和桐庐的工业虽然在 GDP 中的比重很高，分别为 61.18% 和 59.48%，但其实际水平还只能说开始从工业经济初期向中期过渡的阶段；淳安则还处在欠发达行列和充分发挥自然资源发展效益农业与旅游业等现代服务业的发展阶段。因此，对这五个县（市）要采取分层次指导的政策，可以把富阳和临安的一部分视为杭州大都市圈的组成部分，放在大都市圈内进行规划和发展策略研究；大都市圈之外的建德、桐庐和淳安大部分地区工业化的主要任务应该是重点采用先进适用技术发展劳动密集型产业和吸纳高新技术的传统产业，着重发展高技术产业还不到时候；对淳安应有欠发达地区特殊的扶持政策。

二、杭州县域经济新一轮发展的策略选择

杭州五个县（市）在制定"十五"规划时，对经济社会发展战略都做了认真深入的研究，都有一套说法，临安、淳安等县（市）还提出发展生态经济等具有前瞻性的思路，并以极高的热情在实施这个规划。但从我们调查的情况来看，有以下三大问题值得关注：

1. 传统的数量扩张型发展模式的惯性运动的力量还相当强

从五个县（市）的实际出发，由于经济总量都不大，需要进行量的扩张，但应采取量的扩张与质的提高并举的策略，数量的扩张要以市场需求为前提，加强市场预测和信息引导。在这方面，富阳做得比较好，他们对造纸业和通信器材行业的市场都做了详细的市场预测，认识到单纯采用数量扩张发展策略存在的危

机。只是有的县（市）过分强调数量的增长，几年中就要将产业的规模扩大数倍。国内外市场对这类产业的产品容量有没有这么大？有没有必要为这个数量目标而奋斗？这是值得商榷的。

2. 工业园区不同程度地存在"数量多、规模小"的通病

有的一个县（市）有十几个工业园区，有的工业园区一圈就是十几平方公里，而各县（市）工业园区都以高技术为招商目标。这种要求快速发展的心情是可以理解的，但是如果处理不好，会出现"新一轮圈地运动"，它所带来的弊端是显而易见的。第一，建设这么多的小规模的工业园区必将付出高成本的代价；第二，太分散不利于农村工业的集聚和污染的治理；第三，不利于加速城市化的进程；第四，增加内部招商引资的恶性竞争；第五，工业园区规模过大也将造成土地荒芜和资源的浪费。要解决这一问题唯一的办法只能靠制度创新，打破行政体制的分割，采取仿效意大利工业的"簇群"模式的策略，一个县（市）集中建设好一两个工业园区。

3. 杭州市区在县域经济发展中的作用定位

我们在调查中发现，五县（市）对杭州市区在他们的新一轮发展中的要求很高、期望很大，都希望能得到杭州市区的辐射，都要求杭州市区对他们为保护水资源所付出的成本给予转移支付，都要求杭州市政府给予各方面的扶持。而杭州市委、市政府也从各方面探索如何加快五县（市）的发展，并且决心很大。这种齐心协力把杭州建设成经济强市的精神非常可贵。但是冷静地思考一下，杭州市区在五县（市）的发展中应该发挥什么样的作用？能够发挥什么样的作用？我们认为，有四种因素制约着杭州市区对五县（市）的作用的发挥：第一，从杭州市区经济的外部空间来看，杭州与海宁、桐乡、德清、绍兴的经济联系非常紧密，而相比之下，桐庐、建德和淳安只能说是杭州经济网络上的盲点，这种市场经济网络的走向一时是难以改变的。第二，从计划经济时代和改革开放以来形成的产业结构看，杭州市区与五县（市）之间重要的产业链和专业化协作关系并不密切，要形成新的产业链和专业化协作关系难度比较大。第三，从资源流动的趋势来看，杭州市区正处在城市化阶段，而不是城市辐射带动阶段，是要高强度、高效率地把省内外的各种生产要素聚集到杭州市区来，在相当长一段时间里，杭州市区对五县（市）的辐射作用不可能很大，而"回波效应"所起的作用却相当大，无论是智力资源还是资本资源，都以无可阻挡的趋势往杭州市区流动。第四，现有的财政体制也限制杭州市政府对五县（市）财力上的支持力度。在这种情况下，杭州市区对一县（市）新一轮发展中的作用是有限的，杭州市

委和市政府主要是搞好大杭州的规划，对五县（市）的发展战略进行指导，为五县（市）的基础设施建设创造条件，为五县（市）发展提供宽松的良好的软环境。至于杭州的产业是否能转移到五县（市），那是由市场决定的，一是取决于那里的投资环境，二是取决于企业主体的利益，况且杭州市区可以向五县（市）转移的工业企业已经很少。政府主要是营造支持人才、知识、技术等要素向五县（市）转移的氛围和政策。

鉴于这种情况，我们认为五县（市）想靠杭州产业转移带动新一轮发展的思路是不现实的，要改变发展策略，要从眼睛向着杭州市区转变为靠自己搞改革、靠自己在开放中抓机遇，把以开放为导向的制度创新作为新一轮发展的主动力。

三、以开放为导向的制度创新的政策与措施

1. 亟待提高继续推进制度创新紧迫性的认识

不少地方的同志认为，他们那里"企业改制的任务已基本完成"，改制的比重已占企业总数的近百分之百。我们认为，这是一种模糊认识：其一，杭州五县（市）的市场化程度与温台地区相比要相差十几个百分点，制度创新要相差好几拍，区域经济的核心竞争力尚未形成；其二，现行的体制与现代市场经济的运行规则还相差甚远，更不适应加入 WTO 后的要求。不要说现行体制所面临的新挑战，就是赶上温台地区制度创新的步伐，基本形成内生型的自组织的增长动力系统，还有许多工作要做。因此，要加大推进制度创新的力度，特别是要以加入 WTO 为契机，采用开放导向的改革策略，加速推进改革。

2. 完善产权制度和企业经营机制仍然是制度创新的重点

改制比较成功的原国有企业和乡镇企业，要按现代企业制度的模式加以完善，要在两大问题上下决心：一是真正实行政企分开，让企业有真正的自主经营权；二是按市场竞争原则选择企业经营者，让企业由真正有才能的企业家来经营。有的乡镇企业和国有企业改制后出现了"资本的大锅饭"，要让股权集中，使经营者拥有更多的股权。

对私人企业的制度再创新要加以分类，从目前五县（市）的情况来看，私人企业的发展程度不足，在相当长的时间里，还需要大力鼓励家族制企业的发展；已有的家族制企业，要完善企业内部管理制度；有的家族制企业已达到相当规模，拥有了一两千万元的资产，可是家族成员间的产权关系不清晰，阻碍了企业的发展，这就需要帮助他们明晰产权关系，推行有限责任公司制；对于那些已

经实行有限责任公司和股份有限公司的私营企业的产权要开放，克服那种既不愿意加盟实力比其强的企业，也不愿让家族之外的人加盟自己的企业的倾向，提倡建立企业之间的联盟，壮大企业的规模和实力；有条件的企业要跳出家族制的圈子，进行"经理革命"，实行所有权与经营权相分离，让有知识、有管理才能、有战略眼光的职业经理和科技专家来营运企业。有的专家认为，现在的家族制企业还没有到"经理革命"的时候，我们认为笼统地这么说并不科学。据有关人才监测单位估计，温州市民营企业中外来技术人员、管理人员已占70%以上，外来白领挑大梁，这是民营企业发展的方向。只有按上述方向进行深化改革，才能使企业的治理结构与现代市场经济相适应。

3. 以制度创新提高县域经济的开放度

市场经济的改革与扩大开放是一件事情的两个方面。目前国内地区间、城乡间的要素流动在加快；加入WTO后又给我们提供了引进国外资本、人才和技术的新机遇，在这种形势下，实施以开放促进区域经济发展的条件十分有利。杭州五县（市）经济发展不快的一个重要原因是开放度低。时下最紧迫的是全方位扩大对外开放，无论是资本、技术、人才，还是本地各种资源的利用，都不能只限于杭州市，而要面向全国、面向世界。在这个过程中，要特别注意制度创新。桐庐县的出口产品曾经在全省很有影响，但现在的地位大大下降了，原因是制度创新不足。桐庐的企业一直是通过专业外贸公司出口的，自己没有出口权，因此，他们的企业只不过是外贸公司的一个车间，而不是一个真正的企业，在这里就难以形成真正的企业家。

4. 以制度创新推进技术创新

当前技术创新的难点：一是缺少有战略眼光的企业家。企业家不是发明家，"企业家的职能是把生产要素结合起来，把它们带到一起"（J. B. 萨伊）来实现新组合。"企业家成批地出现是繁荣产生的唯一原因"（J. 熊彼特），要使企业家能成批出现，唯一的办法只能靠制度创新。二是缺乏资金。据最近国家发布的《2000年全国R&D资源清查主要数据统计公报》，浙江省的R&D经费支出只有33.4亿，占GDP总量的0.55%，低于全国1.00%的水平，杭州五县（市）R&D经费支出恐怕还要少。出现这种情况与浙江的企业规模比较小有关，一个民营企业能拿出几十万甚至上百万投资已经不错了，但对于高水平的技术改造大项目，就只是杯水车薪了，这就要扩大企业的规模，增大企业的实力。而企业规模的扩大有两条路子：一是以建立新公司和企业技术改造为契机扩大经营规模，企业自己吸收股份自己长大；二是通过收购和兼并对企业资产进行重组，扩大企业的生产和经营规模。当然争取企业上市也是融资的好办法，但难度极大。三是缺乏人才。杭州五县（市）籍的人是不少的，但在本地工作的很少，这有历史的原因，但归根到底是经济发展水平和社会生存环境决定的。今天要改变这种状态唯一的办法，就是通过制度创新来创造一个吸引人才的良好的发展环境，使他们在那里能够发挥自己的才能，能够生活得比别的地方还要好。这样的环境不是从天上掉下来的，要靠制度创新去营造，要靠制度创新组织资本投入到新产品和新技术的研究与开发中去。

5. 以制度创新开创扶贫工作的新局面

杭州五县（市）的贫困人口不多，主要集中在淳安县，因而淳安经济的发展受到了杭州市领导和各个部门以及兄弟县（市）的关注和支持。像淳安和类似淳安那样的贫困乡如何发展，要有新思路。我们认为，对这些地方来说，最重要的是人口问题，减少在当地生存和就业的人口总量，降低生态和资源的人均承载率。办法有二：一是走出山区到外地去就业谋生，这是行之有效的途径。据第五次人口普查资料，淳安县由四普时的 44 万多人降为 39 万多人，减少了 5 万多人口，究其原因主要是他们在外地谋生，因而淳安的实际人口比四普时下降了11.34%，这就是说在 GDP 总量不变的情况下，人均 GDP 就提高了 11.34 个百分点；二是扶贫政策的创新，高山贫困人口的外迁和再分布。由于自然环境的限制，住在高山的人口要解决温饱问题是可以的，但要过上现代化的生活是不太可能的，要使他们真正脱贫致富只有迁下山来，改变生产和生活环境，这样既可以改善他们的生存条件，又可以封山育林改善生态环境。问题是往哪里迁，人口迁移所需的资金从哪里来，这就要有扶贫政策的创新。我们认为，按照现在各地的做法是从高山往河谷地迁，在淳安和类似淳安的地方河谷地带已人满为患，要安排高山人口是不现实的，要迁就要向发达地区迁，像三峡库区移民那样安置在发达地区。发达地区接受高山迁移人口，从道理上是说得过去的，因为这也是对山区百姓保护山水资源的一种成本转移支付的方式。迁移的费用和补贴可以从原有的扶贫资金中切一块出来，可以把原计划用于山区的道路建设、通信设施建设、污染防治费用转移过来，这也许比长年累月地在山区搞建设、搞"村村通"的成本要低得多。这是一种设想，要实现它还需进行专题研究。

6. 在制度创新中求解发展中的难点

五县（市）发展中的矛盾不少，主要是旅游的恶性竞争、工业园区的过多过散。这可以结合这一次县（市）机构调整，加大政府职能转变的力度，按照市场经济的规律，通过制度创新加以解决。比如，县（市）之间的旅游业可以共同组建旅游股份公司，对现有景点进行整合，发挥各自的特色和优势；工业园区要突破行政体制的框架，把推进城市化与工业集聚结合起来，探索城乡融合的新体制。

（杭州市政府专家咨询委员会课题调查报告。执笔：方民生；参与调研的还有：周文骞、朱家良、王美涵、赵申生、徐长明。原载《杭州研究》2001年第4期）

宁波：走向国际港口城市的难点与对策

　　宁波确立"以港兴市、以市促港"的战略，并把基本建成国际港口城市作为 2010 年的奋斗目标。这是符合宁波市情的，符合浙江经济社会发展总体思路的，符合我国经济发展区域布局的，也是适应世界经济发展潮流的。确立这个发展战略的背景和实现这一战略的基本问题，许运鸿同志在浙江省委读书会议上已做了精辟的发言，深受启迪。要使宁波成为一个国际性的港口城市，还要经过一段艰辛的里程，遇到一些可以估计到和难以预测的难点。对这些问题，我们在跨步走向国际性港口城市的目标时，就要着手探索，寻求解开这些难题的对策。

一、国际性港口城市的目标定位

　　据南开大学城市问题专家季任均教授的说法，"所谓国际性城市，是指那些依靠雄厚的经济基础和周到迅速的管理服务功能，凭借便捷的交通、通信网络，将其影响辐射于世界某一区域，从而起到枢纽的作用的城市"。这是一种概括。我认为，国际性城市的特征主要是，城市建设达到现代的国际水准、城市功能辐射到世界某一区域、城市运行接轨世界规程、城市管理按照国际通用模式，城市生活环境舒适优美。

　　国际性城市有不同的类型。作为宁波只能是港口型的国际城市，它的国际性的功能主要在港口的作用上，是一个国际性的航运中心，城市的其他功能都是为航运中心配套服务的。一般说来，国际性城市都是国际资本积累和扩散的中心。宁波具有这种功能和作用，但不可能成为国际金融中心。上海的目标是要成为远东的国际金融中心，但要实现的难度很大。1994 年 11 月，我参加的"上海浦东开发与中国经济发展国际研讨会"上，上海的同志向诺贝尔经济学奖得主、美国经济学家劳伦斯·R.克莱因教授提出了这个问题。而他的回答是，未来的国际金融中心仍然在香港，上海将成为国内金融中心。宁波也只能成为区域性的金融中心。作为一个航运中心，当然是国际转口贸易中心。这里，我感到有个问题值得思考，那就是航运中心的含义应当扩大，不仅包括港口的海洋运输，还应当发挥航空港的作用，发展航空运输业。在信息化的时代，海运的作用相对减弱，而空运的作用在强化，而且发展迅猛。如果能将空运和海运配合起来，宁波的国际航运中心的作用将如虎添翼。

在建设国际性港口城市时，我认为要有个参照系，把宁波的国际港口城市的目标定个位。上海在讨论建成国际大都市的目标定位时，来自复旦发展研究院的报告认为，"如果严格按照与国际直接投资区位流动相联系的国际活动的转移与变动层次的标准，我们应该如实地承认如今的上海还在'三级中心城市'的位置上"。"上海建成国际大都市的目标从世界城市结构层次的排列来看，应是以香港、新加坡为主要参照系，走在除东京之外的亚洲其他大城市的前列的、跨入'二级中心城市'层次的现代国际大都市。"（上海《经济预测》季刊1993年第4期）这个定位是恰当的。宁波作为国际性港口城市，当然不能以荷兰鹿特丹为参照系，也不可能达到新加坡和香港的水平，可否以台湾省的高雄、基隆，或者韩国的釜山港为参照系，给自己定个位，然后给予量化。这个工作需要搜集大量资料，作比较研究，才能在国际港口城市的坐标上找到自己准确的位置。

二、建设国际港口城市的难题

宁波确定的战略目标是宏伟的，但实现这个目标将会遇到许多难题，要给予充分的估计。港口对一个地区发展的作用是双层的：一方面可以凭借深水良港发展海运事业，成为国际转口贸易中心；另一方面可以凭借港口的大运量的装卸能力，发展滨海工业，兴建港口电厂，成为钢铁工业和石油化工工业的基地，以及以石化为原材料的加工工业。这两方面的作用，带动城市化水平的提高；而城市的现代化又使港口的贸易中心和滨海工业基地得到良好的服务而更加迅速地发展，进而又带来城市的繁荣。这是理想的港口与城市的良性循环。然而，无论是转口贸易中心的发展，还是滨海工业的建设，还是城市的现代化与国际化，都是不容易的，有许多制约因素不能不加以考察。

1. 国际转口贸易中心的形成

（1）腹地问题。这是宁波港发展的最大制约因素。腹地不广。就难以成为货运的中转中心，有时来船有货返程缺货，或者起航满舱回来空舱，进出港的货物不能达到平衡。根据各地的发展规划，高速公路和铁路正在兴建，腹地狭小的问题有所缓解，但与宁波港的吞吐能力还是不相适应的。本来设想可能把安徽、江西、湖南一带的货物引向宁波港，但建了"京九"铁路之后，很多物资可从"京九线"直通香港出口，这势必影响宁波港的货源。

（2）运输成本。尽管海运的单价有统一规定，但宁波港航班少，货物到港后的滞留时间长，增加了仓库保管费；同时，港口的规模效益还不是很理想，管理费用要高于上海港。因而许多企业家宁可远途运输到上海港出口，也不想从宁波海运。这是一个实际的运价问题，也影响宁波港的运量。

2. 滨海工业基地建设

（1）项目选择。对宁波港附近发展电力和石化工业、成为浙江乃至华东的重化工业基地，这已成为共识。宁波的滨海工业也开始起步，有许多项目一时上不了，固然有资金问题，但主要还是项目选择问题。对60万吨级的催化裂解装置及其产品的筛选，争论了多年；就是现在拟建中的宁波160万吨的炼钢厂项目也有不同的看法，有些企业奉命要投资，而企业本身并不乐意。这些不同看法，集中到一点就是经济效益问题。当恢复GATT的地位和加入WTO之后，这些企业的产品在市场上有无竞争力？在国际经济循环日益加速的今天，工业原材料主要通过市场的资源互换来获得，只有在成本明显低于世界市场价格时，自己建厂生产才是合理的。因此，建设项目要经过科学论证，对不同看法要加以比较，从不同的方案中作出抉择。

（2）环境容量。宁波建了这么多电厂，环境的负担已经很重了，容量非常有限。而要改善环境，在建新厂时就要有反污染装置，这就会带来企业的成本—效益问题。搞重化工业，这个问题特别重要。

（3）水资源短缺。按宁波市计算，宁波的城市供水区现在丰水年不缺水，遇1967年型干旱年，缺水2.77亿立方米，到2000年预计要缺3.91亿立方米，跨进21世纪的宁波将是一个水资源紧缺之地。重化工业一般是耗水型工业，水从哪里来是任何一个厂家都要思考的。

3. 城市建设现代化与国际化

（1）城市的辐射力和吸引力。宁波就其港口的功能而言已辐射到世界各地，除此之外，宁波市的辐射范围很小，吸引力也不强。现在城市还只有43万人口的规模，同宁波市的地位是不相称的。

（2）居民的文化素质。国际性城市应当是高科技和人才聚集之地，而宁波本来是个文化名城，但多年来宏观决策上的失误，宁波在人才方面的优势不多。宁波有会经商的传统，叫做"无宁不成商"。这是对我们上几辈的誉称。解放后，我们有两代人搞的是自然经济，只是近年来才进入市场，学了一点儿经营的本领。但我们现在所处的环境是现代市场经济。从事现代市场经济的人要具有现代文化知识，要懂外语、通法律，文化修养又要好。而培育这样的人才是不容易的，一个城市的现代化面貌化十几年时间可以形成，而城市居民的现代文明的形象不可能与城市建设的速度同步而进的，需要化很长的时间。

（3）城市管理。现代化的城市要有现代化的管理。管理不好，建设得再漂亮，也还是一个落后的农民城。现在我们的城市正处在西欧 18 — 19 世纪的发展阶段，存在着二元结构：一部分是以城市工人和机关干部为主体的原有居民；一部分是刚从农村拥向城市的务工人员，他们还保留着原有的农村生活习惯。如何改变这种二元结构，向现代化的城市结构转型，正是我们城市管理所面临的问题。

三、实现国际港口城市的策略

上面这些难题是人们预料之中的，我归纳一下，直言不讳地提出来，无非是引起人们的重视，在看到国际环境和国内宏观形势对宁波发展十分有利之时，冷静地思考一些问题，面对现实，攻克难关。

1. 强化中心城市的功能

国际性城市的许多功能实际上是中心城市功能的区域延伸。现在宁波是浙东的中心城市，21 世纪将是第六个世界级城市群——长江三角洲城市群中的"二级中心城市"，从现在起就需要用这个标准去建设。

（1）增强中心城市的经济实力，这是强化中心城市功能的基础。在这个问题上，现在都强调发展城市的第三产业。在对第三产业的发展尚不够重视，并且相对滞后的情况下，突出第三产业的地位是必要的。但是要有个度。当第二产业还未充分发展之时，第三产业的发展不可能很快。而且在竞争中具有决定意义的还是工业制造业。日本索尼公司董事长盛田昭夫认为："企业的真正精髓、一国经济真正的基础是制造业。""在所谓'发达国家'中，任何拥有强大经济的国家都拥有一个坚实的制造业基础。"① 宁波是未来浙江工业经济的中心，除了重化工业以外，还要发展高技术产业，特别是在开发区要进行产业结构的调整，增大高技术产业的比重。

（2）发挥城市的能量聚集作用。能量聚集得越大，它的吸引力和辐射力就越大。东京是日本的大都市，该国的公司总部有 60% 设在这里，工业产值的 1/4

---

① 江春泽主编：《国际经济比较研究》，人民日报出版社 1992 年版，第 153 页。

和销售额的 1/2 是在东京实现的。任何一个国际性城市都是资本积聚和分散的中心。要强化中心城市的同时，就要采取一切办法把各种生产要素，包括资本、信息、人才、科技等，吸引到宁波市区来。而这些生产要素大多集中在大企业集团里。因此，要吸引跨国公司的中国总部、国内各大企业集团的总部设到宁波来。

（3）组建综合商社。现在的外贸公司专司外贸，而且又同生产企业脱节，资本实力又不雄厚，已不能适应经济发展的需要了，有条件的大型外贸企业应该朝综合商社的方向发展。综合商社有各种模式，有日本式、韩国式、美国式。日本综合商社的标准模式是以贸易为主体，集贸易、金融、信息、综合化组织和综合化服务功能为一体的跨国公司组织。1993 年的销售构成中，国内为 45%，国际销售占 55%。他们走向世界时，综合商社组织项目，金融财团出钱，产业集团实施。综合商社的所有者是以银行为中心的金融机构，所以人们经常称综合商社为"幕后银行"。综合商社的形式特别适应于浙江，可以把中小企业组织起来，形成综合优势。

2. 提高外向度途径的选择

（1）适当的外贸依存度。宁波市的规划中提出，"出口额占全市国内生产总值的比重达 45% 以上"。这个指标如何，我认为要斟酌。假如把转口贸易部分都算在内，这个指标是可行的。问题在于对贸易依存度的认识问题，一个地区或国家的外向度，主要体现在生产要素在国际流动速度及其流量，而不是贸易依存度越高越好。相反地，倘若对外贸易依存度太高，对国外市场的依赖就过大，国际市场稍有变化就要引起国内经济的波动。何况我们有辽阔的国内市场。美国诺贝尔经济学奖得主哈里·马克维茨教授说："中国的主要的消费世界在中国。中国有十多亿人口，它生产的东西，并不全用于出口，主要还是用于国内消费。当中国能够像美国那样高效率地运用它的资源时，哪怕它只是在内部进行省际贸易，中国就会变成一个十分繁荣的国家。"①

（2）要重视进口的作用。这个问题，我在浙江省委读书会议的大会发言讲过。搞进出口贸易，真正的利益所在是进口，进口先进的技术和设备来加快我们的现代化进程。但是在许多地方的规划中，只有出口指标而没有进口的要求。据《海关统计年鉴》的资料，全国出口额和进口额之比是 1:（0.96），进口系数是 0.96；而浙江 1994 年出口额为 64.82 亿美元，进口额为 33.03 亿美元，出口和

---

① 经济学消息报社编：《诺贝尔经济学奖得主专访录》，中国计划出版社 1995 年版，第 39 页。

进口之比为1：（0.51），进口系数为0.51。浙江出口额占全国第5位，进口为第9位，进口系数为进出口额较多的15个省市的统计中是最低的。宁波的进口系数可能比省里高一点，但也不会太高，在讨论构建国际性城市时，要研究进口问题。

3. 完善海运服务体系

（1）组建远洋运输船队。目前，宁波有几艘远洋海轮，但作为一个国际性大港来说，这是很不够的。可以采取股份公司的形式组建现代化的远洋航运公司，有了自己的海轮就主动得多了，可以充分利用浙江海员的优势，并培训一批国际航运的人才；

（2）改善港务营运管理，降低营运成本。这方面要同兄弟港作比较，找出问题的症结所在，以便在竞争中以价格取胜，以优质服务取胜。

4. 推进区域经济发展

宁波要成为国际性的港口城市，不是孤立的经济行为，而是区域发展的必然结果。只有宁波市及邻近地区，甚至腹地省份的经济发展了，宁波港才有充沛的货源，才有广阔的市场，否则是不可能的。最近宁波提出，"宁波是浙江的宁波，宁波的优势是全省的优势，宁波首先要为浙江经济发展服务好"。"把政策延伸到区外、延伸到全省。"要求省里"对宁波、舟山两港进行总体规划，特别是要解决好北仑、金塘海域的共同开发、协调发展问题"。这是明智的，各地反映颇佳。

（1）宁波和周边地区的互动发展。如实地说，前几年宁波把自己封闭起来了，有优惠政策也无法充分利用，丧失了时机。宁波是个开放城市，它的发展是开放型的，要制定一些政策鼓励各地的企业家来宁波落户。充分利用宁波开放城市和保税区的优惠政策为全省服务。

（2）按照市场经济的原则来利用宁波港。这个问题，我在1993年上海迈向国际性大都市战略研讨会上就讲过，"按市场经济的原则最重要的是市场主体的利益，只有给市场主体带来最佳经济效益的港口资源才能得到充分利用，否则即使再好的港口泊位也得不到顾客的欢迎"。[1] 这里讲的主体是企业。在市场经济的条件下，港口的泊位能否充分利用，在于企业主体的利益，靠政府的指令行事已经行不通了。宁波的北仑港为什么多年来不能充分发挥其效能，我认为问题就在这里。宁波对这个港口的利用，是寄希望于计划经济体制的指令性，要国家计

---

① 上海《经济预测》季刊，1993年第4期，第50页。

委和交通部明令上海港给北仑港分流。这个期望，一等就是十几年，延误了时机。这不能不说是个教训。如果换个思路，不靠计划靠市场的话，恐怕早就得到充分利用了，也许比今天要繁荣多了。上面引自我过去的那些话，就是针对宁波的情况而发的；同时我举了舟山的例子加以佐证。近年来，舟山在计划内的只有老塘山一个 2.5 万吨级的煤码头，建成后使用效益并不好。但是，通过市场却同国内外客商谈成了不少建设项目，效益也很好。舟山搞港口建设的经验就是依靠市场。这个经验是值得借鉴的。我主张用市场经济的原则组建上海的外海深水港。按照市场经济的原则联合开发，就要搞合股经营，利益均沾，风险共担。在那次会议上，我建议："上海港应当率先改革，用联合开发的模式在宁波——舟山海域，为浦东的开发，为上海成为国际大都市兴建外海深水港。"[①] 宁波应当走在联合的前列，用市场经济原则来发挥港口的作用，来推进区域经济的发展。

5. 加快水资源的开发

近年来，宁波已正视水资源短缺的现实，着手规划水资源的开发，拟在宁海西部兴建白溪水库，建成后可向宁波城市供水区供水 1.73 亿立方米。这项工程的投资将近 5 亿元，仍不能满足宁波 2000 年以后的供水需要量。浙江省有个富春江引水工程可行性研究报告，议论了 20 年还未决策。如能从富春江引水来宁波，那是个福音。我认为这两个项目不是相互排斥的，不是非此即彼的，若资金条件允许，同时上马不是更好吗？像这一类项目可向世界银行和亚洲开发银行贷款，也许有可能成功。

(1995 年 10 月在宁波市政协"建设社会主义现代化国际港口城市理论研究会"上的发言稿，《宁波日报》摘要刊载)

---

① 上海《经济预测》季刊，1993 年第 4 期，第 50 页。

创新战略与宁波的未来

21 世纪初叶，宁波如何发展，采取什么战略来实现"现代化国际港口城市"的目标？现代区域经济学的理论告诉我们，一个区域的创新能力是战略发展能力的主要标志。根据世界经济发展趋势、国内宏观经济环境变化的走向和宁波经济发展的阶段性特征，宁波应实施"创新战略"，提高宁波的创新能力，这是未来宁波的希望所在。宁波市政府经研中心的《宁波能力报告》认为"战略发展能力集中体现在区域的地位上"，这也许是传统区域经济学的观点。

一、"创新"已成为区域经济发展的主动力

"创新理论"首先是美籍奥地利经济学家熊彼特于 1912 年提出来的。所谓"创新"，就是"建立一种新的生产函数"，把一种从来没有过的关于生产要素和生产条件的"新组合"引入生产体系。这种新组合包括引进新产品、引进新技术、开辟新市场、采用新材料、实现企业的新组织。"创新理论"的贡献在于把创新看成是一个"内在因素"，经济发展是"来自内部自身创造性的关于经济生产的一种变动"。这个理论对西方世界的发展作出了创造性的解释。正是由于思维创新、技术创新、制度创新、管理创新使西方发达国家至今仍然充满生机和活力。

按照传统的区域经济理论，区域经济的发展主要靠自然资源、劳动力和资本，强调自然资源禀赋的重要性，并默认区域内自然资源的难于移动性。在知识经济形态中，知识资源成了生产要素中最重要的资源，而知识资源和知识资本是易于移动的，并且越用越多，不像自然资源那样受天然禀赋的限制，知识资源的这一特征已经凸显，这就极大地动摇了传统区域经济理论的根基。现代区域经济理论的主要特征是：第一，把可以在全球移动的知识资源和知识资本作为区域经济发展的首要生产要素；第二，把区域创新能力视为区域经济发展的主要推动

力；第三，强调社会文化环境在区域经济发展中的重要性。

在知识经济时代，知识已成为区域经济发展的根本。而知识资源和知识资本的传播和运用又激发创新，使创新成为区域经济发展的强力"推进器"增强了区域经济的竞争力。前几年，兴起了"知识经济热"，现在又提出了"新经济"是概念。有些人把"新经济"与"知识经济"等同起来，认为"新经济"就是"知识经济"，这种看法是不对的。"新经济"是指 20 世纪 90 年代以后美国经济在技术进步与全球化共同作用下所表现的一种新状态：即经济出现持续的高增长、低通胀和低失业，且持续近 10 年，这为以往的经济理论（即高增长伴随高通胀、低通胀与高失业相伴）所无法解释的，因而被称为"新经济"。所以，"新经济"的特点：一是以互联网为代表信息产业迅速崛起；二是经济全球一体化进程加速，世界贸易组织的影响力不断加强和深化。"新经济"是这两方面相互作用的结果。"新经济"的概念包括"知识经济"，但比"知识经济"所涵盖的内容要广泛得多。"新经济"所体现的两方面相互作用的趋势，将是 21 世纪世界经济的主流。可见，"新经济"的出现，也是"创新理论"的硕果，这将使全世界的各个方面发生深刻的革命。虽然我们离"新经济"的第一个方面的特征还很远，但对我国经济社会的各个方面的深刻影响不能低估。世界技术发展很快，"高技术公司就像 CNN 电视台的工作室，每 10 分钟就有一条爆炸性新闻"，这种速度使高技术企业家们也感到"有可怕的紧迫感"。因此，"要把这种变革视作增长的文化"，要促进企业具有能够跟上市场变化、技术进步和商业机会涌现之速度的远见卓识，用思维创新、技术创新、文化创新、制度创新和管理创新来迎接面临的挑战。

所以，实施"创新战略"是时代的需要，是持续发展的需要，是增强区域竞争力的良策。

二、区域"创新战略"的基本内容

对一个区域来说，"创新战略"的基本点是：

1. 思维创新

这是一切创新活动的基础，也是永恒的主题。在技术日新月异的今天，只有能够给某一产业带来新思维的人才会成功，即使你现在开发的领域很不错，也要时刻准备好在意想不到的地方发现新的"金脉"。《财富》杂志《新思路新产品》一文说，"深谙如何开创新局面的公司，并不一定把钱投放到研究开发领域中去，而是培养一套能够接受新思想，敢于改革、勇担风险，甚至能够承受失败的公司行为风范"。改变思维方式并非易事，对于尊重知识、尊重人才的观念已经讲了多年，但直到最近才引起各级政府和企业家们的重视。

宁波在思维创新方面最迫切的是要解决两大问题：

第一，坚定地树立由市场配置资源的观念。中国搞市场经济快 20 年了，但市场经济的观念并未解决。尽管宁波自古有经商的传统，但因为在计划经济下几十年，老的观念影响相当大。比如，港口作用如何发挥的问题，5 年前我就说过，要改变依靠国家计划来发展港口的模式，要自己去找市场、找客户、找投资者来开发港口。宁波这几年也做了一些开拓市场的工作，但进展不快，而是把希望寄托在把宁波港列入国家的"集装箱枢纽港"计划之内。这样，在港口资源的利用上就失去了主动权。我认为，依靠市场发展港口的潜力是很大的，要根据市场需求来利用宝贵的港口资源，把港口发展的主动权掌握在自己手上。从世界经济发展来看，运输量很大，市场需求是有的，关键是如何去做。与此同时，也不要限制在现有的港口功能上，可以开发新的功能，舟山这方面有成功经验。其他方面与温州、台州相比，也有差距。

第二，要敢于跳出发展重化工业的传统滨海工业模式。从经济发展史来看，海洋运输曾经起过巨大作用，在传统式的工业经济时代，一个地区的港口运输能力对区域经济发展具有决定性的意义，随着航空和高速公路的发展，港口在经济发展中的地位呈下降趋势；信息业的发展，港口资源的价值进一步降低。当然，信息港不能替代货物运输，但是物流的方式发生了变化，许多企业已实施零库存的管理模式，大批量的运输减少了，而时效性更强了，有许多货物可能通过航空港来解决。对港口的作用要有一个新的评价，此其一。其二，发展大运量的港口电厂、钢铁厂、大型化工厂的机遇已经不多了。这里有两方面的原因：一是市场变了，钢铁和化工原料在国际市场上的剩余空间不大；二是资源利用情况变了，能源结构中核电和天然气的比重越来越大，再建港口火电厂已不是理想的选择。其三，依托港口发展重化工业的模式，现阶段实现难度很大。最近日本四家跨国公司与宁波签约总投资 1.2 亿美元的腈纶棉项目，不知是否从化工原料到腈纶棉，还是纯粹的中间性产品生产。除此之外，有所谓 60 万吨的合成氨裂解装置、宁波钢铁厂的项目，现在都已告吹；目前最大的项目要算白板纸制造，这是轻工企业，不属于临海型工业。鉴于上述情况我认为，今后有发展临海型工业的机遇不能放过，但不要刻意追求，更不能把它当做发展的唯一模式。

2. 制度创新

制度创新重于技术创新，技术创新要以制度创新为动力，这已经成为人们的共识。从《浙江日报》2000年3月份发表的一份对25家电子信息企业的调查报告来看，亏损企业只有一家，而这家企业正是15家企业中唯一没有改制的国有企业，这也证明体制环境对技术创新的极端重要性。

对国有企业的改革，目前有三种倾向：一是经营好的时候不想进行资产重组，等生存不下去时再来改，这就丧失了时机；二是在国有企业内部搞封闭式的改革；三是名义上改革了而实际上在治理结构上依然如故。在这方面也许宁波好一点。我认为，已经改制的企业或者是按新体制组建的企业，也还有一个制度创新的问题。有两种情况迫使我们这样做：一是加入WTO后，面临着国际市场经济体制的冲击；二是高技术的发展对传统经营模式的冲击。现在美国新生代硅谷企业已经抛弃了过去那种从研制到进行市场检验，再进入市场的模式，像打枪一样，先叫预备，瞄准，再射击。现在是准备射击，瞄准。打出去以后再去研究如何巩固发展市场，不打出去，马上就丧失机遇。如果像以前一样，从调查研究，到可行性报告，到市场调查，再开发，一个项目审批至少要几个月，市场早给人家占去了。另外，过去改革所取得的成果同早期的传统工业的发展是相适应的，只相当于早期市场经济的市场化模式，跟现代市场经济差距很大。现在是多层次发展模式，既有传统的典型的古典市场经济，同时也存在金融产业和证券市场的发展状态，现代市场经济模式还没有成为主导。这就要求在企业的产权制度、组织结构、运作方式、经营策略等方面不断有所创新。

目前发展私营经济的主要问题是：一是放宽准入条件，扩大私营企业的投资领域；二是解决私营企业的贷款渠道和贷款担保；三是推动私营企业实现"管理革命"，个私企业的体制总的说来是有活力的，但其传统的组织结构，家族式的管理模式，制约了规模扩张和高技术人才的吸纳。当然，不能一概否定家族制管理，家族中有高水平文化人的企业，也能把企业管理搞好。但就其总体而言，家庭制同现代市场经济是不相适应的，要积极引导个私企业进行组织制度创新，向规范的公司制转变，变"家庭式企业"为"经理式企业"。

3. 技术创新

这个问题已炒得很热了，要增加科技投入，要提高科技人才的数量和质量，要真正发挥企业在技术进步中的主体地位和作用，要建立科技进步的金融支撑系统，要靠政府的扶持，要营造技术创新环境，对这些问题都在进一步认识和落实之中。

现在迫切需要解决以下问题：

（1）构建开放式的区域创新体系。这里强调的是"开放式"。宁波的科技人才不多，高技术人才更缺，要靠本地的力量搞技术创新体系是不可能的。因此，要敞开大门欢迎全省、全国、全世界的各种人才为宁波的技术创新服务，要利用一切可以为我所用的科技成果。营造自由创业的发展环境。这里强调的是"自由创业"，这包括要放开投资的准入领域，不仅给外商以国民待遇，对国内各种经济类型的投资者也要给予国民待遇，形成一个公平竞争的企业环境。当然自由是相对的，创业者投资的项目要符合国家产业政策和城市规划的要求。

（2）构建技术创新网络。构建企业、大专院校、科研单位和政府三种力量组合的螺旋式发展模式。营造良好的区域创新环境。

（3）重视企业家在技术创新中的作用。现在，人们对人才的理解有点偏，只重视科技人才，不重视管理人才。其实，缺少有创新精神的企业家，创新是无法实现的。企业家不一定是发明家，因为发明不是企业家的职能，萨伊给企业家下的定义是："企业家的职能是要把生产要素组合起来，把它们带在一起。"所以，作为企业家的职能是要把创新付诸实现。以往人们的谈论科技成果转化为生产力时，总是把企业家的作用忽略了。事实上，现在对经济发展最重要的不是缺少资本，而是缺少有创业精神的企业家。当然，企业家的结构也发生了变化，过去企业家和发明家二合一是罕见的，现在的情况有些变化，发明家可能就是企业家，特别是在高科技领域里这样二合一的现象将成为一种常态，这就是人们所说"硅谷的企业家模式"，这对科技成果转化为生产力是非常有利的。现在，管理者最富价值的素质也发生了变化，"在纷繁复杂、瞬息万变的世界中，企业管理者成功的首要因素将不再是专业知识和业务技能，而是个人特性"。

4. 文化创新

在经济发展中，对产品的科技含量已引起人们的高度重视，但对产品中的文化含量注意不够。其实，有时可以在原有技术不变的情况下，在产品设计、材料选择、产品装帧、产品营销方面加入文化的元素，就可以大大提高产品的附加值。《财富》杂志有一篇《包装你知道的一切》的文章说，"你可以将知识注入如烤面包炉之类的老式家用产品之中，也可以经过提炼使其升华为一些如最佳动作研究对象的高档新式产品，或者将其作为一种只有你才有的服务提供给别人"。这里的包装就是一种文化。因此，文化也成了重要的生产要素，"文化创新"也使生产要素进行重新组合，从这个意义上，"文化创新"也可以归之于"技术创新"的概念中去。

在"新经济"出现之后，社会文化环境在区域经济中具有特别重要的意义。理由有四点：一是知识经济是高技术与高文化联姻的经济，是人化的经济。它是知识密集型经济，是由高学历员工从事开发生产的高质产业，同时包括传统娱乐、教育、咨询、律师、服装设计为代表的高文化产业。二是文化创造力是经济增长力的源泉，也是经济控制力的关键因素。三是文化产业对世界格局的影响具有战略性意义。现在发达国家的高技术连同文化载体渗透到全世界各地，美国控制了全球 70% 电视节目的生产制作。而我们国家文化产业还没有形成，如果这种局面不改观，很有可能形成我们高技术搭台，别人高技术唱戏的情况。四是企业家的职能是实践技术创新，要求具有高文化素质。特别是在高风险、高技术企业，文化攻势是成功的必备因素。现代企业要找平衡点，要凝聚高素质员工，就必须有企业文化。要有意识地创造文化，形成符合本公司理念、结构、战略的管理秩序和风格。

5. 管理创新

最近《新经济规则——硅谷新生代重新洗牌》、《美国新梦——21 世纪创业模式》、《财富——专题精粹》，都谈到未来管理的变化。引用《美国新梦》中的几个重要观点。第一，网络发展将彻底改变整个世界市场。以传统眼光认定的市场背后那只看不见的手将网络所体现的高科技功能所看见。在此基础上，各国政府那双看得见的手都会成为灵巧的手，全球市场秩序可以达到高度理性的程度。第二，必须改变工作观念。21 世纪白领不再是工作狂，而是寓娱乐于工作之中，寓工作于整体生产和谐安排之中。第三，进入 21 世纪以后，时间就是金钱将是个错误的说法，因为时间比金钱更重要，时间就是生命。第四，必须改变传统竞争观念，学会与他人共存，借别人力量来发展自己。第五，转变市场销售观念。市场销售是人类工作的重点，了解市场的实质等于了解消费者，了解他们的兴趣、爱好、工作、性格和生活习惯。要把销售看成一门乐趣横生的艺术，要把消费者当做亲人而不是上帝，更好地保持销售渠道。第六，观念转变的基础是技术改变，人们之所以转变观念，是因为劳动技术提高了。新的技能主要是办公现代化技术，学会网络生存是 21 世纪人类的基本要求。哈佛商学院简森教授介绍了很多带有时代特征性的故事：一位名列世界 500 家公司前茅的大企业的首席执行官，"他由于不能改变自己对业务模式的看法，而毁坏了自己的职业生涯"。另一位管理学家说，"每一管理者都应当像英特尔公司那样，每隔五六年就要改变一次自己的业务管理模式"。在美国，企业管理的理论和管理模式已发生巨大变化，这主要是：突出全球化的现代意识管理、突出知识化的智能资本管理、突出网络化的企业组织管理、突出创新化的技术开发管理。围绕知识创新需要的，知识型现代管理已取代传统的"以统一步调为中心"的传统的泰勒管理模式。

三、宁波的未来取决于"创新战略"的实施

宁波是一个开放很早的城市，后来由于政策和上海港的兴起，宁波开始衰落。改革开放以后，给宁波带来新的希望，寄托了许多梦想；国家对宁波也寄予很大的希望，并从政策上给予支持。改革开放使宁波人民在实现千年梦想的征途中迈出了决定性的步伐。要把宁波建设成华东地区重要的贸易口岸、重化工基地和国际深水中转枢纽港、区域性经济中心。这是符合宁波实际的，也是我们为之奋斗的理想。为了要凭借深水良港发展海运事业，成为国际转口贸易中心，就要把宁波港建设成为"集装箱枢纽港"，而要建设这样的"枢纽港"，就必须建座跨海大桥，这是宁波筹划了多年的大工程。现因上海要在嵊泗的大小洋山建深水港，使宁波原来的希望增加了相当大的变数。但是，宁波同上海连成一体是经济社会发展的必然趋势。杭州湾跨海大通道的建设是非常必要的，这不仅对宁波的发展生命攸关，对浙江区域经济发展也具有极端重要性。对建设杭州湾跨海通道的问题，争议多年。现在，浙江省委和省政府领导已作出决定，同意论证会专家组的意见，将"乍浦方案"报请国务院立项，宁波人建设杭州湾大通道的梦想大概不要很长时间就可以实现。当然，这不仅是宁波的大事，也是浙江全省经济社会发展的大事。

宁波成为浙江省的经济中心之一的目标也是意料之中的事。问题是如何看待这个"经济中心"的功能。就工业增加值而言，宁波与杭州只相差28亿多元，今年完全有可能超过杭州，杭州市也充分估计到这个发展趋势。但在GDP的总量要超过杭州就不那么容易了，1999年，杭州GDP1 225亿元，宁波1 070亿元，相差155亿元，相距绝对量并不大。但两地经济结构不同，差距的来源主要在第三产业上，这方面杭州有优势，发展势头相当猛；杭州科技实力比宁波强，因而高技术产业的发展至关重要；前一段时间杭州的发展速度不及其他地市的主要原因是国有企业改革滞后，现在杭州已认识到这个问题的严重性，开始采取有力措施加快改革进程，一旦体制理顺之后经济增长的速度会加速。因此，杭州市在总量上在相当长一个时期内，将继续保持全省首位。浙江应当有两个经济中心，杭州市是以第三产业为主的经济中心，宁波是全省的工业经济中心，两个中心的功能是互补的。这是我对宁波未来的总体判断。

宁波市未来的发展取决于对"创新战略"实施的广度和深度。宁波如何实施"创新战略"，我提几点粗浅看法：

1. 宁波港的发展要有新思路

深水良港是宁波的精华所在，要充分发挥港口对经济发展的带动作用。5 年前，我在宁波政协组织的研讨会上就说过："要使宁波成为国际性的港口城市，还要经过一段艰辛的里程，遇到一些可以估计到和难以预测的难点。"

（1）跨海大通道建成后，对宁波经济的影响要从多方面进行判断。这条大通道对宁波经济社会发展的影响是全方位的，不能仅着眼于集装箱枢纽港，最大的好处是改变了区位条件，使宁波融入大上海的发展环境之中，加速生产要素的流动，增加宁波对知识资源和知识资本的吸引力，对宁波"新经济"的增长注入了活力。至于对集装箱枢纽港的影响也许是两方面的，正面是可能会扩大了宁波港的腹地，增强集装箱的来源；而负面的可能会有更多的集装箱流向上海。

（2）增强宁波港的竞争力。上海在大小洋山建港后，对宁波港的发展增加了压力，但不会像历史上出现过的那种衰败的景象，因为现在是一个开放的时代，而且经济增长迅猛，海运的需求量很大，只要有灵活的机制，不怕没有运输量，关键是要创新思维。第一，要改变过去把希望寄托于国家计委和交通部的计划经济思想转变为依靠市场配置资源，把宁波丰富的港口资源放到国际市场上去，从市场上去找活干。第二，企业内部的制度再创新，降低仓储成本，改善服务，争取更多的客源。

（3）充分利用宁波港对外开放的优势。最主要的是要发挥保税区对宁波乃至浙江省经济发展的推动作用。

2. 要把强化中心城市的实力放在一切经济工作的首位

世界银行出版的《迈向 21 世纪——1999/2000 年世界发展报告》指出，"充满活力的城市是增长的发动机"。世界银行认为，全球化并没有削弱城市进程的重要性，而是有助于进一步的城市化。从世界经济社会发展的趋势来看，未来的竞争主要是大城市间的竞争，在中国，有国际竞争实力的城市现阶段只有香港特别行政区与上海。在国内将来的竞争也是大城市间的竞争，因为大城市是知识资源和知识资本的密集区，是现代金融、贸易、信息的中心，是创新的发源地。因而，一个大城市的形象，集中体现一个区域的综合实力。《宁波能力报告》对这个问题分析得相当好，认为"宁波的经济实力尚未体现在中心城市之中"。中心城市经济总量占全市经济总量的比值一直在 1/3 左右徘徊；1998 年市区工业总产值只占全市的 1/4 左右。杭州市区 1998 年的 GDP 占全市 GDP 的 50% 以上，市区的工业增加值为全市的 63.75%。从这种结构来分析，宁波的 GDP 超过了杭州，其综合实力评价，宁波还是比不上杭州。因此，对宁波来说，强化中心城市的实力应当摆在一切经济工作的首位。

如何增强宁波中心城市的实力？

（1）要加快人口向中心城市集聚的速度。如果没有人口的集聚，就谈不上城市功能的完善和创新城市东扩就缺乏前提。而要使人口快速向中心城市集聚要有两个条件：一是增强城市的吸引力，吸引农村人口进城，吸引外地的企业总部进宁波。这两方面都有许多文章要做，现在农民进城的积极性不高，缺乏前一时期那种推力和拉力，要采取一些新的政策和措施；吸引外地企业总部迁入，就要把宁波建设成为信息灵通、营运环境优良的城市。二是城市里要有相当多的就业空间，这就要把宁波建设成为一个充满生机和活力城市。就业机会与人口的多寡是相辅相成的，有事做才能吸引人，人多了集聚在一起就会形成新的需求，产生新的产业。

（2）以新城市的模式建设开发区。宁波老城区的面积不大，而开发区面积则不小，并且集中在北仑。这一大片是吸纳人口的主要空间，要把这个区块建设成宁波未来的新城区。目前几个开发区并没有给人以新城市的整体感，还无法体现宁波未来的形象，要强化开发区的工业城市的功能。

（3）重视城市的创新功能。现代城市具有很多功能，但它的创新功能是一个城市的活力与实力主要体现。按照传统的城市发展模式，中心城市是政治、经济、文化、信息的中心，现代中心城市还应当是"创新中心"。上面提到的那些创新，特别是技术创新，应该首先在中心城市萌发，然后扩散到整个区域，甚至向更广的范围辐射。这方面的工作很多也很艰难。目前最紧迫的：一是推进作为技术进步主体的企业构建创新机制；二是要建立为中小企业服务的创新中心，包括技术创新、融资创新、管理创新；三是要建立为广大农民服务的创新中心，提供新品种、新技术，开辟新市场。

（4）既要立足"以港兴市"又要跳出"以港兴市"的城市发展道路。宁波作为一个港口城市，港口的兴旺对城市的发展至关重要，这是毫无疑义的，但不能拘泥于此，要寻找新的增长点。前一时期、服装业、会展业已经成为宁波经济的新亮点，现在信息产业正在兴起，其中波导寻呼、GQY大屏幕投影机已成为有较强市场竞争力的著名品牌。信息港的建设正在有声有色地进行中，可以预计信息产业对宁波的未来比港口运输业具有更加重要的意义，信息产业对GDP的贡献有可能超过港口运输业。

3. 要成为长江三角洲的制造业基地

15年前，国家把宁波定位为"重化工业基地"，从工业区位论和计划经济的角度来说,这样的工业布局是正确的;但在市场经济的实践中,宁波要成为"重化工业基地"是相当困难的。根据宁波工业经济的发展态势分析,成为长江三角洲的制造业基地是现实的选择。

(1)制造业是一国经济的真正基础。世界上任何拥有强大经济实力的国家,都拥有一个坚实的制造业基地。这是因为制造业是实现工业化的主力军,所有其他的部门,如服务业和金融业,都在某些方面依赖于制造业所提供的保障,是向现代化前进的基础。不能因为软件的重要而降低制造业在国民经济中的地位。美国总统指出,制造业始终是美国经济实力的脊梁。1991年以来美国经济持续增长,年均增长率达3.5%,通货膨胀率下降为1.9%,主要也是靠制造业的复兴拉动的。当然,这里所说的制造业包括微电子、计算机、通信、航天、航空、医药等高技术的制造业。据美国的统计,服务业的贡献虽大,但制造业对GDP的直接贡献率始终大于20%,拉动其他产业30%,拉高增长率40%。宁波的制造业有相当好的发展基础,完全有可能建设成为长江三角洲的制造业基地之一。现在的问题是要提高制造业的加工水平,建立起"高加工度化"为主体的产业结构。

(2)站在传统与未来之间。这是《科技日报》2000年6月20日一篇文章所用的标题,讲的是美国构建新经济与旧经济互动型科技企业发展新模式。"站在传统与未来之间"是柯达公司提出的。本文所谓的传统与未来和美国目前讨论的层次相差甚远。我国的经济是一种"发展的多层次型混合经济",既有知识型的也有手工作坊式的经济,我们工业的现代化水平还很低。尽管如此,同样也存在传统与未来的问题,而最好的对策是"站在传统与未来之间"。要实现这个策略,必须站在传统与未来之间,以知识经济理念引导产业升级。把宁波建设成为长江三角洲高新技术产业密集带的重要组成部分。采取分层次发展战略,坚持发展高技术与改造传统产业并存的方针。以知识经济的理念引导产业升级。

4. 把服务贸易的发展提升到战略地位

这里为什么提"服务贸易"而不用第三产业的概念。因为新经济的发展使产业出现了综合化的趋势,产业间的界限变得模糊了。如信息产业既包括制造业,也涵盖许多类的服务业,而且服务业所占的比重在70%左右;房地产业也是一种跨产业的经济。所以,服务业的概念比第三产业的提法更能反映现代经济的特征。宁波第三产业滞后,原因与区位条件有关,交通不畅,城市规模偏小,城市化进程滞后,三产在国民经济发展中占决定性和支配性作用,没有三产,一产、二产发展不上去。

（1）探索发展国际服务贸易合作的领域和对策。20 世纪 80 年代中期以来，用兴办专业市场带动地方经济的模式，对浙江经济的高速增长起了非常巨大的作用。但是，现在再沿用这种发展模式已经不行了，因为商品市场已经发生了根本性的变化。很多地方在搞规划时还力图通过发展专业市场来带动地方经济，这种发展模式不改不行。目前，专业市场处在大分化、大调整过程中间，据估计，经营比较好的大概占 20%，10% 关闭，70% 勉强维持。可以预测，全国性的有特色企业巩固下来；区域性批发市场将逐步向零售转变；主要的批发业务正在向中心城市的商场集中；电子商务和物流的革命，使传统批发业的作用下降，中间商减少；商业业态的变化很快，大卖场、连锁店、便民店已开始遍布城乡；整个商业将重新整合。

（2）对于电子商务，是早触电早得益。尽管现在网上购物占的分量很小，去年只有 5 500 万元，只占全国零售总额的 0.018%。但我们要深刻认识到它的深远意义，电子商务的出现是整个流通体制的一场革命，涉及社会生活的各个方面从生产过程到消费过程，从金融业到零售业，甚至从思维方式到生活方式，都将发生深刻的变化。具体来说，流通渠道缩短了；网络服务成为中介，中间商大量减少；营销方式发生变化了，通过媒体广告使消费者与生产者之间进行双向住处交流，可在网上直接砍价；还会有许多想象不到的事会发生。

（3）物流革命。"专业批发市场"的崛起是我国批发业的革命，"超市"的出现是商品零售业的革命，"电子商务"的问世是物流的革命。"物流"现在被称为"社会第三利润源"。过去，生产社会化了，但物流并未社会化，每个企业的物流都自成系统，网络化之后可以实现物流资源的共享，实现物流社会化；各个企业可以按定单生产供货，可以按生产需要及时得到原材料，这就可以减少库存，甚至实现零库存，生产成本就会大降低，目前全世界的汽车积压达 500 亿美元的这样一种现象会有所改变；由于信息公开化，使渠道成员间的那种尔虞我诈的竞争关系，变成了合作共存的关系；这是 18 世纪以来流通领域里的又一次革命。对即将出现的这场深刻的革命应有充分的思想准备，要采取"创新战略"来迎接挑战。

（本文系应宁波市计划委员会邀请所作的学术报告录音稿，后刊于《宁波日报》2000 年 7 月 12 日、《宁波经济论丛》2000 年第 4 期）

区位发展格局变化后的宁波经济

在 2000 年杭州湾跨海大桥选址的专家组会议上，我从区域经济发展的角度极力主张现在的桥址。杭州湾跨海大桥的建设进展很快，通车已指日可待。杭州湾大桥的建成，将使长三角的区域发展格局发生深刻的变化，这对宁波来说具有里程碑的意义。它将优化宁波的区位条件，使现在处于内陆交通的末端的宁波变成沿海内陆交通的枢纽，并在空间和时间上大大缩短了与未来国际大都市上海的距离。这对宁波的经济、社会、文化将发生深刻的影响，因而对宁波在长三角洲区域发展中的地位与作用需要重新定位，并根据这个区位格局的新变化来谋划宁波的未来。

一、全面分析面临的机遇与挑战

宁波与上海的空间和时间上距离的缩短，这对宁波来说既是机遇又是挑战。这集中体现在物质资本和智力资本是从上海向宁波流，还是从宁波向上海流？当然，这种流动是双向的，但是向哪一个方向流动多一些，这就需要全面分析。现在宁波人的预期比较高，总认为对宁波来说正效应大于负效应。这个假定总地来说是正确的，但也应该看到在最近期间上海还处在集聚阶段，有一种回波效应在起作用，上海会有很大的吸引力使资本、人才更加快地往那里集中；会有更多的企业总部往上海迁徙，对这状况要有充分的估计，要有正确的评价，要采取应对措施。我认为宁波与上海的资源究竟往哪里流取决于宁波的发展环境，要造就能发挥人才潜能和创业的良好环境，这才是面对挑战的良策。

其次，是长三角南翼地区未来的集装箱是往宁波港集中，还是更加快地向上海港流动？究竟会是哪一种趋势在左右还存在很大的不确定性。其结果会是如何？主动权掌握在我们手里，如果宁波—舟山港发展得快，经营得好，航班比较多，成本比较低，形成了自己的优势，就有竞争能力，那么集装箱就会向宁波—舟山港集中，甚至上海附近的苏锡常地区的货物也会从宁波方向出海。

这些观点，我在《创新战略与宁波的未来》（载《宁波日报》2000 年 7 月 12 日）中就说过，究竟如何还有待实践的检验。

二、宁波经济的优势和特点

决定未来宁波经济特色的是"港口"、"大桥"和"文化"。现在各地的产业结构雷同、竞争策略雷同，没有个性，因而也就没有强大的竞争力。而"港口"、"大桥"和"文化"将造就宁波经济的个性，是使宁波经济永远具有活力的三大基因。

"港口"是宁波得天独厚的资源优势。宁波的"以港兴市"战略已取得共识，并获得了骄人的业绩。宁波—舟山港已进入世界大港的行列；宁波的滨海工业正在崛起，新型的钢铁、石化、造纸业的建成，将使宁波的工业经济总量成倍增长，这是浙江经济增长的新亮点。宁波工业经济总量上将大大超过杭州，宁波将成为浙江工业经济的中心、华东的重化工业基地，使 20 世纪 80 年代定下的宁波城市定位目标得以现实。但宁波的海岸线毕竟有限，环境容量也毕竟有限，滨海工业量的扩张的潜能不会很大。今后，滨海工业的发展方向：一是要使已经立项的工程建设好，营运好，使企业的经济素质具有国际水平，给我们带来最好的效能；二是要加速对与上述项目相配的下游产品的开发和研究，延长产业链。

"大桥"的建成将催化"港口"优势的发挥；同时，也将使宁波真正成为长三角南翼的中心之一。对于浙江的经济中心和长三角南翼的中心，是"一个"还是"两个"？这是争论了 20 多年的问题。实践已经给出了答案，是"两个"，一个在杭州，一个在宁波。但这两个中心的功能是不相同的，我在《杭州城市竞争力研究》报告中指出，杭州作为全省经济中心的功能的作用越来越大，但"工业经济中心"的功能将向宁波转移，这是不可逆转的趋势。而杭州是未来浙江和长三角南翼的服务业和高技术发展中心。这个判断大概是不会错的。

"文化"也是宁波的一张名片。有黄宗羲、王阳明、朱舜水，有天一阁，有深厚的文化底蕴。又正如余秋雨所说，宁波是"置身于长江之尾"和"紧贴大海之首"的城市，成了"长江文明和海洋文明的交汇点"，"中华大地与国际海域在这里对接"；宁波又是"民族兴旺和屈辱的一个吞吐口道，一个东南沿海极敏感的神经枢纽"，"多种文明方式和社会观念在这里蜗旋，不管是保守的还是开放的都把这里视作前沿"。这就逐渐形成了宁波文化的"三性"：一是包容性。可以允许各种文化和观念并存。最明显的是体现在经济体制上，兼容了"苏南模式"和"温州模式"的优点。二是创新性。"宁波帮"是靠毅力和创新走遍天下的，现在的"波导手机"、"吉利汽车"、"奥克斯电器"也是靠创新而争得市场的。三是善助性。"宁波帮"历来有热心于捐助教育等社会公益事业的义乡村传统，现在宁波人的慈善行动也成为一种文化品牌了，宁波人有一副与人为善的好心肠。具有包容、创新、善助等现代文明特点的文化，已经成了宁波创业和发展环境的决定性因素，也是构建和谐社会的有效武器。

三、江北区的产业选择

江北区是宁波的中心城区，但又与海曙、江东不同，面积比较小，有很大的开发空间。所以相对于与上述两个兄弟区来说，具有后发优势。目前的快速增长正是这种后发优势的体现。这种区位格局，有利于科学发展观的落实，使江北区可以摆脱原先发展的路径依赖，按新的理念选择产业和布局发展空间。

宁波市的发展有三大不足：一是中心城市的实力不足；二是第三产业发展不足；三是智力资源严重不足。这三大不足制约了宁波的发展。江北区兼有老区与新区的优势，发展中可以而且应当要弥补这些不足。江北区委和区政府提出了"五个并重"的发展方针，倾力建设"港桥经济服务区"，这样的发展思路是符合江北区在宁波市的定位和未来发展趋势的。

发展服务业是城市的主要功能。国家的"十一五"规划纲要指出，大城市要把服务业放在在优先位置，有条件的要逐步形成服务经济为主的产业结构。这就是江北区产业选择的方向。服务业的范围很广，有生产性的服务，消费性的服务，这两大类服务业都需要发展。但根据江北区的区位条件，我认为，应当以满足港口运行和滨海工业企业的需要为对象，根据他们的需要来丰富和开拓服务业。据我的判断，未来滨海工业企业的成功不在于其本身的装备和技术，在很大程度上将取决于生产性服务的发展，诸如金融服务、信息服务、商务服务、技术服务。这些都是新兴的、知识型的服务业，提供这些服务时，要融入科学、工程、技术推动之服务，因而它是技术及人力资本投入密集度较高、附加值大的服务业。现代城市的主要功能已开始转到"知识引进"和"知识传播"上来了，而"知识型服务业"正是这些功能的载体。

鉴于以上分析，我认为未来江东区的"港桥经济服务区"应以发展"知识型服务业"为导向，开拓生产型服务，丰富消费型服务业。而成败的关键则取决于在"知识引进"和"知识传播"上所下的工夫。

（本文系在宁波市江北区"第四届外滩论坛"上的发言；载《第四届外滩论坛文集》，中共宁波市委宣传部编，2006年6月）

"义乌奇迹"源自于发展战略的抉择

"义乌奇迹"是由很多因素凝聚而成的，其中关键性的因素是对发展战略的科学抉择，义乌要进一步发展也将取决于发展战略的新选择。

一、发展战略的演进轨迹

从 20 世纪 80 年代的"兴商建市"战略→90 年代的"工商融合"战略→21 世纪的"国际商城"战略，实施的结果是使义乌市场的辐射范围扩大了，从省区→全国→世界；义乌市场的经营模式也逐步演进，从传统商品贸易→引入新兴业态→现代服务贸易；与此相应的社会结构也发生了变化：传统农业社会→现代工业社会→生态文明社会，当然，现在还在努力进入这一轨道。

二、科学抉择的理论基础

义乌市政府对发展战略的抉择及其演变是理性的，有充分的理论支撑。首先，运用"比较优势理论"，准确地评估了义乌的比较优势是在商品贸易方面。因为有"鸡毛换糖"的传统，因而没有跟在别人后面去发展乡镇企业，而是从办商贸市场起步。其次，是对"规模效应理论"的深刻理解。"市场"实际上是商品贸易的产业集群，而产业集群是一种具有效率性、灵活性的企业组织形式，义乌的商品市场的竞争力是产业集群优势的体现。再次，是对市场趋势的准确判断。义乌人在这方面的感悟特别好，在"宾王市场"建成后，我们认为义乌市场的规模已经快到极限了，不能再扩大了，主张在提高市场的业态和服务质量上下工夫，这种认识对义乌在发展有点影响；但义乌市的领导对市场发展趋势的判断力比我们强得多，他们认为市场规模的潜力还很大，因为后面还有很多商人等着要摊位，而这些商人的市场嗅觉很灵，基于这样的认识作出兴建国际商贸城的决策；经过几年的努力，义乌市场的规模扩大了，市场的档次也上了新台阶。最后，还归结于义乌人的创业精神，敢于使发展战略逐渐演进，是与时俱进的浙江精神的充分体现。

三、发展新阶段需要新抉择

义乌发展战略的演进轨迹，是同经济社会发展的阶段相吻合的。进入"十一五"时期后，义乌跨进了一个新的发展阶段，这个新阶段的特点就是发展模式的转型，中央提出要向创新型国家迈进，浙江省已提出建设创新型省份，义乌也提出了建设创新型城市。那么义乌的创新型城市的建设从何入手？我认为应当把提升产业集群的创新能力为突破口，使产业集群成为创新的发源地，所以要采取"构建创新集群"的发展战略。"世界经济论坛"早就指出："在创新不断全球化的同时，创新在区域经济发展中的重要性与日俱增，出现了创新的区域化。"创新的区域化表现为一些地区集结了大量的科技资源，成为许多重大创新的发源地。"集群"在一国经济中发挥着重要作用，尽管这些地区的创新特色不尽相同，但许多国家的"集群"成了创新的发源地。产业集群引发出"创新集群"，这是一个新的发展模式。四年前，在我们的课题研究报告中就提出这个理念，要把浙江的产业集群建设成为浙江创新的一个重要发源地。所以，趁此机会再一次提出来，盼望能在义乌这块土地上使这种理念成为现实。

义乌有条件也有能力构建"创新集群"的。首先，义乌的小商品市场本身就是一个很大的服务业集群。服务业领域里有很多需要创新的，现在人们往往从技术方面去理解创新，对服务业的创新很少关注，其实市场的经营方式、组织形式、销售渠道、售后服务、服务技术等硬件和软件都有创新的诉求，在这些方面义乌应当起一个领头羊的作用；其次，目前义乌市场在出口方面取得了辉煌业绩，但在进口业务方面的情况还不清楚，不知道有没有想过要扩展进口业务，这是一个新课题，要转换思路，义乌小商品市场既要搞出口也要从事进口贸易。从国际贸易理论来说，整个国际贸易最大的受惠者是进口国而不是出口国，进口对于提高劳动生产率的效应大于出口。但是过去我们有一种"出口崇拜论"，不重视进口。国家商务部的资料表明，浙江在进口方面与外省市的差距要比引进外资的差距大得多。2002年技术引进合同金额，浙江只有上海的9.2%、江苏的12.08%、广东的55.45%。这对提高浙江的技术水平是很不利的，进口新技术和新设备是转变经济增长方式的重要途径，义乌应当成为进口贸易的重要方面军，这也是创新。最后，对"比较优势"的理论也需要重新加以评价。迈克·波特曾指出："以生产要素的比较优势决定生产形态确有直接的说服力"，但"生产要素的比较优势并不足以解释丰富多元的贸易形态"，"生产要素的比较优势法则对很多产业来说根本就不实际"。现在越来越多的产业不按照比较优势的模式发展，高技术产业与传统低科技产业的界限，正在被微电子、精密材料与信息系统等应用广泛的科技所打破。我们可以以通过技术发展新产品与新流程，来弥补资源不足的问题。义乌已集聚了 83 家高技术和科技型企业，在超越比较优势发展高技术，特别是根据产业集群发展的需要创新共性技术，是大有可为的。这方面讲了多年，但产业集群的共性技术研究体制与机制，以及如何运行等方面还有许多问题没有研究清楚，在共性技术的创新上还未取得突破性的进展，这个空间有待于义乌来填补。义乌的民营经济发达，有充足的民间资金来建设"创新集群"。英国学者斯科特认为，经济增长取决于技术进步，而科技进步又取决于资本的投入。用于教育以及研究与开发的资本投入越多，技术进步就愈快。所以，经济增长最终还是取决于资本投入率，因而得出了"技术进步的源泉是资本投入"的结论。按照这个结论，义乌完全有可能成为"创新集群"，成为浙江重要的创新发源地之一。这就是我建议义乌市实施"构建创新集群战略"的依据。

（本文系 2006 年 8 月 21 日在"义乌发展经验理论研讨会"上的发言）

国际竞争力的系统功能和政府作用

关于浙江产业竞争力、科技竞争力和区域竞争力问题的研究已有不少成果，但对一个区域的国际竞争力的研究还是我国成为 WTO 成员之后才开始的。学者专家们从各个不同的角度寻求提高浙江国际竞争力的路径，中共浙江省委已明确提出要把"以增强综合实力和提高国际竞争力为目标"作为今后工作的总体要求的重要内容。看来，在相当长的一个时期中提高国际竞争力的问题已成为人们关注的焦点，是浙江经济社会发展中的重大课题。本文从国际竞争力的系统整体功能的角度，探讨政府在提高国际竞争力中的地位和作用。

一、国际竞争力系统整体功能的含义

"国际竞争力"是一个广泛的概念，有经济、政治、军事、文化、科技诸方面的竞争能力。而通常人们所说的国际竞争力是指国际经济竞争力，是指在国际竞争的大环境下，"其创造增加值和国民财富持续增长的能力"，文化与科技是作为影响经济竞争力的因素而加以考察的。目前，"世界经济论坛"和瑞士洛桑管理学院的《世界竞争力报告》用 8 大要素 381 个指标对 46 个国家的国际竞争力做了评价。这 8 大要素是：经济实力、国际化程度、政府作用、金融环境、基础设施、管理程度、科学技术、人口结构与素质。这 8 大要素反映了国际竞争力的系统整体功能。中国人民大学《中国国际竞争力发展报告（2001）》在此基础上提出了"国际竞争力的系统整体功能"的概念。研究报告认为，"综合实力"与"国际竞争力"是两个不同但又有密切相关的概念。综合实力主要反映区域的整体实力，它是国际竞争力的一个层次。国际竞争力，包括三个层次：系统实力、运行系统、发展的成长能力。这三个层次构成了国际竞争力的整体系统。这个系统的核心是区域经济实力、企业管理竞争力和科技竞争力，这是创造和增加国民财富的竞争力；基础设施和国民素质构成了国际竞争的基础竞争力，基础竞争力的强弱，意味着长期持续发展和成长的能力的强弱；而国际化程度、政府管理能力、金融体系是国际竞争力的市场、体制、法制、政策的环境的竞争力，是国际竞争力的起动和活性因素。这种分类不仅具有层次性和系统性，而且各个层次在整体系统中的作用也做了明确的定位，对研究国际竞争力是可取的。

一个国家和地区的国际竞争力系统整体功能的强弱最终体现在哪里？从已有的文献资料来看，无非体现在两个方面：一是产品在国际市场上的占有率，也就是说看它是否拥有可与世界级竞争对手较量的优势产业；二是海外投资的数量与质量，包括货币资本与智力资本的投资能力。美国哈佛商学院教授迈克尔·波特说："全球战略既不能缺少海外投资，也不能缺少贸易，两者皆是衡量国际成功的必备条件。"而要取得这两方面的成功必须充分发挥系统整体功能的作用。

二、浙江国际竞争力系统整体功能评价

国际竞争力一般是指国家之间的竞争能力的比较，而作为中国的一个省，其国际竞争力只能是放在各省市之间的比较。中国科技发展战略研究小组的《中国区域创新能力报告（2001）》中，浙江的产业国际竞争力列全国第 6 位，居广东、上海、天津、北京、江苏之后；而各省市海外投资的位次还未见有排序。目前要对浙江的国际竞争力的系统整体功能进行量的比较是困难的，因而只能就影响浙江国际竞争力的几个重要问题进行评价：

1. *产品结构*

浙江出口产品主要是服装、纺织品，日用消费品，装饰工艺品，机电、五金产品，农副产品五大类，这些产品大多是劳动密集型产品，高技术产品的出口在增加。这样的产品结构有没有国际竞争力，争议颇多。我认为，从相当长一个时期来说，浙江的产品结构是有竞争力的，问题是要不断地提高这些产品的技术含量和文化含量以适应国际市场的变化。其理由有三：第一，实践证明这些产品适应国际市场的需要，2001 年浙江的全部纺织品出口占全省外贸出口总额的 40%，占全国同类产品出口总额的 16.9%，占世界纺织品出口总额的 2.2%；第二，这些产品没有政府保护政策的呵护，早已受了国际市场竞争的考验；第三，这样的产品结构能有效应用浙江的生产要素，是合理配置资源的正确选择，而这一点正是国际竞争成败的关键。但是光靠"成本领先"还是不行的，还要有"差异性战略"相配合，才能保持比较优势的核心。

2. *利用外资*

浙江的引进外资不及邻近省市，是客观存在的事实，无可否认，这对浙江的

国际竞争力会有一定的影响。但我认为对引进外资也不要"迷信"。从邻近省的实践来看，引进外资多了，对当地 GDP 的增长是有很大贡献。但增长并不等于发展。引进外资对当地的最大好处是增加了劳动就业的机会；邻近省市引进的外资企业大多是华裔企业，这类企业的创新能力很弱，对技术进步的推动力有限；又因引进外资上的过度竞争，当地的财政收入得不到多少好处，相反，地价低廉甚至是无偿地提供土地引进外资，从长期来说是对资源的浪费；如果换个思路，按 GNP 考核，其地位就将大大下降。浙江应当在重视引进外资的同时，强化"走出去"，到国外去从事各式各样的投资，在对外开放上形成自己的特色，增加浙江的 GNP，从这个方面去增强自己的国际竞争力。

3. 智力资源

当代世界国际市场的竞争归根到底是智力资本的竞争。由于计划经济时代国家在浙江的教育投入不多，国家级的科研机构甚少，历史沉淀下来的智力资本积累不富，按国家的统计数据在全国的位次与经济发展很不相称。这种状况势必影响浙江的竞争力。《中国区域创新能力报告（2001）》中，浙江的"知识创造"能力列全国第 19 位，当然这种评价不能代表对浙江智力资源的整体评价，但也反映了一种较为普遍的认识。笔者认为，对智力资源的评价应突破现有的统计框架，考虑到以下三种因素的作用：一要从市场经济的体系来判断可利用的智力资源的多少。因为知识是流动的，智力资源也随之流动，浙江的市场化程度比较高，从市场上吸纳的智力资源也就比较多。二要对智力资源的内涵要有新的认识。不能仅仅把科技人员列入其中，应把有一定规模的企业的管理者纳入智力资源的范畴内。企业家是重要的智力资本，这方面浙江是有优势的。三要对知识的看法要有新的认识。不能把获取知识的来源仅限于正规学校，因而只把有学历者视为智力资本的拥有者。其实正如阿罗的"边干边学"模式所揭示的，知识积累与人力资本的形成并不是单一地依赖于正规教育，而是在很大程度上依赖于人们的边干边学过程，厂商可以从自己的投资活动中学会很多东西，其知识存量是其投资量的函数。同时，知识又是一种公共产品，"知识外溢效应"使一个厂商的知识存量还是他人或是整个经济投资的函数。这种现象在浙江的产业集群中得到了充分体现。从这些方面来看，浙江的智力资源比统计数字所显示的位次要高得多，近年来的经济高速增长也得益于智力资源的相对优势。然而这种智力资源的相对优势在未来的竞争中还是很脆弱的，需要提高智力资源的层次和整体水平。

4. 发展环境

一个企业的竞争力强弱，一是取决于企业内部效率，二是取决于外部发展环境，国际竞争也是如此。从国际竞争的实践来看，当今国际竞争的主要因素来看，是"取决于起动和活性因素、成长性激励因素、推动和发展的基础因素竞争力"的强度，而这些基础因素中"软件"又重于"硬件"，所以其本质是经济体制的设计、改革和经济政策的选择。在这方面浙江具有相对的比较优势，据《中国改革》杂志 2001 年第 11 期发表的王小鲁等所作的研究，浙江在《各省市市场化进程排行榜（1997 — 1999）》中位居第二位，仅次于广东省，市场化指数为82.4。这主要是因为浙江的产权制度率先改革、政府的角色率先转换所致。笔者在《浙江经济的核心竞争力》一文中，曾断言"浙江已基本形成内生型自组织的增长动力系统"，这就是浙江经济充满生机和活力的源泉。当然，对浙江经济体制的评价有不少人并非像笔者那样乐观。但笔者认为，在这个问题上，要强调两点：一是产权制度改革的"先发效应"是一种"马太效应"，一旦形成了良性循环的机制之后就会越来越好，实践也证明企业在完成了资本原始积累之后，就可能有更多的资金投入到技术改造中去，提高企业的技术层次，适应市场的新需求；二是浙江企业的产权制度同国际市场的发展模式比较吻合，走向国际市场的阻力比较小，从这方面来说浙江在国际竞争中同国内其他省市相比有独特的优势。但是要持续保持这种活性因素和成长性激励因素，就要坚持以制度创新为主动力，推动各个领域的改革，使经济体制与运行机制与时俱进。

三、政府在提高国际竞争力中的作用

过去，企业竞争力是国际竞争力的核心；在经济全球化的时代，加强企业国际竞争力和充分发挥政府在提高国际竞争力中的积极作用已共同构成了现代国际竞争力的核心。迈克尔·波特认为，"在企业竞争的成功上，国家环境确实扮演了关键角色"；"国家在全球产业竞争中的角色不减反增。"提高国际竞争力已成为现代政府的新职能和新责任。

问题在于提高国际竞争力中政府如何发挥其应有的作用。《中国国际竞争力发展报告（2001）》提出，"政府的重要作用在以下几个方面表现：建立适应市场经济和网络与信息技术革命发展需要的终身教育体系，这是以人为本的开发基础；建立以提高人民生活质量为本的经济社会发展目标，这是以人为本的发展动力基础；建立市场风险与社会保障统一关联的竞争与创新稳定发展的基础，这是以人为本的创新基础；建立基础设施（包括基本基础设施和信息技术基础设施）和市场竞争规范法制体系的基础，这是以人为本的经济社会发展基础上政府创造的环境基础；建立社会透明度和政府效率公共监管的基础，这是以人为本的民主

基础"。这五个方面已全面反映了提高国际竞争力对政府的要求，是各级政府努力的方向。对浙江来说，政府在提高国际竞争力方面最迫切是要解决以下几个认识和实际问题：

1. 要从对企业产品的扶持转向对企业创新和技术进步的产业环境营造

在计划经济时代，政府对企业的扶持主要是通过产业政策对需要重点发展的产品给予各种优惠，这种思维方式和运行惯性仍在持续中，诸如政府机构纷纷提出要发展多少个资产规模庞大企业集团，多少个市场占有率有相当份额的产品等。但国际和国内的经验都表明这种抉择值得反思。波特认为，"环视各国，若政府强力介入的产业，绝大多数无法在国际竞争上立足。在产业的国际竞争中，政府固然有它的影响，但绝非主角"。比如，在日本，传真机、影印机、机器人和高新材料等重要产业中，政府的影响力很弱；而一般认为是政府主导成功的缝纫机、钢铁、造船等产业，则已过时老去；而日本政府从 1997 年开始积极推动的飞机工业以及 1978 年开始推动的软件工业，一直未能跃升到国际领导地位。韩国政府野心勃勃地投入石化、机械等产业，但成绩同样不佳。我国的实践也证明，国家的很多产业政策并未取得预期的效果。"政府是发动机"，而这个发动机的着力点应该是营造公平竞争高效运作发展环境，为企业的创新和竞争力的延续创造条件。这方面，现在似乎已取得共识，但在实践上往往侧重于产业政策的扶持，而且有些做法可能有损于企业的国际竞争，事与愿违。因此，在对企业的扶持方式与政策的选择上要有根本性的转变。

2. 要在强化基础竞争力上下工夫

基础竞争力是由基础设施和国民素质所构成的。对传统意义上的基础设施已引起各级政府的高度重视，以信息技术为核心的现代意义上的基础设施也已列入政府的规划并正在积极地推进，最困难的是"国民素质"的提高。浙江的基础教育在全国是领先的，高等教育近年来发展也很快。政府在科技发展上的投入在财政收中的比重正在提升，2001 年各地区创新基金和地方政府配套资金到位情况在全国居第二位，显示了政府的重视。浙江国民素质总体上说是好的，但经济社会的发展对国民素质的要求在不断提高。浙江的高等教育还大有发展的空间，除了知识教育外还要有技能教育，需要培训出大量能生产出精巧产品的技术工人，因此教育的发展是无限的。一个国家和地区的教育水平是国民文化素质的重要标志，属于大文化的内涵之中。除了教育和科技之外，狭义的文化，这类文化对国民素质的影响极大。在浙江，这类文化大大滞后于经济的发展，这已引起省委和省政府的重视，并颁布了《文化大省建设纲要》，要在大力发展文化产业的同时，积极建设各种文化设施，提供公共文化产品和准公共文化产品，这个纲要的实施将大大提高国民的文化素养，增强浙江的国际竞争力。基础竞争力强了，就能使浙江具有长期持续发展和成长的能力。

3. 实施"出口与进口、引进外资与海外投资并举"的全方位开放的方针

迈克尔·波特说："成功的国际竞争者通常整合了进出口贸易与海外投资两种手段。"而我们则往往侧重于进口贸易和引进外资，对进口贸易和走出去投资的认识和实践都还有待加强。浙江的对外贸易顺差对国家作出了很大贡献，但贸易顺差太大对区域经济发展来说并非好事，应加大进口先进技术和设备的力度。这里有观念上的问题，大家对"创汇"都比较重视，把"创汇"作为一个重要的考核指标，而对"用汇"却成了难以启口之词，其实"创汇"是手段，"用汇"才是目的。浙江是国家的"创汇"大户，我们要利用这个优势，学会"用汇"，不仅用它来提高工业企业的技术装备水平，而且要用它来提高农业、服务业和社会生活的各个方面的水平，这是浙江经济社会发展的需要，更是提高国际竞争力的捷径。至于"走出去"到国外投资的问题前面已说过，不再赘述。

4. 构建标准化管理体系

"得标准者得天下"，这是《科技日报》2002年1月9日采访科技部李健时用的标题。李健认为，技术标准已成为产业特别是高技术产业竞争的制高点，而现在的技术标准往往被发达国家作为保护自己市场和占有别人市场的武器，在多数情况下我们只能被动执行国外或国际的标准，受制于人。截至2000年年底，我国已发布国家标准19 278项，其中国际标准和国外先进标准的仅8 387项，采标率为43.5%，由我国主导制定的国际标准寥寥无几。浙江的企业家已认识到这个问题的严重性。我们要从增强国际竞争力的高度，建立技术标准管理体系，推动企业按国际标准生产和服务；同时，要充分利用 WTO 的 TBT 协定中的有限干预原则和对发展中国家的优惠政策，建立自己的技术壁垒体系，构筑一道非关税壁垒。当然，这项工作主要是企业和科研机构的事，但推动标准化和建立技术标准管理体系是政府义不容辞的责任。

5. 组建符合世界市场要求的行业协会

政府对企业的管理职能应让位行业协会去执行。在改革的进程中，浙江省已建立了不少行业协会，也发挥了一定的作用，但绝大多数是"第二政府"机构，还是按行政办法运作；或者是徒有形式，没有发挥应有的作用。据说，真正按市场经济要求组建的只有像"温州商会"那样很少几个。温州烟具协会在这次应对 WTO 的挑战中已显示其威力，温州行业协会的经验值得推广。建议浙江省政

府把健全和组建符合市场经济要求的行业协会的工作提到议事日程上来，作为政府职能转变的突破口和提高国际竞争力的重要举措。

6. 加强国际经济的研究

目前，浙江从事国际经济研究的力量非常薄弱，这与浙江对外开放的要求很不适应。建议把现有的力量集中起来办好一个真正能起作用的高水平的"浙江省WTO 研究中心"，直属省政府，成为浙江省国际信息中心和咨询研究机构，既为省政府决策服务，又面向社会，为企业服务；研究人员采用柔性结构，吸纳高水平的人才来从事此项研究。这种研究是提高国际竞争的基础竞争力所不可或缺的。

参考文献：

1. ［美］迈克尔·波特：《国家竞争优势》，华夏出版社 2002 年版。

2. 中国人民大学竞争力与评价研究中心研究组：《中国国际竞争力发展报告（2001）——21 世纪发展主题研究》，中国人民大学出版社 2002 年版。

3. 谭崇台主编：《发展经济学的新发展》，武汉大学出版社 1999 年版。

4. 江春泽主编：《国际经济比较研究》，人民日报出版社 1992 年版。

（浙江省经济建设咨询委员会报送省委和省政府的报告；载《浙江经济》2002 年第 13 期）

发展环境与产业结构调整

"好"的标志是"协调"

中央经济工作会议提出，"必须深刻认识又好又快发展是全面落实科学发展观的本质要求"。把"好"置于"快"之前，意味着中国将舍弃单纯追求发展速度的发展模式，实施"好"字当头的新的发展模式。这是半个世纪以来经济社会发展经验和教训的总结，是对人类经济社会发展规律的深刻认识，是中国经济社会发展新阶段的必然趋势。因此，"好"字当头的战略和发展模式，将引导中国经济快速走向科学发展的轨道。但如何评价"好"与"不好"？人们可以从不同的角度和不同的层面上去判断，笔者认为发展的"好"与"不好"的重要标志是中央提出的三大类九个方面的"相协调"，"协调"是"好"的标志。

一、"协调"发展才能称"好"

中央提出的三大类九个方面的"相协调"就是"速度、质量、效益相协调；消费、投资、出口相协调；人口、资源、环境相协调"。这是从增强经济竞争力、经济增长的动力、经济可持续发展能力方面的"协调"，只有这三个方面的能力提高了，才能称得上"真正做到又好又快的发展"。

"速度、质量、效益"是经济运行的相互联系的三种状态，其相互作用的结果表现为一个国家或一个地区的经济实力，因此，经济学家在评价其经济竞争力时把它们作为衡量竞争能力强弱的重要指标。它们之间的协调度越高，经济竞争力就越强；反之，不协调就很难说有强大的竞争力，还给经济发展带来困难和危机。这里所说的"速度、质量、效益"的概念，笔者认为要有新的理解，"速度"不只是指 GDP 增长的速度，而应当包括社会进步的速度、社会福祉增长的速度和反贫困的速度；"质量"不只是产品的质量，还应当包括整个国民经济的素质，经济结构和产业结构的质量；"效益"也不只是企业的经济效益，还要包括社会效益和生态效益。当前，这三者之间的不协调相当突出，经济增长很快，国民经济的素质不高，效益与经济增长的速度不相称。因此，这三者之间的协调发展主要是解决在提高质量和效益的前提下，保持适当的增长速度。

"消费、投资、出口"是推动经济增长的三驾马车。上面说的是经济运行中的供给，而这里所说的是经济运行中的需求，这三种需求的数量和结构决定着推动经济增长与发展的状态。对中国"消费、投资、出口"三者之间的协调问题，国内外学者有不同的评价和协调的思路。对"消费"，有的认为"中国的国内需求发育不足，迫切需要创造'消费者导向型'增长模式"；有的认为"居民家庭的开支始终是中国经济增长中最强劲和最稳定的驱动力，不会发生'真正的消费革命'"。对"投资"，有的认为"中国大陆似乎还是一个长期存在过度投资的经济，投资过热使经济波动过大"；有的则认为，这是"因为投资率被高估所导致的假象，无论是宏观层面还是企业层面并不存在投资回报率偏低的情形，而且高储蓄率将长期存在。在这种背景下，资本投资的增长率可以在中长期保持相对稳定"。对"出口"的看法也是如此，有的认为中国是类似亚洲"四小龙"的"出口导向型"经济体，"中国大陆正在迅速逼近亚洲'四小龙'历史上曾经历的'拐点'"；有的则认为"中国从来就不是一个真正的'出口导向型'经济体，从一开始就是个以国内市场为主导的经济体，中国大陆的经济增长率与外贸的相关关系不大。"对这些问题，美国经济学家乔纳森·安德森在《走出神话》一书中做了深刻的研究，得出结论说，"我们的主要发现是，中国目前已经存在的需求增长的动力将持续下去，就是说，没有出现迅速下降或崩溃的理由。然而，与供给方面的分析一样，我们看到在长期里出现减速的趋势，出现出口增长率放慢的趋势"。国外学者的研究很有参考价值，只有"消费、投资、出口"相协调，才能使中国经济发展持续保持强劲的动力。

"人口、资源、环境"相协调是经济社会可持续发展的基本条件。这三个方面是否"协调"，是判断一种发展模式"好"与"不好"或"欠好"的标准。传统发展模式的弊端就在于有损于这三者之间的协调，给可持续发展带来了威胁。人口的增长要求经济增长，而这种模式下的经济增长却过多地消耗了资源，污染了生态环境。"好"字当头的发展模式，就是要在减少资源消耗、改善生态环境的条件下，最大限度地满足人口增长的需要。所以，"人口、资源、环境"相协调，是"好"字当头的发展模式的内在要求，也是衡量是否步入科学发展轨道的标志。

二、充分认识"协调"的难度

要实现中央提出的三大类九个方面相协调发展是一项十分艰难的任务。首先要有创新思维，突破发展路径的锁定；其次，要有得心应手的驾驭市场经济的能力，对国民经济进行及时而又适度的有效调控；最后，协调发展是一个庞大的系统工程，要抓住重点，选择好突破口。这些都是非常复杂的问题，本文不可能做全面的论述，只就这三大类的协调的最大难点在哪里谈点看法：

"速度、质量、效益"相协调的最大难点在"质量"。就产品而言，劣质产品是没有使用价值的，不可能给企业带来效益，在表面上增加了 GDP，但原材料的浪费实际上减少了 GDP；次等产品则使增长速度和经济效益都打了折扣；只有高质量的产品，才能带来高附加价值，加快了 GDP 增长的速度，也带来了高效益。从市场需求来看，产品出口的种种壁垒都可以归结为质量问题，只有提高产品的质量，才有对外贸易的增长和经济效益的提升。国内市场需求也发生了变化：一是经济社会发展到现阶段居民的需求层次发生了变化，要求有高质量的产品满足他们的需要；二是经济短缺的时代已过去，困扰企业家的生产过剩，只有高质量的产品才能满足市场的需求，因而才有真正的速度和效益。就国民经济的素质而言，要求产业结构和产品结构要有质的提升，在三次产业结构方面要求提高第三次产业的比重，特别要重视发展现代服务业；在产品的产业链上要发展中高端产品，提升产品的附加价值。要改变过去生产"中国鼠标"那种状态，在顾客支付的 40 美元中，只有 3 美元流向中国，而这 3 美还不全是支付工人工资，还要支付各种生产成本，经济效益低得可怜。从经济增长的驱动力来说，中国走过了要素驱动的阶段，正在从要素驱动向资本驱动和创新驱动转变，在比较发达的地区的增长更有赖于创新的驱动，而创新驱动则取决于高素质的人才，有了高素质的人力资本才有经济增长的高速度和高效益。

"消费、投资、出口"相协调的最大难点在"消费"。中国的投资占 GDP 的比率在过去 20 年里一直都在 40% 左右，2006 年达到 48%。从 2005 年开始的投资增长速度已逐渐下降，估计这个趋势还会继续；但是中国居民还处在财富积累的较早阶段，储蓄行为保持着相对稳定，只要储蓄率保持高水平，投资就不会大幅度下降。"出口"面临着贸易保护主义抬头、人民币升值、劳动力成本上涨的压力，增长的难度比较大；但在国际贸易中倾销和反倾销无时不在，是一种常态，任何时候都会有，虽然劳动力成本在上升，但中国的劳动力密集型产品在国际市场上还是有优势的，只要调整好对外贸易的结构，出口增长还是有希望的。

而消费增长的困难就比较大。中央经济工作会议指出，"正确处理好投资和消费、内需和外需的关系，最根本的是扩大国内消费需求"。居民家庭的开支始终是中国经济增长最强劲和最稳定的驱动力，国内需求已发育到相当的程度，要让他们在 GDP 的增长中贡献更多的份额并不轻松。未来的消费增长的空间在那里？居民未来的消费能力究竟有多大？都是还需要不断探索的。目前有多种判断，有的认为支出结构将逐渐向着更昂贵、更高质量的商品倾斜，这是一种趋向，奢侈品和名牌商品的消费将获得巨大增长；但时下收入增长最快的群体是农民和农村出来的移民，他们大多倾向于购买比较低端的产品，因而从总体经济增长而言，更大的贡献仍然来自中档的消费品及必需品。有的认为，住房和汽车是未来消费的增长点，这种趋势笔者在上世纪的文章中就已预感到"汽车进入家庭的潮流为时不会太远，也许就在世纪之交或者 21 世纪的初叶"。实践已证实了这个判断。目前，居民的住房投资大约占到 GDP 的 7%，明显超过了亚洲的平均值，已与日本和韩国住房建设高峰期的数据非常接近，住宅建设将转入常态运行；汽车的发展也受到环境和道路的影响，发展的前景也不能太乐观。有人主张通过消费信贷来促进消费，据国外学者估计，中国的消费信贷已经相当于 GDP 的大约 12%，到期 2012 年左右可望超过 GDP 的 20%；但城市中有的购房或买车者的信贷负担已超过其承受力，有可能给银行制造大量坏账。笔者认为，消费增长的空间主要在农村，消费增长的主要领域在服务业。要实现"消费革命"，以增长内需来带动经济增长，就要提高居民尤其是农民的收入水平和消费能力，这是非常棘手的任务。

"人口、资源、环境"相协调的最大难点在"资源"。按理说这三者之间的关系中"人口"是主导性的，人口的规模和结构决定资源消耗与环境的状态，但既定的人口政策，使未来一个时期里的人口发展比较稳定。"环境"是经济社会发展的约束条件，也是经济社会发展的各种要素作用结果的综合反映。而各种要素中对环境影响最大的它们的消耗方式和利用效率又直接影响环境的质量。所以，只有建立起节约型的社会，才可能是一个环境友好型的社会。当然，要以构建环境友好型社会的理念，去指导对资源的利用。当前，资源约束已成为国民经济发展的主要障碍，要逾越这一障碍有许多困难等我们去克服。

三、破解"协调"难题之法宝在创新

以科学发展观统领全局，实施"好"字当头的发展模式，处理好三大类九个方面的协调发展，需要有很多政策与措施，需要经过很多人的努力才能实现，

但种种努力归根到底是人们的创新行动，思维创新、制度创新、科技创新、管理创新、文化创新和社会创新。这里着重分析从制度创新和技术创新上如何破解"协调"发展的难题。

"协调"要从制度安排上给予保障。（1）"速度、质量、效益"相协调的根本问题是转变经济增长方式。这个问题中央已提出了15年，但见效甚微，其中最基本的原因是在干部评价制度和选拔机制上的偏差，单纯追逐GDP的增长，由此而来的是对消耗资源和污染环境的行为缺乏制度性的约束，从而导致速度、质量、效益的不协调。（2）在"消费、投资、出口"相协调的问题，也是制度安排上的缺失所造成的。以投资膨胀为特征的经济过热现象，基本上是由各级政府造成的，银行的大多数不良贷款是来自于那些在过热时期上马的大项目，正如美国乔纳森·安德森所说，"只要政府还是商业银行的最主要的所有者，负责贷款的经理们就不可能完全放弃公务员式的思维，银行就会继续屈从于地方政府与国有企业的压力，继续向那些缺乏效益的、错误的投资项目投入资金"。现在中央下决心改革金融体制就是要从制度上解决这些问题。"消费"的增长，也同样有赖于从分配制度上保障居民的消费能力的提升，现在的分配格局是扭曲的，居民可支配收入的增长慢于GDP的增长，而国家税收的增长速度则超过GDP增长速度的一倍。如2005年，GDP增长10.2%，国家税收收入增长20.00%，农村居民人均纯收入增长6.2%，城镇居民收入增长9.6%。这已是十多年来的分配格局，居民收入在GDP分配中的比重逐年在下降，如不改变这样的分配格局，居民的消费倾向怎么能提高呢？（3）"人口、资源、环境"相协调也要从制度上加以保障。计划生育政策，这是国家的长期人口战略的制度性安排，取得了成效。按国家的市场取向改革的目标，资源应当是由市场来配置的，但至今为止资源市场配置率很低。目前的状态是"国家垄断"和"自由放任"同时并存，垄断降低了资源利用效益，不加控制的自由放任不仅浪费了大量资源，而且给环境和社会带来了祸害，亟待建立和完善资源市场配置的制度性安排，特别是土地的产权制度和反映资源稀缺程度的价格制度。环境保护已引起各方的重视，但由于地方保护主义而造成执法不严、有法不依的现象屡见不鲜，要消除这种现象就要对干部评价制度和选拔机制进行改革。

"协调"要从技术创新上给以支持。本文所说的三大类九个方面的"协调"，都有一个转变经济增长方式的问题，而转变增长方式的关键在于科技创新，这个道理已众所皆知，这里不再赘述。这里只提出一个问题，笔者认为，"科技创新"的概念一般人都把它理解为自然科学的理论与工程技术的创新，只有"科技创新"是不够的。应当提出"文化创新"的概念和任务，"科技创新"只是"文化创新"的一部分。要搞好上述"协调"，从而实现又好又快发展，要有新的理念、新的价值观、新的生活方式、新的文化氛围，从"文化创新"上给予支撑，这方面的创新有很多方面有待我们去破题。

（原载《浙江经济》2007 年第 3 期）

波特的簇群理论与浙江产业组织

目前，对浙江区域经济组织的基本特征有不同的概括，有的称为"区域特色经济"，有的称为"块状经济"。笔者认为，这仅是一种对经济现象的描述，缺少理论升华。笔者想用哈佛学院教授迈克尔·波特的"簇群理论"来解读浙江区域经济的产业组织。

一

波特给"簇群"（clusters）定义为："簇群是指在某一特定领域内互相联系的、在地理位置上集中的公司和机构的集合。簇群包括一批对竞争起重要作用的、相互联系的产业和其他实体"。① 具体说来，它们包括零部件、机器和服务等专业化投入的供应商和专业化基础设施的提供者。"簇群"还经常向下延伸至销售渠道和客户，并从侧面扩展到辅助性产品的制造商，以及与技能技术或投入相关的产业公司。最后，许多"簇群"不定期包括提供专业化培训、教育、信息技术支持的政府和其他机构——例如大学、标准的制定机构、智囊团、职业训练提供者和贸易联盟等。波特认为，"簇群"是每个国家国民经济、区域经济、州内经济，甚至都市经济的一个显著特征，在经济发达的国家尤其如此。硅谷和好莱坞可能是最著名的簇群。

波特的"簇群理论"是以"新竞争经济学"为基础的。现代竞争取决于生产力，而非取决于投入或单个企业的规模，而且许多事实表明，创新和竞争性取胜在地理位置上是集中的。"'簇群'在空间布局上赋予一种新的组织形式。这种形式一方面处于保持距离型的市场之间；另一方面又处于等级或垂直一体化之中。""一个由相互独立而又非正式联盟的公司和机构组成的簇群，代表着一种

---

① 《经济社会体制比较》2000年第2期，以下出自本文的引文不再加注。

富有活力的组织形式，这种形式具有效率、有效性和灵活性方面的优势。"他还从获取雇员和供应商、获取专业化信息、获取机构和公共物品，以及互补性和创新的动力等等方面，论述了"簇群"的竞争力所在。他认为，当地的竞争更具动力，"簇群"内部的压力是一种同等条件下的压力，持续不断的比照压力，是一种绝对性压力。

波特还认为，"簇群"需要10年甚至更长时间才能发展出坚实稳固的竞争优势；它们能连续几个世纪保持生机勃勃的竞争地位，大多数成功的"簇群"至少会繁荣几十年。然而，它们也会由于某些外界或内部力量而丧失其竞争地位。因此，"簇群"要升级，他认为，"根本不能使用世界先进技术产业这一说法，有的只是低技术公司——即那些不能使用世界先进技术和惯例做法以提高生产率和创新能力的公司。一个充满活力的'簇群'可以帮助任何产业内的公司采用最先进的相关技术和最复杂的方式参与竞争。""政府应该促进'簇群'形成、升级以及构建对大量相关业务有重要影响的公共品或准公共品。""当然，并非所有'簇群'都将成功，因为最终起决定作用的是市场力量而非政府的决策。"

二

从对波特的"簇群理论"的简介中，我们可以看到"簇群"是以专业分工的高度化和集中化为特征的，但它不只是特定领域里的生产企业，还包括与此相关的生产和服务性企业和机构，以及政府和科研机构。这种情况和浙江区域经济中的专业化十分相似，可以说浙江的区域经济组织正处在"簇群"的萌芽阶段，有的已开始显露出坚实稳固的竞争优势。因此，是否可以把浙江区域经济组织的基本特征概括为"簇群经济"或"簇群结构"或"簇群模式"。

现在以嘉善木业为例作个简要的实证分析：

嘉善不产木材，但成了我国一个重要的木业生产和销售基地，全县已有木业企业200多家，从业人员30 000多人，生产能力达335万立方米，占全国产量的1/3。这在开放和全球市场和更加快捷的交通运输与通信系统中，是不奇怪的，这正是资源的地理位置在竞争中的作用减弱的结果。"在全球经济中持久性的竞争优势，却在远方竞争者无法匹敌的当地要素——知识、关系和动机中日益重要。"嘉善不产木材，但他们以一种新的关于地理的思考方式，通过一定的关系以"快"捕捉商机，在空间上建立一种新的组织形式，形成了中国的"木业簇群"。

嘉善木业"簇群"的优势主要来自于专业分工的高度化和集中化：第一，"簇群"内广泛积累了市场、技术和竞争的信息，"簇群"成员可以优先获取这些信息，而个人关系和社会联结又能培育信任，促进信息的传播，使制造商迅速进入市场。第二，众多的同类企业聚集在一起，现场参观的便利和频繁的面对面的联系，使学习变得更为容易，从而使工艺技术和产品的创新信息迅速传播开来，出现了一种企业之间相互模仿、相互竞争的局面。这是一种绝对压力，它有力地推动整个产业的生产管理、技术装备及产品质量的不断提高，也为创新提供了可见度更高的机会，也有利于形成新的商机。第三，簇群的出现可以加速产业链的延伸。目前嘉善已形成了从原木调运到胶合板生产的完整的产业链，产品已由普通板扩展到榉木、橡木、扇木、柚木、花梨木等 10 多个名贵木种贴面板。第四，"簇群"内部分工也越来越细，除贴面板之外，还有刨花板、中密度纤维板、功能人造板（阻燃、防水、防火、漂白、着色等特殊功能）。第五，"簇群"企业还有外部专家在部件生产等服务方面，与企业内设单位相比，通常更有成本效益和责任心，能够实现营销和服务的高效率，因而"'簇群'是取代垂直一体化的更好的选择"。第六，"簇群"内部各公司之间亲密而又非正式的关系，以及其在特定领域的声誉，通常成为外地供应商和营销商的优选之地。

"簇群"一旦形成，就会出现一个自我强化的循环，这个循环能促进客观存在的发展。但需要地方政府和其他机构的支持，支持的态度和力度将决定"簇群"的竞争力。嘉善人说，嘉善木业的崛起，是"政府造势的结果"，这里所谓的"造势"：一是营造良好的发展环境；二是建立加快"簇群"内企业发展的全面的支持系统。

像嘉善这样的"簇群"已经遍及全省，成为浙江区域经济的一大特征。

三

浙江区域经济的产业组织的"簇群结构"是富有生命力的：

第一，它是浙江经济发展的必然选择。一方面，从生产要素的组合来看不可能建立很多大工厂，只能从某一产品的零部件起步，自发地形成该类产品的专业化，而生产者之间相互模仿，生产技能和市场信息的快速传递，此类产品的生产像滚雪球一样越滚越大，形成了某类产品的"簇群"；另一方面，"中国人向来是'网络大师'，无论是在个人层次上还是在小公司群体之间。中国人的传统不适合在大型组织中共事，也不适合建立大型组织。这样，家族企业的控制通常便成为首要难题"。[①] 正是这种文化形成了以家族企业为主体的产业"簇群"。正如哈

---

① 英国经济学家情报社等：《未来组织设计》。

耶克多次论述的，只有这种自发形成的秩序和制度才是最有效率的制度。

　　第二，"簇群"结构实际上是一种网络结构，它符合未来产业组织结构的发展趋势。"当企业为迎接21世纪而努力塑造自身时，有一种类型的结构正迅速变得多余。传统的、垂直一体化的组织——经常以联合大企业的形式动作——正变得太难以管理而不能生存。取而代之的将是一种复杂的、能与其内部资源相互补充的外部关系网络"。① 虽然，目前浙江的产业"簇群"所建立的网络还是简单的初级的网络，离信息时代的网络还相差很远，但这种网络型的结构是未来发展的方向。

　　第三，"簇群"具有升级的潜力。时下，浙江的产业"簇群"绝大多数是传统产业，但传统产业并不等于低技术产业，它完全可以运用高技术和先进适用技术改造成全新的具有强大市场竞争力的产业。浙江各地产业"簇群"正在加大技术改造的投入，并不断地以制度创新来推动技术创新，正在实施"簇群"升级，预计将出现许多成功的"簇群"，展现出坚实稳固的竞争优势。

　　（原载《浙江经济》2001年第7期）

---

　　① 英国经济学家情报社等：《未来组织设计》。

亟待统一对几个战略性问题的认识

浙江经济非常规增长的阶段已经结束，而逐步进入正常增长轨道。但要保持持续的正常增长速度，必须实行"两个根本性转变"。目前存在的一些问题都是粗放型的增长方式和传统体制所造成的，当然也有一些是改革中出现的新问题。这就要求我们改变原来的发展思路，不能再依赖高度景气来支撑浙江工业和服务业的发展，要研究在市场经济环境中经济常规增长的模式。对如何实现浙江经济的持续发展，有几个战略性问题，在各界人士中间长期来持有完全不同的见解，影响作出大手笔的决策，现在已经到了认真研究的时候了，以便及早取得统一的认识。这些问题主要是：

1. 产业结构发展阶段的判断

首先是对国民经济中的三次产业结构发展阶段的判断。前一时期人们不重视第三次产业，强调一下发展第三次产业是必要的，但就我国经济社会发展阶段而论，目前正处在工业化时期，浙江正由工业化中期向后期过渡，工业化仍然是现阶段的主要任务。同时从三次产业之间的关系来看，三产业的发展要以一、二产业的发展为基础，因为一、二产业的发展为三产业提供了物资和产品，也为三产业的发展提供新的需求，二次产业发展了，整个国民经济才有坚实的支柱；从国际竞争力比较来看，那种认为国际竞争力在越来越大的程度上来自于服务业的看法是一种错觉，其实"制造业是经济富有国际竞争力的实际基础，企业的真正精髓，一国经济真正的基础是制造业"，任何拥有强大经济实力的国家都拥有一个坚实的制造业基础。因此，不适当地强调第三产业的发展会形成泡沫经济，造成资源的浪费，对第三产业的发展要适度。其次是工业结构问题。我国现在已进入重化工业的发展阶段，这是符合产业结构演进规律的。但是，作为一个省来说，是否也要以重化工业作为产业结构的主体？笔者认为要从实际出发，浙江在沿海港口发展一点重化工业是可以的，但要从国外引进资本和国家的支持，有这样的机遇绝不能放过。而从全省的角度来看，要构建以重化工业为主体的结构是困难的，甚至可以说是不可能的。因此，应当跨越这个阶段而直接进入高加工度工业的发展阶段，这才可能发挥浙江的真正优势。高加工度工业既可以是轻型的，也可以是重型的；既可以是传统产业的，也可以是高技术的。对这个问题的认识统一了，就可以对产业结构调整的方向和重点作出抉择。

2. 新增长点的选择

这方面的探讨很多，在此只说三点。一是目前对汽车能否进家庭的问题议论很多，答案只能由市场来回答，汽车进家庭是必然趋势，也许在下个世纪初叶就将成为现实；二是城市化是现阶段推动经济增长的轴心，推进城市化的需求就是新的经济增长点；三是从未来发展的新需求着眼，信息产业、住宅产业、环保产业应当着力扶持。

3. 中心城市的功能和强县经济的问题

浙江实施强县战略是富有成效的，但对发挥中心城市的功能和提高经济素质也有一定的负面影响。今年上半年强县经济的贡献在减弱，这是一个值得研究的信号，看来未来的发展要求更加重视发挥中心城市的功能，强化中心城市的建设。城市具有生产要素集聚和经济辐射的功能，是技术创新的中心，在科技日新月异的时代，经济的增长越来越有赖于中心城市的技术创新功能。

4. 农业问题

农业发展中需要解决的问题是众所周知的，解决的办法各有主见，但谁也不敢在粮食生产管理上有所创新，怕冒风险，因此至今也基本上沿用计划经济体制的管理模式。按市场经济的规律发展农业，是人们关注的突破性的研究课题。粮食很重要，但在南方粮食生产的周期很短，一个时期少了，只要农田保护好，不需半年时间就可增加市场供给，让市场配置粮食资源是可供选择的路子。当然，在粮食问题上不能排斥政府的作用，政府要有一定的粮食储备，要按市场经济的规律进行干预。在西方发达国家对农业有许多扶持政策，这是众所周知的，可资借鉴。

5. 企业规模结构问题

浙江企业的规模经济效益一直是人们关注的课题，主张建造"航空母舰"，增强企业的竞争力。这几年省政府在组建大企业集团方面是下了工夫的，也开始见效；但真正有实力的企业集团不多，而且多数企业还缺少一个科学的发展规划，对高科技产品的开发力度很弱。这里特别需要提出的是，政府在重视组建大企业集团的同时，要重视发现和培育 21 世纪具有竞争力的小企业。高技术小企业在新世纪中的作用将越来越大，美国的 Microsoft（微软）公司就是由 Bill Gates 为首的几个大学生创建的小企业发展起来的，十几年后就超过了 IBM 公司的实力；浙江也是有发展前景好的小企业的，由温州市通信技术研究所于去年创办的浙江申瓯通信设备有限公司，是一个只有 100 多人的小厂，当年就创下了亿元的产值，人均产值近百万元。浙江的中小企业居多，这是优势，也是弱点，对其中的高技术企业应当排个队，给予特别关注，并加以引导，化劣势为优势。

（原载《浙江经济》1997 年第 10 期）

当前农村亟待解决的几个问题

——在浙江省政协六届五次会议大会上的发言

《中共中央关于进一步加强农业和农村工作的决定》是我国20世纪90年代农村改革和发展的纲领，其中的每一条都是符合农村实际的，都是迫切需要解决的问题，对建设有中国特色的社会主义新农村具有深远的意义。去年党的十三届八中全会召开的前后，我正在仙居县参加农村社会主义思想教育工作。为了有针对性地解决一些问题，工作组对驻地下各镇和仙居县的农村经济和社会发展做了一些调查。调查中，我们感到有几个问题是当前农村普遍存在并亟待解决的。

1. 加强对次贫地区的研究和开发

仙居县1965年就已脱贫，"八五"期间有了很大的发展，国营工业和二轻工业有一定基础，医药化工行业在省内还有点优势；农民已过着温饱的日子，新楼也陆续拔地而起，摩托车也不停地在乡村奔驰。但总的来说，仙居还是次贫困地区，1990年农民纯收入496元，为全年农民平均纯收入1 099元的45.13%；乡镇工业起步晚，1990年产值只有3.6亿元，不及发达地区一个乡；基础设施后滞，全县只有10部自动拨号电话，还处在半封闭的环境中。而这里的资源丰厚，开发的潜力颇大。像这样的县在全省为数不少，据1990年统计，农民人均纯收入在310—630元（即低于全国平均629.79元的水平）有18个县705.24万人口，占全省人口的16.65%。这几年来，对贫困县的脱贫工作已引起了各级领导的关注，有许多扶植政策；对发达地区也非常重视，制定了一系列的对外开放的优惠政策；现在为搞活国营大中型企业又制定了许多扶植政策，次贫地区这类企业很少，得益不多。相比之下，对次贫地区发展问题的研究甚少。而这些刚刚跳越贫困线地区正需要政府给予帮助和扶植，引导他们致富。这些县最紧迫需要做的是四件事：一是增强致富的内在驱动力，解决"温饱而满足"的思想；二是要制定经过充分科学论证的经济社会发展战略；三是要进一步改善发展商品经济的环境；四是要增强自我发展的能力，扶持贫困县的某些政策可否允许在次贫地区实施。其中最重要的是发展战略。在仙居县，工业、农业和市场是孤立发展的，工业产品的产业链很短，难以带动农业的发展，市场又缺乏特色，需要采取工业、农业和市场融合发展的战略。

2. 增强村级集体经济迫在眉睫

党的十一届三中全会之后，农村实行了以家庭联产承包为主的责任制，逐步建立起统分结合的双层经营体制，农民的积极性迸发出来了，农村的改革是成功的。这一农村的基本制度应当长期稳定下来，但需要不断完善。村级集体经济是农村统分结合的双层经营体制中集中统一经营这个层次的经济。雄厚的集体经济实力是集体统一经营优越性的体现，是村民走向共同富裕的物质基础。农村改革以来，在全省出现了不少集体经济实力很强的村庄，农村建设欣欣向荣。但像仙居县这类脱贫不久的次贫困地区，村级集体经济普遍比较薄弱，严重影响农村社会经济发展。据我们调查，下各镇1990年村集体经济收入304 694元，占农村总产值的0.088%，人均不到0.60元。其中50 000元以上的在26个村中只有1个，还有3个村的集体收入在1 000元以下。在下各区，集体收入在1 000元以下的村占20.29%。要增强村级集体经济的实力，第一，要解决思想认识问题。目前农村中凡是按人口平均分到户的大田、山林和水果树一般都没有缴承包款，他们认为这是人人都有份的事何必多此一举缴承包款呢？在下各镇，只有1个村交了大田承包款，因而村级集体经济收入的主要来源是经济作物承包收入，占总收入的82.1%。其实这是一种误解，承包者按照合同规定向集体交纳承包金，是生产资料集体所有制的所有权在经济上的体现，也是农民的集体观念的反映，是义不容辞的责任，应从巩固社会主义制度的高度认识这个问题。第二，要发挥农村经济合作社的作用。据我们调查，这几年来各村都建立了经济合作社，配备了社主任，但除了进行农业生产管理外，并没有发挥多大作用，基本上是"形同虚设"。村经济合作社应该是一个经济实体，必须健全机构，明确任务，切实加强农业生产管理、企业管理、财务管理，办好村的集体事业。第三，要开辟村级集体经济的财源。主要有三条路子：集体搞开发性农业，建立集体的为农业服务的社会化体系，以及发展村办工业企业。而关键是要有一批具有创业精神的带头人。

3. 要尽快整顿乡镇企业中的"挂靠企业"

这类企业名为集体实为个人，模糊了集体企业的性质。这类企业在下各镇有

18 家，占全镇集体企业的 75%。"挂靠企业"是在特定的历史条件下发展起来的，对经济发展中起了一定的积极作用，如下各镇 1990 年集体企业实现税收 61.48 万元，其中来自挂靠企业的占 76.85%，还创造了近二千个就业机会。但这种名不副实的企业弊病及由此引起的矛盾冲突也日益明显。首先，很多企业享受集体企业待遇，但没有承担和履行集体企业的责任和义务，使集体和企业没有积累，社会公益事业难以发展。其次，这种企业无形中造成负盈不负亏的格局，某些人对集体的依赖，只是希望一旦企业难以维持时，可由集体来承担责任。这就使有些人不顾集体利益，盲目生产，甚至铤而走险，无视经济效益，不注重加强经营管理。有的人乘机借集体财产发个人之财。如仙居皮塑厂就出现了这类棘手问题，经营者个人投资只有 2 万余元，而累计由集体担保的贷款已达 74 万余元，亏损额则达 36 万余元。我们认为，应尽快全面清理整顿"挂靠企业"，实现企业规范化管理。可供选择的出路有三：一是转化为纯集体企业，实现经营承包责任制，但对因经营管理不善而长期负债经营、亏损严重的挂靠企业，不能让其通过企业转为纯集体企业转嫁亏损、负债危机，也不能继续担任承包者；二是与集体脱钩，转为个体工商户；三是经营好的企业可继续挂靠集体企业，但需签订挂靠合同，严格按照集体企业财务制度管理，履行集体企业义务。我们可借清理挂靠企业的机会，对现有其他经济类型的企业，也要实行必要的规范化管理，如建立健全财务管理制度，全面实行会计记账，加强成本核算等，以提高本地区乡镇工业的总体水平。

4. 加强民主和法制的建设

近年来，国家在民主和法制建设上是下了工夫的，农村在实现民主和执行法规方面也取得了很大成绩。但还很不适应，有的对国家颁布的法规很不理解。用直接选举的办法产生村干部，这本来是发展民主的大好事，但有不少干部认为"选举把我们村搞乱了"。国家颁布了许多法规，按理说农村工作有法可依了，事情更好办了，而有不少干部却认为"七法八法，搞得我们没办法，按老办法去解决问题可能要犯法，新办法又不灵，办事太难了。"据我们分析，主要原因有五：一是干群的文化素质太低，有了民主的权利不会用，有法可循的事也不懂。二是运行机制不完善，选举没有严格按法律程序办，如在选票任意做记号，候选人可看到选票，这本身就违犯了选举法。三是干部对办事由人治到法治的转变、机关职能从指挥型向服务型转变不适应，因而在执行时往往简单粗暴，不善于利用法律进行细致的思想工作，把本来是好事的也办坏了。四是受宗族势力的干扰，办事不公，影响了法律的尊严。这些年来宗族势力抬头的原因是复杂的，宗族势力本身是没有市场的，但改革是一个利益调整的过程，利益不均的现象突出了，因而宗族势力的斗争归根结底是由经济利益上的矛盾所引起的，而有些干部办事不公又使有些想依靠政府解决问题的人失去了信心，指望宗族势力为他们争利益，又加速宗族势力的蔓延。五是执法中专门机关同群众组织相结合的问题没有解决好。农村的政法干部甚少，而农村的调解组织又不健全，因此对开始发现有苗头的问题没有人去管，久而久之，酿成大案，才引起重视。这样损失太大了。1992 年 8 月，下各镇建立了"信访治安联片调解组织"，效果很好，信访和纠纷案明显减少，深受欢迎。但时间久了，又放松了管理，有的已名存实亡。公安执法部门应加强对群众调解组织的指导和督促，使其发挥专业机关不能起的作用，使纠纷案刚一露头就得到解决，防患于未然。农村的民主和法制建设应该针对上述问题进行工作，使民主得到发扬，法制得到实施。

（1992 年 3 月 9 日）

跳出贫困恶性循环的怪圈

——浙江贫困山区开发研究总报告

党的十一届三中全会以来，全国农村形势越来越好。但由于自然条件、工作基础和政策落实情况的差异，农村经济还存在发展不平衡的状态，特别是还有几千万人口的地区仍未摆脱贫困，群众的温饱问题尚未完全解决。其中绝大分部是山区，有的还是少数民族聚居地区和革命老根据地，有的是边远山区。解决好这些地区的问题，有重要的经济意义和政治意义。各级党委和政府必须高度重视，采取十分积极的态度、切实可行的措施，帮助这些地区的人民首先摆脱贫困，进而改变生产条件，提高生产能力，发展商品生产，赶上全国经济发展的步伐。

——摘自《中共中央、国务院关于帮助贫困地区尽快改变面貌的通知（1984年9月29日）》，载《十二大以来重要文献选编（中）》，人民出版社1986年版，第539页

一、研究的起点和范围界定

1. 研究的起点

自中共中央和国务院发出上述通知后，浙江省各级党委和政府对尽快改变贫困地区面貌的工作十分重视，结合我省的实际情况，采取了一系列政策措施，确定文成、泰顺、景宁、磐安、永嘉、云和六个县为贫困县，由省进行重点扶持；其他各县市的贫困乡、村，由所在市、县负责扶持。扶贫工作引起了社会各界的关注，纷纷为此献计献策，通过各种形式支持贫困山区的开发。作为经济科学的研究工作者，探索贫困山区如何跳出贫困的恶性循环，尽快脱贫，更是义不容辞的责任。为此，我们课题组的部分成员于1986年5—6月间对我省的贫困县进

行了较深入的实地考察，并撰写了《浙江贫困县态势分析和转机对策》① 的研究报告提交给省政府。这份报告认为，浙江贫困县的生态环境在好转、产业结构正在调整、开始重视人才、出现了一批致富的典型，因而是"向良性循环转机中的贫困"；报告提出扶贫不能仅从"公平原则"和政治意义上来理解，实际上，"扶贫是对山区经济损失的补偿"，因而"扶贫要着重从经济政策上加以解决"；"扶贫要以发送发展商品经济的环境为基点"，扶贫的一切工作要围绕着这个基本问题来进行；研究报告对贫困县的经济发展战略提出了建议，认为"靠山吃山"要转为"养山蓄财"，"要把高山的劳力引向谷地"，"要以农副产品加工带动种养业的发展"，"要从'综合户'"起步，等等。这是本课题研究的基础。因此，这些问题在本报告中一般不再重复，而是用五年多的实践来检验这些观点和结论，并力求在此基础上有新的进展。

2. 研究范围的界定

本课题的名称是"浙江贫困山区开发研究"，涉及的范围比较广，需要加以界定，把研究对象搞清楚。浙江省境陆地面积 101 800 平方公里。其中山地面积为 25 027.7 平方公里，占全省陆地总面积的 48.2%；山地和丘陵合计为全省陆地面积的 70.4%。全省山地丘陵面积在 70% 以上的有 37 个县（市），其中大多数县（市）已摆脱贫困，达到温饱有余。因此，本文不是笼统地研究山区问题，而是研究贫困山区。贫困山区的分布很广，即使在经济比较发达的余姚市和鄞县，高山峻岭之中还有贫困乡村，但是，贫困山区主要集中在浙南和浙西地区。"七五"期间，全省的六个贫困县的山地面积都在 80% 以上，分布在偏远山区。我们的研究重点是处在山区的六个贫困县，也兼顾浙东的四明山区。这些地方又是我省浙南和浙东的老革命根据地，称为"老区"。而景宁县是我省唯一的畲族自治区，因而我的研究范围又包括了浙江的主要"少数民族地区"。尽管我们的范围不大，但它集"山区"、"老区"、"少数民族地区"、"贫困地区"为一体。这个"老、少、穷"地区，是我省扶贫的重点，也是经济开发潜力很大的地方。

3. 贫困的类型

贫困的概念和贫困的标准，留待下面分析，这里从已构成"贫困"的状况出发来加以分类。地区间的经济发展是不平衡的，在一个地区内各个家庭间的状况也是不平衡的，有的富裕，有的贫穷，贫穷的家庭我们称为"贫困户"。"贫困户"造成的原因是不同的，有的是生活环境条件所限就业不充分，"致富无

---

① 方民生等：《经济开拓者的战略思考》，浙江人民出版社 1986 年版，第 176 页。

门";有的是贫困家庭主要成员病残体弱丧失劳动力之故。前者是"贫困户",后者是"救济户"。"贫困户"是经过我们的扶植和其自身的努力可以脱贫,并可走向致富之路的;而"救济户"是扶也扶不起来的,只能靠救济度日,这种状况是任何国家任何时候都会有的,在最发达的国家里也是不可避免的,这项工作是民政部门救济范围之内的事,不是本文研究的对象。可是在现实生活中,人们往往把那些"救济户"的贫病交迫、穷困潦倒的现象作为"贫困户"的典型,夸大了一个地方贫困的程度,造成了误解。"贫困户"都是生活在一个地域空间,因而就地域空间而言又有"贫困村"、"贫困乡"、"贫困县"之分。在一个县有"富裕乡",在一个乡里有"富裕村",在一个村里有"富裕户",但"贫困户"多了,一个地域的总体水平就下降了,其平均经济社会发展水平在贫困线之下就构成了"贫困村"、"贫困乡"、"贫困县"。本文研究的对象主要是"贫困户"和"贫困县"的经济开发问题。这两个方面的问题研究透了,贫困村和贫困乡的发展路子就迎刃而解。

二、贫困的恶性循环

1. 贫困的概念和标准

美国著名经济学家德怀特·H. 帕金斯等合著的《发展经济学》中有这样一段话:"贫困这一概念的含义是:家庭在某种绝对意义上的贫穷。然而有没有一个绝对的,可用于区分家庭的贫穷和不贫穷? 人们或许用他们各自的某种特别标准来拟定贫穷的界限:饥饿、严重的营养不良、文盲、破陋的衣着和住房等,然而还可以举出比这些更多的项目。从本质上说,贫困往往指的是一个社会的概念。所谓'穷人'指的是那些在某一特定时间和地点条件下生活水平低于某一指定标准线以下的人,从这个意义上说,穷人永远伴随着我们。……因此贫困不完全是从绝对意义上的生活水平而言,它的真正基础在心理上。"从这段引文看,要给"贫困"下个普遍适用的定义和衡量标准是困难的,需要做具体分析:

(1)绝对意义上的贫穷。这是指人类生活的最起码水平:营养、健康、衣着、住所得不到满足的人,也就是说生活上还没有得到温饱的人。这部分人以家庭为单位计算叫"贫困户"。

(2)相对意义上的贫困。这就是指那些在某一特定时间和地点条件下生活水平低于某一指定标准线以下的人,这条贫困标准线在各个国家和不同发展阶段是不同的。随着经济发展和社会进步,这条标准线的绝对值会提高的,在坐标上这条线是向上移的。从这个意义上,贫困确实是一个社会概念。

（3）隐性的贫困。这是相对于有实在的物质载体又易于被人们进行量化的"外显性贫困"而言的。"隐性贫困"的思想在很多著作中已有，但作为明确的概念提出来，我们是从郭凡生、王伟著的《贫困与发展》中见到的。隐性贫困，主要指落后的传统观念和精神文化生活上的贫困。因为人们的需求是多方面的，恩格斯曾把人们对消费资料的需求分为生存资料、享受资料和发展资料三个层次。仅仅在生存资料方面得到满足的人，还存在着隐性贫困，即享受资料和发展资料的不足。西方学者在研究人类的基本需求时，往往把"获得个人自由与进步的机会"列为重要项目之中。所以，从心理基础上来理解，"穷人指的是那些自认为是社会中的一部分但又感到被剥夺了与社会中另一部分人同享欢乐权利的人"。从这个意义上，隐性贫困的面是很大的。

从我国目前的经济发展水平出发，扶贫的首要任务是解决"绝对意义上的贫困"，即解决人们的"温饱问题"。然后才谈得上解决"相对意义上的贫困"。至于"隐性贫困"的解决那是我们的长期目标。当然，"隐性贫困"也阻碍着物质生产和生活方式的进步，延缓物质生活上的"脱贫"。对这样一种"隐性贫困"应当加以研究，该抛弃的落后的传统习惯就毫不犹豫地予以摒弃。

（4）衡量绝对贫困的标准。上面提到的贫穷的界限：饥饿、严重的营养不良、文盲、破陋的衣着和住房等。这是定性的标准，需要给予量化。印度政府曾规定贫困线的标准为农村每人每天摄取热量 4 200 千卡，城市居民 2 100 千卡。按 1984 —1985 年度的物价计算，要维持这种最低生活标准的农村家庭每年需要 6 400 卢比，城市 7 300 卢比。仅仅用每天摄取热量一个指标是不够的，要维持一个人的生存还需要蛋白质、脂肪和多种微量元素。我们认为确定绝对贫困的标准，在饮食方面应根据每人每天摄取的热量、蛋白质和脂肪的含量来计算。

①平均每人每天摄取热量。根据联合国粮农组织制定的标准，中国人为 2 360 千卡；我国生理学会等单位 1981 年修订的"全国营养卫生标准"规定，中国人平均每天的标准热量为 2 480 千卡。实际上，1982 年平均每人平均每天的标准热量为 2 779 千卡，超标准2%，其中农村人均也超过 2 700 千卡。根据这种情况，确定绝对贫困人口的每天摄取的热量在 2 400 千卡以下者是合适的。

②蛋白质。1978 —1980 年世界水平为 69.4 克；我国 1982 年的水平为人均每天摄取 80.5 克。根据"全国营养卫生标准"为 70 克。因而我们定 70 克以下者为营养不足的贫困人口。

③脂肪。1978 —1980 年世界平均水平为每人每天摄取量为 63.5 克；我国 1982 年的平均水平为 44.4 克。这种成分的弹性较大，按平均数的 70% 计为 31

克，每人每天的摄取量应当不能低于这个标准。

据我们推算，平均每人每年原粮 250 公斤，折籼米 182.5 公斤，每天 500 克，含卡路里 1 750 千卡、蛋白质 39 克、脂肪 6 克。再加上青菜 500 克，含卡路里 125 千卡、蛋白质 10 克、脂肪 0.5 克；豆类，以黄豆 50 克计，含卡路里 205.5 千卡、蛋白质 18.15 克、脂肪 9.2 克；瓜类以黄瓜 250 克计，含卡路里 32.5 千卡、蛋白质 2.08 克、脂肪 0.5 克；肉类食品以每天吃肥猪肉 10 克计，含卡路里 83 千卡、蛋白质 0.22 克、脂肪 9.08 克；植物油 5 克，含卡路里 45 千卡、蛋白质 0 克、脂肪 5 克。以上食品营养合计，摄取的热量 2 208.5 千卡、蛋白质 69.45 克、脂肪 30.28 克。这样的结构，除卡路里的摄取只有标准量的 92% 以外，蛋白质和脂肪都达到了标准。这样一种食物结构大体符合浙江贫困山区的实际。根据现行收购价格，每天要获取上述营养素，最少要花 0.69 元，也就是说这些食品全由农民自己生产也值 0.69 元。这样，一个月就是 18 元，全年为 216 元。生活费用总开支以 300 元计，食品的支出就占 72%。这说明，把贫困线的标准定在人均收入 300 元，人均粮食 250 公斤，只能维持生活最低水平。1990 年以这个标准作为绝对意义上的贫困线基本上是合适的。但考虑到物价上涨的因素，同 1985 年以人均收入 200 元为贫困线的标准相比，300 元的标准显得低了一点。以 1985 年农村社会物价指数为 100，1990 年上升为 165.5，提高了 65.5%，以此推算维持 1985 年生活水平的贫困线为人均收入 331 元。随着价格改革的深入，这个标准应有所提高。

（5）衡量相对贫困的标准。《中国民政》杂志 1986 年第 2 期赵林峰的文章中有个贫困线的公式：贫困线 = 社会最低生活水平 + 平均生活水平的 1/2。按这个公式测算，浙江农村贫困户的最低收入为 300 元，1991 年农民家庭平均每人总支出为 1 026.52 元，这两者相加并除以 2，为 663.26 元。这个数字比 1990 年全国农民平均纯收入 630 还要高，显然是不合适的。按这个公式确定贫困线，即食品支出在总支出中的比重来衡量相对贫困程度，是目前比较科学的方式。按照联合国衡量一个国家富裕程度的标准，恩格尔系数在 0.59 以上的为绝对贫困；0.5—0.59 为勉强度日；0.4—0.5 为小康水平；0.2—0.4 为富裕；0.2 以下为最富裕。这虽然是衡量一个国家的发展水平的标志，也可用于衡量每个家庭的富裕程度。但在我国，由于相当一部分消费开支（在农村如医疗和教育）是隐蔽于社会福利形式之中的，未计入收入总额，因此我国居民的实际"恩格尔系数"要比名义上的略低一些，需要加以调整。调整后的恩格尔系数在 0.59 以上，即食品开支占总支出的 59% 以上的为相对贫困户。用这个国际上通用的标准来衡量相对贫困的状况是合适的。这是一个动态指标，总收入提高了，那么贫困线的绝对量随之提高。

（6）贫困区域的界定标准。贫困区是贫困人口占到相当比重，经济社会发展水准较其他区域大为落后的地区。就浙江来说，其具体衡量指标为：

①本地区的恩格尔系数在 0.59 以上。这是联合国衡量绝对贫困国家的标准，当然也是衡量国内的贫困地区的标准；

②人均国内生产总值低于全省平均值的 1/2；

③工业净产值在国内生产总值中的比重低于或等于 22%；

④每千人中受过中等以上教育者 250 人以下；

⑤平均预期寿命低于全省平均值；

⑥贫困人口占区域总人口的 10% 以上。

根据这六条标准作综合评价，综合指数低于 100 的地区为贫困地区。本课题的分报告之一，对贫困县的情况做了分析。但确定扶贫重点时，还要根据实际情况抉择。就人均国内生产总值这一综合指标来看，1990 年全省人均国内生产总值为 1 977 元，它的 1/2 为 988.5 元。在这个水准以下的有：永嘉 769.89 元、平阳 681.13 元、苍南 767.42 元、文成 564.89 元、泰顺 735.47 元、青田 670.90 元、景宁 725.47 元、缙云 713.09 元、磐安 966.60 元、衢县 922.11 元、武义 1 292.43 元，均在平均值之上。以这个标准计，列入贫困县的有 10 个，而现在除了原有的 6 个县之外，又加上青田和武义作为"八五"期间省重点扶植的贫困县，共有 8 个。这里增加"青田县"是符合贫困线的标准的；武义县的人均国内生产总值已为全省平均数的 65.37%，但考虑到该县是老革命根据地，而多年来的基础设施投入很少，给予重点扶植也是情理之中的。按统计数，平阳、苍南、缙云、衢县均应列为贫困县，而省政府并未列入重点扶持的贫困县之中。我们认为这也是有道理的：第一，平阳、苍南、缙云三县外出经商、打工、放牧的人为数众多，他们的收入难以统计，统计本上的数据不能准确反映其实际水平；而衢县在建立大衢州市时，把工业比较发达的柯城区划归市区，势必降低人均国内生产总值的水平。第二，这四个县的经济环境相对来说比较好，而且有一定的自我发展能力。所以，从实际情况出发，不列入扶贫重点是可以的。

2. 贫困是种综合征

贫困的成因，本课题的许多分报告中均有分析，归纳起来主要是：

（1）区位条件甚差。山区在革命年代是我们发展红色根据地的好地方，既有高山峻岭来隐蔽革命力量，又是反动势力最薄弱的地方，红色政权可以在四周白色势力的包围之中存在。但要发展经济，实现现代化，就要有方便的交通，灵敏的信息，良好的生活设施，总之要有一个开放的发展商品经济的环境。而贫困山区却不具备这些条件，不得不长期处在封闭的环境之中。这种地理区位是无法改变的，但发展的环境是可以改造的。马克思主义者总是认为，地理环境对经济发展是有影响，但地理环境决定论是错误的。

（2）社会资源短缺。浙江的贫困县，自然资料相对来说是比较丰富的，社会资源则相当贫乏。这里所说的"社会资源"主要指劳动者素质。贫困山区的劳动力数量是不少的，但素质上存在三大缺陷：

第一，观念陈旧，致富的内在驱动力微弱。山区人民长期生活在封闭的环境中，观察问题的参照系数很小，他们看到的不过是方圆数十里上百里之内的人民的生活和生产方式，因而很难摆脱小生产者的狭隘的墨守成规的观念，很容易得到满足，只要生活稍有发展就满意了。分报告之四详细地阐述了本课题组对浙东沿海平原经济较发达地区与浙南山区的经济发展观念进行问卷调查的结果。不同地区农民进取性的综合评分是：贫困山区农民为 58.72 分、山区乡镇企业工人为 69.94 分、沿海平原农民为 72.46 分、沿海乡镇企业工人为 78.87 分，平均综合评分为 68.17 分。贫困山区农民的进取观念比沿海平原农民的综合评分值低 13.74 个百分点。按高、中、低三等级分，贫困山区农民进取性高的为 11.21%，进取性低的为 67.45%；沿海平原农民进取性高的为 35.37%，进取性低的为 21.38%。在回答："你对目前的生活水平满意吗？"这个问题时，贫困山区的农民表示满意的有 37.82%，基本满意的 40.31%，不满意的只占 21.67%；沿海平原农民只有 23.25% 表示满意，基本满意的为 39.67%，不满意的占 37.08%。这个问卷调查的结果大体上符合浙南农村的实际。它说明贫困山区近年来在生活水平方面有了提高，但他们很容易得到满足，缺乏致富的内在动力。

第二，文化素质低，科技人才奇缺。现代社会的经济发展要靠科技和教育。劳动力是生产力中最活跃的因素，而这里讲的劳动力已经有了新的含义，不是一般具有体力的简单劳动的劳动力，所以劳动者受的教育程度和掌握科学技术水平成为劳动力素质中的首要因素。据第四次人口普查资料，丽水地区大学本科和专科以上文化程度的在每千人口中的比重为 7.97 人，为全省平均数 11.7 人的 68%；据 1990 年统计，自然科学和社会科学人员总数，景宁县为 712 人和 1 447 人，文成县为 1 007 人和 2 596 人，泰顺县为 895 人和 2 334 人。就泰顺县计，自然科学人员在万人中的比重为 27 人，即万分之 27 人，浙江全省全民所有制单位自然科学技术人员每万人中有 134 人，泰顺县万人中拥有的自然科技员只有全省平均水数的20.15%，即1/5强。还必须指出，在这样少的科技人员中，大部分是教师和卫生技术人员，真正从事科技开发和研究的人很少，即使有数十名也多数从事农业技术工作，工程技术人员寥寥可数，少得可怜。

第三，身体素质差。贫困山区人民长期生活在封闭的狭小空间，近亲结婚繁育的现象十分普遍，由此引发的痴呆儿、低能儿的数量不少。同时，卫生医疗条件又差，据1990年统计，医院床位数97 114张，每万人中23.4张病床；而文成为474张，每万人中13张；泰顺389张，每万人中11.9张；文成和泰顺两县的医院床位数分别只有全省平均数的55.55%和40.55%。浙江的医院床位数在全国的万人拥有量是比较低的，而贫困山区又只有这个低水平的一半，可见缺医少药之严重。这种社会资源条件必然导致劳动者体力素质差。体力素质差，一方面影响了劳动力的产出量；另一方面又增加了医疗开支，往往造成贫病交迫的贫穷现象。

（3）经济政策失误。山区的贫困是多年来经济政策失误所累积的恶果。其中最主要的是：

价格政策的失误。山区最主要的资源是木材，但我国的木材价格是按苏联模式确定的，木材的价格仅由砍伐木材的劳动耗费及物资损耗费用所构成，不包括营林所支付的劳动，而木材又是统购物资，要由国家定价。国家在规定砍伐和运载费用所定的标准很低，因而木材的价格大大低于其价值。这种强制性的廉价收购木材，使山区人民蒙受了巨大损失。

经营管理政策的失误。农业合作化以来，我省的山林经营管理政策几经变更，一会儿要统一管理，一会儿又可分散经营，变一回砍一茬树。然而山林的培育周期很长，育苗成林需5年，成材林需20年。对这种需要很长时间生长的作物，却用短期行为来对待，社会行为违背了自然规律，造成山上的树越砍越少，山上积蓄的财富日益被消耗。这样，即使是再丰富的资源也会枯竭殆尽，断了财源。

产业政策的失误。党的十一届三中全会之前，我们在农村的产业政策是很简单的，农村"以粮为纲"。农村改革以来，在农业上实行"决不放松粮食生产，积极开展多种经营"的方针，并提出"要把振兴林业作为国土整治的一项根本大计"，尽快使它恢复和发展起来。可是在现实生活中，人们一提起农业就是粮食，一谈到林业就是森林采伐。所以，在贫困山区受到两方面的压力，一方面要开荒种粮，以求粮食自给自足；另一方面多提供木材，加速砍伐。这样一来，山林毁了，得到的收益并不多。

扶贫政策的失误。"共同富裕"是我们党的一贯政策，贫困户一直受到各级党委和政府的关怀，但采取的政策有失当之处。一是采取单纯的救济政策，春天缺粮就救济粮食，冬季少被就补助棉被，缺钱给钱，少医则免费就诊，用学术界的话来说，这是一种"输血"政策，而没有形成"造血"功能；二是对贫困地区开发环境的改造没有引起注意，对山区的交通、通信和教育诸方面的投资太少了，因而贫困山区的面貌改变得非常缓慢。

山区的贫困不是由任何一个单一的因素所引起的，而是处在一个封闭状态的经济社会结构中的信息系统、运行系统、控制系统、决策系统的诸方面落后的综合效应。简言之，贫困是种综合征，因而脱贫致富也需要进行综合治理。

3. 贫困恶性循环的机理

一旦形成贫困综合症之后，"贫困"会陷入恶性循环的怪圈之中。这种怪圈就是现代控制论所谓的"马太效应"，即由基督教圣经故事中耶稣的十二门徒之一马太所著的被称为《马太福音》的圣经上描绘的："对已经富有的人，还要给予，使之锦上添花；而对一文不名的人，即使有了一文，也要强行夺走。让富有的人更富有，让没有的人更没有。"这样一种初始条件和最终状态之间的"越来越好"或者"越来越恶化"的循环状态。当然在贫困地区的"马太效应"即"贫困的恶性循环"。这种现象是客观存在的，但是可以跳出这个"贫困恶性循环的怪圈"。世界各国有许多经济学家和社会学家在探索这个问题。这方面的理论，谭崇台先生的《发展经济学》已做了简要介绍：纳克斯的贫困恶性循环论的中心思想是，阻碍经济增长和发展的关键因素是资本的稀缺。他认为，资本的匮乏造成了低水平的供给，又造成了低水平的需求，因而存在两个循环。在供给方面，低收入意味着低储蓄能力，低储蓄能力引起资本形成不足，资本形成不足使生产率难以提高，低生产率又造成低收入，这样周而复始，完成了一个循环。在需求方面，低收入意味着低购买力，低购买力又引起投资引诱不足，投资引诱不足使生产率难以提高，低生产率又造成低收入，这样周而复始，又完成了一个循环。两个循环互相影响，使经济情况无法好转，经济增长难以出现。利本斯坦的"低水平均衡陷阱"论的大体意思也是如此。纳克斯从循环系统来分析，利本斯坦是从均衡曲线来分析的，他认为低水平的收入者处在均衡曲线的陷阱中难以跳出这个陷阱而走向增长之路。这些学者对摆脱贫困都持相当悲观的态度。我们认为，"资本稀缺"或"储蓄率低"只是造成贫困恶性循环的一部分原因，贫困还有其他的机理在起作用：

（1）生态恶性循环。生态平衡是山区人民赖以生存的基础，然而他们为了维持最低的生活水平又使生态恶化，使生存条件遭受破坏。以往的生态循环是：

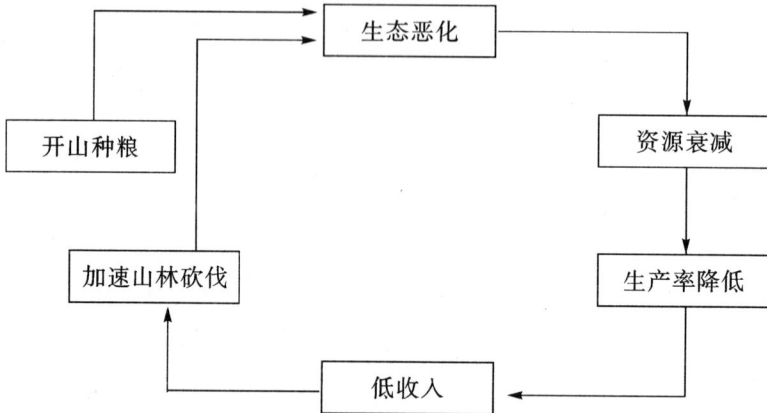

```
              ┌─────────────────→ 生态恶化 ──────────────┐
              │            ┌────────→                    │
              │            │                             ↓
         ┌────────┐   ┌────────┐                  ┌──────────┐
         │ 开山种粮 │   │        │                  │ 资源衰减  │
         └────────┘   │        │                  └──────────┘
              │        │                               │
              ↓        │                               ↓
       ┌──────────┐    │                        ┌──────────┐
       │ 加速山林砍伐 │───┘                        │ 生产率降低 │
       └──────────┘                             └──────────┘
              ↑                                       │
              │        ┌──────────┐                   │
              └────────│  低收入   │←──────────────────┘
                       └──────────┘
```

（2）人口恶性循环。适度的人口，是一个地区经济发展的重要条件，在我国，特别是山区，人口多是贫困的重要原因。倘若人口少一点，同样的生产条件，人均收入也会多一点，贫困的程度就会缓和。但是，在现实生活中，越穷的地方，文化水平越低，生育观越落后，因而出生率也就越高，陷入更加贫困的境地。以往的人口循环是：

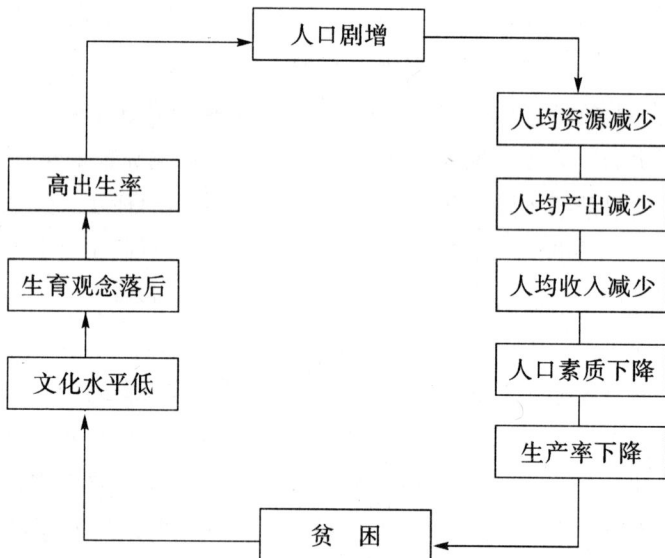

```
              ┌─────────────→ 人口剧增 ──────────────┐
              │                                      ↓
         ┌────────┐                           ┌──────────┐
         │ 高出生率 │                           │ 人均资源减少 │
         └────────┘                           └──────────┘
              ↑                                      ↓
         ┌──────────┐                         ┌──────────┐
         │ 生育观念落后 │                         │ 人均产出减少 │
         └──────────┘                         └──────────┘
              ↑                                      ↓
         ┌──────────┐                         ┌──────────┐
         │ 文化水平低 │                         │ 人均收入减少 │
         └──────────┘                         └──────────┘
              ↑                                      ↓
              │                               ┌──────────┐
              │                               │ 人口素质下降 │
              │                               └──────────┘
              │                                      ↓
              │                               ┌──────────┐
              │                               │ 生产率下降 │
              │                               └──────────┘
              │                                      ↓
              │        ┌──────────┐                  │
              └────────│   贫 困   │←─────────────────┘
                       └──────────┘
```

（3）经营环境的恶性循环。这里讲的经营环境主要是指交通和通信等硬环境。便利的交通，敏捷的通信是一个地区发展商品经济的必要条件，也是吸引外来投资的前提。然而在贫困山区，基础设施落后，由此引起的循环使经营环境进一步恶化。这种循环是：

就业不足 → 经济收益率低

资源利用率低

农业商品率低　市场狭小　工业企业少而小 → 个业经济效益低下 → 贫困

外来投资引诱力弱

商品交换受阻　科技人员进入受阻　信息来源受阻

基础建设动因减退　基础设施建设力弱

基础设施落后

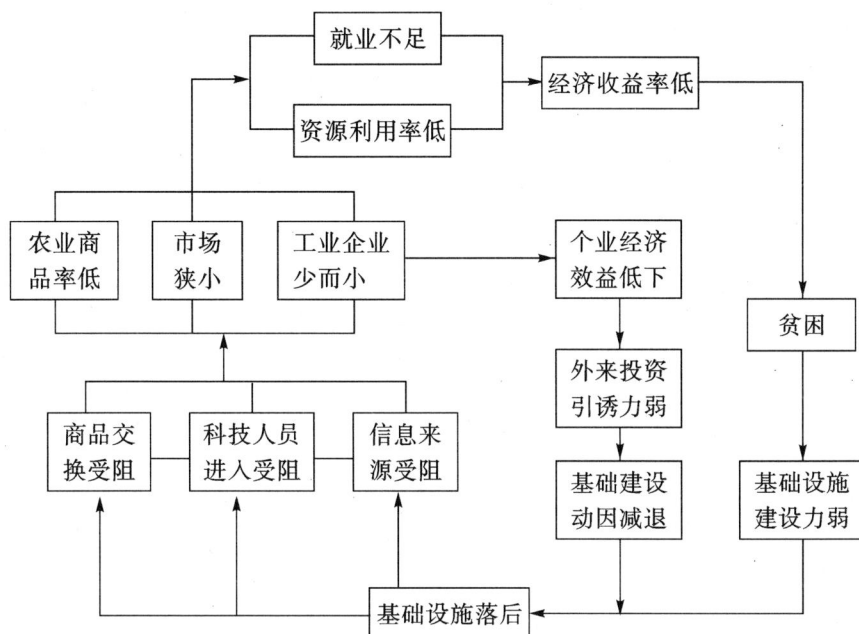

我们既要承认这些方面恶性循环的严峻现实，但又不是悲观论者。我们分析贫困恶性循环的机理，目的在于探索如何跳出这个怪圈的思路，从而走向致富的良性循环，出现小康型的"马太效应"。

三、贫困山区现状分析和估量

五年前，我们认为浙江山区的贫困是"向良性循环转机中的贫困"。这个估量对不对？目前的状况又该作何评估？正是这一部分所要回答的。

1. 可喜的变化

（1）贫困面的缩小。1985 年，全省农村人均收入 548 元，而人均收入在 200 元以下的有 334 个乡、238 万人，其中有 172 个乡、128 万人的人均收入在 150 元以下，贫困率（贫困人口在农村总人中的比重）为 7%。1990 年，全省农村人均收入 1 099.04 元，人均收入不到 300 元的还有 154 万人，贫困率为 4.4%，下降了 2.6 个百分点。这表明，全省五年来有 84 万人稳定脱贫，占原有贫困人口的 32%，贫困率从 1985 年的 67% 下降到 9.2%。温州市 1985 年的贫困人口为 177 万人，1990 年为 63.3 万人，减少 113.7 万人，为原有贫困人口的 64.23%，即六成以上的贫困户已脱贫。贫困乡也在减少，据温州市统计，1985 年人均收入 200 元以下的贫困乡有 236 个，1990 年人均收入 300 元以下的贫困乡 188 个，贫困乡总数少了 23.34%。据分报告之十二，余姚市根据当地的情况，把人均年收入低于 400 元的 16 个全山区乡镇作为重点扶持对象。按这个标准，1985 年的贫困人口为 19 500 人，1990 年减少到 4 500 人，下降了 76.9%，也就是说，余姚市的贫困户中已有 3/4 以上的脱贫了。

（2）商品经济有了较快发展。这是个综合性的问题，但以下指标可标志其发展水平：

①农副产品商品率。这几年在贫困县建立了一批农副产品基地，使商品率大幅度增长，由 1985 年的 35% 上升为 1990 年的 56.8%。

②农村人口流动率。以农村劳务输出为例，1990 年农村外出劳动力总数和外出人口占农村劳动力总数的比重是：永嘉县 9.95 万人，占 26.63%；文成 2.57 万人，占 19.89%；泰顺 2.07 万人，占 14.94%；磐安 0.68 万人，占 7.11%；云和 0.36 万人，占 7.41%；景宁 0.25 万人，占 3.88%。这六个县劳动力外出总人口为 15.88 万人，占农村劳动力总数 17.94%，即五个半劳动力中有一个在外面。

③市场开始发育。过去贫困县只有几个规模很小的农村集市贸易市场，几乎无市场可言。近年来，原有的农贸市场扩大了，又建立了一些专业市场，市场的作用日益显露出来，当然还缺乏生产资料市场、技术市场、金融市场。市场的发育很难估量，我们以每个县的人均社会零售商品金额的变化来加以说明：

表1：浙江贫困县人均社会商品零售金额变化表

县名	1985 年绝对额 （单位：元）	1990 年绝对额 （当年价，单位：元）	1990 年绝对额 （1985 年价，单位：元）	1990 年：1985 年 （单位：%）
永嘉	160	357.66	216.76	+35.47
文成	150	281.00	170.30	+13.53
泰顺	157	348.00	210.90	+34.33
青田	232	472.80	286.54	+23.50
云和	335	577.18	349.80	+4.42
景宁	202	325.54	197.29	-2.40
磐安	220	408.62	247.65	+12.57
平均	188.34	379.39	227.46	+20.77

这个表说明，市场发育是呈梯度形的，近沿海的山区社会零售商品总额增长最快。永嘉的增长率为 35.47%；文成只增长 13.53%；而离沿海最远的景宁县反而呈负增长，为 -2.4%。本表七县的平均增长率为 20.77%，这在市场疲软最严重的 1990 年有这样的增长速度是相当不错的。

（4）工业化程度有所提高。以工业总产值在工农业总产值中的比重计，工业所占比重一般都增加了。工业比重的增大是向现代化迈进的标志。按理应该用工业净产值在国民收入中的比重，或者工业净产值在国内生产总值中的比重数来评价比较科学，但由于统计上的限制无法实现，只能用工业产值在工农业总产值中的比重加以说明。

近五年来，磐安县的工业化进程最快，工业产值在工农业总产值中的比重增加了 20.88 个百分点，泰顺与云和的增长也在 10 个百分点以上。

表 2：浙江贫困县工业总产值在工农业总产值中的变化

单位:%

县名	1985 年	1990 年	1990 年：1985 年
永嘉	66.80	69.30	+ 2.50
文成	45.59	40.38	− 5.52
泰顺	29.27	39.66	+ 10.39
青田	58.72	58.25	− 0.47
云和	57.54	67.60	+ 10.06
景宁	31.64	37.29	+ 5.65
磐安	41.89	62.77	+ 20.88

①基础设施有了一定改善。分报告之四根据政府的统计做了阐述。五年来，六个贫困县建成公路 600 多公里，机耕路 1 200 多公里，新增通公路的乡 38 个，乡镇通公路率由 72.9% 上升到 82.7%。新增小水电发电能力 5.6 千瓦，架设高压电线路 900 多公里，泰顺、景宁、云和县实现了农村初级电气化。水利建设取得了新的进展，改善了生产条件，解决了 15.5 万山区群众的饮水困难。通信也初步建成了程控自动电话的通信网络。农村经营的硬环境开始有了变化，贫困山区交通不便、信息闭塞的状况开始改观。

②人口素质有所提高。这主要表现在两方面：一是人口的增长率明显下降，据贫困县比较集中的丽水和温州两个地区的统计资料分析，丽水地区的人口出生率已由 1983 年的 16‰ 下降为 1990 年的 10.84‰，下降了 5.16 个千分点；温州市 1983 年的人口出生率为 18.36‰，1990 年为 12.4‰，下降了 5.96 个千分点。从下表可见，贫困山区的出生率下降的幅度比全省大，自然增长率下降的速度也快于全省，人口恶性循环的态势已被抑制，已改变了"越穷越要生，越生人越穷"的境况。二是教育事业有了显著进步。五年来，这些贫困县都在努力推进九年制义务教育，适龄儿童入学率从 98.1% 提高到 99.3%，小学升学率从 73% 提高到

85.4%。改建新建校舍35.3万平方米，改选学校危房有28.4万平方米。

表3：人口自然变动情况

单位:‰

地区	自然增长率		出生率		死亡率	
	1983年	1990年	1983年	1990年	1983年	1990年
浙江省	9.52	9.02	15.80	15.33	6.37	6.31
温州市	13.43	7.93	18.36	12.40	4.93	4.47
丽水地区	9.31	4.86	16.00	10.84	6.69	5.98

③生态环境有了新的生机。我们在五年前写的考察报告中就认为，"生态环境在好转"、"一路上我们可以看到荒山坡上露出了翠绿的小树，再过五年十年将是一片茂盛之林，生态的好转，将带来新的生机"。这种给人以希望的生机已展现在我们面前。据分报告之八的资料，丽水地区最大的木材生产基地（龙泉市），1982—1990年人工造林87.42万亩，荒山减少1万亩，现有的人工林资源71.4万亩，年生长的蓄积量达20万立方米，加上原有老林的生长蓄积量，其生长量已超过采伐量，初步实现了良性循环。全区其他三个重点生产木材的县，情况也大体如此。永嘉县近5年来造林绿化56.44万亩，木材积蓄量达264万立方米，森林覆盖率为56.4%，比1986年增加12个百分点，生态有明显的好转。

2. 经济的不稳定性

在看到贫困面缩小的同时，还必须承认有不少地方的脱贫是不稳定的。因为这些地方的农田基本设施长期失修，工业产品的竞争力低下，经济非常脆弱，一遇自然灾害或者是市场变化，就经受不住，从而重新陷入贫困的境地，这种现象叫做"返贫"。1990年浙南多次受到强台风袭击，暴雨成灾，泰顺、文成两县的损失巨大，而受灾最严重的地方贫困户也最多，因而1990年的贫困户与1989年相比则大幅度增加，泰顺县的增长率为20%，文成县增幅达30%，这就是说有20%—30%的脱贫户又"返贫"了。在办工业企业方面，由于市场应变能力很弱，不少企业严重亏损。本来办厂是为了发展经济，结果却反而背上了沉重的包袱。看来，要达到"稳定脱贫"不是件易事。

3. 相对贫困加剧

贫困山区从纵向比较，确有长足的进步。从横向比较，也就是同经济比较发达的浙东北平原地区相比，差距则拉大了。见下表：

表4：经济发展差距拉大

单位：元

	人均社会总产值		人均工业生产总值		农民人均纯收入	
	1985 年	1990 年	1985 年	1990 年	1985 年	1990 年
浙东北	3 022.30	6 885	2 057.38	4 976.88	635	1 101.20
六贫困县	303	652.75	230.50	361.86	224.19	330
浙东北：六县	4.75：1	6.43：1	8.93：1	13.75：1	2.83：1	3.34：1

这个表告诉我们，1985 年人均社会总产值浙东北地区是六个贫困县的4.75 倍，1990 年扩大为6.43 倍；人均工业生产总值由8.93 倍增大为13.75 倍；农民人均纯收入由2.83 倍扩大为3.34 倍。这三项指标都显示六个贫困县和浙东北的差距拉大，增大的幅度分别为35.37%、53.98%、18.02%。六个贫困县同浙东北地区相比，六个贫困县的人均社会总产值、人均工业部产值、农民人均纯收入，为浙东北的百分比分别由1985 年10.03%、11.2%、35.30%，下降为1990 年的9.48%、7.27%、29.96%。经济发展不平衡是普遍规律，在发展过程中贫困地区和发达地区的差距拉大是难以避免的，今后可能还会进一步扩大。但贫困县的人均社会总产值等占有量的绝对值会有较快的增长。

4. 自我发展能力微弱

贫困山区的财力尽管有所增强，但仍然是"讨饭财政"，无力发展地方经济。见下表：

表5：1990 年贫困县财政收支情况

单位：万元

县别	地方财政预算内收入	地方财政预算内支出	财政支出为财政收入%
永嘉县	5 878	8 069	137.27
文成县	667	3 772	565.52
泰顺县	905	3 933	434.59
磐安县	964	2 872	297.93
云和县	739	2 383	322.46
景宁县	703	3 147	446.65

财政形势是非常严峻的，文成县地方财政预算内收入不及支出的一个零头，为支出的17.68%，82.3%的支出要靠省财政补助。

5. 总评价

从以上分析中可得出如下结论：

第一，从全国而论，浙江贫困覆盖面不大，贫困人口不多，但贫困的问题是严峻的。国务院贫困地区经济开发领导小组，曾于1986年研究审定全国计有贫困县的只有文成、泰顺、景宁三个县，人均收入200元以下的贫困人口全省只有233万人，占全国贫困人口总数的2.3%。然而，浙江是经济比较发达的省份，浙江贫困山区就全国来说仍属沿海地区之列，条件比内地要好得多；同时贫困县周围有不少富裕的市县，相比之下，贫困问题就显得更加突出了。这说明浙江解决贫困山区问题的紧迫性，而且浙江是有力量解决好的。

第二，浙江的贫困山区除极少数人烟稀少的深山丛林的乡村之外，绝大部分地区正在跳出贫困恶性循环的怪圈，有的已开始走向良性循环的轨道。

第三，贫困山区同沿海发达地区差距拉大的趋势仍在发展。这表明沿海地区的发展快于贫困山区，这是好事。沿海地区正积蓄力量来支持贫困山区的发展。

第四，浙江贫困山区还处在由自给半自给经济向商品经济转型的初期阶段，商品经济还很不发达，然而发展潜力颇大，要增强向商品经济转型的力度，加速贫困山区开发进程。

四、开发贫困山区的基本经验

浙江在开发贫困山区经济的过程中，积累了许多宝贵经验，其中有一些是具有普遍意义的，有一些是从当地实际出发而独创的。我们认为，行之有效的基本经验是：

1. 开发环境的改选是贫困山区发展的先决条件

这里主要是指交通、通信、供电和供水等基础设施建设，是开发的硬环境。许多群众都认识到，"要致富，先修路"。交通不便，信息不灵，是无法发展商品经济的。基础设施改善了，贫困山区的资源优势才可以转变为商品优势；还有其诱发效应，引诱直接的生产和经营活动；而且更重要的是人们从封闭的环境中解脱出来，扩大了自己的活动半径，增长了见识，改变了观念，提高了进取性，使该地区人的素质起了变化，加速现代化进程。实践证明，这几年贫困山区经济发展和人民生活水平的提高首先得益于山区硬环境的改善，全省各级政府和山区人民在这方面是下了大本钱花了大力气的，分报告之五、七、八都有这方面的论述。

2. 产业结构的转型是开发取得成效的关键

发展经济学家认为，"发展就是经济结构的成功转型"，而"将资源由农业向工业转移确定为这一转变的基本特征。""反映在劳动和资本的再分配上，即资本和劳动自初级产品生产向制造业和服务业转移"。这是产业结构转型的一般规律，贫困山区的开发也是按这个总方向运转的。但开发产业的选择还必须因地制宜，走自己的路。

（1）从"种、养、加"起步，走农业综合开发的路子。这是各个分报告都加以肯定的经验。文成县仅发展香菇生产一项，便使 2 900 户脱贫。景宁县梧桐乡高院村，种名贵药材厚朴 146 万株，1990 年人均收入超千元。永嘉县实行"庭院经济"的战略，昔日的"秃头山"开始变为"花果山"，并先后涌现出红柿、蘑菇、杂交制种、绞股蓝等 13 个专业乡。一批以农产品为原料的加工业也迅速发展，1991 年磐安县金针菇种植数已突破 500 万袋，预计可使罐头食品厂的产值增加 700 万元；该县还建了竹木器、墙纸等加工厂。各地成功的事例不胜枚举。要搞好"种、养、加"，一要靠科技，二要有市场，三要建基地，四要兴服务，建立产前、产中、产后的服务体系。

（2）在"九分"山上大做文章。贫困山区的山地面积都在 90% 左右。"穷"就"穷在山上"，将来"富"也就"富在山上"。但是，山上的文章怎么做则大有讲究。以往人们总是把"靠山吃山"理解为靠砍伐树木度日，因而"光吃不养"，使翠绿之地变成了"秃头山"，于是"越吃越穷"。我们在 1986 年的考察报告中提出了"养山蓄财"的观点，已被实践所验证。凡是在以"养山蓄财"思想指导下开发山林的地方，那里的山就变成了"绿色银行"。磐安县仁川乡洋庄村农民曹兰招，1985 年承包荒山造林 3 560 亩，成为全省第一个荒山承包大户，目前他承包的山上林木价值已达 50 多万元，到 2003 年全林区最低限度的林木价值可达 500 万元。文成县优秀党员、省劳动模范、全国绿化标兵朱隆良带领稽墙村"以林为本"致富，几年来这个村在荒山上营造的 7 800 亩林木，目前蓄积量已达 8 757 立方米，100 余种水果也开始获得收成，家家都在山上建了"绿色银行"。据预测，十年后的稽墙村仅此两项，年收入可达 50 多万元，届时，该村人均收入将超千元。但要办好这个"绿色银行"必须有艰苦奋斗的精神，必须有一个长期、中期和近期相结合的开发规划，还要有一定资金的扶持。丽水地区已在大量调查研究的基础上制定了《综合农业区划》，将使"九分"山得到合理的开发和利用，增强"绿色银行"的实力。

（3）合理开发资源，变资源优势为商品优势。"资源"的概念是很广的，在山区除林业资源外，还有水力资源、人力资源、矿产资源、景观资源，甚至还有气候资源的优势。而这里指的是各地特有的资源。永嘉县针对富有铅、锌、铜、高磷土、花岗岩等自然资源多的特点，制定了优惠政策，采取集体开发和股份开发等多种形式，创办了花岗岩制品、铅锌铜、陶瓷等企业 40 余家，年创产值 5 000 多万元。同时，抓自然景观资源的开发，目前已建成了大若岩、石桅岩、七箭瀑、十二峰等 30 多个景点，永嘉楠溪江已成为"国家级风景名胜区"，每年吸引了数十万游客。永嘉县受益匪浅，仅碧莲区的大若岩景点，年收入已达 50 万元。资源的开发是很有潜力的，但一定要同有效益的项目结合起来才能获得成功。

（4）积极发展工业。工业在国民生产总值中的比重是一个地区经济发展水平最重要的标志。在工业化初期，农业所占的比重现下降，工业所占份额上升；当工业现代化有了一定进展之后，工业在国民生产总值中的比重下降，第三产业的比重则急剧上升。贫困山区产业结构调整的优选方案就是要降低农业的比重，提高工业的份额。《中共中央关于进一步加强农业和农村工作的决定》指出："积极发展乡镇企业是繁荣农村经济、增加农民收入、促进农业现代化和国民经济发展的必由之路"。农民要致富就要靠农村工业的发展。余姚市在这方面有成功的经验。据统计，该县的 16 个贫困乡镇 1990 年共办有乡镇和村办企业 570 家，有 20.6% 的劳动力进了乡镇企业，创利润 524 万元，职工工资 1 338 万元，人均工资 1 091 元，使这些乡镇的人均年收入增加 136.70 元，占总收入的 20% 多。磐安县 1983 年刚恢复县建制时，全县仅有一家国营小工业，"一个烟囱，十八个职工"，工业产值只有 886 万元。这几年来，想方设法办了 1 230 家工业企业，1990 年工业总产值已突破 2 亿元，使上万名农村劳动力转向非农产业，县财政总收入的 44% 也由工业企业的税收所提供，既富了县，也富了民。但必须看到，工业企业的成功，是一个地区经济社会和文化的各种因素综合作用的结果，需要各方面的配合。从磐安县的经验来看，最重要的是三条：一要有优惠政策；二要开展横向联合；三要有"创业家"。他们先后颁布了《关于推进横向经济联合的若干规定》和《关于推进科技人员流动的若干规定》等九个方面的政策性文件，保证联营伙伴有利可图。在社会主义商品经济体制下，想无偿地获得协作企业的援助是很困难，协作应当以互利互惠为原则。想通过政府指令性的办法要某企业千方百计地去寻求，必须脚勤、心诚、不怕碰壁、不怕失败，百折不挠。磐安的同志说得好："守株待兔是得不到兔的，静守山门是难以获取横向联合果实的。"而这个事业需要一批具有创业精神的干部，需要无数个敢冒风险的"创业家"去实现。

3. 推广和应用科学技术是开发贫困山区的力量源泉

科技是第一生产力，这对贫困山区来说更显得重要。因为贫困和愚昧是孪生姐妹，要摆脱贫困就得靠科技和教育，用科学和文明来替代愚昧和无知。无数事实证明，在农村有点技术的人，哪怕是掌握一点简单的手艺就不会成为"贫困户"；相反地，贫困户一旦掌握了一门技术，就可成为某种作物种植的专业户，很快就可以脱贫。在商品经济迅猛发展的今天，传统农业将向现代农业转化，实现这种转化的力量来自科学技术；乡镇企业要有良好的经济效益，唯一的出路在于生产出适应市场需要的高质量的新产品，其力量也来自推广和应用科学技术，来自科学的经营和管理。从这个意义上说，贫困山区开发要从发展教育和推广应用科学技术入手。古人就说过："济人以物不如济人以技"。用今天的话来说，就是要"科技扶贫"。在印度，叫做"自我就业计划"，对农民，特别是对妇女进行培训，让他们掌握一两种技能，从自我就业中脱贫。浙江在科技扶贫方面做了许多工作，取得了良好的效果。据省科技协会测算，磐安县近年来的经济增长中，有1/3以上是依靠科技因素取得的。分报告之六，对如何搞好科技扶贫的问题做了详细的阐述。当前在依靠科技开发贫困山区中特别是重视三个问题：一是要选好适用技术，讲求实效，不能认为技术水平越高越好，时下最紧迫的是现有技术的推广和应用；二是广泛开展多层次多形式的技术培训，使贫困农户掌握一两门实用技术；三是加强农村科技推广网络的建设，积极培养农村科技人才。

4. 市场的力量是贫困山区经济开发的推进器

中国同其他发展中国家一样，市场是由许多零星市场拼凑起来的，还没有形成一个统一的整体，市场还很不完善。在贫困地区连零星市场也很少，前几年一个县只是在县城的镇上有定期的集市贸易。市场狭小是贫困的象征，因为这些地方农民的收入水平低和由此决定的消费水平低下，市场上没有多少东西可以交易，因而不可能有像样的市场；同时，市场狭小又是造成贫困的一个因素，因为这里的经济是市场的推力和拉力。市场可以推动农业的综合开发，农村有丰富的资源，但在没有市场的情况下农民只是为自己的需要而生产，即使有新产品开发也不可能形成一定的规模而获得开发的规模效益；相反地，有了市场就可能大量收购农产品，农民也有积极性去生产，出现专业户进行规模经营。市场又是经济信息的汇集地，农民可以从市场上获知外地人需要什么产品，出售之后可获得多少收益，提高农民发展商品经济的积极性，尽力去寻找致富之路。市场需要一系列的配套服务，如金融、交通、邮电、旅馆，以及游览娱乐活动的场所，从而可以推动该地第三产业的发展。市场是同商品经济联系在一起的，市场推动商品经济的发展，商品经济发展之后又要求更大规模的市场与其相适应。关于磐安县新渥中药材市场的专题材料证实了这些道理。新渥中药材市场创建于1985年5月，五年来，累计交易中药材上万吨，成交额 6 000 多万元，占了当年农业产值的近 1/3。市场所在地——新渥镇，现有经营中药材专业户 25 户，其中 10 余户已成了几万元户，有的则是几十万元户。由于经济信息的灵通，经济人才的不断涌现，镇办工厂已由 1984 年的 5 家发展到 1990 年的 16 家。第三产业也迅速兴起，新渥镇原来只有 1 家合作饮食店，兼营住宿，其他各类工商小店不过 20 家。现有店铺 79 家，饮食业 24 家，旅馆服务业 18 家，运输业 21 家，修理服务业 23 户，使偏僻的小镇成了繁华之镇。仅从市场上得到的税收和管理费 1990 年已达 17.1 万元，增加了镇政府的财力。市场的力量已开始被贫困山区的人们所认识，创建市场的积极性很高。但我们要提醒一句，创建市场一定要从本地的优势产品出发，办成有特色的专业化市场，切忌办那些商品雷同的综合性商场。

5. 人口迁移是贫困山区开发的有效方法

大多数贫困户处于贫困的境况是由于缺乏良好的就业机会，虽然他们天天处在农村却无所事事，几分田几亩山的活只要几十天就可干完，因而处在"潜在失业"的状态，劳动力这个重要的生产要素无法同生产资料结合起来发挥其创造财富的效率。这样的地方要充分就业就该鼓励人口迁移，去城市，去经济发达的乡镇找活干。这样做的好处很多，一个是从外地挣钱汇给家乡，增加了当地的所谓的"外汇收入"，为山区开发积累原始资金；二是从外地传递了信息，为振兴家乡经济找到了门路；第三项潜在的利益是人才培训，去外地的农民一般在几年后就可获得有用技能。这样可以发挥贫困山区劳动力资源丰富的优势。据永嘉县统计，该县每年有 10 万劳动大军走南闯北，从事经商务工，年收入超亿元，不少人学了技术，更新了观念，有的成为农村发展商品经济的带头人。同时，山区的生活条件也是不一样的，有的住居在崇山峻岭，一个村庄没有几户人家。在这些地方要用上电，看上电视，打个电话，实现九年制义务教育，需要大量投资，一个村一个乡是无能为力的，要国家来建代价太大，几十年甚至一个世纪也难以使这些地方现代化。我们曾设想"要把高山的劳力引向谷地"，引向交通比较便利的地方，使他们形成一个有一定规模的居住群。但由于传统的观念难以冲破，也缺乏相应的鼓励政策，五年多来进展甚微。不过也有迁移成功的事例，证明这种构想是可行的。庆元县塘源尖上的曹岭村曾住着 16 户山民，前几年有 15 户迁到山脚公路边，经过一两年时间就脱贫了，1 户不肯搬迁的至今还是贫困户。要年岁大的人迁居别地是非常困难的，可以先把年轻人引导下山，然后逐步搬迁；还要在土地和山林政策上加以妥善处理，才有可能实现这个捷便的致富之路。

6. 提高劳动力的素质是贫困山区开发的核心问题

　　山区丰富的资源优势有待转化为经济优势，但由谁去转变，由谁去开拓市场？归根到底是靠人才的素质。山区贫困不是资源的匮乏，不是资金的短缺，而人的素质差，才是"贫穷"概念的本质规定。"所以，对于人类，所谓'资源'，是社会经济结构和人的素质的函数。对应不同的经营方式和开发手段，资源的含义不同"。这已被数千年的历史，特别是近十年来山区巨变的历史所证实。凡是脱贫比较快的乡村，凡是已经跳出贫困恶性循环的地方，凡是商品经济发展迅猛的县，归根结底都是人的素质提高的硕果，即函数中的 X 变量值增大的结果。对人的素质，可以从多种不同的角度加以区别和评价。在商品经济条件下，人的素质是特指劳动者从事商品生产和经营的素质。分报告之四对提高贫困山区的人的素质问题作了论述，提出了相应的对策。概括起来，首先，是要发展教育事业，特别是要尽一切办法及早实行九年制义务教育，开展职业技术教育。其次，是要实行人才的"双向交流"，贫困山区向沿海城市流动；也可以采取"逆向流动"，请沿海发达地区的干部、科技人员、企业家到贫困山区来指导，或者带技术到山区去开发。最后，是要把广大农村干部和群众推向市场，让他们在商品经济的海洋中学会从事商品生产和经营的本领，成为能向变化挑战的经济开拓者。

　　7. 政府的扶植和社会各方力量的支持是贫困山区迅速改变面貌的基本条件

　　要开发贫困山区的资源，让他们"迎头赶上"其他地区，是一个综合治理的问题，只有政府协调才能形成合力。同时，这些地区存在着两大缺口：一是资金缺口；二是自组能力缺口。"资金缺口"是显而易见的，他们的收入水平低，大多数人还刚刚跨越温饱线，有的还在为生存而奋斗，不能靠当地的储蓄来筹集开发资金，需要政府给予投入，帮助贫困地区把开发启动起来。"自组能力缺口"同贫困山区的人口素质紧密相连。过去，这些地方有一批在战争年代锻炼出来的"自组能力"很强的干部，领导群众搞革命，搞社会主义建设。今天这些同志大多年事已高，要他们来组织贫困地区的开发已力不从心；同时，他们大多也没有见过商品经济发展的大世面。而年轻人的培养又跟不上，有点知识的人都像"鲤鱼跳龙门"一样跳出"农门"往外游，于是出现了组织力量上的断层。在这种情况下，更需要政府的干预，组织和引导他们发展商品经济。就是在西方，也需要这各种干预。西方经济学家在谈到贫困山区的开发时指出："缓解贫困之苦——无论是相对贫困还是绝对贫困——常常被人们看得十分紧迫，以致无法等候市场力量起作用，所以干预也被认为是必要的。"何况我们社会主义国家哩！这些年来，浙江贫困山区面貌的变化，经济的发展和人民生活水平的提高是各级政府扶植的结果，是社会各界扶贫的成就。省政府建立了扶贫的组织体系和支持系统，制定了一系列扶贫政策，在资金上给予大力支持。"七五"期间，国家安排我省种养加专项贴息贷款约 5 000 万元，安排粮、棉、布"以工代赈"项目 278 万元，安排中低档工业品"以工代赈"项目 1 000 万元，安排支援不发达地区发展资金 4 000 万元。省政府为了增加扶贫资金的投入，对扶贫资金的使用实行改革，由拨改贷，省人民银行、农业银行、工商银行、建设银行每年安排 2 000 万元贷款扶持贫困县发展地方工业。另外，省政府规定，由人民银行每年安排 1 000 万元开发性贷款，支持省地矿部门与贫困山区联合开矿，搞矿产品加工，并根据情况给予贴息补助。省计经委、省财政厅、省物资局等省级有关部门在财、物方面对贫困县也给予一定的照顾。省政府又多次组织 20 多个部门与贫困县挂钩，他们根据本身的工作特点，组织和动员本系统的工厂企业，到贫困县兴办或联办企业，加快了横向联合的发展。目前已形成各界人士扶贫的浩大声势，并取得了显著的成效。现在的问题是如何有效地用好这笔资金。政府的扶植主要是为贫困山区创造一个较好的发展商品经济的环境，制定优惠政策，动员各部门和社会各方面的力量对贫困地区的开发给予支持。地县各级扶贫机构也要从分钱分物的职能中摆脱出来，把精力放在制定中长期发展规划，提供经济信息，协调各部门的关系，检查和督促各项扶贫政策和措施的实施。

五、加速贫困山区开发的策略选择

对浙江贫困山区的开发，省政府已经制定了一套比较完整的政策，证明是行之有效的。本课题的各个分报告特别是分报告之五，又提出了不少对策性的建议。最近，省计经委又组织了《浙西南及其贫困地区综合开发规划研究》，课题组提出了《扶持贫困地区经济开发的政策建议》，又对已经实施的政策做了补充。我们赞同这些政策和措施，因此，这里只就加速贫困山区开发中的基本对策问题作些研究。

1. 扶贫目标的选择

根据《浙江省国民经济和社会发展十年规划和"八五"计划》，"现在尚未摆脱贫困的少数地区，争取在稳定实现温饱的基础上，向小康前进，逐步改善精神生活"。"八五"扶贫的工作目标，浙江省委省政府确定为：到 1995 年，稳定地解决温饱问题，标准是 90% 以上的贫困户稳定地达到人均收入 500 元，人均口粮 250 公斤，部分农户过着比较富裕的生活。贫困地区的基础设施和生产生活条件有明显的改善。这个目标经过努力是可以实现的。在目标选择上需妥善处理好：

（1）缓和同发达地区差距拉大的趋势。贫困地区同沿海发达地区的差距拉大了，这是严酷的现实，前面已有分析。针对差距拉大的趋势，贫困地区的人们呼声很强烈，理论界研究这个问题时，提出了三种目标选择，一种是"缓和"的目标，一种是"缩小"的目标，一种是"遏制"的目标。我们认为，按照梯度发展的规律，沿海地区的发展速度比贫困山区总是会快一点的，特别是加快改革开放的大环境中，更是如此。因此，差距"缩小"的目标是一个理想的目标，在数十年内是办不到的；"遏制"的目标也是不可行的。"遏制"有两种办法：一种办法是加速贫困地区的开发，使其与发达地区同步增长；另一种办法是抑制发达地区的增长速度，投资向不发达地区倾斜。第一种办法是难以办到的，第二种办法对宏观经济的增长是不利的。我们主张加速贫困地区的开发，而这种速度不可能同发达地区同步，但增长速度的差距可以缩小一点，企望运行的结果是将差距拉大的幅度缩小了。这种"缓和"的目标可能不符合贫困山区人民要求迅速"赶上发达地区"的强烈愿望，但它是一个实事求是的目标选择，而且还要经过艰苦努力才能实现的。邓小平同志指出："走社会主义道路，就是要逐步实现共同富裕"。"如果富的越来越富，穷的越来越穷，两极分化就会产生，而社会主义制度就应该而且能够避免两极分化。解决的办法之一，就是先富起来的地区多交点利税，支持贫困地区的发展。当然太早这样办也不行，现在不能削弱发达地区的活力，也不能鼓励吃'大锅饭'。"这是解决沿海同内地贫富差距问题的总体战略思想。当然，这是就全国而言的。浙江贫困山区的面积不大，而且是沿海地区的山区，发展条件比内地要好，因此，浙江可以比全国早一点突出地提出和解决这个问题。我们认为，到"九五"时期，应当是浙江解决贫困山区问题的时候了，到本世纪末要使大部分人能过上小康生活。

（2）处理好富县和富民的关系。富民是富县的基础，富县又为富民提供必要的条件，是不可分割的。在当前，首要的是富民，解决154万人的温饱问题。民不富，县何以富？群众的温饱问题基本得到解决之后，才有条件集中精力去研究如何富县。当然在时序上也不能截然分开，在重点解决富民的同时，要抓住机遇来增加县的财力，缓解"入不敷出"的困境。可以这样设想：富民主要是通过大力推进开发农业；富县主要是兴办乡镇企业，有机遇就要抓住不放，力争建一些有适度规模的骨干工业企业，带动山区经济的开发，增加县的实力。

2. 扶贫政策的稳定性

扶植贫困地区发展，是我们的社会责任，是社会主义优越性的体现。但要解决沿海地区同山区的贫富差距不是一件很容易的事，既要有紧迫感，又要有一颗火热的心加以关注，而发展却有一个过程，不可能急于求成。扶贫工作是一项长期的历史任务，目前的"温饱标准"是很低的，即使解决了温饱问题，还有一个实现现代化的问题，而且贫困线是相对的，从相对意义上的贫困来说，穷人永远伴随着我们。贫困山区的开发也不是几年能成功的，需要有一个稳定的政策环境，在良好的环境中坚持不懈地干上数十年才能从根本上使贫困山区的面貌得到改变，成为富饶的山区。所以，我们建议现有的各项扶贫政策应当稳定20年不变。即使这些县的财政赤字消除了，也要维持现有的财政支持政策，当然给他们的财政补贴不能像过去那样逐年递增，但补贴基数不变，以增强这些县的自我发展能力。扶贫的政策稳定了，也可避免很多虚假现象。过去为了表白自己的功绩，往往力争尽快摘掉"贫困县"的帽子；现有为了保住"贫困县"得到的优惠政策，却不肯脱下"贫困县"的帽子，因而县里的农民人均收入早就超过300元了，在上报统计数字时总是压低在规定的贫困线之下。这种虚假现象，不仅造成统计上的偏差，而且不能准确评价这些地区的实际发展水平，影响宏观经济决策。优惠政策稳定之后，这种非科学的现象可以消除，有利于决策的科学化。

3. 正确评估开发贫困山区的效益

任何一个投资者都要讲究投资效益，但由于没有一个正确的评价贫困山区投资效益的标准，因而效益问题成了开发的屏障。在生产力布局上，往往以投资效益不佳而改变项目的选址，使贫困山区失去了发展机遇。在安排基础设施建设时又因山区的经济落后，建了后效益不好而加以否定。金温铁路就因这个理由耽误了几十年。我们认为，评价山区的投资效益要从以下三种情况出发，建立特殊的评价标准：第一，在项目分析中要使用"福利权数"，即在贫困地区开发时要进行社会评价，以尽快增加贫困户的收入为目标，在线性规划目标函数中给予一个追加的目标值，如有的经济学家就曾给予75%的追加目标值为"福利权数"进行项目评价。第二，评价项目时要考虑外部经济效益。外部经济效益是该项目建立后所产生的与本项目无关的人所享有的效益。诸如堤坝、道路、铁路、灌溉系统等经济性的社会基础中，外部经济效益是重要的经济效益。虽然，在理论上可以提出对受益者享有的外部效益收费，但在实践上是不可能的，这样的项目只能由政府来投资。第三，项目的引发效应，即该项目建成后会引导许多企业的发展。一个地方建了高等级的公路或铁路，在它两侧的地皮就身价百倍，引发出一系列的经济效益。从这些原则出发，评价贫困山区投资效益时就不能只着眼于企业内部效益。只要企业内部收益率不出现长期亏损的情况，项目在经济和社会发展的全局上就是可行的。如果树立了这样的观点，贫困山区的投资机会就会多得多。

4. 据点开发的方针

居住分散，条件各异，是山区的重要特征；而山区又是资金匮乏和人才奇缺之地。这两者对山区经济开发来讲是个很大的矛盾。在这种情况下，不能把有限的资金平均分摊，分散使用。资金一分散，想村村启动，连一个村也启动不起来。最好的办法就是把资金集中起来，进行"据点开发"。首先在人口相对密集、交通比较方便、工商业基础较好的集镇起步。这样做的好处在于：第一，开发的成功率高，投资效益好。第二，资金集中了就可以建一些规模较大、技术起点较高的企业，发挥规模经济效益。第三，可以把商品化、工业化和城市化融为一体，既可享受到由众多企业聚集而产生的聚集经济效果，改变时下乡镇企业村村冒烟的格局；又可扩大市场的磁场，发挥其强烈的吸引力；还可以加速生活和文化设施的建设，改善生活质量。各地都应当从本地实际出发，选择几个据点加以重点培植。

5. 以改革开放促进山区开发

浙江贫困山区在短短的几年中就临近跳出贫困恶性循环的怪圈，要归功于改革开放；现在进一步开发更有赖于改革开放的推进。改革开放是一个全国性的宏观决策，但有许多事是要靠我们自己"闯"，去"冒"的。

（1）大胆解决思想。这对贫困山区来说更有必要。改革开放不只是开放地区的事，山区也是大有可为的。时下可以办的有五件事：一是大力发展创汇农业；二是为沿海发达地区提供优质的特别是天然的农副产品；三是劳务输出；四是为开发区提供建筑和装饰材料；五也可集资去开发区办企业，去培训人才。

（2）要继续鼓励个体、私人经济的发展。中央已明确指出，要把以家庭联产承包为主的责任制、统分结合的双层经营体制，作为我国乡村集体经济组织的一项基本制度稳定下来，并不断充实完善。这给农民吃了颗定心丸。但在非农产业中发展个体和私人经济的顾虑并未消除，总怕发展多了影响公有制的主体地位。其实，公有制为主体是从公有制经济要掌握国民经济的命脉这个意义上说的，不纯粹是一个所有制的比重问题。而且公有制为主体是一个宏观经济问题，是从全国的总体结构而言的，而不是说每个乡村的公有制经济都要在50%以上。据统计1991年浙江全部工业总产值为1 795.30亿元，其中公有制以外的其他经济类型工业和城乡个体工业的产值为170.05亿元，只占全部工业总产值的9.47%；在社会商品零售总额468.78亿元中，合营和个体经营的为117.31亿元，占总额的25.02%。从全省来说，非公有制经济成分不是多了，而是少了，还要继续发展。贫困山区更需鼓励其发展，因为根据目前的经济实力，国家和集体投入办企业的力量是有限的，山区的开发还得靠农民自己的力量，个体的、合伙的、股份制企业都可以搞，发债券、卖股票都可以大胆试验。只要有利于发展社会主义社会的生产力，有利于增强社会主义国家的综合国力，有利于提高人民的生活水平，使山区农民脱贫致富的事就不要怕。

（3）建立开发银行。世界上许多发展中国家为了帮助"落后"地区"赶上"该国其他较为繁荣的地区，已经建立了一些地区性开发银行与地区性开发公司。有些这样的企业，如委内瑞拉的圭亚那开发公司，规模很大，得到的资助也很多。我国也可仿效。浙江省每年投放到贫困地区的各种渠道来的资金近2亿元，省政府给这些地区的补贴也有1亿多元，把这些资金集中起来可以办一些能带动山区发展的大项目。现在的资金分配和使用制度应当加以改革，建立全省性的贫困地区开发银行或开发公司，资金要投向重点工程和企业，而要办的项目一定要经过科学论证，发挥资金的最佳效益。通过这条途径，使扶贫资金的使用规范化。

（4）兴办扶贫经济开发试验区。这项工程广东又走在全国的前面。广东省于1991年9月批准成立"清远扶贫经济开发试验区"，面积9.6平方公里，有1/4已完成"三通一平"。规划八年开发完毕，届时年产值达50亿元，人口为15万人。目前已有21个项目动工兴建，投资额亿元，可为山区安排近3 000个劳动力。外商在区内办实业能同时享受贫困山区和对外开放城市的双重优惠，土地费从优处理。现在不仅吸引外商投资，而且清远所辖四县一区的30多个贫困乡纷纷到开发区联系办企业。这个经验可以拿过来用的。我们设想可以在永嘉和青田县之间沿瓯江的交通便利的地方选一块土地，如在温溪一带，建立浙江省的扶贫经济开发试验区，依照广东清远试验区的路子来办。当然，浙南的条件和广东不一样，办起来有很多困难，但是温溪一带离温州很近，周围又有几个著名的专业市场，又是104国道沿线，有利条件不少。关键是要有一批敢闯难关、敢冒风险的"创业家"。

诚然，贫困山区的开发，正像那里的自然环境一样，处处是崎岖小路，遍地荆棘丛生，然而，扶持老少边贫穷地区脱贫致富是我们党在农村的基本政策，会长期保持稳定。贫困山区的干部和群众一定地在党中央领导下，在浙江省委和省政府的领导下，顽强拼搏，披荆斩棘，开辟出一条通向社会主义致富大道。

（载《走出贫困的实践与思考——浙江贫困山区开发研究》，杭州大学出版社，1992年版；课题组成员：钟儒、郭浴阳、方民生、王炜等；本文由方民生执笔）

20世纪90年代浙江工业：向"高加工度化"转型

　　浙江是我国经济比较发达的省份，近10年来，经济实力又有了显著增长。就浙江经济在全国的地位而言，1988年，浙江社会总产值居全国第7位，工业总产值居第6位，人均国民收入居第6位，上交国家财政的绝对额居第5位，全民所有制独立核算工业企业每百元资金实现的税利居全国第3位。1989年，外贸出口总额也跃居全国第6位。但是，就自然资源而论，浙江是"资源小省"，因而浙江只能是以"加工贸易型"为主体的经济。浙江的加工工业产值（包括轻加工和加工制造业）占工业总产值的90%，原材料工业只占9%，采掘业不到1%。加工工业所需的能源和原材料大多从外省输入，经加工后的产品又大量返回省外市场。据统计，浙江轻、重工业的最终产品，调往外省的比例分别占55.8%和60.8%。

　　前段期间，浙江利用市场需求旺盛，宏观政策倾斜于轻加工业，国内内陆腹地的加工产业尚未起步的时机，发挥了轻型加工业比较发达，企业的应变能力比较强的优势，加速了经济发展。而20世纪90年代，宏观经济环境发生了变化，市场拉力对浙江工业增长的作用在减弱，产业政策倾斜于基础产业，而资源供给短缺的局面还会长期存在，浙江经济增长与能源和原材料紧缺之间的矛盾越来越明显地暴露出来了，浙江经济正处在转折关头。要缓解制约浙江经济发展的因素，摆脱基础产业的瓶颈，唯一出路在于优化产业结构，一方面改善产业之间量的平衡，有选择地适度发展原材料工业；另一方面要注重产业素质的提高，加快加工工业的产业升级，由"轻加工化"向"高加工度化"结构转型。这是90年代浙江工业企业发展的基本趋势，也是经济持续稳定增长的唯一抉择。

　　向"高加工度化"转型，已成为浙江企业界的共识，并正在朝这个方面发展。

1. 提高加工深度和精度

在浙江的工业产值中，据 1988 年的统计，机械工业占 30.03%，居首位；纺织服装工业占 26.2%，化学工业占 11.92%，分别居第 2 和第 3 位。这三大行业的产值占浙江工业总产值的 78.15%，浙江工业企业的加工深度和精度主要取决于这三大行业。机械工业系统正在抓 20 种左右的优势产品，诸如空分设备、工业汽轮机、齿轮箱、叉车、大型电除尘器等，积极发展数控线切割机、高精度数控磨床、精密仪表，向附加价值高、档次水平高、技术含量高的"三高产品"发展。纺织服装工业企业正在努力改变粗加工的状态，发展丝绸和棉毛的服装成衣专业化生产，发展涤纶纺真丝织物、纺毛织物等新型织物，并适应世界纺织行业发展的新趋势而积极发展各种类型的针织服装。据统计，1990 年浙江服装出口额将占纺织服装行业出口总额的 47%，提高加工深度的工作已初见成效。在化工行业，精细化工占全省化工总值的 34%，已高于全国平均水平，但石油化工中的绝大部分还是初级产品。现在正在创造条件，向油化织、油化塑、油化精细结合的路子发展，提高石化产品的经济效益。最近，浙江正在研究开发利用东海油气资源的问题。东海油气田就紧靠浙江沿海，是油气资源的理想登陆区域；浙江又具有较发达的石油加工基础，石油化工下游产品的加工能力也比较强，东海油气资源的开发将给浙江石化工业的发展及其深度加工提供了一个战略性的机遇。

2. 发展新兴产业和新、高技术产品

产业结构转移到以机械电子工业等加工工业为中心，是产业向"高加工度化"阶段发展的标志。浙江正在有选择地扶植新兴产业和高新技术产品的发展，其中电子工业和机电一体化产品是开发的重点，浙江在专用集成电路、磁记录设备、遥控设备等产品已具有一定的优势，通信设备、半导体电力电子器件的开发的潜力很大。预计在 20 世纪 90 年代，日用电气机械制造工业将继续保持良好发展的势头，而且将有更多的投资类电子工业产品得到开发，并向系列化、成套化方向发展。在生物工程方面、联合国粮农组织的"中国水稻研究所"设在杭州，还有一批诸如浙江省医学科学院等实力雄厚的科研机构，开发生物工业的研究具有较好的条件，并且已经取得了一些有应用价值的成果，生物工程产业将逐渐成长。杭州已建立了"高新技术开发区"，以优惠的政策吸引国内外资金开发新兴产业和高新技术产品，将发展成为一个促进浙江产业升级的科学园区。

3. 加速企业技术改造

"高加工度化"的经济，要靠现代化的设备、先进的技术和新型的工艺，总而言之，是靠科技进步。据有关研究机构测算，在 1979 — 1988 年间，技术进步对浙江经济增长所做的贡献大约在 32%。据工业普查资料，浙江企业的技术装备比较新，20 世纪 80 年代生产的占 56.1%，而达到国际一般水平的只占 7.6%。这些事实给了我们重要的启示：要提高浙江产品在国内外市场上的竞争力。就要推进技术进步，加速企业的技术改造。鉴于此，浙江省打算 90 年代在机械、电子、出口轻纺工业方面，投资 15 亿元以上，用于 20 多个重大项目的技术改造，形成一批技术上领先的主导产品，提高加工工业的技术层次。

4. 企业规模的重新组合

企业规模小，既是浙江工业的优点，又是浙江工业的弱点。从经营的灵活性来看，小型企业具有优势；从规模效益考虑，小型企业是很不经济的。在向"高加工度化"结构转型的过程中，浙江的企业结构也在重新组合，变"小而全、小而粗"为"小而专、小而精"。一方面，发展企业集团，提高专业化协作程度。从 1987 年开始，浙江一批资金实力雄厚、技术开发能力强、知名度高的大型企业集团迅速崛起，到目前为止，浙江省已有企业集团 70 余家。1990 年年初，"东海轴承集团公司"和"浙江纺织集团公司"的成立，标志着浙江企业集团已开始走向规范化的阶段。即将诞生的"杭州万向节集团公司"，又为乡镇企业的集约化经营提供了可供选择的模式。另一方面，浙江正在引导乡镇企业向城镇集聚，以便提高企业的群体效益。这样两个趋势，都将优化企业的组织结构，从而为企业向"高加工度化"转型创造条件。

5. 扩展外向循环

近十年来浙江经济的迅猛发展，得益于外向循环的增长方式。90 年代，全国的开放重点向长江三角洲转移，而浙江同台湾之间的经济往来又特别密切，因此，发展海外经济贸易和科技交流，是一个大趋势。顺应这个潮流，引进海外资金、技术、信息和自然资源，是我们向"高加工度化"结构转型的不可缺少的条件，也是我们将从"高加工度化"阶段向"技术知识集约化"阶段演进的加速器。这个问题已有专论，不再赘述。

20 世纪 90 年代的浙江工业，既遇到了艰险，又有发展的机遇，但总地来说，将跃上更高的发展阶段，完成向"高加工度化"结构的转型。浙江有一大批能向变化挑战的企业家，将会闯过暗礁，渡过风浪，驶向遥远的彼岸，开拓一个新天地。

（载《中国企业导报》1991 年第 1 期，香港正之出版有限公司出版）

政府在提升传统工业中的新角色

在杭州市的"十五"规划中，没有提传统产业，而是以"优势产业"来定位的。规划提出："引导和鼓励企业积极运用高新技术和先进适用技术，发行提升现有优势产业，突出技术装备更新、工艺创新、产品创新；扶持壮大机械、食品、纺织、精细化工等优势产业，积极发展都市型工业，推进工业技术升级，提高杭州工业的市场竞争力"。这个思路是很正确的，现在是如何实施的问题。

杭州的传统产业或称为优势产业，不管是哪一个行业的，都有其共同性的问题，那就是市场、资金、技术、人才、管理等问题。这些问题都要靠企业的自主抉择和有效的市场动作来解决。政府不再充当生产者、控制者和干预者，作为管理者的政府在竞争的流动经济中日益成为落伍者。原来那一套提升产业的办法已经不适用了，要进行角色转换，重新研究政府的功能。

1. 资源的转移及运用它的方式的转换

从杭州的优势产业来说，都不是关系到国民经济命脉产业，国有企业要彻底从这些产业中退出来，真正地实行民营化。有的同志说我们的改制工作已经完成了，其实不然，就是那些上市公司的产权和治理结构问题至今仍未解决好；至于那些原来由集体所有制企业改为股份制的企业，也存在新的大锅饭，即"资本的大锅饭"，要让股权集中，使经营者拥有更多的股权。要解决这个问题得靠政府各个部门下决心，在这方面政府是有作为的。

2. 政府要组建好行业协会和技术开发中心

行业协会主要是进行该行业产品的市场调查，提供准确的信息；制定行业内部的竞争规则，抑制企业间的恶性竞争；目前的行业协会只徒有其名，而没有起到行业协会应该起的作用。技术开发中心主要是进行共性技术的研制和开发，这对中小企业居多的杭州来说特别重要，政府应制定相应的支持政策。

3. 按"族群模式"构建传统工业园区

前几年对传统产业的技术改造是有成效的，设备相当先进；但就大多数企业来说，技术装备还很落后，原有的设备大多已无存在的价值，需要按市场的要求重建新的企业。因此，杭州完全可以把传统产业的技术改造与产业布局调整结合起来，组建新的产业族群。"族群"代表着一种富有活力的组织形式，政府应该促进族群的形成、升级以及构建大量相关业务有重要影响的公共产品和准公共产品。

4. 营造引进跨国公司提升传统产业的环境

据上海浦东开发研究院的调查，长江三角洲的新兴产业和传统产业的龙头企业几乎都是跨国公司。从"不求所有，但求所在"这一点上来说，这未尝不可，它们带来了资本、技术、工艺，对我国的经济发展是有利的，而且对国民经济带来危险的是资本市场，而不是跨国公司的威胁。但对中国这么一个大国来说，总不能把什么都掌握在人家手里，应该有自己的"航空母舰"，同外来的跨国公司相竞争。因此，日前面临着两种选择：一种是要引进跨国公司来改造我们的传统产业，也就是说加盟外来的跨国公司；另一种选择是组建我们自己的"航空母舰"，提高企业的国际竞争力。对杭州来说，第一种选择比较现实，因此要创造条件引进外资来提升传统产业。这也是政府新角色的体现。

（2001年11月6日在杭州市政府咨询委员会召开的对"'十五'规划（讨论稿）征询意见座谈会"上的发言）

加入 WTO 与第三产业的发展

在加入 WTO 的谈判过程中，最困难的恐怕是服务贸易的问题，因而突破也在于服务贸易的市场准入和服务企业创建权的限制条件的协调与认可。美国等发达国家的优势在服务业，而发展中国家的服务业还处在"婴儿期"，中国也是如此。"服务贸易"的范围目前在国际上尚未有统一的标准，GATT 各缔约国递交的项目多达 150 余项，其中目前通用的有 15 项，这 15 项按三次产业的发展关系特别重要，需要加以认真研究。

1. 对第三产业的地位和作用要有新的认识

按照以往的认识，第三产业是服务性的产业，而这种服务只是被动的、起从属作用的。其实，第三产业就其在人类生产活动中的历史顺序而言，是第三个发展层次的产业，而不是说它在国民经济中居第三位。随着现代市场经济的发展和知识经济的来临，第三产业的地位和作业已发生了深刻的变化，它的发展程度从某种意义上来说，对整个国民经济起着主导作用：第一，因为资本、智力资源在生产要素中的作用越来越重要，而这些资源的配置要依赖于资本市场、科技市场和人才市场的建立与发展；同时，政府职能转变之后，企业的科学决策也依赖于各种各样的咨询机构，这就需要发展各类中介性的服务公司，因而第三产业的发达程度制约着第二产业和第一产业的发展。第二，当今世界已出现了产业综合化的趋势，产业之间的边界已变得模糊，如信息产业既包括制造业，也涵盖许多门类的服务业，而且服务业所占的比重相当大。据国际电讯联盟的资料，1995 年世界信息技术和电讯产业的 13 700 亿美元的销售额中，软件和计算机服务约占销售额的 70%，预计这个比重还会增加。这说明在现代经济增长过程中制造业和农业的发展必须要有高度发达的服务业与之配套。第三，浙江目前正处在工业化中期的发展阶段（杭州市区和宁波市区已越过中期阶段进行工业化后期），提高第三产业在 GDP 中的比重是这一阶段的基本特征。因此第三产业成为国民经济发展中的关键性产业不仅是经济增长的自然结果，更是经济增长的先决条件。

2. 积极发展国际服务贸易，加速三产发展进程

第三产业发展滞后，除了认识方面的原因之外，最重要的是体制问题。我国许多服务领域长期处在垄断经营的体制中，排斥市场竞争。加入 WTO 后，服务领域将面临着跨国公司的竞争，形势是严峻的，但对加快服务领域内的体制改革，形成与现代市经济相适应的运行机制和经营模式，加快我国第三产业的发展进程无疑具有积极的促进作用，这是加入 WTO 给第三产业带来的正效应之一。其二，第三产业的提高也有赖于服务贸易领域内的国际合作。就浙江而言，这些年来第三产业主要是在交通业、饮食业、商品贸易业方面的发展。高层次的服务业所占比重很低。加入 WTO 之后，国外金融、保险、旅游、贸易、咨询服务机构的准入，将带动国内相关层次服务业的发展，把整个第三产业提高到一个新的水平。其三，加入 WTO 给利用外资提供了新机遇。浙江第二产业利用外资仍滞后于兄弟省市。这里有很复杂的原因，而其中公认的一个重要因素与浙江的产业结构密不可分。从总体上来看浙江的服务业比较发达，在金融、电信、信息服务方面有一定的比较优势，"电子商务"发展也比较快，这为在服务贸易领域里与国外企业合作提供了有利条件。浙江应当抓住这个机遇，扩大利用外资的规模，缩小在利用外资方面与兄弟省市的差距。

探索发展国际服务贸易合作的领域和对策。

（1）信息和电信技术服务。浙江在计算机软件方面有一定的优势，商务、金融服务软件在全国市场上已占有相当大的比重，还拥有一定的计算机软件创新的智力资源禀赋；电信业这些年也发展较快，居全国前列，有一定的竞争力。这类服务业在加入 WTO 后所面临的挑战最为严重，因此浙江要提高抗风险的能力，寻找一个实力比较强的国际合作伙伴，共同开发和研制软件，发展技术贸易，或者在电信服务业上合资经营，开拓新服务项目，提高服务质量。

（2）咨询服务业。这是加入 WTO 后国外企业进入的新领域，而浙江咨询服务业的竞争力却很弱。如何加快咨询服务业的发展？第一，最迫切的是要营造咨询服务市场，特别是企业经营决策的咨询市场。市场的形成取决于政府职能转变的进程，政府职能转变了，咨询服务业才有广阔的市场，才能得到发展。第二，要消除本地的项目只能由本地的咨询服务机构来承担的地方保护主义，因为这种地方保护既不能提高项目的咨询质量，也不能提高咨询机构的服务水平；重要的咨询项目一定要向国内外咨询机构招标，以使咨询服务业水平在市场竞争中得到提高。第三，引进国外咨询服务人才，或者走与国外咨询机构合资的道路，通过

引进人才和管理方式来提高浙江咨询服务水平。

（3）国际旅游业。浙江虽是旅游资源大省，但国际旅游业在全国的地位日趋下降，要利用加入 WTO 的机遇，增强国际旅游业的竞争力。外国旅游企业的进入，使得国内经营国际旅游的旅行社压力很大，但会带动旅游地经济社会的发展，更重要的是外国旅游服务企业的准入，可以为国人出国旅游提供更加方便的条件，将会推动我国出境旅游业的发展。因此，可以断定外国旅游企业的进入是利大于弊，应该采取积极的态度接纳外国旅游企业在浙江落户。

（4）商品贸易服务业。浙江是市场大省，但目前的商品交易市场还具有西方早期市场经济的特征，同现代市场经济不相适应，尤其是大型商业贸易企业的运营机制和经营模式，中国与国外的差距甚远。从长远看，国外商品贸易企业的进入，将使中国商业企业的经营方式、营销策略、服务质量发生深刻的变化，进而引起商业服务体系的革命。我们从现在起就要迎接跨国商贸企业的挑战：第一，要加快大型商业企业改革的步伐，那些与国计民生关系不大的商贸企业要尽快从国有经济中退出来，按现代企业制度的模式重组与运行。第二，商品交易市场应当努力改善自己的交易方式，提高服务质量，向现代市场经济的商品交易市场发展。第三，探索与国外商业企业合作的路子，力争进入他们的配货中心，使浙江的企业成为其配货中心的固定供货企业。

加入 WTO 后，第三产业的发展既有挑战又有机遇。我们敢于面对挑战，更要善于抓住机遇，作出正确的战略选择。但是，不管采取什么样战略，其核心是企业体制与机制的现代化。

（原载《中共浙江省委党校学报》2000 年第 1 期、《浙江日报》2000 年 6 月 5 日）

加大培育和发展要素市场的力度

浙江的专业性商品市场，尽管还处在具有完全竞争特性的初级市场经济阶段，但它的发展在全国居领先地位。而要素市场的发展则不尽然，人们普遍认为要素市场的发展状况要有个正确的估量。广东和上海有一些特殊条件，如设有证券交易所、有经济特区或开发开放新区，上海在历史上又是国际金融中心，不仅在现在就是在未来，浙江也是无法与它相比的；从目前的情况来看，浙江要素市场中无论是资本市场还是劳动力市场的发展在全国都处在前列。然而，与经济发展的要求相比，要素市场的发展是滞后了；同商品市场的发育程度相比，要素市场的发育也滞后了；就市场经济体制的目标模式而言，要素市场还刚刚起步，处在萌发阶段；从这些方面来评价，说浙江的要素市场发育滞后，是正确的。党的十五大提出，公有制实现形式可以而且应当多样化，要继续调整完善所有制结构；在今后的现代化进程中，出现若干个发展速度比较快、效益比较好的阶段，是必要的，也是能够办得到的。这就要求我们加大培育和发展要素市场的力度，健全和完善土地和其他自然资源市场、劳动力市场、资本市场和金融市场，推进产业结构的调整和国有资产的重组。

1. 金融市场

金融体制改革滞后导致金融市场发育不足，这是全国性的问题。浙江金融市场的发展，无疑也要依赖于全国金融体制改革的进程，在这方面地方上的主动权是很小的。浙江的民间资金比较多，如何把这些资金用好用活则是个大问题。首先，我们应当向国家争取建立地方性的开发银行。我国继深圳之后有浦东和广东发展银行，浙江在历史上有经营金融业的传统，现在浙江的经济总量已居全国第四位，论其在全国的经济地位，浙江也应该有地方性的银行。建立地方性银行对浙江的经济发展太重要了，省政府应当作为战略性的大事，攻克这个难关。这对培育和发展金融市场是首位的问题。其次，要允许建立民间的金融机构，如股份合作制银行。这类银行只要按规定向中央银行缴纳准备金是可以规避风险的。建议制定一些条例让民间资本也能加入金融机构的行列。第三，贷款的结构要同经济结构相适应。时下，浙江的非公有制经济所占比重比较大，小企业的数量也比较多，而贷款的侧重点却是国有大中型企业，因而贷款的结构同我省的经济结构矛盾很大，特别是私营企业贷款的难度极大，在这方面还未取得与公有制经济的平等待遇。解决这些问题是培育和发展金融市场的重要课题。第四，要拓宽直接融资的渠道。我国金融体制改革滞后，主要表现在直接融资的比重太小，而目前国家已有扩大直接融资比重的信息，这对促进金融市场的发育是关键性的政策选择。但是上市公司的准入必须坚持条件，应改变目前由许多非经济因素作为上市公司依据的不正常现象；同时，上市公司的选择要与产业结构的调整相吻合，使那些在 21 世纪将具有竞争力的企业能在股市上筹集到必要的资本，加速其发展。

2. 产权市场

产权市场的发展程度是市场体系发育的标志。党的十五大强调国有资产重组，把股份制作为公有制的重要实现形式，为产权市场的发育创造了良好的政策环境和市场需求，当前是发展产权市场的最好时机。笔者认为，培育和发展产权市场，当前迫切需要解决的问题是：第一，现在的产权市场是由体制改革委员会和国有资产管理机构创建的，政府行为往往超越于市场行为，管理上的问题不少；建议用股份制形式组建产权市场，使之成为独立的企业法人。第二，在市场上交易的不能仅限于亏损企业、破产企业的资产，效益好的企业也要利用产权市场加速资产的流转和重组，优化资源配置效益。第三，产权市场应当是开放的，不仅让本地区企业进入市场进行产权交易，还要吸引外地的企业和企业家参与，这既可以吸收外地的资本为本地服务，又可以促进全国统一市场的形成。第四，产权改革过渡过程中的最大障碍是原有企业的劳动力安置和离退休人员的负担问题。为此，要加快推进社会保障体制改革，把财产权利的让渡和社会保障分开，使产权市场真正地把实现财产权利让渡的任务担当起来，以促进产权市场的发育。

3. 劳动力市场

在产业结构调整和经济体制转轨的激烈变动时期，失业问题非常突出，是人们关注的大事。在这种情况下，健全劳动力市场显得特别重要。从劳动力市场的实践来看，当前的首要任务是下岗职工和再就业问题。职工下岗或失业人员有不同的类型：有体制性失业、结构性失业、自愿性失业和成长性失业；要根据不同类型，采取不同的对策。体制性失业主要靠发展非国有经济的办法来解决；结构性失业要通过职业培训来实现再就业；自愿性失业要用教育的方法奉劝他们从实际出发选择就业岗位；成长性失业主要是新生代的问题，要通过发展经济为他们创造就业机会。现在有些地方限制农民进城或规定在某些行业里不准用农民工，这种办法不符合市场经济的规律，不利于农村劳动力的转移和城市化的进程。历史上曾经有这样的做法，而实践证明是行不通的，无论是城市职工还是农民工，都应当在劳动力市场上公平竞争。其次促进科技人才的流动，让他们在自己选择的最能发挥才能的岗位上作出贡献。最后，建立企业高级管理人才市场。现在股份制企业里的国有资产代表都是由主管部门委派的，局限性很大，素质不高。应当通过市场竞争选拔国有资产的代表，非国有的股份制企业也需要通过人才市场选拔高级管理人员。因此，企业高级管理人才市场是很有发展前景的市场，是人才市场向高层次发展的标志。

（原载《浙江日报》1998 年 2 月 23 日）

加速知识型服务业的发展

知识型服务业，是相对于劳动密集型服务业而言的一种以运用智力资源为主的服务业，有别于一般的商业、饮食业、交通运输业、修理业和公用事业，是较高层次的服务业。它主要包括文化教育、医疗卫生、科学研究、传播媒介、信息服务和各种类型的咨询服务。这种类型的服务在服务业总量中所占的比重是很大的，但以往的统计很不健全，因而低估了它在国民经济中的作用。

21世纪，知识型服务业将在我国飞速旋转，并成为经济增长的主动力：（1）网络经济的兴起将彻底改变整个世界的生产和生活方式，原来以劳动密集型为主的服务部分也将逐渐被知识型服务所替代，如电子商务在商业中的比重将迅速增长，修理业中的知识含量也会急剧提高；同时，将引起整个流通领域的革命，使企业生产和经营的各个环节也发生相应的变革，企业离开信息服务将无法生存。（2）目前人民生活正由小康型向富裕型转变，对提高科学文化水平和居民素质的各个行业的服务的要求越来越迫切，不仅需求量大，而且要有高质量的服务，这类服务大多是知识型的。（3）随着体制改革的深入，市场经济体系日臻完善，企业过去那种依靠政府决策的时代将一去不返，企业的生产与经营将根据市场需求自主决策，这就要依赖市场信息和各种中介机构的咨询服务，为各种咨询服务业的发展开辟了广阔的市场，从而推动知识型服务业的发展。（4）加入WTO之后，也将迫使我国知识型服务业的发展。加入WTO，除了体制上的挑战外，最大的冲击是服务贸易。从国际上列入服务贸易的15个大项150个子项目来看，几乎都是知识型的服务贸易，而这方面的优势在西方，如电信业、咨询服务业。要提高我们的国际竞争力，就必须加速知识型服务业的发展。（5）从服务业发展的规律来看，也已经到了从以劳动密集型为主向劳动密集型和知识型密集服务业并举的方向发展，然后才能进入以知识型服务业为主的阶段。知识型服务业不仅是经济增长的自然结果，更是经济增长的先决条件，从某种意义上讲，知识型服务业在国民经济中具有主导地位和决定性作用，知识型的服务业发展将促进和推动其他产业的发展，知识型服务业落后又会妨碍和制约其他产业的发展，所以要从战略角度来研究知识型服务业。

知识型的服务业范围很广，这里只就信息技术服务业和咨询服务业谈点想法：

1. 信息技术服务业

据国际电信联盟的资料，1995 年世界信息技术和电信技术产业 13 700 亿美元的销售额中，计算机服务占 18%，电信服务为 44%，信息技术服务占的比重很大。这几年浙江手机入网和上 Internet 的人数剧增，这方面的服务空间非常大，而浙江具有相对的比较优势，应当加快发展。信息技术的发展飞速疾驰，就像 CNN 电视台的工作室，每 10 分钟就有一条爆炸性新闻，因而使所有的高技术企业都有"可怕的紧迫感"。为此，第一，要加速"企业上网工程"建设，政府要加快网络工程的基础设施建设，要加快网络经济的人才培训：而对企业来说，要尽快上网，不要怕人家说"赶浪头"，这样的浪头就是要赶，赶得越快越好。第二，信息服务企业要尽快结成强大的联盟，打出自己的品牌，这种联盟可以是跨省的也可以是跨过国境的。

2. 咨询服务业

这在浙江还是很年轻的产业。前一段时间，因体制上的原因咨询服务业的市场需求不大，咨询服务者很难找到业务，致使咨询服务业的发展相当滞后，咨询机构少、咨询人员少、咨询水平低，不能满足市场的需要，所以，不少地方和企业都把希望寄托在国外咨询机构上，这是无可非议的。加入 WTO 以后，国外将有大量咨询机构进入，这对国内的咨询服务业将面临着生死存亡的考验。现在大力发展咨询服务业的时机已经成熟，政府要加以支持和扶持，目前最迫切的任务是：第一，对现有咨询服务机构进行整合，发挥咨询服务人员的整体优势，这就要有重点地建设好几个咨询机构：第二，采取多种形式提高咨询服务人员的素质，可以选拔一些有发展前景的咨询骨干到国外去培养，并把这方面的带头人纳入省"15"工程；第三，成立经济技术咨询协会，把全省从事这方面咨询的人员和机构组织起来，通过交流和协作的方式提高咨询人员的素质和咨询项目的水平，并建立起咨询服务业的行规，使咨询服务业有序而高水平的发展。

(2000 年 10 月 16 日在省政府咨询委召开的"发展服务业问题座谈会"上的发言)

文化是种财富，也是一种社会资本

我国经济学界对荣氏家族在中国近代经济史上的地位给予高度的评价，而荣氏家族的精髓形成了"无锡工商文化"。今天举行这个纪念会来讨论"无锡工商文化"，是非常有价值的。

一

文化是种财富，它不仅是精神财富，而且作为一种生产要素凝结在物质财富之中，这是人们已经形成的共识。从经济发展史中可以看到，造成所有差别的正是文化。因为"文化因素"的信念渗透到发展的思想和实践的每一个领域，每一个领域的制度变革的产生不是由政策而是由文化所决定的。文化具有强烈的种族和遗传色彩，这种色彩经久不褪。文化向好的方向变迁会促进经济社会的发展，是值得赞赏的；文化变迁也会带来不好的结果，加深社会矛盾甚至会引发社会冲突。

鉴于文化的巨大作用，发展经济学家把文化变量纳入发展理论或纳入发展过程的分析之中，在相继强调了有形资本、人力资本、知识资本之后，把"社会资本"添加到经济增长的源泉之中。重视"社会资本"就是重视文化、制度和行为方式。这里所说的"社会资本"是指社会内部的社会与文化的一致，即支配人们互动力的规范和价值观的一致，建立的该社会中的各项制度的一致。当社会资本能够产生外部性并能促进市场之外的互动集体行动的社会互动时，它就具有经济效益。"社会资本"又分为"公民社会资本"和"政府社会资本"。信任、互惠、人际网络、合作以及协调，可以被看做是调节人际互动和产生外部性的"公民社会资本"。"政府社会资本"能够使法律、法规、产权、教育、健康以及"好政府"的益处具体化。在社会资本降低交易成本和信息成本，以及提高有形资本和人力资本生产率的范围内，它可以解释总和要素生产率的源泉。这是从一本《发展经济学前沿——未来展望》的书中概括的观点。

对"社会资本"的研究，也就是对文化资本的研究是发展经济学研究的前沿课题，现在我们政界也已经渐渐地认识到文化在实现现代化和构建和谐社会中的威力，是区域发展中的"软实力"。

二

对"无锡工商文化"，无锡市委宣传部的文章已经做了很好的解读——"精明、务实、不断进取的精神"，重视教育和人才培育的理念，进行跨行业集团化经营的策略，都是值得继承和发扬光大的文化遗产。

无锡的工商文化影响了几代经济学家，孙冶方、薛暮桥是中国经济学的一代大师。在这些大师的家乡、中国民族工业的发祥地，率先发展农村工业有其必然性。无锡农村工业的发展所形成的"苏南模式"在中国的转型经济中是很有价值的探索。

我最近对无锡的经济做了一些初步研究，深感无锡经济中凝聚的"工商文化"的烙印。无锡非常重视高技术产业的发展，在 20 世纪 80 年代中期我就参观过无锡的电子工业园区；无锡非常重视企业的规模经营，在这方面浙江的差距就很大，据 2004 年的江浙两省的统计公报，规模以上的工业增加值占整个工业增加值的比重，江苏是 73.51%，而浙江只占 69.03%，浙江上规模的企业比江苏低 4 个百分点；无锡非常重视大集团的培育，在全国 500 强企业中有 59 席，浙江只有 45 席，而江苏的企业在 500 家企业中有两家居第二、三位。这是两省的比较数字，就无锡而论恐怕更加突出，在 500 强中，无锡占了 13 席。这三大特点对提高无锡的区域竞争力将起重大的作用。

三

在"无锡工商文化"发展的进程中也有断层，这个断层长达近半个世纪。这个断层期的主流文化是计划经济文化，对这种文化的影响不能低估。我在研究无锡经济时发现了一个迷惑的问题：无锡的 GDP 为 6 354 美元，比杭州高 35.23%、比宁波高 14.54%；而城镇居民的年可支配收入占人均 GDP 的比重，杭州占 37.48%、宁波为 40.67%、无锡只占 25.45%。因此，无锡的城镇居民可支配收入只有 13 588 元人民币，比杭州低 9.33%，比宁波低 14.50%。原因在哪里？从财政收入占 GDP 的比重来说三个市都差不多；从所有制的结构来说，国有企业在 GDP 中的比重也差不多，从三资企业在工业中的比重也相差不大。到底问题在哪里？我从企业的经济效益上找到了原因。规模以上工业企业 2004 年实现利税占工业销售总值的比重，杭州市为 9.67%、宁波为 11.47%，而无锡则只有 7.29%；而企业利润占工业销售总值的比重，杭州是 5.40%、宁波为 6.92%，无锡只有 4.73%。相反，税占利税总额的比重，无锡为 35.07%、宁波 39.67%、杭州 40.09%，杭州的税负最重，无锡最轻。这些数字说明无锡的生产成本太高，企业的经济效益不如杭州和宁波。这里是否也有个文化问题，"浙江精神"有其优势。再往下分析可能与两省的企业家的来源有关，浙江的企业家是自我奋斗出来，有顽强的拼搏精神；而江苏的企业家是由原来的乡镇企业的领导层改制而成的，这两种企业家具有两种不同的文化沉淀，在经营企业时也就会有不同的理念和策略。同时，江苏的大量民营企业是由乡镇企业改制而成的，这种改制是否已经到位了，恐怕在体制上对经济发展还存在障碍，而体制问题也是文化问题，所以，无锡与杭州、宁波的城镇居民的可支配收入占 GDP 中的比重上的差距不是偶然的，可以从文化上找到答案。这是我的一点研究，可能很不全面，仅供参考。

（2005 年 8 月 7 日在"无锡工商文化研讨会"上的发言稿，次日《无锡日报》摘要刊载）

国际风景旅游与杭州城市现代化

建成国际风景旅游城市，是杭州市的发展目标之一。作为国际风景旅游城市，有许多衡量指标，其中最重要的是她必须具有世界著名自然景观，而且在世界上具有独特的地位，为各国居民所向往。在这方面，杭州有优势，也有一定的知名度，再经过一番深入挖掘文化内涵和创造适应现代旅游需求的新景观，丰富风景旅游的内容，提高风景旅游的素质，是可以成为国际风景旅游胜地的。但是，一个地方的风景旅游区同那里的城市建设是分不开的。杭州市要成为国际风景旅游城市，不能只在"风景"上做文章，而且要把更多的笔墨花在城市风貌的构造上，把杭州建设成为融现代化、园林化和艺术化为一体的国际水平的风景旅游城市。

一

国际风景旅游城市应当是一个现代化的城市。按照可持续性发展的理念，"现代化"是种综合概念，既包括经济的高度发展和社会的全面进步，也意味着居民生活环境质量的现代水平的优化。对于现代化城市来说，大致需要具备以下几个方面的条件：

在经济方面主要是：

1. 较雄厚的经济实力。人均国民生产总值（GDP）应达到中等发达国家以上同类城市水平；

2. 城市基础设施建设具有现代化水平。对生产和生活具有充足的供电、供水、供气、供热能力，市内外交通和通讯方便快捷；

3. 具有发达的第三产业。从生活服务、贸易、到金融保险、信息咨询、法律服务都非常便捷；

4. 外向型经济占重要地位，国际的商品流和生产要素流有相当的规模。

在社会方面主要有：

1. 城市居民具有较高水平的文化素质、科技素质和道德素质；

2. 居民生活质量达到中等发达国家以上城市水平；

3. 生态环境良好，防治污染和噪音达到国际水平，空气清新宜人；

4. 社会秩序良好，有安全感。

杭州市离现代化城市还有多远？从经济发展水平而言，距现代化城市并不遥远。据清华大学建筑学院提出的20世纪90年代初国际现代城市指标体系，人均国内生产总值（GDP）在10 000美元以上，第三产业在GDP中的比重占50%以上，恩格尔系数小于0.2，科技进步贡献率在50%以上，等等。其中，除恩格尔系数之外，其他几个指标在2010年都可以达到。1995年，杭州市区的人均GDP已达到25 287元人民币，按国际通用的汇率法计算为3 358美元，若保持10%的递增速度，2000年可达5 408美元、2007年可突破10 000美元、2010年将达到14 027美元；1995年杭州市区的第三产业在GDP中的比重已达48.4%；科技进步贡献率1995年已为42%，以后大概每年增长一个百分点，到2003年可突破50%的比重。而其他方面，诸如，基础设施、文化发展、环境质量的指标要达到90年代初国际上现代化城市的水平却是非常困难的，到2010年未必能够实现。

二

杭州不是一般的现代化城市，而是以国际风景旅游为特征的现代化城市，城市的风格要与风景旅游的总体格局相称，成为风景旅游这一总概念中的有机组成部分。因此，杭州的城市应当是园林化和艺术化的现代化城市。

现在杭州城市的外围是个大花园，而城市内部却几乎是一个水泥板块。按照《杭州市城市建设"九五"计划和2010年目标纲要》，到2000年杭州市人均公共绿地达7平方米，2010年达9平方米。这样的绿化水平离一般的现代化城市的水平相距甚远。据清华大学建筑学院测算，20世纪90年代初国际上现代化城市的人均绿地面积在20平方米以上，人均公园面积在15平方米以上。杭州的绿地面积到2010年还不到90年代国际上现代化城市的一半。按理说，作为一个风景旅游城市的绿地面积应当高于一般现代化城市的水平。按照杭州市的规划思路，到2050年恐怕还达不到90年代的国际水平，更不能圆"杭州成为大花园"的梦。当然，杭州是一个人多地少的地方，用地面积无法简单地与国外相比。但是，把杭州市建设成为一个大花园，是杭州居民的愿望，是国际风景旅游城市建设的必然要求。只有圆了"大花园"的梦，杭州才能真正成为国际风景旅游城市。

花园城市本身就是一种艺术。但国际风景旅游城市应当是个艺术化的城市，包括城市建设总体布局、建筑物的艺术风格。杭州的风景是美的，而城市总体构架缺乏美感；建筑物色彩单调、格式呆板，既没有保留很有价值的古建筑，又没有富有现代艺术风格的西洋式的建筑，更缺少具有高雅艺术的城市雕塑。对杭州城市艺术风格缺陷的评论大致已取得共识，但对杭州的城市应具有什么样的艺术风格则各抒己见，可以通过广泛的讨论来取得比较一致的认识。笔者认为，杭州的艺术风格无疑要同杭州的风光相适应，然而作为现代化城市要有现代艺术相衬托，可根据不同的艺术风格，把传统艺术和现代艺术结合起来，形成独特的杭州风格的艺术。

三

根据上述分析，要把杭州建成现代化的国际风景旅游城市，应该紧紧抓住以下环节：

第一，要增强杭州市的经济实力。现在各国学者在评价城市的现代化发展水平时，一般都是用社会指标而不用经济指标。因为每个社会指标的上升都包含了经济实力增长的内涵。因此，经济发展对城市的现代化来说是第一位的。而目前杭州还处在工业化中期向后期过渡的阶段，经济发展的中心任务是工业化，经济增长的贡献主要来自第二产业，杭州城市现代化的实现也有赖于第二产业的发展。这说明，在讨论杭州建设国际风景旅游城市时，要正确处理旅游业和工业的关系，把两者结合起来，既要加快旅游业的发展，又要使工业持续增长，工业的发展要有利于旅游环境的优化，也可以为旅游者开放他们感兴趣的工业项目。

第二，要着力加快杭州城市建设的步伐，提高城市建设的标准。现在，杭州市还没有一条道路可以称得上是现代化城市的道路，还没有一项文化设施到21世纪还可以称得上是先进的。城市建设应当有跨世纪的战略眼光，用现代城市的标准来规划未来的城市建设方案。在这方面，要不惜工本请世界级的大师来咨询，甚至委托国外机构为杭州美容设计。

第三，要提高城市人口素质。现代化城市的建设过程中，最困难的是人的现代化，即人口素质的提高。我国目前的城市人口是三元结构型的，原来的城市居民中，有素质比较高的知识阶层和公务员，有一般的市民阶层，现在又增加了新进城的农村人口。这种三元结构型居民，要使他们都成为高素质的市民，使农民变成合格的市民，任务特别艰巨。为此，要大力发展科学、教育和文化事业；同时应该调整城市人口结构，鼓励更多的科技人员和高级管理人员在杭州落户。

　　第四，要研究杭州城市发展模式。笔者认为，国际风景旅游城市，应当把现代化、园林化、艺术化的统一作为城市发展模式，并以可持续性发展的理念来规范经济、社会和文化生活的行为。

　　(1997 年 11 月 2 日在"21 世纪国际旅游业与杭州旅游发展研讨会"上的发言。刊于该研讨会论文集)

交通：浙江"重中之重"

——关于加快浙江省交通运输建设的几个战略性问题

1. 强化交通运输建设的超前意识，增加投入

从各个国家和地区的实际情况看，交通运输投入的比重是很大的。仅用于公路的投资，联邦德国在 1976 — 1980 年间为国民生产总值（GDP）的 1.12%；美国 1950 — 1983 年间公路建设投入为 GDP 的 1.17% — 1.75%。中国台湾 1970 年进行的 10 项建设中，有 6 项是交通设施。在 10 项建设完成后，继续进行的 12 项建设，及正在进行的 14 项建设，主要项目均为基本设施。过去 30 多年，台湾当局每年用于基本建设的投资，占固定投资总额的比重高达 25% — 30%。

相比之下，浙江省交通的投入显然不足。据统计年鉴的资料，全民所有制的固定资产投资总额中用于交通运输的投入占 GDP 的比重为：1985 年为 0.70%；1986 年为 0.97%；1987 年为 0.89%；1988 年为 0.86%；1989 年为 0.70%；1990 年为 1.15%；1991 年为 1.15%。

目前，提倡大力发展第三产业。但人们往往把第三产业理解为商业、服务业、旅游业、金融业和咨询业，其实第三产业中居首位的是交通运输业，因此，要把发展交通业的问题突出起来，加速发展。

2. 亟须制定一个长远的综合交通规划

香港在这方面有很好的经验。香港于 1979 年发表了第一份《香港运输政策白皮书》，这是根据 1976 年完成的第一次整体运输研究的建议编写而成的，成为直至现时运输政策的依据。1989 年 5 月，政府完成了第二次整体运输研究，对直至 2001 年的运输需求加以评估，并于 1989 年 6 — 9 月间，公开征询市民意见。根据这些意见做了修改后，于 1991 年发表了名为《迈向二十一世纪》第二份香港运输政策白皮书。这项工作，在香港是由"运输政策统筹委员会"主持和完

成的。

浙江省在交通运输方面搞过不少规划，但还没有一个全省性的发展交通运输业的战略，还没有一套科学的管理交通运输的完整政策。笔者认为，目前最紧迫的是制定像香港特别行政区交通运输白皮书那样的规划和政策。这项工作宜早不宜迟，最好在今明两年内完成浙江整体运输研究，1995 年能发表一份《浙江交通运输白皮书》。

搞好一个综合研究规划，需要在指导思想上解决以下问题：

（1）遵循经济和交通网络和规律，打破行政和条块界限。

（2）规划要坚持高起点、高标准，要有战略眼光。正在搞的航空港、码头和高速公路要适应 20 年后的需求，即到 2010 年时还不算落后。

（3）交通类型选择上要优化、高效。

①现在不少地方提出要建铁路。这要比较研究，是搞铁路好呢，还是建设高等级的公路为佳。在许多人的眼光中，都重视铁路。其实，高等级公路是陆上交通发展的大趋势。就是建铁路也有个选择问题，是传统型的火车，还是高速火车，都需论证。

②城市交通更需优化交通类型。香港的经验是值得借鉴的，在那个弹丸之地，不能像西方那样发展私人小汽车，而是要加以控制。要控制私人小汽车就得有替代工具，最好的办法是搞好公共交通，如地铁、轻轨车、公共巴士等。香港地区的策略是在居民有购置小轿车能力之前就使公共交通高度方便，使人们认为乘公交车比买个小汽车方便实惠。香港地区的这个策略已经实现。杭州也是个人口密度很高的城市，应当致力于把公共交通搞好。在公共交通方面要研究轻轨车的建设方案。轻轨交通造价是地铁的 10%—30%。单向小时运量可超过 40 万人次，接近地铁运量，使用年限为 25—30 年，是公共汽车的 3 倍。轻轨交通营运费用明显低于公共汽车。

3．交通部门要率先改革

（1）大胆利用外资。社会固定资本投入是世界银行优先考虑的融资对象，应尽量争取世界银行的贷款。

（2）组建交通运输的股份公司。投资于社会固定资本较之投资直接生产活动更"安全"，也就是说风险比较小；而且因短缺严重，收益率也会比较高，回收期也不会很长，因而是属于社会各界有兴趣投资的部门。所以可发动大集团、大企业、地方政府以法人股，组织股份制企业。这样可把各方面的积极性调动起来。

（3）交通运输部门可跨行业兴办其他企业。例如高速公路，光靠其营运收入，其内部收益率是不会太高的，因此应当通过办其他行业的企业来增加收入，弥补其内部收益率不高的缺陷。像现在的杭甬高速公路指挥部和未来的杭沪高速公路指挥部，都应当成为高速公路营运公司，除营运外，可以从事维修、油品供应、汽配件的生产和销售等，成为一个综合性的集团。

（4）交通运输企业经营机制的改革要加快。杭州市交通紧张除了道路不适应、公交网络布局不合理的因素之外，更重要的是因为企业职工的积极性未能充分调动，内部的分配关系没有理顺。

（5）要尽快从计划经济模式向市场经济模式转型。国家计划内的项目要尽量争取，但要从等计划靠国家的观念中解放出来，面对市场。从市场上去要项目，到国外、省外去要资金。

（时任省长万学远主持召开的"浙江经济发展问题研讨会"上的发言，载《浙江经济报》1993年4月26日）

关于沪杭甬高速公路沿线的
发展与规划的建议

——在浙江省政协七届三次会议大会上的发言稿

1992年，我们几位经济学人鉴于沪杭甬高速公路沿线区域发展的重要，以及当时各地抢占土地和盲目开发的态势，曾建议对沪杭甬高速公路沿线进行统一规划。省政府采纳了这个建议，并于1994年11月对沪杭甬高速公路沿线区域开发建设规划编制做了部署。为了引起社会各界和有关领导部门的关注和支持，现谈谈我的一些认识和建议。

沪杭甬高速公路是以上海为中心的长三角洲南翼的高速通道，对南翼的经济社会发展将起着巨大的推动作用。长三角洲的南北两翼，在经济发展的总量和水平上差距越来越大，经常密度极不平衡。这个事实已为大家所公认。以1993年的GDP为例，北翼（南京、无锡、常州、苏州、南通、扬州、镇江）为1 545亿元，人均4 044.17元；南翼（杭州、宁波、嘉兴、湖州、绍兴、舟山）为852亿元，人均3 903.74元；1992年的实际利用外资，北翼为16亿美元，南翼只有3.27亿美元。就嘉兴市来说，1980年的GDP是苏州的43.8%，到1993年则下降为苏州的2.1%。南翼和北翼的差距，主要不在人均GDP，也不在农村经济发展意量上，而突出表现在城市化程度上、技术层次上，利用外资的总量和外资企业的水平上。沪杭甬高速公路的建成将会改变南翼发展滞后的状态，为赶上并超越北翼的发展提供极好的机遇。沪杭甬高速公路沿线的发展对浙江经济社会发展具有极其重要的战略地位。这个地区是浙江21世纪的高速经济通道，起着发展导向的作用，又是未来的高新技术密集区、城市连绵带和全面接轨世界经济的先导地区，因而是浙江的希望所在。因此，要面向未来，面向世界，按现代化的要求来规划这个地区的开发和建设。目前最紧迫的是研究和解决以下问题：

1. 要加速沪杭甬高速公路建设的速度

以上海为中心的长江三角洲经济圈中，北翼有沪宁高速公路，南翼有沪杭甬高速公路。这两条高速公路具有明显的竞争性，哪条先建成通车，哪里先得益于上海浦东的开发开放的效应。据悉，这方面江苏抢先了一步，沪宁高速公路将于1995年通车，这种形势迫使我们要加快建设。现在，我省实施分段包干建设的体制，好处是有利于调动各市的积极性，缺陷是难以统一协调，因此要在协调上下工夫，对整条路的建设应用全局观念。沪杭和杭甬高速公路，从某种意义上讲，沪杭高速显得更重要，如沪杭高速未建成，杭甬高速也难以发挥最佳的经济效益。为此，我建议特别要加快沪杭高速公路的建设速度。而沪杭高速公路又要先把上海到嘉兴的这一段先建成通车，让嘉兴先得益。其上海到松江一段早已建成，晒了好几年太阳了，而从松江到嘉兴立交口只有20多公里，集中力量打歼灭战，很快就可见效的。

2. 要充分认识高速公路所引发的新变化

按照传统的公路观念，凡是公路经过之地都可以直接得益，因而人们往往在公路两旁摆摊设店、搞市场，现在有些地方还持这种看法，希图在沿线搞什么市场，用马路市场的模式来规划沿线的发展。而高速公路的特点是"快"，因而公路是封闭式的。沪杭段和杭甬段设了8个立交口，不是公路经过之处都可以摆摊设市的。从国外的经验来看，建了高速公路之后的立交中可能形成一些新的市镇，也有一些市镇随之衰落。我们的沪杭甬高速建成后也会呈现这个趋势，对此要有充分估计。同时，立交口新兴的市镇，主要是搞工业加工区、高速公路服务体系，而不可能替代现代市场的功能。现代城市的功能还得依赖现有城市。高速公路建成后，得益最大的是中心城市，同时也要求强化中心城市的作用。沪杭甬公路通车后，受益最大的是上海，而浙江又因受上海经济的强辐射而加速发展。在浙江，受益最大的一是杭州，二是宁波，三是嘉兴和绍兴。由此也要求加快这些城市的发展。而目前这些城市的发展中国家严重滞后工业化的进程，中心城市集聚功能和辐射功能薄弱，城市空间狭窄，特别是杭州和绍兴，建成区的经济密度已经很高，人口已超负荷。若不扩大市区范围，城市功能运转、空间布局调整、保持风景旅游城市和历史文化名城特色，以及环境质量差、交通拥挤等问题都难以解除。这些问题的解决，都遇到体制上的障碍。现在已到了亟待解决的时候了。不然的话，将影响浙江在21世纪的发展进程。

3. 要科学地进行总体规划

我们实施的"强县战略"，在过去 15 年中对促进全省经济发展发挥了很大的作用，但现在内外部条件都发生了很大变化。行政分割和无序的"个别突围"的模式同现代化是不能相容的。广东的同志已经看到了这个问题的严重性，提出"诸侯经济的路已到了尽头，联合才是珠江三角洲人的共同愿望"的呼声，正在规划建设"珠三角经济区"。我们搞沪杭甬沪杭甬高速公路沿线的发展规划，就应当有像广东人那样的思想，联合起来再造长三角洲南翼的区域整体优势。

搞规划还要进一步解放思想，要从直线式外推的思维模式中解放出来，从拘泥于现有的投资所建立起来的结构中解放出来。要从 21 世纪发展的大趋势着眼点，敢于改变原有的结构，建立适应时代变化的新结构，从而把握住未来。

具体来说，需要对与沪杭州甬高速公路相配套的区域内交通运输体系做统一规划。现在，各市的设想很多，宁波通往上海的跨钱塘江大桥就有 4 个方案，绍兴又有一个跨江大桥的方案。而从沪杭甬高速公路延伸效益和浙江经济的长期效益来看宁波与上海之间又需要建座跨海大陆桥。这些都需要规划和论证。在产业结构上，沪杭州甬高速公路沿线应当是高新技术密集区。在城市布局上，这个区域将形成城市连绵区，整个沿线将有数十个大中小型城市连接起来，这就要对各城市的发展前程作出预测，对功能进行分工，对开发区进行调整。相应地，要有强有力的规划协调机构，一旦规划定局就要用法律来监督实施。

4. 要及早研究高速成公路的管理体制

现在，实行"分段包干建设"的办法，在建设期是可行的。但对高速公路营运，这种分割式的体制就非改不可了。因此，要及时研究高速公路营运体制，以及如何从现行体制向新体制转型。无疑，高速公路运营应当实行现代企业制度的体制，应该是独立的企业法人，对整个高速公路统一收费、统一经营。省和沿线各市都可以成为这个企业的股东，按其股份获得相应的利益。高速公路沿线因这条路的建成，区位条件和环境有了显著变化，土地的价格很快会增值。因此，要制定法规，对土地级差地租的提高而增值的部分如何分配作出规定。笔者认为，这个增值的功劳应归功于国家建了这条高速公路，增值的相当大的一部分应当归国家所有。当然，要管好和营运好这条高速公路，还需要制定许多法规。

（1995 年 2 月 22 日）

发展环境与推进技术进步

技术进步机制转型研究

一、引言

科技进步历来是人类社会发展的推动力量。自20世纪60—70年代索洛模式和丹尼森模式提出之后，"技术决定论"成了发展经济学中的主流派观点，认为技术进步已成为经济增长的主要的或唯一的源泉。在迈向21世纪的当今世界，正酝酿着科学技术的新巨变，科技进步将成为新世纪的第一推动力，因而主要发达国家之间的技术开发竞争将会进一步激化。科学技术实力已经成为决定国家综合国力强弱和国际地位高低的重要因素。鉴于科技进步对经济社会发展的巨大作用，中共中央、国务院发布了《关于加速科学技术进步的决定》，确立了"科教兴国"的战略，这标志着中国的科技将有一个大发展。而科技进步的速度是由多种因素决定的，除了科技进步本身所固有的规律以外，最重要的是它所处的经济体制和运行机制。中国的经济体制正在由传统的计划经济体制向社会主义市场经济体制转型，因而科技进步的环境条件也发生了相应的变化。在这种情况下，如何加速科技进步是亟待研究的课题。这份"技术进步机制转型研究"正是这个大课题中的一个子系统。本课题所研究的主要是国有工业企业的技术进步机制，并以浙江为例进行实证分析。

二、技术进步的机理

技术进步机制，是指在一定的经济社会环境下决定和影响技术进步的内部和外部系统中各构成要素之间的相互联系和作用的方式、方法与功能。技术进步的机理就是技术进步机制运行的原理。

"科技的发生和发展一开始就是由生产决定的"①，而科学的发展又推动社会生产力前进。从科学发现到生产过程中的应用有一个复杂的运行过程。一般来

---

① 《马克思恩格斯选集》第3卷，人民出版社1972年版，第523页。

说，技术进步模型如图 1。

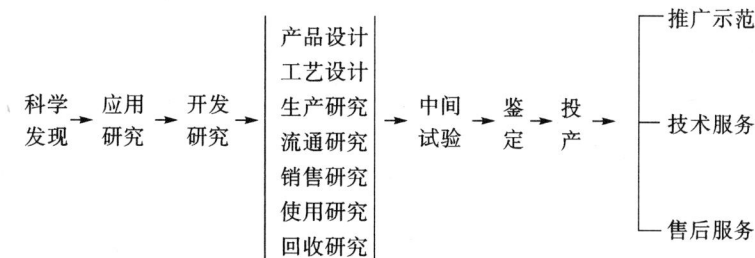

图 1　技术进步模型

这个模型表明，研究与开发（R&D）的制度化是技术进步演进中最核心的变化。而"开发研究"过程，实际上是一个技术创新过程。每一个技术创新过程都有其内在的推动力，同时又受许多因素的约束。

在技术创新的动力问题上，西方经济学家中有所谓"技术推力"和"需求拉力"之争。其实，这两者都是技术创新的动因。

技术进步的制约因素是很多的，其中有经济的因素，也有非经济的因素；在不同的经济体制中又存在各种不同的制约因素。撇开体制性因素以外，技术进步的一般制约因素主要有：技术环境、创新成本、资本投入、市场结构和智力投入。

技术进步机理模型可用下列简图表示：

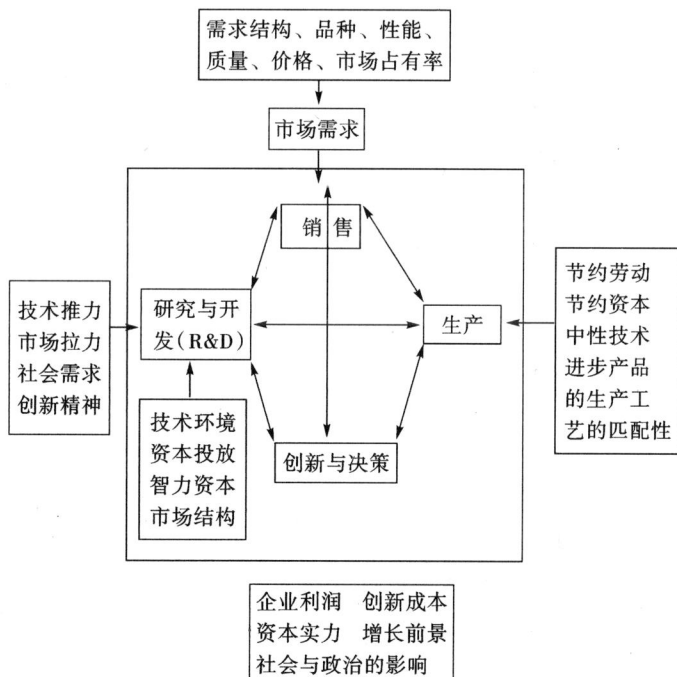

图 2　企业技术创新与其环境之间关系的简化模型

注：参阅［英］R. 库姆斯等著《经济学与技术进步》一书中的"创新的厂商与其环境之间关系的简化模型"，并加以充实而编制的。

三、计划经济体制下的技术进步机制

在计划经济体制的大环境中，技术进步的过程显示出如下特征：

1. 政府是技术进步的主体

主体的易位，是计划经济体制下技术进步的最主要的特征。政府是科技资源分配、科技发展目标决策、科技活动的组织与运行、科研成果推广运用的中枢。科技进步的动力主要来自政府履行国家职能的需要，在科技发展目标的选择上既有发展国民经济的需求，但更重要的是着眼于国际政治环境所决定的国防安全和发扬国威；科研机构的设置与布局由政府控制；科研与开发经费主要靠财政拨款支持。1984 年，中国的经济体制改革已取得重大突破，开始向市场经济转型，但据 1986 年的科技统计资料，科研经费主要靠政府财政拨款的局面仍然如故，见表1：

表1　1986 年浙江自然科学研究与开发机构经费收入构成情况

单位：千元

	政府拨款		其中			技术性收入		非技术性收入		银行贷款		本年收入合计	
	总金额	占%	科学事业费	科技专项费	科学技术基金	金额	占%	金额	占%	金额	占%	金额	占%
全省统计	87 334	100.0	47 960	37 699	1675	21 040	100.0	17 383	100.0	4 829	100.0	138 594	100.0
国务院部门属	34 480	39.48	16 332	17 946	202	2 338	18.2	2 514	14.5	460	9.5	44 798	32.5
省级部门属	37 417	42.84	21 948	14 230	1 239	9 984	47.5	6 025	34.7	2 144	44.4	56 883	41.0
其中：省科委属	5 828	6.67	4 961	852	15	1 241	12.4	88	1.5	0	0	7 361	12.7
市、地部门属	15 437	17.68	9 680	5 523	234	7 218	34.3	8 814	50.8	2 225	46.1	88 733	26.5

资料来源：浙江省 1996 年科技统计资料汇编。

2. 科技活动的指令性

政府在技术进步中的主体地位是通过指令性计划实现的。研究与开发项目研究机构设置、企业技术改选和技术引进项目重大科技会议和学术活动，都是由各级政府的五年计划和年度计划规定的，企业和研究机构很少有决策权。这种体制下，由于资金集中使用科研人员集中攻关，也取得了一些成果。但是，这种指令性研究的最大弊端是科技开发和研究不活跃、不繁荣。此外还有：科研机构布局不合理；研究与开发投入很少；企业技术改选进展缓慢。因此，企业装备水平低下的局面越演越烈，不能适应现代经济发展的需要。

3. 研究与开发系统的封闭性

按照科技进步的一般规律，研究与开发应当是个开放系统，但我国长期采取闭关锁国政策对外的交流甚少，同国际市场基本上处于隔绝的状态；而计划经济体制又否定市场的作用，国内各地区各部门的研究与开发机构之间也处在半封闭的状态。在封闭状态下，科技信息短缺，技术市场缺损，忽视技术引进的作用，这就阻碍了科技资源的流动和有效组合，不可能形成科技进步的加速系统，只能按照惯性运动的原理缓慢而行。

4. 技术创新动力机制短缺

计划经济体制环境中，技术创新的动力主要来自科学推力和政府职能拉力。这两个方面的接力，促使政府通过国家计划推动技术创新。尽管现实生活同理想之间的差距甚大，但政府在科技进步中的作用是不容低估的。然而，不可否认计划经济体制环境中的技术创新动力是短缺的，机制的短缺主要表现在：

（1）市场机制短缺。市场机制对技术进步的作用一方面体现在市场需求对技术进步的拉力，市场需求的变化，要求不断增加科技含量高的产品供给市场；另一方面体现在市场竞争的压力上，企业为了在竞争中求生存，就得依靠技术进步，由压力变为动力，这是一种逆向动力，而且从某种意义上讲，避免失去利益的压力比追逐利益的动力更重要，推力更大。在计划经济体制中，这两种作用都是短缺的。

（2）利益机制短缺。在中国，长期以来忽视劳动者的个人利益，科技界更是如此。世界各国通行的评定科技人员的技术职务、稿酬制度和科技进步奖的评选活动曾一度被取消，严重挫伤了科技人员的积极性和创新精神。不少科学家具有无私奉献的精神，但物质鼓励仍然是不可缺少的。

（3）创新保障机制短缺。计划经济就是"命令经济"，研究机构按命令研究，研究与开发的成果按命令无偿转让给使用单位；而且研究成果是属于集体的业绩，发明者个人无署名权。在这种情况下，不存在"知识产权"的概念，也无须保护知识产权。技术创新的权益得不到保障，势必影响科技人员创新精神的发挥。

从计划经济体制运行结果看，技术进步对国民经济增长的贡献率甚小。据中、美、日合作研究课题组的报告，"中国在1953—1990年间，资本投入对经济增长的贡献占75.07%，劳动投入占19.47%，即初始投入的贡献占94.54%，而生产率增长对经济增长的贡献仅占5.46%。"其中，"改革开放前的26年间，生产率对经济增长的贡献率是负的，为-0.80%"，"1978年以后，初始因素投入对经济增长的贡献下降，而生产率增长对经济增长的贡献明显上升，达到31.88%。"①

四、市场经济条件下的技术进步机制

人类社会的发展都伴随着技术进步，而在市场经济体制下，技术进步的速度最快。在现代市场经济环境中技术进步机制的特征主要是：

1. 资源配置机制

科技进步中主要活动的资源配置同其他稀缺资源一样，都是通过市场进行的。下面几张图表是近年来几个发达国家的研究与开发资源配置的结果：

表2　日美 R&D 活动人力投入在执行机构方面的分类

单位：千人

	年份	合计	研究与开发机构	%	工业界	%	高等院校	%
美国	1986	7874	93.8	11.9	580.3	73.7	113.3	14.4
日本	1986	761.7	73.2	9.6	451.3	59.3	237.2	31.4

表3　日美 R&D 活动经费投入在执行机构方面的分类

单位：百万元本国货币

	年份	合计	研究与开发机构	%	工业界	%	高等院校	%
美国	1986	118 600	17 400	14.7	87 000	73.3	14 200	12.0
日本	1985	8 890 300	1 160 600	13.1	5 939 900	66.8	1 789 800	20.1

---

① 李京文、［美］D. 乔根森、郑友敬、［日］黑田昌裕等：《生产率与中美日经济增长研究》，中国社会科学出版社1993年版，第65、52页。

表4　日美 R&D 活动经费占 GNP 的比重及按性质分类

单位：百万元本国货币

	年份	GERD GNP（%）	基础研究	%	应用研究	%	试验发展	%
美国	1986	2.7	14 351	12.1	25 024	21.1	79 255	66.8
日本	1986	2.8	1 137 958	12.8	2 222 575	25.0	5 529 767	62.2

表5　美英日用于 R&D 的资金来源分类

单位:%

	美国1985年	英国1983年	日本1983年
工商企业	48.9	42.1	65.2
政府	49.2	50.2	24.0
其他	1.9	7.7	10.8
合计	100	100	100

资料来源：以上4表的资料均根据国际货币基金组织的《国际财政统计年鉴》、经济合作与发展组织的有关资料整理。

从上述图表中可得出如下推论：

（1）技术进步的主体是企业。"R&D"活动的最重要的资源是人力和资本，无论是哪个要素的配置，多数都在工业企业。

（2）资源配置大量集中于试验发展和应用研究，基础研究是优先级最低的活动。基础研究作为国家水平的科学，主要由大学和国家研究机构来进行，经费也由国家提供。在美国，联邦政府的"R&D"经费中有26%是供给高等院校的，因而美国高校的基础研究占全美的62%左右。据1985年的资料，日本的基础研究经费有63.7%来自于政府的支持。

（3）科技和经济是紧密结合的。大量科技人员都集中在企业界，并直接为企业的发展战略服务。

2. 创新动力机制

企业家、科技人员和政府的技术创新的动力主要来自于激励机制：

（1）企业家。一个具有创新意识的企业家，其创新的动力，来自企业家把生产要素重新组合以实现创新的职能；为了给企业牟取更多的利润，有发展才有利润，有利润才能发展，有利润才有财富的积累；由于外部的激烈竞争给企业家以压力，要保持在竞争中的优势，就必须不断进行技术创新。所以，社会价值观、利益机制、竞争机制，构成企业家创新的动力。而保证这种动力得以实现的：一是企业家的高额年薪；二是可能升迁的企业人事制度。如美国中型企业经理的收入通常比一般工人高95—150倍，日本是15倍，欧洲是20倍①。

（2）科技人员。根据科技人员需求的特性，主要的激励机制：一是良好的科研工作条件的创造；二是丰厚的年薪报酬；三是各类学术荣誉和国家奖励，作为提高科研人员和科研机构社会地位的激励；四是健全知识产权保护制度，保护其专利权益不受侵犯。在技术市场和人才市场的"市场效应"的作用下，从事应用研究和试验开发研究的科技人员和科研机构收益的高低，与其对科技进步带来效益的贡献大小基本上是一致的。资料显示，在西方科技人员劳动的价值得到较高的评价，日本1965—1980年占47%，美国约占50%。

（3）政府。一个国家或地方政府推动科技进步动力有三：一是为了国家的安全；二是提高国家的综合实力；三是履行政府的社会职能，取得公众的支持。当今世界，"技术是国际经济竞争中的一只新的'圣杯'。一切国家，不论其经济规模大小和不同政治类别，都在设法取得、开发和利用技术。它已被看做是现代国家和世界经济威力的重要生命血液"②。

3. 组织协调机制

技术进步是一个复杂的社会系统运行的结果。其中建立专门的研究与发展机构是一个重要的创新，为新技术创造了大量的供给者。但众多的研究机构的研究成果要成为厂商的技术进步行为，需要连接的链条，这个链就是市场。企业家需要通过市场，只不过方式不同而已。这就需要各组织运行中的协调机制。

（1）研究机构。这是新知识和技术的发源地。

（2）市场协调。这是协调的主要机制。作为技术的供给者（专门研究机构、技术发明者、掌握部分先进技术的生产企业）和技术的需求者（政府、生产经营企业和科技机构）之间，通过技术市场进行技术贸易，以实现所有权的转换或使用权的让渡。

（3）中介组织。这是影响技术进步速度、方向和结果的有效机制。中介组织主要包括：传播媒体系统，把科技信息广泛传播到公众中去；技术评估与咨询服务系统，对技术成果进行价值判断与评估，接受咨询或代理技术贸易；法律保障系统，保护技术发明人的权益不受损害，公正地进行技术市场交易；资金筹集系统，有各种基金会，把企业家、社会团体和政府支持科技进步的资金集中起

---

① 葛汝新译：《公司经理高薪在美国广招非议》，《中国劳动报》1990年4月2日。

② ［美］博多·巴托恰等：《发展高技术产业政策之比较》，中国友谊出版公司1989年版，第10页。

来，按其发展目标，有条件地支持研究与开发机构进行技术创新；风险投资公司，为高技术的研究与开发承担风险，促进高技术的发展。

（4）政府协调。政府是协调知识的生产和分配的重要力量。政府协调的机制很多，最重要的是通过产业政策来协调，使研究与开发的目标指向有发展前途的产业。政府与研究机构的关系，主要是通过采购合同提供资金支持。政府与企业之间在技术进步上的关系，一是为私营部门发展技术密集型产业的研究与开发提供试验设施的财政支持；二是购买高技术产业公司的产品与服务；三是确定与取消高技术公司的称呼，相应地给予或取消其优惠政策；四是鼓励私营公司之间开展合作研究，美国于 1984 年制定并通过了《全国科研合作条例》，提倡政府——工业界——大学之间的国家级的有效的跨机构合作，一直到国际合作研究。

4. 技术控制机制

技术进步从来不是"自动的"，而是多种"干预"努力的结果。这种干预就是"技术控制"。广义上的控制，既包括促进技术进步，也包括限制和防止技术进步的负面影响。"技术控制"的力量是多元的，通常由市场机制运行，企业经理们根据市场信号或预期的市场信号作出技术决策。又可以由政府的干预来实现技术控制。

（1）政府干预的缘由。政府干预技术进步的主要理由是：①市场经济失效，市场力量不足以促进或管制某个科学技术领域时，要求政府介入。②防务的需要，开发国家安全技术只能由政府来承担。③增强国际竞争力。④技术进步的门槛费用高，需要政府支持。⑤为了民族的尊严，也构成政府支持技术进步的重要因素。

（2）倡议型控制。这主要发生在市场不完善或某些商品和服务不可能由市场自发提供的情况下的控制。基础研究、教育和军事技术的发展，就是由政府直接参与的，拨给相当可观的经费给以支持。而对企业的技术进步，主要采用产业政策给以支持或者加以限制，提出优先发展的产业和必须淘汰的产业和产品以及相关的技术，用政策加以诱导。

（3）法规型控制。有两种情况：①保证产品的质量以维护消费者的权益而制定的法规，如对于产品和工序的标准化，建立了国家标准局，制定支持并促进技术进步和市场竞争的计量标准，废除"过时"的阻碍创新的标准。②对技术在服务过程中产生危险和其他有害影响的控制而制定的法规，如环境保护法，向制造商征收排污税和向业主征收伤害税；用民法以维护受害者的权益。政府法规的控制，通常是比较容易和费用较少的控制机制。

（4）控制的政府工作。主要有四类：①国内政策，包括宏观经济的财政、金融与管理的综合政策，微观经济的部门和产业发展的具体政策。②贸易政策，包括进出口政策。③汇率政策。④资金市场和金融市场政策①。

五、向市场经济转型中国有企业的技术进步

1985 年 3 月的全国科技工作会议之后，中共中央《关于科技体制改革的决定》，中心是进一步解决科技和经济结合的问题。这表明中国的科技进步机制开始从传统的计划经济体制向市场经济体制转型。从国有企业来说，这个转型已取得明显的成效。但两种体制的碰撞所引进的摩擦依然存在，阻碍技术进步的因素颇多，国有企业的技术进步困难重重。

1. 技术进步机制转型的成效

①技术进步的主体已开始转向企业。据有关部门测算，1994 年浙江全社会科技投入的比重，工业企业已占 74.25%；研究与开发活动经费的支出中，工业企业已占 57.34%；科技活动人员数中，工业企业已占 66.38%；科技活动经费的来源中，企业资金占总额的 70.57%。这虽然是在国家对科研机构的投入增长缓慢、政府所属研究机构和高等院校的研究与开发相对萎缩情况下的一种特殊现象，但也表明，企业在技术进步中的主体地位已逐步开始确立。

②技术市场开始发育。1979 年，杭州的技术贸易活动就开始萌发。1993 年 2 月，杭州市技术市场暨杭州市技术贸易中心正式成立。杭州市 1986 — 1993 年共登记技术合同 48 138 份，技术成交额达 11.52 亿元，技术贸易辐射面遍及全国 43 个省、市、自治区和计划单列市。技术市场上的交易活动，包括技术服务、技术咨询和技术转让，交易的主体为工业企业。浙江省的技术市场也相当活跃，已与上海等地联网。

③激励机制已逐步形成。随着整个国家的经济体制改革的推进，科研体制和企业制度的改革也不断深化，国务院、各级政府、企业和研究机构都相继提出了一些激励研究所、企业和科研人员个人积极性的政策与措施。不仅提倡尊重科学、尊敬科技人员，还从物质待遇上给予鼓励，不同程度地给科技人员解决了一些实际问题，使拔尖人才能够脱颖而出的环境正在创造之中。

④技术创新的法律保障体系正在建立和完善。中国的《专利法》、《著作权

① ［美］博多·巴托恰等：《发展高技术产业政策之比较》，中国友谊出版公司 1989 年版，第 10 页。

法》和《科技进步法》已先后颁布实施，侵犯知识产权的行为开始受到法律的追究。这有利于推动技术创新。

由于中国技术进步机制向市场经济体制和机制转型的作用，技术引进已初见成效，技术改造投入不断增加，因而技术进步因素在浙江国民经济增长中的贡献率也显著提高。据浙江工业大学区域发展研究所的研究报告，技术进步在浙江工业增长中的贡献率，1981—1985 年为 30.6%，1986—1990 年为 36.0%，1991—1993 年为 39.7%；杭州市 1990—1992 年已达到 42.9%①。

2. 国有企业技术进步的障碍

国有企业对技术进步较前重视。但从总体上来说，企业对技术需求的动力仍然不足，投入不多，面临的难题并未根本解决。难点在哪里？我们从企业、政府、市场等方面加以剖析。

（1）企业内部障碍

①来自于传统的数量扩张型的增长模式的因素。近年来，尽管强调要提高经济的整体素质，转变增长方式，但传统的增长模式仍在滑行，走的还是粗放经营的路子。

②体制上的因素。国有企业不搞技改就没有竞争力，在市场竞争的浪潮中必然会被淘汰，这已成了共识；但是，搞技术改造要大量投资，使企业在负债率已经很高的情况下又背新的债务，是雪上加霜，企业承受不了。同时，目前国有企业的现代企业制度还在试点，企业的产权制度不清晰，企业的所有者、经营者、劳动者三种职能混淆在一起，就很难作出推进技术进步的决策。

此外，还有科技人才缺乏和企业技术开发的科学管理体系尚未建立，也是重要因素，但最本质的是企业的体制问题。如果按现代企业制度运行，企业的增长方式也会迎刃而解，技术开发也会沿着科学管理的方向迈进。

（2）政府支持的力度不够

在市场经济条件下，技术进步仍然要靠政府支撑。但在很长一个时间里，对这一点的认识不足，对企业技术进步的支持有所放松。后来制定了一些规定，如企业应在销售额中提取 2% 作为研究与开发费用，也未认真检查执行。对企业的技术改造虽有计划，也缺乏强有力的措施帮助企业实施。从全省来说，科技资金投入短缺的问题长期未得到解决。据统计，浙江省全社会科技经费投入总额占国内生产总值的比重，1990 年为 1.01%，1991 年为 1.00%，1992 年为 1.18%，

---

① 杭州市技术进步对经济增长贡献率的计算方法研究课题组：《测度杭州市工业技术进步贡献率的方法选择和结果比较》，1995 年 3 月。

1993 年为 1.05%，1994 年下降为 0.88%。研究与开发经费在国内生产总值中的比重，1990 年为 0.24%，1994 年增至 0.30%，四年间增加 0.06 个百分点。这样的力度，技术进步的速度不可能很快。

（3）市场发育不全的障碍

①金融市场。近年来，金融部门日益重视对科技进步的支持，扶持了一些关键的科技成果转化与运用项目，以及对先进技术与设备的投入。但目前在浙江，银行科技开发贷款仅占贷款总额的 0.96%，平均每个项目的贷款仅为 110 万元，资金分散，效益也不理想。同时，金融体制改革滞后，金融市场同经济与科技的发展很不适应，融资渠道往往受阻，研究与开发的资金严重紧缺。

②技术市场。这个市场已经开始出现，但还未形成体系。技术市场不仅包括技术贸易，还应当包括咨询业和信息服务业。时下，科技信息传播、信息咨询和信息服务业还处在萌发阶段，咨询业还未成为一个产业。

企业缺乏技术进步的动力，是多种因素综合作用的结果，是一种体制与发展上的综合征。综合征要采取综合办法治理。

六、推进国有企业技术进步的对策

国有企业的规模比较大，设备比较好，技术人才比较多，我国的技术进步还是寄希望于国有企业。近年来，各地对企业技术进步制定了一些优惠政策，并相继提出了不少行之有效的对策。本文在总结这些经验的基础上，针对当前国有工业企业的实际，提出以下对策建议，以促进技术进步机制的转型：

1. 亟待制定技术进步战略

在市场竞争中，要确立"以技术取胜的战略"，依靠科技求生存，在技术进步中求发展。

（1）要建立衡量企业技术进步的指标体系。除了计算技术进步对经济增长的贡献率之外，还要用企业技术装备水平、企业最小经济规模、高技术产品在工业总产值中的含量、技术开发经费占产品销售收入的比重，以及出口产品在销售总数中的比重等，形成一个衡量企业技术进步的综合指标体系。

（2）选择适合本企业依靠科技的增长方式。企业可以进行风险投资，开发和利用高技术成果，并使之商品化和产业化；可以运用高技术改造传统产业；可以重组产品结构，生产适销对路的新产品。现阶段应采取大力采用高技术来改造传统产业，有选择有重点地发展高技术产业。

2. 以制度创新促进技术创新

企业技术创新的动力，从根本上说是由企业制度决定的，要以制度创新促进技术创新。这种认识正在为企业家和政府官员们所接受。但由于对企业制度创新的理解不同，具体实施也有很大差距，影响企业技术创新进程。我们认为当前要特别注意三个问题：

（1）产权关系明晰是建立现代企业制度的核心与基础。产权问题是回避不了的，不抓住这个核心，国有企业的改革是搞不好的。

（2）国有企业改革必须分类疏导。从企业技术进步的角度来看，有的是短期性困难，如企业流动资金缺乏、市场产品销路不好或者是企业成本上涨；有的是长期积累的问题，如企业债务重、设备和技术老化、社会负担过大，有的属于深层次的机制问题。而且各地的情况又不一，东北国有企业存在的困难与江南国有企业又有很大差别。企业制度创新要根据各个企业的实际作出制度安排的决策。

（3）重组企业组织结构。只有上规模的企业，才能有效地促进技术进步。但从企业的规模化和集团化的发展现状来看，有两个问题值得重视：①集团的规模太小，资本金不足，不能形成真正的"航空母舰"，因而许多集团只不过是由"公司"换了个"集团"的名称而已，集团不在于量多，而在于其强大的实力。②许多集团强调多角经营和综合经营，分散了集团的资金和实力，不利于集团的技术进步。作为一个集团，应当在某个行业里有自己的地位，不是"霸主"的话，也要列在排行榜的前茅，对提高本行业的技术水平作出贡献。

3. 产业政策和技术政策的一体化

产业政策和技术政策，是政府在市场经济中最重要的调控手段，是促进全社会技术进步的有力杠杆。从国外的经验来看，产业政策的实施要靠技术政策的实施要靠技术政策的配套，而技术进步又要靠产业政策来促进和实施技术控制，两者的结合是很紧密的，所以，科技与经济要结合得很好。在中国，产业政策和技术政策是分离的，产业政策由计委来定，而技术政策则出自于国家科委，因而科技发展和经济发展很难结合得好。应当尽快改变这种情况，使两者统一起来，确定产业政策时要明确鼓励用哪些新技术或高技术，要淘汰哪些落后技术；提出的技术政策要落实到产业中去，指明哪些产业该采用什么技术，哪些产业的产品要淘汰。这样，才能不断提高产业的技术层次和产品的技术含量。

4. 培育开放型的技术市场

技术市场是加快技术进步机制转型的媒体。但对技术市场的建设，人们有个误解，认为只有建立起像商品交易场所那样的市场才算有了技术市场。这种有形的市场对技术贸易来说不是主要的，大量的是无形的技术市场。市场主体和客体、技术的卖方和买方，都可以通过科技信息系统了解技术商品的情况，并通过信息服务和咨询服务系统达到交易的目的。这种无形市场是开放型的，可以进行国内技术贸易，也可进行国际技术贸易。要培养一批技术贸易经纪人；要使信息和咨询服务产业化；要重视进口先进技术和设备来加快我们的现代化进程。

5. 建立加快技术进步的资金支撑体系

国有企业的技术进步中不只是企业的事情，而是整个社会的事业，只有全社会的技术水平提高了，企业技术进步才能可能，因而要从资金上支撑研究与开发，特别是高技术的研制与运用。国务院和各地政府已作出不少增加科技投入的规划，但尚未形成一个体系。这个体系应当包含企业、政府、市场方面的各种融资渠道以及用于基础研究、应用研究、开发研究的资金来源和分配办法。目前可以做到的是：增加银行贷款中的科技贷款的比重；用改革的办法建立"科技风险投资基金会"；大胆利用外资来进行技术改造；鼓励企业家进行风险投资，创建高新技术企业。现在社会上的闲散资金是不少的，要加以引导，特别是鼓励私人企业家和科技人员创办高新技术企业和研究与开发机构。

6. 完善技术与人才支撑体系

企业的技术进步，关键是要有人才和技术储备。国家已提出"百千万工程"，培养跨世纪人才。在这方面，我们建议：

（1）高等院校要培养"企业家意识"。

（2）建立柔性的研究开发组织。这类机构集中精兵强将，任务专一，目标明确。由他们负责技术和设备的引进，在消化吸收的基础上进行改造提高，直到完成推广应用的任务，使更多企业得到先进技术的实惠。

（3）国防科研机构可以实行"一所两制"。一部分专门从事国防科研，分离一部分人员组成集体的或民营的研究机构开发民用产品，为地方经济发展服务。实行这种体制，可以大大充实和加强地方的研究与开发力量。

7. 技术进步机制的法制化

现在已经有了几部保障科技进步的法规，还需充实完善。国家科委提出要制定科技投入、科技人才流动、科技成果转让等方面的配套法律；制定科技奖励条例、技术市场条例、高新技术产业开发区条例；以及外国组织和个人在华设立科研机构、科技基金的管理办法，这是技术进步转型过程中急需制定的一些法规。各省都要制定相应的实施细则和规定，保证技术进步机制的正常运行。

8. 重在科技进步政策和措施的实施

现在最重要的是抓落实，要从资金投入、研究与开发机构的设置、科研成果的转让、科技成果的奖励、科技信息的传播、科技成果的推广，到激励科技人员机制等科技进步的全过程中做一点实实在在的事。在这方面，最关键的是要正确认识政府在推动全社会技术进步中的作用。在社会主义市场经济体制中，政府推进技术进步的功能不仅不能削弱，而且要大大强化，要建立适应社会主义市场经济体制的宏观科技管理体系，从组织上保证国家的推进科技进步的政策、法规和具体措施的实施。

参考文献：

1. 《中共中央、国务院关于加快科学技术进步的决定》（1995 年 5 月 6 日），《人民日报》1995 年 5 月 22 日。

2. 江泽民：《在全国科学技术大会上的讲话》（1995 年 5 月 26 日），《人民日报》1995 年 6 月 5 日。

3. 李鹏：《在全国科学技术大会上的讲话》（1995 年 5 月 26 日），《人民日报》1995 年 6 月 6 日。

4. 《中华人民共和国科学技术进步法》（1993 年 7 月 2 日第八届全国人民代表大会常务委员会第二次会议通过）。

5. 宁健主编：《现代科学技术基础知识》，科学出版社 1994 年版。

6. ［英］R. 库姆斯等：《经济学与技术进步》，商务印书馆 1989 年版。

7. ［美］博多·巴托恰等：《发展高技术产业政策之比较》，中国友谊出版公司 1989 年版。

8. ［日］关口米夫编：《2000 年世界和日本——经济预测 100 例》，上海社会科学院出版社 1993 年版。

9. ［英］A. P. 瑟尔瓦尔：《增长与发展》，中国人民大学出版社 1992 年版。

10. ［美］约瑟夫·熊彼特：《经济发展理论》，商务印书馆 1991 年版。

11. 李京文、［美］D. 乔根森、郑友敬、［日］黑田昌裕等：《生产率与中美日经济增长研究》，中国社会科学出版社 1993 年版。

12. 唐豪：《现代技术贸易理论与实务》，知识出版社 1993 年版。

13. 项浙学：《企业技术进步》，企业管理出版社 1989 年版。

（本文系加拿大国际发展研究中心（IDRC）资助项目，合作者有周伟强、董建伟；原载《中国南方经济研究》第三册，经济管理出版社 1997 年 8 月）

建设科技强省的战略性问题研究

——加快浙江科技强省建设对策研究总报告

20 世纪 90 年代，中央提出了"科教兴国"的战略。浙江在这个战略思想的指导下，科技实力和科技竞争力有了很大的提高，但科技的发展远远不能满足经济发展的需要，为此，在提出实施科教强省的战略后，2002 年召开的浙江省第十一次党代表大会又把科技与教育分开，明确提出建设"科技强省"和"教育强省"的目标和任务。"加快浙江科技强省建设对策研究"的课题，就是在这样的背景下提出来的。这个课题涉及的面很广，是一个大系统，我们的研究侧重于建设科技强省的战略性问题，讨论政府在建设"科技强省"中的定位和政策选择。

研究加速建设科技强省的对策，首先要弄清"科技强省"概念的内涵和评价标准，然后分析浙江科技发展的现状，看看我们离科技强省还有多远，主要的差距和问题在哪里，在这个基础上探讨建设科技强省的战略和策略。在研究过程中，我们尽一切可能对现有国内外关于科技发展和技术创新的政策和创新环境建设的文献做了调研，对兄弟省市的科技发展实况做了比较研究，并实地调查和总结了若干典型科研院所和企业技术进步的经验和教训，充实了课题组研究人员的理性认识和感性体验，从而提出我们对加快科技强省建设的对策和建议。这是本课题研究的思路和方法。

根据招标合同要求，课题组经过一年多努力，已完成了"浙江省科技强省评价指标体系研究"、"浙江科技发展的现状与发展趋势分析"、"浙江省与全国科技进步先进省市的比较研究"、"国内外科技政策经验及浙江建设科技强省的政策框架设计研究"、"我省科技管理体制改革的研究"、"加快浙江科技与资本结合的对策研究"、"关于科学文化建设"等七项分报告和"构建乐清区域科技创新体系研究"、"新安江化工集团自主创新"等案例分析。总报告在这些分报告和个案分析的基础上，做了提炼和升华，并提出了一些新的理念与对策。

一、科技强省建设的定义和评价指标

1. "科技强省"的定义和内涵

在高科技飞速疾驰，"知识经济初见端倪"的时代，各种资源和生产要素在社会再生产过程中的作用发生了急剧的变化，科技资源和人力资本成为未来发展的第一资源，当一项科技成果转化为一种创新产品时，可能要更新其主要系统，甚至会"改变我们已知的世界"。在这样的时代，提出"建设科技强省"，用科技来带动经济社会发展，是政府工作"与时俱进"的体现。

什么是"科技强省"？目前还没有形成一个公认的定义，我们借鉴关于"科技强国"讨论中提出的一些认识和观点，认为可以这样来定义：建设科技强省，就是要建设成为科技实力强、区域创新能力强、科技国际竞争力强的省份。

科技实力强。科技实力是指科学、技术与创新活动的资源总量及其推动经济社会发展的潜在能力。衡量"科技实力"的大小往往用静态指标，是各种科技资源的存量之和。

区域科技创新能力强。创新是指将知识转化为新产品、新工艺和新服务的过程，其中包括技术、设计、营销、服务等各个环节，而科技创新是创新活动的核心。科技创新能力体现了从认识自然或社会发展规律开始，提出利用这些规律的新概念、新思想，构成新产品或新工艺，组织新的生产经营，直到产业化，开拓新市场的总体能力。区域科技创新能力也是区域创新能力中的核心。区域科技创新能力，不仅取决于本地科技实力，更重要的是取决于创新环境的营造，是本地区的政府和经济单位所能调动全球一切可用知识进行科技创新的能力。

科技国际竞争力强。国际竞争力是一个国家创造增加值及国民财富持续稳定增长的能力。而科技竞争力是国际竞争力的基础与动力源，是国际竞争力的核心。在经济全球化的时代，一个区域的产品与服务的国际竞争力主要取决于科技竞争力，而作为一个科技强省的科技竞争力，不仅在国内有竞争力，而且要在国际科技竞争中有一席之地。这对浙江来说难度是很大的，但必须向这个方向发展。

科技实力、区域科技创新能力和科技国际竞争力，是各不相同又相互联系的概念。"科技实力"是静态的，是科技资源存量的体现；"科技竞争力"是动态的，是科技资源转化为经济实力的能力。科技实力强并不等科技竞力强，有的地方科技资源的存量很丰富，但经济实力很弱，它的科技竞争力就算不上强；相反地，有的地方科技资源并不丰厚，但它能把全球一切可用知识资源为本地的经济服务，科技成果转化为生产力的能力很强，因而也具有较强的科技竞争力。所以，不能用传统的观念和标准来判断一个地区的科技竞争力，地区的科技竞争力是该区域内科技资源存量和科技资源流量的函数。科技国际竞争力是以创新能力为核心的科技实力在国际竞争中的动态表现。

"科技强省"定义中的"三强"集中体现在下四个方面：

（1）科技成为经济发展中的决定性因素；

（2）具有较强的科技持续创新能力；

（3）具有适宜于科技发展的创新与创业环境；

（4）具有较高的公众科学文化素养。

从定性分析的角度来看，只有具备以上四个要素才可称得上是科技强省。

2. 科技强省的评价指标体系

从定量分析的角度如何评价一个国家和地区的科技发展水平、科技创新能力和科技竞争能力，是科学史上的一个大难题，国内外学者和科技管理部门进行了半个多世纪的探索，建立了各种评价的方法体系，最著代表性的有：

（1）以各种生产函数为分析基础的计量经济学方法。例如，在20世纪50年代后期，美国索洛教授利用生产函数，将GDP增长中不能用劳动和资本两个要素增长的贡献所能说明的剩余部分，当做技术进步的贡献，即国民经济中的科技进步贡献率。这种"剩余法"有很多缺陷，直至今日，还不断地有学者提出新的理论模型。这类方法适用于较长时间的趋势分析，不适于逐年的分析评价。

（2）以各种体系为基础的综合评价方法。例如，瑞士洛桑管理学院（IMD）的《世界竞争力年鉴（World Competitiveness Yearbook）》；世界经济论坛（WEF）和瑞士洛桑管理学院的《全球竞争力报告（The Global Competitiveness Report）》的指标体系。他们在国际竞争力框架下：设计了"科技创造力指数"，反映一个国家和地区的技术能力和创业难易程度。IMD和WEF评价体系开创的国际竞争力评价理论和方法，目前被广泛采用，作为范例来研究各种评价体系。

（3）国家科技部的"全国科技进步水平统计监测及综合评价指标"，属于综合评价方法，是借鉴WEF国际竞争力评价体系而建立的；该指标体系由科技进步基础、科技投入、科技产出、科技促进社会经济发展四个大类，11个二级和25个三级指标所构成，国家科委的评价排序，引起了各级政府和社会各界的重视。在这个基础上，中国科学院"中国科技发展战略研究小组"又发表了《中国科技发展研究报告》，成为权威性的科技发展状况的评价标准。

我们认为，国家科技部的评价标准已被社会公认，但受目前的统计体系所限，其统计结果还很难准确反映一些地区的科技发展实况。比如，通过市场投入的用于科技发展的财力、通过市场获得的人力资源和科技成果的转化效益，时下还难以从统计上反映出来；又如，对劳动者的素质评价只把有学历者视为智力资本的拥有者，只统计科技人员的比重而不重视管理人员的作用。同时，这种评价标准只是比较地区之间的相对地位，而不可能说明我们离科技强省还有多远。从相对地位来说，北京总是居第一位，但这个第一位并不能说明北京的"科技强市"逐年提高的状况。为此，课题组设计了两种指标：一种是相对地位排序指标，另一种是目标实现度测算指标。

①科技发展强度相对地位排序指标。我们根据科技强省的"三强"定义和基本内涵的四个方面，提出了两个排序评价指标体系：一个是多层次结构的指标体系，一个是非层次结构的关键性指标体系。

方案1：按科技强省基本内涵的四个方面各为一组，由7个二级指标和36个三级指标构成；

方案2：从以上指标表征量中选用15个关键性指标所构成的非层次结构评价指标；具体可见分报告。

这两个方案与国家科委的指标体系相比，方法是一样的，但选择指标的思路不一样，更符合"科技强省"的定义和内涵；方案2是运用主因子法突出了关键性的重要指标而设计的，更简明可行。可是这种相对比较的方法，也同样存在着国家科技部的指标体系的缺陷。因此，我们提出了第二种评价"科技强省"目标实现度的指标体系。

②科技强省目标实现度测算指标。这是从目前学术界对现代化的研究中得到的启发而提出来的。20世纪80年代初，美国斯坦福大学社会学教授英克尔斯从世界银行制定的世界发展指标中，挑选了11个指标作为评价现代化的标准，引起了学术界的兴趣和广泛的讨论。尽管这个指标体系还存不少缺陷，但他提供了一种如何测算现代化目标实现度的思路和方法，后人的研究基本上是按照他的思路深化的。对于中国实现现代化的问题，争论最多的是两个问题，一是中等发达国家水平的量的界限是什么？有的主张以达到世界银行发表的高收入国家人均GDP的下限为实现现代化的标准，有的主张以上中等收入国家人均GDP的平均水平为标准，有的认为达到上中等收入国家人均GDP的下限就可说是基本实现了现代化；另一个问题是用哪些指标来测定。在讨论"科技强省"的目标时，

同样存在这两个问题。我们采用现代企业管理中的"标杆法"（Benchmrking），也称比超法的思路，首先在全球范围内找出称得上科技强国或科技大国（因为有文献认为目前可称得上科技"强国"的只有美国，因此把大国也包括在内）的标杆对象，然后对方案2中的指标根据国际文献的可获得性选择合适的指标进行测算，确定科技强省的目标值。

标杆国家的选择。世界经济论坛在研究国际竞争力中，根据各个国家和地区的技术高低程度把研究对象分为所谓"核心经济体（Core economies）"和"非核心经济体"。所谓"核心经济体"，是世界技术创新的主要发源地，具有较强的技术创新能力，WEF 又称其为"核心技术创新经济体"（Core technolog - yinnovating economies）。从评价数据看，"核心经济体"国家的国际竞争力位次均在世界前列。我们认为，将这些国家作为建设科技强省的"标杆"是合适的。

WEF 2001 年国际竞争力排位次是：1 芬兰（其中"技术指标"排序为3，下同）、2 美国（1）、3 加拿大（2）、4 新加坡（18）、5 澳大利亚（5）、6 挪威（7）、7 中国台湾（4）、8 荷兰（14）、9 瑞典（6）、10 新西兰（11）、11 爱尔兰（28）、12 英国（10）、13 中国香港（33）、14 丹麦（12）、15 瑞士（24）、16 冰岛（19）、17 德国（15）、18 奥地利（16）、19 比利时（13）、20 法国（17）、21 日本（23）、23 韩国（9）、24 以色列（26）、26 意大利（31）。这些国家和地区，除了新加坡、中国台湾、中国香港和以色列之外，其他都是经济合作发展组织（OECD）的成员。考虑到 OECD 国家有较多免费统计资料可以获得，因此，决定选择这里的 20 个 OECD 国家的统计数据作为目标值研究的基础。

科技强省目标值的选择。由于国外资料的限制，我们采用了 1997 — 2000 年的数据，但各项指标的年份不尽相同。在确定目标值时，以这些国家的中位数为基础，并根据我国的实际情况做了调整，建议用以下指标作为科技强省的奋斗目标：

高技术产业增加值占工业增加值的比重为 15%

农业劳动生产率为 2.5 万元人民币/人

高技术产品出口占 GDP 的比重为 10%

R&D 经费占 GDP 的 2.0%

全社会教育经费占 GDP 的 6.0%

每万人科技活动人员为（40 人/万人）

每万人口国外发表的科技论文数（15 篇/万人）

每百万人口国内授权专利数（50 件/百万人）

工业企业的技术开发经费占销售收入的比重为 2.5%

财政科技经费支出占财政支出的比重为 4.5%

外商直接投资为 GDP 的 3.5%

国民平均受教育年限为 15 年

这些指标，表明课题组研究的思路，在具体实施时对指标项目和定量要求还需要进一步论证。

二、浙江离科技强省的目标还有多远

1. 浙江实现科技强省的目标定位

确定科技强省的目标有两种分析方法：一种是相对的位次比较法，一种是目标实现度测算法。

（1）科技实力相对位次的目标定位

按照第一种方法，有以下评价：

①国家科技部发布的《2000 年全国科技进步水平统计监测及综合评价》中，浙江总排序为全国的第 7 位，其中科技进步基础居第 8 位、科技投入第 13 位、科技产出第 7 位、科技促进经济社会发展第 4 位。

②中国科技发展战略研究小组发表的《中国区域创新能力报告》中，综合评价浙江居全国第 7 位，其中知识创造居第 3 位、知识流动第 8 位、企业技术创新能力第 8 位、创新环境第 7 位、创新的经济绩效第 7 位、产业国际竞争力第 6 位。

③根据本课题提出的评价指标，两种方案测算的结果都是一样的，均居全国的第 9 位。在方案一中，科技对经济社会发展的推动力为第 8 位、科技持续创新能力第 12 位、科技创新创业环境第 13 位、公众科技文化素养第 10 位。

在《中国科技发展研究报告（2000）》中把我国区域科技和经济发展状况分了五类：第一类区域为经济科技都不发达的地区；第二类为经济较发达、科技相对滞后的地区；第三类经济不发达、科技相对超前的地区；第四类经济与科技均发达的地区；第五类经济与科技都很发达地区。浙江属于第四类地区，处在同一类型的还有天津、辽宁、山东、江苏和湖北。

在 2001 年的《中国区域创新能力报告》中，按创新能力的强弱把中国科技创新能力分为四个集团：第一集团为上海、北京、广东；第二集团有江苏、山东、辽宁、浙江、天津和福建；第三集团有吉林、陕西、四川、湖北、河北、湖南、重庆、安徽、黑龙江、河南；其他省份为第四集团。

（2）按科技强省目标实现度的定位

这种评价方法是本课题所提出的，测算结果是：科技强省的目标综合实现度的排序为北京、上海、天津、广东、江苏、辽宁、陕西、福建、山东、四川、湖北、浙江。浙江居第 12 位。其中，北京的综合实现度为 74.55%、上海为 56.49%、江苏为 42.58%、浙江为 31.1%。也就是说浙江在实现科技强省的进程中只走了 31.1% 的路程，还有 69% 的路程要走，高科技强省的路程还相当远。

按北京大学中国现代化报告课题组发表的数据，浙江省 1998 年第二次现代化（工业文明向知识文明转变）的发展指数达到了 37%，居全国第 5 位。这里的第二次现代化的发展指数与我们分析的科技强省目标的实现度为 31.1%，大体相当。

人们在讨论建设科技强省的目标时，往往采用第一种方法，注重在全国的相对地位，以在全国的技术进步水平综合评价排序中提升几个位次为奋斗目标。按照这样的思路来确定科技强省的目标是非常困难的，2001 年浙江的这项排序已居全国 7 位，而前面 6 位是北京、上海、广东、天津、江苏、福建，由于计划经济时代科技资源分布的非均衡性、企业结构的刚性以及统计上的非科学性，浙江要越过前面的省市，除了福建省之外，要超过任何一个省市几乎是不可能的；而且即使排序的位次提升了，也并不能说明已经成为科技强省了，从国际比较的角度来看，即使在全国的相对地位数一数二，离科技强省还有相当大的距离。所以，我们不主张用这种方法来给科技强省定位。应该采用第二种方法，用科技强省目标实现度来衡量，比如，在迈向科技强省的进程中，浙江如果能采取积极有力的措施，改变科技发展滞后于经济发展的状况，使科技与经济基本保持同步发展，科技强省的综合实现度每年能以保持 6.01% 的增长率，那么，到 2020 年我省就基本能够达到科技强省的目标。从科技强省综合实现度来看，相当于在 20 年中每年平均提高约 3.45 个百分点。如果能保持 8% 的增长率则到 2015 年就有望达到科技强省的目标。用这样的思路来给科技强省定位，比较科学，也比较现实。这时，浙江在全国的相对位次可能没有变，但已列入科技强省的行列。

如果我省科技强省的实现度能按每年平均提高 3.45 个百分点速度发展，本届政府到 2007 年的科技强省实现度可达 55% 左右，相当于目前上海市的科技强市的目标实现度的水平；到 2020 年可基本实现本报告提出的建设科技强省的目标，与浙江基本实现现代化目标同步。

2. 浙江建设科技强省的比较优势

浙江改革开放以来科技进步是相当快的，有许多优势，最明显的是：

（1）科技进步的主体发生了根本性的转变。企业已成为科技投入的主体，据《中国区域创新能力报告》的数据，浙江高校和科研院所科技研发经费来自企业资金的比重已居全国首位；据 2000 年浙江省全社会 R&D 资源清查，浙江 R&D 经费总支出为 36.6 亿元，其中各类企业的支出为 25.95 亿元，占全省总支出的 77.81%。这是符合经济科技体制转型要求的。

（2）利用全球科技资源的能力非常强劲。浙江的市场化程度比较高，因而企业利用的科技资源不限于本地的而是全国和全世界的，1999 年国内技术市场成交额浙江位居第 4；北京市技术市场的统计，2001 年首都输向全国技术中，浙江吸纳技术的交易额位居各省市之首；2002 年 7 月开通的网上科技市场短短的几个月中就取得明显的效果，截至 12 月 5 日浙江各级政府和企业已投入 44.38 亿元人民币对 7 132 个科技难题项目在网上进行公开招标；已签约合同 785 项，占招标项目的 24%；合同金额 19.83 亿元，占提供研发经费的 44.68%。真可谓"浙江的钱全国用，全国的科技资源浙江用"。

（3）制度创新为建设科技强省增添活力。据 2002 年浙江省第二次基本单位普查公报，非国有企业占企业总数的 95.0%，其中私营企业占企业总数的 52.8%。这样的企业组织结构具有机制灵活、决策自主、应变能力强，是推进浙江科技持续进步的源泉。

（4）浙江智力资源的素质相对比较好。从统计数据看，浙江的智力资源的素质在全国的排序都在 20 位以后，但我们认为，对智力资源的评价要突破现有统计框架，要考虑以下三种因素的作用：一要从市场经济体制来判断可利用的智力资源，因为知识是流动的，智力资源也随之流动，可从市场上获得所需要的人才；二是对智力资源的内涵要有新的认识，不能仅仅把科技人员列入其中，应把企业的管理者纳入智力资源的范畴，企业家也是重要的智力资本，这方面浙江是有优势的；三是对知识的看法要有新的认识，不能把知识的来源仅仅局限于正规学校，因而只把有学历者视为智力资本的拥有者，其实"边干边学"是知识积累和人力资本形成的重要途径，这种现象在浙江的产业集群中得到了充分体现。所以浙江的智力资源的数量和质量比统计数字所显示的排序位次要向前移好几位。最近的公众科学素养调查数据显示，全国公众基本具备科学素养的比例为 1.4%，而浙江为 2.1%，比全国的平均水平高出 0.7 个百分点，即超出全国平均水平的 50%。这样的公众科学素养正是浙江经济高速增长的基础，也是科技进步取得显著成效的根本原因。

（5）浙江已初具推进科技持续进步的经济实力。发展经济学的"两缺口"

理论认为，"资本短缺"是制约发展中国家经济增长和技术进步的最大障碍。浙江已度过了"资本原始积累"阶段，有比较充裕的民间资本，因而基本上解决了"高资本形成率"这样一个经济发展的中心问题。资本形成是经济起飞的先决条件，浙江经济正处在新一轮的起飞阶段。浙江企业的更新改造投资的力度令人瞩目，1995—2001年技术改造投资增长率在12%—51%之间，这就使浙江企业的技术层次大为提高，许多企业的技术装备已接近国际先进水平。这种资本积累的"马太效应"推动科技强省的建设。

浙江的上述比较优势为建设科技强省奠定了良好的基础，在实现科技强省目标的进程中，每年提高3.45个以上百分点的实现度，争取在2020年基本建成科技强省是可能的。这也符合浙江省率先基本实现现代化的要求。

3. 浙江离科技强省的差距分析

浙江离科技强省的差距在哪里？据我们研究，主要是：

（1）浙江的科技资源积累不多。由于历史的原因，国家在浙江的科技教育投入很少，直至2000年，浙江的高等院校只有35所，只及江苏的一半；县以上政府所属科研与开发机构浙江只有144所，而江苏则有285所，也几乎是浙江的一倍。因此，研究开发人员综合指标、劳动者素质综合指标、人均受教育年限综合指标、当年新增大学生毕业数综合指标，在全国的位次就后移了，分别为全国的第20、20、17、15位。这是影响建设科技强省的基本因素。

（2）浙江的大中型企业很少。这是浙江产业组织结构所决定的，这是浙江的特点，也是浙江的优点。小企业在科技进步方面具有很强的活力，许多高技术企业是从小企业成长起来的；但缺陷也是很明显的，小企业不可能形成大的有实力的研究与开发中心，势必影响区域的科技创新能力。而目前在科技实力的比较中，大中型企业的研究与开发的状况占相当大的比重，按这种统计方法浙江的位次就上不去，在《中国区域创新能力报告》中，大中型企业研究开发投入综合指标、大中型企业研究开发人员综合指标、人中企业研究开发资金投入综合指标，浙江分别列全国的第28、26、25位。问题不在于这样的排序，而是如何构建有实力的研究与开发机构，以及提升企业的创新能力。

（3）科技与教育的投入不足。浙江财政的科技投入相对来说比较好，2000年财政科技支出占财政支出的比重居全国第3位，目标实现度已达72.0%。但R&D经费占GDP的比重在全国居17位，目标实现度只有22.1%。在《中国区域竞争能力报告》中，浙江的R&D投入的综合指标列全国的18位。教育事业经费的投入与邻近省市相比而言比较低，2000年教育事业费占GDP的比重，浙江为 1.30%、江苏省 1.36%、上海 1.85%、山东 1.25%、福建 1.38%；人均教育事业费浙江 173.72 元、福建 182.02 元、比江苏和山东略高一些，但与上海的 636.36 元相比，不及他们的 1/3。这是影响浙江科技实力提高的关键性因素。

（4）高技术产业发展迟缓。据《中国区域竞争能力报告》，浙江高技术产业中的比重列全国第 13 位、目标实现度为 36.7%，高技术产品出口占 GDP 中的比重列全国第 8 位，但目标实现度还只有 9.0%。这说明浙江的技术层次还比较低。而高技术是未来发展的核心与希望，高技术发展迟缓，是浙江科技实力不强的要害所在。

（5）自主创新能力较弱。《中国区域竞争能力报告》显示，1998/1999 年浙江发明专利申请增长率列全国 22 位；本课题研究表明，2000 年浙江每百万人口中国内获准的发明专利数列全国第 11 位，目标实现度为 4.8%。而在授权专利中，大多是外观设计，真正属于发明专利的不多。

（6）科技发展的体制性障碍。《中国区域竞争能力报告》在科技管理综合指标的排序中，浙江居第 2 位，仅次于北京。最近，浙江省科技厅的制度创新也引起全国的关注。但浙江的经济和科技体制与现代市场经济发展还有许多不相适应的地方，与世界接轨的任务还很重，科技发展的环境还有待改善。

建设科技强省要针对这些问题进行研究，提出对策和措施。

三、科技发展的战略性转变

加快科技强省的建设取决于人们的观念和采取什么样的发展战略。我们认为，对浙江来说，目前最重要的是实现以下三个方面的战略性转变：

1. 经济增长要从依靠要素投入向依靠科技进步为主转变

浙江经济增长中科技进步有很大的贡献，但从总体上来说还没有摆脱传统的工业化模式，主要是依靠劳动力和资本的要素投入的贡献而获得的。虽然这个结论要有计量分析来支持，但许多征象表明这个结论不会错，已是公认的事实。要转变这种增长方式已讲了多年，但是进展很缓慢，这是不足为奇的，这是经济发展的阶段和经济体制环境所决定的。在工业化初期主要靠要素驱动力来发展经济，特别是在短缺经济的市场环境中，要素投入是发展经济的捷径。但是经济发展到现阶段再采取这种增长方式已经不行了，市场需求发生了变化，人们的需求已从满足生存需求向时尚需求与发展需求转变，而且后两者在增加，对产品的需求已发生激剧的变化，因而经济增长的驱动力也发生了变化，浙江经济正处在由投资驱动向创新驱动过渡的阶段，要有科技进步的支撑才能保持持续增长。江泽民同志在中共十六大的报告中指出，我国经济建设要"走新型工业化道路，必须发挥科学技术作为第一生产力的作用，注重依靠科技进步和劳动者素质，改善经济增长质量和效益"。这也是浙江经济发展所要实施的战略方针。要实施这样的战略，首先，要对传统产业和高技术产业的关系有个正确的认识。产业结构变革的一般规律表明，高技术产业的形成和发展，同传统产业是不可分离的，高技术产业的发展要以传统产业为基础，而传统产业又要以高技术作为自身改造的力量；同时，高技术也只有用于对传统产业进行技术改造时，才能推广和发展壮大。传统产业是浙江现阶段经济的支柱，也是浙江经济的优势所在，但如何壮大这个支柱，提高这些传统产业的竞争力，可以有不同的思路和策略，就传统产业论传统产业已经不行了，一定要对传统产业进行技术改造，传统产业的改造可以采用先进技术，而运用高技术往往会使传统产业发生质的变化，取得市场竞争的新优势，因此，以发展高技术及其产业来驱动传统产业的发展，可能是未来浙江产业结构调整的方向，是提高国际竞争力的有效途径。其次，要建立依靠科技推进经济增长的机制，提高经济的科技含量，抑制粗放式经营，要改变现行的侧重经济增长速度考核干部业绩的制度。

2. 创新模式要从模仿创新为主向模仿创新与自主创新相结合转变

科学技术革命改变着世界经济社会发展的模式，技术创新正在成为一个国家和地区经济增长的发动机。国际上有些经济学家认为，在经济发展的不同阶段，技术创新的模式是不一样的，在要素驱动经济发展的阶段，技术来源是引进、模仿和消化吸收；投资驱动经济发展的阶段，技术来源大都来自技术许可、外国直接投资、合资企业和模仿；创新驱动经济发展的阶段，企业需要推出创新的、处在全球技术前沿的产品，竞争优势来自于创新产品的全球竞争力。在前一时期，浙江的技术创新主要采用模仿创新的模式，是符合经济发展阶段的，因而成效也是很显著的。目前，浙江经济已进入从投资驱动向创新驱动过渡的阶段，技术创新的模式应当要相应地改变，增加自主创新的力度，创造出处于全球前沿的产品。自主创新模式指的是创新主体以自身研究开发为基础，实现科技成果实用化、商品化、产业化的一种创新活动。自主创新作为一种率先创新，在一定程度上左右行业的发展，从而赢得竞争优势。新安江化工集团在生产草甘膦生产排放的气体中分离出氯甲烷，形成草甘膦有机硅产品链的一项自主创新，带动了有机硅单体和草甘膦两个行业发展的事例就是一个有力的证明。从发展的趋势来看，单纯依靠模仿创新，对于进入较高发展水平的企业已经不能满足进一步发展的需要；在一些重要的特色产业领域缺乏自主创新，将在激烈的国际竞争中处于不利地位。正是基于这样的认识，有些企业已经加大自主创新的力度，努力开发具有自主知识产权的核心技术。

现在的问题是对创新模式转变的认识尚未取得共识。有一种颇具代表性的观点认为，浙江现在能有模仿创新就不错了，要讲自主创新还没有到时候，无论是资本还是智力资源都不具备自主创新的条件。这似乎有点道理，但其实不然。浙江已经到了讲自主创新的时候了，当然在现阶段还是以模仿创新为主，要加大自主创新的力度和在整个创新中的比重，这是必要的也是可能的：其一，对单依靠模仿创新要有危机感，现在许多产品的市场已饱和，要以新产品来开发新市场，有不少产品的进一步发展将受到知识产权的约束，而且模仿创新只能跟在别人后面走，不可能有超越，并容易受到技术壁垒和市场壁垒的制约；其二，在创新模式转型的进程中，可以通过合作创新走向自主创新，企业可以与有实力的科研院所携手共创，这样的事例是很多的；其三，通过资本运作的方式，可以兼并、收购国内外的科研机构，变人家的创新为自主创新成果，浙江华立集团成功地并购了飞利浦 CDMA 研发中心，便拥有了 CDMA 核心技术的自主知识产权，进入世界先进技术的行列；其四，要有重点的扶持一些已具备条件的企业，使他们尽快具备自主创新的能力，并通过对点上创新的引导以达到面上创新能力的提高，这是国外自主创新的进程所证实了的必经阶段；其五，要鼓励合作创新。合作创新是一种很有生命力的创新模式，它对组合创新资源，突破关键技术有独特作用。合作创新要求跨部门、跨学科、跨行业；在地域上要跨省界，甚至跨国界，其复杂性是不言而喻的，所以政府的支持与帮助是不可或缺的。

3. 科技扶持要从鼓励产品开发项目向营造创新环境转变

在中国成为 WTO 成员以前，政府对科技发展的扶持方式一般都是以扶持企业的产品开发项目为主，通过产业政策对需要重点发展的产品给予各种优惠，这种思维方式和运行惯性仍在持续中，诸如政府机构纷纷提出要发展多少个资金规模庞大的企业集团，多少个市场占有率有相当份额的产品，至于所谓"一厂一策"特殊政策更是屡见不鲜，等等。这里有许多办法是 WTO 规则所不允许的，采用这种政策对企业没有好处，一旦发生贸易纠纷政府有不可推卸的责任。况且国际和国内的经验都表明这种抉择值得反思，美国经济学家波特认为，"环视各国，若政府强力介入产业，绝大多数无法在国际竞争上立足。在产业的国际竞争中，政府固然有它的影响，但绝非主角。"比如，在日本，传真机、影印机、机器人和高新材料等重要产业中，政府的影响力很低弱，但发展得很好；而过去认为政府主导成功的缝纫机、钢铁、造船等产业，现已过时老去；日本政府从1997

年开始积极推动的飞机工业以及 1978 年开始推动的软件工业，但一直未能跃升到期望的国际领先地位。韩国政府野心勃勃地投入石化、机械等产业，其成绩同样也不佳。我国的实践也证明，国家的很多产业政策并未取得预期的效果。"政府是发动机"，而这个发动机的着力点应该是营造公平竞争的高效动作的发展环境，为企业的创新和竞争力的延续创造条件。政府在对企业科技创新的扶持方式和政策选择上要有根本性的转变，要在营造能促进科技持续发展与经济持续增长紧密结合的环境，包括政策环境、法律环境、金融支撑环境、科技服务环境、科技人才成长环境等方面。

四、构建具有浙江特色的区域创新系统

要成为科技强省就要有健全的实力雄厚的区域科技创新系统，并成为国家创新系统中的重要组成部分。目前世界上还没有一个公认的关于国家创新系统的定义。根据 1997 年 OECD 的《国家创新系统》报告，"国家创新系统可以被定义为由公共部门和私营部门的各种机构组成的网络，这些机构的活动和互动作用决定一个国家扩散知识和技术的能力，并影响国家的创新表现"。国家创新系统是一个非常复杂而庞大的系统，包括诸多"要素"和它们之间的相互关系。作为一个省的科技创新系统，创新系统的各种要素都应该拥有，但重点有所不同；而且区域性的创新系统必须是开放性的，不可能固守在本区域内建成什么完整的创新系统。在构建浙江区域创新系统时，除了建立不同层次的创新网络，按照"三螺旋理论"，充分发挥高等院校和科研院所、企业和政府的作用，构建"产、学、研、金、政"相结合的研发机构和合作组织，我们认为浙江还要突出解决三大问题：一是充分发挥"产业集群"在区域创新系统中的作用；二是构建共性技术研发的新体制；三是充分发挥政府在区域创新体系中应有的功能。

1. 要把产业集群建设成为创新发源地

产业集群（Industrial Cluster），"Cluster"有的翻译为"簇群"，有的以"专业化产业区"来命名。这是一种新的经济现象。波特认为，"集群是指在某一特定领域上集中的公司和机构的集合。集群包括一批对竞争起作用的、相互联系的产业和其他实体。""集群与传统产业或部门所不同的是，集群主要关注生产率和跨国公司的联系，而传统的观点则是关注国家干预和补贴。集群为政府组织、公司、供应商和当地的制度与协会等提供一些建设性和行动性的共同舞台。""集群是每个国家国民经济、区域经济、州内经济，甚至都市经济的一个显著特征，在发达国家尤其如此。硅谷和好莱坞可能是最著名的集群。"浙江的"块状

经济"或"特色经济",其实就是一种"产业集群"的发展模式。目前在浙江,工业产业集群最为突出,全省工业产业集群的产值已占工业总产值的60%左右。

"产业集群"的发展模式是以专业分工高度化和集中化为特征的,这种结构很有活力:其一,专业分工程度很高的企业集中在一起,具有群体效应,这种效应也是一种规模效应,其管理费用和经营成本要比单个的大型企业要低得多,对于一般性产品(相对于钢铁、石油、汽车)来说,这样组织结构是有效的。其二,产业集群具有一般大型企业所没有的独特优势:(1)在集群内企业间的交易成本大大降低;(2)集群是由一批对竞争起着重要作用的、相互联系的产业和公司集合而成的,各企业间的模仿学习、共同研究与开发新产品,提供相关的服务,它们一方面处于保持距离型的市场之间,另一方面又处于等级或垂直一体化之中,企业间的互补性非常强;(3)许多同类型的企业集中在一起,竞争是近距离的,而且是面对面的,这里具有内部的、持续不断的相互对比的压力,是一种"绝对性压力",这种压力迫使企业不断创新,所以这是一种具有效率性、灵活性的企业组织形式。其三,"集群结构"是一种网络结构,它符合未来产业组织结构的发展趋势,因而它是有生命力的。

"集群"已经成为促进经济发展一种新思维方式,并且是引起变革的一种手段,已引起了国际经济学界的关注。世界银行已经把集群作为核心发展战略。世界论坛发表的《2001—2002年世界竞争力报告》指出,"在创新不断全球化的同时,创新在区域经济发展中的重要性与日俱增,出现了创新的区域化。"创新的区域化表现为一些地区集结了大量的科技资源,成为许多重大创新的发源地。"集群"在一国经济发展中发挥着重要作用,尽管这些地区的创新特色不尽相同,但许多国家和地区的"集群"成了创新的发源地。产业集群引发出"创新集群"。一个公司的许多竞争优势不是由公司内部决定的,而是来源于公司之外,也即来源于公司所在地的地域和产业集群的创新成果。《中国区域创新能力报告》认为,"浙江许多地区已经呈现出创新区域化现象"。从创新企业分类,产业集群可以分为:以学科为基础的产业集群、规模密集型产业集群、供应商支配的产业集群、专业供应商支配的产业集群。而浙江的产业集群大多是规模密集型和供应商支配型的,需要集成的组件和次级系统数量相对较少,小规模厂商即可完成产品生产过程;而缺少诸如生物、医药之类的以学科为基础的产业集群,也缺乏计算机软件产业之类的由专业供应商支配的研发密集型产业集群,因此绝大多数企业的还处在产品的生产和制造阶段,还是一种加工和组装的集群,还没有成为制造基地,更没有成为产业中心,有一些企业有技术创新,但也只称其为模仿创新。这样的集群，从长远来看是很难有持久的竞争力的。但浙江的大多数产业集群是很有生命力的，只要稍加引导是可以成为创新的发源地的，这是浙江技术创新的希望所在。对政府来说，要使产业集群成为技术创新的发源地：第一，要提高产业集群的技术层次，以高新技术开发区为基地，培育以高技术为主的、以知识型服务业为主的"高技术产业集群"；第二，要使现有的产业集群从以加工、组装为主的制造业加工基地进一步发展为先进制造业中心和产业发展中心，建立自己的研究与开发中心，大力推进多家联合共建：开放共享的信息、实验、检测等共用技术平台；第三，要构建以支持产业集群为特征的共性技术研究与开发机构，这在下面详细分析；第四，加大教育等公共产品的投入，使产业集群成为学习园区；第五，发展区域文化，提倡创新文化，营造创新氛围，引进全球文化，开阔员工视野。这是构建成区域创新系统中最重要也是最有效的工程。

2. 构建共性技术开发与研究的新体制

在区域创新系统中，共性技术的开发与研究在浙江应当成为技术创新系统中的一个重要环节。根据美国国家标准与技术研究院（NIST）的经济学家 Gregory Tassey、Albert Link 等人的研究，经济活动中技术投入的重要"元素"有：专有技术、共性技术和基础技术，并认为共性技术和基础技术都属于技术基础。专有技术（Proprietary technology）属于私人领域，它们完全为公司专有，拥有知识产权。共性技术（Generic technologies）代表一种知识的组织，即把知识组织成某种最终应用的概念或构想，以及这种构想的实验室试验。这种早期技术研究是专有技术研究的基础，例如基本的集成电路结构和设计概念。共性技术研究通常以高风险和高潜在回报为其特征，但是共性技术研究阶段的市场失效大于专有技术研究，因而私人部门的公司为规避风险会减少对共性技术研究的投资。基础技术（Infratechnologies or Infrastructure Technology）是一种被广泛承认的产业技术的要素，是促进内部 R&D 和共性技术研究的各种技术，属于公共领域，并大部分是由公共部门投资。

共性技术最显明的特点是：从技术角度看，共性技术具有"基础性"、"共同性"、"超前性"；从经济学角度界定，共性技术具有"准公共产品"的属性，它是技术基础的重要组成部分，它体现了新知识的应用构想、知识应用的新概念，它是满足公共需要的产品，这种共性技术消费不具有竞争性，但共性技术如果是由竞争性企业开发的，它仍然可以通过特定的制度规定，使它具有排他性，是属于私人产品，所以共性技术不完全是公共产品，也不全是私人产品，准确地说应该把共性技术定性为"准公共产品"。因此，市场经济条件下，各国或地区的政府对共性技术研发都给予积极的支持。尤其是进入 20 世纪 90 年代以来，政府通过公共财政投入和产业政策鼓励，支持产业共性技术研究以提升一个国家或地区的产业国际竞争力，已为越来越多的国家和地区所效仿。尽管各国的实际情况不同，但在政府支持共性技术的体制安排上的共同特点是都有一个优秀的共性技术研究机构在发挥重要作用，政府支持共性技术研究机构的机制是联合开发、共担成本、共享成果。

对浙江来说，构建共性技术研究、开发、应用的新体制更为迫切：第一，从一般意义上来说，构建成共性技术研究新体制是弥补"市场失灵"的需要。人们往往认为基础科学研究属于公共产品，应该由政府支持，而产业部门的产品技术、工艺技术的研究应该由产业部门自行投资，其结果是，处于两者之间的基础性技术研究得不到足够的支持，成了 R&D 投资领域中的"死亡谷"，严重影响产业国际竞争力的提高。浙江的科技体制改革中，这种"市场失灵"现象已经凸显出来了，据对改制为科技企业的研究机构调查，它们对共性技术的开发研究并未得到应有的加强，相反，共性技术 R&D 的投入在减少。无论在行业层次上、区域层次上，还是在国家层次上，都迫切需要构建共性技术研发新体制；第二，从浙江的实际出发，构建共性技术研发新体制，是转变经济增长方式和提高区域经济竞争力的需要。上面已经说过，产业集群是浙江经济发展模式的特点也是浙江经济的优势所在，但大多数企业的技术是从模仿起步的，而企业的组织结构又以小企业为主，单个企业无力组建研发机构，因此，制约浙江主要产业发展的众多共性技术和关键技术尚未得到有效解决，如纺织业差别化、化纤比重、纺织机无梭化率、涤纶熔体直接纺织的技术采用率都不及国际普通水平的一半，精细化工、生物医药产品基本上是仿制国外品种，尚未形成自主创新的能力，等等，这一切都致使产业竞争力不能快速提高。

浙江应努力构建以多种类型、多种模式的研究实体为基础，以政府主导、政府和企业合作联动为核心，以投资多元化为基本特色的共性技术研发的新体制。构建这样的新体制：第一，要积极培育多种不同类型的研发实体：由政府出资或与企业联合出资，建立实行企业化管理和以民营机制运作的，专门的研究所或中心；由多家企业联合或由龙头企业建立的技术中心或工程中心；由政府、企业、院校等多方参与的联合研究机构；也可以建立民间独资或股份制的研究所；有些类型的研究实体还可以是"柔性"的。第二，要构建一个高效率的共性技术供给体系：这个系统的投资主体既可以是政府的公共财政支出为主，也可以以企业为主，还可以是混合的；组织结构既可以是中央的，也可以是省市的，还可以是跨省、市、县的合作组织，既可以是各种类型的企业自己独立建的，也可以是企业技术联盟式的，只要符合客观实际需要的组织结构，就会显示出它的生机和活力；国际经验表明，建立综合性的产业共性技术研发机构对推动产业技术的发展是十分重要的。第三，政府应积极介入共性技术的研发工作并发挥主导作用：制定和实施共性技术研发的专项计划；组织共性技术研发的试点工作；对与本省新的经济增长点结合的共性技术、关键技术要组织重点攻关，财政要给予特别的资助；加大政府政策引导和扶持的力度，如资助共性技术专门研究机构的建立，对于公共产品属性强的共性技术研发成果可采用政府收购的方式，对与专有技术相结合紧密的共性技术研发成果的知识产权可由政府授予企业，企业通过专利手段对研发成果进行保护，政府保留一定的强制推广权，这样既有利于调动企业的积极性，也有利于共性技术的推广应用。第四，要实施全面开放战略，积极引进国外的力量来我省设立研发中心，欢迎外地科研机构来参加本省科技项目的投标，积极主动地吸取国内外的科研成果并把它转化为本省的科技资源。第五，应将科技研发与科技服务结合起来，既进行共性技术难点研究的突破，又进行技术推广与信息服务，成为一种新型的共性技术研发的制度安排。

3. 充分发挥政府在区域创新体系中应有的功能

科技创新的主体是企业，市场竞争是推进科技创新的主动力，这是毫无疑问的。在构建区域创新体系中应当有这样的基本观念。然而，政府在区域创新体系中也具有重要的地位和作用，有其特殊的功能。其功能有二：第一，是政府职能范围之内应该办的事。这方面的工作又分为两类，一类是为科技发展提供公共产品，对浙江来说，要针对科技资源积累不多的情况，加大智力资本的投入，采取有效措施成建制地从外地引进科研院所，大力发展民营科技机构，增加浙江科技资源的总量；特别要重视源头上的知识创新，本省的知识创新、原始自主创新能力比较弱，应加强对基础研究的支持，加强源头上的知识创新。另一类，是营造区域科技创新的环境。按照传统的理念，企业是国际竞争力的核心。而在经济全球化的时代，加强企业国际竞争力和充分发挥政府在提高国际竞争力中的积极作用，已共同构成现代国际竞争力的核心。波特认为，"在企业竞争的成功上，国家环境确实扮演了关键角色"；"国家在全球产业竞争中的角色不减反增"。这方面的职能在第三部分已经说过，不再赘述。第二，是政府矫正"市场失灵"的功能，对科技创新体系的构建也是如此。这方面，"市场失灵"在浙江的突出表现为：其一，对高科技产业的投入严重不足。其原因也是显而易见的，因为高科技产业是高风险产业，而企业家的市场行为往往是规避风险以牟取效益最大化，因此，光靠市场的力量，高科技产业的发展是难以有突破性的进展的，所以，各个国家对高科技的研究和高技术产业的发展都给予有力的支持。这方面已达成共识，本课题也有这方面的分报告。其二，在科研体制的市场取向的改革进程中，也存在"市场失效"的问题，科研院所为了短期的经济效益，对一些需要比较长的时间才能见效的战略性课题和共性技术的研究，投入的科技资源相对减少了，成果也明显减少了，这已经成为区域科技创新体系中一个非常值得关注的大问题，需要政府给予"矫正"，针对这方面的问题制定相关政策，激励具有战略性重大科技难题项目的攻关，激励对浙江产业发展极具价值的共性技术的研究与开发，矫正科学与技术研究中的短期行为。

五、企业科技进步的动力与发展模式

企业是市场的主体，也是市场经济体制下科技进步的主体。任何一个国家和地区的经济竞争力，都取决于企业的技术创新能力。从政府层面上，在讨论竞争力问题时，往往集中于宏观政策，实际上真正限制一国进步的却是微观经济，也就是企业的技术创新能力。企业的技术进步，其动力主要来自企业自身，但区域环境对微观组织非常重要，因而研究建设科技强省时不能不对企业技术进步的动力和发展模式加以研究。

从科技发展史来看，技术创新的线性模型主要有两种：一是，技术推动型创新过程：基础科学→应用科学→设计试验→制造→销售；二是，市场拉动型创新过程：市场需求→发明＋制造→生产→销售。各种现代技术创新模型有了很大发展，但线型模型仍然是政策分析的基本依据。科技推动型的技术创新过程是按照科技本身的发展规律运作的，前三个阶段主要是由高等院校和科研院所来完成，它创造了一种新产品，引发了一种新的市场需求；市场拉动型科技创新是按照市场的现实需求和潜在需求提出的问题，有针对性地进行研究与开发，创造了新产品，或者对原有的产品进行了性能上的改进，或者是提高了原有产品的品质，或者对原有产品的生产工艺进行了创新，这个过程主要是由企业来完成的；当然在第一种创新过程中，企业可以承担一些科研成果的小试验或中试验的任务。这就决定了企业的发展模式是不一样的，因而科技创新的动力也就有差别。

1. 企业发展模式的多样性

企业根据市场需求和自己的实力与特点，选择了不同的发展模式和营销战略。大多劳动密集型企业都有采取"斯密方式"，通过分工的高度化和集中化，实施"成本领先型"战略，还没有把技术创新提到日程上来；有的企业虽然也生产劳动密集型产品，但市场已严重饱和，靠低成本已经没有优势了，市场拉动他们进行技术创新，实施"特异经营型"战略，这样的企业对技术创新具有强大的动力；资金密集型和技术密集型企业，无论是技术发展本身的驱动还是市场需求的拉动都促使企业采用"技术创新"战略，企业是与技术创新共命运的，特别是高技术企业。旧金山的一家软件投资公司的股东安·温布拉德说："高技术公司就像 CNN 电视台的工作室，每 10 分钟就有一条爆炸性新闻"，飞速疾驰。每日每时，这种不断向前的疯狂速度和变化感统治着高技术产业，这是高技术企业所特有的可怕的紧迫感。这说明，在建设科技强省时，对不同的企业要分类指导：

（1）企业科技进步的动力来自市场的压力，而市场对产品的要求是多层次的，劳动密集型的中、低档产品永远会有市场，生产这类产品的企业能有模仿创新就不错了，对他们不能要求太高。

（2）对传统产业进行技术改造是浙江建设科技强省的坚实基础。目前浙江经济中传统产业仍然是支柱性产业，是财政收入的主要来源，也是浙江的产业优势所在，这类企业的技术装备水平、生产工艺水平、设计艺术水平、企业管理水平和创新能力如何对浙江的科技强省建设起着决定性作用。传统产业并不意味着落后的技术，波特说，"只有低技术的公司，而没有低技术的产业"，现在传统的高技术产业与低技术产业的界限，正被微电子、新材料与信息系统等广泛应用的技术打破了，传统产业也可以是高技术的企业。因此，在建设科技强省的进程中要花大力气用先进适用技术和高技术改造传统产业。着力发挥信息化对工业化的重要带动作用。在传统产业的改造过程中，要加大自主创新的力度，出一批有自主知识产权的成果。对浙江来说，在传统产业领域里自主创新的成效也许比高技术领域的成效更好，成功的希望更大。

（3）高技术企业是建设科技强省的核心和希望所在。作为一个科技强省，在高技术领域里一定要占有一定的地位，一定要有相当数量的高技术的自主知识产权。但目前浙江的高技术企业都很弱小，有许多领域还是空白，但是开拓的空间很广阔，机遇很多，潜力很大。因此，对高科技企业，不论企业的规模大小都要大力加以扶持，特别是那些对本地区经济社会发展有重大带动作用的高技术产业应重点加以扶持。

2. 来自企业内部的科技创新动力

技术创新的市场拉力要由企业自己来把握，企业有无其内在的要求，而这种内在动力从何而来？无疑来自于企业的制度创新和管理创新。实践证明，当制度环境阻碍技术创新时，制度创新成为技术创新的前提，用吴敬琏教授的话来讲，这个时候的"制度创新高于技术创新"；而像西方国家的市场经济体制已经很完善了，但科技的飞速发展又对制度安排提出了新的要求，技术创新也需要制度创新的支持。浙江在企业制度创新方面是率先的，这主要表现在产权制度改革方面进展得比较快，同市场经济的吻合度比较高，因而企业制度的绩效显著；但与科技创新的要求来说，企业制度创新的空间还很大，最紧迫的是：

（1）科技资源资本化。生产要素参与分配的问题，在浙江早就出台了实施政策，但至今尚未真正落实，这里有认识问题，也有实施中的一些具体问题。但即使这些政策落实了，也还有个分配问题，还涉及产权问题。现在要研究的是如何使科技资源变成企业的股份。科技资源的表现形式是多种多样的，最主要的有两种：一种是体现在科技成果中的知识产权，有的已申请专利，有的没有申报专利；另一种是体现在具体的科技人员身上，即科技人员的综合科技创新能力。要使这两种科技资源资本化都需要解决以下问题：第一，需要市场评估，而最简便最合理的办法是由企业主决定，这里所谓的企业主，既可以是老板，也可以是企业董事会，当然在他们作出决策之前可以找评估机构，也可以找一些懂行的人做参谋，总而言之，就是要把科技资源资本化的权限交给企业；第二，要改变现行的限制智力资本在注册资本中的比重，对一些智力资本成为第一要素的企业，物质形态的资本只要能保证企业的正常运转就行了，对无形资本的比重不要加以限制；第三，资本化的形式是多样的，可以把智力资本加到现有企业的资本总量中去，也可以采取给期权股票的方式，对科技人员来说也许"股票期权制"更具有激励作用，也可以两种办法同时采用。

（2）高技术企业的治理结构。国际上企业理论在发展，企业制度在创新，其中一个重要趋势是，一批高技术企业实行"人力资本治理结构"，也就是说人力资本所有者成为企业的控制者和所有者，即技术控股制、人力资本所有者控股制、股票期权制；相反地，货币资本不是以入股的形式，而是以借贷资本的形式与生产要素相结合。这就彻底改变了过去以物质形态的所有者为主的治理结构。"人力资本治理结构"应当在高技术企业中推广，这有利于推进科技创新。

（3）建立知识流动的机制。在影响创新的诸多因素中，一个重要原因是知识的流动不畅。企业、研究院所、大学之间的交流太少，社会知识网络未能完备建立。知识的流动是创新的关键，因为知识只在交流中才能发展。对一家公司来说，如果知识不能同现有知识联系且不能为人所用，知识是没有价值的。只有在相互联系和使用中，知识才能派生出新的知识。企业的技术创新也要依赖于知识的流动，如根据知识的可共享性与排他性的双重特点，来构建知识流动和知识保护的制度；根据人才在知识劳动中的特殊地位，来构建人才的稳定和流动制度；根据技术知识无形磨损的特点，建立技术经济寿命的预测与评价制度。

3. 源于企业外部的技术创新动力

企业的技术创新动力能否得到充分发挥，有赖于外部环境，这主要是政府为企业创造良好的市场、法律、体制、政策、中介组织和政府服务环境。波特说，"国家是企业最基本的竞争优势，原因是它创造并延续企业的竞争条件。国家不但影响企业所作的战略，也创造并延续生产与技术发展的核心。"浙江的科技创新环境总体上来说是比较好的，但与政府要起着"创造并延续生产与技术发展的核心"作用，还有许多应当改善的地方。据波特在《国家竞争优势》一书所说，"进步和创新的最佳环境组合是：企业面对的压力适中，环境条件利弊参半，并有步骤地处理它所面临的不利因素。"在发展环境上对企业有点压力也不完全是坏事，从某种意义上说这也是发展的动力，正如改革开放之初的环境对浙江的发展很不利，但正是那样的环境把浙江推向率先改革之路。但就政府而言，创造良好的创新和创业环境是自己应尽的天职。在这方面，浙江各级政府最迫切的是要在以下方面下工夫：

（1）切实落实已经出台的推进技术进步和鼓励发展高技术产业的政策。据杭州《科教兴市参考》2001年第21期报道，浙江大学管理学院邢以群教授等专家对杭州市出台的高新技术产业政策实施情况做了调查，很有价值。杭州市为了加快高新技术产业开发区（园区）建设，培育发展杭州高新技术产业，创建"天堂硅谷"，出台了不少扶持政策，归纳起来有企业扶持政策17条资金支持政策16条以及科技人员鼓励政策14条。为了了解这些政策在杭州市的实施情况，抽样调查了信雅达、宏华电脑、展望资讯等14家具有代表性的高新技术企业。问卷调查显示，认为这些政策对企业发展"比较有效"和"作用很大"的企业评价比重达55%—92%，说明这些政策切合企业实际需要，是受到企业欢迎的；但多数企业对市政府出台的这些政策不够了解，有许多具体的扶持政策并没有有效地传递到企业，甚至有的部门还从自己的部门利益出发有意推诿或对政策落实加以限制；各类政策实施和落实的情况也不一样，认为"比较有效"和"作用很大"的主要是税收减免政策（38%—54%）、创新创业资助政策（11%—78%）、高新技术成果转化政策（30%—50%）、个人所得税优惠政策（33%—56%）、技术成果转化收益的享有政策（20%—60%）和科技人员创业鼓励政策（11%—67%），企业对这些政策的两项的评价之和均超过80%；相对而言，需要还贷的"财政贴息政策"以及"人才引进鼓励政策"的作用，企业评价比较低；在这47条政策中，许多政策得不到实施与落实，在被调查的企业中，只有64%的企业享受过"税收减免政策"和50%的企业享受过"土地使用优惠政策"，除此两项外，其他政策均有超过半数企业从未享受过；在享受过优惠政策的企业中，评价为落实得"很好"和"比较好"也只有1/3的企业。这说明，对已有扶持政策的传播力度还有待加强，企业对科技创新激励政策的关心度还需强化，对实施已出台政策的监督机制还需健全，这些问题应当引起各级政府的重视。

（2）政府要积极合理地参与技术创新活动。推进技术创新，政府的作用除了创造良好的环境外，还需要适度参与。参与的方式是多种多样的：一是对一些风险很大的重大科技项目可直接由政府作为项目发起人主持招标研究与开发；二是政府也可采取科研成果采购制支持并推广科技创新；三是政府对企业技术创新的财政支持和金融扶持。政府要进一步按照WTO规则调整产业扶持的财政支出政策，大幅度提高扶持企业技术创新的支出比重。重点扶持企业自主技术创新，特别是那些具有高技术风险而又有良好市场发展前景的自主创新项目。

（3）规范科技资源获取环境。政府手中掌握企业创新所需的大量资源，从有利企业创新出发，企业需要的技术、信息、人才、资金等资源，应更多地通过市场机制或采取市场手段来分配，即政府掌握的资源应通过公开竞争的方式来分配，例如，对政府掌握的研究开发经费，应采取类似自然科学基金的自由申请办法、工程项目招标的办法。任何企业，只要合法经营，照章纳税，都应有机会获得政府的研究开发经费支持。资源分配的公开化，才能使稀缺的资源得到较高效率的配置和使用。浙江省科技厅已开始实施这种市场规则，受到普遍的好评，今后要把这种制度创新坚持下去，使它更加完善，并加以推广。

六、科技创新环境建设中的五大问题

科技创新环境是一个社会系统，前面所论述的都可以归于这个大系统中，但这里只就本文在别的部分没有专门阐述的知识产权的保护、技术标准的国际化、金融支持政策、智力资源开发与利用以及为科技发展服务的中介机构等五大战略性问题集中在这一部分来探讨。

1. 知识产权保护对策

知识产权的保护一直是科技界关注的课题，中国成为WTO成员之后，知识产权保护面临着新的挑战和机遇。"拥有一项专利，就拥有一方市场。"现在外商利用专利跑马圈地，国内市场纷纷陷落；外国品牌长驱直入，国内品牌纷纷落马；这是人所共知的现实。究其原因，有制度上的根源，也有认识上的问题。制度上的根源是最重要的，传统模式的社会主义以姓"公"为荣，什么都是公有的，无论是物质产品还精神产品，都不存在非公有的产权制度，所以保护知识产权的问题就无从谈起。改革开放之后的很长一段时间里，也没有把知识产权问题提到议事日程上来，到了20世纪80年代末才真正开始重视。而在发达国家，他们的知识产权的保护体系是经过了几百年才逐步建立和完善的。所以，现在我们面临着挑战是不足为奇的。我们的科技人员也长期生长在传统模式的社会主义制度下，对知识产权没有引起充分的认识和重视，也是情理之中的。在知识产权保护方面，当前迫切需要做好以下几件事：

（1）要加强知识产权保护的基础建设。首先是根据成为WTO一员后的新形势和实践中提出的新问题，对现有的《知识产权保护法》进行修改，使其更加完善，这项工作属国家的权限，省里可提些建议。对省里来说，最现实的：一是，尽快培养一批能承担与WTO多边争端解决机制有关的知识产权纠纷处理任务的律师；二是充实和完善知识产权保护的信息库，并建立政府、企业与学术界之间的信息沟通渠道。

（2）普及知识产权保护的基本知识。这是使大家掌握必要的知识产权保护，树立正确的知识产权保护观念，提高灵活运用知识产权战略战术的能力的有效途径。

（3）按照市场经济的原则建立行业协会。这在上面已经说过，现在的许多行业协会是官方组建的，还是按照政府的模式在运作，实际上是"二政府"，这样的协会要重新组建。只有行业经营者自己组建的真正的行业协会，才能充分起着自律的作用，也才能成为保护知识产权的集体，解决知识产权上的纠纷要靠他们。

（4）建立保护知识产权的咨询机构。鉴于目前国内真正懂得知识产权保护的法规和运行机制，善于运用知识产权战略和战术的人才奇缺，要采取"内部不足，外援补充"的方针，积极聘用国外专家任顾问，走内外结合的道路把这个咨询机构建立起来，以便少走弯路，避免失误。

（5）要把加强知识产权保护与深化改革相结合。企业要把保护知识产权作为现代企业制度的重要组成部分，科研院所要把保护知识产权作为深化改革的重要内容，科技主管部门要把保护知识产权的状况作为考核干部业绩的重要指标，执法部门要继续提高对侵犯知识产权行为的打击力度。

2. 加速技术标准国际化的进程

任何一种产品或服务都需要遵循一定的标准，这是提高劳动生产率的必要条件、实现社会化及经济规模化的前提、是科学管理的基础、是提高产品质量的保证、是合理利用资源的手段，也是市场运行秩序的有效规范和科技成果转化为产品的重要路径。所以，提高一个省的标准化程度和水平，以及其测试能力，是建设科技强省的应有之义。

（1）加速提高标准化的水平。技术标准已成为产业特别是高技术产业的制高点，技术标准又往往被发达国家作为保护自己和占有别人市场的武器，在多数情况下我们只能被动执行国外和国际的标准，受制于人。我国由于企业生产技术水平普遍较低，目前采用国际标准和国外先进标准的采标率为43.7%，而等同采用国际标准和国外先进标准的比率不到10%，由我国主导制定的国际标准寥寥无几。浙江省年产值500万元以上的企业，采用国际标准的比例为57%，其中等效采用不到10%；年产值500万元以下的中小企业采标率更低。这说明我们的产品档次偏低，国际竞争力不强；通过采用国际标准和国外先进技术标准是提高浙江产品技术含量的一条有效途径，是实现科技强省的关键之一。所以，第一步是要推动企业实施国家已颁布的标准，第二步是要使浙江的产品和服务达到国际标准，可以超越国家颁布的标准，率先与国际接轨，只有按国际标准生产和提供服务，才能获得进入国际市场的通行证。

（2）建立区域标准化体系。这里包括标准的制定体系、标准检测机构体系、标准化服务体系。其中特别重要的是标准的制定。标准的制定由三个层次组成：一是当无国家、行业和地方标准时，可以制定区域性协调标准；二是根据国家标准、行业标准、地方标准或区域协调性标准指导企业制定企业标准；三是建立以自主知识产权为基础的技术标准。按照 WTO 的 TBT 协议，即使已有国际标准、指南和建议，发展中国家仍可采用某些技术法规（强制性标准）、标准或合格评定程序，以保持与其发展程度相适应的当地技术、生产方法和加工工艺。这就是说，我们可以建立自己的标准系统，形成保护性技术壁垒是 WTO 法规所允许的。当然，更高一层次的是使自己以自主知识产权为基础建立的技术标准成为国际标准，被世界同行所公认。正如国家科技部李健司长所说，"得标准者得天下。"如果我们能把自己使用的标准成为国际标准，那浙江的国际竞争力就大为增强了，我们要有敢于吃螃蟹的精神去创造国际标准。

提高产品和服务的技术标准化，主要是企业和科研机构的事，但推动标准化和建立标准管理体系是政府义不容辞的责任。

3. 金融和财政对科技的支持政策

自从舒尔茨在 1961 年发表《人力资本投资》以后，技术进步在经济增长中作用引起广泛的关注。英国学者斯科特（M. P. Scott）提出的"斯科特模式"解决了经济学上把强调资本积累的作用与技术进步的作用对立起来的难题。根据英国学者施莫科勒（J. Schmootder）对技术发明史的研究，得出一个重要结论：技术进步源泉是资本投资，用于教育及研究与开发的资本投入越多，技术进步就越快，所以经济的增长最终还是取决于资本投入率。斯科特模式说明，产出的增长率主要取决于资本投入率和劳动生产率的增长，而劳动生产率的增长则是知识和技术对劳动力素质影响的结果。这从理论与实际的结合上说明了科技和资本紧密相结合的必要性及其必然性，建设科技强省要有财政和金融政策的支持。财政和金融如何支持科技创新，已引起浙江学者和官员们的重视，已有诸如"风险资本研究"、"中小企业贷款担保研究"、"科技型中小企业研究"等软科学研究成果；在实践上，省政府出台了一系列政策，并取得了显著成效。比如，浙江省对高新技术产业化采取了积极的财政政策，1999 年地方政府创新基金匹配数为 2 460.3 万元，居全国第 3 位；2000 年增加为近 8 000 万元居全国第 2 位；银行系统年末贷款余额增幅占全国的比重，2000—2002 年分别占 7.8%、8.3%、11.6%（预计数），金融对经济发展的支持力度逐年在增强，增幅在全国一直居领先地位。因此，这里对众所周知的道理和已有的政策不全面论述，只提出我们认为需要强化的问题和新的建议：

（1）加大财政对基础理论、应用基础理论研究和科技基础设施建设的投入。据科技统计表公报，浙江 2000 年 R&D 经费支出中，基础研究经费只占 3.78%，应用研究经费也只占 8.52%，这种结构显然不适应建设科技强省的需要。从科技创新发展过程来看，只有在基础研究和应用基础研究上取得大的进展，自主创新才有浓厚的基础和强大的实力，模仿创新也才有坚实的吸收能力。因此，政府应加人这方面的 R&D 的投入，对在全国具有优势和特长的学科要不舍重金加以扶持；要花大力气建设好重点研究实验室，以及工程研究中心。建议对此作专题研究。

（2）充分利用浙江民间资本充裕的优势推进科技创新。据有关部门估计，浙江的民间资本大约有 8 400 多亿元，这是举国公认的浙江优势。如何发挥这个优势为建设科技强省服务是个重要课题，但目前研究者都有把目光集中在建立民间股份制银行上，这要以金融体制改革的深化为前提，从改革和发展的趋势来看这种可能性将日益变为现实，但人们期望股份制银行支持中小企业技术创新，似乎有了这样的金融机构，中小企业的贷款就不成问题了。这是一种侈想，据中国人民银行杭州中心支行应宜逊研究员《对 10 家股份制商业银行的市场定位分析》，股份制银行并未把市场定位在中小客户上，而且比四大国有商业银行还要倾向于大户。

这并不奇怪，这是他们在市场竞争中为了实现利润最大化而作出的理性选择，虽然与金融体系设计细分市场的初衷不尽相符，但却是不以人的主观意志为转移的。除了通过这种路径利用民间资本外，还有另外一些路径：一是通过企业兼并和收购的产权重组的办法吸纳民间资本投入到科技型企业中去，但要有好的项目吸引他们，要科技人员或科技中介组织起桥梁作用；二是引导他们组建或加入已成立的风险投资公司，但这只有敢冒风险的民营企业家才能有魄力参与进来，这要加以引导，发挥示范作用的号召力，要对由民间资本建立起来的风险公司要给予一些优惠政策；三是建立科技创业基金会，经国家批准从民间吸收资金，由科技资金管理公司进行资金运作，推进对浙江经济社会发展有重大影响的关键技术创新和系统集成。

（3）完善风险投资体系。"风险投资"，有的也称"创业投资"，是一种高技术与金融相结合的投资机制。浙江早有人作过研究，并成立了几家风险投资公司，但实践的结果并不令人满意，其主要问题是风险投资规模不大，不足以推进高科技的发展，而这样的有限资金中，又有相当大的一部分并未真正投资在具有风险的高技术上。究其原因是创业投资体系还不完善，《创业投资法》还没有出台，风险投资资金多以政府为主，民间的资本很少，退出机制也未解决，因而未能真正按市场规则运作。浙江省政府最近颁布了《浙江省风险投资企业管理办法》，激发了民间资本创建风险投资资金的积极性，将有利于浙江高科技的发展。"风险投资"这是一种新的制度安排，需要随着金融体制改革的深入对实践中提出的新情况和新问题做进一步研究。

（4）地方政府的税收和土地利用的优惠政策应把重点放在促科技创新上。现在地方政府的优惠政策不少，但优惠的范围太宽，而不集中，比如对引进外资的优惠就是如此，不论他们办什么样的企业、不论技术含量如何，都给予优惠，造成资源的浪费，也不利于浙江产业技术层次的提升。建议对各地政府现有的优惠政策进行一次清理，并制定统一的法规。对地方的有些政策，中央将要废除，但建议地方税中那些不影响全局、不影响中央税税基、又有利于地方经济发展的税种，比如，为鼓励企业的加大科技投入，对科技投入超过规定要求的企业给予减免税或退税的优惠政策等，应该全部下放给地方，由省人大或政府根据地方需要，决定其开征、停征和优惠，但优惠一定要集中，才有利于科技强省的建设。

4. 深化人力资源开发和利用的研究

在建设科技强省的进程中，"人力资本"非常重要，在未来的知识经济中，"人力资本"将成为推动经济发展的第一要素。但新增长理论认为，舒尔茨的"人力资本"概念比较一般，要进一步明确只有"每个人的专业化的人力资本的积累"才是产出增长的真正源泉。因而，美国经济学家卢卡斯提出了"专业化的人力资本积累的增长模式"，他把劳动力分为纯体力的"原始劳动"和特殊的专业知识的"技能劳动"，只有后者才能促进产出的增长。能从事"技能劳动"的人，我们称为"智力资源"。推动科技进步的是"智力资本"，未来能成为生产第一要素的也是"智力资本"，而不是一般的"人力资本"。现在许多研究者还没有把这两种劳动资源分开来，因而得出的结论就不科学。比如有的认为"人力资本始终没有成为浙江经济总量增长的第一推动力"，其实浙江主要是靠人力资本的劳动密集型产业发展的，浙江缺少的不是一般的人力资本而是"智力资本"。因此，研究的重点应放在"智力资源"的开发和利用上。现在特别要重视的是：

（1）建立合理的智力资源结构。这几年浙江的高等教育大发展，许多中等职业学校都升格为大专。这可能会出现一些新的就业问题，硕士、博士就业难，而普通技工却供不应求，这种状况将影响浙江制造业的发展，要成为世界制造业基地，高级技工将起着很大作用，不可忽视。如何调整智力资源结构，是今后研究的重大课题。

（2）多种途径积累"人力资本"。卢卡斯认为"人力资本"的积累有两种效应，一种是通过正规和非正规教育而形成的人力资本积累的"内在效应"，另一种是阿罗（K. J. Arrow）提出的"边干边学"原理，认为不通过学校、不脱离生产岗位，通过在岗训练、师傅带徒弟或在工作中积累经验也能形成人力资本，这是人力资本积累的"外在效应"。这种"外在效应"的潜力很大，而且这种途径是已完成一定正规教育的"技能劳动"者提高"智力资本"的重要而有效的途径，要加以积极的支持，并加大"外在效应"的资本积累的投入。

（3）加强科学与技术的普及。"科普"是提高全民族科学素养的重要途径，也是精神文明建设的重要内容，政府一定要在这方面下大本钱，建设一批现代科普设施，利用好科普媒体，健全科普网络，加强科普宣传。

（4）实施全面开放的人才战略。人才竞争是国际科技竞争的焦点，要积极争取大力引进海外、省外的人才来为本省的经济社会发展报务，对海外人才可实施双栖与候鸟式的服务模式，将海外的智力资源转化为本省的科技资源。

5. 完善科技中介服务体系

中介服务机构是市场经济中不可或缺的组织制度安排，是市场主体与主体之间、市场主体与客体之间的纽带，缺少这条纽带经济活动就无法正常进行，科技成果要转化为生产力就需要有中介机构这样的制度安排。这种制度安排有正规的与非正规的，在科技转化为生产力的过程中非正规的制度安排弊端很多，而正规的制度安排又非常不健全，已严重阻碍科技与经济的紧密结合，也成了科技发展本身的屏障，因此，迫切需要完善科技中介服务体系。

（1）科技中介服务也是一种产业，是属于知识密集型的服务业，因此要按照产业组织的原则和运行机制运转。现有的科技信息咨询、知识产权交易市场、生产力促进中心、法律事务所、会计事务所和科技经纪人事务所，都属于这种类型的产业，要加快发展，创建科技服务新平台。

（2）完善技术市场体系。市场不只是商品交易的场所，而且是一定地区内各种商品或某一种商品的供给和有支付能力的需求关系的总和，因此要把市场的概念理解得宽一点，技术转让、技术咨询、技术开发和技术服务需要各种类型和各种形式的市场。现在建立的"网上技术市场"比过去在一个场所内进行技术交易是一个飞跃；但技术市场还有多种途径和非常复杂的交易关系，需要有一支庞大的技术经纪人队伍，需要有标准检验机构的支撑，而这些非常复杂的交易关系都需要有正规的制度安排。多年前制定的《技术市场条例》对技术市场交易起了很好的作用，但随着 WTO 规则在我国的实施，国内法制的逐步完善，以及技术市场交易实践中提出的新问题，迫切需要对现行的《条例》进行完善和修改，以适应变化了的新形势。

（3）建立科技资源与成果评价机构。现在科技成果的转让和科技资源的资本化，还缺乏权威机构对它的先进性、产品的周期性和发展前景作出判断；科技项目的立项和科研成果的奖励目前还是由科研行政部门组织专家进行的，这种体制弊端很多，需要改革，应由中介机构来承担，评价意见提交科技行政管理部门作决策参考。我们建议，尽快建立科技资源评价机构。

（4）建立创业投资服务机构。这类服务业的经营项目是多方面的，但最重要的是加强科技与金融的结合，打通科技成果与资本结合的通道，使科技成果的发明者成为创业者。

政府应大力支持和鼓励"科技中介"的发展，并对科技中介服务进行监督和管理，加快科技中介服务的规范化和标准化。

七、转变政府科技管理模式的建议

在建设科技强省的进程中，管理创新非常重要。管理有不同的层次，有微观层次、中观层次和宏观层次。宏观管理是国家的职能，微观管理是企业的事，作为地方政府的职责是中观管理。浙江科技管理体制的改革同全省其他方面的改革一样是走在前列的，有许多方面有创新性；但与科技发展和现代市场经济的要求还有很大距离。正如国家科技部徐冠华部长曾指出，我国当前科技管理工作上普遍存在四个问题：一是关注项目管理而忽视政策环境的营造；二是关注技术演进而忽视制度的设计；三是关注资金投入而忽视人力资源的运作；四是关注微观管理而忽视宏观调控。这说明传统管理体制的烙印在某些方面还相当深。这种情况在我省也同样存在。解决这些问题要在管理观念、管理方法、管理机构方面找出应对之策。

1. 科技决策模式的创新

（1）决策观念的创新。几十年来，我国普遍存在科技与经济"两张皮"的现象，是传统计划经济体制所造成的，虽然有所改善，经济与科技结合得比较好了，但还没有从根本上加以解决。而解决这个问题的关键是领导层决策观念的创新。科技与经济本身就是融为一体的，没有离开科技的经济，也没有离开经济的科技，科技成果只有广泛运用到经济社会的发展中去，科技才能发展；经济社会发展中只有充分利用先进的科技成果，经济与社会才能得到迅猛的发展。因此，无论是主管经济的还是主管科技的领导人在作出决策时，都要克服经济与科技"两张皮"的现象，真正实现经济与科技的紧密结合，把"经济强省"建设与"科技强省"建设紧密结合、互联互动，这才能提高浙江的综合实力与国际竞争力。

（2）强化科技决策的专家咨询制度。这个问题江泽民同志在党的十六大报告中已明确指出："完善专家咨询制度，实行决策的论证制和责任制，防止决策的随意性"。由科技专家、经济专家和企业家，对政府科技战略、科技规划、科技计划以及科技项目进行多种形式的客观、公正的社会评估（不是政府评估），是促进科技发展的一项重要国际经验，也是我们的一项薄弱环节。特别是应该加强对重大的政府计划与项目的事前、事中和事后的全程式的程序评估，以把握科技活动的方向，提高科技活动的效率。为此，建议把"省政府经济建设咨询委员会"进行重组和调整，并更名为"浙江省政府经济科技咨询委员会"，除了承担全省重要经济抉择和重大经济建设项目进行咨询外，还要承担全省性的科技规划与重大科技攻关项目的前期论证，真正实现科技工作决策科学化。

2. **构建科技管理的新模式**

从科技与经济发展的趋势和现代市场经济的运行规则出发，我们建议构建新的立法、行政、监督三者职责分离的、既相互协调又相互制约的管理模式：

（1）科技立法。这是促进科技进步的正规的制度安排。这个权限要集中，应集中于各级人民代表大会常务委员会和各级政府，不能分散在各个部门，以解决现行各部门的行政法规和政策不协调的问题。浙江已经出台了不少促进科技进步的政策，有许多政策的绩效非常好，我们建议将那些行之有效的、成熟的、重大的、关键性的政策及时以立法形式转为法律或法规；过去实施的有些法规与现行的新法规已经出现了互相冲突的情况，如科技成果奖励、科技成果转让、企业技术秘密保护、风险投资等方面都有这种现象，需要进行完善和修改，出台新的法规。只有这样才能确保科技在国家建设与社会发展中的地位与作用，并使科技政策保持长期性与连续性，而且可以以法律规范各部门的行为，形成建设科技强省的合力。为建设科技强省，针对我省薄弱环节，参考国外经验，建议将"R&D/GDP"这一核心指标列入浙江省地方法规。根据本报告建议的建设科技强省的目标，建议在2020年R&D/GDP达到2%。

（2）科技行政。各级科技管理部门是行使科技法规和促进科技创新政策的机构，其主要任务是制定科技发展的规划，利用好各种科技资源，创建区域创新体系，选准重点，抓好重大科技创新，组织实施重大科技攻关工程，并提供科技信息服务，促进科技交流，进一步营造好科技发展环境。目前科技行政管理体系中还没有理顺的一个突出问题是，地区一级的科技管理部门和县级科技管理机构面临着人少、事多、重点不突出，而在事权上又相互交叉的矛盾。除了杭州、宁波和温州之外，其他的地区级科技局拥有的科技资金很少，难以发挥自己的作用；县级科技局要办事又多了一个层次，影响办事效率。这种三级管理的行政体制很值得研究。这种状况，恐怕要等到全国行管理政体制改革深化之后，才能彻底解决。但是，作为以"改革率先"著称的浙江，是否也可以在这个问题上进行一些探索？

（3）科技监督。目前科技主管部门既是运动员又是裁判员，因而往往监督不力，造成资源的浪费。现在一方面科技投入不足，科技经费短缺；另一方面又存在科技资源的浪费，有些专项资金没有真正用到科技发展上去；已出台的不少科技政策没有真正落实，一些很好的措施也没有收到应有的效果。其中的一个重要原因是缺乏监督检查，资金只管拨，而不管其效果；政策只管出，而不管是否落实，这说明科技监督之必要。科技厅对科技计划执行情况应实行动态检查，对省重点实验室和工程研究中心应定期评估，省人民代表大会常委会对科技法规的实施情况也应加强监督。政府各部门从各自的职责出发也有科技监督的任务，比如财政厅对科技发展经费的使用效果有监督的责任，技术监督局对技术标准的实施有监督的权利，工商行政管理局对科技市场进行监督，等等。还要发挥社会监督的作用，尤其是要发挥新闻媒体的监督作用。监督不是只查问题，而是对浙江科技发展状况、科技法规和政策的实施情况作出客观的评价。

3. 科技资源管理整合对策

科技资源是指科技人力资源、财力资源、物力资源、信息资源，以及组织资源等要素的总和。这里只从省级科技管理层面，从资源配置的角度，讨论科技资源管理整合的对策，以提高科技投入的效率。

（1）现有科技资源的配置和使用上存在的主要问题：一是科研经费投入结构失衡，科研经费的使用范围太广，投向分散，重点不突出，体现不出"重大项目"的重要性，因而造成"投入不足"与"投入浪费"并存的局面；二是政府管科研经费的部门太多，"集权度"太低，出现了一方面集中办理科技发展的大事难，另一方面对低水平的科研项目又往往重复投入，造成科技资源利用效率低的现象；三是科技经费管理模式老化，缺乏科学管理，获得科技经费手续繁杂且缺乏透明度，对经费使用缺乏有效的评估监督。

（2）政府科研经费的管理实行"管理权限集中，管、批、用相分离"的模式。"管理权限集中"是指政府对科技经费的主要投向和使用要纳入规划，并对科技经费的使用决策归属专门部门实行管理。这个职能由科技部门承担，按规划要求和相关规定，进行规范化管理。凡涉及需要政府进行引导性投资的项目，科技部门应当会同有关部门对项目进行主动设计，并请有关专家进行论证。实行这种模式时，可把原来各部门分散管理和使用的科技经费集中起来，统一由科技部门管理，以便从政府层面上避免重复立项、多头支出，也有利于把经费集中用于科技攻关工程和重点科研项目，改变到处"撒胡椒粉"的倾向。科技部门负责对科技项目的论证和审定，财政部门负责根据科技部门确定的投资项目和经费额度及时拨付，并对使用情况进监管；使用科技经费的部门和单位按合同约定的内容，按时完成既定的科研与攻关目标。这样，使有科研项目批准权的部门，不再具体的管理科技经费；而管钱的部门，没有科研项目的审批权；有科技与开发或攻关任务的部门与单位，按科技部门下达的指标和财政部门下拨的经费，按合同规定合理使用作出业绩。在目前的情况下，要把各部门已有的科研经费集中起来有相当大的难度，可以采取过渡性的办法，采用增量改革的方案，各部门已经拥有的科研经费总额不再增加，政府新增加的科技经费不再分散，把这笔钱的额度统一交给科技部门，如何使用由科技管理部门决策。

（3）提高科技设施资源的利用效率。科技基础设施是保障科研活动顺利进行的基本条件，没有先进的科研基础设施就不可能有科技创新。科技基础设施的范围很广，但对科技创新来说，最重要的是重点实验室和科研实验基地的建设。在这方面，浙江也是投入不足与利用效率不高并存。这里的原因很多：一是缺乏整体规划，多头决策，重复建设；二是因投入力度太弱而使得仪器设备陈旧，研究手段落后，研究上不了水平，在同行形成不了权威，影响创新源的形成与发展；三是仪器设备属单位所有，重点实验室和实验基地对外开放度普遍不够；四是有的设施名不副实，没有发挥应有的作用。建议对现有重点实验室的发展状况进行一次深入的调查，并在调查的基础上根据科技发展和浙江的实际进行规划，"加强扶持一批，限期整顿一批，淘汰一批，新建成一批"；同时凡是纳入政府规划的重要科研设施，实行"政府参与、社会共建、资源共享"的方针，按照市场经济的原则，打破单位所有制，向社会开放，以提高科技基础设施的利用率。

八、建设科技强省与繁荣社会科学

人们在讨论建设科技强省时，往往只从自然科学的角度来理解，甚至认为科技创新是自然科技分内之事，似乎与哲学社会科学毫无关系，这是一种误解。建设科技强省应当包括发展和繁荣社会科学，充分发挥哲学社会科学的作用。近年来，江泽民同志连续三次指出：哲学社会科学与自然科学"同等重要"，在中共第十六次党代会的报告中又强调"坚持社会科学和自然科学并重，充分发挥哲学社会科学在经济和社会发展中的重要作用"。至于如何发展和繁荣社会科学，是一个需要专门研究的课题，本课题只从科技创新的角度讨论社会科学的作用：

1. 社会科学为科技创新提供世界观和方法论

科学家在认识和探索复杂的客观世界的过程中，需要哲学社会科学提供正确的世界观和科学的方法论来指导，而在探索自然规律的进程中又创造了新的思维方式和思想方法，这又丰富和发展了哲学社会科学。社会科学是人文文化，自然科学是科学文化，在长期的社会发展过程中，这两种文化是相互渗透、相互影响的，人文文化中有科学文化，科学文化中有人文文化。正确的世界观和科学的方法论，形成了先进文化的基本框架，科学的创新理念和价值取向代表了先进文化的前沿。一个科技创新的主体，一定要具备先进文化，要以哲学社会科学提供的正确的世界观和方法论为指导，否则就会误入歧途。这在科学史上有很多例证。最著名的是爱因斯坦，他既是伟大的科学家，也是哲学社会科学素养很高的人文主义学者，他自己就明确指出，他的相对论的创立与他的高超的善于思辨的哲学素养密切相关。

2. 社会科学为科技创新营造良好的文化氛围

无论是从科技创新的企业主体，还是从科技创新的自然人主体来说，他们需要的创新环境主要是：有利于创新的产权制度、法律制度、充满活力的运行机制和文化氛围。而创造这样的环境需要有社会科学的创新与发展，才能提供其精神支持，这一切都应归属于哲学社会科学工作者的责任和使命。

世界经济发展的趋势表明，"知识经济"是高技术与高文化联姻的经济，是"人化"着的经济。企业所需要的人力资本不仅是高素质的"技术人"，而且也是更具创造性和合作精神的"文化人"，而这种人才需要自然科学工作者和社会科学工作者共同来铸造。

良好的文化氛围，就是要有一个激励创业精神、开拓精神、创新精神的环境。这样一个环境的形成，既要有浓厚的文化沉淀，又要有现代文化的注入，这就与社会科学的发展状况息息相关。在改革开放锤炼下所形成的"自强不息、坚忍不拔、勇于创新、讲求实效"的"浙江精神"，就是传统文化与现代文化相结合的产物。它体现了人们对人生理想、信念的追求和人生价值的尊重的人文精神，又体现了以求真务实、开拓创新为基本要求的科学精神，是人文精神与科学精神有机地统一起来的产物。发扬"浙江精神"将有力地推动科技创新。

科技只能在科学的环境中发展，必须要有科学精神、科学文明与科学道德。社会科学要为科学与技术的发展创造这样的环境。

3. 社会科学在科学决策中的战略地位

发展软科学是决策科学化的保证。软科学是决策科学，也是一种交叉科学，既需要有自然科学的知识，又需要哲学社会科学的知识，这是时代发展的需要。无论是宏观决策还是微观决策，无论是一个国家还是地方政府，都是如此。因为现代科学技术的发展所面临的不单纯是自然界的问题，而且要解决一系列的社会问题。比如现代管理决策，不仅需要工程技术方面的知识，还需要懂得经济学、社会学、行为科学和公共关系学等社会科学知识。一个成功的企业不仅要有一批技术专家，而且要有能经营的专家，将开发的新技术和新产品推销出去。因此，国际上综合性的战略研究机构中，都有一批社会科学家，特别是经济学家。

社会科学的研究成果参与决策的方式是多种多样的，有"启蒙"或"渗透"的模式，即通过知识界、新闻媒体的传播，使研究成果普及化、倾向化，以此来间接地影响人们（特别是决策者）思考社会问题的方法，这是一种由下而上，由表及里的"渗透"，是对民众和决策者的一种"启蒙"。有的成果则是通过"相互作用"的模式应用于决策的，因为研究与应用并不是线性的，而是相互作用，前后没有固定秩序。所以，软科学的研究成果往往是通过研究者与决策者对话的方式，或者非直接的、非面对面的，通过"中间人"进行间接对话，使学术界的成果参与到决策中去。哲学社会科学研究成果，通过决策者应用于实践，所产生的经济效益和社会效益是无法估量的。发展和繁荣社会科学在建设经济强省、科技强省、教育强省和文化大省中具有重要的战略地位。哲学社会科学在科技创新中具有不可替代的作用。

参考文献：

1. 《邓小平文选》第三卷，人民出版社 1993 年版。

2. 《江泽民论有中国特色社会主义（专题摘编)》，中央文献出版社 2002 年版。

3. 江泽民：《全面建设小康社会，开创中国特色社会主义事业新局面——在中国共产党第十六次全国代表会议上的报告》，人民出版社 2002 年版。

4. 张德江：《努力实践"三个代表"重要思想，全面推进我省社会主义现代化建设——在中国共产党浙江省第十一次代表大会上的报告》，2002 年 6 月 12 日。

5. ［美］迈克尔·波特：《国家竞争优势》，华夏出版社 2002 年版。

6. ［美］迈克尔·波特：《簇群与新竞争经济学》，《经济社会体制比较》2002 年第 2 期。

7. ［美］杰伊·康拉德·莱文森：《美国新梦——21 世纪创业模式》，经济科出版社 1995 年版。

8. 谭崇台主编：《发展经济学的新发展》，武汉大学出版社 2002 年版。

9. 中国现代化报告课题组：《中国现代化报告（2001)》，北京大学出版社 2002 年版。

10. 中国人民大学竞争力与评价研究中心研究组：《中国国际竞争力发展报告（2001)》，中国人民大学出版社 2002 年版。

11. 中国科技发展战略研究小组：《中国区域创新能力报告（2001)》，中共中央党校出版社 2002 年版。

12. 中国社会科学院哲学研究所"国家创新体系"研究小组:《知识经济:知识人文化的趋势》,《科技日报》1999 年 12 月 25 日。

13. 金吾伦:《知识的流动是创新的关键》,《科技日报》1998 年 6 月 20 日。

14. 纪宝成:《哲学社会科学对科技创新的作用不可替代》,《科技日报》2002 年 11 月 27 日。

15. 方民生等:《浙江制度变迁与发展轨迹》,浙江人民出版社 2000 年版。

16. 方民生:《创新战略与浙江的未来》,《浙江日报》2001 年 12 月 31 日。

17. 方民生:《国际竞争力的系统功能和政府作用》,《浙江经济》2002 年第 3 期。

18. 方民生:《社会科学在科学决策中的战略地位》,《探索》1987 年第 1 期。

19. 项浙学:《推进企业向创新型模式转变》,《经贸实践》2002 年第 10 期。

20. 朱家良:《产业国际竞争力:比较优势和竞争优势》,《浙江经济》2002 年第 15 期。

21. 浙江省人民政府经济建设咨询委员会:《关于推进浙江企业技术创新专题研究的情况报告》,《内部研究报告》。

22. 胡志坚主编:《国家创新系统——理论分析与国际比较》,社会科学文献出版社 2000 年版。

23. "共性技术研究开发与科技体制创新"课题组:《构建我省共性技术研发的新体制》,2002 年 7 月。

(本文系浙江省科学技术厅软科学项目招标课题。课题负责人:周文、项浙学、方民生;课题总报告执笔人:方民生。刊于《建设科技强省》,中国科学技术出版社出版。2003 年 8 月,浙江省人民政府于 2005 年 5 月授予"科学技术奖",奖励等级:二等;证书号:ZK0402099)

努力营造区域技术创新环境

科技发展史证明，一个国家和地区的技术进步程度取决于它所处的发展环境。而人们在发展环境面前不是无能为力的，有着充分的主动性，要正确认识和利用发展环境的优势，改造不利条件，创造新的发展环境。对技术创新来说，也是如此。努力营造良好的区域创新环境，是建立区域技术创新系统的前提。

1. 构建技术创新网络

技术创新是一个复杂的系统，是由技术创新主体的企业—技术创新主力军的大学和科研院所—技术创新支持系统的金融市场—技术创新的中介服务机构—政府所组成的，为创造、储备、转让知识与技能，以及新产品的开发与制造的相互作用的网络系统。而且每一个基层单位都要与市场经济活动建立良好的接口。在这个创新网络中，高等院校和科研机构因具有智力资源的禀赋而显得特别重要，因此，现代区域发展经济学把企业、大学与科研机构、政府看做是基于市场机制的三种力量，区域技术创新是这三种力量相互作用、螺旋发展的结果。这个网络是由许多有效节点联结而成的。节点越多，网络的效益越好。有了这样的网络，就可以交流信息、资源共享，并形成新的思想，激活沉淀的科技资源，创造出新的科技资源和商业潜力。在构建技术创新网络中，政府要充分发挥组织和协调作用，制定相应的政策和法规。

2. 改善经济体制环境

技术创新要以制度创新为动力，这已成为人们的共识。从最近《浙江日报》发表的我省15家电子信息企业的调查来看，亏损企业只有一家，而这家企业正是15家企业中唯一没有改制的国有企业，这也证明了体制环境对技术创新的极端重要性。就是已经改制的或者是按照新体制组建的企业，也还有一个制度再创新的问题。有两个新情况迫使我们这样做：一是加入WTO后，面临着国际市场经济运行体制的冲击；二是高技术的发展对传统经营模式的冲击，美国新生代硅谷企业"已经抛弃了从稳步研制、市场检验到开发新市场的传统经营模式，而是四处宣扬它的'预备，射击，最后瞄准！'的新经营哲学"（［美］卡伦索斯威克《新经济规则》）。这就要求在企业的产权制度、组织结构、运作方式、经营策略等方面不断有所创新，才能使技术创新永远具有生机和活力。

3. 创造新型文化环境

按照熊彼特的创新理论，无论中心人物是企业家还是大厂商，只有在经济生活中引进崭新的思想，崭新的产业部门才有可能诞生。这就是一种文化环境。对高技术企业来说，公司文化是企业成功的必备要素。因为技术创业公司是高风险企业，"致力于创业的人必须具备热情、勇气和执著"；技术创业公司往往是一批有各种不同背景的人，为了一个共同的梦想而捆绑在一起的，而且人员不断流动，裂变成新的公司，要发挥每一个人的积极性，"平衡点就在于公司文化"；同时，网络时代各种文化相互渗透，即使发明了"防火墙"的软件，也难以阻挡外来文化的冲击，因此要学会文化兼容的本领。在技术创新系统中要重视新文化环境的塑造，有意识地创造文化，形成符合本企业的理念、结构、战略，以及管理哲学和风格。

（2000 年 4 月 12 日在浙江省咨询委员会"提升传统工业问题座谈会"上的发言）

科技强省应当是创新强省

不久前，《科技日报》以"浙江的'春天'来得早"为题，报道了浙江"十一五"奋斗目标和加快自主创新的重大举措，让人感到浙江已充满"科学的春天"的浓意。其实，浙江早在 2002 年中共浙江省第十一次党代会上就提出了建设"科技强省"的目标和任务，并取得了可喜的业绩。在我们的"加快浙江科技强省建设对策研究报告"中，把"科技强省"定义为：科技实力强、区域科技创新能力强、科技国际竞争能力强的省份。而这"三强"又集中体现为：科技成为经济发展中的决定性因素、具有较强的持续创新能力、具有适宜于科技发展的创新与创业环境、具有较高的公众科学文化素养。根据这个定性分析又选择了 20 个 OECD 国家为参照系数并结合中国的实际提出了评价科技强省实现度的指标体系。根据课题组的测算，2001 年浙江科技强省的实现度为 31.1%。研究报告认为，如果科技强省的实现度以平均每年提高 3.45 个百分点的速度发展，本届政府到 2007 年的科技强省实现度可达到 55% 左右，到 2020 年可基本实现建设科技强省的目标。据省科协 2006 年 1 月的测评报告，2004 年的浙江科技强省的实现度已达到 41.7%，略超过研究报告的预期。虽然在科技部的《2004 年全国科技进步统计监测报告》中，浙江省科技综合实力居全国第 7 位，与 2000 年的位次一样。但从 2002 —2004 年这短短的 3 年中，科技强省的实现度提升 10.6 个百分点，平均每年递增长 10.25%，2004 年比上年增长 13.9%。这表明，浙江科技强省建设按预期目标在扎扎实实地进行着，在迈向科技强省的征途中跨出了一大步。这是相对位次的排序法无法衡量的。

浙江科技强省的实现度之所以能以如此快的速度提升，其力量源泉来自于"创新"。首先是发展理念的创新。在科学发展观的引领下，对以消耗资源和污染环境为代价的传统发展模式进行了反思，而浙江经济发展也进入了由资源和资本驱动向创新驱动过渡的阶段，科技进步是走新型工业化道路和建立节约型环境友好型社会的唯一出路。从领导层到企业界，对这样的理念已经取得基本共识。因此，科技进步环境指数和科技活动投入指数上升幅度均居全国第1位。2005年全社会R&D的投入占GDP比重达到预期1.5%以上，为2000年所占0.61%比重的2.49倍。其次是市场机制的创新。浙江大地上积累的智力资本不是很多，但利用全球科技资源的能力非常强，而且民间资本积累比较多，可以实现"浙江的钱全国用，全国的科技资源浙江用"的技术进步策略。这种"开放型的科技创新体系"，极大地推动了浙江建设科技强省的进程。同时，浙江还充分利用民营经济实力比较强的优势，鼓励民营科技型企业的成长，仅嘉兴市政府认定的民营高科技企业就有300余家，这类企业活力无穷，是科技创新的生力军。第三是科学技术的创新。进入21世纪以来，浙江企业家以高投入和大手笔的姿态对传统产业进行了技术改造，使中小企业的设备、技术和工艺焕然一新，产品的技术含量上了一个新台阶；在高技术的不少领域里开始显露出浙江的特色和优势，涌现出一批拥有自主知识产权和知名品牌、国际竞争力较强的企业。在新世纪首次全国科技大会上，浙江有14项成果获得全国科学技术奖，居全国各省市第5位；"印水型水稻不育胞质的发掘及应用"获国家科技进步一等奖，突破了浙江省近年来全国科技进步一等奖的空缺。这些都是科技实力增强的体现。第四是管理体制的创新。这主要体现在三个方面："科技"与"经济"发展结合得更紧密；科技扶持开始从鼓励产品开发向营造创新环境转变；科技资源配置与使用的整合机制的研究已经提上议事日程。这就使浙江科技管理体制的改革走在全国的前列。这是建设科技强省不可或缺的条件。

　　"创新"是建设科技强省的主动力，也是衡量科技强省的最主要的标志。评价一个地区的科技实力有很多指标，但这些指标最终要体现在"创新能力"上，如果一个地区科技资源和人力资本的投入很多，而创新能力很弱，也许在实力排序上名列前位，但也称不上是"科技强省"，所谓"强"就是"强"在其创新能力上，"科技强省"应当是"创新能力强省"。过去有种说法，叫"模仿创新"，实际上"模仿"就是"模仿"，不能称其为"创新"。如果是国外的成果在我们这里第一次应用，也能称其为"创新"，而这种"创新"是"引进创新"，这样的机会是很少的。一般来说，"创新"可以采取"合作创新"和"自主创新"的模式。笔者认为，对"自主创新"要从以下三层意义上去理解：第一，"自主创新"是一个内容广泛的概念。现在对"自主创新"有些误解，以为"自主创新"就是"原始创新"，不敢"高攀"自主创新，其实除了"原始创新"之外，还包括"集成创新"和引进技术的消化和改造的"二次创新"，而后两种意义上"自主创新"，开拓空间很大，浙江是大有作为的。第二，"自主创新"是一个"国家级"的概念。中央提出"自主创新"的战略后，不少地方的"十一五"规划中就不顾条件地提出在某县或某乡镇，或者中小企业都要搞"自主创新"，甚至提出要转变到以"自主创新"为主，从上到下层层喊着同样一个口号。这是不切实际的。浙江作为东部经济发达地区，又是有深厚的文化科学底蕴的省份，对中华民族的"自主创新"负有重大的历史使命，理应作出更大的贡献。有条件的市县和企业也要努力在"自主创新"上出成果。而对有些县和大多数乡镇来说，目前还只能应用一些先进的或适用的技术，不能要求他们在科技上有"自主创新"。第三，"自主创新"是一个知识产权归属的概念。现在之所以提出"自主创新"，其中一个很重要的原因是因为"用市场换技术"是换不来尖端的核心技术的，用了国外的先进技术就要付出高昂的代价，所以要拥有自己的知识产权。而知识产权的拥有并非只有自己开发研究一条路，可以通过金融市场收购、兼并国外企业和研发机构，或者投资国外有实力的研发机构也能取得先进技术的所有权。这在民间资本比较充裕的浙江也是"自主创新"的路径之一。

浙江科技发展滞后于经济发展的局面正在改变，"自主创新"能力正在提升，浙江科技强省建设的步伐正在加快，艳丽而灿烂的"科学的春天"将催化创新型的科技强省在浙江大地上崛起。

（原载于《今日浙江》2006 年第 5 期）

发展环境与区域合作模式

上海与长江三角洲协调发展的理念刍议

上海成为国际大都市，具有国际经济、金融、贸易和航运中心的功能。这是上海人的梦想，也是长江三角洲和全国人民的企盼。近年来，上海强势崛起，令世人关注，成为国内乃至亚洲最具活力和发展前景最佳的城市；但是离实现国际大都市的梦想还很遥远，也许需要几代人的努力才能使理想变成现实。而且这个理想不是仅靠上海市的力量就能实现的，而是取决于长江三角洲的整体实力的提升。只有整个长江三角洲的协调发展，并达到发达国家的水平，上海才能真正成为国际大都市。因此，不能就上海市域的范围论上海城市的地位与功能的塑造，应当把上海国际大都市的构建与长江三角洲区域经济的协调发展作为一个大系统来研究。基于这样的背景和当前研究的现状，我认为在探讨上海与长江三角洲的关系时，应当构建以下理念：

第一，上海国际大都市的构建取决于"长江三角洲"的整体实力。上海要成为国际经济、金融、贸易中心，首先必须成为国内在这些方面的中心，而就上海市域目前的经济实力来看，还不能说已经成了国内的经济、金融和贸易中心，还只是长江三角洲的经济中心。但从长江三角洲的整体而言，其已经显现出居全国经济中心的地位，因此可以说"上海大都市圈"是全国的经济、金融和贸易中心。

表1 2000 年苏浙沪在全国的经济地位

项目	全国总金额（亿元）	上海		江苏		浙江		苏浙沪合计占全国百分比
		总金额（亿元）	占全国百分比	总金额（亿元）	占全国百分比	总金额（亿元）	占全国百分比	
GDP	8 118.6	4 551.1	5.2	8 582.7	9.7	6 036.3	6.8	21.7
资本形成总额	32 255.0	2 117.9	6.6	3 944.8	12.2	2 673.6	8.3	27.1

续表

项目	全国总金额（亿元）	上海		江苏		浙江		苏浙沪合计占全国百分比
		总金额（亿元）	占全国百分比	总金额（亿元）	占全国百分比	总金额（亿元）	占全国百分比	
规模以上工业总值	85 673.7	6 204.5	7.3	10 452.9	12.2	6 603.7	7.7	27.1
最终消费总额	54 617	1 947.1	3.6	3 710.7	6.8	2 774.7	5.1	15.4
社会消费品零售总额	34 152.6	1 722.3	5.0	2 804.0	8.2	2 298.8	6.7	20.0
外贸总额（亿美元）	4 743.0	547.0	11.5	491.9	10.3	315.3	6.7	28.6
城乡居民储蓄余额	64 332.4	2 524.0	3.9	4 456.8	6.9	3 594.6	5.6	16.4

资料来源：《中国统计年鉴（2001）》、《浙江统计年鉴（2001）》、《江苏统计年鉴（2002）》。

这些数据说明，单就上海市域的经济实力来看，上海目前还未成为全国的经济、金融和贸易中心，还不是中国的"经济首都"，根本不能与纽约在美国的经济地位同日而语。而以苏浙沪的整体主力来评价，长江三角洲已经充当了中国经济、金融和贸易中心的作用。从未来的发展趋势分析，上海国际大都市的构筑，还得要靠长江三角洲。

第二，构筑上海国际大都市是"长江三角洲"各个城市的共同使命。上海是长江三角洲的中心，近年来发展迅猛，为世界各地和中国的企业家们看好。长江三角洲各地的政府也纷纷提出"接轨上海"的发展策略，这无疑有其合理性。其一，上海集聚了一大批著名的外资企业，有的设企业总部，有的设研发中心，成为中国走向世界的桥头堡，接轨上海就是为了"接轨世界"；其二，上海相对于长江三角洲的其他城市来说，有较好的金融、技术、人才、贸易环境，适合发展到一定规模和水平的企业生存与发展；其三，上海拥有较多的科技资源和信息资源，长江三角洲各地可以共享。但从目前的舆论导向和各地"接轨上海"的构想来看，对"接轨上海"的期望值太高了，希望能从上海的产业结构调整中获得"扩散效应"，希望上海能带动长江三角洲经济的发展，这是不现实的。因为上海的发展正处在"要素集聚"阶段，中国和世界的资本、人才、物资等资源和制造业与服务产业正在加速度地向上海集聚，因此对各地而言，是一种"回波效应"而不是"扩散效应"的影响；同时，上海市域内还有很大的发展空间，中心地区不能发展的产业，可以扩散到市域内的其他地方，这在目前的行政体制框架中是合乎情理的，只有等到上海市域的空间容纳不下时才会向外扩散。这样的时候还未来临。目前，上海对长江三角洲和全国经济的发展有一定的带动作用，但这种带动作用是很有限的。一个地方对其他地方带动作用的大小，主要取决于其资本、技术和服务的输出状况。据时下上海的实力，要想通过资本输出来带动其他地方的经济发展几乎是不可能的；其他地方可以从上海获得一些技术，而其高科技资源存量和创新能力是很有限的；最能使长江三角洲其他城市得益的，可能是上海的服务业，如金融服务、信息服务和中介机构的服务。因此对"接轨上海"的期望值不能太高，而更多的还是要把"接轨上海"，看做是共建"上海国际大都市"的共同使命。不要害怕上海的"集聚效应"，要让企业自由选择它的企业总部和研发机构的设置地；要鼓励人才自由流动；要增强自己的经济实力和国际竞争力；要着眼于未来的"上海大都市圈"的构建。

第三，构筑上海国际大都市有赖于市场机制对"长江三角洲"资源的最佳配置。20年以前，在建立"上海经济区办公室"时，我在《建设经济区的理论和现实问题》一文中说过："现在建立经济区，既不按条条，也不按块块管理的原则，而是根据历史上自然形成的经济网络组织起来。上海经济区是以上海为中心的长江三角洲的经济共同体。这个地区的十几个市之间的经济联系是非常密切的，是我国商品经济发展最早的地区。商品经济使这个地区的城乡之间以及城市之间的经济往来异常频繁，形成了千丝万缕的经济网络。他们之间互为市场，互补不足，谁也离不开谁。正是因为这种非封闭性的经济关系，使这个地区的经济有所长足发展，成为全国商品经济最发达和生活最富裕的地区。然而在新中国成立后，这种联系被按块块管理和条条管理的方法人为地割裂开来，对经济发展是很不利的，这不能不说是经济社会发展战略上的失误。其实，经济规律是不可抗拒的，自然形成的联系是割不断的，前几年出现的各种形式的民间联合就是最好的证明。现在建立上海经济区是把已经破了的网络重新补起来，已经堵塞的渠道重新疏通，这将大大有利于国民经济的发展。但是以城市为依托的经济网络，用行政手段是不可能建立起来的，即使用这种办法把它们结合起来，成立了各种联合组织，也是不能持久的，也不可能发挥联合的应有作用。实践证明，只有用市场机制才能使分散在各地的经济单元连接起来，形成一个经济联合体。中央确定的'经济联合，利益均沾，共同发展'的方针，正是依赖于市场机制把经济区内的各项经济活动连接在一起的构想。实行这样的方针，就能使经济区内各方的经济利益协调，把各方的积极性充分调动起来。"人们对"上海经济区办公室"的建立，曾经满怀希望。但几年后，大家发现用行政办法来管理，一是没有凌驾于两省一市之上的权力，二是"手中没有一把米"，缺乏协调各方的经济实力；若通过市场机制来运作，而当时的市场尚未发育，条件还不成熟。因此，只得作出撤销这个机构的抉择，这是无奈之举。回顾一下这段历史是很有必要的。现在有些建议与 20 世纪 80 年代的做法基本相似，比如建议中央设统筹长江三角洲发展的协调机构，建立市长联席会议制度等。这些过去都试过，但成效甚微。当然，现在的情况与 20 年前发生了很大变化，也许有条件比过去做得好一些。在推进长江三角洲经济社会发展中要充分发挥政府的作用，各地政府在公共产品的提供上共同规划、协调发展；在生态环境建设上互相支持、联合治理；在资源流动和企业协作方面，从政策上给予鼓励。但从总体上来说，是政府干预越少越好，现任存在的许多问题都是政府干预惹的祸，比如在引进外资上的过度竞争，以廉价土地来换取外资的行为，都是各地政府的政策所造成的；有的企业为了发展的需要想把总部迁往上海或其他城市，但成功率很低，它们之所以没有搬迁成功，也是政府挡驾的结果。应该充分发挥市场配置资源的基础性作用，比如在建设上海航运中心的问题上，目前应当充分发挥宁波港的作用，就长期的航运发展而言要发挥宁波—舟山海域深水港的优势，在联合建港的时候一定要遵循中央在 20 年前就提出的"经济联合，利益均沾，共同发展"的方针。

第四，"长江三角洲"的发展要实施"多种模式"的发展路径。过去有所谓的"苏南模式"和"温州模式"之争，其实这两种模式都是在一定的社会经济和文化背景下产生的经济发展路子，是历史的必然选择，不存在谁优谁劣、谁长谁短，它们对各地的经济社会发展都作出了历史性的贡献。但都需要与时俱进，有新的发展与创造。这些年来，苏州地区，特别是昆山市，引进外资的规模和速度不断创造出令人瞩目的新纪录，由此引起的 GDP 增长使外地的官员们很是羡慕，纷纷提出要采用"苏州模式"（或者称为"昆山模式"）。这种虚心学习和赶超精神是可嘉的，但盲目追随是不可取的。浙江经济应当从内源型为主的增长模式向内外资源相结合的增长模式转变，要加大利用国外企业直接投资的力度，提高浙江经济的开放度。但是对利用外资的模式上要有清醒的认识：

1. 利用外资的形式是多种多样的，外商直接投资办企业仅仅是其中之一，是一种比较古老的形式；而从发展趋势来看，通过金融市场直接融资的方式越来越重要，其比重也越来越大。但目前人们注意力还局限于前者，没有把从金融市场上获得的外资统计在引进外资总额的项目中，因而低估了有些地方引进外资的业绩。在浙江，"沪杭甬"高速公路在境外上市公司融资数十亿美元；私人企业金义集团在新加坡收购了那里的上市公司就获得了数亿美元的外资；杭州崛起了软件企业境外上市"部落"，新利软件、网新兰德、中程科技已先后在香港创业板上市，现在创业软件和新中大软件两家企业正磨刀霍霍，准备登陆香港创业板。如果把这些从金融市场上获得的外资算在内，引进外资的业绩也是很可观的。

2. 增长并不等于发展。只有百姓的收入大幅度增长和贫困现象的消失才是真正的发展。因此，光用国内生产总值（GDP）的多少来衡量一个地区的发展是不科学的，应该用国民生产总值（GNP）指标来衡量其发展水平，特别是在经济全球化的时代，GNP 的指标更重要。浙江 GDP 的总量不及江苏，但如果按 CNP 总量计算恐怕要大大超过江苏，因为浙江的外资企业生产的产值比江苏少得多，而浙江人在浙江之外（包括省外和国外）办的企业所创造的 GNP 比江苏要多得多。在计算 GNP 时，要减去外资企业的产值，加上本地居民在省外和境外所创造的财富，这样计算，浙江是减的少而加的多，GNP 的总量就大大增加了。上海大都市圈南翼城乡居民的收入明显高于北翼居民的奥妙就在这里。因此要全面地看待增长与发展的问题，GDP 总量所反映的是你这个地方所创造的财富，而不是完全归本地的居民所有；而 GNP 总量是表示本地居民所有的实实在在的财富。现在按 GDP 指标考核的制度实在是一种非科学的制度，我建议政府官员们要把眼光放在 GNP 上，其实世界银行的《世界发展报告》的统计用的一直都是 GNP，而不是 GDP。当然，目前我国的统计制度还不完善，GNP 的资料难以获得，但它是我们判断经济发展水平的方向。

3. 苏州和昆山引进外资的模式隐藏着很多风险。主要是：（1）外资企业的本地化不足，未能通过引进外资把本地企业发展起来，一旦国际形势和海峡两岸的形势有所变化，就会发生像东南亚金融风暴时那样的危机，把大量外资抽走，由此带来难以估量的损失。正如美国学者克鲁格曼评价"东南亚经济奇迹"时所说，那种仅仅由外资所造成的繁荣是一种虚假的繁荣，增长模式不能持久。（2）在过度竞争时，用廉价土地资源来换取外资，会造成稀缺的土地资源的浪费。现在全国掀起了一个"圈地运动"，国内企业在圈，外资企业也在圈，而地价非常低廉，10 万元一亩，有的给外商的地皮甚至只要 5 万元一亩，甚至无偿提供土地。而土地的成本至少也在 15 万元以上，其差额由政府补贴。而在土地上的投资则少得可怜。据网络提供的资料，苏州工业园区和新区的投资平均水平大致是 36 万美元/亩，而新加坡和台湾等地平均为 100 万美元/亩；每亩土地的产出率也很低，昆山 45 万亩土地，国内生产总值为 220 亿元，每平方公里产出 0.733 亿元 GDP，经济密度很低，资源的利用效率可想而知。而且按这样的增长速度用地，恐怕再过十几年就没有土地可用了。（3）由于土地以非常低廉的价格出售给外商，虽然可以为农民创造一些就业的机会，但不可否认地也损害了农民的利益，农民失地的风险也是不可估量的。（4）目前引进的所谓高技术掩盖了对真正高技术的追求。业内人士认为，目前在长江三角洲引进的 IT 产业，都不是真正意义上的高技术，只不过是些技术含量低，以 IT 产业面孔出现的组装厂或外包企业而已，这样一些技术并不高的企业铺盖了大地，将来真正的高科技企业来了却无容身之地。（5）引进外资在财政收入上会给地方增加一些税收，但在"两免三减半"，甚至自立政策给外商以更多的优惠，政府由此而得到的税收是有限的。现在江苏省和苏州市已觉察到这些问题，苏州市人民政府办公室于 2002 年 12 月 30 日下达了 139 号文件，提出省级开发区一般每平方公里实际投入不低于 5 亿美元，乡镇工业小区一般每平方公里实际投入不低于 3 亿美元，这是很及时而有远见的举措。

　　我说这些的目的，是提倡科学地看待"招商引资"。通过对外开放促进区域经济发展有多种模式，要走自己的路。在浙江，应当实施"引进外资"与"走出去"并举的方针，特别是要在"走出去"方面开拓出一条新路来。

（原载《人民日报》华东版 2003 年 9 月 24 日）

跳出行政区划，组建"东方大港"

回首看，上海的"东方明珠"之誉得益于上海港航运业的拓展，而今天，上海要走向世界，成为现代国际大都市又受到港口建设滞后，缺乏大型深水港的制约。深水港的建设已成为上海迈向现代国际大都市的一个战略性问题。

一、深水港是国际大都市不可或缺的要素

在世界贸易总量中，有 2/3 以上是靠海运来完成的，这就需要以海港为依托。因而主要国际大都市都有深水港，并把港口作为一种重要资源而加以利用。东京、伦敦、纽约、香港、新加坡，都是如此。纽约位于美国东部大西洋沿岸哈德逊河口，附近水道深宽，潮差小，冬季又不冻，是较为理想的港口，因而发展成了大西洋的门户，美国对外贸易的重要港口。在贸易的基础上，又发展了大工业、带动了金融业，成为美国的经济中心，世界上最大的城市与港口之一。新加坡凭借其战略地位位置和拥有深水港湾的天然资源，发展成为国际性交通运输之重镇，1991 年转口港处理的集装箱已超过 600 万只，居全球之首，这不仅使新加坡作为国际贸易中心的功能得到了发挥，而且成为集贸易、金融、航空中心融为一体的国际大都市。香港的维多利亚海港是个深水良港，面积达 50 平方千米，可停靠吃水 14.6 米，长达 305 米的巨轮，这是香港成为自由港的重要条件，香港的繁荣与此密切相关。

二、国际大都市的港口建设要适应现代海运事业发展的需求

战后，世界海运业发展的特点是：

1. 货运量迅速增长

据联合国的统计资料，1950 — 1975 年的 25 年间，世界海港货运量由 17 亿

吨增长到 82 亿吨，增长了将近 4 倍。预计到 2000 年这一指标将增长 2 倍，达 260 — 280 吨。

2. 船舶大型化

散装货轮吨位已拉高到 5 万 — 7 万吨，矿砂和能源运输船舶均在 10 万吨以上；世界上最大的客轮是法国的"海王号"，7.4 万吨位，船长 266.5 米，17 层楼高，可容 2 600 名旅客，集装箱船的船型已由 500 — 2 000 箱位的第一、二代的中小型船，发展到 2 000 — 4 000 箱位的第三、第四代大型、超大型船舶。今后还会出现 5 000 — 10 000 箱位的巨型、超巨型集装箱船。目前世界上集装箱船队构成中第三、四代大型船的比重已达 1/3，订造 3 000 箱位以上的大型船的比重已增到 40% 左右。

3. 港口经营向集装箱转口处理方向发展

海运发展的这种态势，对海港建设提出了两条要求。第一要有深水港。要使 20 万吨级以上的散货船能顺利进出需要有吃水 19 米的深水港；第四代集装箱船的顺利进出口也需要有吃水 13 米的港口。第二，港口向大型化、综合化、机构化、专业化方向发展，特别要重视集装箱码头的建设。因此，国际大都市的港口应当既能接待中短途的中小型船舶，更需要能接待洲际乃至环球航线的巨型、超巨型船舶，而实现这个要求的先决条件是大型的深水港。

三、上海跳出行政区寻找深水港势在必行

上海港虽已跨入世界十大海港之列，但因长江拦门沙的限制，通海航道的水深常年维持在 −7 米，只能乘潮通航吃水 9.5 米的 2.5 万吨级船舶，而且每日通过量仅 30 艘左右；同时，从市区到吴淞口的黄浦江两岸的可利用岸线已所剩无几，不得不溯到关港建设港区。这种状况，使上海港无法与世界各大港口进行对等运输，尤其是不能接纳第三代集装箱船舶，已严重影响了上海及长江三角洲地区外向型经济的发展。近年来，上海市在其行政区域范围进行了新港区的选址和规划工作，寻求深水港，一是在长江口内的宝山建一些码头，还准备在罗泾、外高桥开辟新港区；二是对杭州湾的金山嘴一带选择能进 6 万吨级的第三代集装箱的港址，开发金山。我认为，上海无论是对老港区进行技术改造，还是在罗泾、外高桥建设一些泊位，还是开发杭州湾的金山嘴一带，都是非常必要的，可以形成上海港口群。然而必须充分估计到，整治长江口航道的工作已 30 余年，各方面的专家提出了不少方案，但涉及面广，工程复杂，耗资巨大，长江口拦门沙的问题，恐怕在本世纪内是难以解决的；金山嘴一带由于杭州湾风浪大，必须建筑

防波堤，若建100—119个大小泊位，总投资需百亿元以上，耗资巨大，而且深水岸线不多，又距岸较远，故上海深水港区的发展也不能过分指望杭州湾。可见受水资源条件的限制，目前在上海市辖区范围内建设大型深水港区的可能性不大，上海港的根本出路在于与杭州湾两岸及长江口北岸的深水岸线的开发联合起来，在上海邻近地区选择深水外港，为上海这个新世纪的国际大都市服务。这已经成为许多人的共识。

四、宁波——舟山海域的深水港是21世纪上海港的希望

从运输经济意义来看，海域是由一个或数个海所组成的水域空间，其特点是地理的统一性，天然通航和经济条件以及海洋交通物质技术基础的共同性。宁波港和舟山港都共用同一水域、同一深水航道，因而属于同一海域区位。这个海域的深水岸线有166千米，水深可达20米，进港航道水深为22—123米，外侧航道最浅处为17.6米，15万吨级货轮可以自由进出，20万吨级远洋货轮可候潮进出，而且港域广阔，少淤不冻，避风条件好。据勘测，港域面积有1 000平方千米，与世界第一大港鹿特丹的港域面积相当。其中可作锚泊面积是香港维多利亚港的2.5倍，可同时容纳数百艘万吨以上巨轮锚泊。港内水深顺流，泥沙不易落淤，岸滩稳定。港内以群岛为天然屏障，风小浪微，建港条件优异。这样的港口资源，不仅在国内仅有，国际上也属罕见。在这个海域，深水港的开发已经起步。北仑深水港区，已建成2.5万吨级以上的深水泊位14个。其中，3万—5万吨级的通用泊位5个，5万吨级集装箱泊位1个，5万吨级原油泊位2个，15万吨级泊位1个，10万吨级矿砂中转泊位1个，5万吨级煤炭专用泊位1个，还有2.5万吨级的杂货泊位3个。在舟山港口，现有500吨级以上泊位83个，其中20万吨级泊位1个，2.5万—1万吨级泊位3个，3 000吨级泊位8个。老塘山一期1.5万吨级泊位已建成，接纳了美国、新加坡、马来西亚等10个国家的远洋货轮。中外合资舟山兴中转运输有限公司在岙山岛兴建的20万吨级原油码头，已竣工验收，第一艘来自英国萨洛姆湾的31.8万吨超级油轮"兰姆帕斯号"，装载18.96万吨原油，已于今年2月11日顺利靠泊卸油，这将成为我国最大的原油中转储存基地。这个海域完全有条件兴建为与上海枢纽配套的大型深水港，而且是潜力很大的适应各种专业利用的深水良港。宁波——舟山海域、杭州湾的乍浦港和上海港一起将共同组成真正的"东方大港"。

五、用市场经济的原则组建上海的外海深水港

按市场经济的原则最重要的是市场主体的利益，只有给市场主体带来最佳经济效益的港口资源才能得到充分利用，否则即使再好的港口泊位也得不到顾客的欢迎。这里就有一个双向选择的问题，作为港口所有者这一方需要改善经营条件和提高服务质量，降低营运成本，以吸收客户。作为深水港的需求者，港址选在哪里毫无疑问地要被他们的利益所左右。近年来，舟山在计划之内的只有老塘山一个2.5万吨的煤码头，建成后使用的效益并不好。但是，通过市场却同国内外客商谈成了不少建港项目，拟建的有20万吨级的泊位4个，10万吨级泊位1个，8万—15万吨级泊位1个，5万吨级泊位2个。按照市场经济的原则联合开发，就要搞合股经营，利益均沾，风险共担。这样可以避免对行政区域的触动，而实现经济上的联合。在建港一开始就要按照新的经济体制组建，东道主可以用港口的土地资源作为投资，客商可用现金或港口机械设备作为投资，兴建有限责任公司，甚至可以向社会募集资金成立股份有限公司。这种联合在国际上早有先例，上海港应当率先改革，用联合开发的模式在宁波——舟山海域，为浦东的开发，为上海成为国际大都市兴建深水港。

（1993年6月在"上海发展战略研讨会"上的发言稿，载《经济预测》1993年第4期）

跨世纪甬港深经济合作展望

一、观察的视角

对甬港深的经济合作，有一个观察的视角，不能就这三个城市而论城市间的合作，要有一个更开阔的视野来探讨这个问题。四年前，我在香港的一次研讨会上提出，要根据"一国两制"的原则用"共同体"的模式来构建"中国大金三角共同体"。以上海为中心的长江三角洲地区，是中国大陆的金三角。倘若把中国的台湾和香港地区同中国大陆最发达的长江三角洲联系一起，就形成中国的大金三角。这个大金三角有三个中心极：上海、台北、香港。"中国大金三角"的任何一个成员，就其单独的力量而言都不能同日本相比，而作为一个整体的"中国大金三角"则可以与日本抗衡，成为亚太地区不可忽视的一支强大力量。香港1997年就将回归祖国，台湾方面尽管合作的阻力重重，但经济合作的前景还是乐观的。"中国大金三角"的构想并不是未来主义的梦幻，在现实生活中已逐步向这个目标靠近，是已经发展了一半的设想。还有一半，将通过海峡两岸的努力，排除种种经济的、非经济的困难和障碍，尽快予以实现。我认为甬港深的经济合作应放到构建"中国大金三角共同体"的视野中来考虑。大金三角地区的发展，是21世纪中国的希望所在。

二、甬港深的地位

宁波、香港、深圳在"21世纪中国的大金三角"中具有很重要的地位。

香港已经是一个国际性的城市，在大金三角中是华南经济圈中的一个"中心极"。

深圳是和香港不可分离的连接城市；1997年以后，有可能把香港和深圳建设成为无时空差距的双子城，并发展为亚太中心。她在大金三角中是华南经济圈中的次中心，通过深圳把国际市场的力量辐射到内地。香港、广州、深圳等构成的珠江三角洲城市群，将成为第七个世界级的城市群。

宁波在大金三角中是以上海为中心的长江三角洲经济圈南翼的次中心之一。她将成为华东地区的重要贸易口岸和重化工基地，成为浙江的经济中心之一，并跨入国际性的港口城市，成为第六个世界级城市群——长江三角洲城市群中的重要组成部分。特别是宁波的国际集装箱运输中心在这个大金三角中起很重要的作用。

这三个城市的地位，决定其在大金三角地区发展中的重要性。这三个城市间的合作，有助于"中国大金三角共同体"的构建。

从目前的现状和发展趋势来看，宁波、深圳、香港都是很有活力的城市。

三、合作的领域

1. 港口建设的分工与合作

甬港深三市都是港口城市。在港口建设和海运方面面临着神户、釜山、高雄等集装箱港口的挑战。

香港是目前大陆转口贸易的主要港口，1993 年大陆经香港转运的集装箱有 400 万 TEU，占总量的 65%；1992 年香港远洋海运货物达 8 350 万吨，是中国外运总量的 75%。香港是中国海运的主导港，从长期看，中国直接贸易能力提高后，可能会减少经香港转口的比重，但由于内地港口和机场的国际运输能力还赶不上外贸的发展，大量货物还是要经过陆路和海运到香港，再转到世界各大市场。

深圳实际上已担负着香港与大陆进出口贸易以及香港与海外转口贸易的中转地的任务。深圳可以采取适当方式为香港分流。交通部已将深圳港定为国际集装箱中转港和华南主枢纽港。

宁波港是国内最好的深水港。现在中央已决定建立上海—北仑国际航运中心，北仑成为国际海运集装箱转运基地。这是正确的决策。这样做，第一有利于发挥现有港口资源的效益；第二可争取时间建立国际海运中心，有利于同神户、釜山、高雄的竞争。这里的集装箱运输是有发展前途的，据估计，在这个地区到 1997 年有 300 万 TEU，2000 年将达 500 万 TEU，2010 年这一地区港口群的货物吞吐量将达 13.9 亿吨，其中集装箱吞吐量将超过 1 000 万 TEU。

在宁波，发展集装箱运输还刚起步，在管理方面还缺乏经验，因此，头一件事是向香港学习，可选一些人去香港培训；第二，在宁波、舟山这一带有一批经验丰富的海员，建议开办海员学校，向港深输送海员。

2. 金融和资本市场的合作

香港是国际金融中心，是国内企业合作的重要伙伴。1994 年，浙江实际利用外资 11.44 亿美元，其中港澳投资 4.69 亿美元，占总额的 40.99%。尽管近年来欧美投资的比重增加了，但香港的资本仍然是浙江合资企业的主要资本来源地，对宁波来说也是如此。"宁波帮"帮宁波，但我们不限于此，欢迎所有愿意来宁波投资的企业家和商人在宁波兴办企业和投资基础设施建设。同时，要争取宁波的一些企业在香港市场上发行 H 股，从香港直接融资。

深圳在"九七"后，金融市场会发生很大变化：一是作用的变化，深圳不仅可以成为区域性金融中心，而且可以通过加强与香港的合作，发展成为国际金融中心的组成部分，增强香港国际金融中心的实力；二是将培育深港两地金融机构共同参与的银行集团，力争在资金市场、证券市场、外汇市场、期货市场等领域最终实现两地衔接；三是扩大深港同业拆借业务，通过香港金融机构代理发行存款证、商业票据等货币市场工具为深圳、内地筹集流动资金；四是在 A、B、H 股市场将统一的发展趋势下，加强深港合作，实现深交所与香港联交所的联网，互设终端和相互挂牌，使深圳 B 股在香港做第二上市，香港的中国概念股也可在深交所作第二上市。深圳金融市场的这种变化趋势，很值得宁波重视。要利用深港的银行集团贷款为宁波建设服务；要利用深圳发展外汇拆借、外汇票据、外汇掉期等进行国际金融业务的合作；要利用深圳证券交易所可能与香港联交所联网的机遇，发展股市交易。还可以设想，宁波也加入深港的银行集团，组建港深甬银行集团。

3. 产业的合作

目前香港定位为亚洲服务性大城市，深圳将成为亚洲制造中心。宁波正在发展滨海型的重化工业。在这些方面，各有特色，可以进行水平分工和垂直分工的合作，尤其是在高技术产业方面进行水平分工与合作。

这里特别需要提出的是造船业的合作。宁波要成为国际性港口城市，应当有自己的船队，也应当有自己的造船业。中国的造船基地，现在是上海、大连。上海由于城市功能的变化，造船业不再具有优势，正面临产业的转移。宁波应乘机发展造船业。这个产业的发展，除了同上海合作外，香港和深圳也是重要的合作伙伴。

4. 人才培养的合作

宁波大学是在包玉刚先生的支持下创办起来的，为宁波的经济发展发挥了一定的作用。但同香港、深圳的合作不多。香港的港大、中文大学、理工大学都是同世界接轨的，有一批优秀的教授，在世界上也有自己的地位。1997 年香港回归后，应加强同香港的一些大学合作，交流学生及教授。深圳大学同宁波大学一样都是新建的，这两校之间更要密切地合作。

四、合作方式的创新

"创新"是经济社会发展的根本动力和源泉。一个企业的活力在于产品的创新能力；一个城市的活力在于产业的创新能力；一个国家和地区的活力也要以创新能力为标志。合作，也需要合作方式上的"创新"。如何"创新"是一个需要研究的新课题。这里只提几点：

首先，是制度创新。在合作的制度安排上要有所创新。这对宁波和深圳来说特别重要。这两个城市，都是对外开放城市，都有改革试验的任务，因此，要在改革方面进行互相交流，并用改革的办法推进合作，如打破区际间的壁垒组建企业集团和跨国公司。

其次，合作研究模式的创新。深圳和宁波都在开发高科技的尖端项目，在这方面的合作潜力是很大的，两市可联合投资研究，或者相互投资开发，或者建立合作研究与开发的风险基金，推进高科技的创新能力，早出成果，并尽快实现产业化、商品化、国际化。

最后，市场拓展的合作。这对甬港深来说特别重要。可以通过"连锁店"、"综合商社"的形式，为双方的产品提供市场，甚至联手开拓国内外市场，并共商在竞争中取胜之策。

（在甬港深经济合作研讨会上的发言，载《特区经济》1996 年第 3 期）

发展环境与可持续性发展

可持续性发展的理念和行为规范

"可持续性发展"是一种崭新的发展思想、发展战略，也是一种崭新的经济哲学。作为一种"理念"，可持续性发展是对传统的"非可持续性发展"理念的否定。从经济学上来说，可持续性发展是人们经济"偏好率"和"长期利率"的长期一致性。这种状态可称为"经济天国"，是经济发展的最理想的模式。要想走进这个"经济天国"，需要长期的磨合才能逐步接近。在这些磨合中，最重要的是"发展理念"的变革和行为的规范化。

一、可持续性发展和理念变革

可持续性发展的核心是经济发展。朴素的可持续发展思想由来已久，我国的思想家孟子就曾经批评过"竭泽而渔"的做法。但是作为一个科学术语，是人类社会经历了漫长的发展过程，特别是由于工业化过程中对资源和环境处置失当之后提出来的，因此，是否可持续发展的问题本身就是经济发展过程中的问题。经济发展不仅是人类自身生存和进步所必需的，而且是实现可持续性发展的物质保证，当人们还在过着那种"衣不遮体、食不果腹"的日子时，就很难履行"不会使后代人的福利减少"的义务，"可持续性发展"只能是一句空话。所以，讨论"可持续性发展"问题应当围绕"经济发展"这个核心开展，研究以什么样的理念来指导经济发展。从"非持续性发展"到"可持续性发展"的转变，要有以下的理念变革才能实现：

1. 发展的系统性理念

传统的发展观单纯追求 GNP 的增长，追逐利润的最大化，把发展等同于工业化。这是一种形而上学的经济哲学。"要持续性发展"则是用现代系统论来观察和处理发展问题的。发展是经济—人口—科技—资源—社会—文化—环境等多因素的复合系统。经济发展是其他诸因素综合作用的结果，而经济发展又影响其他因素的变化。因此，在制定经济发展规划时，要摒弃趋势外推的直线形思辨模式，要考虑到增长速度的资源、社会和环境的负面影响；在评估建设项目时，按照系统综合理念，应该把所有项目综合起来研究它们的资源和环境的承受能力。

2. 发展的长期性理念

可持续性发展有不同的定义，世界环境与发展委员会主席布伦特兰女士于1987年《我们共同的未来》的报告中，把可持续性发展定义为"满足当代人需求又不危及后代人满足其需求的发展"；有的学者把它定义为"当发展能够保证当代人的福利增加时，也不给后代人的福利减少"（戴维·皮尔斯，1996）；其共同点是强调发展的长期性理念，要把当代的发展放在人类历史长河中考察，要解决资源配置的代际间的平等问题。我国古代有所谓"前人种树，后人乘凉"的名言，指的是我们今天做的事有深远的意义，不仅对当代人有利，而且也是为后代人造福，但是这里思考的前提是当代人的需要，其结果是也有利于后代人。"可持续性发展的理念"要比上述名言的思想深刻得多，是从代际间资源配置的公平性作为思索和处理问题的出发点，从不损害后代人的满足其需求的准绳来寻求当代经济与社会的发展。按照这种理念，现在建的一些项目并非对后代人都是有利的，如现在有些开发区、旅游区、小城镇建设过多占用了耕地，从发展的长期性理念来衡量弊端是很明显的。因此，有了发展的长远规划，并不等于发展的长期性，只有按照"可持续性发展"的长期性来制定的长期规划，才是可持续性发展的科学的远景规划。

3. 发展的综合成本理念

经济和社会的发展是需要成本的，经济发展的成本已有一套计量的模型，而社会发展的成本计量几乎还是一个空白。经济发展成本的计量模型是在传统的非可持续性发展模式下形成的，开始往往只从企业内部着眼，考虑商品生产过程中的消耗而形成了生产成本的概念；后来又提出了交易费用的理论，扩大了企业成本的概念；但市场经济的一个缺陷是在企业经济外部性上失灵，为此，政府应用法律的形式确定征收资源税和环境保护费，由此企业将资源税和环境保护费也作为成本的构成部分而计入生产成本。在我国，还未形成环境成本的概念，只对一些环境造成污染的企业征收环境保护费，那些在生产过程中未造成直接污染的企业，对环境也可能间接造成很大的负责影响。如，摩托车在其生产过程中也许对环境污染的影响不大，可是其消费过程中带来的环境问题却非常严重。因而从宏观经济过程观察，经济增长中环境成本是很大的，付出的代价是很高的。日本学者枇杷木在《论可持续发展的宏观经济理论结构》一文中提出"增值价值环境税"的理论，主张不仅对每个生产阶段的增值价值要征收环境税，而且要"对商品和服务的生产不加以区别的对其'增值价值'进行课税"，是有道理的。我国学者根据热力学的第二定律——"熵定律"，提出"反熵税"的概念，认为地下资源的减少是"熵减"，地球表面及大气展的污染为"熵增"，地下的"熵减"与地上的"熵减"的熵变是环境的失序，可持续性发展是人类的抗熵（反混乱）运动，无论是熵增还是熵减都要征税（张传奇，1997）。按照发展的综合成本理念，"反熵税"的概念是能成立的。用综合成本理念来处理发展中的问题，许多事情都将发生变化，如在自来水的收费上，目前收取的既不是资源费也不是污水处理费，而是直接制造自来水的费用。倘若按照可持续发展的理念应当加上述两种费用，那么自来水的价格还要高得多。

4. 发展的有限目标理念

传统的非可持续发展模式中发展的目标往往是无限的。经济增长指标越高越好、增长速度越快越好，这种增长模式必然导致非可持续性发展。现在提出"经济—社会—人口—科技—文化—资源—环境的协调发展"。这同传统发展观念相比是一大进步，但"协调发展"并不等于"可持续性发展"。协调发展是相对于片面发展而言的，协调发展还有一个在什么样的目标上协调的问题，高速度的发展目标也可以求得协调，但资源的过度消耗对后人的发展是不利的，因而可持续性发展应当是有限目标的协调发展。刘思华在《经济研究》1997 年第 3 期上指出，"可持续发展的最佳模式是物质、人力、生态三种资本共同增值"。他认为"在现代生态系统中生态环境已经不是'天然的自然'，因而把生态也作为社会总资本"。这种"生态资本论"是个创新。但是，物质、人力、生态这三种资本的共同增值也有个有限目标，而不能是无限的。鉴于资源配置在代际间的平等，协调发展或三种资本共同增值的速度不可能是随意的，只能是有限目标的发展速度。

5. 发展的科技推力理念

传统非可持续性发展是"牧童式"的发展、"掠夺式"经营，是"粗放型"的增长方式。可持续性发展是"园丁式"的发展、"护理式"的经营，是"集约型"的增长方式。是否把各种生产要素最有效地结合在一起，其推力取决于科技进步的程度，这方面已经取得共识。当前发展中存在的一些可持续性问题，是科技进步之后所带来的，而这些问题的解决又有赖于科技进步，无论是控制人口和提高人口素质，还是水资源的节约、新能源的开发、生态保护和环境治理，都离不开科技进步。

二、可持续性发展和行为规范

理念是人们行为表象的理性概括,有什么样的理念就有什么样的行为。非可持续性发展的理念支配下的行为,导致经济和社会的非可持续性发展;可持续性发展的理念要有相应的行为规范才能体现出来。然而,传统的行为惯性的力量很强大,要有一种强有力的政策和措施才能阻止其惯性运动,改变其运行方向,按照可持续性发展理念指引的方向决定经济和社会行为。因此,对非可持续性发展的行为要加以矫正。重新建立能保证可持续性发展的规范的经济行为和社会行为。

1. 矫正传统的工作业绩评价标准

长期以来,无论是按照传统的经济体制还是传统的发展观念,评价一个地区的经济发展程度或者一个领导人的工作业绩,最主要的标准是该地区或者是该单位的经济增长总量和经济增长速度。而经济增长总量的概念,前一时期指的是工业生产总值增长指标,近年来改用国内生产总值(GDP)增长指标,而在实际上强调的还是工业生产总值。因此,一个地区或单位的工业经济发展水平和增长速度就成了衡量该地区或该单位领导人工作业绩的标尺。这个标尺就成为各级领导人和各地干部的一切行为的准绳。这是一种无形的行为导向,势必导致扩张冲动,把投资需求推向无穷大,从而沿着"粗放型"的增长方式越走越远。这种片面的非科学的业绩评价标准,对可持续性发展所造成的危害,已经到了非矫正不可的时候了。要按照可持续性发展的理念,构建一套包括物资、人力、生态三种资本适度增殖,经济、社会、人口、科技、文化、资源、环境等有限目标协调发展的评价体系。这是摆在科学工作者面前的任务。同时,还要有政治体制改革相配套,建立新的考核干部的指标体系。

2. 倡导追逐综合效益的经济行为

在传统的计划经济体制下,是不讲究效益的,为了满足某种需要可以不惜一切代价,造成了社会资源的极大浪费。当走向市场经济的时候,人们又片面地追逐经济利益,牟取利润最大化。追逐利润最大化的经营行为,是市场经济的基本原则,也是市场经济的天然缺陷。当企业只追逐利润最大化时,必然带来经济的外部性问题,把资源的浪费、环境的污染以及其他外部性问题推向社会,使社会成本无限增大。随着市场经济的成熟,人们已逐步认识到市场经济失效之处,并且采取一系列的制度安排来解决由市场失效所带来的问题。现代经济学已用"效用最大化"替代了传统的"利润最大化"假定，用效用最大化原则来分析人们的经济行为。"效用最大化"的含义中，无疑包括资源和环境的效用。这是现代市场经济的一大进步。而我国的市场经济还处在不成熟的阶段，对于市场失效的问题还没有一套有效的制度安排，单纯追求利润最大化的原则还在支配企业、部门和地区领导人的行为。因此，在处理经济效益、生态和环境效益的相互关系时，总是把经济效益放在首位，甚至以牺牲生态和环境效益来维护经济效益，有时还以牺牲社会效益为代价来牟取经济效益。这种经营行为和决策行为，应当迅速予以矫正，要用"追逐综合效益"的经营和决策行为替代"单纯牟取经济效益"的经营和决策行为。所谓"追逐综合效益"，就是要把经济效益、社会效益、生态和环境效益统一起来，作为我们经营和决策行为的目标，力求兼顾诸方面的效益。当经济发展与生态环境发生冲突时，应该服从保护生态环境的需要，即使经济效益很好的项目也不能上，从这个意义上说，生态环境效益是居首位的，有了良好的生态环境，才能保护经济的持续发展。

3. 树立全局为重的决策行为

人类社会的发展在空间上有个全局和局部问题。诸如，从水系来说，有上游和下游的关系，上游发生了污染势必影响下游水的质量，而且条条大河归大海，造成海洋的污染；从大气层而言，地区之间更是密不可分，印度尼西亚的森林火灾不仅危及东南亚地区，而且加重了正在虐行的厄尔尼诺现象；这说明局部的任何变化都牵动全局。一般来说，一个地区的经济社会发展了，对全局是有利的，但在很多情况下，对局部地区有利的事未必对全局也有利，相反却损害了全局的利益。在我国经济发展过程中，局部和全局的矛盾相当突出，有的决策者只从本地区的利益出发，不顾全局的利益，给经济和社会的可持续性发展带来了很多麻烦。这种只讲本地区或本部门的局部利益的行为惯性，在中国特别顽固，是有其特定的社会背景的：一是由长期以来的小生产方式养成的"坐井观天"的思维模式所造成的；二是"封建割据"的行政体制的残余影响。因此，要树立"全局利益为重"的决策行为，首先要有系统性理念，把本地区或本部门放在社会大系统中来定位，广而言之，要树立"地球村"的观念，任何地区或部门都是"地球村"中的一员；二要加快政治体制改革，使政府官员从本地区和本部门利益的束缚中解脱出来；三要建立顾全大局的激励机制。比如，对水资源的保护，上游地区的人民负有特别重大的责任，而这些地区一般都在山区，经济不发达，生活也比较贫困，对资源和生态环境的保护是付出代价的，中下游地区的经济发展有他们的一份贡献。所以，"扶贫是对山区经济损失的补偿"（方民生，

1986)，发达地区所支付的扶贫费用，实际上是"生态成本"的转移支付。树立"全局利益为重"的决策行为并非易事，但它是实施可持续性发展的必要条件。

4. 强化国民"将来志向"的行为

人类社会发展在时间上有现在与未来的问题。着眼于未来的重要性，在分析"发展的长期性理念"时，已经阐明。而这个理念变成行动，就是"将来志向"的行为。从人们的"偏好率"来说，是要以最快的速度发展经济来提高生活水平的，因而往往只顾眼前利益，忽视甚至损害长远利益。在经济发展水平比较低的国家和地区，这种"偏好率"特别高，同"长期利率"的偏差也特别大。这种国民的"将来志向"皆无的状态，被日本学者枇杷木形容为"地狱经济"。要跳出"地狱经济"的怪圈，就必须降低以追求发展速度为主的"偏好率"，讲究提高经济素质和生活质量。传统"偏好率"的下降，会提高广大国民对未来的认识，开阔广大国民的视野，加强控制自己的能力，成为促进经济活动的高度化和成熟化的动力源。"将来志向"也是一种世界观，有没有"将来志向"是国民素质的体现，是文明程度的标志。但是，"将来志向"作为一种世界观，它是客观存在的反映，要以经济社会和科学文化一定程度的发展为基础。因此，"将来志向"要成为国民的普遍性行为，有赖于经济和社会的全面发展。

5. 推崇资源节约的消费行为导向

实现可持续性发展，不仅是生产经营决策的问题，还涉及人们的消费行为问题。人们的衣、食、住、行、娱，都同可持续性发展有密切关系。随着人们生活水平的提高，对资源的消耗也越来越多，对生态的破坏和环境的污染也越来越多，对生态的破坏的环境的污染也越来越严重。因为在工业化过程中，生产是"粗放型"的，消费也是"资源浪费型"的，甚至把资源消耗量作为衡量生活水平高低的标准。这种资源高消耗的消费导向对可持续性发展是很大的威胁。生活水平的提高不能单纯用资源消耗量的指标来判断，更重要的是资源消费质量和生活环境质量。当人们的生活已度过温饱之后，并从小康型向富裕型迈进之时，消费也应当从数量型向质量型转变，应当把"资源节约型"的消费模式作为消费行为的导向。目前，人们的消费中浪费最大的是土地资源，特别是在农村，一户人家只有几个人，要占用几百平方米的土地，来建造住宅，造了新房仍占着旧房的地址；在城里买了新房，又不放弃农村里已占用的土地。这种现象相当普遍，不知要浪费多少土地资源。在我国居民的消费行为中，有两大因素加速资源的浪费：一是"消费攀比症"，处处比阔气、比派头、比谁的消费档次高，明明是不需要的也要去浪费，由此引起的资源浪费不可计数；二是"公费消费制"，用公家的钱不心痛，"不拿白不拿"、"不吃白不吃"，有的利用手中掌握的权而挥金如土，奢侈浪费。前者是封建遗风，是封建主义的消费方式，只能通过提高全社会的科学文化水平和全民的素质才能解决。后者是体制性问题，只能通过改革的办法来解决。社会公平是社会主义的特性，而发展社会福利事业是实现社会公平的一种分配方式，但是现在采用平均主义的物资分配办法，对提高资源利用率是非常不利的，单位分配给职工的物资并不是每个职工都需要的，浪费就难以避免，应当尽快地以货币分配的方式来替代物资分配，分配的货币化将是节约资源的有效措施；而要解决公费消费的问题，最根本的办法是企业产权制度的改革，真正做到公有产权明晰化。

三、推进变革和规范的政策选择

从传统的非可持续性发展的理念和行为，向可持续性发展的理念和行为转变，是一项艰巨的任务，需要相当长的时间。能否实现这种转变，转变时间有多长，则取决于推进理念变革和行为规范的政策选择。可持续性发展是个复杂的大系统，针对各种问题有各种政策和措施，但其基本政策主要是：

1. 经济社会和文化生活的法制化

人们的理念和行为是一定条件下产生的，并受其环境条件的限制。美国经济学家布罗姆利教授认为，"个人偏好和选择的问题可归结为在作出决定时个人的选择范围"（1989）。制度确定和限制了人们的选择集合。制度是一个社会的游戏规则，它包括人类用来决定人们相互关系的任何形式的制约。制度可以是正规的也可以是非正规的。非正规的有村规民约、社会公德、各种不成文的准则；正规的包括民间契约、条例、规则和法。这一些制度安排，对促进可持续发展理念和行为的形成是非常重要的。它既可以激励理念的变革和行为的规范，又可限制人们违规行为的发生，只允许在既定的制度范围内作出个人或集体行为的选择。我国正处在经济体制转型期，为经济和社会的发展制定游戏规则，使全社会的经济社会和文化生活步入法制化的轨道，尤为重要。现在，国家立法机构非常重视这项工作，从资源保护和利用、环境保护和治理、人口增长与控制，都已制定了不少的法规，但是执行得很不理想。许多实施可持续性发展的法规，不能认真执行，最主要的原因是体制性问题，为地方的局部利益而不去维护法律的严肃性。当然，还有一个全民的文化素质问题，经济社会和文化生活的法制化还有赖于全民的科学文化水平的提高。

2. 经济社会和文化决策的科学化

非可持续发展中的许多问题都是由于决策的错误所造成的。群众性的大炼钢铁、农村所有制的多次折腾，严重破坏了山林，造成水土流失等灾难，给我们的教训是深刻的。至于建设项目决策上的失误所造成的损失，也是不胜枚举。科学决策在实现可持续性发展中的重要性，已为世人所公认。但是对经济社会和文化事业发展的决策行为，能否真正做到科学化，则取决于决策者的科学水平和发展理念，因此，科学化的决策过程，实际上是一个发展理念的变革和行为规范化的过程。决策，有集中决策与分散决策之分。集中决策的决策者是各级领导人项目负责人；分散决策是由各个市场主体所作出的；无论是集中决策还是分散决策，都需要有一批富有知识和经验的智囊做参谋。而这些领导和智囊人物是社会的精英，他们的发展理念和行为对全社会的发展起着决定性的作用，会推进社会的可持续性发展理念的形成和行为的规范化。

3. 无形之手和有形之手共同作用

市场是资源有效配置的手段。要改变传统体制下所形成的发展理念和行为规则，还要靠市场这只无形之手。比如，单纯追求增长速度的"偏好率"，只有在市场上碰了壁之后才会慢慢醒悟过来；节约资源的消费行为，也只有在市场经济中才能形成。所以，在市场经济还不发达的社会里，无形之手对促进发展理念变革和保障可持续性发展的行为规范具有特别重要的意义。然而，市场经济本身的缺陷又使它对可持续性发展造成种种障碍，这种市场失效的现象，需要政府行为给予矫正。在实现发展理念变革和建立保障可持续性发展的规范行为时，更要注重政府这只有形之手的作用。政府可以实行"强制性制度变迁"，重新制定游戏规则，改变集团或个人行为的选择范围。实践证明，政府行为对于树立上述新的可持续性发展的理念和规范性的行为，是不可或缺的。只有把亚当·斯密的"神的无形之手"和政府干预的"有形之手"都利用起来，共同发挥其作用，才能加速发展理念和行为的变革，从根本上保证"中国 21 世纪议程"成为经济社会发展的指南和人们的行动纲领，使人类社会一代又一代地持续发展下去，永远繁荣昌盛。

（原载《浙江社会科学》1998 年第 3 期、中国人民大学报刊复印资料《理论经济学》1998 年第 9 期）

浙江经济可持续发展的若干战略性问题研究[①]

本文从界定"经济发展可持续性"和"可持续发展度"的概念入手，用社会经济统计学的方法，对可持续发展的影响因素及其相关性做了数量分析，并对浙江经济可持续性发展进行了评估。在此基础上，对影响浙江可持续发展的一些特殊性问题做了探索，认为控制人口、保护耕地、减轻污染以及增加科技人员在总人口中的比重，是保证可持续发展的根本。本文在前人研究的基础上，提出了可持续发展的理念和行为规范；在对待山林资源的保护与开发，以及生态成本的转移支付问题的认识有新的进展。研究报告还根据浙江实际，从发展理念变革，到制定可持续发展的工程规划、建立可持续发展的信息系统、法制体系、金融体系和推进可持续发展的新动力等方面，提出了实施可持续发展战略的切实可行的对策建议。

一、研究范围界定

"可持续发展"是当今国际社会共同关注的主题，也是 21 世纪的重大战略性课题。1987 年，挪威首相布伦特兰夫人主持的《我们共同的未来》的专题报告对可持续发展给出了定义："可持续发展是指既满足当代人的需要，又不损害后代人满足需要的能力的发展。"这个定义已为国际社会普遍接受。本报告也采纳布伦特兰夫人给出的可持续发展的定义。

"可持续发展战略"，按照国际可持续发展研究所和世界资源保护联盟在

---

① 本报告所用资料除注明出处之外均来源于相关年度的《浙江省统计年鉴》和本题课之分报告。

《准备和实施国家可持续发展战略指南》和《国家可持续发展战略的制定与实施手册》的观点，是指改善和保护人类美好生活及其生态系统的计划和行动过程，是各个领域的发展战略的总称，它要使各方面的发展目标，尤其是社会、经济及生态、环境的目标相协调。可持续发展战略可以是国际的、区域的、国家的或地方的可持续发展战略，也可以是某个部门或多个部门的可持续发展战略。可见，可持续发展战略是个大系统工程，研究的问题非常多而且很复杂，本课题不可能作出全面系统的研究。

本课题的研究，在理论上有两个方面的突破，一是在前人研究的基础上提出了可持续发展的理念和行为规范，二是对可持续发展的影响因素及其相关性做了数量分析；并对浙江经济的可持续发展状况做了判断与评估。其实践价值在于对影响浙江经济可持续发展的资源、环境、人口、科技方面的主要问题及其解决对策做了初步研究。

二、浙江经济可持续性发展评估

1. 概念界定

在论述经济可持续发展的文章中，经常出现"可持续性"和"可持续发展度"这两个概念。但说法不一，还没有明确的定义。我们认为，这两个概念，对评价一个国家或地区的经济可持续发展的现状是很重要的，需要加以界定。"可持续性"，包括经济可持续性、生态可持续性、社会可持续性。所谓"经济发展可持续性"，是指经济发展的一种形态，这种发展形态的特征是旨在经济—社会—资源—环境的大系统的良性循环中，持续不断地使经济发展获得最佳效益。所谓"可持续发展度"，是指人力资本、物质资本、生态资本和社会环境给经济发展所提供的潜能，也就是说经济进一步发展可能性有多大程度。

2. 评价指标

可持续性发展的理念，否定了传统的用 GDP 来评价发展的标准，但是迄今尚未建立统一的评价指标体系。目前的研究大致上分两类：一类是用环境经济学方法进行评价；另一类是用社会经济统计学方法进行评价。前者如 1995 年 9 月，世界银行首次公布了新国家财富方法及计算结果，把世界财富构成分为自然资本、创造资本、人力资本，而这种评价方法受自然资源和环境的货币化计量的困扰，难有突破；因而后者成了世人的主攻方向。1990 年 5 月，联合国开发计划署首次公布了人文发展指标，将经济指标与社会指标相结合，揭示了经济增长与社会发展的不平衡；1992 年成立的联合国可持续发展委员会提出了包括 147 条指标的指标体系菜单，供各国政府在国家层次上监测可持续发展的状况；1996 年 3 月，英国政府公布了内含四大基本目标，涉及 23 个领域，涵盖 118 项指标的可持续发展指标体系，对英国的经济、社会和环境状况及发展趋势做了分析（《世界经济》1997 年第 6 期第 63 页）。

我们参考国内外对可持续发展指标体系的研究成果，在《可持续发展的影响因素关系的数量分析》的分报告中，构建了"浙江可持续发展指标体系框架图"。将可持续发展系统分三级进行评估。第一级为目标级，即可持续总水平和实现目标的评估；第二级为因子级，将可持续发展水平分为五大类，从不同方面进一步剖析可持续发展的现状与水平，第一是自然资源丰度和利用程度，第二是环境状况及相关物投入类，第三是人口与社会发展因素类，第四是影响可持续发展的科技信息类，第五是经济实力类；第三级为指标级（或个体指标）。我们根据资料获取的可能性，在对 24 个有关指标进行相关性分析后，选择了 22 个个体指标构建了可持续发展指标评价体系。

3. 评价结论

根据浙江省可持续发展指标特征值的数据的相关性分析和经济反映模型的构建，给出了如下结论：

（1）人口、资源、环境，同经济增长的相关性极大。每增加 1 万人，GDP 要减少 0.131 亿元；人口增长与耕地面积和粮食供给能力减少的相关系数分别为 0.96 和 0.21。在耕地资源方面，如果 GDP 增长率上升 1 个百分点，将使耕地面积下降 0.03 万公顷；如果城市化水平提高 1 个百分点，耕地面积也要下降 0.29 万公顷。农作物成灾率与粮食产量的相关系数为 0.38，与 GDP 的相关系数为 0.98，成灾率增加 1 个百分点，GDP 将下降 0.636 亿元。以单位面积化肥用量（公斤/亩）为样本的化肥污染与 GDP 的相关系数高达 0.98，如果每亩田多施 1 公斤化肥，GDP 就要减少 7.149 亿元。科技人员与 GDP 和财政收入的正向关系数高达 0.85 和 0.82，如果百人科技人员数提高 1 个百分点，GDP 将增长 11.43%。

可见，控制人口、保护耕地、减轻污染和增加科技人员在总人口中的比重，是保证 GDP 持续增长的根本。

（2）浙江可持续发展的状况开始有所改善。浙江可持续发展度和可持续性评估结果中，对"可持续性发展"是用 0—1 的标准量来表示的，其间的数字越大说明在可持续发展的大系统中，经济发展的程度越好；对可持续发展度的衡量是从 −66—66，分为六级来加以说明人力资本、物质资本、生态资本为经济发展所提供的潜能，其中以 – 66 — – 44 为最差、– 43 — 22 为差、– 21 — 0 为较差、1 — 22 为较好、23 — 44 为好，45 — 66 为最好。从浙江 1979 — 1996 年系统可持续发展度的变动情况来看，改革开放起步时，经济实力很弱，可持续度为 – 30，属于"差"的这一类；80 年代的经济高速增长，经济实力有所增强，但从整个发展系统来说，分别为 – 17 — 10 之间，可持续发展仍属于"较差"的；90 年代以来开始重视资源的可持续利用，认识到改善环境质量的重要性，经济增长速度做了调整，因而"可持续度"也有所提高，1993 和 1996 年的可持续发展度都达到 26，进入可持续发展的潜能"较好"的区间。

（3）可持续发展是个开放系统。研究浙江的可持续发展不能局限在浙江范围之内，它的发展必然要受到外部环境的影响，如资源和气候变化就是世界性的问题。但是，要解决全球性的问题还得从局部做起，把浙江自己能解决的问题办得好一些。

三、影响浙江可持续发展的主要问题

传统的非可持续性发展带来的问题很多，这些问题在全国具有共同性，也有浙江的特殊性。这里所研究的着重点，是影响浙江经济可持续发展的一些特殊性问题。

1. 理念

传统的发展观单纯追求 GDP 的增长，追逐利润的最大化，把发展等同于工业化。这种非可持续性发展的"理念"及其相应的"行为"，给经济、社会、生态的可持续性发展造成了极大的负面影响。浙江由于实施"强县战略"和"市县包干"的财政体制，使这种"非可持续性发展的理念和行为"具有特别强的韧性。"强县战略"在浙江前一时期的发展中曾经起过很重要的作用，各市县的经济实力增强了，而与此同时，追求增长速度的攀比风越刮越烈，又加上财政收入的利益驱动，重复建设和盲目建设的项目也越来越多，浪费了资源，污染了环境。这种状况虽有好转，但非可持续性发展理念和行为惯性仍在滑行。

2. 资源

浙江的资源有以下特殊性：其一，浙江人多地少，土地资源稀缺尤为突出；其二，浙江海域辽阔，海洋资源丰富，海洋资源对浙江的可持续发展具有特别重要的意义；其三，浙江水系的源头大多都在省域内，对水资源的利用和保护，系统可控性很大，省政府具有比较大的调控力度；其四，浙江一般的工业性自然资源不多，而有个别的非金属矿在全国占有很重要的地位，如萤石。因此，在对待

工业性自然资源时，要区别情况采取不同的政策。

（1）耕地资源。1995 年浙江的人口占全国的 3.58%，而耕地只占全国的 1.76%，后备耕地占 0.28%，分别只有全国资源密度平均值的 0.48 和 0.08。而据浙江农业统计年鉴的资料，1978—1996 年间，浙江的耕地面积总量以年均 0.72% 的速度递减，人口则以 0.89% 的速度递增，使人均耕地面积占有量从 0.74 亩降为 0.55 亩。1996 年新增各类建设用地所占用的耕地与造田造地的数量已经持平；1997 年新增耕地 14.69 万亩，扣除各类建设占用地还节余 4.53 万亩，这是值得庆幸的。但从人口与耕地面积的比例而言，人均耕地面积下降的趋势并未停止。而且不能只看耕地的数量，还要比较耕地的质量。不仅新开垦的土地与被占用的熟地在质量上是无法相比的；而且由于农业的比较利益的缘故，农民对土地的保护性（改良性）方面的追加投入是很少的，耕地质量在下降，农田生态向不良化方面发展，这对农业的持续发展是非常不利的。

（2）水资源。淡水是一种有限的资源。浙江水资源总量 937.2 亿立方米，按土地面积计算的水资源量仅次于广东和福建，居全国第三位；但人均水资源拥有量仅 2 210 立方米，为全国平均 2 340 立方米的 93.24%。而降雨的时空分布不均匀，各地人均水资源的拥有量也不一样。淡水资源的供给有限，而需求却不断增加。1980 年浙江全省用水总量为 101.89 亿立方米，至 1996 年增加到 200 亿立方米，16 年间用水量几乎翻了一番。据浙江省水利部门依照《浙江省国民经济和社会发展"九五"计划和 2010 年远景目标纲要》测算，如果供水能力维持在 1993 年的水平，当保证率 P ＝ 75% 时，2010 年全省缺水率为 21.67%；P ＝ 90% 时，缺水率 25.67%。按 90% 的保证率计算，2010 年缺水率在 30% 以上的有杭州、宁波、温州、金华、衢州、舟山和丽水，其中，舟山缺水率将高达 48.48%。当然，各地缺水类型是不同的，舟山属资源型缺水，宁绍属资源与污染结合型缺水，金华和温州则是工程与污染结合型缺水。水资源总量不足是问题的一个方面，更严重的是水体污染严重，水质下降，造成饮用水紧缺。1986 年全省八个水系中，达不到地面三类标准（可饮用）的河段占 7.9%，到 1995 年增加为 27.9%，10 年间增加了 3 倍多。污染最严重的是甬江水系和运河水网区，其次是钱塘江上游。甬江水系的多数河段，运河水网区的杭州和嘉兴段，钱塘江上游的衢州、金华段，水质均劣于五类标准。即使污染相对较轻的飞云江与瓯江水系，水质常年劣于五类标准的河段也有多处。水资源已成为浙江经济社会能否实现可持续性发展的关键。

（3）海洋资源。海洋资源是浙江得天独厚的优势，海洋资源的开发是 21 世纪经济的新增长点，是未来浙江的希望所在。目前从总体上来说，在海洋资源问题上是开发不足，还仅限于以传统农业社会的观念来开发海洋，主要是海洋渔业资源的开发；以现代工业社会的观念开发港口资源和旅游资源，还刚刚起步；以高技术开发海洋资源的海洋工程尚处在准备阶段。从近海渔业资源而言，已经开发过度，造成高经济价值的鱼类资源衰减。近年来实施休渔期的法规，使渔业资源衰退的趋势有所缓和，但并未根本解决，渔业资源的保护仍然任重而道远。对海洋资源威胁最大的是海洋污染。据舟山海洋生态站监测资料，舟山外侧岛屿以西海域，已基本上无 1 类海水，超 3 类水质标准竟占 83.7%；无机氮的超标率达 100%，无机磷超标率为 88.4%；港口、码头、锚地和主要航道，油类污染严重。同时，工业废水、生活污水向海洋排放，还使沿岸的致病菌数量明显增多，1992—1995 年间沿岸的大肠杆菌数量上升了 10 倍。据 1992 年和 1994 年部分水产品的监测，渔获物中的污染物含量已迫近食品卫生标准下限，部分水产品，特别是滩涂生物，已有超标现象。1998 年上半年广东近海来势凶猛、危害极大的"赤潮"现象应引以为戒。

3. 环境

上面论述水资源和海洋资源时已涉及环境问题，表明无论是陆地还是海洋的生态环境都在哭泣，虽然水系与河网的污染已开始着手治理，水质恶化的现象有所遏制；而海洋生态恶化的趋势还在加剧。这里主要指大气环境和自然灾害。

（1）大气环境。大气环境的污染已危及人们的生命和财产的安全，更令人担忧。据《1992—1996 年浙江社会发展蓝皮书》资料，浙江全省大气污染呈煤烟型，其主要污染物为烟尘及二氧化硫，氮氧化物呈上升趋势。1991—1995 年全省降尘年平均值 8.47—9.39 吨/平方公里，均超过 8.0 吨/平方公里的控制标准，致使全省 16 个城市中没有一个市的大气质量符合国家一级标准，符合二级标准的城市也只占 81.25%。据 1998 年发布的大气监测公报，浙江只有宁波市达到一级标准。酸雨污染范围不断扩大、发生频率不断增加，全省除龙泉市周围一些地区外，几乎都被酸雨区所覆盖，酸雨的面积占全省陆域面积的 95%，并形成了杭州—临安—安吉—湖州—余杭—绍兴—嵊州一带、宁波—象山—舟山—普陀一带、金华—丽水—临海一带的三块重酸雨区。大气污染对人民的健康威胁很大，据浙江医科大学 1996 年的调查，杭州市交警的呼吸道患病率接近 100%，城市居民肺癌死亡率正在上升。

（2）自然灾害。就气象灾害而言，浙江是一个多灾大灾的省份。全国发生的 17 种气象灾害在浙江都发生过，而且影响范围广、出现时间长，发生的频率高、强度强、危害大。如，严重影响浙江的台风平均每年有1.5个，正面登陆的台风平均每两年有一个，台风过程中24小时最大降水量达800毫米以上，且大部分地区的最大风力可达12级以上；每隔三年要发生一次旱或涝灾，如1967年夏秋旱持续时间长达130天。据有关部门估计，浙江每年因气象灾害造成的经济损失在40亿元以上，仅1994年的损失就高达225亿。浙江省政府决心"砸锅卖铁"也要把千里海塘修好，这是抗灾之本，是浙江经济可持续发展的重要保证。在浙江诸如修海塘这样治理山河的工程还有很多，提高抗御自然灾害的能力，永远是浙江可持续发展工程中的主题。

4. 人口

人口发展是影响可持续发展的核心因素之一。人口发展是指一国或一地区人口在数量、质量以及结构方面的变化过程。近20年来，由于浙江的经济发展和社会进步以及计划生育工作做得比较好，浙江省的人口已从高出生率、高死亡率、低自然增长率向低出生率、低死亡率、低自然增长率的"三低模式"转变，人口的生育模式也基本上转向现代化。

人口发展与经济可持续发展的矛盾主要是：（1）人口总量的持续增长成为经济可持续发展的长期约束条件。人口增长的惯性作用使人口总量增长仍将持续25年左右，经济仍然面临着人口压力增长的挑战。（2）人口素质提高的滞后对经济可持续发展的制约。衡量人口素质有许多指标，仅以人口受教育的程度而言，人口素质的提高同经济发展是不相适应的。据1995年1%人口抽样调查（下同），浙江省尚有文盲半文盲人口574万，占总人口的比重为13.31%，15岁及以上人口中文盲半文盲人口占相应年龄段总人口的17.02%。这些人口大都在农村，直接影响到农村经济和农业生产率的提高，影响农业现代化的进程；而且高文化素质人口在总人口中的比例过低，也是造成浙江高技术产业成长缓慢的重要原因，直接影响浙江经济社会发展的后劲。（3）人口结构制约经济可持续发展。这种影响可分为两个方面：其一，在人口的自然结构上，浙江进入老龄化时期。1995年65岁以上人口占总人口的比例为8.65%，到21世纪20—30年代人口老龄化将达到高峰，经济发展面临人口老龄化的制约。其二，在人口的社会经济结构上，农村人口比重很大。1995年，农村人口约占70%，城市人口约占30%；按户籍中的农业人口与非农业人口来分，农业人口占总人口的81.63%，这说明浙江的城市化严重滞后于工业化的进程，要求提高城市化水平。（4）就业压力的持续增长影响经济可持续发展。浙江的劳动力总资源大约平均每年递增1个百分点，城市新生劳动力在增长，下岗工人在增加；农村劳动力在结构转型期，一方面向农村的非农产业转移；另一方面由农村人口向城市人口转移，每年约有200万农村劳动力进城寻找工作，因此就业问题将是未来数十年间宏观经济中的首要问题。

5. 科技

据国家科委1995年对全国各地区科技实力的评价，浙江列上海、北京、广东、天津、江苏、辽宁之后，居第7位；1997年降为第10位，又被山东、四川和黑龙江省所超过，科技实力属第三类型的省份。以可持续发展的理念来评价浙江的科技发展，主要问题是：（1）科技人力资源不足。1996年，全省地方企事业单位各种类的专业技术人员近72万人，占企事业单位1 025.55万从事人员（浙江省第一次基本单位普查结果公报）的7%，在每万人口中的比重只有0.16人，1995年科技人力资源的投入在全国的排序列21位。（2）科技人员的结构与经济发展的需求不相适应。在科技人员中，用传统技术从事传统产业的人员比较多，拥有新知识、掌握高技术的科技人才和精通现代金融业务、精通法律知识的管理人才奇缺。（3）科技的财力资源投入不足。1997年科技的财力投入在全国列17位，而经济总量则居第4位，两者很不相称。1996年，浙江全社会科技活动经费投入占GDP的比重为0.91%，研究与发展（R&D）经费支出占GDP的比重为0.25%。而在发达国家用于研究与发展（R&D）的经费占GDP的比重，美国1986年为2.7%、日本1995年为2.8%。（4）企业技术进步的动力不足。据统计，1995年浙江省大中型企业科技活动经费占工业销售额的比重为1.06%，低于全国1.19%的平均水平，相对数只有上海的67.58%、江苏的81.53%。1997年，全省企业技术改造投资下降6.7%，而全国则增长了9.5%，两者反差甚大。在市场经济条件下，企业是技术进步的主体，市场主体的动力不足，是科技持续发展的最大障碍。

四、实施可持续发展战略的对策建议

1. 发展理念变革和行为规范

"可持续发展"是一种崭新的发展思想、发展战略，也是一种崭新的经济哲学。要从"非可持续发展战略"到"可持续发展战略"的转变，最重要而且也最困难的则是发展理念的变革与行为的重新规范。本课题的《可持续性发展的理念和行为规范》的分报告认为，实施可持续发展战略必须树立发展的系统性理念、发展的长期性理念、发展的综合成本理念、发展的有限目标理念和发展的科技推力理念。要树立这些新的发展理念需要对传统的非可持续发展理念进行根本性的变革。可持续发展的理念要用相应的行为规范才能体现出来。然而，传统行为惯性的力量是很强大的，要有强有力的政策和措施阻止其惯性运动，改变其运行方向，按照可持续发展的理念指引的方向规范人们的经济和社会行为。因此，对非可持续发展的行为要加以矫正，重新建立能保证实现可持续发展的规范的经济行为和社会行为。这就要矫正传统的工作业绩评价标准、倡导追逐综合效益的经营行为、树立全局为重的决策行为、强化"国民将来志向"的行为、推崇资源节约的消费行为。建立这些符合可持续发展要求规范的经济与社会行为，也许比理念的变革时间还要长一些。能否实现这种转变，转变的时间有多长，则取决于政策选择。其基本政策是：实现经济社会和文化生活的法制化、经济社会和文化决策的科学化、要运用市场经济的力量和政府的"强制性制度变迁"的双重力量，重新制定游戏规则，改变集团和个人行为的选择范围。只有这样，才能使人们的经济"偏好率"和"长期利率"保持长期的一致性，从而走进可持续发展的"经济天国"。

2. 制定可持续发展工程的规划

可持续发展不只是一个理念问题，更重要的是行动。《中国21世纪议程》是我国实施可持续发展的行动纲领，各地都相继制定符合本地实际的行动方案。浙江也应当把这项工程提到议事日程上来。浙江金衢盆地的"三江治理工程"已初见成效；"沿海堤塘修建工程"正在加紧实施；太湖和运河的治理也已开始；这些都是可持续发展的好征兆。

在浙江要实现可持续发展，以下工程特别重要：（1）水源保护工程。浙江的八个水系的发源地大多在本省境内，源头的保护要靠浙江的人民，而正因为它在本省境内，省政府对水资源的保护具有权威性，可以采取强有力的政策和措施。建议省政府成立水资源保护委员会，依法保护和合理开发利用水资源，并负责与邻近省市协调有关水资源保护事宜，如千岛湖的水质保护就需要与安徽省协商。（2）富春江引水工程。浙江东部地区缺水已成为人们的共识，但解决方案却一直争论不休。其实，从富春江引水的方案已经过水利专家数十年的勘察与论证，已经有比较成熟的项目建议书，现在已经到了决策的时候了；还有京杭运河、杭甬运河的疏竣工程。（3）海洋环境保护工程。中国沿海海水质量最差的是东海，这对浙江海洋经济的发展影响极大，应当予以充分的重视，树立全民的海洋意识，动员全民来保护我们的海洋；并同国家海洋局一起来研究保护海洋环境的方案。（4）土地资源保护工程。这方面省里已经出台了很多法规，但农村住宅建设方面浪费土地的趋势还在恶化。我们建议采取两条措施：一是调整农村居民点，集中建设好中心村，减少自然村，既能提高农村居民的生活质量，又可节约大量住宅建设用地；二是已在城镇建有住房的居民，要从农村住宅用地中退出来，改变一家占有多处住宅地的不合理现象，不退的要加数倍的土地使用费。同时，要改变"重点发展小城镇"的思路，采取"充分发挥杭、宁、温三大城市的功能，重点发展中等城市，提高小城市的质量，有选择地发展小城镇"的方针，这不仅可以节省大量土地（据统计，大城市人均用地 90 平方米、中等城市100 平方米、小城市 120 平方米、小城镇人均用地 120 平方米以上），而且发展中心城市的技术创新功能，有利于知识经济的发展。（5）大气洁净工程。这些工程的实施，要广开筹资渠道，除了省里的资金外，要争取国家的支持，争取国际援助，广泛吸引外资，以及国际金融机构的贷款。

3. 正确处理保护与开发的关系

浙江有句老话，叫做念"山海经"，把浙江经济发展的希望寄托在"山"与"海"上面。就"山"来说，资源的开发有一定的潜力，但潜力很有限。用可持续发展的理念来评价，也许资源保护的价值要大大超过资源开发的价值。据国外资料，山林的效益中，生态效益是最主要的，它和经济效益相比，日本为 9：1，美国是 4：1。浙江的山林资源不多，它的保护对浙江的水资源和生态环境极为重要，可以说它是浙江人民的生命所在。而山区人民为保护浙江的水资源和生态环境是付出了代价的，沿海平原地区的发展也有山区人民的一份贡献。因此，"对贫困山区的扶持是生态成本的转移支付"（方民生，1986）。对山区来说，本地资源的开发，可以解决脱贫的问题，但难以实现富裕和过上现代化的生活。山区人民要实现现代化，根本路径是把高山的劳动力引向谷地与平原。这就要有一系列的政策和措施，沿海地区的人民要欢迎他们来安家落户，并有一套有利于山区迁移人口的就业政策。过去那种"靠山吃山"的观点要改变为"养山蓄财"（方民生，1986），把山林保护起来。为解决山区人民的贫困问题，适当开发一些山林资源是可以的，但不要强化开发的观念，不要把浙江经济发展的希望寄托在"山"字上。

4. 建立可持续发展的信息系统

可持续发展是一个庞大的系统工程，由许多子系统所组成，这个系统的运行，要有大量的信息。要把大量的、分散的、零星的信息集中起来，就需要建立统一的信息系统。这是实施可持续发展战略的基础性工作。我们建议浙江省政府及早把这个系统建立起来，可请省经济发展计划委员会来承担这项任务。可持续发展信息系统，要定期发布公告。还要建立可持续发展的预警系统，向有关部门发出相关的警报，并组织专家研究应急对策。

5. 知识经济是可持续发展的新动力

传统的发展是"牧童式"的发展、"掠夺式"的经营，是"粗放型"的增长方式。可持续发展是"园丁式"的发展、"护理式"的经营，是"集约型"的增长方式。从非可持续发展向可持续发展的转变，意味着增长方式的根本性转变。而这种转变只能依赖于科学技术的进步。从影响可持续发展的诸因素来说，当前发展中存在的一些非可持续性问题，是科学技术进步之后所带来的，而这些问题的解决又要靠科学技术的进步，无论是控制人口和提高人口素质，还是水资源的节约、新能源的开发、生态保护和环境治理，都离不开科技进步。世界科学技术的发展日新月异，人类已进入信息时代，知识经济已初见端倪。江泽民同志指出："知识经济的基本特征，就是知识不断创新，加快高新技术产业化。"加快建立当代中国的科技创新体系，全面增强我国的科技创新能力，是实现可持续发展的新动力。因此，应当把知识经济的生产、传播和应用同实现可持续发展的战略结合起来，发展教育事业，提高人口素质，推动各个领域里的技术创新和制度创新。

6. 完善保障可持续发展的法制体系

健全这个法制体系，一方面是为了规范个人和群体的经济、社会和文化生活的行为；另一方面是要使市场经济中企业的经济外部性内部化，规范企业的经营行为，现在国家已经颁布许多法规，对资源、生态、环境的保护都有明确的规定，这是很大的进步。但与实现可持续发展的需要相比，还要不断完善。如《环境保护法》，只对一些直接造成环境污染的企业征收环境保护费，可是在实际上则不然，有的企业在其生产过程中并未带来直接的污染，但它所生产的产品在使用过程中给环境带来了严重的负面影响，像摩托车就是典型例子，这种污染所造成的损失由谁来承担是需要由法规来决定的。而目前最大的问题是有法不依，执法不严，还存在着相当大的法盲区。所以，提高全民的法制意识，是实现可持续发展的关键。

7. 建立可持续发展的金融支撑体系

在可持续发展战略的实施过程中，任何一项工作，无论是资源保护、山河治理、环境净化，还是提高人口的素质，都需要资金，这就需要有强大的金融体系来支撑。当前最迫切的是建立海塘修建和江河治理工程项目基金、抗灾防灾基金、环境保护基金、山林保护基金，以及对贫困山区的生态保护成本的转移支付基金。对这些基金的筹划，沿海发达地区应当作出更大的贡献，因为目前可持续发展中存在的种种问题，他们应负有更多的责任，是这些地区加速工业化的负效应，理所当然地要从他们的所得中扣除一部分。当然，政府是构建这些基金的主体，政府的税收收入应当拿出相当大的一部分出来支持各种可持续发展基金的建立。政府职能转变之后，投资办企业已经不再是政府的事情，完全有可能把资金使用的重点放在社会公益事业方面。企业家和个人的捐款，以及国际援助和国际金融组织的贷款也是不可或缺的。

（本文刊于《浙江经济》1998 年第 6 期；中国人民大学报刊复印资料《国民经济管理与计划》1999 年第 1 期全文刊载。本课题由方民生主持，课题组成员有杨万江、张叶、李东华、叶菊英、全广明，本研究报告由方民生执笔）

长三角应当是"绿色之洲"①

　　半个世纪之前，长江三角洲是"绿色之洲"。这里的山，林木苍翠，满目绿阴；这里的水，清澈如镜，甘甜可口；这里的天，蓝如靛青，气流清新；这里的地，土壤肥沃，开垦有度；这里的河，碧波荡漾，鱼跃雁飞；这里的海，百川交汇，资源丰富。这样的自然和生态环境，为长江三角洲的百姓提供了良好的生存发展环境，在旧中国，"长三角"也称得上是"富庶之洲"。改革开放之后，长江三角洲从农业社会向工业社会的结构转型进程很快，工业化迅猛发展，由此带来了双重遗产：正面的遗产是创造了就业和致富的机会，"使人们的生活水准提高到了我们的祖先连做梦都未曾想到的水平，使人们的饮食变得极为丰富多彩，使人们的物质消费达到前所未有的水准，使人们的出行方便与快捷得让人难以想象"；负面遗产是造成了长三角"绿色之洲"的衰退，被破坏了的森林尚未恢复，大气中二氧化碳的浓度不断增加，酸雨频繁发生，土地受农药和重金属的污染严重，土地资源的利用效率低下，渔业资源濒临枯竭，地下水水位在下降，地表在下沉，水体在恶化，"鱼米之乡"正面临着饮用水的危机。这一切表明，长江三角洲的经济已经走上了一条环境上无法持续的道路，而"任何一种环境的退化都会削弱文明的基础"。"在 21 世纪之初，我们的经济正在慢慢地毁坏；其支持系统，正消耗地球赠给我们的自然资本。按照现在的架构，经济增长的需求超过了生态系统的可持续产出。"这种"基于过度耗用地球天然资本而人为抬高的一种经济产出，是一种泡沫经济。一旦这些'气泡'破裂，就会影响世界。我们这一代的人所面临的挑战，就是在气泡破裂前使其缩小"。因此，复兴长三角

---

　　①　本文所引用的文字来源于 ［美］莱斯特·R.布朗：《生态经济——有利于地球的经济构想》，东方出版社 2002 年版；《科技日报》2003 年 9 月 3 日来自华盛顿的关于莱斯特·R.布朗的新著《拯救负重的地球和受困的文明》一书首发式的报道。

的"绿色之洲"就是要在环境恶化尚未失去控制之前扭转这种恶化的趋势，这是"拯救负重的地球和受困的文明"的世界性的使命，也是长江三角洲率先实现现代化的文明基础。

复兴"绿色之洲"是一个巨大的系统工程，需要有新理念、新制度、新技术，需要有民众、企业、政府的合力才能成功的。

一、塑造新理念

复兴长三角"绿色之洲"，第一，要树立"生态经济"的理念，就是能够满足我们的需要又不危及子孙后代满足其自身需要的前景。一种经济要想能够持续发展，就一定要遵循生态经济的规律，否则任何经济都是不可能持续的。因此，要设计一种尊重生态学原理的生态经济。第二，要树立新"财富"的理念，生态也是资本，生态也是财富。过去，我们只把 GDP 看做是一个国家和一个地区新增加的财富，其实"生态系统为我们人类提供的服务有时候可能比为我们提供的产品更有价值"。因此，我们要计算"绿色 GDP"，也就是说要在现有的表现产品和服务增加值的 GDP 中减去由此带来的生态环境的负债，再加上生态环境的增值。按照这样的理念，一个地方环境保护好了，就是一种财富的增值，在深山老林中的人也许比我们的财富还要多得多。第三，要确立新"价格"的理念，"让价格表达生态学的真理。"现在的市场经济中，没有把各种经济活动的环境成本体现出来，因而经常低估产品和服务的价格。未被计入的成本大得惊人，有人估计，吸一包烟的社会成本是 7.18 美元，也就是说现在的"中华牌"香烟还要提高两倍的价格才能补偿环境的损失。埃索石油公司的一位总裁说过："中央计划经济崩溃于不让价格表达经济学的真理，自由市场经济则可能崩溃于不让价格表达生态学的真理"。现在市场经济国家正面临着以市场为导向的经济转变成为以生态为导向的经济。我们在走向成熟的市场经济的进程中，也要让价格表达生态学的真理。

二、安排新制度

复兴长三角"绿色之洲"，构筑生态经济，需要有新的制度安排。首先，要建立绿色 GDP 的考核制度，改变以现行"GDP 为上"的干部业绩考核制度。目前这种考核办法造成 GDP 增长的盲目攀比，滥用土地，耗费资源，破坏环境，已经到了非改不可的时候了。其次，改善环境经济手段和管理手段的制度安排。环境问题是企业的外部经济问题，政府要加以管理，通过征收各种环境税，减少对环境的破坏。第三，保护好森林和水资源是增值社会财富的劳动，是要花成本的，这种成本应当得到补偿，要建立"生态成本转移支付的制度"。这部分资金，可以从下游经济发达地区的有关税收中分离一部分出来，因为下游发达地区的经济绩效中也有森林和水资源保护者的贡献，支付生态成本是理所当然的；还可以从原有的扶贫资金中切出一块来，可以把原来计划用于山区道路建设、通信设施建设费用转移过来，这也许比长年累月在山区搞建设，搞村村通公路之类的投入成本要低得多。第四，建立"复兴长三角'绿色之洲'基金会"，也是恢复和改善生态环境的新制度安排。

三、再创新技术

历史上的"农业革命"利"工业革命"都受到新发现和新技术的推动，这次的"环境革命"也靠技术创新来推动。现在正面临着生产方式的转型，从线性直通式的经济，转变为一种全面再循环式的经济，许多技术需要新发现和再开发，这是第一。第二，复兴长三角"绿色之洲"需要建立完善的信息系统，需要 IT 技术和产业的支持。第三，环境技术的发展在我国还相当滞后，需要加大投入和加快发展。

本文提出这个问题的目的是，呼吁长江三角洲的民众，包括政府官员和企业家们，要以复兴"绿色之洲"的理念，规范自己的行为，并成为规划未来、制定经济社会发展政策的基础。

（在 2003 年 9 月"长江三角洲区域经济合作与发展"学术研讨会上的发言稿）

外向经济与发展环境塑造

内源与外生相融合的发展模式构架

——对浙江发展模式转型的思考

浙江经济发展的业绩和活力令人瞩目。而此惊人之举的动力来自何方，是我们一直在探索的问题。笔者在《浙江制度变迁与发展轨迹》[①] 一书中认为，浙江的巨变主要是以诱致性创新为主动力的制度变迁的结果；后来又在另一篇文章中提出浙江已形成"内生型的自组织的增长动力系统"[②]，而这种自发形成的秩序和制度是最有效率的制度。当然，浙江的对外开放，也使浙江得到了外部力量的推动，形成了一个加速度的发展系统的支持，但这两种力量相比，内源型的动力系统是主要的，经济运行是"内源型的发展模式"。郑勇军教授的研究也作出了同样的判断，认为浙江的经验就在于："内源性民间力量推动经济发展"[③]。然而，在经济全球化的时代，我们不能锁定在已有的"内源型发展模式"上，要提高浙江经济发展的开放度，使经济社会发展得到更多的外部力量的推动，摆在我们面前的正是这样一个新课题。

一、模式转型的理性判断

我们提出浙江要从"内源型的发展模式"向"内源与外生相融合的发展模式"转变，是经过反复思索后作出的理性判断。

内源性民间力量推动经济发展是浙江经济的特点和优点，这已被中国经济发展史所证实。根据我们的研究，浙江的经济社会发展水平大致上要高于全国平均

① 方民生：《浙江制度变迁与发展轨迹》，浙江人民出版社2000年版。
② 方民生：《浙江经济核心竞争力探索》，《浙江经济》2001年第8期。
③ 郑勇军：《内源性民间力量推动经济发展：浙江经验》，《浙江社会科学》2001年第2期。

发展水平的十年；居民真正得到了实惠，社会福祉明显增长，就以浙江与江苏相比为例，2004 年浙江城镇居民人均可支配收入为江苏的 1.38 倍，浙江农村居民人均纯收入为江苏的 1.28 倍，浙江年末城乡居民人均本外币存款余额为江苏的 1.38 倍①；在 IMD 的世界地区经济体竞争力国际比较中，浙江的经济绩效居第 10 位、商业效率名列第 3 位，这两项均列中国香港之后，这说明浙江经济充满活力②；2004 年，9 家民营企业首批登陆中小企业股市板，浙江"新和成"成为中小企业板上市第一，截至 2004 年月 11 月，38 家企业在中小企业板上市，浙江就占了 12 席③，这不是偶然的现象，是浙江内源性民间实力的体现。从这几个综合性的数据比较中，证实了浙江内源型发展模式的生机和活力。这要充分肯定，并进一步发扬光大。浙江只有充分发挥民间经济力量的作用，完善民营经济的体制和机制，才能持续保持自己的优势，不断提高区域竞争力。这是我们坚信不移的理念。

在科学评价一种发展模式的时候，我们不能不清醒地看到"内源型发展模式"的缺陷。其缺陷不在于利用外资比邻近省市少，这对浙江经济发展有一定影响。"利用外资"不如人家，这是浙江多届领导的"一块心病"，但这不是问题之所在。对目前利用外资的模式不能盲目追随，对这个问题我们将在后文分析。缺陷也不在于开放度低。浙江 2004 年的对外贸易依存度为 62.75%，已经相当高了；浙江"走出去"也已迈出了可喜的步伐。缺陷究竟在哪里？笔者认为，内源型发展模式的最大问题是，缺乏外部的技术、人才和管理资源的推动，致使民营经济的增长方式转变缓慢，影响浙江国际竞争力的提升。浙江民营经济的发展有一定的技术支撑，但经济增长的最大贡献来自物质资本，其次是人力资本，即克鲁格曼所说的"汗水变量"。克鲁格曼在 1994 年曾指出，亚洲增长"主要来自于汗水而不是灵感，来自于更努力地工作而不是更聪明地工作"。④ 浙江经济增长也是这种"汗水变量"的结果。这对智力资源稀缺，自主创新能力薄弱的浙江来说是发展的必经之路。在科技迅猛发展的时代，不能锁定在这样的路径依赖中，应当充分利用外部的科技、人才和管理资源，把"内源性"和"外生性"的两种动力源融合为新的增长动力系统，才能使"汗水变量"模式转换为"智

---

① 本文数据除注明外，均分别来源于浙江省、江苏省、杭州市、苏州市的 2004 年国民经济和社会发展统计公报，有的根据统计数据换算而得，美元根据当前的汇率换算。

② IMD，"Word Competitiveness Yearbook（2004）"，IMD，Lausanne，Switzerland.

③ 《钱江晚报》2005 年 4 月 7 日。

④ 约瑟夫·E. 斯蒂格利茨等编：《东亚奇迹的反思》，中国人民大学出版社 2003 年版。

慧变量"模式。

"内源与外生"这两种动力源的融合，是经济发展的必然趋势和提高国际竞争力的有效途径。这里我们以"本土厂商"为"内源动力"的代表，以"跨国公司"为"外生动力"的代表作些分析。对这个问题，国际竞争力战略研究的权威学者、美国哈佛商学院教授迈克尔·波特在《国家竞争优势》一书中有精辟的分析，他在该书的"本土厂商与跨国公司"一节中指出：

跨国企业有它的迷人吸引力，它可以快速创造就业机会、引进技术资源、培训本地人才，也可以避免本地有限资金的使用风险。

在经济发展过程的初期阶段，跨国公司确实扮演了重要角色。不过一个国家想要从先进产业发展中产生国家竞争优势，绝不能只靠外商的经济活动力。外商在当地的国家价值链中的经济活动，往往是本身全球化战略的一部分，他们的投资着眼点在于打开当地市场或基于生产成本考虑，并不是为了提升当地的国家竞争力。

虽然外商当中不乏持续在本地投资或发展的情况，但很少国家能成为跨国企业核心研究发展或精密零部件的生产中心，这种类型的部门通常是设在跨国公司母国，或是市场诱惑力足以使外商作出重大让步，或需求条件有利于创新的国家。此外，这些子公司也无法协助当地培训出口和管理人才。

发展中国家的经济战略如果以跨国公司为主力，可能使本国经济一直维持在生产要素导向阶段。如果完全依赖跨国企业，这个国家不可能成为任何产业的生根落脚之地。当本地工资太高，或生产成本巨变时，跨国公司将选择新的地点。跨国公司虽然能使本国经济快速进步，但无法持久；跨国企业就像经济发展的紧箍咒般，使得高级形态的竞争优势无法出现。

和引进的跨国企业相比，本土厂商的成长速度比较慢，风险也比较高。不过，日本和韩国的经验显示，本土厂商一旦成功地站起来，国家经济将开始脱离生产要素导向阶段，进而创造高级而专业性的生产要素，将国家竞争力提升到初级生产要素之上。在这段过程中，如果政府不做太多的干预活动，本土厂商将发展出自己的全球化战略，并能持续竞争优势和发展。

因此，在国家发展的经济战略中，外资应该只是因素之一，而且必须随时调整。当经济发展到某个阶段时，重心应该转移到本土厂商身上。①

笔者全文引用迈克尔·波特的这部分精辟论述，其目的就是要说明，外资只

---

① 迈克尔·波特：《国家竞争优势》，华夏出版社 2002 年版。

是经济发展的因素之一，要重视本土厂商的全球化战略，要把外生的力量和内源性的民间经济的动力融合在一起，形成一种新的浙江模式。

二、融合模式的构建条件

确定了"内源与外生相融合的发展模式"之后，面临的问题是要讨论构建这种发展模式的基本条件，只有在具备这样的条件下的融合才是"双赢"的融合，才能实现 1 + 1 > 2 的构想。从浙江的实际出发，构建"内源与外生相融合的发展模式"的前提条件：

一是激发民营经济利用国外资源的动力。浙江民营企业的产权制度同国际市场的发展模式比较吻合，走向国际市场的阻力比较小，民营企业的体制和机制对外商是有吸引力的。而大量的民营企业是家族制企业，家族制的封闭性，阻碍了外部资金的进入；家族制的文化也难以跳出原有的思维模式，比如，有相当多的企业家认为，我辛苦创立的家业正处在高回报期，为何还要与外商合作，把成果让给别人呢？持这种观点的企业家显然缺乏与时俱进的战略思维；这就造成了在浙江的中小民营企业中利用国外资源的动力不足。同时，浙江的中小民营企业的技术结构层次比较低，对引进国外先进技术的要求并不迫切，利用国外资源的需求不足。因此，只有促使企业家族制模式向现代企业制度演变，使企业家具有全球化的战略视野，提升企业的产品结构和技术结构，才能使浙江的民营企业具有内在的利用国外资源的动力源，这是构架内源与外生相融合的发展模式的基本条件。

二是要有寻求浙江特色的利用国外资源的发展模式的理念。在区域竞争力的比较中，引进外资是一个很重要的指数，各地都不甘落后，因而引发了"外资饥渴症"，盲目追随外地的引进外资的模式，许多地方出现了层层压任务、局局分指标，全民引外资的现象，这是不可取的。苏州市自 20 世纪 90 年代以来，引进国外直接投资取得了很大成绩，GDP 大幅增长，给当地的百姓带来了很多就业机会，给地方财政提供了新的财源，从而增强当地经济发展的实力。基于这样优秀的发展业绩，各地在"外资饥渴症"的推动下，都纷纷模仿苏州的引进外资模式，这种心态是可以理解。但是，我们认为苏州有苏州的情况，不能照搬照抄。苏州引进外资已经形成了一种特殊现象，2004 年实际利用外资占全社会投资的比重已达 450.57%，外商投资企业的出口额占出口总额的比重已高达 89.0%。这样一种结构所隐藏的风险是不言而喻的。评价一种发展模式最好的标准是看它对当地的福利水平的提高有多大贡献。据 2004 年的统计资料，苏州市人均 GDP

为 57 992 元人民币，杭州市人均 GDP 为 38 858 元，苏州的人均 GDP 高于杭州 49.24%；而苏州市城市居民人均可支配收入为 14 451 元，杭州市城市居民可支配收入为 14 565 元，杭州市区居民的收入高于苏州 0.79%。用这一标准来判断，就很难说是苏州的发展模式优于杭州、还是杭州的发展模式优于苏州。同时，我们不能不看到他们都以非常低廉的土地价格换取外商直接投资的政策，虽然可以为农民创造一些就业机会，但不可否认也损害了农民的长远利益，农民失地的风险是不可估量的。鉴于这样的分析，我们认为，在浙江利用国外资源时，一定要寻求具有浙江特色的发展模式，这个模式就是我们正在探索的"内源与外生相融合的发展模式"。这种模式的特点之一，是要充分发挥民营经济的作用，在两种力量的融合中保持和壮大民营经济的实力；特点之二，是要采取多种形式、全方位地利用国外资源，不能迷恋于外商直接投资这一种形式，外国资本对民间资本相对丰裕的浙江来说，货币资本不是最重要的，最重要而且也最紧迫的是技术、人才和管理资源的引进，这是利用国外资源的着力点；特点之三，是利用国外资源要有利于提高浙江的福利水平和经济社会的可持续发展；特点之四，是通过利用国外资源走向世界，使浙江产业在国际分工中居于适当的地位。确立这样的理念，是构建浙江新发展模式的前提，也是实现"内源与外生相融合发展"的保证。

三、融合模式的路径选择

"内源与外生相融合发展"的实质就是国内外的资源互换，利用我们的优势资源换取我们所需要的国外资源，当然这些资源有的是有形的，有的是无形的，以提高我们的对外开放度。对外开放，通常把它概括为"三外"，即对外贸易、引进外资和对外经济合作。但是目前对"三外"内涵的理解还比较狭窄，还有很大的发展空间。在对外贸易方面，人们还只着眼于商品贸易，而对技术贸易、服务贸易尚未放在应有的位置上；在引进外资方面，还只是把注意力集中在引进外商直接投资上；在对外经济合作上，重点还是劳务输出，有技术合作的项目，但不多。所谓"融合发展"，就是要提升"三外"的广度和深度，如何提升就有一个融合发展的路径选择问题。除了已通行的路径之外，我们着重讨论目前还比较弱的和一些还未引起人们重视的发展路径。

1. 利用外资的形式是多种多样的

外商直接投资办企业仅仅是其中之一，是一种比较古老的形式；而从发展趋势来看，通过金融市场直接融资的方式越来越重要了，其比重也越来越大。但目前人们的注意力还局限于前者，还没有把从金融市场上获得的外资统计在引进外资总额的项目之中，因而低估了有些地方引进外资的业绩。据浙江省政府上市办公室统计，2003 年浙江在境外和国外金融市场融资总额达 13 亿美元，可是并未统计在引进外资的项目之下。浙江有诸如万向、华立、金义等一批企业通过企业兼并、收购了国外的上市公司和企业，这无疑也是利用外资的一种形式。浙江洁丽雅毛巾有限公司还获得由德国复兴信贷银行给中国的唯一一笔商业贷款，合人民币 1.7 亿元。列举这些事实，无非是要说明一个道理，那就是不能把引进外资等同于引进外商直接投资，引进外资有多条路径走。

2. 不同的行业应该采取不同的利用国外资源的方式

据浙江大学吴晓波教授等研究的结论认为，"对于支柱产业中较为成熟的行业，比如纺织和机械，它们总体上属于中低技术，技术发展速度相对较慢，并且在浙江已具备了较高的技术能力的情况下，政府应该对 FDI 方式实行适当限制，而应该鼓励利用技术许可的方式引进技术，通过成熟期实现技术跨越。相反，对于需要政府扶持的新兴产业，比如软件和信息产业，由于该类产业技术变迁速度比较快，因此，我们不能过分依赖国外技术，而必须逐渐加强自主研发的力度。在前期，由于技术能力较弱，我们难以得到技术许可，这时可以采取鼓励 FDI 的方式，通过外资的技术扩散逐渐积累技术能力，在技术能力不断加强的过程中，政府应该逐渐限制 FDI 并鼓励技术许可，直至具备完全的自主开发能力，实现'一次创新'"。[①] 这个结论的准确性可以讨论，但研究报告的基本思路我们认为是正确的，那就要是根据各行业的实情作出利用国外资源的路径选择，不能认为采取 FDI 都是好方式。对有些行业的 FDI 方式要实行适当限制，对技术水平低的、对生态环境不友好的外资企业要限制进入；要鼓励技术贸易和技术许可的方式利用国外资源。

3. 要在浙江本土办成具有国际性的公司

北京大学中国经济研究中心周其仁教授在《另一条印度道路》[②] 一文中，介绍了印度最大的软件公司之一——Infosys 技术公司——如何成为印度本土的具有国际性的公司的。这家公司是由原来在法国一家软件公司工作的穆西和他的六位同事于 1981 年成立的，当时的资本不过 1 万卢比，相当于 1 000 美元。困难的问题不是资本数量，而是印度的"许可证制度"。他们在困境中打熬了 10 年获得了

① 浙江大学管理学院吴晓波主持的《浙江支柱产业实现技术跨越的对策研究》报告。
② 周其仁：《另一条印度道路》，《经济学消息报》第 597 期。

欧洲和美国的大公司客户。1991 年印度的改革废除了许可证，开放了市场，Info-sys 公司如鱼得水，终于可以在本土向全球客户提供每周 7 天、每天 24 小时的软件服务，引进了经理和技术人员的股权期权制度。时至今日，穆西先生已毋须否认驱动他和同事们努力的基本目标，就是使 Infosys 成为世界级的公司。1999 年 4 月 Infosys 公司以过去 5 年每年利润增长 66% 的业绩在美国纳斯达克上市，到 2005 年 5 月 Infosys 技术公司的股价为 129 美元。从这一故事中，可以断定 Infosys 成功的关键是印度的改革，印度人在印度本土办成的具有国际性的公司已经成为"另一条印度道路"。这是令世人瞩目的道路，也是印度的成功经验。这是值得我们借鉴的"内源与外生相融合发展"的宝贵经验。浙江目前还没有这样的企业，但在浙江本土办成国际性的公司是我们的希望，经过努力不是不可办成的。这也许是浙江的另一条道路。

4. 重视进口对经济增长的贡献

从国际贸易理论来说，整个国际贸易最大的受惠者是进口国而不是出口国。但是，在过去的对外贸易理论研究中，却往往强调出口增长和出口水平与 GDP 增长具有高度的相关性，因而出现了"出口崇拜论"。最近，在东南亚奇迹的反思过程中，讨论了"出口还是进口对增长的贡献大"的问题，劳伦斯和温斯坦在《贸易与增长：进口拉动还是出口拉动？——日本和韩国的经验》一文中，根据日本和韩国的数据得出的研究结果认为，"进口对于提高劳动生产率的效应大于出口"。这个结论也能得到美国工业的有关数据的支持。"这可能是通过以下两种机制实现的。第一种是，外国企业的加入促进了竞争，从而产业中的企业质量可能会提高。因为国内企业可以从与国外进口的竞争中学习，也可能是来自国外的竞争鼓励了创新。第二种是，可能获得更好的中间品。例如，日本的服装制造业者就可以获得从国外进口的高质量棉花，从而获益。重要的中间产品可促进劳动生产率的增长。因为外国的资本品中包括那些国内无法获得的技术，因而通过采购国外的中间产品，国内企业可以掌握这些技术，从而提升劳动生产率。"这个研究证明，"进口是引进新技术的有效工具"。我国科技界的研究也表明，我国从国外得到的高新技术不是外商投资企业所带来的，而主要靠技术贸易的渠道获得。浙江纺织系统的数据也证明了这个结论。2004 年第一季度，浙江纺织品及服装出口 37.87 亿美元，首次超过广东省，出口额位居全国各省区市第一。其主要原因是因为通过进口国外先进纺织机械进行了企业的技术改造，仅从 1999 年到 2003 年，浙江纺织企业进口额就达 37.07 亿美元，纺织产业的发展得到了技术支持。① 但来自国家商务部科技发展和技术贸易司的资料②表明，浙江在引进国外技术方面比其他发达省市要少得多。2002 年技术引进的合同金额，上海是 34.69 亿美元、江苏是 26.48 亿美元、广东是 5.77 亿美元、浙江为 3.20 亿美元。浙江技术引进的金额只有上海的 9.2%、江苏的 12.08%、广东的 55.45%。浙江在引进国外技术方面与兄弟省市的差距如此之大，应当引起省政府的重视。浙江近年来的创汇都居全国之首，为国家经济发展作出了重大贡献。但在其背后也隐藏了一个不可忽视的问题，那就是"出口崇拜论"的传统观念影响还很深，对进口在国民经济发展中的作用缺乏足够的认识。因此，要普及进口在经济增长中的作用的认识，利用浙江创汇多的优势，加大引进国外先进技术和设备的力度，加大引进国外中间产品的力度，使进口成为浙江经济的催化剂。因此，进口是实现内源与外生相融合发展的重要路径。

四、模式构建中的政府作用

在经济全球化的时代，"内源"和"外生"两种发展动力源在市场经济的运行中必然会融为一体，但这是一个漫长的过程。要加速构建这两者相融合发展的模式，势必要发挥政府的作用。但如何发挥政府的作用有个定位问题，要在政府的职能范围内发展其应有的作用，既不能缺位，也不能越位。浙江省政府在这方面做得是比较好的，有许多成功的经验。2004 年 4 月发布的《中共浙江省委、浙江省人民政府关于进一步扩大开放的若干意见》，就是一个推进全方位利用国外资源的指导性文件。它提出了继续实施"北接上海、东引台资、主攻日韩、拓展欧美"的战略；确定了招商引资的重点、着力点和突破点；并制定了一系列政策。但在发挥政府作用方面还存在一些需要进一步完善的问题，这里既有政府缺位之处，而更多的是越位的政府行为。目前，有些地方政府层层分解"引进外商投资指标"，并把它作为考核干部业绩的根据，这就是一种越位行为，这使政府成了引进外资的直接操作者，超越了政府的职能范围。相反地，有许多工作是政府应该有所作为的而没有去做，或者是作为得不适当。本文对此不做全面分析，只是提出一些补充性的建议：

1. 对引进外资的项目和优惠政策要进行一次清理

世界银行在《1999/2000 年世界发展报告》中指出：并不是所有吸引外国直

---

① 《浙江日报》2004 年 5 月 13 日。

② 网址：http://kjs.mofcom.gov.cn。

接投资的措施都会提高一个国家的福利水平。在一项对过去 15 年以来 30 个国家 183 个外国直接投资项目的评估中，一项最新的研究发现，有 25% 到 45% 的项目对一个国家的福利水平具有净负面影响。这个不受欢迎、而且出人意料的发现揭示了这样一个事实："外国投资常常伴随着扭曲的政策。这些政策中的一部分政策可能会在一定程度上鼓励投资，但是，从整个社会来看，损失常常大于收益。另外，还有一个问题是，中心城市和其他一些地方政府为了争夺投资，竞相提供公共补贴与优惠，常常陷入无效率的'损人利己'的恶性竞争，此时，中央政府在限制地方政府竞相向外国投资者提供各种优惠方面应该有所作为。"[1] 世界银行揭示的事实，在我国也普遍存在。对这种扭曲了的吸引外国直接投资的政策所导致的"损人利己"的恶性竞争，现在已经到了需要矫正的时候了。其中最明显的被扭曲了的政策，是以低廉的土地价格换取外商投资的政策，其结果是浪费了土地资源、损害了农民利益、鼓励了外商圈地谋利，而引进的只不过是一些技术水平并不高的企业。这种政策再也不能继续下去了，要适当提高土地价格，控制用地规模。这是促使提高引进外资质量的有效经济杠杆，只有那些能承担较高土地价格的外商投资企业，才能带来高效率和较高的技术。同时，对已有外商投资企业也要有一个优胜劣汰的机制，使那些影响生态环境的企业淘汰出局。当然，从总体上来说，改善吸引跨国公司直接投资的氛围，形成外国投资者权利和义务的稳定组合，仍然是政府的重要职责。我们要以选择性的态度来促进外资发展，把长期提高附加价值和扩大外部经济效应作为吸引外资的目的。

2. 政府要将更多的注意力转向新投资项目的动态影响

这是马来西亚吉隆坡马来西亚大学教授 K. S. 乔莫在《东南亚政府政策角色之反思》一文中提出的研究成果。据我理解，他把东南亚政府引进外资的政策分为三个发展阶段：第一阶段，鼓励外商投资的政策是为了提升某些特定产业，吸引尽可能多的新兴出口导向型企业；第二阶段，政府鼓励政策的重点则是提供一系列配套的生产线、零部件生产、生产服务活动，以形成能互相支持的群聚效应；第三阶段，政府鼓励政策的重点则转向某些特定环节，向市场拓展、技术转移以及人力资源发展等方面转变，尤其是要鼓励管理、采购、物流、研发和设计等领域的引进。招商不再以引进新企业为主攻方向，新的重点是鼓励已有投资者再投资，以深化在当地的经营、提升技能，加强其在东道国的国内联系，从而令

---

① 世界银行：《1998/1999 年世界发展报告：知识与发展》，中国财政经济出版社 1999 年版。

这些子公司在它们母公司的全球部署中获得更重要的地位。目前，东南亚国家这三个发展阶段的政策，在浙江省都有，但以第一阶段的鼓励政策为主，以鼓励更多的企业进入。笔者认为不能锁定在第一发展阶段上，要实现跨越式的发展，借鉴东南亚政府第二、三阶段的鼓励政策，关注新投资项目的动态变化所带来的影响。

3. 要制定鼓励高技术进口的优惠政策

在"出口崇拜论"的时代，只有出口补贴而无进口补贴，这样的政策是不完整的。进口效应不只是对企业的，而是有利于全社会的效应。一个企业引进了高新技术，通过技术扩散，带来了知识溢出效应，使全社会受益。因此，我们建议对经过专家委员会认定的，通过技术贸易进口的高技术产权和高技术设备，可放宽进口用汇的额度限制，可给予贴息贷款的支持，还可以退还其进口税。减免进口税，省里还没有这个权限，但通过地方财政给予退税或部分退税，省里是可以办得到的。同时，政府还应当建立提高引进技术的消化吸收能力的机制。这是提高引进先进技术和 FDI 的效率的关键。许多国际经济学者在论述关于 FDI 流入对经济增长影响时发现，"除非通过与东道主经济体教育水平的相互作用，否则 FDI 对经济增长不会有明显的促进作用，而只有在与教育水平相互作用下，FDI 才会对经济发展产生显著的正面影响。"引进高技术也是一样，只有与教育水平相互作用时；才能发挥其推动经济增长的作用。所以，要充分发挥引进高技术的作用，并建立消化吸收先进技术的机制，提高企业职工的教育水平。

4. 扶持本土具有国际性的公司成长

浙江省政府已经制定了扶持大企业集团的政策，但如何促使他们成为国际性的公司还缺乏专门研究。比如，目前有哪些企业具备了成为国际性公司的条件、在哪些产业中最有可能发展成为国际性的公司；在成长为国际性公司的过程中还有哪些障碍，这些障碍是体制性的还是非体制性的，是资金问题还是人才问题，等等，都还是未知数。这是浙江实施企业"走出去"战略所必须研究的课题。要根据浙江的实际，借鉴国外的经验，制订相应的扶持政策，并使本土企业成为推动"内源与外生相融合发展的模式"运行的引擎。

（本文系浙江省经济建设咨询委员会报送给省委和省政府的专题报告，由方民生牵头并执笔完成的；后载《浙江社会科学》2005 年第 4 期）

进口贸易与经济增长之辨析

鉴于浙江进出口贸易总额中，进口的比重过低，影响了浙江经济增长的素质，笔者于1995年8月在中共浙江省委读书会上的大会发言中，曾提出"优化进出口结构"的建议；在2005年的《内源与外生相融合的发展模式构架》一文中，再次提出"重视进口对经济增长的贡献"的理念。但总感到对进口贸易在经济增长中作用的问题，在理论上还没有说清楚，需要深入探讨；在对外贸易的实践中，浙江的进口系数（进口总额/出口总额）有所提高，据《中国统计年鉴》按境内目的地、货源地的各地区进出口商品总额的数据，1998年浙江省的进口系数为的0.44、2000年为0.53、2004年为0.55；但是全国的进口平均系数2004年是0.94、2005年为0.85。浙江的进口系数要比全国低30多个百分点。国家商务部的资料表明，浙江在进口方面与外省市的差距要比引进外资上的差距大得多。以2002年技术引进合同金额为例，浙江只有上海的9.2%、江苏的12.8%、广东的55.45%。这说明，浙江没有能充分利用出口创汇多的优势，进口更多的国外先进技术与设备，来提高国民经济的素质和更快地增进社会福祉。如果能把进口系数提高到一定水平，浙江的经济社会发展的奇迹更为出色。这就是引发此文的缘由。

一、进口贸易效应分析

重商主义的对外贸易观，是重视出口，把贸易顺差而获得贵金属作为主要目标，把对外贸易作为促进资本积累的手段。到了大卫·李嘉图时代，观察问题的角度就把重点放在进口利益上，他认为由于进口而节省了国内劳动，增加了创造国民财富的劳动总量。现代贸易理论对进口拉动经济增长还是出口拉动经济增长一直争论不休：世界银行的研究曾认为，出口是加速日本劳动生产率增长的特别有效的渠道，"日本的增长是出口拉动型的"；世界银行1993年出版的《东亚奇迹》一书，特别强调了制造业产品出口的重要表现，认为出口和出口政策在刺激经济增长中起了关键的作用，赞赏"出口导向型"的发展模式。所以，20 世纪下半叶的研究者对出口增长和出口水平与 GDP 增长具有高度相关性的研究很多，得出了正相关性的结论。在这种情况下，"出口崇拜论"风行一时。但在上世纪末，罗德里克（Rodrik，1999）研究的结论证明，"出口崇拜论是没有根据的"。因为日本的出口拉动是在维持保护主义壁垒的条件下发生的，进口保护却实际上阻止了劳动生产率增长。罗伯特·Z. 劳伦斯、戴维·E. 温斯坦合著《贸易与增长：进口拉动还是出口拉动？——日本和韩国的经验》（《东亚奇迹的反思》，世界银行，2000 年）一文中，通过对日本、韩国和美国的全要素生产率的实证分析，得出结论认为，"具有较高劳动生产率水平的企业成为出口商，但是出口商却没有高水平的劳动生产率和工资增长"，"出口没有促进全要素生产率的增长，而进口则起了促进作用"。劳伦斯对美国的研究"发现进口在国内消费中的比重越高，它对之后全要素生产率增长的正向影响就越显著。这些效果对来自工业化国家和发展中国家的进口都很显著。同样，劳伦斯也未发现出口占 GDP 的比重与此后的劳动生产率增长之间存在任何正向关性的证据。因此，美国的情况与日本和韩国研究中的结果是一致的。进口促进了劳动生产率的增长，而出口显然没有这种作用"。全要素生产率是指总产出与全部生产要素投入之比，即所投放要素生产率之和。全要素生产率的提高是来源于技术进步，所以技术进步的贡献率往往以全要素生产率来表示。他们对进出口贸易与全要素生产率增长关系的分析的结论，通俗地说，就是说出口是技术进步的结果，而不是因出口推动了技术进步；相反地，进口则促进了技术进步。但无可否认，出口为国家挣了外汇，提高了产品进口的能力，增进了就业的岗位，并且出口还是引进新技术的一种手段，对 GDP 的增长具有正向的相关性。但总体上来说，整个国际贸易最大的受惠者是进口国而不是出口国，进口对推动技术进步的效应要大于出口。

　　进口是通过以下机理影响全要素生产率的增长的：其一，进口促进了竞争，竞争推动了创新。劳伦斯等学者研究证明，进口性竞争加速是一种必然趋势，竞争性越强的进口冲击在经济上的表现也越显著。"非竞争性进口对劳动生产率增长的冲击非常小，而且在统计上不显著。但是竞争性进口却有显著的冲击。相关系数表明，过去较高的竞争性进口水平总与劳动生产率增长相伴而生。"其竞争的效果在不同部门具有不同的效果，当竞争性进口进入一个技术落后的部门时，它对劳动生产率的冲击就相对较小。因为落后企业没有能力与更精于此道的外国对手开展竞争。而对于技术水平相对比较先进的企业则成为创新的动力。鲍德温

（Baldwin，1992）指出，"进口竞争可能会在事实上通过降低缺乏创新的垄断的获利能力来刺激创新"。其二，进口可以获得更多更好的中间产品，如原材料、化工和医药产品的中介体。如在服装制造业中，从国外进口的高质量的棉花和新型面料，就能提高服装业的价值链，从而获益。其三，进口可以满足消费者选择多样性的需求。当经济发展到一定程度后，各国间的产品在性能和品质上会出现明显的差异，而各国的消费者会对其有不同的评价和选择。在发展中国家，往往有一种超前消费的倾向，本国产品已不能满足其需求，需要从国外进口高档商品任其选择，所以出现了部门内贸易的增长。人民生活需求的满足也是推进全要素生产率提高的动力源之一，也是经济社会发展的目标所在。

二、"出口崇拜论"的环境

"出口崇拜论"是在特定的环境中产生的，现在环境发生了根本性变化，相应地在对外贸易的理念上也要随之变化，在发展出口贸易的同时，也要重视进口贸易，调整对外贸易中的进口与出口之间的比例，提高进口系数。

"出口崇拜论"产生的环境及其变化如下：

第一，为了解决"外汇缺口"。早期的发展经济学家认为，发展中国家因"两个缺口"而阻碍经济发展，一个是"资本缺口"，另一个是"外汇缺口"。"资本缺口"是因为人均收入水平低，导致储蓄水平低，储蓄能力太小，造成资本缺乏，资本形成不足；而国内资本的不足，又没有外汇来加以弥补，由此而形成了"贫困恶性循环"。在这种情况下，增加出口贸易是推进发展的良策，政府也实施了许多鼓励出口贸易的政策和措施，谁创汇多谁就能赢得荣誉。浙江多年来在进出口贸易方面的顺差很大，为国家挣了巨额外汇，对我国的国际收支平衡，弥补国内资本不足作出了巨大贡献。以 2005 年为例，全国对外贸易的顺差为 615 亿美元，其中浙江的对外贸易顺差就有 200.9 亿美元，占全国对外贸易创汇总额的 45.54%。但自 1995 年国内各种存款总额超过贷款总额、1996 年外汇储备达到 1 050 亿美元之后，情况发生了根本变化，过去资本与外汇的双缺口已被双剩余所取代。2007 年 6 月末外汇储备达到 9 411 亿美元，此时作为创汇功能的出口贸易的作用在减弱，而且顺差过大给金融市场带来了很多麻烦。

第二，"以市场换技术战略"的影响。过去，我们把高技术和先进设备的引进寄希望于外资，而不太重视技术的进口贸易。而实际上并非如此，外资所能带来的绝大部分是一般的技术，是价值链的末梢，"以市场换技术战略"不能说是一个成功的战略。我们要重视技术的进口贸易，当然我们的这方面的企望也不能太高，高技术的取得还是要靠自主创新。

第三，企业的创新能力不足所致。20 世纪 90 年代以来，浙江的企业引进一些国外的先进技术和设备，在工艺水平上有了明显的提高。但总地来说，因创新能力不足，对进口高技术和先进设备的要求还不是很迫切，进口的需求不是很大。企业在技术层次不高的情况下，只能采取低成本竞争的战略，生产低中档产品，而这类产品国外又有巨大的市场，这就必然要崇拜出口。但现在的情况发生了变化：一是国外的技术壁垒森严，二是遭受同类行业的反倾销调查，三是遇到了越南、柬埔寨和非洲国家的更低生产成本的挑战。面对这些问题，唯一的出路就是提高企业的创新能力，而在这个创新的征途中引进先进技术和设备之后再来进行二次创新，对大多数企业来说是一条捷径。

第四，部门内贸易发展滞后所致。部门内贸易是 20 世纪 70 年代以来出现的一种新的国际贸易形式。所谓部门内贸易，是指一个国家在出口的同时又进口同类型产品。它通常被称为双向贸易，或重叠贸易。这种类型的贸易，在我国发展得还很不充分。原因之一是受传统的比较优势的贸易理论的影响，认为出口的只能是本国的优势产品，进口的也只能是自己尚无能力制造或者制造成本很高的产品，不然会有损于本国的民族工业；原因之二是因为国内的消费水平有限，对消费品的差异和品质的要求还不是很高，发展部门内贸易的市场刺激力度不大。这也是阻碍进口系数提高的重要因素。部门内贸易是 WTO 成员间贸易发展的大趋势，对外贸易的结构要适应世界经济的变化。

第五，单纯追逐 GDP 增长的干部政绩考核指标体系所致。在相当长一个时期，出口创汇和引进外资都是考核干部政绩的重要指标，这是造成"出口崇拜论"的重要原因。现在以科学发展观为统领，浙江省的干部考核指标体系做了调整，"引进外资"不再列入干部政绩考核体系，这是非常有远见的，中国引进外资的负面效应已日益显露，各种优惠政策越来越暴露出诸多弊端。在这样的态势下，浙江在引进外资方面与外省市的差距是好事还是坏事，值得反思，从长远看也许是好事。同样，在对外贸易方面，浙江的贸易顺差很大，是创汇冠军，这对浙江的长远发展来看，是利大于弊，还是弊大于利，或者利弊相当，这也是值得再评估的。

三、提高进口系数的机制

从进口贸易与经济增长的关系的理论研究和实证分析中，可以作出"浙江的对外贸易需要调整进出口的结构，提高进口系数"的结论。调整进出口贸易结构，不是减少出口总量和降低出口增长速度，而是在出口增长的同时，加大进口总量和提高进口增长率，而且进口增长的速度要快于出口增长速度，只有这样才能使进口系数有所提高。为此，就如何才能提高进口系数的问题，提出如下建议：

第一，要在提高进口系数的问题上取得共识。浙江进口系数低是多年来的经济现象，对这种现象有不同的解释，有的认为存在这种现象是合理的，其理由主要有二：一是由浙江的产业结构所决定的，重工业比重不大、国有企业少，这就不可能有大量的进口；二是统计上的问题，有许多进口不走浙江海关，因而没有统计在内。这不无道理。但是，我们可不可以换个思路，由被动进口变为主动进口，用增加进口的办法来调整产业结构，转变经济增长方式。至于在外贸统计上，仅按当地海关进出口数计算是有问题的，近年来海关的机构比较健全了，对外贸易的统计口径上也做了调整，国家发布的各地区的进出口商品总额有两个统计口径，一个是按经营单位所在地分，一个是按境内目的地、货源地分。浙江按前一个统计口径的进口系数要比后一个统计数值要低 8 — 10 个百分点，2004 年的浙江的进口系数按第一个口径计算为 0.43，按第二个口径计算则为 0.53。本文引言所用的是第二口径统计的数据，这个数据应当是可信的。以上两个原因也许可以解释过去，但不能成为观察未来的理念。从国际贸易条件和国情的变化，以及宏观经济的发展和转变经济增长方式的需要，都说明浙江需要通过提高进口系数来增强国际竞争力。

第二，要加强进口贸易的研究。过去对外贸易的研究大多是研究出口问题，很少讨论进口贸易。其实这种研究是不全面的。进口贸易有许多问题摆在面前，从国家来说有个度的问题。进口，正如俗语所说，"有时踢你屁股一脚可以让你跑起来，但有时只能踢伤你"。所以，进口要成为竞争的推力，而不要损害民族工业。对一个地区而言，要进口什么，向那个国家进口，通过什么途径进口，采取什么形式进口，进口系数达到什么程度最合适等，都是需要研究的。这项研究是综合性的课题，需要多方力量合作才能成功。建议由省发展和改革委员会、经济贸易委员会、对外经济贸易厅、科技厅和研究单位的专家共同来从事这项研究工程。

第三，要制定鼓励高技术进口的优惠政策。在"出口崇拜论"时代，只有出口补贴而无进口补贴，这样的政策是不完整的。进口效应不只是对企业的，而是有利于全社会的效应。一个企业引进了高技术，通过技术扩散，带来了知识溢出效应，使全社会受益。因此，我们建议对经过专家委员会认定的，通过技术贸易进口的高技术产权和高技术设备，可以给予贴息贷款的支持，还可以退还其进口税。减免进口税，省里还没有这个权限，但通过地方财政给予退税或部分退税，省里是可以办得到的。值得欣慰的是浙江省已建立提高技术引进的消化吸收能力的制机，有利于进口效应的发挥。

第四，要健全进口的中介机构。现有对外贸易的中介机构，重在出口，而对企业的进口需求研究不多，应当拓展进口业务。浙江的中小企业居多，单个企业研究技术和设备的进口比较困难，需要有一个咨询机构为他们提供进口方案，各个产业集群应当担负起这个任务，这是提高产业集群水平的有效途径。义乌国际商贸城，定位为"买全球货，卖全球货"是非常准确的，有望成为浙江进口贸易的生力军。

参考文献：

1. 杰拉尔德·迈耶、约瑟夫·斯蒂格列茨主编：《发展经济学前沿——未来展望》，中国财政经济出版社 2003 年版。

2. 约瑟夫·斯蒂格列茨、沙希德·尤素福编：《东亚奇迹的反思》，中国人民大学出版社 2003 年版。

3. 埃里克·伊兹拉莱维奇：《当中国改变世界》，中信出版社 2005 年版。

4. 张立群：《上半年经济形势及全年走势分析》，《中国经济时报》2006 年 7 月 25 日。

5. 任泉：《中国如何才能从贸易大国变为贸易强国》，《中国经济时报》2006 年 8 月 21 日。

6. 魏后凯、刘长全：《中国利用外资的负面效应及战略调整思路》，《中国经济时报》2006 年 8 月 25 日。

7. 方民生：《内源与外生相融合的发展模式构架——对浙江发展模式转型的思考》，《浙江社会科学》2005 年第 4 期。

（原载于《浙江社会科学》2007 年第 1 期；完稿于 2006 年 9 月 3 日）

利用外资：理想·现实·策略

外资对当地经济产生的正面效果，已被世界各个国家和地区的实践所证实。未来学家奈斯比特在谈到外国人在美国的资产时说："19 世纪，外资在推动美国经济的增长方面起了关键作用。"但是无可否认，在某些国家的某一时期，外资对经济产生的负效应也是很明显的，要引以为戒。其中最主要的教训是利用外资策略上的失误。在我国，也有的学者提出：到底是我们"利用了外资，还是被外资利用？"

外资，即外来投资和资本，有多种形态。政府间或金融机构间的各种长短期资金移动的现象，属于"国际借贷"性质；民间长期资本移动的现象，属于"直接投资"性质。本文研究的对象仅限于外商（含台、港、澳同胞和海外华侨）直接投资的问题。

一、理想

"利用外资"的根本出发点是为了增强我们的国力，加快社会主义现代化的步伐。这是我们设想的总目标，也是我们衡量利用外资成败的唯一尺度。利用外资所要达到的总目标可以分解为：

1. 解决建设资金不足的困难

发展经济学认为，不发达国家普遍存在着两个缺口：一是储备缺口，二是外汇缺口。前者表现为投资大于储蓄，后者表现为进口大于出口。引进外资是解决这两个缺口的有效途径。因为只有充足的资金，才能同国内的现有闲置的生产要素结合起来，形成新的生产能力。

2. 增加就业机会

在我国这样一个人口众多的国家，劳动力挤在面积很小的土地上从事农业生产，事实上是一种潜在的失业。解决这个问题就要有大量的农业人口转向非农产业，实现农村的工业化。乡镇企业的发展为农村工业化找到了一条路子。然而，乡镇企业的发展也需要利用外资。特别是在世界性的产业大转移的时候，劳动密集型的企业向我国沿海地区转移，引进外资，发展劳动密集型的产业是解决农村劳动力向非农产业转移的理想模式。

3. 提高创汇能力

这就是发展经济学上讲的"外汇利益"。这种利益来自两个方面：一是利用外资兴办进口替代型企业，减少了进口，从而节省了外汇支出；二是兴办外资企业带动了出口，增加了出口总量，相应地增加了外汇收入。外资企业一般都带来可供出口的新产品和国际市场上的销售渠道，我们对通过利用外资提高在国际市场上竞争力寄予很大的希望。

4. 引进先进科学技术

外商，特别是成功的多国公司能调集"一整套"与众不同的资源，成为一个关于新技术、新工艺、新销售法及管理法的潜在而富有价值的信息来源。所以，世界上许多国家都把引进先进技术作为加工出口区的战略目标。

5. 加速与国际市场接口

引用外资，实际上就是引进现代化管理，按国际惯例运行。因此，兴办"三资"企业，在体制上就发生了深刻的变化，由传统的计划经济体制模式向市场经济模式转型，同国际市场的运行体制接口。这样的企业越多，就越接近世界范围内的市场经济体制。从这个意义讲，利用外资也是加快我国经济体制改革的催化剂。

6. 增大经济总量

这里有两层意义上的"增大"：一是外资企业的兴办，增加了国内投资总规模，也增加了产出总量；二是外资常常被认为有带动相关产业发展的效果。如外资企业是加工业，它所需要的原材料和零部件，最初可能来自进口，但经过一段时间国内有了生产，就可能转向国内采购，带动了国内相关零件及原料工业的发展，即所谓的"后向连锁效果"；如果外资企业本身就是生产某种原料或零件，会带动国内下游加工业的发展，这就是"前向连锁效果"。至于外资所诱发的间接投资效果有多大，最近台湾一项计量经济分析的结果显示，每1美元外资可增加台湾2.8美元的投资。这额外增加1.8美元的投资就可以看成是所有间接效果的总和。

二、现实

中国引进外资是成功的。外资对一个国家的经济和社会产生的影响是错综复杂的：一类是"有形影响"，一类是"无形影响"。"有形影响"可用经济指标反映出来，如引进外资后的产出在国内生产总值中的比重、外资的创汇率、诱发投资的效应系数、外资企业对税收的贡献；而"无形影响"是无法用指标来衡量的，如对人的观念的变革、外资企业管理的示范效应、技术扩散效应等。我国引进外资后，带来了正面效果；但是同我们设想的目标还相差甚远，在策略和操作上还存在不少问题。

外资对我国经济发展的贡献，可用下列指标反映：

1. 外商投资的总规模。1979—1992年，全国共批准兴办的各类外商投资企业已达 8.4 万个；直接投资协议金额 1 098.38 亿美元，其中仅 1992 年就达 575 亿美元；实际投资金额为 345.07 亿美元，其中 1992 年为 111.6 亿美元。

2. 外资企业工业总产值占全国工业总产值中的比重。外资企业中 70% 是工业企业。1991 年我国"三资"企业总产值为 1 370 多亿元，其中工业产值为 1 200 亿元，占全国工业总产值的 4.4%。

3. 外商企业出口迅猛增长。1987 年外商投资企业出口额仅 12.09 亿美元，只占全国出口总额的 3.06%；1991 年其出口额超过 100 亿美元，占全国出口总额的 16.7%。外资企业已成为我国出口的一支重要力量。

4. 外资部分弥补了我国国内建设资金的不足。1979—1991 年，我国实际吸收外资额大约相当于同期国家基本建设和技术改造投资总额的 9%（按 1992 年 5 月汇率折算）。1992 年实际利用外资 111.6 亿美元，按现行汇率折算为 640 亿元，相当于去年国家基本建设和技术改造资金总额 4 330 亿的 14.7%。

5. 外资企业提供的税收。这方面所赋予的优惠条件甚多，提供的税收不多，1991 年为 68.6 亿元。

6. 外资企业提供的就业岗位。到 1991 年年底，我国"三资"企业为社会提供就业岗位 480 多万个，将近占到全社会可提供就业岗位的 10%。

现实和理想的距离还相当远，有许多方面还没有到位：

1. 外商直接投资的数量还不多，企业规模也很小。据联合国《1992 年世界投资报告》的估计，全世界跨国直接投资累计已超过 17 000 亿美元，而我国到 1991 年年底累计实际利用外商直接投资 233 亿美元，仅占世界总额的 1.37%。我国吸引外商投资项目以中小项目居多，目前全国"三资"企业利用外资额不足 100 万美元的占一半以上。1992 年上半年才有突破，到 6 月底，全国 5 万多家"三资"企业平均单项协议外资额为 116 万美元，规模仍然不很大。

2. 外资企业的技术层次低。十余年来，我国通过吸引外商直接投资对现有企业进行技术改造，使我国的汽车、电梯、通讯器材、家用电器、仪表、密封件、玻璃等制造技术上了一个新台阶，缩短了与国外先进水平的差距，不少产品实现了进口替代。但总地来说，高新技术产业的外资企业极少，就是一些技术层次稍高的企业，也只不过是国外公司内部技术的转移，大都是已经使用过的技术。我们原来期望深圳能成为引进国外先进技术、兴办高新技术产业的前哨，然而在现实中却不理想。据统计，1990 年深圳外资企业的产品达到国际先进水平的仅占全部品种的 5.1%。其他开发区有的饥不择食，让较低的经济技术项目进入。这种情况在台湾也曾出现过，三个加工出口区在导入新颖技术及前后连锁效应上，未能尽如人意。

3. 外商的投资结构有待优化。前几年，外商投资主要在旅游宾馆方面。1991 年，生产型企业居多，占投资总数的 87.45%。1992 年外商投资领域进一步扩大，在房地产、公共事业、咨询服务业新登记的"三资"企业成倍增加。但在我国的基础部门和薄弱环节投资不多，截至 1991 年年底，投向农业的只占 2.61%，交通运输和邮电业的占 1.08%。

4. 相当多的外资企业亏损。外资企业效益总体上来说是好的，据估计，上海外资企业的成功率高达 98%。但据 1991 年广东省对中山、佛山两市的调查，外资企业亏损面达 30% 左右。这里有两种情况：一种是由于外资投向不合理、产品不适销对路，或者产品质量达不到要求，出现"真正的亏损"；另一种是"实盈虚亏"的假亏损。据《特区经济》1992 年第 1 期载文透露，1990 年深圳市税务局对 24 家自报亏损企业进行检查，结果其中 12 家被核定为获利年度，共减核亏损 4 580 多万元，核增利润 410 万元，补征税款 40 万元。

从这些方面的问题来看，利用外资的理想和现实之间确实存在着矛盾。重要原因之一是优惠政策的负效应。至今为止，"税收刺激"是发展中国家提供给外商的诱导措施中使用得最广泛的政策。但许多发展经济学家认为，"免税期不能成为公共政策的有效工具"，"最近有相当多免税期的例子使经济学家感到惊讶，如果不是震惊的话。东道国越来越认识到，这样的刺激对多国公司并不是毫无价值的，它们除有助于外国股东以牺牲当地财政收入为代价而发财致富外，通常几乎没有其他用处"。因此，他们称："将税收收入以不发达国家东道国转移到其工业化的母国国库中，即一种反向外援。"

我们鼓励外商投资的优惠政策，对吸引外商来华投资确实起了积极作用。但也有其负效应：（1）竞相减税优惠，使税收流失增大，"反向外援"增多。各地区还在税收减免上相互攀比，竞相"压价"，这不是吸引外资的上策。（2）造成了内资企业与外资企业不平等竞争的格局。无怪乎有的学者惊呼："外资企业税负低，且有不少企业以高进低出的方式逃避国家税收，对国家所负的责任甚少，甚至只有索取，没有贡献。"

三、策略

要使利用外资的理想成为现实，提高利用外资的效益，需要一整套正确的策略。本文只就当前现实生活中迫切需要解决的策略问题，提出几点看法，供决策部门参考。

1. 加速架构社会主义市场经济体制

这里有两层意义上的紧迫性：

（1）外资是在市场经济的环境中生存和发展的，没有这个环境，即使引进了外资，外商企业也难以正常营运。比如外商企业所需的物资、能源和供水，只有在市场经济发育后才能充分地供给；价格、外贸、金融的体制也要适应市场经济的模式，才能使外资企业按国际惯例办事；等等。

（2）要提高国内企业的竞争力，加快民族工业的发展，也需要使这些企业向市场经济体制模式转型。上面谈到的外资企业和国有企业间在竞争方面的差别，不能用淡化优惠政策的办法加以解决，而是要加速国有企业的改革，使各类企业在政策面前一律平等，在同一条起跑线上竞争。市场经济发育之后，就可避免因为我们不熟悉或不掌握国际市场销售渠道，吃"价格差"的亏。

2. 切忌"运动式"地引进外资

台湾省邱毅先生在"1993年经济展望研讨会"上说："目前大陆各省份'运动式'地引进外资，往往未考虑到本身基本条件（如水电、交通运输、通信）的负荷能力，台商进入当地投资后，可能产生一些后续性的困扰。"

（1）引进外资的布局应集中在开发区或开放城市。因为吸引外资要有一个良好的投资环境，而投资环境建设需要大量投资，在短期内是没有办法在全国全面改善的，只能开辟几个开发区以排除投资障碍。外资应集中在国家级的、省级的开发区，县市引进外资也应集中在县一级开发区。这样既能节约投资，又可使外资企业形成企业群，发挥开发区的规模效益。

（2）引进外资一定要经过科学论证，以避免决策失误。特别是开发区的规划要请各方面的专家参加论证，不能草率从事，急于招商。

3. 引进外资的期望值要适当

前一时期，我们对"引进国外先进技术、发展新兴产业"的期望值显然太高，没有充分估计到国外可能提供新技术的难度，对我国吸收新技术的能力也缺乏分析。

（1）大多数开放城市和开发区，应把引进技术水平的目标放在高中档次上。因为"不发达国家利用这种机会的能力主要取决于三个要素：①由东道国国民的技能决定吸收信息的本领；②多国公司满足东道国要求技术转让的愿望的诚意；③东道国关于技术转让和信息产生与传播的各项政策"。如果目标值太高，结果是高新技术项目一时没有进入，而适用技术项目又因政策障碍而无法进入，影响了引进外资的进程。

（2）对引进国外的第三产业的期望值也不能太高。因为第三产业原本就需要极佳商誉之企业才能得以生存，这样的企业不易引进；同时，这些企业的存在还有赖于大众新消费观念的建立和居民消费水平的提高。有的地方的外资企业甚少，也提出要引进外资银行，显然带有空想主义的色彩。

4. 沿海地区引进外资要由数量型向质量型转换

沿海地区引进外资已初具规模，还需有量的扩张，但重点应向提高引进外资的质量和水平转型。所谓向质量型转换，主要是：

（1）提高引进外资的技术层次，应当有一定数量的现代最新技术的企业，甚至有一些导航性的技术，一些产业见长的产品。

（2）要讲究外资企业的规模，发挥企业的规模经济效益。杭州钱江投资区下沙工业城最近引进的香港日春实业有限公司独资的长纤工业项目，总投资2.34亿美元；萧山市北区，将由日本索尼公司建设占地70公顷的电子零部件项目等，就是一些上规模的项目。

5. 提倡"差别服务"的竞争

在引进外资工作中的竞争会推进外商投资，调动各地对外开放的积极性；但前一时期，各地的竞争集中在减免税收、降低土地使用费等优惠政策，竞相"压价"，遭到损害的是中方的利益。目前，在各地招商政策大同小异的情况下，最有力的竞争是"差别服务"，就是利用各种开发区事实上存在的不同服务水准，使自己在对外商投资过程中的服务工作水准超过其他的开发区，从而取信于外商投资者。这种服务应当是"全过程"的，从项目咨询开始到可行性研究、企业审批、开业筹建、企业经营管理，到提供劳动、资金、保险、仓储、进出口业务，以及纠纷仲裁、度假旅游，以至歇业清盘等方面，做到服务周到、便利、快捷。这种服务说到底是改善除政策优惠外的软环境，这样的竞争才是上策。

（原载《开放导报》1994 年第 1 期）

引进外资的新理念

据世界银行最新的世界发展报告，认为"在未来 25 年，无论是流向发展中经济体的外资，还是从发展中经济体流出的外国投资都会有显著增长"。国际金融资本供给的增长主要来自于发达国家的养老金和共同基金，其次是跨国公司的投资。所以，引进外资的机遇是有的。但我认为，对"引进外资"要有一些新的理念：

一、对外资的作用要有恰当的评价

引进外资，是任何一个国家推动经济增长的重要因素，即使在美国也是如此，美国引进外资的总量一直居世界之首。但引进外资的多寡，不是衡量一个国家和地区经济活力的唯一标准，浙江在引进外资方面不如有些省市，而活力并非如此。因此，我认为，在引进外资方面要不断努力，不采取有力的政策和措施，外资不会自动到来；但我们不要为此而背上包袱，成为一块心病。首先，在目前的国内外宏观经济环境下，对浙江来说，首要的不是缺少资本，而是缺少技术和人才，有技术含量高、经济效益好的项目，在国内是可以筹集到资本的，这与前几年的情况大不相同了；其次，从世界经济发展中各种要素的作用来看，智力资源和知识资本的作用越来越突出了，谁拥有了知识资本，谁就会有物质资本和金融资本；最后，并不是所有吸引外国直接投资的措施都会提高一个国家的福利水平。世界银行在一项对过去 15 年以来的 30 个国家 183 个外国直接投资项目的评估中称，有 25% 到 45% 的项目对一个国家的福利水平具有净负面影响，因此对引进外资也不能迷信。

二、要以"双赢的理念"引进外资

过去，我们在引进外资方面往往是单相思，而且又多是从自己这一方的利益出发的，对国外投资者本身研究的很少。知己知彼，百战不殆，我们要把外商在华直接投资的动机研究透。比如，外商在合作对象方面最感兴趣的是民营企业，而我们所推荐的往往是国有企业。这在过去是无奈之举，因为那时还没有实力强的民营企业，现在则不同了，当前要重视民营企业在吸引外资方面的作用，制定相应的政策。

三、要提高引进外资的质量和水平

广东利用外资的成功，不在于其数量之多，而在于引进外资的质量比较高。20世纪80年代广东引进了一批现代家电技术，形成了今天在家电行业里的巨大竞争力。这是历史经验。从经济发展阶段来看，现在已经从粗放型的增长方式向集约型的增长方式转变，提高经济增长的素质，因此，引进外资要在外资所包含的技术结构、规模结构、行业结构上有所提高。第一，要改变偏重引进设备的倾向，重视技术能力的引进，采用"许可证贸易"或"顾问咨询"的方式，引进设计、图纸、工艺、专利，这是创新和管理技术进步所需要的追加资源，有了这种技术，才能不断变革某些所需要的知识；第二，要努力提高利用外资的单个项目的投资规模；第三，要扩大利用外资的领域，大力促进服务贸易方面的对外合作。

四、引进外资的政策要有新的调整

过去，我们吸引外资主要是靠对外国投资者的优惠，现在要把重点转到营造利用外资的氛围上来。据世界银行的报告，"外国直接投资常常伴随着扭曲的政策，这些政策中的一部分政策可能会在一定程度上鼓励投资，但是，从整个社会来看，损失常常大于收益。另外还有一个问题是，中心城市和其他一些地方政府为了争夺一些投资，竞相提供公共补贴与优惠，常常陷入无效率的'损人利己'的恶性竞争。"这正是我们前一时期采取的对外商直接优惠政策的弊端。加入WTO后，我们能提供的优惠政策已无多大的空间，光靠这方面的政策已经不灵了。外商关注的：一是开放的贸易政策，要大大提高我们的开放度；二是形成外国投资者权利和义务的稳定组合，而这方面有赖于体制改革和形成有利吸引外资的法律框架。

（在浙江省嘉兴市咨询委2001年4月25日召开的座谈会上的发言）

浙江利用外资的新问题

对外开放，使浙江经济融入具有加速度的开放的发展系统。利用外资又弥补了经济发展中的"资金缺口"，引进了一些先进的技术和设备，更重要的是使传统的管理方式和经济体制发生了根本性的变革。浙江实际利用外资，截至1998年年底累计只有83.42亿美元，协议利用外资项目的规模平均只有123万美元。但是，无论是利用外资在固定资产中的比重，还是外资企业的平均规模，还是对区域经济发展的带动力量，都明显落后于沿海的兄弟省市，引进外资的总量不及江苏和福建的1/3。这似乎已经成为公认的定势，而这种比较方法并不很完善，引进外资还应当包括证券资本的流入。截至1998年年底浙江5家B股、H股企业从境外和香港筹资就达80亿美元。这也应该统计在引进外资的范围之中，而且是今后引进外资的重要形式。但无可否认，浙江在利用外资方面正面临着许多新的问题，如为什么浙江引进外资不及江苏和福建？能否在今后几年中赶上它们？21世纪利用外资的机遇如何？浙江应该采取什么策略？都需要作出回答。

一、浙江利用外资不多的原因分析

浙江地处沿海，具有区位优势，且海外浙籍人士颇多，又具有对外商埠开辟较早的传统，有很好的利用外资的条件。但由于：

1. 发展外向型经济的战略思想确立得比较迟

1985年4月"浙江经济科技发展战略研讨会"上，许多有识之士提出"浙江要实施发展外向型经济的战略"，但当时的领导层对这个问题的认识并不一致，有的强调国内市场的作用，因而这个战略思想没有明确地予以肯定。直到1987年年末在省政府领导人的报告中才明确提出"出口导向，贸易兴省"的思路。

2. 体制的行政分割阻碍利用外资

本来浙江省确定在钱塘江南岸搞开发区，叫钱江外商投资区。可是杭州市则有自己的打算，因此，外商来了，一个要带他们看这里，另一个则要他们看那里，合不到一块，外商也不知所以然，丧失了很多好的机遇。如果不是这样，也许现在苏州工业园区项目还留在杭州。

3. 对外开放之初浙江的硬环境比较差

道路等级很低，坑坑洼洼，"汽车跳，浙江到"，给人们的第一印象就不妙；停电也是常事，影响企业的正常生产；基础设施建设滞后，硬环境不及周边省市，这也是影响吸引外资的重要因素。

4. 浙江的产业结构和经济结构也影响引进外资的规模

前一时期鼓励用嫁接的方式同外商合作，而浙江以小企业众多为特征，母体很小，当然引进外资的规模就不可能很大。据浙江省政府办公厅研究室"跨世纪浙江利用外资对策研究"报告，浙江利用引进外资的行业分布次序是：石化、房地产、纺织、机械、轻工。这些企业的规模本身就不是很大，同外资嫁接的规模也就不会很大。我根据《浙江统计年鉴（1998）》的资料换算，全省独立核算工业企业的资本金平均只有 57.43 万美元；国有单位的资本金比较多，但也只有187.5 万美元；集体单位只有 28.07 万美元。按行业分的资本金：化学纤维制造业 201.29 万美元，医药制造业 134.47 万美元，电子及通讯设备制造业 88.20 万美元，纺织业 81 万美元，服装及其他纤维制品制造业 45.20 万美元，普通机械制造业为 8 万美元；而外资企业中外商直接投资的资本金平均为 123 万美元，已经超过现有企业平均规模的一倍以上，投资 1 000 万美元以上的企业的投资总额已占外商直接投资总额的 52.13%，引进外资对增大浙江企业规模是起着重要作用的。可见，浙江引进外资的水平受产业结构和技术结构的制约是很明显的。

发展时机是很重要的，错过了时机，就落伍一大截。尽管 20 世纪 90 年代中期以来浙江加大了开放的力度，制定了许多优惠政策，也难以缩小与周边省市的差距。

二、21 世纪利用外资的机遇

《中国资产新闻》1999 年 5 月 13 日报道说："我国酝酿新一轮对外开放"，对利用外资的形势做了乐观的估计。我们认为，将因加入 WTO 之后出现的新一轮对外开放，有以下特点：

1. 外资的准入条件放宽，外资进入的领域更加广泛，外资进入的总量将会增加，但是进入的方式将会发生变化，外商独资的企业会增加，跨国公司的控制力也将明显提高。

2. 境外投资环境更趋宽松，为我们向境外投资提供了机遇。

3. 体制融合程度将加快，经济将按照国际惯例运行。

4. 世界经济还处在发展期，总体上呈增长的趋势。虽然，发达国家向发展中国家提供的官方援助不断减少和流入新兴市场国家的私人资本急剧下降，但对中国的发展前景看好，投资有可能增加；东南亚国家已开始从金融危机的阴影中走出来了，对华投资正在恢复。

因此，利用外资的机遇是很多的，但估计不太可能出现像 90 年代中期那样蜂拥而入的局面，若能及时抓住机遇，有可能改变浙江利用外资比兄弟省市落后的状态，而期望也不能太高。同时，要充分估计到世界经济自由化给我们带来的风险，所以在利用外资方面要采取更加开放而又更谨慎的态度。

三、利用外资的策略选择

浙江经济发展已经到了需要重新研究利用外资的策略的时候了。前 20 年，浙江实行的是"比较优势战略"。利用浙江劳动力资源丰富的优势，发展劳动密集型产业，以大量的低成本、低档次的产品去抢占市场，并在竞争中取胜。那时，省里也提出要提升产业结构和技术结构，要发展规模经济，但实际上进展非常缓慢，这是浙江的资源禀赋决定的，人为地构建是难以成功的。现在情况不同了，浙江的资源禀赋中，劳动力成本大大提高，劳动力资源的优势在减弱，而民间资本比较丰富，浙江已经完成了资本积累的阶段。这是浙江经济发展绩效、经济剩余规模扩大、储蓄倾向提高的结果，得益于"比较优势战略"的实施。当要素禀赋结构的水平提高了，资本变得相对丰富和便宜，劳动力变得相对稀缺而昂贵，以便宜的资本来替代昂贵的劳动就是经济的自然要求。整体的产业结构和技术水平的升级就成为水到渠成之事。浙江的整体产业结构和技术结构的升级已经到了水到渠成的时候了。这个发展阶段，利用外资也要有新的策略选择：

1. 要跳出"以嫁接的形式引进外资"的模式

应突破浙江现有的产业结构和技术结构，重新构建以资本密集型和技术密集型相结合的产业，即使是引进外资对传统产业的改造，也要提高资本和技术密集的程度，只有这样才能提高产品的竞争力。

2. 要把证券市场作为引进外资的重要途径

这是国际上通行的外商直接投资的一种形式，而且在投资比重中将越来越大。这种形式好处很多，可以灵活地应用筹集到的外资，构建浙江经济发展所急需的产业。高技术产业，应当创造条件争取从香港股市的第二板块中筹集到更多的外资。

3. 要积极地发展服务贸易领域的合作

浙江在第二产业中利用外资已经滞后于兄弟省市，而在第三产业中利用外资，将因加入 WTO 而带来新的机遇。浙江在金融、电信、信息服务方面有一定的比较优势，"电子商务"发展得也很快，这为与国外企业在服务贸易领域里合作提供了有利条件。浙江应当抓住这个机遇，提高第三产业的层次，扩大利用外资的水平。

4. 要把各类国家级开发区作为引进外资的密集区，形成高水平利用外资的新形象

特别要重视宁波保税区对全省经济发展的作用，过去实施的许多优惠政策的作用正在减弱，而真正具有政策优势的是宁波保税区，可是在前一时期，对这个保税区的作用并未引起人们足够的重视，因而其作用还大有可发挥的余地。

但是，要实现这些利用外资的新策略，关键是要为企业创造一个好的经营环境，包括硬环境和软环境，特别是政府的办事效率，以适应新的体制和运行机制。

（在 1999 年 4 月 12 日"中共浙江省委政策研究室召开的理论研讨会"上的发言稿）

发展模式转型与区域"二重"开放

——评赵伟等著《中国区域经济开放：模式与趋势》

浙江大学赵伟教授等著《中国区域经济开放：模式与趋势》一书于 2005 年 8 月由经济科学出版社出版。当时，我就拜读过，感到此书是一本引领区域开放理论升华的力作。当中国经济演进到一个发展模式转型的新阶段的今天，重读此著，有一种特别的感悟，认为这本书对加速经济发展步入科学发展轨道的实践有着重要的指导意义。为此，特撰此文把我重读这本著作的感悟奉献给读者。

一、引领区域经济开放理论升华的范例

这本书是由赵伟教授主持完成的国家社会科学基金项目——"中国区域经济开放模式与趋势研究"课题的最终成果。作为国家级的科研项目应当在理论上有所创新，但这是一件非常困难的事情，特别是在人文社会科学方面要有理论上的突破真的太难了。但这本书的作者为我们提供了一个很好的范例。

创新有多种模式，本书作者采取的是"集成创新"的模式，对多种开放理论进行整合，提出"区域二重开放"的新概念。作者认为，"一国的经济开放可以从两个层次来把握：一个是国民经济总体层次，另一个是其内部各区域经济个体层次。前一个层次即国民经济层次的开放，属于单纯的经济国际化开放，后一个层次即区域经济层次的开放，则带有二重开放的特征：一重是面向国外其他国家的开放，另一重是面向国内其他地区的开放；前一重开放可以称作'区域经济国际化'，后一重开放可以称作'区域经济区际化'。"但这个"区域二层开放"的论题却长期被国内外经济研究者所忽视。国外经济学家对经济开放的研究都集中于国民经济层面的分析，虽然新经济地理学关注区域贸易和区域经济的发展，但没有将国民经济和区域经济两个层次的问题严格区分开来，认为国际贸易是区

际贸易的延伸。国内区域发展经济学者，在研究区域经济发展时则局限于区域内部的经济问题，而没有研究区域经济国际化的问题。本书则将这些理论整合在一起，提出了新的概念，既把经济国际化和经济区际化区分开来，又将这两层的开放融洽在一起研究区域经济的发展。这在区域经济理论研究上是一大新进展。

创新有多种路径，作者采用的是通过实证分析对区域开放的实践做了新的理论概括。本书从分析先行工业化国家的区域开放的历程入手，对各国的发展模式做了比较，得出了任何一个大国的工业化进程中都存在区域"二重开放"的问题，而不同的开放模式主要表现在开放路径的差异。然后对中国的贸易流动、劳动力流动、资本流动与区域开放之间的关系进行了定性和定量分析，并对中国典型地区的"二重开放"做了实证研究。在此基础上，对中国独特的区域开放模式给出理论概括，即中国区域开放的国际层面与区际层面的开放是同时发生的，但区域开放的路径上则不相同，长三角地区走的是先区际化后国际化之路，珠三角地区则反其道而行之，先国际化而后区际化，而最终两个区域的开放则趋向于殊途同归。这样的结论尚属首次见诸学术界。根据这些理论，作者提出了测度省域经济二重开放的指标体系，是一种全新的尝试，为全面考量区域开放程度提供了依据。

二、以区域二重开放推进区域协调发展

本书作者是从中国经济总体转型与发展的视野来研究区域二重开放的。作者客观地分析了从宏观经济层面强调国际经济开放而不注重区际经济开放模式的利与弊，指出"片面强调国际开放的区域开放模式，对于中国经济总体的制度转型与发展，无疑起了某种原始推动的作用"。其中对于经济的推动作用，主要表现为微观制度转型效应、资本形成效应、技术进步效应和就业创造效应。但这种区域开放模式"也成为导致目前中国三大地区之间经济巨大差距的主要原因之一"。历年的统计数据表明，中国东部、中部和西部地区的差距主要来自于国际经济开放程度的差异；外贸、外资以及由此所引起的制度转型等方面的差异；而这些差距又形成了生产要素的回波效应，中西部地区的资本、技术和劳动力向东部地区流动，出现了"孔雀东南飞"的现象。中国在 WTO 过渡期结束后，全国范围内的开放政策正在调整，"政策的调整虽然不能指望外商投资舍弃东部改投中西部地区，但却有望促使沿海—内地区域间投资互动，尤其是促使沿海发达地区投资向中西部地区流动"。以区际开放弥补国际开放之不足，强化"区域二重开放"是促进区域协调发展的重要路径。

　　本书还以贵州省为例，对我国欠发达地区的二重开放做了实证分析，证实"国际开放和区际开放在时间和规模上均相对落后，从而导致了经济上的落后"。虽然国际开放受到政府的强调，但实际进程结果是，区际开放比国际开放更有成效。从1987年至今，贵州省引进外省的资本要远远多于来自境外的投资。2003年，该省引进内外资本总额为108.5亿元，其中，省外资本104亿元，占总额的95.9%。作者认为，西部大开发将促成区际开放的高潮，对欠发达地区来说，二重开放尤其是区际开放，是难得的机遇。

三、以区域二重开放推进国内需求增长

　　以科学发展观为统领的发展模式的转型，无疑包含了开放模式的转型。本书作者认为，在过去一个相当长的时期内，片面注重国际层面的开放而轻视区际层面的开放模式，既是有中国特色的经济转型与发展条件、发展环境所促成的，又不失为一种明智的选择。因为"对外贸易的繁荣，通常是统一民族市场最终诞生的前奏"。在这种开放模式下，经济的发展势必倚重于出口增长的刺激，内需对经济增长的拉动力不足。目前经济开放的模式也正在发生转变，虽然国际经济开放仍然是经济增长的动力源，但要调整对外贸易的结构，提高引进外资的质量；更要加大区际经济开放的力度，促进国内消费需求的增长。对这种发展趋势，本书作者在两年前就已预见到了，"无论按照先行市场经济国家工业化进程所显示的一般规律来推断，还是按照国内最近一两年出现的新的开放环境来判断，可以认为，今后若干年内，中国将出现持续的区际开放热潮"。

　　区际开放热潮是国内消费需求增长的催化剂。国内消费需求的增长首先取决于居民收入的增长，而"区际贸易对GDP增长的拉动作用大于国际进出口。"国内贸易每增长1%将推动GDP增长0.44%，而国际贸易每增长为1%只能推动GDP增长0.33%左右。因为区际经济开放加速了生产要素在区域间的流动，使东部沿海地区的资本投向中西部地区，从而加速欠发达地区的交通及其他基础设施建设，改变那里的投资环境，为产业在地区之间的转移创造了条件，这既为就业创造了更多的机会，又为发达地区的产业结构调整提供了良好的契机，这两方面的作用都将促使GDP的增长和居民消费能力的提高；同时，区际间的开放为"部门内（本书称'产业内'）"贸易提供了很大的发展空间。部门内贸易是20世纪70年代出现的一种新的国际贸易形式，在指一个国家或地区间在出口的同时又进口同种类型的产品，这种模式的贸易已成为WTO成员间贸易发展的大趋势。在国内区际层面的贸易也需要发展部门内贸易，本书对此做了专门分析。认

为工业化早期阶段产业间贸易占据国内贸易的主导地位，而随着工业化的发展，区域经济更趋专业化，产出涉及更复杂精致的加工阶段，出现了产品功能的多样化和品质的多层化，相应地居民消费能力的提高对产品质量的要求也提高了，特别是高收入消费者更关心所购商品的特殊性能和品牌，本地区的产品无法满足他们的需求，还需要"部门内贸易"在国内贸易总额中的比重逐步上升。这种新的贸易形式，在目前区域间产业结构大致雷同的情况下，出现了产品的差异化，而产品供给的差异化又带来了对新产品的新需求，这将使区际间的贸易更趋活跃，国内消费需求更加旺盛。当然，不仅区际间的部门内贸易有这种拉动国内消费需求的效应，国际贸易中的部门间贸易同样也有这种效应，要打破认为出口的只能是本国的优势产品，进口的也只能是自己尚无力制造或者制造成本很高的产品，不然就会有损于民族工业发展的传统理念，发展国际间的部门内贸易，以满足国内居民的各个层次的需求，激励国内消费品市场的发展。所以，"以区域二重开放推进国内消费需求增长"的论断是有科学依据的。

（原载《浙江社会科学》2007 年第 5 期）

21世纪的环境与发展机遇

中国的市场经济与亚太世纪

19 世纪末 20 世纪初的美国国务卿约翰·海曾说过："地中海是昔日的海洋，大西洋是当今的海洋，太平洋是未来的海洋。"如今这一预言已成为现实，① 太平洋地区正在崛起。然而环太平洋地区是一个辽阔的地区，东起南美洲的西海岸，向北伸展，穿过白令海峡到俄罗斯，南至澳大利亚，所有濒临太平洋海域的国家和地区都包括在内。因此，对 21 世纪有多种提法：一种称 21 世纪为"太平洋世纪"；一种称 21 世纪为"亚太世纪"；再一种说法是 21 世纪是"亚洲世纪"。我在本文中是把 21 世纪称为"亚太世纪"，主要指日本、亚洲"四小龙"和东盟国家，再加上中国大陆。这里讨论的中心问题是中国在未来"亚太世纪"中的地位，以及社会主义市场经济体制在提高中国对"亚太世纪"的贡献中的作用。

一、中国现代化成功之日是"亚太世纪"形成之时

人们之所以把"亚太地区"作为 21 世纪的标志，是因为这个地区代表了全球发展趋向。亚太地区是当今世界最具有活力的地区，经济增长最快，这是 21 世纪是亚太世纪的理由之一。据日本野村综合研究所的资料显示，在 20 世纪 70 年代，世界经济增长率为 3.6%，东亚地区增长率为 7.5%；80 年代，世界经济增长率 2.8%，东亚地区为 8%；90 年代按标准估算模式预测，世界经济增长率为 2.8%，东亚地区经济增长率为 7.7%，其中，亚洲四小龙（NIEs）为 7.2%、东盟四国（ASEAN4）为 6.2%，中国大陆为 9.1%。增长率均比世界经济增长平均值高 5 个百分点左右。理由之二，世界贸易中心开始向亚太地区转

---

① 纺翰·奈斯边特等：《2000 年大趋势》，美国 William Morrow & Company，inc，1990 年版。

移。现在亚太地区对外贸易额已占世界贸易总额的 1/4，外汇储备占到世界的
1/3。1980 年世界最大的 20 个出口国家和地区中，亚洲只占 4 个，1991 年已达 9
个。美国 1992 年对亚太地区的出口总值达到 2 190 亿美元，约占美国总出口的
49%；来自亚太地区的进口值为 3 130 亿美元，约占美国总进口额的 57%；美国
对亚太地区的贸易占美国对外贸易的比重达 54%，远远超过对欧洲（包括苏联）
所占的 24% 的比重。据美国商务部 1993 年 8 月 3 日公布的资料，美国对亚太地
区（除日本、澳大利亚、新西兰之外）的直接投资累计值，1987 年只有 170.7
亿美元，占美国对外投资的 5.42%；1992 年为 322.69 亿美元，投资比重上升为
6.65%。理由之三，区域内的经济贸易活跃。东亚地区的区域内出口占总出口的
比重，由 1980 年的 34.8%，提高至 1992 年的 43.1%。① 据未来学业家估计，亚
洲是一个拥有 3 万亿美元购买力的市场，每星期购买力的增长额为 30 亿美元。
理由之四，就疆域和人口占世界一半，到 2000 年将占 2/3。因此，无论从地理、
人口，还是从经济的角度去衡量，亚太地区在全球都举足轻重。②

　　《大国的兴衰》的作者保罗·肯尼迪说："太平洋地区的崛起，因为其发展
的基础十分广泛。它不仅包括日本强大的经济，而且包括中华人民共和国这个急
速变化着的巨人。"③ 中国在亚太地区的重要地位已为世界所公认。中国改革开
放的总设计师邓小平先生 1988 年会见印度总理拉吉夫·甘地时讲得更透彻。他
说："近几年有一种议论，说下个世纪是亚洲太平洋世纪，好像这样的世纪就要
到来。我不同意这个看法。亚太地区如果不算美国，就是日本、'四小龙'和澳
大利亚、新西兰比较发达，人口顶多两亿，即使把苏联的远东地区、美国的西部
地区和加拿大包括进去，人口也只有三亿左右，而我们两国人口加起来就有十八
亿。中印两国不发展起来就不是亚洲世纪。真正的亚太世纪或亚洲世纪，是要等
到中国、印度和其他一些邻国发起来，才算到来。"④ 这说明中国在亚太地区的
地位，也说明中国经济发展对世界格局变化的重要性。最近一些世界性的组织发
表了权威性的统计数据，对中国的综合国力进行了评价，认为依据"购买力评价
法"（PPP 法）估算，中国经济实力跃居世界前 3 位。但是公布的数据差别很大，
世界银行《1992 年世界经济发展报告》的资料表明，按 PPP 法估算，1990 年美

---

① 以上资料都来源于台湾经济研究院编撰的《国际经济情势周报》第 1009 期。
② 约翰·奈斯比特等：《2000 年大趋势》，美国 William Morrow & Company, inc, 1990 年
版。
③ 保罗·肯尼迪：《中国的兴衰》，求是出版社 1998 年版。
④ 《邓小平文选》第三卷，人民出版社 1993 年版。

国、中国、日本的 GNP 则分别为 5.39 万亿、2.45 万亿和 2.24 万亿美元，这样中国就不是第三，而是第二"经济大国"了；国际货币基金组织，在 1993 年出版的《世界经济展望》报告的附录中，同样采用 PPP 法对世界各国经济实力作了估价，公布的数据为 1992 年美国、日本、中国的 GNP 分别为 5.61、2.37 和 1.66 万亿美元，中国居世界第三位。前者认为中国的 1990 年的 GNP 已达到 2.54 万亿美元，而后者则认为 1992 年中国的 GNP 为 1.66 万亿美元。这样的统计资料，可信度很值得研究，但不论怎样，世界性的权威机构都肯定了中国改革开放的成就，经济实力大增，这是毫无疑问的。然而，不能不看到中国是一个人口众多的国家，人均国民生产总值还不多。即使按上述高估了的报告，世界银行认为 1990 年中国人均国内生产总值为 1 950 国际美元，国际货币基金组织的报告认为 1992 年中国的人均 GNP 为 1 450 国际美元。无论是按哪个数据都处在《1992 年世界发展报告》中确定的 2 465 美元以下的下中等收入国家的范围之内，还只能算是发展中国家，要进入发达国家的行列为时尚远。因此，我们制定了分三步走的发展战略。第一步在 20 世纪 80 年代使国民生产总值会翻一番，即增长一倍，这个任务在 1988 年就已经完成了；第二步是到 20 世纪末，再翻一番，人均达到 1 000 美元，进入小康社会，这个目标有可能提前实现；第三步，在 21 世纪用 30 年至 50 年再翻一番，大体上达到人均 4 000 美元，使中国达到中等发达国家的水平。根据目前中国的增长速度，预计到 21 世纪 20 — 30 年代，中国可以实现第三步的战略目标，现代化建设的任务才能算完成。这样，到 21 世纪的 20 — 30 年代，"亚太世纪"才真正形成。

二、社会主义市场经济是中国通往现代化之路

中国如何实现现代化？经过艰苦的探索，终于找到了一条正确的道路，这就是建立社会主义市场经济体制。

世界经济史表明，由市场来配置资源的有效性要比计划方法的配置好得多。但是，光由"看不见的手"来配置资源并非最优的方法，当市场失效的时候需要宏观政策的干预，于是形成了市场和计划两种方法都用的现代市场经济的特点。因此，我们把建立社会主义市场经济体制定义为"要使市场在国家宏观调控下对资源配置起基础作用"。这是符合现代市场特点的。

市场经济的最大优点是市场信号、激励机制和经济行为融为一体，市场主体根据市场信号并从自身利益出发作出经济行为的抉择。市场主体通过竞争，使资源由效益低的部门向效益高的部门转移，使资本由供过于求的部门向供不应求的

部门转移，使生产要素由低层次的产业向高层次的产业转移，从而达到资源的有效配置、供求的相对平衡、产业结构的合理构造。这一切都是经济增长不可或缺的条件，具备了这些条件就可以加速中国现代化的进程。

市场经济的主要机制是"市场竞争"。这个机制给经济社会的发展带来了活力。竞争使人们从"吃大锅饭"的传统体制所造成的"惰性"中解放出来，使人们不断进取，积极向上，激发了积极性，提高了工作效率，这是实现现代化的基础。一个国家的经济发展，在很大程度上取决于人们创业精神的发挥，取决于人们是否善于抓住机遇、敢于冒险，勇于拼搏。这种精神在市场竞争中才能体现出来。同时，人类社会的每一次飞跃，都是在技术革命的推动下取得的，这是经济发展的普遍规律。而要使科学技术有长足的进步，使新技术不断被创造，并以最快的速度转化为生产力，唯一的办法就是靠市场的竞争机制。现代化最本质的特征就是依靠技术进步而改变产业结构，实现产业结构的演进。从这个意义上讲，竞争是实现国家现代化的基本手段。正如艾哈德所说："竞争是获取繁荣和保证繁荣最有效的手段。"①

市场经济是世界性的经济体制，要走向世界，加入国际经济大循环，就要同国际上的市场经济体制接轨。而对一个国家来说，封闭性的经济系统只能是一个无加速度的惯性系统，经济发展缓慢，甚至长期处于停滞状态；只有开放型的经济，才是有加速度的发展系统，获得外部的推动力来发展经济，外力越大，加速度越大。这是世界性历史经验的总结。只有发展外向型经济，从境外获得信息、资金并创造出更多的财富，才能超越发展空间上的限制，缩短跨进先进国家行列的时间。但是，要使经济成为开放型的加速度的发展系统，最起码的条件是使国内的经济运行体制来个大转变，同世界市场同轨运行，否则不同型号的轨道是无法连接在一起的。所以，中国的市场经济体制是由走向世界市场的需要应运而生的。有了这样的体制，就有可能利用外部资源来加速中国现代化的进程。

由此可见，市场经济是更有力地发展社会生产力的方法，是通往现代化之路。而在一个近 12 亿人口的国家，经济得到了加速发展，不仅对亚太地区，而且对全球来说都是一件大事。无疑地，中国市场经济体制的建立具有深远的世界性的意义。所以，我们要把中国的市场经济体制问题，放到"亚太世纪"的形成，全人类发展的高度来认识和思考。

---

① 艾哈德：《来自竞争的繁荣》，商务印书馆 1993 年版。

三、按市场经济原则发展亚太地区的经济合作

市场经济原则可以概括为：等价交换、平等竞争、要素流动、降低费用、追逐效益、有序运行。在这个原则下发展经济合作的类型是多种多样的，从一般的商品贸易、科技和文化交流，到生产要素的国际间流动、进行间接的或直接投资参与国际分工，再发展到自由贸易区，直到最高形式的"经济共同体"的建立。现在亚太地区各国间经济合作的广度和深度都有待进一步提高。

亚太地区经济合作组织（APEC）多年来的成果，已深受亚太地区各国的肯定。1993 年 11 月西雅图部长级会议后，19—20 日又召开了非正式首脑会议，使向更高层次发展，对亚太地区的经济合作与发展具有深远的意义。在此之前，由中国国际问题研究中心、中国战略与管理研究会联合在北京召开"未来十年东亚合作与发展"国际学术研讨会，有 11 个国家和地区的代表 70 余人抱着对这个问题的浓厚兴趣与会。泰国磐谷银行总裁陈有汉先生在研讨会上提出，"有效的合作，是成立一些'增长三角洲'或者'四角洲'，它包括三个国家或四个国家间一些相连的地区。当然，这些地区应该是经济上互补性比较强的。"并提出了除已经建立的新加坡及马来西亚南部的柔佛州和印度尼西亚的维尔省的几个群岛组成的"增长三角洲"之外，有发展前景而现在尚未实现的还有三个"增长三角洲"：一是包括中国台湾、中国香港和南中国在内的地区"增长三角洲"；二是中国南方的云南省、缅甸的北部，包括老挝、泰国、越南、柬埔寨的"增长三角洲"；三是南中国和泰国构成的"增长三角洲"。① 这个思路我非常赞同，但视野似乎还可宽广一些，不能只着眼于中国南部地区，而更应该重视中国长江三角洲经济圈和黄海渤海经济圈的潜力，甚至于整个中国同东南亚各国和地区间的合作。

亚太地区未来发展可以把成立亚太地区自由贸易区作为最终目标，但要从几个国家和地区的合作起步，合作的形式也可各具特色。我的构想是：

1. 构建"中国大金三角共同体：上海·台湾·香港"。这是我于 1992 年香港召开的"21 世纪长江流域发展和策略研讨会"上提出来的。以上海为中心的长江三角洲地区，是中国大陆的金三角。倘若把中国大陆最发达的长江三角洲在空间上跨越海峡两岸，而从上海到香港这一条金三角底线上包括东南沿海地区，有长江三角洲、闽江三角洲和珠江三角洲。这个大金三角地区的发展，是 21 世

---

① 《精品》杂志，1993 年 11 月创刊号。

纪中国的希望所在。我设想要根据"一国两制"的原则，用"共同体"的模式来构造"中国大金三角共同体"。这并不是未来主义的梦幻，在现实生活中已逐步向这个目标靠近，是已经发展了一半的设想。还有一半，将通过海峡两岸的努力，排除种种经济的非经济的困难和障碍，尽快予以实现。这是中国发展亚太地区合作的起点。

2. 构建东北亚经济圈。这个经济圈将由中国、日本、韩国和俄国远东，以及朝鲜和蒙古人民共和国组成。这个经济圈在亚太地区经济中将占 2/3 以上的比重。但是目前只能是松散化的合作，还不可能形成一个经济集团。联合国的东北亚图们江三角洲开发计划的实现，将使亚太地区的经济实力大增。这个规划，已引起十几个亚洲国家和地区的兴趣。

3. 构建中国西南部·缅甸·泰国经济圈。这个经济圈可以包括邻近各国。这个经济圈中资源丰富，发展潜力很大，可以通过各国间的优势互补型的合作，发展经济。这个经济圈是 21 世纪亚太经济的新增长点。

4. 加强中国与东盟各国的合作，发展东亚和东南亚地区的经济。

5. 加强中国和澳洲之间的合作。

6. 全球多边合作。目前最紧迫的是恢复中国在 GATT 中的缔约国地位，冲破贸易保护主义的壁垒，消除贸易歧视政策，保障公平贸易的原则，改善贸易环境。

亚太地区各国间合作与发展的前景是美好的，但意见上的分歧和利益上的冲突是难以避免的。经济学家的任务就在于面对现实分析矛盾，通过研讨和洽谈排除前进道路上的障碍，设计各种可行的合作方案，促进亚太地区的经济合作与发展，迎接作为 21 世纪标志的"亚太世纪"的来临。

（本文系在 1994 年 1 月 17 日国家计划委员会召开的"亚太地区经济发展与合作国际研讨会"上的发言稿。载许同茂主编《走向 21 世纪亚太经济》，中国计划出版社 1994 年版）

为抢占二十一世纪的市场做准备

开拓市场是一个战略性的课题，首先要从时空上对目标市场进行定位，从时序上来说，不能只讨论目前的问题，而要着眼于未来，把抢占 21 世纪的市场作为浙江市场开拓的战略目标。因为一个市场的开拓需要时日，没有三五年时间，一个新产品很难在某个市场上站住脚的，而现在离 21 世纪只有三年多一点时间，抢占新世纪的市场占有份额已提到议事日程上来了。就目前浙江省的产品结构和技术结构而言，能在下个世纪的市场上取胜的产品，可以说是微乎其微，市场形势非常严峻。为此，我们应当及早准备，迎接新的挑战。

要抢占 21 世纪的市场，就必须对新世纪的中国消费品市场将发生的变化作出趋势性的判断；（1）全国大多数地区人民的收入将达到小康水平，沿海新兴工业化地区的人民将过着比较宽裕的生活。这不仅在需求结构上将有所变化，而且要求提高生活质量、环境质量，以及高水平的服务。（2）区域发展的战略性转移。国家的投资向中西部地区倾斜，这必将加速中西部地区的工业化进程，浙江现在向这些地区推销的产品将被他们的本地产品所替代。（3）信息时代将来临。西方世界已经跨入信息时代，亚洲一些地区也正步入这个阶段。美国电讯公司（AT&T）出售给中国的"第一条能传送 3 万个以上的语音与资料信号的光缆"，标志着中国已在铺设第一条信息高速公路。（4）我国加入世界贸易组织（WTO）之后，国内市场将更加开放。这意味着国内市场国际化，世界市场的竞争舞台就在国内，竞争的对手更强，竞争也更激烈。

为抢占 21 世纪的市场，就必须从现在起做好各项准备工作：（1）要从"小商品、大市场"的模式中跳出来。20 世纪 80 年代，"小商品、大市场"的模式对浙江经济发展起了积极作用；但是，今天再囿于这种模式对市场开拓是不利的，应当以"大标的商品、高品位商品、新颖的商品"去开拓市场。（2）选准产品，超前决策。因为现在的投资要在若干年以后才能见效。我们要从 21 世纪出发来选择投资项目，通过生产出科技含量高的新产品来创造市场新需求。这就不能沿用或固守现有的基础和结构，而要敢于打破传统，进行技术创新，构建适应 21 世纪市场需求的产业和产品结构。这是最难的，然而产品选得准不准是成败的关键。（3）开辟技术贸易的新途径。一方面利用浙江创汇多的优势，引进国外先进技术和设备，在目前这是提高产品质量的捷径；另一方面利用浙江科技的比较优势，出口软技术和设备，只要认真加以组织，是有潜力的。（4）实行产业的梯度转移。这有两重意义：一是可以提高本省企业的技术层次，二是可在中西部地区建立生产基地。而在这些地方办厂，既可节省生产成本，又能降低交易成本，可谓两全其美。（5）大企业要建立研究与开发机构。因为企业的竞争能力取决于它们对产品的研究与开发能力。新加坡制订了旨在吸引全世界的信息巨人的开发与研究计划，吸纳了全世界电子行业的主角，使其成为世界微电子产品的生产基地，这个经验值得借鉴。

（原载《浙江经济报》1997 年 10 月 27 日）

用战略眼光迎接知识经济的到来

　　"知识经济"是一种社会经济形态的描述，是指人类经历了"农业经济"、"工业经济"社会之后的一种社会经济形态。当然，这里所说的社会经济形态，不是马克思所说的以占统治地位的生产关系为标志来划分的社会经济形态，而是用人类赖以生存和发展的最重要的资源和产业结构的类型为标志来区分的。虽然我们的社会经济制度与西方国家不同，但就经济发展所依赖的资源和产业结构而言，同西方国家一样都要在经历"工业经济"之后进入"知识经济"社会，这是人类生活方式变化和人类社会进步的总趋势。作为社会经济形态的"知识经济"时代，正如江泽民同志所说："知识经济已初见端倪。"但"知识经济"时代的到来，还需时日。据世界上不少经济学家估计，2000 年高技术产业的增加值在 GDP 中比重将超过传统产业；2030 年前后改变人类生活和世界面貌，重大高科技产业化将全面实现；人类将在 21 世纪下半叶全面进入知识经济时代（吴季松，1998）。我国还处在"工业经济"时代，浙江可以说已进入工业经济中期阶段，现在的中心任务是实现工业化。因此，从社会经济形态的角度来谈"知识经济"还为时过早。但我们不妨把"知识经济"作为一种产业结构和一种生产方式，用知识经济的理念来指导经济与社会的发展，从战略的高度上来认识和对待"知识经济"。

一、国际经济环境与中国的知识经济

国际经济环境的变化迫使中国必须重视知识经济的发展：

1. 全球经济一体化

"我们正处在一场为期 50 年不可逆转的世界经济变革的开端，从局限在比较封闭的国家经济中的本地行业，转变到全球竞争的一个一体化的全球市场体系。在规模扩大的全球舞台上，在地位和机会的竞争中，站着不动意味着落后。如果没有全球思想，就有被淘汰的危险。如果有全球思想，机会看来几乎是无限的。"
(1997 年 9 月 22 日《国际先驱论坛报》）从全球思想的角度来考察，就要顺应知识经济发展的大趋势，寻找发展的机遇。

全球经济一体化，意味着各国的产业、金融、贸易、信息、科技、文化将织成一个庞大的网络，这个网络中的任何变化都会影响各国的经济和社会发展。因此，我们不能远离这个网络而孤立地发展自己。现在知识经济已经成为世界性的大趋势，而作为这个网络中的一员，就必须在知识经济的发展中有自己的地位。就世界贸易而言，信息技术和电讯的贸易已占世界贸易总额的第二位，1995 年的贸易总额为 13 700 亿美元。而在 1996 年的世界信息技术产品贸易中，美国就占其总量的 25％，再加上日本和欧共体占其贸易总额的 74％。英特尔一家企业占全球电脑微处理器市场份额的 85％。还没有我们的地位。预计知识经济的贸易总量将迅猛增长，这对我们来说既是机遇又是挑战，中国在高技术为主体的知识经济的世界贸易中，应当有一席之地。

全球一体化意味着全球性结构调整的深化，全球性的产业转移、全球性产业升级、全球性的企业并购浪潮的兴起。而这种调整，实际上是以少数发达国家的跨国公司为主导的结构变迁。这种变迁，既给我们带来了发展的机遇，又使国内企业面临着残酷的竞争。要使我们的企业在激烈的竞争中取胜，就必须增加产品的技术含量，发展知识经济产业。而且要在对外开放的思想上实行战略转移，把有利于发展知识经济的产业作为引进外资的导向。

2. 全球经济自由化

全球经济一体化是以全球经济自由化为基础的。近年来，WTO 对加快经济自由化采取了一系列措施：1996 年通过了到 2000 年信息技术关税全免的协议，实行零关税政策；1997 年 2 月又通过了《全球基础电讯协议》，决定在 2000 年全面开放电讯市场；1997 年 4 月又在它主持下，开始进行全球金融服务贸易的谈判，旨在全面开放金融市场。这些措施，对全球贸易自由化和世界经济的发展将有巨大的推动作用。然而，这表明我国的信息技术产品（计算机、半导体、半导体制造设备、电讯产品、软件和科学仪器）面临着市场竞争的严峻考验。据估计，一旦电讯市场全面开放，国际长途电讯的价格将下降 80％以上。我们参加 WTO 之后，必须实行信息产品零关税，开放电讯市场。作为发展中国家，照现在的协议，不过是两三年的特殊照顾期。因此，到了 21 世纪，中国的信息技术和电讯产品不仅面临着价格的竞争，而且关系到这些产业的生死存亡。所以，发展知识经济产业是关系到国家前途和命运的大问题，要把它置于战略地位上来对待。

资料显示，1996 年 12 月，我国向 WTO 提交三步走的 20 点"行动计划"，包括 3 年内制定更开放的外商经营电讯的政策；外商银行可以在浦东经营人民币业务；10 年内，外国保险公司可以在北京、上海和广州以外拓展业务；在 2000 年以前，外商零售企业将可以在现在的 11 个开放城市之外拓展业务；2020 年，全面开放零售市场；3 年之内，5 个城市开放合资旅行社等。（Waiker，1996）按照这个时间表，国内经济同国际经济接轨的速度正在加快，在这样的国际竞争环境中，唯一的出路就是逐步增加知识经济在国民经济中的比重。

3. 科技竞争尖锐化

现在世界科学技术发展日新月异，尤其是信息技术的发展速度令人难以想象。在发达国家，科学技术对长期增长的贡献率至少占 50%；据一些专家估计，信息高速公路建成后，知识经济对经济增长的贡献率将可能上升到 90%；因而科技实力成了一个国家综合实力的标志，科技实力的竞争成为国际竞争的焦点。据美国国家竞争委员会称，美国在 27 年关键技术领域中已取得 24 个领先地位。作为技术进步主体的企业，非常重视研究与开发。1993 年，美国公司向海外的研究与开发投资占其海外投资总额的 10%，比 1985 年增加了 4 个百分点；外国公司在美国的工业研究与开发投资从 1985 年的 9% 增加到 15%。西欧各国正在实施一项总值为 180 亿美元的加强科技基础的五年计划，旨在提高竞争力。日本已意识到科技创新实力的不足，内阁于 1996 年批准了科技基础计划，并把"科技立国"的战略提升为"科技创新立国"，强调"科技创新"，以便发展本国的技术创新能力，创造出新的产业和市场。从日本到南非，各种类型的国家都在实施宏大的技术战略。20 世纪 90 年代以来，印度的科技发展很快，信息产业以每年 50% 的速度递增，1996 年软件出口为 7.4 亿美元，1997 年软件业的总产值为 20 亿美元，估计到 2000 年印度软件业总产值可达 50 亿美元，而生产成本只有美国国内的 1/3。印度的软件技术园不仅是信息技术发展的商业基地，而且成了印度技术基础结构的关键因素。

我国早已确立了"科教兴国"的战略，但力度不够，进展不快。据中国科学院的《创新报告》分析，中国科技国际竞争力 1994 年排序为世界第 23 位，1996 年降至第 28 位，两年下降了 5 个位次。而 1996 年中国 GDP 总量居世界第 7 位，科技国际竞争力明显落后于经济国际竞争力。据丁晓良《中国科技体制改革的分析》一文的资料，我国目前的科技进步贡献率为 30%，R&D 在 GDP 只占 0.50%，企业 R&D 投入比重为 23.2%，基础研究具有国际先进水平的领域约

5%，被国际承认有较好工作的领域约 25%，属国内先进水平的仅 21.8%，出口产品真正有国际竞争力的仅 25%，信息域增加值占工业总产值的比重为 24.68%。这些数字说明，我国的科技水平同世界发达国家的差距甚大，高科技领域里更需努力。邓小平同志早就指出："中国必须发展自己的高科技，在世界高科技领域占有一席之地"，"这些东西反映一个民族的能力，也是一个民族、一个国家兴旺发达的标志"，"中国不能安于落后，必须一开始就参与这个领域的发展"。我们一定要遵循小平同志这一高瞻远瞩的战略思想发展高科技，推进知识经济的发展，来迎接新世纪的挑战。

二、实现工业化的路径与知识经济

1. 发展阶段判断

从经济发展史来看，一个多世纪以来，中国都处在从传统的农业社会向现代工业社会转型的时期。解放后，虽然为实现工业化做了一些基础性工作，但是标准意义上的工业化是从 1978 年党的十一届三中全会后开始的。经过 20 年的努力，中国工业经济已进入成长期，浙江已发展到工业经济中期，并开始向工业经济后期过渡。浙江 1997 年的 4 600 亿元 GDP 中，第一产业占 13.8%、第二产业占 53.48%、第三产业占 32.72%。第二产业的比重，不仅超过钱纳里模式中工业化中期的标准，而且也高于目前中等收入国家的平均水平。据世界银行《1997年世界发展报告》，1995 年中等收入国家一、二、三产业在 GDP 中的比重分别为 11%、35%、52%。从这个统计数据看，浙江工业在 GDP 中的比重明显高于中等收入国家的平均水平，但整体结构不及中等收入国家。预计到 2000 年的经济结构总体上可接近中等收入国家 1995 年的水平，但第三产业也许还会低于 45% 的比重。1997 年浙江的人均 GDP 为人民币 10 374 元，按现行汇率计算为 1 251 美元。据世界银行《1997 年世界发展报告》发布的 1995 年各国收入水平分类标准，人均 GDP 达 766 —3 055 美元为中下收入国家和地区，浙江已经跨入这个行列。这个判断说明：

第一，不论是全国还是浙江都处在工业经济阶段，中心任务是实现工业化，离知识经济时代为时尚远。只有等到工业现代化之后，资源经济高度发达了，才能步入知识经济社会。因此，现在是为知识经济的来临积蓄工业经济实力的阶段，也可以说是由资源经济逐步向智力经济过渡的阶段，我们要争取这过渡时期尽可能短一些。

第二，经济发展开始进入成熟期，经济增长速度由高增长向平衡增长演进，过去那种超常规的增长阶段已经结束，短缺经济也已画上句号，经济增长由主要靠要素投入向以全要素生产率提高推动经济增长的方向发展，因而经济增长的速度将取决于技术进步的程度。在这个阶段，研究知识经济的问题显得更加重要。20 世纪 80 年代中期，我国也曾兴起过"迎接新技术革命的挑战"的大讨论，但收效甚微。因为那时标准意义上的工业化才刚刚起步，整个社会还处在短缺经济困扰中，在数量扩张型增长方式的冲动下，经营是"粗放型"的，只要生产出产品，一般都会有市场，在这种情况下，一般的政府官员和企业家还没意识到高新技术的重要性。现在来谈论"知识经济"问题，实际上是 80 年代"迎接新技术革命挑战"大讨论的继续，但情况发生了很大的变化——科技进步已成为经济增长的主动力，企业决策中知识经济的理念将决定成败。因此，可以预计这次"知识经济"的讨论与知识普及，将大大推进我国经济与社会的发展。

2. 工业化的路径

实现工业化是现阶段的中心任务，但在知识经济初见端倪的今天，应当对工业化的路径问题进行再探讨。

按照传统的工业化路径，在产业结构上是从"轻纺工业"—"重化工业"—"高加工度化"—"高技术工业"的演进；在要素结构上是从"劳动密集型"—"劳动与资本密集结合型"—"资本密集型"—"资本与技术密集结合型"—"技术密集型"的变迁；在技术进步上主要是靠引进国外的先进技术和设备。这些工业化的一般规律，总地来说在今天仍然适用，但在科学技术瞬息万变、地球村变得越来越小的时代，要有新的发展思路，用知识经济已有的成果来加速工业经济的发展进程：

第一，加大高技术的发展力度。按照结构演进的规律，我国大概是处在由"轻纺工业型"向"重化工业型"转变的阶段，还不是发展高技术的时候。我认为，这是指一个国家的主体结构而言的，现在要构建"高技术工业"的结构是不现实的，甚至可以说那是幻想；但是如果不去发展自己的高技术工业，那就要被动挨打，丧失良机。因此，要根据国情和省情选择合适的高技术领域加以发展，并从政策上给予鼓励和扶持。

第二，用高技术来改选传统产业。在发展中国家，传统产业总是占主体地位的产业，但是当它同高技术相结合，传统产业就可以发挥生机，不断创造出新型的产品，用高技术改选传统产业是我们发展工业经济的希望所在；同时，高技术也只有在运用于传统产业的改选时才能不断完善和发展。知识经济的成果已经为传统产业的改造创造了条件，应当充分运用这个有利条件推进传统产业技术改造的进程，从某种意义上来说，工业现代化的实现取决于传统产业技术改造的程度。

第三，加快信息技术的扩散和应用。"全球信息社会"正在加速，一方面是产业信息化，从生产工具、生产流程、企业管理、商品营销方式都在运用信息技术，建立起各种网络，走向信息化；另一方面是信息产业化，不仅包括电讯，而且金融信息、新闻信息、文化信息、意识形态信息，都在向产业化发展。信息技术已经引起社会经济运行、生产方式、生活方式、消费方式、思想观念方面的深刻变化。在计算机屏幕后面已经出现了一个"虚拟社区"或"虚拟世界"，科学家们称其为"赛博空间"（Cyber space），这个世界是一个既无所不在也无所在的世界，是一个在我们肉体之外确确实实存在的客观世界。这个世界有不同于人类世界的哲学、伦理学、经济学、社会学、文化学、传播学、法学，需我们去认识和研究。这些方面的变化，对实现工业现代化都将产生深刻的影响。面对世界巨变的来临，我们应当主动地去迎接它，加快信息技术和知识的生产、扩散和应用的进程。

第四，正确处理引进国外技术与自主创新的关系。前一时期，发展中国家的技术进步主要通过引进国外先进技术和设备，寄希望于国外的技术转让。但在实际上，技术引进大多是设备的买卖，能转移的只能是一些"适用技术"，最多也只能称其为"新技术"，不可能有"高技术"。而从经济发展的阶段来看，这是现实的选择。在知识经济中，我们需要的是"高技术"，而高技术则正如 J. H. A. 拉赫曼所说："技术是转让不了的，技术只能靠学会。"因而，在走向知识经济的进程中，应不断提高我国的自主创新能力，从以"引进技术为主"的政策逐步向以"引进技术与自主创新并举"的政策转变，进而以"自主创新为主"，并成为大量出口先进技术的国家。目前，在引进国外先进技术的时候，要考虑到我们自己的技术创新能力，要从引进中学会技术，促进高技术的发展。

3. 浙江的产业升级

浙江经济已进入工业经济中期向后期过渡的阶段，正面临着产业升级的任务，这就要讨论产业升级的方向和重点是什么？只有弄清这个问题，才能制定正确的政策。我在《浙江十年（1978—1988）经济发展的系统分析》课题的总报告中对这一问题作过论述："浙江发展后劲不足，1985 年就开始有所认识。但发展不足的根源何在，对此有不同的认识。有的认为，浙江经济发展后劲不足是因为缺少原材料工业和大型骨干企业；有的则认为主要是科技发展滞后，产品缺乏竞争力。这两种意见都有道理，可是因为侧重面不一样，因而所设想的增强后劲的途径也不一样。我们认为，两者相比，科技发展滞后是后劲不足的最根本的因素。科技进步不快，即使有了原材料工业，也只能搞低技术的产品，竞争力仍然不会很强。因此，在 2000 年之前，增强浙江经济发展后劲的根本途径是企业的技术改造、产品结构的调整和新兴产业的发展。"实践证明，这个判断是正确的。在市场经济的条件下，原材料不足可以通过市场的资源互换去解决，不一定要自己去发展原材料工业，浙江近十年来搞了一些原材料工业项目，但效益好的很少，现在看来发展原材料工业不是一条好路子。浙江骨干企业少，是影响规模经济效益的一个原因，需要组建一些大企业集团，但是如果企业集团不重视技术进步，也不可能有强大的竞争力；相反，以高新技术为主体的小型企业，在市场中可能会有强大的竞争力。所以，对浙江经济发展后劲不足的根本原因是科技发展水平问题，要有一个统一认识，解决了这个思想认识问题，才能谈得上用战略眼光来推进知识经济的发展。

浙江以知识经济的理念来指导产业升级有很多工作要做，我提三点建议：

第一，要把信息技术产业提高到"战略性产业"的地位来对待。在浙江已有的发展规划中，已把信息技术产业列为四大主导产业之一，但看来还不够。因为信息技术在未来世界的发展中具有战略性意义，它的发展关系到国家的安全和国家在世界经济政治乃至军事事务中的战略行动能力，对浙江来说也是事关浙江经济竞争力的大问题；同时，浙江的"电子信息产业"是有潜力的，虽然浙江在计算机硬件的制造上没有多大的优势，但在通讯设备制造方面有一定力量，在计算机软件开发、计算机和通讯服务上具有明显的优势。据国际电讯联盟的资料，1995 年世界信息技术产业和电讯产业的 13 700 亿美元的销售额中，计算机硬件占 17%、计算机软件占 8%、计算机服务占 18%、电讯设备占 14%、电讯服务为 44%，其中软件和服务约占整个销售额的 70%。这个比重预计还会增加。浙江在计算机软件和计算机及电讯服务领域里是可以大有作为的。作为战略性产业就不能只顾眼前的经济利益，要着眼于未来，要舍得花大本钱把浙江的信息技术产业搞上去，使浙江成为信息技术产业大省。

第二，以高技术带动浙江经济向"高加工度化"的主体结构转型。我国已进入"重化工业"结构的发展阶段，这是符合产业演进规律的。但是作为一个省来说，是否也以重化工业作为产业结构的主体，要从实际出发，浙江在沿海发展一点重化工业是可以的，但要从国外引进资本和取得国家的支持，有这样的机遇不能放过。而从全省的角度看，要构建以重化工业为主体的经济结构是困难的，甚至可以说是不可能的。因此，应当跨越这个阶段而直接进入"高加工度化"的发展阶段，这才有可能发挥浙江真正的优势。高加工度化阶段的工业，可以是轻型的，也可是重型的；既可以是传统产业的，也可以是高技术的。但是其动力源则是"高技术"和用高技术加以改造过的传统产业的"新技术"，没有高新技术，就没有工业的高加工度化。

第三，要培育知识经济市场。浙江是市场大省，但主要的是产品的初级市场，要素市场的发育仍然不足，而知识经济市场尚未引起人们注意。我认为，浙江要及早意识到开辟知识经济市场的重要性，这是代表时代发展方向的新兴市场。知识经济市场包括：（1）智力资本市场主要是高级人才市场、高级经理市场，以及专利等知识产权市场，智力资源是目前最紧缺的资源，要发挥市场在智力资源配置中的作用，没有这种市场，建立现代企业制度只能是一句空话；（2）知识产品的生产、传播和使用的服务市场，如计算机和电讯服务市场；（3）智力服务市场，主要是咨询服务市场，这类市场在计划经济时代是不可能发展的，因为企业的决策权在政府手中，当政府职能转变之后，咨询无疑是极端重要的，甚至可以说，离开了咨询，企业将寸步难行。现在咨询服务业的市场还不大，但这是发展的大趋势，政府应着力加以培育。

三、浙江走向知识经济的政策选择

1. 重视专业人才的培养

舒尔茨的人力资本论提出之后，世界各国都开始重视教育和科技进步对经济增长的促进作用。但他的人力资本论过于一般，后人又在其基础上做了深化研究。美国经济学家罗默（Paul Romer）和卢卡斯（Robert Lucas）按照知识积累过程和方式，把人力资本又分为不同的类型。罗默认为，知识应分解为"一般的知识"和"专业化的知识"，一般的知识可产生"外在的经济效应"，使全社会都能获得规模经济效益；专业化知识可以产生"内在的经济效益"，给个别厂商带来垄断利润，垄断利润又形成个别厂商用于开发新产品的"研究与开发"的资金来源，推动技术进步。所以，罗默认为，特殊的知识和专业化的人力资本是经济增长的主要因素。卢卡斯将人力资本作为一个独立的因子纳入经济增长模式，在他的模式中将资本区分为"有形资本"和"无形资本"，又据此把劳动力分为纯体力的"原始劳动"和表现为"劳动技能"的人力资本两种类型，从而将技术进步具体化为体现在生产中的一般知识和表现为劳动者的劳动技能的人力资本，同时也将人力资本划分为社会共有的一般知识形式的人力资本和体现在劳动者的技能中的特殊化的人力资本。从这些新经济增长理论中，可以得出结论：知识积累是现代经济增长的新源泉，而其中最重要的是专业化的知识和特殊的技能。浙江的九年制义务教育已取得很大成绩，但按照上述理论，这仅是"一般知识"，所取得的是"社会效应"，对推动技术进步的作用是有限的。

从浙江的教育结构来说，高等教育滞后，具有高等教育水平的人口在总人口中的比例偏低；从浙江科技人员的结构来说，用传统技术从事传统产业研究的人员比较多，拥有新知识掌握高技术的科技人员和精通现代金融业务的管理人才奇缺，这种结构不能不说是造成浙江经济中科技含量不高的重要原因，已不适应现代经济的发展。大力发展高等素质教育事业，大力培养适应知识经济需要的专门人才，积累具有特殊知识和专业化的人力资本已迫在眉睫，只有这一类人力资本的增加，才是推动技术进步的真正动力。浙江的经济社会发展已经到了这个火候了，要及早采取决策，制定推进知识经济的人力资本积累的战略。

2. 确立资本投资是技术进步源泉的思想

浙江的科技财力投入不足，已成共识，许多数据也证实了这个结论，这里不再重复。为什么这个已经取得共识的问题一直得不到解决，这最主要的应归结为传统经济发展模式的支配，追逐数量扩张，不重视经济素质的提高。同时，对资本投资与技术进步的关系缺乏深究，也是一个重要因素。在经济思想史上，从古典学派到新古典学派经济增长理论，都可以归结为以解决资本稀缺为目的的"资本积累论"，强调资本在经济发展中的决定性作用；自从舒尔茨的"人力资本论"问世以后，打破了资本积累决定经济增长的理论，确立了"技术进步决定经济增长"的索罗模式；此后的相当长的一个时间里，又往往把这两者对立起来。英国学者斯科特（M. Pg. Scott）根据施莫科勒（J. Sehmookler）对技术发明专利史的研究，得出一个重要结论：技术进步的源泉是资本投资。由此引出了强调资本投资对科技进步的推进作用的"斯科模式"，从新的角度论证了资本投资是经济增长的决定性因素，解决了发展经济学界把强调资本积累的作用与科技进步的作用对立起来的难题。我在这里介绍这个理论的目的在于引起人们对加大科技投入重要性的认识。"科教兴省"的战略要以强大的经济实力为后盾，不投入大量的财力，科技进步是难以有所进展的。反之，有了大量的资本投入没有人，可以从国内外任何地方引进人才；没有设备，可以引进国外的设备。从这个理论出发，应当制定调整投资结构的方案，要把政府、企业和市场的资本投资引导到发展科技教育事业方面来，尽快建立起具有强大实力的"风险基金"，并选拔一批具有风险意识的基金管理者来用好"风险基金"，绝不能把风险基金变成"保险基金"。"风险基金"不仅要支持重点科研院所，也要扶持有发展前景的个人研究项目，而重点应放在高科技的产业化上。

3. 充分发挥大城市在知识经济中的作用

大城市对发展知识经济的作用是很明显的，因为城市是各种生产要素集聚的最密集的空间，是智力资源的集中地，是知识创新和技术创新的中心；大城市一般都具有相对的世界性特点，是各种信息资源的集中地，有较多的发展机遇；大城市一般的经济实力都比较强，可以有相对比较多的资本投资于研究与开发，科技进步的动力源在城市。因此，我们在研究如何迎接知识经济到来的时候，更应该强调大城市的作用。但如何看待大城市在浙江城镇体系中的作用，至今仍未取得统一的认识，不久前还有文章说，浙江应当以发展小城镇为重点。我认为，这种观点是非常值得研究的。我在 1995 年浙江省委读书会上曾提出："大城市有大城市病，但资源配置效率高，城市建设的门槛费用比较低；而小城镇也有小城镇病，大量浪费稀缺的土地资源，城镇建设的门槛费用很高，增大城市化的成本。在工业化和现代化的过程中，以大城市为中心形成大都市圈是必然趋势，要顺应这个趋势形成区域中心城市，进一步发展为大都市圈。"一个省的城镇体系应当从本省的实际出发。而在浙江，缺少的是大城市和中等城市，相比之下，小城镇多而散，大、中、小城市及建制镇的比例不协调。浙江应当强化杭州、宁波、温州的功能，重点发展中等城市，提高小城市（县城）的质量，小城镇应适当集中发展。当前，应强化大城市在知识经济中的作用。把它放在战略地位上来对待。在这个问题上，要统一认识，果断地作出决策，以免因犹豫和迟疑而延误时机，影响浙江知识经济的发展进程。

参考文献：

1. 王小强：《进入 21 世纪的严峻挑战》，《产业论坛》1997 年第 4 期。

2. 吴季松：《知识经济》，北京科技出版社 1998 年版。

3. 薛进军：《"经济增长理论"评述》，《经济研究》1993 年第 2 期。

4. 路甬祥：《建设面向知识经济时代的国家创新体制》，《光明日报》1998 年 2 月 6 日。

5. 李思一译：《各国科技发展规划、政策走向和投资变化》，《国外科技动态》1997 年第 11 期。

6. 《赛博空间的魅力》，《科技日报》1998 年 4 月 18 日。

（本文系 1998 年 6 月 8 日在省政府召开的"知识经济座谈会"的发言整理而成，载浙江省科学技术委员会编《专家谈知识经济》，1998 年）

长江三角洲：21 世纪中国的
高新技术产业密集区

> 下一个世纪是高科技发展的世纪。……中国必须发展自己的高科技，在世界高科技领域占有一席之地。

——《邓小平文选》第三卷，第 279 页

把长江三角洲建设成为 21 世纪中国的高新技术产业密集区，是时代的呼唤，是产业结构演进的必然趋势，是浦东开发与长江三角洲协调发展这个大课题中不可或缺的主题。

从严格的自然地理区域上讲，"长江三角洲"的范围仅限于江苏省镇江以东、通扬运河以南、浙江省杭州湾以北，为长江中下游平原的一部分。面积为 5 万平方公里，有"水乡泽国"之称。但是，从经济地理角度看，长江三洲的经济网络比上面界定的范围要广一些，可以包括江苏的南京和浙江的绍兴、宁波。这个区域正是上海浦东开发辐射力最强的经济圈，本文中"长江三角洲"的概念指的就是这个经济圈。其核心部分就是以上海为中心，向北沿沪宁铁路到南京，向南沿沪杭铁路经杭甬铁路到宁波。简要地说，就是正在建设的沪宁、沪杭甬高速公路沿线。这是未来中国的高新技术产业密集区。

高技术和高技术产业是一个广义的概念。高技术泛指第二次世界大战以来产生的所有新兴技术，高技术产业则是在新兴技术基础上形成的新型产业群体，高技术和高技术产业是相对于传统技术和传统产业而存在的。① 但是，高技术的推广和应用往往同传统产业联系在一起，用高技术去改造传统产业，于是就有了新

---

① 《高举火炬，共创大业》，《光明日报》1993 年 8 月 6 日评论员文章。

技术的概念。

一、新世纪的第一推动力

人类社会的每一次飞跃，都是在技术革命的推动下取得的，这是经济发展的普遍规律。"技术进步对经济发展的促进作用比任何单项因素的作用都大。技术革命使农业、工业和服务行业大踏步前进。假若正在发展中的国家能获得工业国的新技术，随着时间的推移，各国的生产率和人均收入可能趋于相同。"① 世界银行在 1991 年世界发展报告指出：自 1945 年以来，美国产出增长中技术进步的贡献占 50% 以上。而且这种贡献所占的比重不断增大，到 80 年代一些发达国家的技术进步的贡献率已达 60%—80%。预计，21 世纪不少发展中国家都将依靠科技进步的方法推动经济增长。

当代世界，技术进步主要是高技术的效应。在经济增长中，增长得最快的是高技术产业。据经济合作和发展组织（OECD）统计，其成员国的高技术产业产值从 1970 年的 1 972 亿美元增至 1986 年的 9 860 亿美元，16 年中增长 4 倍。其中，美国的高技术产业产值从 1970 年的 875.5 亿美元，上升到 1986 年的 4 140 亿美元；日本的发展速度最快，在这期间增长 10.2 倍，这就使它在整个日本制造业总产值中的比重迅速上升到 19%。"四小龙"也非常重视高技术产业的发展，韩国电子工业的产值在 1970 年只有 1 亿美元，而 1988 年则达到 235 亿美元，约占世界电子工业总产值的 4%，居世界第 6 位。② 从 20 世纪 50 年代开始的世界性的新技术革命的浪潮迅猛发展，正在酝酿着新的突破。据日本科技厅的预测，在未来的 30 年中将有 20 多个方面技术的突破。如，1998 年将出现取代破坏臭氧层的氟氯烃的代用品；2000 年，存取时间仅十亿分之一秒的硅存储器登场；2004 年超高速电脑制成；2006 年艾滋病得以治疗；2013 年，找出防止癌症的药物；2017 年，快中子增殖堆应用，等等。③ 这些都将给人类带来福音。今后无论哪个国家开发任何一种新技术，都将迅速地改变其产业结构，革新其生产机制和消费形式，并将对国际分工发生深刻影响。因此，高技校产业成为国际经济和军事竞争的焦点。新技术的输出已成为衡量国际竞争力的一个重要指标。各工业发达国家都在加大高技术产品出口的力度。从 1970 年到 1984 年，各工业发达

---

① 世界银行：《1991 年世界发展报告》，中国财政经济出版社。
② 方民生主编：《外向型经济的决策与管理》，浙江人民出版社 1992 年版。
③ 《浙江经济报》1993 年 7 月 23 日第 3 版。

国家高技术产品出口平均增长率分别为：日本 20.2%、美国 14.2%、德国 13.4%、法国 15.3%、英国 13.6%。到 2000 年，能够主导世界技术开发与转让的，依然是美国。有可能实现商业化的新技术，主要将由日本、北美和欧洲的企业进行开发。

新技术革命，给我们带来了发展机遇，又面临着严峻的挑战。尽管我国在航天技术、超导研究、生物工程方面有一些出色的成果，但总体上来说，我国的高新技术同发达国家的差距仍然很大。这个差距究竟有多大很难计量，通常人们说，我国技术水平比世界先进水平落后一二十年或者二三十年，这都是一种模糊数学的概念，实际差别可能还要大得多。1988 年我国技术出口金额为 2.4 亿美元，仅占当年出口总额 475.4 亿美元的 0.5%。而美国的技术出口额，1980 年为 64.66 亿美元，1990 年为 82.62 亿美元。相比之下，我们在世界技术贸易中所占的份额是很小的。而且，我国的高技术主要用于国防，对于民用生产的作用甚微。不改变这种状况，不在高科技领域占一席之地，整个经济活动以及国际地位就很难保持住，这已成为人们的共识。为此，国家科委于 1992 年制定了《国家中长期科学技术发展纲要》，确定的战略目标是："到 2000 年我国工业主要领域达到经济发达国家 70 年代或 80 年代初的技术水平，到 2020 年达到经济发达国家 21 世纪初的技术水平，在总体上缩短与世界先进水平的差距。"[1]

到 21 世纪，高新技术将成为我国经济的新增长点，经济增长的贡献率主要来自于技术进步，人民生活质量的提高主要依赖于技术进步，国际贸易主要靠技术进步的支撑。因而，发展高新技术产业，是我们实现第三步战略目标，在 21 世纪中叶步入中等发达国家先列的法宝。

二、浦东开发开放的效应

江泽民同志在中国共产党第十四次代表大会上的报告中指出："以上海浦东开发开放为龙头，进一步开放长江沿岸城市，尽快把上海建成国际经济、金融、贸易中心之一，带动长江三角洲和整个长江流域地区经济新飞跃。"这是浦东开发开放的历史使命，也是浦东开发开放必然产生的效应。

上海浦东开发开放带动长江三角洲和整个长江流域地区经济的新飞跃，其含义很广，包括经济领域的各个方面和各个环节。但对长江三角洲来说，最重要的，最具有深远意义的，是把长江三角洲建成 21 世纪的中国高新技术产业密集

---

① 《科技日报》1992 年 4 月 10 日。

区，可以简称为"中国的硅谷"。

1. 发展高新技术产业是浦东开发开放战略的基本点

浦东新区是一个多功能、综合性、外向型的开发区，而以第三产业为主体。浦东将和浦西联系在一起，使上海成为现代化的国际大都市。这是从上海数十年发展的教训和借鉴国际大都市的成功经验而得出的结论。这个战略思想已取得共识。因此，再也不会把浦东搞成一个新的工业基地。但是，在国际化大都市中，不可能是第二产业"空心化"的城市。据复旦发展研究院的报告，2010 年上海的第二产业还将在国内生产总值中占 29.5%。① 当然，那时的第二产业中的高新技术将占有相当大的比重，而这些产业的布局主要在浦东新区。浦东开发新区的起点应当高一些。重点发展深加工工业和高技术产业。对进入浦东保税区和出口加工区的产品层次，也应当提出这样的要求，不能让一般性的产品加工占领这块黄金地段。就国际贸易的内容来说，也离不开工业品，而要在国际舞台上有强劲的竞争力，就不是一般工业品的贸易，而只能依赖高科技产业的发展。现在浦东新区正向这个方向发展。据《文汇报》1993 年 8 月 3 日报道，在金桥开发区落户的高科技大项目已达 13 个，有贝尔电话设备制造公司、迅达电梯有限公司、夏普空调机器有限公司、传真机公司、杉达公司和高科集团公司的高技术项目有计算机仿真系统技术成果，还有 BI 型婴儿培育箱，等等。《解放日报》1993 年 8 月 11 日又透露，上海传真机公司已与日本理光株式会社和香港冠军传真机投资有限公司签约，成立上海理光传真机有限公司，坐落在金桥开发区，将通过引进国外先进技术和设备，形成年生产 4 万台各类传真机的生产能力，50% 的产品打进国际市场。刚创办的上海科技投资公司拟投资 2 000 万元参与组织张江高科技园区的建设。可以预料，浦东开发区将是我国高新技术产业的"发展极"。

2. 发展高新技术产业是上海调整产业结构的必然趋势

解放后，上海对全国的贡献很大，但在传统计划经济体制下，上海的功能被扭曲了，从一个远东的国际化大都市变成了中国的"工业基地"，而且是一个"重型结构"的工业基地。这种模式不能发挥上海的优势，必须实现发展模式的转型，使上海成为国际化程度高、经济实力强、现代化城市功能全的国际化大都市。因此，上海的产业结构必须来个大调整，从三次产业的结构来说，要大力发展第三产业；第二产业要向"高加工度化"的结构演进。这种结构调整已拉开了序幕，上海市已确定飞机制造、汽车制造、电子通讯、计算机、光电纤维、工

---

① 《经济预测》杂志 1993 年第 4 期，第 15 页。

业机器人、生物工程等七大新兴产业作为发展重点，并用这些高新技术改造传统产业。所以，高新技术产业的发展，是上海总体发展战略中的一个重要组成部分。在21世纪，由浦西和浦东联体的上海市，将是中国高新技术产业密集区的核心。

3. 发展高新技术产业是长江三角洲产业结构演变规律的要求

长江三角洲经济的高速增长，加快了产业现代化的进程。在这个区域，劳动力由农业向非农产业转移的速度很快，第三产业在国内生产总值的比重也有明显上升，第二产业平均占59.4%（1988年数字），这表明长江三角洲的经济成长正处在准工业经济的中晚期阶段。第二产业中，重化工业发展迅速，有上海宝钢、金山石化、扬子乙烯、金陵石化、镇海石化等一大批重化骨干企业；但是，行业的位次，仍然是：机械、纺织、化学、冶金、食品、建材，等等；因此，总体上来说，长江三角洲仍然是以"轻纺工业型"为主体的结构。发展"重化工业"，在这个地区不是没有条件，但就长江三角洲的大部分地区而言，向"重化工业型"结构演变是不适宜的，只能是发挥现有轻纺工业的优势，向"高加工度化"的结构演进。所以，从长江三角洲的实际出发，产业结构的变迁是双向型的，有的向"重化工"结构发展，然而其主导方向是实现"高加工度化"。"高加工度化"的概念具有三层含义：其一是发展高新技术产业；其二是发展"重型加工工业"，以重化工原料为对象的深度加工；其三是用高新技术改选传统产业，提高其加工深度，增加产品的附加价值。这样的结构，技术层次很高，是一个高新技术产业密集区的结构。我们应该抓住时机实现产业结构的转型。

4. 建立高新技术产业密集区是加速高新技术发展的机制

高技术产业需要特定的环境，净洁度要求很高；高技术投资是一种风险投资，需要有一定的产业规模；高技术往往是研制、中试到生产的一体化的产物，需要有大量的高科技人才，等等。因而当高技术产业发展到一定程度时，就要求建立高新技术产业聚集区，吸引高技术公司到这个地区来投资，进行研究与开发，从而形成高新技术产业群。这是国外发展高科技产业的一般规律。美国加州的硅谷，20世纪50年代起步，发展的高峰期在60年以后；日本的九州硅岛，1965年，三菱电机公司率先在岛上建立集成电路生产厂，到70年代中期出现各公司涌入高潮。高技术公司聚集高峰出现后，这个地区便形成一个以高技术产品的研制开发和生产的高技术产业聚集区，并进而带动该地区产业结构的变革。因此，世界各国从70年代以来都十分重视这类聚集区的建设，并形成了具有产业特征的不同类型聚集区。这个经验是值得借鉴的。[①]

5. 上海浦东高技术的扩散效应

上海浦东是中国高技术发展的中心极。在现阶段，主要是聚集效应，高科技开发的资金和人才都向"中心极"集聚，国外高技术的引进也首先集聚在这个地方。但是，在这个高科技前沿阵地所孵化出来的科技成果需要扩散，需要产业化，于是，"极化"效应就转变为"扩散"效应。预计浦东的"扩散效应"在21 世纪是相当强的。固然，这些高科技成果会向全国各地扩散，但接受辐射波最强的是长江三角洲的上海南北两翼，也就是复旦发展研究院报告提出的"圈形战略"中的第三个"同心圆"区，即以上海中心商业区为中心点的，总面积为4 000平方公里的范围的"大都市经济圈"。这同本文最开始对长江三角洲高新技术密集区的界定范围是基本一致的。

三、"金三角"的产业环境

长江三角洲在中国曾被誉为"金三角"，是因为商品经济发展比较早，自然环境和区位条件比较优越，产业发展处于引导地位，是中国经济实力最强，并最具发展潜力的区域。改革开放以来，珠江三角洲、闽江三角洲和环渤海经济区的经济实力迅猛增长。但是，相比之下，长江三角洲比上述几个地区，不仅是区域面积和人口总数上大大超过这些地区，而且在产业实力、区位条件和科技水平等方面具有明显优势。对发展高新技术产业来说，环境是适宜的，甚至可以说是中国"硅谷"唯一可供选择的地区。

1. 长江三角洲的高新技术产业已有相当好的基础

按美国劳动统计局的定义，高技术产业是指研究试制费和科技人员的比例比整个制造业平均高一倍以上的产业；研究试制费和科技人员的比例高于制造业平均数的为"技术密集型"产业。在列入标准产业分类表中的 977 种行业中有 36 种可划为"高技术产业"，有 56 种被定为"技术密集型产业"。[②] 我国还没有这样的分类统计资料，只能用电子工业中几种产品的数据加以说明，其实就电子工业而言这也仅仅是消费类产品，而大量的电子工业产品是属于投资类的。同时，按本文界定的"长江三角洲"的资料也难以找齐，只能用上海、江苏、浙江二省一市的统计材料来表明其趋势。

---

① 方民生主编：《外向型经济的决策与管理》，浙江人民出版社 1992 年版。
② 方民生等：《经济开拓者的战略思考》，浙江人民出版社 1986 年版。

表 1　长江三角洲 1992 年电子类消费品的产量及在全国的比重

产品名称	全国产量（万台）	上海市		江苏省		浙江省		长江三角洲合计	
		产量（万台）	比重（%）	产量（万台）	比重（%）	产量（万台）	比重（%）	产量（万台）	比重（%）
电视机	2 815.58	434.93	15.45	602.60	21.4	215.81	7.66	1 253.34	44.51
彩色电视机	1 314.39	112.29	8.54	169.66	12.90	38.52	2.93	320.48	24.34
收音机	1 884.0	148.93	7.9	647.98	34.37	—		—	—
家用洗衣机	712.7	100.91	14.16	28.65	4.02	39.31	5.6	168.87	23.78
家用电冰箱	475.31	75.76	15.94	16.54	3.48	28.07	5.90	120.37	25.32
电风扇	6 281	190.49	3.03	1 084.43	17.27	441.16	7.02	1 716.08	27.32
录放音机	—		—	593.32	—	75.80		—	—

　　这个表说明，电子类消费品生产，长江三角洲已占全国的 1/4 左右，电视机产量的比重已接近一半。这个地区，近年来加大了高技术产业的投入，改建和新建了一批很有实力的高技术企业。

　　2. 长江三角洲已陆续建立了一批高技术产业开发的园区

　　这里主要有五种类型的园区。

　　第一类是上海浦东新区。这实际上是个特区，某些政策比特区还优惠。区内的北蔡——张江分区开发的目标是建成科技工业、教育园区，重点发展高技术和新兴工业；金桥开发区，已有一些高新技术企业率先进入了。

　　第二类是国家级的高新技术开发。目前有：南京浦口高新技术开发区，1988 年 4 月成立，面积为 16.50 平方公里，1991 年有 1 570 人，总产值 6 028.6 万元；上海市漕河泾新兴技术开发区，1988 年 6 月成立，面积为 5.9 平方公里，1991 年有 18 693 人，总产值 6.69 亿元；杭州高新技术开发区，1990 年 3 月成立，面积为 12.64 平方公里，1991 年有 1 553 人，总产值 7 619.3 万元；还有 1992 年批准的苏州、无锡、常州市，以及宜兴四个高新技术产业开发区。

　　第三类是国家级的经济技术开发区。现有：上海闵行经济技术开发、虹桥经济技术开发区；江苏昆山、南通、连云港经济技术开发区、张家港保税区；宁波、杭州、萧山等经济技术开发区、宁波保税区，以及浙江省镇海县大榭岛开发区等。

　　第四类被国家科委"火炬计划"确认的"苏锡常火炬带"。经江苏省科委确认的高新技术企业有 180 家。

第五类是省级经济技术开发区。如：江苏的苏州城东工业园区、无锡的外商投资规划区、常州江边经济技术开发区；浙江有嘉兴、湖州、平湖、乍浦、绍兴、舟山等市的开发区、钱江外商台商投资区。在省级开发区也会有一些高技术企业进入。

在长江三角洲已形成了点线面结合的高新技术产业发展的格局。

3. 长江三角洲具有强劲的高新技术研究与开发的能力

高新技术产业的发展取决于研究与开发的水平，而研究与开发是由科技人才的素质和科技投入所决定的。长江三角洲在这方面的优势是很明显的。长江三角洲在中国历史上就是"人才辈出，群星灿烂"之地，在历代杰出专家学者中总数的 1/3 生长在这个地区；在全国杰出专家学者最多的 51 座城市中，它独占了33 座，并囊括了前 10 名中的 8 名。① 目前在个别地方的人才状况不尽如人意，但从长江三角洲整体来说，人才优势的格局并未改变。

（1）上海。1992 年，国有经济单位各类专业人员 90.10 万人，平均每万人口拥有专业人员 699 人；集体经济单位科学专业人员 9.22 万人；全市科研成果2 557 项，其中达到国际先进水平或属于国际首创的有 463 项；大中型工业企业技术开发项目 3 716 项；大中型企业当年投产新产品品种 2 557 项。②

（2）江苏。1992 年地方国有经济单位各类专业技术人员 124.90 万人，平均每万人口拥有专业人员 181 人；国务院部门所属研究与开发机构 45 个，有科学家和工程师 7 792 人；获奖的科技成果 463 项，其中获国家发明奖 13 项、国家科技进步奖 22 项；大中型工业企业开发项目成果 2 401 项，其中达到 20 世纪 90 年代国际水平的有 195 项；企业技术开发新产品产值率为 17.4%。

（3）浙江。1992 年地方国有经济各类专业技术人员 70.75 万人，平均每万人口拥有专业人员 165 人；国务院各部门所属研究机构 18 个，科学家及工程师2 039 人；申报省级科技成果数 946 项，其中获国家发明奖 4 项，国家科技进步奖5 项，国家星火奖 14 项，省科技进步奖 299 项；大中型工业企业技术开发项目1 738 项，其中产品更新换代项目 963 项，应用电子技术 88 项。

（4）研究与开发的资金投入也相当可观。上海，1992 年县以上国有独立研

---

① 缪进鸿：《长江三角洲与其他地区人才的比较研究》，杭州人才问题国际研讨会论文，1991 年。

② 本文所用数据除注明出处者外，均来自《上海 1993 年统计年鉴》、《江苏 1993 年统计年鉴》、《浙江 1993 年统计年鉴》，有的数据经过作者换算和整理。

究与开发经费 28.76 亿元，县属研究与开发经费 1 768 万元，民办科技机构经费支出 6.68 亿元，全市普通高校研究与发展经费 2.76 亿元，大中型工业企业技术开发经费筹集额 25.92 亿元，合计 64.29 亿元，占国内生产总值 1 065.94 亿元的 6.03%。江苏，1992 年县以上政府部门所属研究与开发机构投入经费 8.99 亿元，高等学校研究与发展经费 2.52 亿元，大中型工业企业技术开发经费筹集额 25.24 亿元，合计 36.75 亿元，占国内生产总值 1 971.60 亿元的 1.86%。浙江，1992 年县级以上政府部门属研究与开发机构经费投入 1.26 亿元，高等学校科学研究与试验发展经费投入 9 996 万元，大中型工业企业技术开发经费筹集总额 10.83 亿元，合计为 13.09 亿元，为国内生产总值的 1 220.69 亿元的 1.07%。

4. 长江三角洲引进国外先进技术具备十分有利的条件，并有很大的进展

（1）上海，从 1983 年到 1992 年累计引进项目 2 512 个，其中 1 175 个引进项目已建成投产；到 1992 年年底，累计引进项目到位金额为 17.59 亿美元。

（2）江苏，从 1985 年到 1992 年，由该省自营进口的成套设备与技术引进金额为 1.31 亿美元。

（3）浙江，1992 年杭州海关进口的机械设备和电子仪表为 5.12 亿美元，占当年进口总额的 35.86%。

这些项目和设备已对当地的高新技术产业发展起了促进作用。

5. 长江三角洲的基础设施日臻完善，有较好的投资硬环境

长江三角洲地区位于我国东海岸的中段，扼长江入东海的出海口，临江濒海，并处于世界环球航线附近。这里有由上海港和宁波——舟山海域组成的"东方大港"；区内的内河航道四通八达，并与江、海、湖沟通，具有发展水运的有利条件；区间有上海的铁路枢纽，通往全国各地；正在兴建的沪宁和沪杭甬高速公路连贯长江三角洲高新技术密集区；上海、南京、杭州都有国际航空港，并正在扩建或新建国际机场。尽管交通是目前制约发展的瓶颈，但正在改善中，21世纪初叶会有一个立体快捷的运输系统网络。在通信设施方面，上海、南京、杭州，以及苏、锡、常、嘉、湖、绍、甬都有现代化的通信设施，同世界各地可用直拨电话联系；信息网络系统正在发展之中，不久就可联网。电力供应在这个地区是紧缺的，但目前已建有秦山核电站，浙江省正谋划电力工业基地的建设，预计在新世纪电力供应紧张的矛盾会得到缓解，并逐步做到适度超前发展。第三产业中的贸易、金融、旅游、信息、咨询等行业正在大力度发展，将为长江三角洲高新技术密集区提供优质服务。

四、希望在于制度创新

我们构筑的高新技术产业密集区，不同于国外的"硅谷"、"硅岛"、"硅山"，以及"科学城"与"技术区域"。长江三角洲高新技术产业密集区的特点：一是区域范围大，二是产业种类多。美国加利福尼亚州的硅谷是在旧金山到圣何塞之间的 30 英里长 10 英里宽的面积为 777.66 平方公里的地带，生产的主要是微电子产品。被称为世界第二个最大的微电子中心的美国第 128 号公路综合体，也只是环绕波士顿城范围之内。而长江三角洲高新技术产业密集区是一个"Z"形带状的区域，南北的高速公路 550 公里长，沿线以平均 30 公里的宽度拓展，总面积为 16 500 平方公里，是一个范围很大的区域。其产业就不像硅谷那样单纯，它将涉及高技术的各个领域。这样一个高新技术密集区，在世界上还未曾有过，它的发展模式必然有其特殊性。目前最紧迫的是要突破传统的计划经济体制，按照市场经济的原则，进行制度创新，形成加速高新技术产业发展的机制。这里对众多论著中已经提出了的对策建议不再赘述，着重从制度创新的角度研究高科技发展中面临的新问题。

1. 技术进步机制的转型

高新技术产业的开发，取决于技术进步的程度。而技术进步的快与慢又是由推动技术进步的机制所决定的。过去，在传统体制下，技术进步是由国家计划来推动的。这种体制的好处是可以集中资金和人力进行科技攻关，使我们有了原子弹、氢弹，发射了多种卫星，还有一些具有国际领先水平的科技成果；但是，这种体制排斥市场的作用，而且指令性计划同激励机制脱节，企业缺乏活力，科技人员缺乏积极性，因而技术进步的速度缓慢，科技成果转化为生产力的周期很长，许多高科技成果被束之高阁，很难实现产业化和商品化。现在，整个经济体制正在向市场经济转型的过程中，技术进步的机制也正面临着转型的问题，从推动技术进步的观念、体制、政策都要来个大转变。在市场经济条件下，技术进步的需求来自于市场，技术进步的动力源于激励机制，技术进步的主体是企业法人，技术进步的关键在于科技人员的素质，技术进步的支撑点是政府。因此，在企业、政府、市场制度方面都有个创新的问题，以降低技术进步的社会成本。

2. 按照高技术产业发展的特点组建

首先应当认识到，高技术产业是一个系统。据中国科学院技术科学学部的专家分析，高技术产业可分为 5 种类型：（1）大型工程技术（如，空间技术、B 核技术等）；（2）基础元器件和材料（微电子芯片、激光器、先进材料等）；（3）

高技术关键产品（计算机、先进通讯系统等）；（4）高技术的应用；（5）高技术软件和服务。前三类产业是高技术产业的核心和基础，需要大量投入，形成较大的生产规模，不宜过于分散。后两类则广泛影响社会经济结构的变化，应该大力提倡，使高技术的功能和效益得以充分发挥，并适应市场的需要灵活变化。① 其次，高新技术产业的建立和发展，同传统产业是不可分离的。高新技术产业要以传统产业为基础，而传统产业又要以高新技术作为自身改造的力量。同时，高新技术产业也只有运用于对传统产业进行技术改造时，才能推广和进一步发展壮大。因此，我们应当寻找出把高新技术产业和传统产业结合起来的交叉点，并由此派生出新的生长点，如光机电子一体化、化学工业生物化的产业。再次，高新技术产业的产品寿命周期越来越短，估计今后每隔 5 年左右就有新的一代电脑诞生，因而高新技术产业的设备更新很快，往往是一个新厂建成之时就是其预期产品的寿终正寝之日，创办高新技术企业一定要具有先进性。最后，高新技术产业是高投入和高风险的产业，需要有创新意识和冒险精神。根据这些特点，提出如下建议：

第一，要培养一批具有"创新精神的企业家"。按照熊彼特的创新理论，"创新"就是把生产要素和生产条件的新组合引入生产体系，换句话说，就是"建立一种新的生产函数"。"无论中心人物是企业家还是大厂商，只有在经济生活中引进崭新的思想，崭新的产业部门才能有可能诞生。"②

第二，要有一个发展该地区高新技术产业的规划。因为高技术中的前三类产业的发展需要投入巨额资金和大量技术力量才可建成的，如计划中的 908 工程。在长江三角洲一定要有几个这样的工程为核心，围绕这些工程建立一批骨干企业，才能真正成为 21 世纪中国的高新技术密集区。

第三，加快高新技术引进的步伐。我国要在高技术领域里占有一席之地，这是我们的战略目标。但从战术上讲，要积极引进国外已有的高新技术。这样既可以节省研究与开发的费用，又可超越时间，缩短同国外在高科技发展上的时间差。这方面日本的经验是可借鉴的。据日本经济研究中心预测，日本 2000 年技术贸易出口额可达 55.64 亿美元，而进口额为 106.99 亿美元，技术贸易收支赤字约达 50 亿美元。按国际收支方式计算，10 年后日本仍为技术净进口国。③

第四，建立长江三角洲地区高新技术发展基金。基金由政府财政拨款、长期

① 《东南信息》杂志，1993 年第 11 期第 14 页。

② 转引自［英］R. 库姆斯等：《2000 年的国际经济与日本》，商务印书馆 1989 年版。

③ 日本经济研究中心编著：《2000 年的国际经济与日本》，时事出版社 1992 年版。

开发银行低息贷款、企业集资。把这笔风险基金用于重大项目的研究与开发，建立高新技术产业的骨干企业。基金由长期开发信用银行管理。

3. 企业制度的创新

在市场经济中，企业是技术进步的主体，要发展高新技术产业，就要有生产和经营高新技术产品的企业群体。而这些企业必须具有完整的产权，在市场交易中具有独立性。目前还只有一些小规模从事高技术开发和研究的私人企业具有这样的产权，而大多数的企业产权是残缺的，于是在市场上就不容易实现产权的让渡和转换。因此，目前最迫切的是实现企业制度的创新，用公司制的现代企业制度来改造原有的国有企业，组建新的企业。从高新技术产业的特点来看：一种是大型骨干企业；另一种是小型的分散的企业；而这两种类型的企业都需要高技术研究机构的支持。

高新技术企业创新的趋向：

（1）建立高新技术研究和开发集团。集团可以是由国家控股的，也可以是军民合一的，也可以是混合所有制的。这些集团可以是区域性的，也可以是跨区域的；可以是行业性的，也不排斥跨行业的。但是，无论采取什么形式，必须产权明晰，用现代公司模式来经营和管理的。

（2）重视公司的"裂变"。为了适应高新技术产品更新换代很快的需要，公司不断地出现分裂与组合的现象。公司的裂变，导致人才、信息和技术的流动与优化组合，对高新技术产业的发展起了推动作用。最突出的事例是诺贝尔奖金的获得者威廉·肖克利和他的八个弟子。1965 年，晶体管的发明人之一威廉·肖克利，从美国东部的贝尔实验室来到圣克拉拉县的帕洛阿托，建立了肖克利晶体管公司，他带来了八个才华横溢的弟子。一年后，弟子们离开他去创办仙童半导体公司。以后，仙童公司又不断地分裂出新的半导体公司，如莫特尔公司、安纳尔公司等著名的公司。据统计，在硅谷，直接或间接从仙童公司"裂变"出来的公司至少有 40 家。[①] 高新技术产业密集区的发展要重视公司的"裂变"作用，通过这种形式扩散高新技术，培养高科技人才。

（3）重视高等院校和研究机构的作用，建立"科研·教学·企业一体化"的研究与开发组织。在美国的"第 128 号公路综合体"的发展中，麻省理工学院（MIT）起了关键性的作用。美国公众称"MIT 是马萨诸塞州经济的救星"。早在

---

① 转引自杭州高新技术开发区研究课题组分报告之一：《世界主要高新技术园区基本情况》。

20 世纪 30 年代，MIT 的院长就鼓励搞工程的教工跟本地区私人公司挂钩，开始是进行技术转让，后来还允许他们去办公司。这在当时几乎是异端邪说。但是它给波士顿地区的经济带来了极大好处，因此这一方针是成功的。今天马萨诸塞州从事制造业工作的人大约有 1/3 是在高技术公司工作。几乎所有这些公司都与 MIT 有直接或间接的关系，没有 MIT 就没有第 128 号公路综合体。[①] 要在长江三角洲建立高新技术产业区，就要依靠长江三角洲的高等院校和科研机构。

（4）鼓励企业家进行风险投资创建高新技术企业。高技术产业的投资有风险，但成功率是极高的，美国某些最成功的风险资本投资的年收益率达 50% 以上，而收益率达 35% 是很平常的。[②] 现在社会上的闲散资金是不少的，要加以引导，特别要鼓励私人企业家和科技人员创办高新技术企业和研究与开发机构。

4. 政府对高新技术产业管理制度的创新

一个国家在高科技领域中的地位，是衡量一个国家综合实力的标志，因而各个国家和地区都非常重视高科技的发展，都紧盯他国动向而拼命进行高技术的开发研究。这成为各国政府的最重要的行为。从各国支持高技术产业发展的经验来看，政府的决策主要是：

（1）增加高科技的投入。研究开发投资是决定一国技术水平、技术开发能力的最为重要的投入指标之一，因此，各国在高科技领域的竞争首先表现在研究开发投资的竞争。美国从 20 世纪 50 年代初到 60 年代中，研究与开发（R&D）的投资占 GNP 的 1.4%—3.0%，其中来源于政府的占 65%；1965—1987 年 R&D 的投资占 GNP 的 1.25%—2.91%，其中来源于政府的占 64.6%—46.6%。而我国 1987 年的 R&D 的投入只占 GNP 的 0.5%。1990 年，上海的 R&D 投入占 GNP 的 1.36%，江苏为 0.56%，浙江只占 0.24%。[③] 这样的比重太低了，需要大幅度地增加 R&D 的投资。

（2）加强基础研究。高科技发展取决于基础理论的创新。在技术开发竞争日益激化的今天，加强基础技术竞争能力，较之以往任何时候都更为重要。因此，各国都将进一步增加 R&D 投资中的基础研究的份额。美国 1965—1987 年的基础研究支出占 R&D 经费中的 13.6%—12.2%；原联邦德国 1980—1988 年占 21.5—20.5%；日本 1981—1988 年占 13.0%—14.1%；法国 1980—1987

①　[美] M. 罗杰斯等：《硅谷热》，经济科学出版社 1985 年版。

②　[美] M. 罗杰斯等：《硅谷热》，经济科学出版社 1985 年版。

③　数据转引自浙江省全社会科技投入调查研究组研究报告之三：《浙江省 R&D 能力研究》。

年为 21%。① 我国目前还没有这方面的准确统计资料，但从各方面的反映来看，政府对基础研究的投入太少了，使不少研究机构难以为继。基础研究陷入危机困境的现象再也不能继续下去了，这也成为共识。现在是要把这种共识变成政府的决策行为，大力扶持基础研究，使科研人员能经受住市场经济的冲击。

（3）政府要通过合同订货的形式来支持高新技术的发展。许多高科技产品是同国防建设分不开的，有的则是国家组织的重点攻关项目。这些产品和成果，可以通过政府与企业间的合同来实现。美国 1955 — 1971 年间，马萨诸塞州获得联邦政府约 10% 的科研合同，11% 的国防合同。这些合同，引出了一大批科研成果，而这些科研成果又促进了一大批高技术公司的建立，使第 128 号公路综合体的公司数量猛增。② 这种办法符合市场经济下政府管理高新技术产业的规律，是政府支持高新技术产业的好办法。

（4）政府应当鼓励技术贸易。技术输出额是检验已开发的新技术有无国际竞争力的客观指标。我们开发的新产品只有在世界市场上具有竞争力，才能算是成功的产品，就像我国的火箭和卫星发射装置一样。政府应及时地把高新技术产品推向世界。

（5）政府要在税收上给高新技术产业投资以优惠。因为高新技术投资是一种风险投资，而且高科技成果具有很大的外部效益，一个新产品问世，可以诱发许多前向和后向的产业发展，具有很长的产业链。给这些企业免税或减免，虽然暂时会减少财政收入，但从长远看为财政创造了更多的税源。这方面，美国的教训是很深刻的。1969 年，美国国会把长期资本收益的最高税率从 28% 增加到 49%。这个决定给风险性投资带来了毁灭性的影响，当新的税法在 1975 年生效后私人风险投资剧减，从 1969 年的 1.71 亿美元下降到 1 000 万美元，只相当于 6 年前的 6%。1978 年，国会撤销了早期的决定，把资本收益的最高税率重新降到 28%，风险资本的投资开始回升。1982 年，国会又把这个税率降到 20%。结果，到 1982 年底，投入到风险资本公司的新的私人资本超过 4 亿美元，是 12 年前的 8 倍。③ 在市场经济中税率的调节是很灵的，对高新技术开发区的优惠政策不能轻易变动，而且要把这种对高新技术产业区的优惠政策扩展到所有高新技术企

① 数据转引自浙江省全社会科技投入调查研究组研究报告之三：《浙江省 R&D 能力研究》。

② 转引自杭州高新技术开发区研究课题组分报告之一：《世界主要高新技术园区基本情况》。

③ ［美］M. 罗杰斯等：《硅谷热》，经济科学出版社 1985 年版。

业，建立平等的竞争机制。

（6）政府对高新技术产业的发展要制定一个总体规划。长江三角洲的高新技术产业密集区，应当是重点开发的区域，需要有个中长期的发展规划，画出未来 20—30 年的发展蓝图。规划可由国家计划委员会、国家科学技术委员会、上海市政府、江苏省和浙江省政府负责，由国务院协调。这项工作可委托几个研究机构和高等院校联合组织课题组进行。

（载《中国工业经济研究》1994 年第 5 期；《长江流域经济发展论》；上海社会科学院出版社 1995 年版；《浦东开发与迈向新世纪的中国经济》，上海社会科学院出版社 1996 年版）

21 世纪中国的大金三角

——上海·台湾·香港

以上海为中心的长江三角洲地区，是中国大陆的金三角。这个金三角地带，自上海浦东开发和开放之后，更令国内外人士关注。然而，在亚洲的"四小龙"中有中国的台湾和香港地区，这两条小龙在亚太经济发展中具有举足轻重的作用。倘若把中国大陆最发达的长江三角洲和台湾、香港地区连在一起，就构成了中国的大金三角。可是现在尚未形成大金三角的合力，限制了各个中心极的发展。但是，无论从世界经济发展的趋势，还是从亚太地区经济增长的格局，或是从这个大金三角的各方发展的需要来看，都应当强化大金三角地区的合力。大金三角地区的发展，是 21 世纪中国的希望所在。为此，本文研究的主题是中国大金三角地区合作的模式及其实现的可行性。这个大金三角在空间上跨越海峡两岸，而从上海到香港的这一条金三角底线上包括了东南沿海地区，有长江三角洲、闽江三角洲和珠江三角洲，本文则着重研究这个大金三角的西北角——长江三角洲和台湾、香港地区的经济合作的基本理论和现实问题。

一、华人经济合作格局的诸种构想和现实

探讨中国大金三角的经济合作问题，首先要分析合作的大环境。

自 20 世纪 80 年代以来，世界经济的一体化和区域化已经成为不可阻挡的大趋势。1980 年 5 月，在悉尼召开了太平洋委员会首次会议，讨论太平洋经济共同体的构想。

世界范围内的区域经济力量正在重新集聚之时，一些敏感性很强的学者，已在思考如何把华人的能力发挥出来，在被称为亚太世纪的 21 世纪中贡献自己的力量。1980 年，黄枝连先生在《美国 203 年》这本巨著的结尾提出了："一个

'中国人共同体'将在'亚太'地区涌现出来"①，并对"中国人共同体"的结构、性质、功能作了分析。后来，香港中文大学工商管理学院院长闵建蜀教授曾提出大陆和港台形成一个"中华经济合作圈"的设想；台湾东海大学文学院院长吕士朋教授进一步提出将大陆、台湾、港澳和亚洲某些地区的华人经济区联合成为"大中华共同市场"。旅美学者郑竹园教授指出，目前崛起中的"中国经济圈"到21世纪中叶，将在国际经济社会中取得举足轻重的地位。美国华人学者高希钧教授提出了"华人共同体市场"的设想。② 1989年中国管理科学研究院战略研究所召开了"中华圈——中国对外开放的新战略"学术研讨会，"中华圈"、"大中华经济共同体"、"中国经济圈"之类的问题成了一个热门话题。

自20世纪80年代初黄枝连先生提出"中国人共同体"的构想以来的十余年间，华人地区经济合作的研究经历了四个阶段：第一阶段，1980年至1985年间，这个问题还只是在少数学者之间酝酿和讨论。第二阶段，1986年至1989年间，建立"中国人共同体"的构想在海内外学者中得到了广泛的响应，而且企业家们也参与到这个构筑新的经济联合体的行列中来了。第三阶段，1989年以后，华人区域经济合作的构想引起了政界的关注，据台湾《新新闻》周刊报道，台湾当局官员也提出"两岸共同开发闽粤及长江三角洲"，及"东山、海南农业交流计划"③。第四阶段，目前进入更实际的研究阶段，着眼于近期可以实现和可操作的方案设计。香港亚太二十一学会提出了《中国人地区协作系统》研究的计划。这次的"长江沿岸地区发展策略国际研讨会"，就是这个计划中的重要组成部分。

要形成"中国人共同体"或"中国经济圈"需要有个过程，可以先从"华南经济圈"、"长江三角洲经济圈"和"台湾省经济圈"构成的"中国大金三角"的合作开始。如下页图1所示。

"中国大金三角"在客观上已经存在，现在的任务是要强化"大金三角"内部的经济技术交流与合作。我设想要根据"一国两制"的原则，用"共同体"的模式化构造"中国大金三角共同体"。

---

①　黄枝连：《美国203年》（下卷），香港中流出版社有限公司1980年版。

②　裴默农：《21世纪：太平洋世纪？——亚太地区经济透视》，世界知识出版社1989年版。

③　台湾《新新闻》周刊，1991年1月20日。

长江三角洲经济圈

南京

上海

杭州

宁波

福州

厦门

广州

澳门

台北

台湾　　**台湾经济圈**

南宁

香港

海口

华南经济圈

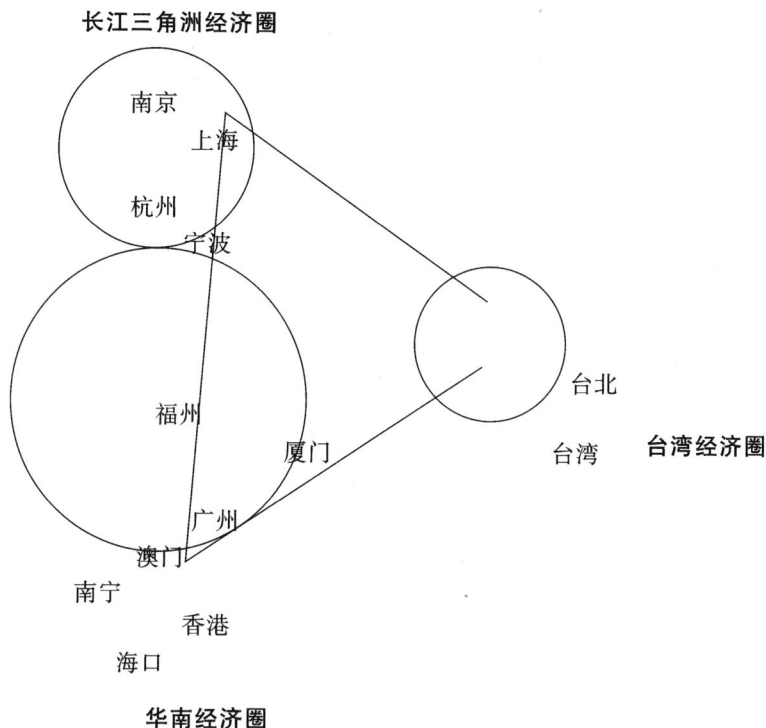

图 1：中国大金三角

二、"中国大金三角共同体"实力的估量

美国《商业周刊》在评价"大中国经济圈"的实力时曾指出，"大中国不仅仅将成为亚洲又一廉价劳动力的汇集场所，而且大陆拥有大量未开发的科学智能、发射了卫星、设计了核武器和制造了超级计算机的军事技术。从服装和玩具到汽车、化学制品和钢材，样样都能生产。它的科学家在生物工程、激光和超导的研究方面具有优势。将这种科学智能和丰富的资源，同台湾的资金和销售技巧、香港的金融和通信系统这三者联合在一起，就会把'大中国'的地位一下子提高到仅次于日本的地位"。① 这是就台湾、香港和整个中国大陆的总体实力而言的。现在我们研究的对象，在大陆范围内仅包括长江三角洲经济圈和华南经济圈。而这两个"经济圈"在大陆经济中居极重要的地位，1990 年国民生产总

————————

① 美国《商业周刊》1988 年 10 月 10 日。

会占全国总产值的 30%，① 1989 年的外贸总额占全国地方经贸总额的 55.3%，②
因而美国《商业周刊》的上述评价，大体上也适合于中国的大金三角。

从严格的自然地理区域划分上讲，长江三角洲的范围仅限于江苏省镇江以
东、通扬运河以南、浙江省杭州湾以北。为长江中下游平原的一部分。面积约 5
万平方公里。有"水乡泽国"之称。但从经济地理角度看，长江三角洲的经济
网络比上面的界定稍广一些，可以包括江苏省的南京和浙江省的绍兴和宁波。同
时，由于遭受的行政管理体制，经济社会统计都纳入省、市统计的框架之中，很
难就严格意义上的长江三角洲作出单独的统计。所以，本文所指的"长江三角洲
经济圈"包括江苏省、上海市和浙江省所辖的地域。

经济实力是经济发展的各种因素相互作用的一个综合指标，包括环境因素、
规模因素和效益因素。具体说来，有区位优势、区域面积、人口、资源禀赋、国
民生产总值、积累额、外向度、金融实力、财政实力、城市化程度、工业化程
度、人口文化素质、企业素质、技术进步率以及产业结构，等等。由于资料的限
制不可能对综合经济实力加以准确的评价，只能从几项主要经济指标的分析中作
出大体上的判断。

1."中国大金三角"的实力

在"中国大金三角"的区域里，共有人口 29 200.15 万人，陆地面积 82.06
万多平方公里，国民生产总值按汇率折算为 3 311.4 亿美元，进出口贸易总额
2 968 亿美元。1990 年人均国民生产总值，台湾省是 7 997 美元，香港地区 9 130
美元，澳门地区（1988 年）为 5 975 美元；1989 年上海市人均国民生产总值
5 489 元，广东 2 191 元，江苏 1 775 元，浙江 1 885 元。③ 分省和地区指标见
表 1。

2."中国大金三角"同日本相比较

目前，日本在亚太地区是经济实力最雄厚的国家，"中国大金三角"的任何
一个成员，就其单独的力量来说都不能同日本相比，而作为一整体的"中国大金
三角"可以成为与日本抗衡的力量，是亚太地区不可忽视的一支强大力量。

（1）人口。日本只有 1.23 亿人，而"中国大金三角"有 2.92 亿人，为日

---

① 根据《中国统计年鉴》（1991）资料计算。

② 根据《中国对外经济贸易年鉴（1990）》资料计算。

③ 台湾资料见台湾《商情预测》（季报）第 16 期，1991 年 7 月 5 日出版，第 177 页；
香港和澳门资料见《港澳经济》1990 年第 4 期；上海等省市资料根据《全国各省、自治区、
直辖市统计资料汇编》（1949—1989），中国统计出版社。

本的 2.37 倍，有丰富的劳动力资源。

（2）领土。日本为 37.8 万平方公里，"中国大金三角"的陆地面积为 82.06 万平方公里，为日本的 2.17 倍，在自然资源上远胜过日本。

（3）国民生产总值。1990 年"中国大金三角"为 3 311.4 亿美元，日本已达 29 088 亿美元，比"大金三角"发达得多，但"大金三角"的国民生产总值已为日本的 12%。

（4）商品出口总额。1989 年，日本为 2 751.7 亿美元；"大金三角"合计为 1 513.5 亿美元，为日本商品出口额的 55%。就其在世界出口商品中的地位，日本居第 3 位，香港地区第 9 位，台湾省居第 10 位。若把"中国大金三角"联合起来，出口商品在世界上的地位可跃居第 6 位。

（5）外汇储备。1989 年是日本外汇储备最多的一年，有 839.6 亿美元；1990 年为 785 亿美元。台湾省 1989 年的外汇存底为 730 亿美元。在外汇储备上，"中国大金三角"肯定要超过日本。

以上是静态的比较。

研究"大金三角"的实力，还要着眼于未来，从正在发生、即将发生或可能发生的环境和结构的变化，观察动态变化的趋势。

（1）"大金三角"的增长率在亚太地区将是最高的。日本 1983 — 1987 年国内生产总值平均增长率为 4.02%，台湾省为省 10.2%，香港地区 8.1%。台湾六年（1991 — 1996 年）计划期间平均经济增长率 7%；香港地区 1997 年后在"大金三角共同体"中将发挥更大的作用，经济增长的前景也是乐观的。沿海七省市历来是中国大陆经济最发达的地区，20 世纪 80 年代的经济增长率不仅快于全国其他地区，而且也高于亚太地区所有的国家和地区；90 年代这种格局不会变。

（2）"大金三角"有许多新增长点。其一，是上海浦东的开发和开放。这是一项跨世纪工程，不仅会振兴上海，而且可以带动长江三角洲地区，乃至整个长江流域经济的共同繁荣，甚至对亚太地区的发展也具有深远的意义。其二，沿海的经济特区和开放城市已进入成长期。80 年代，深圳、珠海、汕头、厦门等四个经济特区，海南特区以及沿海 14 个开放城市的经济开发还处在打基础阶段，主要精力放在基础设施的建设上；90 年代，这些地方的投资环境建设有了相当的基础，也培养了一些涉外经济的决策和管理人才，正以新的姿态面向世界，迎接世界各地的客商。其三，沿海七省市都正在进行产业结构的调整，构筑产业技术层次的升级。经国家批准在东南沿海地区建立了 10 个高新技术开发区和一个"火炬"开发带，将促进高新技术成果的商品化、产业化，增强国际竞争能力。

（3）海洋开发有无穷的潜力。"中国大金三角"的主体是由东海、南海和台湾海峡所组成，海域辽阔，资源丰富，可以说是未开发的宝库，不仅有渔业资源、石油资源，还有待探明的海洋矿产资源。21世纪是海洋世纪。海洋开发将大大增强"大金三角"的实力。

（4）合力作用的强度正在增大。这种合力作用主要是区域间的经济上的互补性，由此使各地的资源得到充分利用，生产要素组合优化，经济效益提高；同时，区域间的贸易往来的壁垒和障碍逐步消除，互惠互利，携手发展。按照经济动力学上的经济引力作用的原理，两地之间经济联系的强度同它们人口的乘积成正比，同它们之间距离的平方成反比，"大金三角"范围内各地之间的引力是最大的。按照经济竞争协和原理，在"大金三角"外部，以竞争为主，在"大金三角"内部，则以协和力为主。竞争力把他们导向同外界环境相适应，而协和力则使"大金三角"的整体功能达到最优。目前，"大金三角"内部的协合力是微弱的，但在走向21世纪的征途中肯定会逐步强化。

三、"大金三角"中的长江三角洲经济圈

1. 长江三角洲经济圈在全国的地位

这个地区自然环境优越，物产资源丰富，商品生产发达，是我国最富庶的地方。1989年经济圈内国民生产总值2 895.87亿元，占全国的16.37%，国民收入2 482.02亿元，占全国的17.20%，工业总产值5 829.6亿元，占全国的25.03%；农业总产值985.5亿元，占全国的12.86%；社会商品国内纯销售总额1 565.9亿元，占全国的18.74%；1989年的进出口总额134.84亿元，占全国地方对外贸易总额的24.55%。①

2. 长江三角洲经济圈和台湾的经贸关系

1991年4月15日，"台北贸易中心"在香港湾仔会展中心大楼开业，不仅为港台工商界提供服务，而且也可对间接赴大陆投资厂商提供服务，标志着台湾和大陆间的经济贸易发展到一个新阶段，这对长江三角洲经济圈也是个喜讯。

（1）长江三角洲和台湾省的经济关系有特殊的历史渊源。台湾作为华东地区的一个省，历来同上海和江浙有密切的经济往来。1949年前后，大陆有200多万人迁往台湾。其中，江浙和上海人居多。浙江去台人员占全国去台人员的1/5，

---

① 以上资料根据《中国统计年鉴（1991）》和《华东地区1990统计年鉴》整理，均由中国统计出版社出版。

台属占 1/8。这种血源上的关系是促进两岸之间经济往来的重要因素。

（2）长江三角洲三省市经香港到台湾的转口贸易已有相当规模。据香港政府统计处资料，1989 年台湾产品经香港转口往大陆的贸易额为 225. 926 亿港元。① 按照江浙沪在全国的比重计算，这三省市经香港转口往台湾的贸易额为 11. 24 亿港元，折 1. 44 亿美元，台湾经香港转口到江浙沪的产品贸易额为 55. 47 亿港元，折 7. 11 亿美元。虽然目前对台湾贸易在长江三角洲经济圈的贸易总额中还只占 6. 34%，但对台湾和江浙沪的产业结构已产生了一定影响。据台湾林昱君撰文分析，"台湾地区各产业部门每增加一元经港输往大陆贸易额，可直接间接诱发各产业部门增加的产出效果（输出生产衍生系数），1987 年至今皆在 2. 02 — 1. 85 元之间波动"。② 这个系数也适合于对长江三角洲经济圈影响的分析。

（3）台湾在长江三角洲经济圈的投资热浪已初见端倪。前几年，台商的投资多集中在广东省的深圳、汕头、广州及惠州等地。1989 年后，台资逐渐由闽粤两省北上到长江三角洲。据各省市统计年鉴资料，截至 1990 年，台湾在浙江的投资项目 93 个，协议台资金额 4 163 万美元，占海外投资总额的 8. 28%；1989 年江苏的投资 22 项，930 万美元；1990 年在上海的投资 52 项，1. 49 亿美元。1991 年，这种投资的趋向有了更大的发展。

（4）台湾来长江三角洲旅游者剧增。据浙江省统计，1990 年港澳台同胞来浙江旅游者有 309 752 人，占海外旅游者总数的 67. 96%。而在 1985 年只有 84 621 人，五年后则增加了 2. 66 倍，225 131 人，增量部分绝大多数是台湾同胞。旅游者的增多，说明两岸之间的交流增加了，而且旅游往往是投资的先导，预示着经济技术合作将有较大的进展。

3. 长江三角洲经济圈同香港的经贸关系

据《上海与香港比较研究》资料，1936 年，香港对内地出口值为 1 776 万元，其中 62% 的商品是输往上海，即 1 102 万元；从上海进口则为 3 308 万元，进出口总值为 5 087 万元。这一数字占上海对外贸易总额的 1/20，香港的 1/10。1949 年以前，以上海为基地的中国主要银行在香港都设有分行。除国民政府的官办银行外，私营银行也积极在香港开拓业务。同时，总部设在香港的汇丰银行在上海开设了最大的分行，其业务量超过香港的总行。此外，麦加利银行、东亚、华八百等银行也在上海设有分行。这表明，在历史上香港和长江三角洲经济

---

① 转引自《港澳经济》1990 年第 9 期。

② 林昱君：《两岸转口贸易分析》，台湾《经济前瞻》第 22 号，1991 年 4 月 10 日出版。

圈的贸易和金融往来十分频繁。① 解放后，香港仍然是这个地区的主要贸易伙伴，特别是自80年代以来，经济贸易上的联系更加密切。1992年，上海向香港出口额占本地出口总额的比重为17.71%，江苏为22.49%，浙江为25.93%。

综上所述，台湾和香港对长江三角洲的经济发展具有重要的作用，是长江三角洲经济圈起飞的推进器。长江三角洲经济圈是台湾和香港经济向更高的阶梯发展的催化剂。在这个"大金三角"中，谁都离不开谁。目前，长江三角洲同台湾的合作还要经过香港中转，估计经过双方努力，将逐渐走向直接渠道的合作。

四、长江三角洲经济圈与台港产业结构比较

经济上的互补性是区域间合作的基础。要弄清互补的内容和发展的趋向必须对区域间的产业结构进行比较研究。

1. 三次产业分类的结构比较

台湾和香港的产业发展层次比长江三角洲经济圈要高，台湾和香港的第一次产业各占4.7%和0.6%，而江苏和浙江均在26.4%左右；尽管上海的第一产业只比台湾低0.4个百分点，但第三产业相距甚大，上海只占28.8%，而台湾为53.47%，香港则更高为70%。可见目前上海还是以工业为主的城市，而香港则以第三产业为主；江浙的第二产业同台湾的比重相差不大，可是台湾的第三产业的产出比重比江浙高一倍以上。这是产业结构的总特征。

2. 制造业的行业结构比较

从比较中可得到如下结论：

(1) 产业结构中行业的位差相当大。台湾的电子电器占工业营业额的22.94，居第1位，而香港居第2位，江苏占第3位，浙江和上海并列第4位。制衣业香港居首位，占工业总产值的21.8，台港居第14位，江浙沪制衣业在其行业结构中的位次分别是第12、11、10位。而纺织业在江苏和浙江均占第1位，上海占第3位，台湾和香港都居第3位。在上海居第1位的冶金行业，江苏、浙江、台湾均为第5位，香港为第6位。概括地说，居第1位的，台湾是电子电器业，香港是制衣业，上海是冶金业、江苏和浙江是纺织业。这反映了技术层次。

(2) 长江三角洲产业结构的同构现象非常突出。居前5位的产业，上海是：冶金、机械、纺织、电子及电器、化学工业；江苏是：纺织、食品、机械、电子及电器、冶金。除了浙江的食品工业居第2位，化学工业居第7位未能列入前5

_____

① 姚锡棠主编：《上海香港比较研究》，上海人民出版社1990年版。

位外，产业结构、行业及位次基本上是趋同的。而对新技术要求比较高的仪器仪表制造业都非常落后，上海居 16 位，江苏是 18 位，浙江是第 19 位。这说明：第一，产业结构急需调整。上海已下决心压缩冶金工业和纺织业，有的要淘汰，并抓紧形成诸如轿车、成套设备、电子通讯设备等，用这些新兴行业的盈利弥补纺织、冶金业的亏损。第二，加工业要向高加工度转型。江浙沪都正在加速技术改造，用新兴技术来武装传统产业。产业结构同构问题不大，关键是技术层次上要有参差，不能搞低水平重复。

（3）"大金三角"的总体技术水平还不高。无论是台湾、香港，还是长江三角洲，高技术产业占的比重很小。台湾新兴工业产值相对来说比重比较大，但 1990 年的产值在世界市场上的占有率仅为 1.35%。[①]

20 世纪 90 年代是科技竞争激烈的年代，是已有技术继续发展的年代，是技术的综合化、整合化年代，是酝酿重大技术突破的年代。"大金三角共同体"应当在高科技的研究及其产业化商品化方面合作，迎接 21 世纪科学技术的重大突破。

3. 出口产品结构比较

港台和长江三角洲的经济发展同我国经济贸易的关联度甚大。强化"大金三角"范围内的贸易往来是构筑"大金三角共同体"的基础。

长江三角洲是"丝绸之府、鱼米之乡"。纺织丝绸品无论在上海，还是在江苏或浙江，在出口商品结构中均居首位，预计到 21 世纪也不会改变这种格局，但丝绸织品的层次会提高。相比之下，香港出口产品中成衣居首位，就比江浙沪的纺织丝绸品要高一个层次，经济效益也好得多。值得注意的是粮油食品和土畜产品在出口中具有相当重要的位置，前者浙江居第 2 倍，后者江苏居第 2 位，上海居第 3 位。这两类物资主要是提供给港澳同胞的。据台湾《经济前瞻》杂志报道：大陆经港转口输入台湾的前 20 项商品中，第 1 位的是生鲜（活或死）或冷藏鱼（以鱼苗为主），第 2 位是中草药，第 3 位是卷烟（香烟），而且出口增长的幅度很大，1988—1990 年度比同期分别增长 55.56%、14.52%、2 920.23%。[②]这体现了对外贸易的互补性。

长江三角洲和台港的出口商品结构也具有同构的特征。纺织成衣类商品的同构尤为严重。这势必在国际市场上要发生冲突。如何改变同构的结构，减少竞争性，是构筑"中国大金三角共同体"迫切需要研究的课题。

---

① 台湾《经济前瞻》第 22 号，1991 年 4 月 10 日出版。
② 台湾《经济前瞻》第 20 号，1990 年 10 月 10 日出版。

五、长江三角洲经济圈与港台协作的模式

长江三角洲经济圈与港台产业结构的比较，为未来协作模式的选择提供了重要依据，但选择什么样的模式还取决于抉择的指导思想。在指导思想上，要解决两个理论问题：

一是如何看待产业互补和竞争。近年来，人们谈论台湾与大陆的经贸关系时，经常提到两岸的产业到底是竞争还是互补的问题。一般的说法是，如果两岸的产业是互补的，则就加强双方经贸交流，以扩大互补的利益；如果是竞争的，则应限制两岸的交流，以免加强对手的竞争实力。在这个问题上，我很赞同台湾学者陈添枝博士的看法，他认为，"从经济理论上来看，欲强行定义产业的竞争和互补关系，实质上并无太大意义。原则上，对两个资源禀赋不相同的经济体，不论是资源的交流（相互投资与劳动力的进出口）或是产品的交流（贸易），都是对双方有利的，毋庸置疑"。[①] 当然，同类的商品在市场的消费上可以互相替代，形成竞争的程度应视品质相近的程度而定，同类产品不见得比不同类产品有更高的竞争性。同时，从产业发展动态上看，今天生产的是下游产品，明天可以带动上游产品的发展，因而两岸间今天的产业是互补的，明天就将是竞争的。"因此，互补和竞争的区分，只能在短期内定位，长期而言，产业永远是互相竞争。"[②] 我认为，不要害怕竞争，竞争是发展的动力，会使两岸的经济技术水平都得到提高，增强中国大金三角的实力。我们要面对竞争，敢于迎接挑战。

二是贸易理论的更新问题。[③] 传统的国际贸易理论概括地说，就是比较优势说。从李嘉图的比较成本学说到赫克谢尔—俄林的要素禀赋论，以及二次大战后的技术差距和产品周期理论，都是以不同产品或不同的生产要素的相互交换来发挥自身的比较优势，为本国的物质福利。我们对外贸易也是按照这个传统理论进行的。按照这个理论，国际贸易自然也就是各国在不同产业间的贸易。但从20世纪70年代以来，部门内贸易作为一种新的经济现象引人注目，提出了部门内贸易的新理论。"所谓部门内贸易（intro‐industry trade）是指一个国家既出口同时又进口某种同类产品。它通常又被称为双向贸易（two‐way trade），或是贸

---

① 台湾《经济前瞻》第 19 号，1990 年 7 月 10 日出版。

② 台湾《经济前瞻》第 19 号，1990 年 7 月 10 日出版。

③ 严格意义上讲，我们同台湾的贸易是国内贸易。但由于目前的特殊格局，同台湾的贸易是特种贸易，还需要运用国际贸易的理论来研究和处理问题。

易重叠（trade overlap）。在这里，相同类型的商品是按国际商品标准分类法统计时，至少前 3 位数都相同的商品。也就是至少同类、同章、同组的商品，既出现在一国的进口项目中，又出现在该国的出口项目中。"① 这是当今世界国际贸易的新趋势。1977 年 11 个工业化国家制成品贸易中的部门内贸易已处于主导地位，除日本和澳大利亚外，在其余 9 国与世界各国的制成品贸易总额中，部门内贸易指数大大超过了 50%。其中部门内贸易比重最高的是比利时，达 80%，其次是英国和法国，分别达 76.7% 和 72%，美国也已达到 59.2%。1978 年，在亚洲"四小龙"中，部门内贸易指数也很高，香港为 40.8%，台湾 34.7%，韩国 34.9%，新加坡为 66.9%。② 这是当今世界国际贸易的新趋势。我们在研究长江三角洲同港台的协作模式时，也要突破传统贸易理论的局限性，充分重视部门内贸易发展的大趋势。

根据上述分析，可供选择的协作模式有：

（1）优势互补型。虽然传统的贸易理论受到了挑战，但在我国大陆，比较优势并未充分发挥，在走向 21 世纪的跨度内，优势互补型的协作仍然十分重要。优势互补的内涵可以是商品间的贸易，也可以是生产要素的流动。在贸易方面产业结构和出口商品结构的比较中已显示大金三角中的各方优势，长江三角洲的丝绸和土畜产品是港台所缺的，台湾的电子产品和化工原料可弥补长江三角洲产业结构的弱点，香港的第三产业很发达是台湾和长江三角洲重要的信息来源和金融服务之地。在生产要素方面也是可以互补的，台湾有充裕的资金，但缺乏足够的劳动力，自然资源也显得不足；香港是国际金融中心和国际贸易中心，资金有余，市场容量大但缺乏科技人才（据香港《华侨日报》2 月 23 日报道：香港科技落后于亚洲其他三点面结合起码有 6 年）；而长江三角洲有丰富的素质较高的劳动力和科技人才，据 1990 年统计，江浙沪全民所有制单位的各类自然科学人员有 138.7 万人。③ 倘若把这些优势因素有机地结合起来，将产生巨大的生产力，对大金三角的各方都是有利的。

（2）垂直分工型。这同优势互补型的协作模式是密切相连的，从生产要素来说是互补的，从产业和产品结构来说是"垂直分工"。当然，理想模式是水平分工。可是在现实生活中，大金三角内各方在总体发展水平上是有差距的，在某些产业中还只能是垂直分工的合作，不能不承认这个客观现实。为了解决长江三

① 陈飞翔：《国际贸易的新发展：部门内贸易》，载《经济研究》1991 年第 10 期。

② 资料来源同上。

③ 《中国统计年鉴（1991）》，统计出版社出版。

角洲农业劳动力向非农产业转移，还要吸引港台的资金兴办一些劳动密集型的产业。长江三角洲又是一个原材料紧缺的地区，还需要引进一些化工原料和新型材料发展一些下游产品。在新兴产业中，还需吸收一些零部件生产性业务，也不能排除组装型的合资项目。在这方面，合作的前景是宽广的。

（3）部门内贸易型。这种类型的贸易有两大特点：一是可以满足不同消费者的需求，从商品的使用价值角度考察，进出口商品之间并无明显的差异，而消费者则有不同的评价和选择；二是有利于在竞争中提高产品的质量，推动企业技术进步。部门内贸易主要是在新兴产业内部，如通信设备、办公设备、家用电器设备、医疗用电子设备、某些工业的机械，等等。这些部门与科学技术有密切联系，部门内贸易实际上是新兴科学技术的交流。然而，发展部门内贸易要打破自己能生产的就不需要进口的观点，应该利用进口竞争的刺激作用来促使自己的产品在国际上的竞争力。但是，从国际贸易的实践来看，部门内贸易发展的程度是同工业化水平成正比的，越是发达的置之脑后，部门内贸易的比重就越高。按照长江三角洲经济圈的发展水平，发展部门内贸易的条件已经成熟，应当努力发展大金三角中的部门内贸易。

（4）经济共同体型贸易。"共同体"是经济关系相当密切的一种合作形式。"共同体"也有初级形式和高级形式之别。像现在的"欧洲共同体"就是一种高级形式的联合，将消除彼此之间的所有贸易壁垒，取消妨碍人员、货物、劳务和货币流通的一切障碍，实现经济一体化。"中国大金三角共同体"只能从最初级的形式起步，先是松散的联合，进而实行紧密型的合作，在贸易、关税、技术合作上达成一些互惠的协议。

诚然，中国大金三角内的合作有各种不同的类型可供选择，但在目前不可能采取单一的合作类型，而应该采取优势互补、垂直分工和部门内贸易等相结合的综合型模式，并根据不同地区、不同产业的实际情况选择其中的一种或几种类型。到了 21 世纪，我们应当向建立"中国大金三角共同体"的目标迈进。

"中国大金三角"的构想并不是未来主义的梦幻，在现实生活中已逐步向这个目标靠近，是已经发展了一半的设想。还有一半，将通过海峡两岸的努力，排除种种经济的非经济的困难和障碍，尽快予以实现。这是符合中国大金三角区域内的各方利益的，也是海峡两岸经济发展的大趋势。

（载《浦东开发与长江中下游经济开发研究》，上海社会科学出版社 1994 年 6 月）

浙江 21 世纪发展外向经济的策略

一个地区的经济增长，取决于发展策略的选择。现在，人们的注意力都集中在 20 世纪末的目标上，为迎接 21 世纪的来临而拼搏。本文从预测 2000 年浙江经济环境可能发生的变化中，构筑 21 世纪初叶浙江经济发展，特别是外向型经济发展策略的基本框架。

21 世纪是亚太世纪。亚太地区经济发展的大环境对我国经济增长是有利的。浙江处在中国沿海的中部，区位条件优越，同亚太国家和地区的往来比较方便。

21 世纪是海洋世纪。20 世纪 60 年代以来，海洋开发陆续出现了海洋石油工业、海底采矿、海水养殖、海水淡化和海洋旅游等新兴产业，浙江海域辽阔，资源丰富，在未来的海洋世纪中大有可为。

香港回归祖国，海峡两岸的关系将进一步密切。上海、台湾、香港可以按照"一国两制"的原则，用"共同体"的模式，来构造"中国大金三角共同体"。这为处在"大金三角"西北端的浙江，提供了发展机遇。

上海浦东的开发进入了成长期。到 2000 年浦东开发将初具规模，21 世纪初叶是她的成长期。浙江是浦东的南翼，浦东的成长也必将推动浙江经济的增长。

经受了关贸总协定的考验。恢复了"关贸总协定"的缔约国地位，对我国经济发展既有利也有弊，要求企业以质优价廉的产品来迎接挑战。到 2000 年，经过数年磨炼，将适应国际市场的要求，按国际惯例运行，同世界市场融为一体。这种环境有利于用国际市场来促进浙江经济的发展。

社会主义市场经济体制的框架已基本形成。这对市场经济发育比较早、比较活跃的浙江来说，是经济进一步增长不可缺少的环境条件。

根据上述情况，浙江 21 世纪外向型经济的发展策略，其要点是：

总体构想。沿海发展外向型经济的策略在跨进 21 世纪后，将进入一个新的阶段。这个新阶段的主要标志有三：一是介入国际经济循环领域将更广泛，特别是金融和信息产业的国际化；二是出口产品的质量向高加工度化发展，产品的技术含量明显增加；三是向发达国家进军，以发达国家为我们的目标市场。而这个策略的实施要依靠科技进步，在产业中采用更多的新技术，运用更先进的设备来装备企业，高技术产业的比重要有较大的提高。同时要充分利用海洋资源的优势，开发海洋，向海洋要财富。这样的思路可以概括为"依靠科技、外向发展、产业升级、开发海洋"的发展策略。

外向型经济的拓展。现在，浙江已有 37 个市县列为沿海经济开放区，面积达 4.37 万平方公里，占全省总面积的 44%，有 284 个工业卫星镇可以享受沿海经济开放区的优惠政策，新的开放格局已经形成。20 世纪不可能将开放区扩大到全省范围，外商愿意在哪里投资办厂都可以享受优惠政策，同时还可以在舟山群岛划出几个岛屿来实行"自由港"的政策，实行"全方位开放"。舟山历来是我国沿海地区和长江出海口的咽喉，对外贸易的商埠。香港的经济发展使舟山的区位优势相对减弱了，但从中国沿海经济的策略角度考察，舟山群岛的开放仍具有重要的地位。虽然目前要把舟山再造成个"香港"的可能性比较小，而从 21 世纪发展趋势来看，舟山成为再一个"香港"是可能实现的。

"东方大港"的崛起。孙中山先生在《建国方略》中计划把位于乍浦岬与澉浦岬之间的海盐建设成为未来的"东方大港"，1992 年李鹏总理视察宁波港时又挥毫写了"东方大港"的题词；舟山人则认为真正的"东方大港"在舟山。其实从海域的区位来说，都属于同一个海域，应该统一规划，浅水浅用，深水深用，功能分开，各尽所用。这个地域的港口资源分布于岛屿间的潮流通道或岛屿港湾内，海域通过能力强，港域水深较稳定，锚泊面积辽阔。经济地理位置适中，是我国南北海运之要冲，江海联运的交汇处。从经济发展的趋势来看，浦东新区开发必将跳出长江口建设深水外港，开发舟山宁波的深水良港；国内南北的运输和长江流域的经济发展都需要通过这"T"字形的交叉口，建设水水中转或水陆中转码头。这些因素将推进我国 10 万吨级以上的港口泊位建设，21 世纪"东方大港"将成为名副其实的"东方大港"，为浙江经济乃至全国经济的增长作出贡献。

工业的高加工度化。加工工业是浙江产业的主体，经济的增长主要依赖于加工工业的发展。为了发挥其优势，浙江在 20 世纪 90 年代提出了"上水平，争效益"的策略，以科技进步促进加工业由粗加工向精加工发展，提高产品的附加价值。浙江的沿海港口城市和滨海地区，将积极创造条件，发展石油加工和化学合成材料工业、钢铁冶炼和压延加工业，向重化工业化阶段转变。就全省来说，可以跳过"重化工业化",直接向"高加工度化"转型。跨进 21 世纪之际,应当以"高加工度化"的产业为主体。这主要表现在三方面:

(1)传统产业同新兴的微电子产业相结合,在设备和工艺上来个革命,提高加工工业的技术含量。这几年,浙江技术进步对经济增长的贡献为 32%,20 世纪末要提高到 40%,21 世纪初叶应当在 50% 以上。

(2)产品的目标市场应转向国内发达地区和发达国家。时下,浙江的产品大多销往"三北"市场,即东北、华北、西北(包括西南),产品的档次比较低,只能适应刚超过温饱线的消费者的需要。21 世纪应当把目标放在消费水平高的市场上,高档次的需求才能推动高档次的生产,提高产品的技术层次。

(3)高新技术产业将以较快的速度增长。浙江的电子仪表工业正处在发育阶段,有许多有利条件:有一批基础较好、产品有特色、有一定生命力、占有一定市场份额的企业和企业集团已经崛起;有一批技术力量雄厚、设备比较先进、具有一定规模的部属厂(所)已在成为产业发展的骨干力量;有一批素质好的元器件类企业发展很快。浙江在生物工程方面也有较雄厚的基础,并已取得一些突破性的成果。只要加大高新技术的投入,有效地利用智力资源,在 21 世纪,浙江的高新技术产业的进展将是惊人的,是未来浙江经济最主要的新的增长点。

按照这个构思来发展浙江经济,到 2020 年,浙江的综合经济实力将成倍地增强,浙江人民将过上较富裕的生活,邓小平同志提出的接近经济发达国家水平的第三步的战略目标在浙江有可能提前实现。

(原载《开放导报》1993 年 3 月创刊号)

后　记

当本书即将问世之际，往事浮想联翩，最难忘是在我从事经济学教学和研究的半个多世纪以来给予支持、鼓励和热情帮助过我的领导和经济学界的同仁们，借用这个机会表示诚挚的谢意！省领导薛驹、沈祖伦、柴松岳、吕祖善、厉德馨、吴敏达、许行贯、张浚生和董朝才同志。特别是时任浙江省政府经济建设咨询委员会主任的张浚生同志，得知我患"亚急性脑出血"住院治疗，他在参加香港回归祖国十周年庆典活动回杭后，立刻来医院探望我，令我无比感动，终生难忘。浙江省社会科学院的历届领导钟儒、王凤贤、史济煊、侯玉琪、沈立江、魏桥、谷迎春、李家骏、杨金荣等，经济学界的同仁程炳卿、李荫森、戴宗贡、葛立成、刘吉瑞、张仁寿等院内学者；院外同仁有赵人伟、姚锡棠、周文骞、王美涵、朱家良、陆立军、项浙学、姚先国、史晋川、金祥荣、盛世豪、赵伟、赵申生等教授；许多与我合作研究过的学者不逐一列名了，还有为我从事研究做了许多服务工作的蔡文如、凌卫民等同志，在这里一并致以衷心感谢！

本书的出版正逢我与爱妻肖也珍结婚50周年，这本著作正好作为我们"金婚"的纪念。这期间，也珍对我从事经济学研究给予全力支持和关怀，成了我的论著的第一读者，并从她从事的历史学角度提出过不少好的意见、从某种意义上讲，这本书是我们共同研究的结晶；这50年，共同经历了风风雨雨，患难与共、相濡以沫。儿女们得知我们"金婚"的信息后，女儿方宇红利用业余时间为本书打了部分稿件；儿子方宇峰、儿媳赵霞为本书的出版在资金上给予资助，作为父母"金婚"的贺礼，表达了他们的孝顺之心。这是值得高兴的。

最后，要感谢人民出版社帮我实现了在贵社出版论著的梦想，感谢责任编辑刘恋女士对作者的热情、对文稿的精心编辑和认真负责的态度。还要感谢美术编辑的大气而精美的设计为本书增添了光彩。

方民生

2011 年 2 月 21 日

责任编辑:刘　恋

图书在版编目(CIP)数据

发展环境与战略抉择/方民生 著. -北京:人民出版社,2011.10
ISBN 978 - 7 - 01 - 010255 - 9

Ⅰ.①发　Ⅱ.①方…　Ⅲ.①区域经济发展-发展环境-研究-浙江省
Ⅳ.①F127.55

中国版本图书馆 CIP 数据核字(2011)第 191081 号

发展环境与战略抉择
FAZHAN HUANJING YU ZHANLÜE JUEZE

方民生　著

人民出版社 出版发行
(100706　北京朝阳门内大街166 号)

北京新魏印刷厂印刷　　新华书店经销

2011 年 10 月第 1 版　2011 年 10 月北京第 1 次印刷
开本:710 毫米×1000 毫米 1/16　印张:34.5
字数:610 千字

ISBN 978 - 7 - 01 - 010255 - 9　定价:70.00 元

邮购地址 100706　北京朝阳门内大街166 号
人民东方图书销售中心　电话 (010)65250042　65289539